완역
完譯

사
기
표

역대 황제와 왕후장상의 연표

완역 사기 표

초판 1쇄 인쇄 2015년 12월 17일 초판 1쇄 발행 2015년 12월 24일

지은이 사마천   옮긴이 신동준
펴낸이 연준혁
기획 설완식

2분사 1부서 편집장 김남철
편집 이지은
표지디자인 이세호 본문디자인 이세호 한향림

펴낸곳 (주)위즈덤하우스 출판등록 2000년 5월 23일 제13-1071호
주소 (10402) 경기도 고양시 일산동구 정발산로 43-20 센트럴프라자 6층
전화 031)936-4000 팩스 031)903-3893 홈페이지 www.wisdomhouse.co.kr

값 25,000원   ⓒ 신동준, 2015

ISBN 978-89-6086-861-8 04910
ISBN 978-89-6086-866-3 (세트)

국립중앙도서관 출판시도서목록(CIP)

완역 사기 표 : 역대 황제와 왕후장상의 연표 / 지은이: 사마천 ;
옮긴이: 신동준. -- 고양 : 위즈덤하우스, 2015
    p. ;   cm
원표제: 史記 表
원저자명: 司馬遷
중국어 원작을 한국어로 번역
ISBN 978-89-6086-861-8 04910 : ₩25000
ISBN 978-89-6086-866-3 (세트) 04910
사기(역사)[史記]
중국사[中國史]
912.03-KDC6
951.01-DDC23   CIP2015026541

완역
完譯

사기
史記

표
表

— 역대 황제와 왕후장상의 연표 —

사마천 지음 · 신동준 옮김

위즈덤하우스

《사기史記》의 〈표表〉는《사기》의 내용을 대표하는 역사적 사건과 인물을 일목요연하게 요약해놓은 것으로 흔히 〈십표十表〉로 불린다. 전설적인 제왕인 황제黃帝에서 한무제漢武帝 때까지의 역사를 모두 열개의 표로 정리한 결과다. 하夏나라와 은殷나라 및 주周나라의 역사를 요약한 〈삼대세표三代世表〉를 위시해 춘추시대 열국의 역사를 요약한 〈십이제후연표十二諸侯年表〉, 전국시대의 역사를 요약한 〈육국연표六國年表〉, 초나라와 한나라의 쟁패爭覇를 다룬 〈진초지제월표秦楚之際月表〉, 전한 초기의 제후를 다룬 〈한흥이래제후왕연표漢興以來諸侯王年表〉, 건국공신을 다룬 〈고조공신후자연표高祖功臣侯者年表〉, 한혜제漢惠帝와 한경제漢景帝 때의 제후왕을 다룬 〈혜경간후자연표惠景閒侯者年表〉, 한무제 때의 공신을 다룬 〈건원이래후자연표建元以來侯者年表〉, 한무제 때의 왕자를 다룬 〈건원이래왕자후자연표建元已來王子侯者年表〉, 한나라 건국 이래의 장상과 명신을 총망라한 〈한흥이래장상명신연표漢興以來將相名臣年表〉가 그것이다.

마지막에 편제된 〈한흥이래장상명신연표〉는 후대인의 위작으로 의심을 받고 있다. 서문이 누락되어 있고, 다른 편에서는 보이지 않는 거꾸로 된 글자인 도서倒書가 나오고 있는 점 등이 논거로 제시된다. 그러나 당시 보위에 앉아 있던 한무제의 정사를 노골적으로 비판할 수 없기에 의도적으로 서문을 누락한 것에 지나지 않으며 사마천司馬遷이 직접 저술한 것으로 보아야 한다는 견해가 더 큰 지지를 받고 있다.

〈표〉는 크게 세계世系를 기록한 세표世表와 연대기 형식의 연표年表, 월 단위의 월표月表 등 세 가지 유형으로 대별된다. 세표는 오제五帝를 비롯해 하·은·주 삼대三代의 역대 제왕의 세계를 요약해놓은 것이다. 〈삼대세표〉의 명칭을 얻게 된 배경이다. 〈표〉 가운데 가장 분량이 많은 것은 연표다. 〈삼대세표〉와 〈진초지제월표〉를 제외한 나머지 여덟 개가 모두 연표에 해당한다. 월표는 〈진초지제월표〉가 유일하다. 다루고 있는 기간은 항우項羽와 유방劉邦이 천하를 놓고 다툰 7년에 지나지 않는다. 짧은 기간 내에 너무 많은 사건이 일거에 빚어졌다. 이를 연표로 기록할 경우 난삽해진다. 사마천이 월 단위로 끊어서 기록한 이유다.

사마천이 〈진초지제월표〉 제목을 《한서漢書》의 저자 반고班固처럼 진한秦漢 또는 초한楚漢으로 삼지 않고 진초秦楚로 잡은 것을 두고 그간 다양한 해석이 나왔다. 진秦나라를 패망으로 이끄는 데 가장 큰 공헌을 한 진승陳勝과 항량項梁, 항우, 유방 모두 초나라 출신이라는 사실을 은연중에 부각시키려 했다는 풀이가 가장 그럴듯하다.

사마천은 〈표〉를 작성하면서 매우 세심한 주의를 기울였다. 이는 〈표〉가 《사기》에서 지니고 있는 독특한 위상을 보면 쉽게 파악할 수 있다. 주지하다시피 《사기》는 역대 제왕과 제후를 역사의 줄기가 되는 기紀와, 가지에 해당하는 전傳으로 나누어 기술하는 기전체紀傳體 서술방식을 택하고 있다. 역대 제왕과 제후의 역사를 알고자 할 때 매우 유용하다. 나라별로 해당국의 역사가 일목요연하게 정리되어 있기 때문이다.

그러나 이는 사상 최초로 천하통일을 이룬 진시황秦始皇 이후의 역대 왕조에서나 통할 수 있는 이야기다. 춘추전국시대처럼 여러 나라가 공존하면서 치열한 다툼을 전개한 경우에는 오히려 방해가 된다. 여러 나라가 합세해 한 나라에 대항하거나, 두 개 이상의 국가가 연합 형태로 서로 충돌하는 경우가 비일비재했기 때문이다. 국가 사이의 이합離合을 총체적으로 살펴보기 위해서는 편년체編年體 서술방식이 오히려 유용하다.

여기서 〈표〉가 위력을 발휘한다. 〈표〉는 바로 기전체의 이런 약점을 보완하기 위해 나온 것이다. 일종의 '기전체 사서의 편년체 요약본'에 해당한다. 저자인 사마천도 〈태사공자서太史公自序〉에서 유사한 취지를 밝힌 바 있다. 당나라 고종 때의 사학자 유지기劉知幾도 《사통史通》 〈표력表歷〉에서 "기전체의 결점을 보완하기 위해 〈표〉를 만든 것이다"라고 지적했다.

〈표〉의 역사는 매우 오래되었다. 지난 1975년에 출토된 운몽진간雲夢秦簡이 그 증거다. 이는 진秦나라 때 만들어진 많은 법률관계 문서가 편년체 형식으로 기록되어 있는 죽간으로, 여기에 연표가 포함되어 있다. 연표에는 진소양왕秦昭襄王 원년(기원전306)부터 진시황 30년(기원전217)에 이르기까지 진나라에서 일어난 큰 사건들이 요약되어 있다. 지난 1977년에 출토된 부양한간阜陽漢簡에도 연표가 나온다. 《사기》가 나오기 훨씬 이전부터 〈표〉가 널리 이용되었음을 뒷받침하는 고고학적 증거에 해당한다.

〈표〉에 대한 역대 사가의 평가는 엇갈리고 있다. 일각에서는 〈본기本紀〉와 〈세가世家〉 및 〈열전列傳〉 등에 나온 역사적 사료를 뒷받침하는 보조 사료에 불과한 것으로 보고 있다. 청淸나라의 고증학자 조익趙翼이 대표적이다. 그는 《이십이사차기二十二史箚記》에서 공적이 현저하거나 공과가 없는 자들도 전傳을 만들어 기록해놓았는데 그 나머지 사안까지 〈표〉에 실어놓았다며 매우 비판적인 견해를 피력했다. 그의 《사기》 〈표〉에 대한 비판은 여기에 그치지 않는다. 《이십이사차기》 〈각사례목이동各史例目異同〉에서 주나라 보첩譜牒의 표절일 가능성을 제기한 것이 그렇다.

그러나 긍정적인 견해가 훨씬 많다. 〈본기〉와 〈세가〉, 〈열전〉 등에서 다루지 못한 것을 〈표〉를 통해 구체적으로 드러냄으로써 기록 대상을 크게 확장시켰다는 해석이 그렇다. 〈본기〉의 내용을 〈세가〉 및 〈열전〉과 유기적으로 연결시키는 교량 역할을 하고 있다는 평가도 같은 맥락이다. 〈표〉 자체만으로도 역사적인 의미가 충분하다는 견해다. 이러한 주장이 훨씬 역사적 사실에 가깝다. 운몽진간과 부양한간의 존재가 이를 뒷받침한다.

주목할 것은 〈표〉에 대한 역대 사가의 평가도 시기에 따라 찬반으로 크게 엇갈린 점이다. 《한서》의 저자 반고는 〈표〉를 높이 평가했다. 《한서》에 〈팔표八表〉를 덧붙인 것이 그 증거다. 그러나 이후의 사가들은 〈표〉를 군더더기로 보고 만들지 않았다. 〈본기〉와 〈열전〉만으로도 이전 왕조의 역사를 충분히 이해할 수 있다고 판단한 결과다. 당나라 이전에 나온 13종의 사서에 〈표〉가 누락된 것은 〈표〉에 대한 당시 사가들의 평가가 얼마나 부정적이었는지 반증한다.

〈표〉에 대한 재평가는 송나라 이후에 이루어졌다. 남송 초기의 사학자 정초鄭樵가 《통지通志》에서 "《사기》의 공은 〈표〉에 있다"고 공언한 것이 대표적이다. 《신당서新唐書》에 〈사표四表〉가 편제된 것은 바로 학계의 이런 분위기를 적극 반영한 결과다. 이후의 사서 역시 빠짐없이 〈표〉를 편제했다. 사가들이 〈표〉에 대한 송나라 때의 재평가를 수용한 결과로 볼 수 있다.

본서는 사마천이 만든 기존의 〈표〉와 약간은 다른 형식을 취했다. 《사기》를 비롯한 종래의 한적漢籍은 예외 없이 위에서 아래로 읽는 종서縱書의 방식을 취하고 있고, 읽는 순서 역시 오른쪽에서 왼쪽으로 진행하게 되어 있다. 〈표〉 역시 그와 같은 만들어져 있다. 왼쪽에서 오른쪽으로 읽는 것에 익숙한 현대인에게는 낯설게 느껴질 수밖에 없다. 나아가 원래의 〈표〉는 해당국 군주 모두 재위 원년을 제외하고는 햇수만 기록해놓은 탓에 해당 군주의 군호君號를 찾으려면 다시 앞장을 들추어보는 번거로움을 감수해야 한다. 본서가 과감히 왼쪽부터 읽는 방식을 택하고, 햇수마다 해당국 군주의 군호를 일일이 덧붙여놓은 이유다. 원래의 〈표〉와 비교해보면 본서의 편리함과 이점을 쉽게 알 수 있을 것이다.

| 차례 |

해제 ··· 004

권 13. 삼대세표三代世表 ··· 011

권 14. 십이제후연표十二諸侯年表 ··· 033

권 15. 육국연표六國年表 ··· 297

권 16. 진초지제월표秦楚之際月表 ··· 433

권 17. 한흥이래제후왕연표漢興以來諸侯王年表 ··· 485

권 18. 고조공신후자연표高祖功臣侯者年表 ··· 575

권 19. 혜경간후자연표惠景閒侯者年表 ··· 675

권 20. 건원이래후자연표建元以來侯者年表 ··· 715

권 21. 건원이래왕자후자연표建元已來王子侯者年表 ··· 771

권 22. 한흥이래장상명신연표漢興以來將相名臣年表 ··· 845

부록 1. 하 · 은 · 주 세계표 ··· 915

부록 2. 춘추전국 세계표 ··· 919

부록 3. 전한제국 세계표 ··· 928

부록 4. 사마천 연보 ··· 929

참고문헌 ··· 931

일러두기

- 이 책은 사마천司馬遷의 《사기史記》 가운데 권 13 〈삼대세표三代世表〉부터 권 23 〈한흥이래장상명신연표漢興以來將相名臣年表〉까지 이르는 〈표表〉를 완역한 것이다.
- 각 권 도입부에 있는 해제와 본문 주석은 역자의 글이다. 또한 본문은 역자가 소제목을 붙이고 구분했다.
- 번역은 원문에 충실하되, 독자의 이해를 돕기 위해 풀어 썼다.
- 인명·지명·서명 등의 한자어는 원칙적으로 처음 나올 때만 병기했다.
- 본문의 전집이나 총서, 단행본 등은 《 》로, 개별 작품이나 편명 등은 〈 〉로 표기했다.

삼대세표

三代世表

〈삼대세표〉는 하·은·주 삼대의 세계에 관한 표다. 삼황오제三皇五帝 가운데 삼황은 전설로 간주해 기록하지 않았다. 오제 역시 전설적인 제왕에 불과하나, 사마천은 이를 역사적 사실로 간주했다. 〈삼대세표〉 앞에 〈오제세표〉를 기록한 이유다. 하·은·주 삼대의 제왕 모두 오제의 수장 격인 황제에서 비롯되었다는 것이 골자다. 고고학계에서는 은나라 때부터 고대 왕국이 시작된 것으로 보고 있다.

본문에 나오는 제왕세국호帝王世國號는 전설상의 오제인 황제를 비롯해 그의 후손으로 간주되는 전욱顓頊·제곡帝嚳·요堯·순舜·우禹·탕湯·후직后稷 등 역대 왕조 제왕의 명호名號와 국호國號를 기록한 것이다. 전욱속顓頊屬은 전욱, 곡속嚳屬은 제곡의 세계를 약술한 것이다. 곡嚳은 곡嚳과 같다. 마찬가지로 요속堯屬은 당唐나라를 세운 요, 순속舜屬은 우虞나라를 세운 순, 하속夏屬은 하나라를 세운 우왕, 은속殷屬은 은나라를 세운 탕왕, 주속周屬은 주나라를 세운 무왕의 조상과 후손의 세계를 기록한 것이다. 본서는 제왕세국호를 제호帝號, 전욱호를 욱속頊屬으로 약칭했다.

태사공•은 평한다.

"오제와 삼대의 사적의 기록은 아주 오래되어 자세히 알기 어렵다. 은나라 이전 제후국의 사적은 자료를 구했으나 보첩譜諜으로 편집할 수 없었고, 주나라 이후 다소 저술이 가능했다. 공자孔子는 역사서를 근거로 삼아《춘추春秋》를 연대별로 편찬했다.《춘추》는 노은공魯隱公의 즉위 원년을 비롯해 사시四時와 일월日月이 정확하게 적혀 있어 실로 상세하다. 그러나《서경書經》을 편찬할 때는 오히려 연월年月을 간략하게 만들었다. 어떤 부분은 연월이 있으나 많은 부분이 누락되어 있었기에 기록할 수 없었던 탓이다. 공자는 의문스러운 부분은 의문을 남긴 채 전했다. 이 또한 실로 신중한 자세다. 내가《첩기諜記》를 읽어보니 황제 이래 모두 연대가 기록되어 있었다. 그러나 역대 보첩과 오덕五德에 따라 계승된 것을 앞뒤로 살펴보니 고문의 기록이 서로 일치하지 않거나 괴리되어 있어 많은 차이가 났다. 공자가 그 연월의 차례를 논하지 않은 이유다. 어찌 이유 없이 그랬겠는가! 내가《오제계첩五帝系諜》과《상서尙書》에 기록된 황제 이래 공화共和 시기까지의 기록을 집성해〈세표世表〉를 지은 이유다."

●● 太史公曰, "五帝·三代之記, 尙矣. 自殷以前諸侯不可得而譜, 周以來乃頗可著. 孔子因史文次春秋, 紀元年, 正時日月, 蓋其詳哉. 至於序尙書則略, 無年月, 或頗有, 然多闕, 不可錄. 故疑則傳疑, 蓋其愼也. 余讀諜記, 黃帝以來皆有年數. 稽其曆譜諜終始五德之傳, 古文咸不同, 乖異. 夫子之弗論次其年月, 豈虛哉! 於是以五帝繫諜·尙書集世紀黃帝以來訖共和爲世表."

• 사마천 자신을 뜻한다. 사마천의 외손 양운楊惲이《사기》를 편찬하면서 사마천을 '태사공'으로 높인 것이다.

황제黃帝

제호帝號	황제가 세운 나라의 이름은 유웅有熊이다[黃帝號有熊].
욱속頊屬	황제가 창의昌意를 낳다[黃帝生昌意].
곡속嚳屬	황제가 현효玄囂를 낳다[黃帝生玄囂].
요속堯屬	황제가 현효를 낳다[黃帝生玄囂].
순속舜屬	황제가 창의를 낳다[黃帝生昌意].
하속夏屬	황제가 창의를 낳다[黃帝生昌意].
은속殷屬	황제가 현효를 낳다[黃帝生玄囂].
주속周屬	황제가 현효를 낳다[黃帝生玄囂].

제전욱帝顓頊

제호帝號	제왕 전욱顓頊은 황제의 손자다. 황제부터 전욱까지 3대다. 명호는 고양高陽이다[帝顓頊, 黃帝孫. 起黃帝, 至顓頊三世, 號高陽].
욱속頊屬	창의가 전욱을 낳다. 고양씨의 조상이 되다[昌意生顓頊, 爲高陽氏].
곡속嚳屬	현효가 교극蟜極을 낳다[玄囂生蟜極].
요속堯屬	현효가 교극을 낳다[玄囂生蟜極].
순속舜屬	창의가 전욱을 낳다. 전욱이 궁선窮蟬을 낳다[昌意生顓頊. 顓頊生窮蟬].
하속夏屬	창의가 전욱을 낳다[昌意生顓頊].
은속殷屬	현효가 교극을 낳다. 교극이 고신高辛을 낳다[玄囂生蟜極. 蟜極生高辛].
주속周屬	현효가 교극을 낳다. 교극이 고신을 낳다[玄囂生蟜極. 蟜極生高辛].

제곡帝嚳

제호帝號	제왕 곡嚳은 황제의 증손이다. 황제부터 전욱까지 4대다. 명호는 고신 高辛이다[帝嚳, 黃帝曾孫, 起黃帝, 至帝嚳四世, 號高辛].
곡속嚳屬	교극이 고신을 낳다. 고신이 제왕 곡嚳이 되다[蟜極生高辛, 爲帝嚳].
요속堯屬	교극이 고신을 낳다. 고신이 방훈放勳을 낳다[蟜極生高辛, 高辛生放勳].
순속舜屬	궁선이 경강敬康을 낳다. 경강이 구망句望을 낳다[窮蟬生敬康, 敬康生句望].
하속夏屬	
은속殷屬	고신이 설卨을 낳다[高辛生卨].
주속周屬	고신이 후직을 낳다. 후직은 주나라의 시조다[高辛生后稷, 爲周祖].

제요帝堯

제호帝號	제왕 요堯. 황제부터 제곡의 아들까지 5대다. 국호는 당唐이다[帝堯, 起 黃帝, 至嚳子五世, 號唐].
요속堯屬	방훈이 요堯가 되다[放勳爲堯].
순속舜屬	구망이 교우蟜牛를 낳다. 교우가 고수瞽叟를 낳다[句望生蟜牛, 蟜牛生瞽叟].
하속夏屬	
은속殷屬	설은 은나라의 시조다[卨爲殷祖].
주속周屬	후직이 부줄不窋을 낳다[后稷生不窋].

제순帝舜

제호帝號	제왕 순舜은 황제의 현손의 현손이다. 국호는 우虞다[帝舜, 黃帝玄孫之玄 孫, 號虞].
순속舜屬	고수가 중화重華를 낳다. 그가 바로 제왕 순舜이다[瞽叟生重華, 是爲帝舜].

하속夏屬	전욱이 곤鯀을 낳다. 곤이 훗날의 우禹인 문명文命이다[顓頊生鯀, 鯀生文命].
은속殷屬	설이 소명昭明을 낳다[高生昭明].
주속周屬	부줄이 국鞠을 낳다[不窋生鞠].

하

제우帝禹

제호帝號	제왕 우禹는 황제의 8대손이다. 국호는 하夏다[帝禹, 黃帝耳孫, 號夏].
하속夏屬	문명이 바로 우禹다[文命, 是爲禹].
은속殷屬	소명이 상토相土를 낳다[昭明生相土].
주속周屬	국이 공류公劉를 낳다[鞠生公劉].

제계帝啓

제호帝號	제왕 계啓가 유호有扈를 정벌하고 〈감서甘誓〉를 짓다[帝啓, 伐有扈, 作甘誓].
은속殷屬	상토가 창약昌若을 낳다[相土生昌若].
주속周屬	공류가 경절慶節을 낳다[公劉生慶節].

제태강帝太康

제호帝號	제왕 태강太康[帝太康].
은속殷屬	창약이 조어曹圉를 낳다. 조어가 명冥을 낳다[昌若生曹圉, 曹圉生冥].
주속周屬	경절이 황복皇僕을 낳다. 황복이 차불差弗을 낳다[慶節生皇僕, 皇僕生差弗].

제중강帝仲康

제호帝號	제왕 중강仲康, 태강의 동생이다[帝仲康, 太康弟].
은속殷屬	명冥이 진振을 낳다[冥生振].
주속周屬	자불이 훼유毀隃를 낳다. 훼유가 공비公非를 낳다[差弗生毀隃, 毀隃生公非].

제상帝相

은속殷屬	진振이 미微를 낳다. 미가 보정報丁을 낳다[振生微. 微生報丁].
주속周屬	공비가 고어高圉를 낳다. 고어가 아어亞圉를 낳다[公非生高圉. 高圉生亞圉].

제소강帝少康

은속殷屬	보정이 보을報乙을 낳다. 보을이 보병報丙을 낳다[報丁生報乙. 報乙生報丙].
주속周屬	아어가 공조류公祖類를 낳다[亞圉生公祖類].

제여帝予

은속殷屬	보병이 주임主壬을 낳다. 주임이 주계主癸를 낳다[報丙生主壬. 主壬生主癸].
주속周屬	공조류가 태왕太王 단보亶父를 낳다[公祖類生太王亶父].

제회帝槐•

은속殷屬	주계가 천을天乙을 낳다. 그가 바로 은나라 탕湯이다[主癸生天乙, 是爲殷湯].
주속周屬	단보가 계력季曆을 낳다. 계력이 주문왕周文王 희창姬昌을 낳다. 역괘易 卦를 덧붙이다[亶父生季曆. 季曆生文王昌. 益易卦].

제망帝芒

주속周屬	주문왕 희창이 주무왕周武王 희발姬發을 낳다[文王昌生武王發].

제설帝泄

제불항帝不降

제경帝扃

제호帝號	제왕 경扃은 부강의 동생이다[帝扃不降弟].

• 《사기색은史記索隱》에 따르면 회槐는 발음은 회回 내지 회懷와 같다

제근帝廑

제공갑帝孔甲

제호帝號	제왕 공갑帝孔甲은 부강不降의 아들이다. 귀신을 좋아하고, 음란하며 부덕했다. 하늘에서 용 두 마리를 내려보내다[帝孔甲, 不降子. 好鬼神, 淫亂不好德, 二龍去].

제고帝皐

제발帝發

제리계帝履癸

제호帝號	제왕 이계履癸가 바로 걸桀이다. 우禹에서 걸까지 17대이고, 황제에서 걸까지는 20대다[帝履癸, 是爲桀. 從禹至桀十七世. 從黃帝至桀二十世].

은

은탕殷湯

제호帝號	은탕殷湯이 하씨夏氏를 대신하다. 황제에서 탕까지 17대다[殷湯代夏氏. 從黃帝至 湯十七世].

제외병帝外丙

제호帝號	제왕 외병外丙은 탕의 태자다. 태정이 일찍 죽어 다음 동생인 외병이 즉위하다[帝外丙, 湯太子. 太丁蚤卒, 故立次弟外丙].

제중임帝仲壬

제호帝號	제왕 중임仲壬은 외병의 동생이다[帝仲壬, 外丙弟].

제태갑帝太甲

제호帝號	제왕 태갑太甲은 죽은 태자 태정太丁의 아들이다. 태갑이 음란해 이윤伊尹이 동궁桐宮으로 쫓아내다. 3년 동안 뉘우치며 자책하자 이윤이 즉시 맞이해 복위시키다[帝太甲, 故太子太丁子. 淫, 伊尹放之桐宮. 三年, 悔過自責, 伊尹乃迎之復位].

제옥정帝沃丁

제호帝號	제왕 옥정沃丁. 이윤이 죽다[帝沃丁. 伊尹卒].

제태강帝太庚

제호帝號	제왕 태강太庚은 옥정의 동생이다[帝太庚, 沃丁弟].

제소갑帝小甲

제호帝號	제왕 소갑小甲은 태강의 동생이다. 은나라의 도가 쇠해지자 제후 가운데 일부가 조회에 오지 않다[帝小甲, 太庚弟. 殷道衰, 諸侯或不至].

제옹기帝雍己

제호帝號	제왕 옹기雍己는 소갑의 동생이다[帝雍己, 小甲弟].

제태무帝太戊

제호帝號	제왕 태무太戊는 옹기의 동생이다. 뽕나무가 자라자 중종中宗으로 부르다[帝太戊, 雍己弟. 以桑谷生, 稱中宗].

제중정帝中丁

제외임帝外壬

제호帝號	제왕 외임外壬은 중정의 동생이다[帝外壬, 中丁弟].

제하단갑帝河亶甲

제호帝號	제왕 하단갑河亶甲은 외임의 동생이다[帝河亶甲, 外壬弟].

제조을帝祖乙

제조신帝祖辛

제옥갑帝沃甲

제호帝號	제왕 옥갑沃甲은 조신의 동생이다[帝沃甲, 祖辛弟].

제조정帝祖丁

제호帝號	제왕 조정祖丁은 조신의 아들이다[帝祖丁, 祖辛子].

제남경帝南庚

제호帝號	제왕 남경南庚은 옥갑의 아들이다[帝南庚, 沃甲子].

제양갑帝陽甲

제호帝號	제왕 양갑陽甲은 조정의 아들이다[帝陽甲, 祖丁子].

제반경帝盤庚

제호帝號	제왕 반경盤庚은 양갑의 동생이다. 황하黃河 남쪽으로 천도를 하다[帝盤庚, 陽甲弟. 徙河南].

제소신帝小辛

제호帝號	제왕 소신小辛은 반경의 동생이다[帝小辛, 盤庚弟].

제소을帝小乙

제호帝號	제왕 소을小乙은 소신의 동생이다[帝小乙, 小辛弟].

제무정帝武丁

제호帝號	제왕 무정武丁. 꿩이 정鼎의 손잡이에 올라앉아 울다. 부열傅說을 얻다. 고종高宗으로 부르다[帝武丁. 雉升鼎耳雊. 得傅說. 稱高宗].

제조경帝祖庚

제갑帝甲

제호帝號	제왕 갑甲은 조경의 동생이다. 음란하다[帝甲, 祖庚弟, 淫].

제늠신帝廩辛

제경정帝庚丁

제호帝號	제왕 경정庚丁은 늠신의 동생이다. 은나라가 황하 북쪽으로 천도하다 [帝庚丁, 廩辛弟, 殷徙河北].

제무을帝武乙

제호帝號	제왕 무을武乙. 천신을 모욕해 벼락을 맞아 죽다[帝武乙. 慢神震死].

제태정帝太丁

제을帝乙

제호帝號	제왕 을乙. 은나라가 더욱 쇠락하다[帝乙. 殷益衰].

제신帝辛

제호帝號	제왕 신辛이 바로 주紂다. 시해되다. 탕에서 주까지 29대다. 황제에서 주까지 46대다[帝辛, 是爲紂. 弒. 從湯至紂二十九世. 從黃帝至紂四十六世].

주

무왕武王

제호帝號	주나라 무왕이 은나라를 대신하다. 황제에서 무왕까지 19대다[周武王 代殷. 從黃帝至武王十九世].

성왕成王

주周	성왕 송誦[成王誦].
노魯	주공周公 단旦은 무왕의 동생이다. 처음 봉해지다[周公旦, 武王弟. 初封].
제齊	태공太公 여상呂尙은 문왕과 무왕의 스승이다. 처음 봉해지다[太公尙, 文王·武王師. 初封].
진晉	당숙우唐叔虞는 무왕의 아들이다. 처음 봉해지다[唐叔虞, 武王子. 初封].
진秦	오래惡來가 주紂를 돕다. 부친 비렴飛廉은 힘이 셌다[惡來, 助紂. 父飛廉, 有力].
초楚	웅역熊繹. 부친은 육웅鬻熊으로 문왕을 섬기다. 처음으로 봉해지다[熊繹. 繹父鬻熊, 事文王. 初封].
송宋	미자微子 계啟는 주紂의 이복형이다. 처음 봉해지다[微子啟, 紂庶兄. 初封].
위衛	강숙康叔은 무왕의 동생이다. 처음 봉해지다[康叔, 武王弟. 初封].
진陳	호공胡公 만滿은 순舜의 후손이다. 처음 봉해지다[胡公滿, 舜之後. 初封].
채蔡	숙도叔度는 무왕의 동생이다. 처음 봉해지다[叔度, 武王弟. 初封].
조曹	숙진탁叔振鐸은 무왕의 동생이다. 처음 봉해지다[叔振鐸, 武王弟. 初封].
연燕	소공召公 석奭은 주나라 왕실과 성이 같다. 처음 봉해지다[召公奭, 周同姓. 初封].

강왕康王

주周	강왕康王 조釗가 형벌을 40여 년 동안 쓰지 않다[康王釗刑錯四十餘年].
노魯	노공魯公 백금伯禽[魯公伯禽].
제齊	정공丁公 여급呂伋[丁公呂伋].
진晉	진후晉侯 섭燮[晉侯燮].
진秦	여방女防.
초楚	웅예熊乂.
송宋	미중微仲은 계啟의 동생이다[微仲, 啟弟].
위衛	강백康伯.
진陳	신공申公.
채蔡	채중蔡仲.
조曹	
연燕	혜후惠侯까지 9대다[九世至惠侯].

소왕昭王

주周	소왕昭王 하瑕가 남쪽으로 순행을 갔다가 돌아오지 않다. 부고를 하지 않고 숨기다[昭王瑕南巡不返. 不赴, 諱之].
노魯	고공考公.
제齊	을공乙公.
진晉	무후武侯.
진秦	방고旁皋.
초楚	웅담熊黮.
송宋	송공宋公.
위衛	효백孝伯.
진陳	상공相公.
채蔡	채백蔡伯.
조曹	태백太伯.
연燕	

목왕穆王

주周	목왕穆王 만滿. 보형甫刑을 제정하다. 황복荒服에서 알현을 오지 않다 [穆王滿. 作甫刑. 荒服不至].
노魯	양공煬公은 고공考公의 동생이다[煬公, 考公弟].
제齊	계공癸公.
진晉	성후成侯.
진秦	대궤大幾.
초楚	웅승熊勝.
송宋	정공丁公.
위衛	사백嗣伯.
진陳	효공孝公.
채蔡	궁후宮侯.
조曹	중군仲君.
연燕	

공왕恭王

주周	공왕恭王 이호伊扈[恭王伊扈].
노魯	유공幽公.
제齊	애공哀公.
진晉	여후厲侯.
진秦	대락大駱.
초楚	웅양熊煬.
송宋	민공湣公은 정공丁公의 동생이다[湣公, 丁公弟].
위衛	섭백疌伯.
진陳	신고慎公.
채蔡	여후厲侯.
조曹	구백宮伯.
연燕	

의왕懿王

주周	의왕懿王 견堅. 주나라의 도가 쇠미해져 시인들이 풍자하다[懿王堅. 周道衰, 詩人作刺].
노魯	위공魏公.
제齊	호공胡公.
진晉	정후靖侯.
진秦	비자非子.
초楚	웅거熊渠.
송宋	양공煬公은 민공湣公의 동생이다[煬公, 湣公弟].
위衛	정백靖伯.
진陳	유공幽公.
채蔡	무후武侯.
조曹	효백孝伯.
연燕	

효왕孝王

주周	효왕孝王 방方은 의왕懿王의 동생이다[孝王方, 懿王弟].
노魯	여공厲公.
제齊	헌공獻公이 호공胡公을 시해하다[獻公弒胡公].
진晉	
진秦	진후秦侯.
초楚	웅무강熊無康.
송宋	여공厲公.
위衛	정백貞伯.
진陳	희공釐公.
채蔡	
조曹	이백夷伯.
연燕	

이왕夷王

주周	이왕夷王 섭燮은 의왕懿王의 아들이다[夷王燮, 懿王子].
노魯	헌공獻公은 여공厲公의 동생이다[獻公, 厲公弟].
제齊	무공武公.
진晉	
진秦	공백公伯.
초楚	웅지홍熊鷙紅.
송宋	희공釐公.
위衛	경후頃侯.
진陳	
채蔡	
조曹	
연燕	

여왕厲王

주周	여왕厲王 호胡. 추악한 소문이 나 백성이 난을 일으키다. 달아난 뒤 체彘 땅에서 죽다[厲王胡. 以惡聞過亂, 出奔, 遂死於彘].
노魯	진공真公.
제齊	
진晉	
진秦	진중秦仲.
초楚	웅연熊延은 홍紅의 동생이다[熊延, 紅弟].
송宋	
위衛	희후釐侯.
진陳	
채蔡	
조曹	
연燕	

공화共和

주周	공화共和의 시기다. 두 방백方伯이 섭정하다[共和, 二伯行政].
노魯	무공武公은 진공真公의 동생이다[武公, 真公弟].
제齊	
진晉	
진秦	
초楚	웅용熊勇.
송宋	
위衛	
진陳	
채蔡	
조曹	
연燕	

장부자張夫子가 저선생褚先生에게 물었다.●

"《시경》은 설契과 후직은 모두 부친 없이 태어났다고 했습니다. 지금 여러 전기傳記를 살펴보니 모두 부친이 있었고, 그들의 부친 모두 황제의 자손이라 했습니다. 이는《시경》의 기록과 어긋나는 것이 아닙니까?"

저선생이 대답했다.

"그렇지 않습니다.《시경》에는 설이 알에서 태어나고, 후직이 사람

● '부자'는 존칭어로 선생先生과 같은 뜻이다. 장부자는 저선생과 동시대의 인물로《시경詩經》에 정통했다. 저선생은《사기》의 내용을 보완한 전한 때의 사학자 저소손褚少孫을 말한다. 지금의 하남성 우주禹州인 영천穎川 출신이다. 강소성 패현沛縣에 살았다. 원제元帝와 성제成帝 때 박사博士를 지냈다. 일설에 따르면 선제宣帝 때 박사를 지냈다고 한다.《사기》는 사마천 사후〈경제기景帝紀〉와〈무제기武帝紀〉,〈삼왕세가三王世家〉,〈예서禮書〉,〈악서樂書〉,〈한흥이래장상연표漢興以來將相年表〉,〈일자열전日者列傳〉,〈구책열전龜策列傳〉,〈부근열전傳靳列傳〉등의 내용이 상당부분 누락되어 있었다. 저소손은 누락된 내용을 보완해 오늘날 우리가 보는《사기》를 완성했다.

의 발자국에서 출생했다고 했습니다. 이는 이들이 천명의 정성精誠을 구현했다는 사실을 보여주는 것입니다. 귀鬼와 신神은 스스로 형성될 수 없고, 반드시 사람 때문에 생겨납니다. 어찌 설과 후직이 부친 없이 태어날 리 있겠습니까?

일설은 이들에게 부친이 있었다고 하고, 또 다른 일설은 없었다고 합니다. 믿을 만하면 믿는 바대로 전하고, 의심스러우면 의심스러운 대로 전하면 됩니다. 《시경》은 두 설을 모두 기록한 것입니다. 당요唐堯는 설과 후직이 모두 현명한 사람이고, 하늘이 이들을 보낸 사실을 알고 있었습니다. 설에게 70리의 봉토封土를 준 것이 그렇습니다. 설은 이후 10여 대를 거쳐 탕에 이르렀고, 탕은 마침내 천하에 군림하게 되었습니다. 당요는 후직의 자손이 앞으로 제왕의 대업을 이룰 것을 알았습니다. 후직의 봉토를 100리까지 늘려준 이유입니다. 그의 후손이 1,000년에 걸쳐 내려오다가 주문왕 때 비로소 천하를 차지하게 된 것입니다.

《시경》에서 이르기를, '탕의 선조는 설이고, 설은 부친 없이 태어났다. 설의 모친과 그 자매들이 현구수玄丘水에서 목욕을 할 때 제비 한 마리가 입에 알을 물고 있다가 떨어뜨렸다. 설의 모친이 그 알을 얻어 가지고 있다가 잘못해 삼킨 뒤 설을 낳게 되었다'고 했습니다. 설은 태어나면서부터 매우 현명했습니다. 당요가 그를 사도司徒로 임명하고 자씨子氏의 성씨를 내린 이유입니다. 자子는 바로 자玆이니, 날로 강대해진다는 뜻입니다. 시인은 그를 찬미해 칭송하기를, '은殷의 땅은 매우 넓어 하늘이 현조玄鳥를 내려보내 상商을 탄생케 만들었구나!'라고 했습니다. 상商은 질박할 질質의 뜻으로, 은나라의 미칭입니다.

주문왕의 선조는 후직입니다. 후직도 부친 없이 태어났습니다. 후직의 모친 강원薑嫄은 외출했다가 거인의 발자국을 보고는 그 위에 자신의 발자국을 맞추어보았습니다. 이로 인해 문득 산기產氣를 느끼고 후직을 낳게 되었습니다. 강원은 아비 없이 낳은 자식이라고 여겨 천시한 나머지 아이를 길에 내다 버렸습니다. 그러자 소와 양이 모두 그를 밟지 않고 피했습니다. 다시 포대기에 싸서 산속에 버리자 이번에는 산속에 살던 사람이 그를 길렀습니다. 강원이 다시 큰 못에 던졌더니 새들이 자리를 덮어주고 먹을 것을 가져다주었습니다. 이를 괴이하게 여긴 강원이 이내 하늘의 아들임을 알고 비로소 아이를 데려고 와 길렀습니다.

　당요는 그가 현재賢才임을 알고, 대농大農에 임명한 뒤 희씨姬氏의 성씨를 내렸습니다. 희姬는 근본을 뜻합니다. 시인은 그를 찬미해 칭송하기를, '맨 처음 백성을 낳았다'고 했습니다. 이는 깊이 수련해 더욱 성취한다는 의미로 후직의 사업 개시를 지칭한 것입니다. 공자가 말하기를, '전에 당요가 설을 자씨라고 명한 것은 탕이 있었기 때문이고, 후직을 희씨라고 명한 것은 문왕이 있었기 때문이다. 주나라 태왕大王이 막내아들 계력季歷을 후계자로 삼은 것은 하늘의 상서로운 조짐을 밝힌 것이다. 장남 태백이 오吳나라 땅으로 떠난 덕분에 주문왕과 주무왕이 천하를 얻어 주 왕조를 대대로 잇는 근원이 생긴 것이다'라고 했습니다. 하늘의 뜻은 알기 어려운 것이지만, 성인이 알지 못하는 바는 아닙니다. 순·우·설·후직 모두 황제의 자손입니다. 황제가 하늘의 명을 받아 천하를 다스리고, 그 덕망과 은택이 후대까지 전해져 그의 자손들 모두 천자로 옹립되었습니다. 이는 하늘이 덕 있는 자에게 보답한 것입니다. 사람들 모두 이런 이치를 몰라 제왕 모두 평민에서 몸을 일으킨 것으로 여깁니다. 평민이 어찌 까닭 없이 문득 몸을 일으켜 천하에 군림할 수 있겠습니까? 모두 하늘의 뜻을 얻어 그리할 수 있었던 것입니다."

장부자가 물었다.

"그렇다면 황제黃帝의 후손은 어떻게 그처럼 오래도록 천하에 군림할 수 있었던 것입니까?"

저선생이 대답했다.

"《시전詩傳》에 이르기를, '천하의 군왕은 만민의 원수元首로 하늘에 백성의 생명을 연장해 달라고 간청하는 자이고, 보위에 올라 그 복을 만대에 전한다'고 했습니다. 황제는 바로 그런 사람입니다. 그는 다섯 가지의 정교政敎인 오정五政을 밝히고, 예의를 닦았습니다. 또 천시天時에 따라 군사를 일으켰고, 정벌에 나서면 반드시 승리를 얻었습니다. 보위에 올라 그 복을 천대에 전하게 된 이유입니다.

촉왕蜀王은 황제의 후손입니다. 촉은 오늘날 한漢나라의 서남쪽 5,000리 밖에 있는 곳입니다. 그런데도 자주 한나라 천자를 알현하고 공물을 바치고 있습니다. 이 어찌 조상의 덕행이 후대까지 전해진 결과가 아니겠습니까? 그러니 어찌 도덕을 닦는 일을 소홀히 할 수 있겠습니까? 무릇 백성의 군왕이 된 자는 모두 이를 유념해 스스로 깊이 성찰해야 할 것입니다.

한나라의 대장군大將軍 곽자맹霍子孟은 이름이 광光으로 그 역시 황제의 후손입니다. 이는 견문이 있고 멀리 내다볼 줄 아는 자와 더불어 말할 수 있는 것으로, 견문이 얕은 자와는 함께 이야기하기 어려운 일입니다. 왜 이같이 말하겠습니까? 옛날 제후는 나라를 성씨로 삼았습니다. 곽霍은 국명입니다. 주무왕은 동생 숙叔을 곽 땅에 봉했

습니다. 후대에 진헌공晉獻公이 곽공을 멸망시켰습니다. 곽공의 후손
은 평민이 되어 왕래하다가 평양平陽 일대에 살게 되었습니다. 평양
은 하동河東 지역에 있습니다. 하동은 진晉나라 영토로 이후 위衛나라
로 나뉘었습니다.

《시경》에 따르면 이들 또한 주나라의 자손입니다. 주나라는 후직
에서 시작했고, 후직은 아비 없이 태어났습니다. 〈삼대세전三代世傳〉
에 따르면 후직에게 고신高辛이라는 부친이 있었습니다. 고신은 황제
의 증손입니다. 《황제종시전黃帝終始傳》에 이르기를, '한나라가 흥기
한 지 100여 년이 되면 크지도 작지도 않은 어떤 사람이 백연白燕의
고을에 나타나 천하의 정사를 주재한다. 나이 어린 황제가 있었으나
그가 황제의 수레를 뒤로 물리도록 했다'고 했습니다. 곽장군은 본
래 평양의 백연에 살았습니다. 신臣은 낭관郎官으로 있을 때 고공考功
벼슬을 하는 방사方士들과 함께 시장을 감독하는 장소인 기정旗亭에
서 만난 적이 있습니다. 당시 방사가 제게 이런 말을 전해주었습니
다. 어찌 그가 위대하지 않겠습니까!"

●● 張夫子問褚先生曰, "詩言契·后稷皆無父而生. 今案諸傳記咸言
有父, 父皆黃帝子也, 得無與詩謬乎?" 褚先生曰, "不然. 詩言契生於
卵, 后稷人跡者, 欲見其有天命精誠之意耳. 鬼神不能自成, 須人而生,
奈何無父而生乎! 一言有父, 一言無父, 信以傳信, 疑以傳疑, 故兩言
之. 堯知契·稷皆賢人, 天之所生, 故封之契七十里, 後十餘世至湯, 王
天下. 堯知后稷子孫之後王也, 故益封之百里, 其後世且千歲, 至文王
而有天下. 詩傳曰, '湯之先爲契, 無父而生. 契母與姊妹浴於玄丘水,
有燕銜卵墮之, 契母得, 故含之, 誤吞之, 卽生契. 契生而賢, 堯立爲司
徒, 姓之曰子氏. 子者茲, 茲, 益大也. 詩人美而頌之曰, 殷社芒芒, 天命

玄鳥, 降而生商. 商者質, 殷號也. 文王之先爲后稷, 后稷亦無父而生. 后稷母爲薑嫄, 出見大人蹟而履踐之, 知於身, 則生后稷. 薑嫄以爲無父, 賤而棄之道中, 牛羊避不踐也. 抱之山中, 山者養之. 又捐之大澤, 鳥覆席食之. 薑嫄怪之, 於是知其天子, 乃取長之. 堯知其賢才, 立以爲大農, 姓之曰姬氏. 姬者, 本也. 詩人美而頌之曰, 厥初生民. 深修益成, 而道后稷之始也.' 孔子曰, '昔者堯命契爲子氏, 爲有湯也. 命后稷爲姬氏, 爲有文王也. 大王命季歷, 明天瑞也. 太伯之吳, 遂生源也.' 天命難言, 非聖人莫能見. 舜·禹·契·后稷皆黃帝子孫也. 黃帝策天命而治天下, 德澤深後世, 故其子孫皆復立爲天子, 是天之報有德也. 人不知, 以爲氾從布衣匹夫起耳. 夫布衣匹夫安能無故而起王天下乎? 其有天命然." "黃帝後世何王天下之久遠邪?" 曰, "傳云天下之君王爲萬夫之黔首請贖民之命者帝, 有福萬世. 黃帝是也. 五政明則修禮義, 因天時擧兵征伐而利者王, 有福千世. 蜀王, 黃帝後世也, 至今在漢西南五千里, 常來朝降, 輸獻於漢, 非以其先之有德, 澤流後世邪? 行道德豈可以忽乎哉! 人君王者擧而觀之. 漢大將軍霍子孟名光者, 亦黃帝後世也. 此可爲博聞遠見者言, 固難爲淺聞者說也. 何以言之? 古諸侯以國爲姓. 霍者, 國名也. 武王封弟叔處於霍, 後世晉獻公滅霍公, 後世爲庶民, 往來居平陽. 平陽在河東, 河東晉地, 分爲衛國. 以詩言之, 亦可爲周世. 周起后稷, 后稷無父而生. 以三代世傳言之, 后稷有父名高辛, 高辛, 黃帝曾孫. 黃帝終始傳曰, '漢興百有餘年, 有人不短不長, 出自白燕之鄉, 持天下之政, 時有嬰兒主, 卻行車.' 霍將軍者, 本居平陽自白燕. 臣爲郎時, 與方士考功會旗亭下, 爲臣言. 豈不偉哉!"

십이제후연표

十二諸侯年表

〈십이제후연표〉는 주나라를 비롯한 열두 제후국의 세계를 표로 만든 것이다. 그러나 막상 표에는 열세 제후국의 세계가 나온다. '십삼제후연표'로 명명하지 않은 것과 관련해《사기색은》은 사마천이 오나라를 이적夷狄으로 간주한 결과로 해석했으나 설득력이 떨어진다. 〈십이제후연표〉는 노나라의 역사를 해설한《춘추좌전春秋左傳》의 기록을 토대로 한 것이다. 노나라를 기준으로 열두 제후국의 세계를 만든 까닭에 그와 같이 명명했다. 〈육국연표〉에서 전국칠웅을 다루고 있음에도《진기秦記》를 기준으로 삼은 까닭에 진秦나라를 제외하고 '육국'으로 명명한 것과 같은 맥락이다. 〈십이제후연표〉는 공화 원년(기원전 841)에 시작해 공자가 숨을 거두는 기원전 477년까지 다루고 있다.

주의할 것은 사마천이《춘추좌전》의 기록을 따르기 위해 상당히 노력했음에도 적잖은 착오가 있다는 점이다. 해당 대목에 이를 지적해놓았다.

태사공은《춘추역보첩春秋曆諸諜》을 읽다가 주여왕에 이르면 책을 덮고 탄식하지 않은 적이 없다. 그러고는 이같이 말했다.

슬프다! 노나라 태사太師 지擎가 이같이 될 줄 예견했구나! 은나라 주紂가 상아로 만든 수저를 사용하자 기자箕子가 탄식했다. 주나라의 도가 어지러워지자 시인들은 그 근본이 부부의 도에 있다고 생각해 《시경》〈관저關雎〉를 지었다. 이후 인의仁義가 더욱 쇠미해지자 〈녹명鹿鳴〉을 지어 풍자했다. 주여왕의 치세에서 그는 자신의 실정失政을 듣기 싫어했다. 공경들은 주륙誅戮을 두려워해 감히 간언하지 못했다. 결국 화란禍亂이 일어나 왕이 성난 백성을 피해 체 땅으로 달아나는 일이 일어났다. 난리는 도성인 경사京師에서 시작되었다. 보위가 빈 상황에서 주공周公과 소공召公의 후손이 연합해 나라를 다스렸다. 이를 계기로 무력에 의한 정치가 횡행하게 되었다. 강자는 약자를 괴롭혔고, 군사를 동원할 때도 천자의 재가를 청하지 않았다. 이들은 왕실의 명의에 기대 다른 나라를 토벌한 공을 다투며 서로 맹주盟主가 되고자 했다. 천하가 오패五霸에게 좌우된 이유다.

제후들은 멋대로 행동하며, 음란과 사치를 일삼아 법도가 없었다. 난을 일으키는 자와 권력을 찬탈하는 난신적자亂臣賊子가 날로 늘어난 배경이다. 제·진晉·진秦·초나라 등은 서주西周 때만 해도 세력이 아주 미약했다. 영역은 100리 혹은 50리 정도에 지나지 않았다. 진晉나라는 황하와 회수淮水 및 낙수洛水 등의 삼하三河로 막혀 있고, 제나라는 동해東海를 등지고 있고, 초나라는 장강長江과 회하淮河를 경계로 삼았고, 진秦나라는 옹주雍州의 험준한 지형으로 기대어 있었다. 이 4국이 차례로 흥기해 패주霸主가 되었다. 문왕과 무왕이 봉한 제후들 모두 이들을 두려워하며 복종했다.

공자가 덕치를 기반으로 한 왕도王道를 밝히기 위해 70여 명의 제후를 찾아가 유세한 배경이다 그러나 아무도 공자를 맞아들이지 않았다. 공자가 서주 왕실의 서적을 살펴보고, 역사 기록과 옛날 견문을 논하면서 노魯나라의 역사를 기록한《춘추》를 편찬한 이유다. 위로는 노은공魯隱公 원년까지 거슬러 올라가고, 아래로는 노애공魯哀公 시대에 기린을 잡은 획린獲麟 사건에 이른다. 화려한 문장을 줄이고, 장황하고 중복된 것은 빼버렸다. 덕분에 의리와 법도가 바로잡히고 왕도의 기본 틀이 갖추어졌다. 일흔 명의 제자가 스승의 가르침을 입으로 전수했다. 거기에는 풍자와 비평, 찬양, 은휘隱諱, 힐난, 훼손 등의 뜻을 담은 문사文辭가 있으나 겉으로 드러내지는 않았다.

비슷한 시기를 산 노나라 군자 좌구명左丘明은 공자의 제자들이 오류를 범하며, 자신의 주견에 집착한 나머지 그 진의를 잃는 것을 염려했다. 공자가 간략히 기록한 노나라의 역사서《춘추》에 의거해 해당 구절의 의미를 상세히 풀이한《좌씨춘추左氏春秋》를 지은 이유다. 탁초鐸椒는 초위왕楚威王의 스승이다. 초위왕이《춘추》를 전부 열람할 수 없었기에 성패의 기록을 취해 마흔 장으로 구성된《탁씨미鐸氏微》를 펴냈다. 조효성왕趙孝成王 때 재상 우경虞卿은 위로는《춘추》에서 자료를 모으고 아래로는 근대의 형세를 관찰해 모두 여덟 편으로 구성된《우씨춘추虞氏春秋》를 지었다.

여불위呂不韋는 진장양왕秦莊襄王 때 재상으로 있으면서 위로 상고 시대를 살펴본 뒤《춘추》를 정리해 육국六國의 사적을 집성했다. 〈팔람八覽〉과 〈육론六論〉 및 〈십이기十二紀〉 등으로 구성된《여씨춘추呂氏春秋》가 나온 이유다. 순자荀子·맹자孟子·공손고公孫固·한비자韓非子 등도 각기《춘추》의 문장을 발췌해 글을 썼다. 이런 저술은 너무 많아 모두 기록할 수도 없다. 한나라 재상 장창張蒼은 역보曆譜의 형식을 빌려 오덕五德에 관해 저술했고, 상대부上大夫 동중서董仲舒는 《춘추》의 대의를 추론해 많은 글을 썼다.

태사공은 평한다.

"유가는 《춘추》의 뜻을 무단으로 취하고, 유세가는 마음에 드는 문사文辭만 뽑아 쓰며 《춘추》의 본말을 살펴보는 데 힘쓰지 않았다. 역법에 종사하는 자는 연월年月만 취하고, 음양가는 신비한 운명만 중시하고, 보첩譜諜을 연구하는 자는 세계世系와 시호의 기록만 본다. 이들의 문사는 아주 단순해 《춘추》의 요지를 찾아내기 어렵다. 열두 제후국의 보첩을 편찬한 이유다. 공화정부터 공자에 이르기까지 기록해놓았다. 《춘추》와 《국어國語》를 연구하는 학자들이 탐구하는 흥망성쇠의 대의를 이처럼 표로 만든 것은 학문을 이루거나 고문을 연구하는 자들의 편의를 위해 요점을 정리한 결과다."

◆◆ 太史公讀春秋曆譜諜, 至周厲王, 未嘗不廢書而歎也. 曰, 嗚呼, 師摯見之矣! 紂爲象箸而箕子唏. 周道缺, 詩人本之衽席, 關雎作. 仁義陵遲, 鹿鳴刺焉. 及至厲王, 以惡聞其過, 公卿懼誅而禍作, 厲王遂奔於彘, 亂自京師始, 而共和行政焉. 是後或力政, 彊乘弱, 興師不請天子. 然挾王室之義, 以討伐爲會盟主, 政由五伯, 諸侯恣行, 淫侈不軌, 賊臣纂子滋起矣. 齊·晉·秦·楚其在成周微甚, 封或百里或五十里. 晉阻三河, 齊負東海, 楚介江淮, 秦因雍州之固, 四海迭興, 更爲伯主, 文武所襃大封, 皆威而服焉. 是以孔子明王道, 幹七十餘君, 莫能用, 故西觀周室, 論史記舊聞, 興於魯而次春秋, 上記隱, 下至哀之獲麟, 約其辭文, 去其煩重, 以制義法, 王道備, 人事浹. 七十子之徒口受其傳指, 爲有所刺譏襃諱挹損之文辭不可以書見也. 魯君子左丘明懼弟子人人異端, 各安其意, 失其眞, 故因孔子史記具論其語, 成左氏春秋. 鐸椒爲楚威王傅, 爲王不能盡觀春秋, 采取成敗, 卒四十章, 爲鐸氏微. 趙孝成王時, 其相虞卿上采春秋, 下觀近勢, 亦著八篇, 爲虞氏春秋. 呂不韋者, 秦莊襄王相, 亦上觀尙古, 刪拾春秋, 集六國時事, 以爲八覽·六論·十二紀, 爲呂氏春秋. 及如荀卿·孟子·公孫固·韓非之徒, 各往往捃撫春秋之文以著書, 不同勝紀. 漢相張蒼譜五德, 上大夫董仲舒推春秋義, 頗著文焉. 太史公曰, "儒者斷其義, 馳說者騁其辭, 不務綜其終始, 曆人取其年月, 數家隆於神運, 譜諜獨記世謐, 其辭略, 欲一觀諸要難. 於是譜十二諸侯, 自共和訖孔子, 表見春秋·國語學者所譏盛衰大指著於篇, 爲成學治古文者要刪焉."

주周	공화共和 원년. 여왕의 아들이 소공召公의 집에 살다. 그가 바로 선왕宣王이다. 왕의 나이가 어려 대신들이 공동으로 섭정하는 공화共和의 형태로 다스리다[共和元年 厲王子居召公宮, 是爲宣王. 王少, 大臣共和行政].
노魯	진공真公 비濞 15년. 일설에는 14년[真公濞十五年, 一云十四].
제齊	무공武公 수壽 10년.•
진晉	정후靖侯 의구宜臼 18년.
진秦	진중秦仲 4년.
초楚	웅용熊勇 7년.
송宋	희공釐公 18년.
위衞	희후釐侯 14년.
진陳	유공幽公 녕寧 14년.
채蔡	무후武侯 23년.
조曹	이백夷伯 24년.
정鄭	
연燕	혜후惠侯 24년.
오吳	

주周	공화 2년.
노魯	진공 16년.
제齊	무공 11년.
진晉	희후釐侯 사도司徒 원년.

• 이하 원문에 있는 한자의 숫자는 가독성을 위해 생략하기로 한다.

진秦	진중 5년.
초楚	웅용 8년.
송宋	희공 19년.
위衛	희후 15년.
진陳	유공 15년.
채蔡	무후 24년.
조曹	이백 25년.
정鄭	
연燕	혜후 25년.
오吳	

기원전 839년

주周	공화 3년.
노魯	진공 17년.
제齊	무공 12년.
진晉	희후 2년.
진秦	진중 6년.
초楚	웅용 9년.
송宋	희공 20년.
위衛	희후 16년.
진陳	유공 16년.
채蔡	무후 25년.
조曹	이백 26년.
정鄭	
연燕	혜후 26년.
오吳	

기원전 838년

주周	공화 4년.
노魯	진공 18년.
제齊	무공 13년.
진晉	희후 3년.
진秦	진중 7년.
초楚	웅용 10년.
송宋	희공 21년.
위衛	희후 17년.
진陳	유공 17년.
채蔡	무후 26년.
조曹	이백 27년.
정鄭	
연燕	혜후 27년.
오吳	

기원전 837년(갑자甲子)

주周	공화 5년.
노魯	진공 19년.
제齊	무공 14년.
진晉	희후 4년.
진秦	진중 8년.
초楚	웅엄熊嚴 원년.
송宋	희공 22년.
위衛	희후 18년.

진陳	유공 18년.
채蔡	이후夷侯 원년.
조曹	이백 28년.
정鄭	
연燕	혜후 28년.
오吳	

기원전 836년

주周	공화 6년.
노魯	진공 20년.
제齊	무공 15년.
진晉	희후 5년.
진秦	진중 9년.
초楚	웅엄 2년.
송宋	희공 23년.
위衛	희후 19년.
진陳	유공 19년.
채蔡	이후 2년.
조曹	이백 29년.
정鄭	
연燕	혜후 29년.
오吳	

기원전 835년

주周	공화 7년.
노魯	진공 21년.
제齊	무공 16년.
진晉	희후 6년.
진秦	진중 10년.
초楚	웅엄 3년.
송宋	희공 24년.
위衛	희후 20년.
진陳	유공 20년.
채蔡	이후 3년.
조曹	이백 30년.
정鄭	
연燕	혜후 30년.
오吳	

기원전 834년

주周	공화 8년.
노魯	진공 22년.
제齊	무공 17년.
진晉	희후 7년.
진秦	진중 11년.
초楚	웅엄 4년.
송宋	희공 25년.
위衛	희후 21년.

진陳	유공 21년.
채蔡	이후 4년.
조曹	유백幽伯 강彊 원년.
정鄭	
연燕	혜후 31년.
오吳	

기원전 833년

주周	공화 9년.
노魯	진공 23년.
제齊	무공 18년.
진晉	희후 8년.
진秦	진중 12년.
초楚	웅엄 5년.
송宋	희공 26년.
위衛	희후 22년.
진陳	유공 22년.
채蔡	이후 5년.
조曹	유백 2년.
정鄭	
연燕	혜후 32년.
오吳	

기원전 832년

주周	공화 10년.
노魯	진공 24년.
제齊	무공 19년.
진晉	희후 9년.
진秦	진중 13년.
초楚	웅엄 6년.
송宋	희공 27년.
위衛	희후 23년.
진陳	유공 23년.
채蔡	이후 6년.
조曹	유백 3년.
정鄭	
연燕	혜후 33년.
오吳	

기원전 831년

주周	공화 11년.
노魯	진공 25년.
제齊	무공 20년.
진晉	희후 10년.
진秦	진중 14년.
초楚	웅엄 7년.
송宋	희공 28년.
위衛	희후 24년.

진陳	희공釐公 효孝 원년.
채蔡	이후 7년.
조曹	유백 4년.
정鄭	
연燕	혜후 34년.
오吳	

기원전 830년

주周	공화 12년.
노魯	진공 26년.
제齊	무공 21년.
진晉	희후 11년.
진秦	진중 15년.
초楚	웅엄 8년.
송宋	혜공惠公 한覵 원년.
위衛	희후 25년.
진陳	희공 2년.
채蔡	이후 8년.
조曹	유백 5년.
정鄭	
연燕	혜후 35년.
오吳	

기원전 829년

주周	공화 13년.
노魯	진공 27년.
제齊	무공 22년.
진晉	희후 12년.
진秦	진중 16년.
초楚	웅엄 9년.
송宋	혜공 2년.
위衛	희후 26년.
진陳	희공 3년.
채蔡	이후 9년.
조曹	유백 6년.
정鄭	
연燕	혜후 36년.
오吳	

기원전 828년

주周	공화 14년. 선왕이 즉위하다. 공화정을 그만두다[十四宣王卽位, 共和罷].
노魯	진공 28년.
제齊	무공 23년.
진晉	희후 13년.
진秦	진중 17년.
초楚	웅엄 10년.
송宋	혜공 3년.
위衛	희후 27년.

진陳	희공 4년.
채蔡	이후 10년.
조曹	유백 7년.
정鄭	
연燕	혜후 37년.
오吳	

기원전 827년(갑술甲戌)

주周	선왕宣王 원년.
노魯	진공 29년.
제齊	무공 24년.
진晉	희후 14년.
진秦	진중 18년.
초楚	웅상熊霜 원년.
송宋	혜공 4년.
위衛	희후 28년.
진陳	희공 5년.
채蔡	이후 11년.
조曹	유백 8년.
정鄭	
연燕	혜후 38년.
오吳	

기원전 826년

주周	선왕 2년.
노魯	진공 30년.
제齊	무공 25년.
진晉	희후 15년.
진秦	진중 19년.
초楚	웅상 2년.
송宋	혜공 5년.
위衛	희후 29년.
진陳	희공 6년.
채蔡	이후 12년.
조曹	유백 9년.
정鄭	
연燕	희후釐侯 장莊 원년.
오吳	

기원전 825년

주周	선왕 3년.
노魯	무공武公 오敖 원년.
제齊	무공 26년.
진晉	희후 16년.
진秦	진중 20년.
초楚	웅상 3년.
송宋	혜공 6년.
위衛	희후 30년.

진陳	희공 7년.
채蔡	이후 13년.
조曹	대백戴伯 선鮮 원년.
정鄭	
연燕	희후 2년.
오吳	

기원전 824년

주周	선왕 4년.
노魯	무공 2년.
제齊	여공厲公 무기無忌 원년.
진晉	희후 17년.
진秦	진중 21년.
초楚	웅상 4년.
송宋	혜공 7년.
위衛	희후 31년.
진陳	희공 8년.
채蔡	이후 14년.
조曹	대백 2년.
정鄭	
연燕	희후 3년.
오吳	

기원전 823년

주周	선왕 5년.
노魯	무공 3년.
제齊	여공 2년.
진晉	희후 18년.
진秦	진중 22년.
초楚	웅상 5년.
송宋	혜공 8년.
위衛	희후 32년.
진陳	희공 9년.
채蔡	이후 15년.
조曹	대백 3년.
정鄭	
연燕	희후 4년.
오吳	

기원전 822년

주周	선왕 6년.
노魯	무공 4년.
제齊	여공 3년.
진晉	헌후獻侯 적籍 원년.
진秦	진중 23년.
초楚	웅상 6년.
송宋	혜공 9년.
위衛	희후 33년.

진陳	희공 10년.
채蔡	이후 16년.
조曹	대백 4년.
정鄭	
연燕	희후 5년.
오吳	

기원전 821년

주周	선왕 7년.
노魯	무공 5년.
제齊	여공 4년.
진晉	헌후 2년.
진秦	장공莊公 기其 원년.
초楚	웅순熊徇 원년.
송宋	혜공 10년.
위衛	희후 34년.
진陳	희공 11년.
채蔡	이후 17년.
조曹	대백 5년.
정鄭	
연燕	희후 6년.
오吳	

기원전 820년

주周	선왕 8년.	
노魯	무공 6년.	
제齊	여공 5년.	
진晉	헌후 3년.	
진秦	장공 2년.	
초楚	웅순 2년.	
송宋	혜공 11년.	
위衛	희후 35년.	
진陳	희공 12년.	
채蔡	이후 18년.	
조曹	대백 6년.	
정鄭		
연燕	희후 7년.	
오吳		

기원전 819년

주周	선왕 9년.	
노魯	무공 7년.	
제齊	여공 6년.	
진晉	헌후 4년.	
진秦	장공 3년.	
초楚	웅순 3년.	
송宋	혜공 12년.	
위衛	희후 36년.	

진陳	희공 13년.
채蔡	이후 19년.
조曹	대백 7년.
정鄭	
연燕	희후 8년.
오吳	

기원전 818년

주周	선왕 10년.
노魯	무공 8년.
제齊	여공 7년.
진晉	헌후 5년.
진秦	장공 4년.
초楚	웅순 4년.
송宋	혜공 13년.
위衛	희후 37년.
진陳	희공 14년.
채蔡	이후 20년.
조曹	대백 8년.
정鄭	
연燕	희후 9년.
오吳	

기원전 817년(갑신甲申)

주周	선왕 11년.
노魯	무공 9년.
제齊	여공 8년.
진晉	헌후 6년.
진秦	장공 5년.
초楚	웅순 5년.
송宋	혜공 14년.
위衛	희후 38년.
진陳	희공 15년.
채蔡	이후 21년.
조曹	대백 9년.
정鄭	
연燕	희후 10년.
오吳	

기원전 816년

주周	선왕 12년.
노魯	무공 10년.
제齊	여공 9년.
진晉	헌후 7년.
진秦	장공 6년.
초楚	웅순 6년.
송宋	혜공 15년.
위衛	희후 39년.

진陳	희공 16년.
채蔡	이후 22년.
조曹	대백 10년.
정鄭	
연燕	희후 11년.
오吳	

기원전 815년

주周	선왕 13년.
노魯	의공懿公 희戲 원년.
제齊	문공文公 적赤 원년.
진晉	헌후 8년.
진秦	장공 7년.
초楚	웅순 7년.
송宋	혜공 16년.
위衛	희후 40년.
진陳	희공 17년.
채蔡	이후 23년.
조曹	대백 11년.
정鄭	
연燕	희후 12년.
오吳	

기원전 814년

주周	선왕 14년.
노魯	의공 2년.
제齊	문공 2년.
진晉	헌후 9년.
진秦	장공 8년.
초楚	웅순 8년.
송宋	혜공 17년.
위衛	희후 41년.
진陳	희공 18년.
채蔡	이후 24년.
조曹	대백 12년.
정鄭	
연燕	희후 13년.
오吳	

기원전 813년

주周	선왕 15년.
노魯	의공 3년.
제齊	문공 3년.
진晉	헌후 10년.
진秦	장공 9년.
초楚	웅순 9년.
송宋	혜공 18년.
위衛	희후 42년.

진陳	희공 19년.
채蔡	이후 25년.
조曹	대백 13년.
정鄭	
연燕	희후 14년.
오吳	

기원전 812년

주周	선왕 16년.
노魯	의공 4년.
제齊	문공 4년.
진晉	헌후 11년.
진秦	장공 10년.
초楚	웅순 10년.
송宋	혜공 19년.
위衛	무공武公 화和 원년.
진陳	희공 20년.
채蔡	이후 26년.
조曹	대백 14년.
정鄭	
연燕	희후 15년.
오吳	

기원전 811년

주周	선왕 17년.
노魯	의공 5년.
제齊	문공 5년.
진晉	목후穆侯 불생弗生 원년.
진秦	장공 11년.
초楚	웅순 11년.
송宋	혜공 20년.
위衛	무공 2년.
진陳	희공 21년.
채蔡	이후 27년.
조曹	대백 15년.
정鄭	
연燕	희후 16년.
오吳	

기원전 810년

주周	선왕 18년.
노魯	의공 6년.
제齊	문공 6년.
진晉	목후 2년.
진秦	장공 12년.
초楚	웅순 12년.
송宋	혜공 21년.
위衛	무공 3년.

진陳	희공 22년.
채蔡	이후 28년.
조曹	대백 16년.
정鄭	
연燕	희후 17년.
오吳	

기원전 809년

주周	선왕 19년.
노魯	의공 7년.
제齊	문공 7년.
진晉	목후 3년.
진秦	장공 13년.
초楚	웅순 13년.
송宋	혜공 22년.
위衛	무공 4년.
진陳	희후 23년.
채蔡	희후釐侯 소사所事 원년.
조曹	대백 17년.
정鄭	
연燕	희후 18년.
오吳	

기원전 808년

주周	선왕 20년.
노魯	의공 8년.
제齊	문공 8년.
진晉	목후 4년. 제나라 여인을 부인으로 삼다[四. 取齊女爲夫人].
진秦	장공 14년.
초楚	웅순 14년.
송宋	혜공 23년.
위衛	무공 5년.
진陳	희후 24년.
채蔡	희후 2년.
조曹	대백 18년.
정鄭	
연燕	희후 19년.
오吳	

기원전 807년(갑오甲午)

주周	선왕 21년.
노魯	의공 9년.
제齊	문공 9년.
진晉	목후 5년.
진秦	장공 15년.
초楚	웅순 15년.
송宋	혜공 24년.
위衛	무공 6년.

진陳	희후 25년.
채蔡	희후 3년.
조曹	대백 19년.
정鄭	
연燕	희후 20년.
오吳	

기원전 806년

주周	선왕 22년.
노魯	효공孝公 칭稱 원년. 백어伯御가 보위에 오르자 칭稱은 여러 공자의 일원이 되다. 백어는 무공의 손자다[魯孝公稱元年, 伯御立爲君, 稱爲諸公子云. 伯御, 武公孫].•
제齊	문공 10년.
진晉	목후 6년.
진秦	장공 16년.
초楚	웅순 16년.
송宋	혜공 25년.
위衞	무공 7년.
진陳	희후 26년.
채蔡	희후 4년.
조曹	대백 20년.
정鄭	환공桓公 우友 원년. 처음 봉해지다. 주선왕의 동복동생이다[鄭桓公友元年始封. 周宣王母弟].
연燕	희후 21년.

• 노나라 백어는 무공의 손자이자 의공의 형 괄括의 아들이다. 의공 9년, 백어가 의공을 시해하고 대권을 장악했다. 효공 11년(기원전 796), 주선왕이 군사를 동원해 백어를 제거하고, 의공의 동생 칭을 의공의 아들로 삼았다. 연표에는 효공의 즉위년으로 표기해놓았다.

오吳	

기원전 805년

주周	선왕 23년.
노魯	효공 2년.
제齊	문공 11년.
진晉	목후 7년. 조條를 정벌하고 태자 구仇를 낳다[七. 以伐條生太子仇].
진秦	장공 17년.
초楚	웅순 17년.
송宋	혜공 26년.
위衛	무공 8년.
진陳	희후 27년.
채蔡	희후 5년.
조曹	대백 21년.
정鄭	환공 2년.
연燕	희후 22년.
오吳	

기원전 804년

주周	선왕 24년.
노魯	효공 3년.
제齊	문공 12년.
진晉	목후 8년.

진秦	장공 18년.
초楚	웅순 18년.
송宋	혜공 27년.
위衛	무공 9년.
진陳	희후 28년.
채蔡	희후 6년.
조曹	대백 22년.
정鄭	환공 3년.
연燕	희후 23년.
오吳	

기원전 803년

주周	선왕 25년.
노魯	효공 4년.
제齊	성공成公 열說 원년.
진晉	목후 9년.
진秦	장공 19년.
초楚	웅순 19년.
송宋	혜공 28년.
위衛	무공 10년.
진陳	희후 29년.
채蔡	희후 7년.
조曹	대백 23년.
정鄭	환공 4년.
연燕	희후 24년.
오吳	

주周	선왕 26년.
노魯	효공 5년.
제齊	성공 2년.
진晉	목후 10년. 천무千畝의 땅으로 인해 전쟁이 나다. 구의 동생 성사成師를 낳다. 구와 성사가 반목해 군자가 비난하다. 후에 난이 일어나다[十. 以 千畝戰. 生仇弟成師. 二子名反, 君子譏之. 後亂].
진秦	장공 20년.
초楚	응순 20년.
송宋	혜공 29년.
위衛	무공 11년.
진陳	희후 30년.
채蔡	희후 8년.
조曹	대백 24년.
정鄭	환공 5년.
연燕	희후 25년.
오吳	

주周	선왕 27년.
노魯	효공 6년.
제齊	성공 3년.
진晉	목후 11년.
진秦	장공 21년.
초楚	응순 21년.

송宋	혜공 30년.
위衞	무공 12년.
진陳	희후 31년.
채蔡	희후 9년.
조曹	대백 25년.
정鄭	환공 6년.
연燕	희후 26년.
오吳	

기원전 800년

주周	선왕 28년.
노魯	효공 7년.
제齊	성공 4년.
진晉	목후 12년.
진秦	장공 22년.
초楚	웅순 22년.
송宋	혜공 31년. 혜공이 서거하다[三十一. 宋惠公薨].
위衞	무공 13년.
진陳	희후 32년.
채蔡	희후 10년.
조曹	대백 26년.
정鄭	환공 7년.
연燕	희후 27년.
오吳	

기원전 799년

주周	선왕 29년.
노魯	효공 8년.
제齊	성공 5년.
진晉	목후 13년.
진秦	장공 23년.
초楚	웅악熊鄂 원년.
송宋	대공戴公이 즉위하다. 원년[宋戴公立. 元年].
위衛	무공 14년.
진陳	희후 33년.
채蔡	희후 11년.
조曹	대백 27년.
정鄭	환공 8년.
연燕	희후 28년.
오吳	

기원전 798년

주周	선왕 30년.
노魯	효공 9년.
제齊	성공 6년.
진晉	목후 14년.
진秦	장공 24년.
초楚	웅악 2년.
송宋	대공 2년.
위衛	무공 15년.

진陳	희후 34년.
채蔡	희후 12년.
조曹	대백 28년.
정鄭	환공 9년.
연燕	희후 29년.
오吳	

기원전 797년(갑진甲辰)

주周	선왕 31년.
노魯	효공 10년.
제齊	성공 7년.
진晉	목후 15년.
진秦	장공 25년.
초楚	웅악 3년.
송宋	대공 3년.
위衛	무공 16년.
진陳	희후 35년.
채蔡	희후 13년.
조曹	대백 29년.
정鄭	환공 10년.
연燕	희후 30년.
오吳	

기원전 796년

주周	선왕 32년.
노魯	효공 11년. 주선왕이 백어를 주살하고 동생 칭을 세우다. 그가 효공이다[十一. 周宣王誅伯御, 立其弟稱, 是爲孝公].
제齊	성공 8년.
진晉	목후 16년.
진秦	장공 26년.
초楚	웅악 4년.
송宋	대공 4년.
위衞	무공 17년.
진陳	희후 36년.
채蔡	희후 14년.
조曹	대백 30년.
정鄭	환공 11년.
연燕	희후 31년.
오吳	

기원전 795년

주周	선왕 33년.
노魯	효공 12년.
제齊	성공 9년.
진晉	목후 17년.
진秦	장공 27년.
초楚	웅악 5년.
송宋	대공 5년.

위衛	무공 18년.
진陳	무공武公 영靈 원년.
채蔡	희후 15년.
조曹	혜백惠伯 치雉 원년.
정鄭	환공 12년.
연燕	희후 32년.
오吳	

기원전 794년

주周	선왕 34년.
노魯	효공 13년.
제齊	장공莊公 속贖 원년.
진晉	목후 18년.
진秦	장공 28년.
초楚	웅악 6년.
송宋	대공 6년.
위衛	무공 19년.
진陳	무공 2년.
채蔡	희후 16년.
조曹	혜백 2년.
정鄭	환공 13년.
연燕	희후 33년.
오吳	

기원전 793년

주周	선왕 35년.
노魯	효공 14년.
제齊	장공 2년.
진晉	목후 19년.
진秦	장공 29년.
초楚	웅악 7년.
송宋	대공 7년.
위衛	무공 20년.
진陳	무공 3년.
채蔡	희후 17년.
조曹	혜백 3년.
정鄭	환공 14년.
연燕	희후 34년.
오吳	

기원전 792년

주周	선왕 36년.
노魯	효공 15년.
제齊	장공 3년.
진晉	목후 20년.
진秦	장공 30년.
초楚	웅악 8년.
송宋	대공 8년.
위衛	무공 21년.

진陳	무공 4년.
채蔡	희후 18년.
조曹	혜백 4년.
정鄭	환공 15년.
연燕	희후 35년.
오吳	

기원전 791년

주周	선왕 37년.
노魯	효공 16년.
제齊	장공 4년.
진晉	목후 21년.
진秦	장공 31년.
초楚	웅악 9년.
송宋	대공 9년.
위衛	무공 22년.
진陳	무공 5년.
채蔡	희후 19년.
조曹	혜백 5년.
정鄭	환공 16년.
연燕	희후 36년.
오吳	

기원전 790년

주周	선왕 38년.
노魯	효공 17년.
제齊	장공 5년.
진晉	목후 22년.
진秦	장공 32년.
초楚	약오若敖 원년.
송宋	대공 10년.
위衛	무공 23년.
진陳	무공 6년.
채蔡	희후 20년.
조曹	혜백 6년.
정鄭	환공 17년.
연燕	경후頃侯 원년.
오吳	

기원전 789년

주周	선왕 39년.
노魯	효공 18년.
제齊	장공 6년.
진晉	목후 23년.
진秦	장공 33년.
초楚	약오 2년.
송宋	대공 11년.
위衛	무공 24년.

진陳	무공 7년.
채蔡	희후 21년.
조曹	혜백 7년.
정鄭	환공 18년.
연燕	경후 2년.
오吳	

기원전 788년

주周	선왕 40년.
노魯	효공 19년.
제齊	장공 7년.
진晉	목후 24년.
진秦	장공 34년.
초楚	약오 3년.
송宋	대공 12년.
위衛	무공 25년.
진陳	무공 8년.
채蔡	희후 22년.
조曹	혜백 8년.
정鄭	환공 19년.
연燕	경후 3년.
오吳	

기원전 787년(갑인甲寅)

주周	선왕 41년.
노魯	효공 20년.
제齊	장공 8년.
진晉	목후 25년.
진秦	장공 35년.
초楚	약오 4년.
송宋	대공 13년.
위衛	무공 26년.
진陳	무공 9년.
채蔡	희후 23년.
조曹	혜백 9년.
정鄭	환공 20년.
연燕	경후 4년.
오吳	

기원전 786년

주周	선왕 42년.
노魯	효공 21년.
제齊	장공 9년.
진晉	목후 26년.
진秦	장공 36년.
초楚	약오 5년.
송宋	대공 14년.
위衛	무공 27년.

진陳	무공 10년.
채蔡	희후 24년.
조曹	혜백 10년.
정鄭	환공 21년.
연燕	경후 5년.
오吳	

기원전 785년

주周	선왕 43년.
노魯	효공 22년.
제齊	장공 10년.
진晉	목후 27년. 목후가 죽고 동생 상숙殤叔이 스스로 즉위하다. 태자 구仇가 망명하다[二十七. 穆侯卒, 弟殤叔自立, 太子仇出奔].
진秦	장공 37년.
초楚	약오 6년.
송宋	대공 15년.
위衞	무공 28년.
진陳	무공 11년.
채蔡	희후 25년.
조曹	혜백 11년.
정鄭	환공 22년.
연燕	경후 6년.
오吳	

기원전 784년

주周	선왕 44년.
노魯	효공 23년.
제齊	장공 11년.
진晉	상숙殤叔 원년.
진秦	장공 38년.
초楚	약오 7년.
송宋	대공 16년.
위衛	무공 29년.
진陳	무공 12년.
채蔡	희후 26년.
조曹	혜백 12년.
정鄭	환공 23년.
연燕	경후 7년.
오吳	

기원전 783년

주周	선왕 45년.
노魯	효공 24년.
제齊	장공 12년.
진晉	상숙 2년.
진秦	장공 39년.
초楚	약오 8년.
송宋	대공 17년.
위衛	무공 30년.

진陳	무공 13년.
채蔡	희후 27년.
조曹	혜백 13년.
정鄭	환공 24년.
연燕	경후 8년.
오吳	

기원전 782년

주周	선왕 46년.
노魯	효공 25년.
제齊	장공 13년.
진晉	상숙 3년.
진秦	장공 40년.
초楚	약오 9년.
송宋	대공 18년.
위衛	무공 31년.
진陳	무공 14년.
채蔡	희후 28년.
조曹	혜백 14년.
정鄭	환공 25년.
연燕	경후 9년.
오吳	

기원전 781년

주周	유왕幽王 원년.
노魯	효공 26년.
제齊	장공 14년.
진晉	상숙 4년. 구仇가 상숙을 공격해 죽이고 문후文侯로 즉위하다[四. 仇攻殺 殤叔, 立爲文侯].
진秦	장공 41년.
초楚	약오 10년.
송宋	대공 19년.
위衛	무공 32년.
진陳	무공 15년.
채蔡	희후 29년.
조曹	혜백 15년.
정鄭	환공 26년.
연燕	경후 10년.
오吳	

기원전 780년

주周	유왕 2년. 삼천三川에 지진이 나다[二. 三川震].
노魯	효공 27년.
제齊	장공 15년.
진晉	문후文侯 구仇 원년.
진秦	장공 42년.
초楚	약오 11년.
송宋	대공 20년.

위衛	무공 33년.
진陳	이공夷公 열說 원년.
채蔡	희후 30년.
조曹	혜백 16년.
정鄭	환공 27년.
연燕	경후 11년.
오吳	

기원전 779년

주周	유왕 3년. 왕이 포사褒姒를 취하다[三. 王取褒姒].
노魯	효공 28년.
제齊	장공 16년.
진晉	문후 2년.
진秦	장공 43년.
초楚	약오 12년.
송宋	대공 21년.
위衛	무공 34년.
진陳	이공 2년.
채蔡	희후 31년.
조曹	혜백 17년.
정鄭	환공 28년.
연燕	경후 12년.
오吳	

기원전 778년

주周	유왕 4년.
노魯	효공 29년.
제齊	장공 17년.
진晉	문후 3년.
진秦	장공 44년.
초楚	약오 13년.
송宋	대공 22년.
위衛	무공 35년.
진陳	이공 3년.
채蔡	희후 32년.
조曹	혜백 18년.
정鄭	환공 29년.
연燕	경후 13년.
오吳	

기원전 777년(갑자甲子)

주周	유왕 5년.
노魯	효공 30년.
제齊	장공 18년.
진晉	문후 4년.
진秦	양공襄公 원년.
초楚	약오 14년.
송宋	대공 23년.
위衛	무공 36년.

진陳	평공平公 섭燮 원년.
채蔡	희후 33년.
조曹	혜백 19년.
정鄭	환공 30년.
연燕	경후 14년.
오吳	

기원전 776년

주周	유왕 6년.
노魯	효공 31년.
제齊	장공 19년.
진晉	문후 5년.
진秦	양공 2년.
초楚	약오 15년.
송宋	대공 24년.
위衛	무공 37년.
진陳	평공 2년.
채蔡	희후 34년.
조曹	혜백 20년.
정鄭	환공 31년.
연燕	경후 15년.
오吳	

기원전 775년

주周	유왕 7년.
노魯	효공 32년.
제齊	장공 20년.
진晉	문후 6년.
진秦	양공 3년.
초楚	약오 16년.
송宋	대공 25년.
위衛	무공 38년.
진陳	평공 3년.
채蔡	희후 35년.
조曹	혜백 21년.
정鄭	환공 32년.
연燕	경후 16년.
오吳	

기원전 774년

주周	유왕 8년.
노魯	효공 33년.
제齊	장공 21년.
진晉	문후 7년.
진秦	양공 4년.
초楚	약오 17년.
송宋	대공 26년.
위衛	무공 39년.

진陳	평공 4년.
채蔡	희후 36년.
조曹	혜백 22년.
정鄭	환공 33년.
연燕	경후 17년.
오吳	

기원전 773년

주周	유왕 9년.
노魯	효공 34년.
제齊	장공 22년.
진晉	문후 8년.
진秦	양공 5년.
초楚	약오 18년.
송宋	대공 27년.
위衛	무공 40년.
진陳	평공 5년.
채蔡	희후 37년.
조曹	혜백 23년.
정鄭	환공 34년.
연燕	경후 18년.
오吳	

기원전 772년

주周	유왕 10년.
노魯	효공 35년.
제齊	장공 23년.
진晉	문후 9년.
진秦	양공 6년.
초楚	약오 19년.
송宋	대공 28년.
위衛	무공 41년.
진陳	평공 6년.
채蔡	희후 38년.
조曹	혜백 24년.
정鄭	환공 35년.
연燕	경후 19년.
오吳	

기원전 771년

주周	유왕 11년. 유왕이 견융犬戎에게 살해되다[十一. 幽王爲犬戎所殺].
노魯	효공 36년.
제齊	장공 24년.
진晉	문후 10년.
진秦	양공 7년. 처음으로 제후의 반열에 오르다[七. 始列爲諸侯].
초楚	약오 20년.
송宋	대공 29년.
위衛	무공 42년.

진陳	평공 7년.
채蔡	희후 39년.
조曹	혜백 25년.
정鄭	환공 36년. 유왕이 죽다. 견융에게 살해된 것이다[三十六. 以幽王故, 爲犬戎所殺].
연燕	경후 20년.
오吳	

기원전 770년●

주周	평왕平王 원년. 동쪽 낙읍雒邑으로 천도하다[平王元年東徙雒邑].
노魯	효공 37년.
제齊	장공 25년.
진晉	문후 11년.
진秦	양공 8년. 처음으로 서치西畤를 세우고 백제白帝에게 제사를 올리다[八. 初立西畤, 祠白帝].
초楚	약오 21년.
송宋	대공 30년.
위衛	무공 43년.
진陳	평공 8년.
채蔡	희후 40년.
조曹	혜백 26년.
정鄭	무공武公 골돌滑突●● 원년.
연燕	경후 21년.
오吳	

● 이때부터 동주東周, 춘추시대가 시작되었다.
●● 원래 이름은 굴돌掘突이다. 《사기색은》은 정여공鄭厲公의 이름도 돌突인 점에 주목해 원래 이름이 실전失傳된 것으로 보았다.

기원전 769년

주周	평왕 2년.
노魯	효공 38년.
제齊	장공 26년.
진晉	문후 12년.
진秦	양공 9년.
초楚	약오 22년.
송宋	대공 31년.
위衛	무공 44년.
진陳	평공 9년.
채蔡	희후 41년.
조曹	혜백 27년.
정鄭	무공 2년.
연燕	경후 22년.
오吳	

기원전 768년

주周	평왕 3년.
노魯	혜공惠公 ● 불생弗湦 원년.
제齊	장공 27년.
진晉	문후 13년.
진秦	양공 10년.
초楚	약오 23년.

● 노혜공의 원래 이름은 불황弗皇이다.

송宋	대공 32년.
위衛	무공 45년.
진陳	평공 10년.
채蔡	희후 42년.
조曹	혜백 28년.
정鄭	무공 3년.
연燕	경후 23년.
오吳	

기원전 767년(갑술甲戌)

주周	평왕 4년.
노魯	혜공 2년.
제齊	장공 28년.
진晉	문후 14년.
진秦	양공 11년.
초楚	약오 24년.
송宋	대공 33년.
위衛	무공 46년.
진陳	평공 11년.
채蔡	희후 43년.
조曹	혜백 29년.
정鄭	무공 4년.
연燕	경후 24년.
오吳	

기원전 766년

주周	평왕 5년.
노魯	혜공 3년.
제齊	장공 29년.
진晉	문후 15년.
진秦	양공 12년. 융戎을 치고 기岐에 이르렀으나 죽다[十二. 伐戎至岐而死].
초楚	약오 25년.
송宋	대공 34년.
위衛	무공 47년.
진陳	평공 12년.
채蔡	희후 44년.
조曹	혜백 30년.
정鄭	무공 5년.
연燕	애후哀侯 원년.
오吳	

기원전 765년

주周	평왕 6년.
노魯	혜공 4년.
제齊	장공 30년.
진晉	문후 16년.
진秦	문공文公 원년.
초楚	약오 26년.

송宋	무공武公 사공司空 원년.
위衛	무공 48년.
진陳	평공 13년.
채蔡	희후 45년.
조曹	혜백 31년.
정鄭	무공 6년.
연燕	애후 2년.
오吳	

기원전 764년

주周	평왕 7년.
노魯	혜공 5년.
제齊	장공 31년.
진晉	문후 17년.
진秦	문공 2년.
초楚	약오 27년.
송宋	무공 2년.
위衛	무공 49년.
진陳	평공 14년.
채蔡	희후 46년.
조曹	혜백 32년.
정鄭	무공 7년.
연燕	정후鄭侯 원년.
오吳	

기원전 763년

주周	평왕 8년.
노魯	혜공 6년.
제齊	장공 32년.
진晉	문후 18년.
진秦	문공 3년.
초楚	소오霄敖 원년.
송宋	무공 3년.
위衛	무공 50년.
진陳	평공 15년.
채蔡	희후 47년.
조曹	혜백 33년.
정鄭	무공 8년.
연燕	정후 2년.
오吳	

기원전 762년

주周	평왕 9년.
노魯	혜공 7년.
제齊	장공 33년.
진晉	문후 19년.
진秦	문공 4년.
초楚	소오 2년.
송宋	무공 4년.
위衛	무공 51년.

진陳	평공 16년.
채蔡	희후 48년.
조曹	혜백 34년.
정鄭	무공 9년.
연燕	정후 3년.
오吳	

기원전 761년

주周	평왕 10년.
노魯	혜공 8년.
제齊	장공 34년.
진晉	문후 20년.
진秦	문공 5년.
초楚	소오 3년.
송宋	무공 5년.
위衛	무공 52년.
진陳	평공 17년.
채蔡	공후共侯 흥興 원년.
조曹	혜백 35년.
정鄭	무공 10년. 신후申侯의 딸 무강武薑을 아내로 맞이하다[十. 娶申侯女武薑].
연燕	정후 4년.
오吳	

기원전 760년

주周	평왕 11년.
노魯	혜공 9년.
제齊	장공 35년.
진晉	문후 21년.
진秦	문공 6년.
초楚	소오 4년.
송宋	무공 6년.
위衛	무공 53년.
진陳	평공 18년.
채蔡	공후 2년.
조曹	혜백 36년.
정鄭	무공 11년.
연燕	정후 5년.
오吳	

기원전 759년

주周	평왕 12년.
노魯	혜공 10년.
제齊	장공 36년.
진晉	문후 22년.
진秦	문공 7년.
초楚	소오 5년.
송宋	무공 7년.
위衛	무공 54년.

진陳	평공 19년.
채蔡	대후戴侯 원년.
조曹	목공穆公 원년.
정鄭	무공 12년.
연燕	정후 6년.
오吳	

기원전 758년

주周	평왕 13년.
노魯	혜공 11년.
제齊	장공 37년.
진晉	문후 23년.
진秦	문공 8년.
초楚	소오 6년.
송宋	무공 8년.
위衛	무공 55년.
진陳	평공 20년.
채蔡	대후 2년.
조曹	목공 2년.
정鄭	무공 13년.
연燕	정후 7년.
오吳	

기원전 757년(갑신甲申)

주周	평왕 14년.
노魯	혜공 12년.
제齊	장공 38년.
진晉	문후 24년.
진秦	문공 9년.
초楚	분모蚡冒 원년.
송宋	무공 9년.
위衛	장공莊公 양楊 원년.
진陳	평공 21년.
채蔡	대후 3년.
조曹	목공 3년.
정鄭	무공 14년. 장공莊公 오생寤生을 낳다[十四. 生莊公寤生].
연燕	정후 8년.
오吳	

기원전 756년

주周	평왕 15년.
노魯	혜공 13년.
제齊	장공 39년.
진晉	문후 25년.
진秦	문공 10년. 천지에 제사를 올리는 부치鄜畤를 만들다[十. 作鄜畤].
초楚	분모 2년.
송宋	무공 10년.
위衛	장공 2년.

진陳	평공 22년.
채蔡	대후 4년.
조曹	환공桓公 종생終生 원년.
정鄭	무공 15년.
연燕	정후 9년.
오吳	

기원전 755년

주周	평왕 16년.
노魯	혜공 14년.
제齊	장공 40년.
진晉	문후 26년.
진秦	문공 11년.
초楚	분모 3년.
송宋	무공 11년.
위衛	장공 3년.
진陳	평공 23년.
채蔡	대후 5년.
조曹	환공 2년.
정鄭	무공 16년.
연燕	정후 10년.
오吳	

기원전 754년

주周	평왕 17년.
노魯	혜공 15년.
제齊	장공 41년.
진晉	문후 27년.
진秦	문공 12년.
초楚	분모 4년.
송宋	무공 12년.
위衞	장공 4년.
진陳	문공文公 어圉 원년. 환공桓公 포鮑와 여공厲公 타他를 낳다. 타의 모친은 채나라 여인이다[陳文公圉元年. 生桓公鮑·厲公他. 他母蔡女].
채蔡	대후 6년.
조曹	환공 3년.
정鄭	무공 17년. 태숙大叔 단段을 낳다. 모친은 단을 세우려 했으나 무공이 듣지 않다[十七生大叔段, 母欲立段, 公不聽].
연燕	정후 11년.
오吳	

기원전 753년

주周	평왕 18년.
노魯	혜공 16년.
제齊	장공 42년.
진晉	문후 28년.
진秦	문공 13년.
초楚	분모 5년.

송宋	무공 13년.
위衛	장공 5년.
진陳	문공 2년.
채蔡	대후 7년.
조曹	환공 4년.
정鄭	무공 18년.
연燕	정후 12년.
오吳	

기원전 752년

주周	평왕 19년.
노魯	혜공 17년.
제齊	장공 43년.
진晉	문후 29년.
진秦	문공 14년.
초楚	분모 6년.
송宋	무공 14년.
위衛	장공 6년.
진陳	문공 3년.
채蔡	대후 8년.
조曹	환공 5년.
정鄭	무공 19년.
연燕	정후 13년.
오吳	

기원전 751년

주周	평왕 20년.
노魯	혜공 18년.
제齊	장공 44년.
진晉	문후 30년.
진秦	문공 15년.
초楚	분모 7년.
송宋	무공 15년.
위衛	장공 7년.
진陳	문공 4년.
채蔡	대후 9년.
조曹	환공 6년.
정鄭	무공 20년.
연燕	정후 14년.
오吳	

기원전 750년

주周	평왕 21년.
노魯	혜공 19년.
제齊	장공 45년.
진晉	문후 31년.
진秦	문공 16년.
초楚	분모 8년.
송宋	무공 16년.
위衛	장공 8년.

진陳	문공 5년.
채蔡	대후 10년.
조曹	환공 7년.
정鄭	무공 21년.
연燕	정후 15년.
오吳	

기원전 749년

주周	평왕 22년.
노魯	혜공 20년.
제齊	장공 46년.
진晉	문후 32년.
진秦	문공 17년.
초楚	분모 9년.
송宋	무공 17년.
위衛	장공 9년.
진陳	문공 6년.
채蔡	선후宣侯 해론楷論 원년.
조曹	환공 8년.
정鄭	무공 22년.
연燕	정후 16년.
오吳	

기원전 748년

주周	평왕 23년.
노魯	혜공 21년.
제齊	장공 47년.
진晉	문후 33년.
진秦	문공 18년.
초楚	분모 10년.
송宋	무공 18년. 노환공의 모친을 낳다[十八. 生魯桓公母].
위衛	장공 10년.
진陳	문공 7년.
채蔡	선후 2년.
조曹	환공 9년.
정鄭	무공 23년.
연燕	정후 17년.
오吳	

기원전 747년(갑오甲午)

주周	평왕 24년.
노魯	혜공 22년.
제齊	장공 48년.
진晉	문후 34년.
진秦	문공 19년. 진보陳寶에게 제사를 지내다[十九. 作祠陳寶].
초楚	분모 11년.
송宋	선공宣公 력力 원년.
위衛	장공 11년.

진陳	문공 8년.
채蔡	선후 3년.
조曹	환공 10년.
정鄭	무공 24년.
연燕	정후 18년.
오吳	

기원전 746년

주周	평왕 25년.
노魯	혜공 23년.
제齊	장공 49년.
진晉	문후 35년.
진秦	문공 20년.
초楚	분모 12년.
송宋	선공 2년.
위衛	장공 12년.
진陳	문공 9년.
채蔡	선후 4년.
조曹	환공 11년.
정鄭	무공 25년.
연燕	정후 19년.
오吳	

기원전 745년

주周	평왕 26년.
노魯	혜공 24년.
제齊	장공 50년.
진晉	소후昭侯 원년. 숙부 성사成師를 곡옥曲沃 땅에 봉하다. 곡옥이 본국보다 컸다. 군자들이 "진나라 화란은 곡옥에서 비롯되었다"고 비난하다 [晉昭侯元年封季父成師於曲沃, 曲沃大於國, 君子譏, 晉人亂自曲沃始矣].
진秦	문공 21년.
초楚	분모 13년.
송宋	선공 3년.
위衛	장공 13년.
진陳	문공 10년. 문공이 죽다[十. 文公卒].
채蔡	선후 5년.
조曹	환공 12년.
정鄭	무공 26년.
연燕	정후 20년.
오吳	

기원전 744년

주周	평왕 27년.
노魯	혜공 25년.
제齊	장공 51년.
진晉	소후 2년.
진秦	문공 22년.
초楚	분모 14년.

송宋	선공 4년.
위衛	장공 14년.
진陳	환공桓公 원년.
채蔡	선후 6년.
조曹	환공 13년.
정鄭	무공 27년.
연燕	정후 21년.
오吳	

기원전 743년

주周	평왕 28년.
노魯	혜공 26년.
제齊	장공 52년.
진晉	소후 3년.
진秦	문공 23년.
초楚	분모 15년.
송宋	선공 5년.
위衛	장공 15년.
진陳	환공 2년.
채蔡	선후 7년.
조曹	환공 14년.
정鄭	장공莊公 오생寤生 원년. 제중祭仲이 재상이 되다[鄭莊公寤生元年. 祭仲相].
연燕	정후 22년.
오吳	

기원전 742년

주周	평왕 29년.
노魯	혜공 27년.
제齊	장공 53년.
진晉	소후 4년.
진秦	문공 24년.
초楚	분모 16년.
송宋	선공 6년.
위衛	장공 16년.
진陳	환공 3년.
채蔡	선후 8년.
조曹	환공 15년.
정鄭	장공 2년.
연燕	정후 23년.
오吳	

기원전 741년

주周	평왕 30년.
노魯	혜공 28년.
제齊	장공 54년.
진晉	소후 5년.
진秦	문공 25년.
초楚	분모 17년.
송宋	선공 7년.

위衛	장공 17년. 애첩 아들이 주우州吁다. 주우가 전쟁을 좋아하다[十七. 愛妾 子州吁. 州吁好兵].
진陳	환공 4년.
채蔡	선후 9년.
조曹	환공 16년.
정鄭	장공 3년.
연燕	정후 24년.
오吳	

기원전 740년

주周	평왕 31년.
노魯	혜공 29년.
제齊	장공 55년.
진晉	소후 6년.
진秦	문공 26년.
초楚	무왕이 즉위하다[武王立].
송宋	선공 8년.
위衛	장공 18년.
진陳	환공 5년.
채蔡	선후 10년.
조曹	환공 17년.
정鄭	장공 4년.
연燕	정후 25년.
오吳	

기원전 739년

주周	평왕 32년.
노魯	혜공 30년.
제齊	장공 56년.
진晉	반보潘父가 소후를 죽이다. 곡옥의 성사成師를 맞아들이려 했으나 성공하지 못하다. 소후의 아들이 즉위하다. 그가 효후孝侯다[潘父殺昭侯, 納成師, 不克. 昭侯子立, 是爲孝侯].
진秦	문공 27년.
초楚	무왕 2년.
송宋	선공 9년.
위衛	장공 19년.
진陳	환공 6년.
채蔡	선후 11년.
조曹	환공 18년.
정鄭	장공 5년.
연燕	정후 26년.
오吳	

기원전 738년

주周	평왕 33년.
노魯	혜공 31년.
제齊	장공 57년.
진晉	효후 2년.
진秦	문공 28년.
초楚	무왕 3년.

송宋	선공 10년.
위衛	장공 20년.
진陳	환공 7년.
채蔡	선후 12년.
조曹	환공 19년.
정鄭	장공 6년.
연燕	정후 27년.
오吳	

기원전 737년(갑진甲辰)

주周	평왕 34년.
노魯	혜공 32년.
제齊	장공 58년.
진晉	효후 3년.
진秦	문공 29년.
초楚	무왕 4년.
송宋	선공 11년.
위衛	장공 21년.
진陳	환공 8년.
채蔡	선후 13년.
조曹	환공 20년.
정鄭	장공 7년.
연燕	정후 28년.
오吳	

기원전 736년

주周	평왕 35년.
노魯	혜공 33년.
제齊	장공 59년.
진晉	효후 4년.
진秦	문공 30년.
초楚	무왕 5년.
송宋	선공 12년.
위衛	장공 22년.
진陳	환공 9년.
채蔡	선후 14년.
조曹	환공 21년.
정鄭	장공 8년.
연燕	정후 29년.
오吳	

기원전 735년

주周	평왕 36년.
노魯	혜공 34년.
제齊	장공 60년.
진晉	효후 5년.
진秦	문공 31년.
초楚	무왕 6년.
송宋	선공 13년.

위衛	장공 23년. 정실부인 장강莊姜에게 자식이 없어 환공桓公이 즉위하다 [二十三. 夫人無子, 桓公立].
진陳	환공 10년.
채蔡	선후 15년.
조曹	환공 22년.
정鄭	장공 9년.
연燕	정후 30년.
오吳	

기원전 734년

주周	평왕 37년.
노魯	혜공 35년.
제齊	장공 61년.
진晉	효후 6년.
진秦	문공 32년.
초楚	무왕 7년.
송宋	선공 14년.
위衛	환공桓公 완完 원년.
진陳	환공 11년.
채蔡	선후 16년.
조曹	환공 23년.
정鄭	장공 10년.
연燕	정후 31년.
오吳	

기원전 733년

주周	평왕 38년.
노魯	혜공 36년.
제齊	장공 62년.
진晉	효후 7년.
진秦	문공 33년.
초楚	무왕 8년.
송宋	선공 15년.
위衛	환공 2년. 동생 주우가 교만해 환공이 내치자 밖으로 달아나다[二. 弟州吁驕, 桓黜之, 出奔].
진陳	환공 12년.
채蔡	선후 17년.
조曹	환공 24년.
정鄭	장공 11년.
연燕	정후 32년.
오吳	

기원전 732년

주周	평왕 39년.
노魯	혜공 37년.
제齊	장공 63년.
진晉	효후 8년.
진秦	문공 34년.
초楚	무왕 9년.
송宋	선공 16년.

위衛	환공 3년.
진陳	환공 13년.
채蔡	선후 18년.
조曹	환공 25년.
정鄭	장공 12년.
연燕	정후 33년.
오吳	

기원전 731년

주周	평왕 40년.
노魯	혜공 38년.
제齊	장공 64년.
진晉	효후 9년. 곡옥의 환숙桓叔 성사成師가 죽자 아들이 대신 즉위하다. 그가 장백莊伯이다[九. 曲沃桓叔成師卒, 子代立, 爲莊伯].
진秦	문공 35년.
초楚	무왕 10년.
송宋	선공 17년.
위衛	환공 4년.
진陳	환공 14년.
채蔡	선후 19년.
조曹	환공 26년.
정鄭	장공 13년.
연燕	정후 34년.
오吳	

기원전 730년

주周	평왕 41년.
노魯	혜공 39년.
제齊	희공釐公 녹보祿父 원년.
진晉	효후 10년.
진秦	문공 36년.
초楚	무왕 11년.
송宋	선공 18년.
위衛	환공 5년.
진陳	환공 15년.
채蔡	선후 20년.
조曹	환공 27년.
정鄭	장공 14년.
연燕	정후 35년.
오吳	

기원전 729년

주周	평왕 42년.
노魯	혜공 40년.
제齊	희공 2년. 동복동생 이중년夷仲年이 공손公孫 무지母知를 낳다[二. 同母弟夷仲年生公孫母知也].
진晉	효후 11년.
진秦	문공 37년.
초楚	무왕 12년.

송宋	선공 19년. 선공이 죽으면서 동생 화和의 즉위를 명하다. 그가 목공穆公이다[十九. 公卒, 命立弟和, 爲穆公].
위衛	환공 6년.
진陳	환공 16년.
채蔡	선후 21년.
조曹	환공 28년.
정鄭	장공 15년.
연燕	정후 36년.
오吳	

기원전 728년

주周	평왕 43년.
노魯	혜공 41년.
제齊	희공 3년.
진晉	효후 12년.
진秦	문공 38년.
초楚	무왕 13년.
송宋	목공穆公 화和 원년.
위衛	환공 7년.
진陳	환공 17년.
채蔡	선후 22년.
조曹	환공 29년.
정鄭	장공 16년.
연燕	목후穆侯 원년.
오吳	

기원전 727년(갑인甲寅)

주周	평왕 44년.
노魯	혜공 42년.
제齊	희공 4년.
진晉	효후 13년.
진秦	문공 39년.
초楚	무왕 14년.
송宋	목공 2년.
위衛	환공 8년.
진陳	환공 18년.
채蔡	선후 23년.
조曹	환공 30년.
정鄭	장공 17년.
연燕	목후 2년.
오吳	

기원전 726년

주周	평왕 45년.
노魯	혜공 43년.
제齊	희공 5년.
진晉	효후 14년.
진秦	문공 40년.
초楚	무왕 15년.
송宋	목공 3년.
위衛	환공 9년.

진陳	환공 19년.
채蔡	선후 24년.
조曹	환공 31년.
정鄭	장공 18년.
연燕	목후 3년.
오吳	

기원전 725년

주周	평왕 46년.
노魯	혜공 44년.
제齊	희공 6년.
진晉	효후 15년.
진秦	문공 41년.
초楚	무왕 16년.
송宋	목공 4년.
위衛	환공 10년.
진陳	환공 20년.
채蔡	선후 25년.
조曹	환공 32년.
정鄭	장공 19년.
연燕	목후 4년.
오吳	

기원전 724년

주周	평왕 47년.
노魯	혜공 45년.
제齊	희공 7년.
진晉	효후 16년. 곡옥의 장백이 효후를 죽이다. 진나라 백성이 효후의 아들 각郤을 악후鄂侯로 세우다[十六. 曲沃莊伯殺孝侯, 晉人立孝侯子郤爲鄂侯].
진秦	문공 42년.
초楚	무왕 17년.
송宋	목공 5년.
위衛	환공 11년.
진陳	환공 21년.
채蔡	선후 26년.
조曹	환공 33년.
정鄭	장공 20년.
연燕	목후 5년.
오吳	

기원전 723년

주周	평왕 48년.
노魯	혜공 46년.
제齊	희공 8년.
진晉	악후鄂侯 각郤 원년. 곡옥이 진晉보다 강하다[晉鄂侯郤元年. 曲沃強於晉].
진秦	문공 43년.
초楚	무왕 18년.
송宋	목공 6년.

위衛	환공 12년.
진陳	환공 22년.
채蔡	선후 27년.
조曹	환공 34년.
정鄭	장공 21년.
연燕	목후 6년.
오吳	

기원전 722년

주周	평왕 49년.
노魯	은공隱公 식息 원년. 모친은 성자聲子다[魯隱公息姑元年母聲子].
제齊	희공 9년.
진晉	악후 2년.
진秦	문공 44년
초楚	무왕 19년.
송宋	목공 7년.
위衛	환공 13년.
진陳	환공 23년.
채蔡	선후 28년.
조曹	환공 35년.
정鄭	장공 22년. 태숙太叔 단段이 난을 일으킨 뒤 달아나다[二十二. 段作亂, 奔].
연燕	목후 7년.
오吳	

주周	평왕 50년.
노魯	은공 2년.
제齊	희공 10년.
진晉	악후 3년.
진秦	문공 45년.
초楚	무왕 20년.
송宋	목공 8년.
위衛	환공 14년.
진陳	환공 24년.
채蔡	선후 29년.
조曹	환공 36년.
정鄭	장공 23년. 장공이 후회하며 모친을 그리워했으나 만나지 못하다. 땅에 굴을 뚫어 상봉하다[二十三. 公悔, 思母不見, 穿地相見].
연燕	목후 8년.
오吳	

주周	평왕 51년.
노魯	은공 3년. 2월, 일식이 일어나다[三. 二月, 日蝕].
제齊	희공 11년.
진晉	악후 4년.
진秦	문공 46년.
초楚	무왕 21년.

송宋	목공 9년. 목공이 죽기 전에 공보孔父에게 상공殤公을 세우도록 부탁하다. 풍馮이 정나라로 달아나다[九. 公屬孔父立殤公. 馮奔鄭].
위衛	환공 15년.
진陳	환공 25년.
채蔡	선후 30년.
조曹	환공 37년.
정鄭	장공 24년. 주나라 왕실의 영토를 침략해 벼를 빼앗다[二十四. 侵周, 取禾].
연燕	목후 9년.
오吳	

주周	환왕桓王 원년[桓王元年].
노魯	은공 4년.
제齊	희공 12년.
진晉	악후 5년.
진秦	문공 47년.
초楚	무왕 22년.
송宋	상공殤公 여이與夷 원년.
위衛	환공 16년. 주우가 환공을 시해하고 스스로 즉위하다[十六. 州吁弒公自立].
진陳	환공 26년. 위나라 대부 석작石碏이 와서 알려준 덕분에 주우를 잡다[二十六. 衛石碏來告, 故執州吁].
채蔡	선후 31년.
조曹	환공 38년.
정鄭	장공 25년.
연燕	목후 10년.
오吳	

기원전 718년

주周	환왕 2년. 괵공虢公을 시켜 진晉나라 곡옥을 치게 하다[二. 使虢公伐晉之曲沃].
노魯	은공 5년. 은공이 당棠에서 물고기를 감상하다. 군자들이 이를 비난하다[五. 公觀魚於棠, 君子譏之].
제齊	희공 13년.
진晉	악후 6년. 악후가 죽다. 곡옥의 장백莊伯이 다시 진晉나라를 치다. 악우의 아들 광光을 애후哀侯로 세우다[六. 鄂侯卒. 曲沃莊伯復攻晉. 立鄂侯子光爲哀吁].
진秦	문공 48년.
초楚	무왕 23년
송宋	상공 2년. 정나라가 송나라를 치자, 송나라도 정나라를 치다[二. 鄭伐我. 我伐鄭].
위衛	선공宣公 진晉 원년. 함께 선공을 옹립하다. 주우를 토벌하다[衛宣公晉元年. 共立之. 討州籲].
진陳	환공 27년.
채蔡	선후 32년.
조曹	환공 39년.
정鄭	장공 26년.
연燕	목후 11년.
오吳	

기원전 717년(갑자甲子)

주周	환왕 3년.
노魯	은공 6년. 정나라 사람이 와서 원한을 풀고 화목하게 지낼 것을 청하다[六. 鄭人來渝平].

제齊	희공 14년.
진晉	애후哀侯 광光 원년.
진秦	문공 49년.
초楚	무왕 24년.
송宋	상공 3년.
위衛	선공 2년.
진陳	환공 28년.
채蔡	선후 33년.
조曹	환공 40년.
정鄭	장공 27년. 처음으로 왕실에 조회를 갔으나 왕이 예를 갖추지 않다[二十七. 始朝王, 王不禮].
연燕	목후 12년.
오吳	

기원전 716년

주周	환왕 4년.
노魯	은공 7년.
제齊	희공 15년.
진晉	애후 2년. 곡옥의 장백이 죽다. 아들 칭稱이 즉위하다. 그가 무공武公이다[二. 莊伯卒, 子稱立, 爲武公].
진秦	문공 50년.
초楚	무왕 25년.
송宋	상공 4년.
위衛	선공 3년.
진陳	환공 29년.
채蔡	선후 34년.

조曹	환공 41년.
정鄭	장공 28년.
연燕	목후 13년.
오吳	

기원전 715년

주周	환왕 5년.
노魯	은공 8년. 허전許田을 정나라의 팽祊 땅과 맞바꾸다. 군자들이 이를 비난하다[八. 易許田, 君子譏之].
제齊	희공 16년.
진晉	애후 3년.
진秦	영공寧公 원년.
초楚	무왕 26년.
송宋	상공 5년.
위衛	선공 4년.
진陳	환공 30년.
채蔡	선후 35년.
조曹	환공 42년.
정鄭	장공 29년. 노나라에 팽 땅을 주고 허전을 얻다[二十九. 與魯祊, 易許田].
연燕	목후 14년.
오吳	

기원전 714년

주周	환왕 6년.

노魯	은공 9년. 3월, 큰 우박이 내리고 번개가 치다[九. 三月, 大雨雹, 電].
제齊	희공 17년.
진晉	애후 4년.
진秦	영공 2년.
초楚	무왕 27년.
송宋	상공 6년.
위衛	선공 5년.
진陳	환공 31년.
채蔡	환후桓侯 봉인封人 원년.
조曹	환공 43년.
정鄭	장공 30년.
연燕	목후 15년.
오吳	

기원전 713년

주周	환왕 7년.
노魯	은공 10년.
제齊	희공 18년.
진晉	애후 5년.
진秦	영공 3년.
초楚	무왕 28년.
송宋	상공 7년. 제후가 송나라를 패배시키다. 송나라 군사가 위나라와 함께 정나라를 치다[七. 諸侯敗我. 我師與衛人伐鄭].
위衛	선공 6년.
진陳	환공 32년.
채蔡	환후 2년.

조曹	환공 44년.
정鄭	장공 31년.
연燕	목후 16년.
오吳	

기원전 712년

주周	환왕 8년.
노魯	은공 11년. 대부 휘翬가 환공을 죽이면 재상에 임명해줄 것을 청했으나 은공이 듣지 않자 즉시 은공을 죽이다[十一. 大夫翬請殺桓公, 求爲相, 公不聽, 卽殺公].
제齊	희공 19년.
진晉	애후 6년.
진秦	영공 4년.
초楚	무왕 29년.
송宋	상공 8년.
위衛	선공 7년.
진陳	환공 33년.
채蔡	환후 3년.
조曹	환공 45년.
정鄭	장공 32년.
연燕	목후 17년.
오吳	

주周	환왕 9년.
노魯	환공桓公 윤允 원년. 모친은 송무공宋武公의 딸로, 태어날 때 손에 무늬가 있어 노나라 군주의 부인이 되다[魯桓公允元年. 母宋武公女, 生手文爲魯夫人].
제齊	희공 20년.
진晉	애후 7년.
진秦	영공 5년.
초楚	무왕 30년.
송宋	상공 9년.
위衛	선공 8년.
진陳	환공 34년.
채蔡	환후 4년.
조曹	환공 46년.
정鄭	장공 33년. 옥벽玉璧을 노나라에 더 주고 허전을 건네며 팽 땅을 다시 찾다[三十三. 以璧加魯, 易許田].
연燕	목후 18년.
오吳	

주周	환왕 10년.
노魯	환공 2년. 송나라가 뇌물로 준 정鼎을 태묘太廟에 넣다. 군자들이 이를 비난하다[二. 宋賂以鼎, 入於太廟, 君子譏之].
제齊	희공 21년.
진晉	애후 8년.
진秦	영공 6년.

초楚	무왕 31년.
송宋	대부 화독華督이 공보孔父의 처가 아름다운 것을 보고 기뻐하다. 화독이 공보를 죽이고 상공도 죽이다. 장공莊公 풍馮 원년. 화독이 재상이 되다[華督見孔父妻好, 悅之. 華督殺孔父, 及殺殤公. 宋公馮元年. 華督爲相].
위衛	선공 9년.
진陳	환공 35년.
채蔡	환후 5년.
조曹	환공 47년.
정鄭	장공 34년.
연燕	선후宣侯 원년.
오吳	

기원전 709년

주周	환왕 11년.
노魯	환공 3년. 공자 휘翬가 여인을 들일 때 제희공齊僖公이 여인을 호송하다. 군자가 이를 비난하다[三. 翬迎女, 齊侯送女, 君子譏之].
제齊	희공 22년.
진晉	소자小子 원년.
진秦	영공 7년.
초楚	무왕 32년.
송宋	장공 2년.
위衛	선공 10년.
진陳	환공 36년.
채蔡	환후 6년.
조曹	환공 48년.
정鄭	장공 35년.
연燕	선후 2년.

오吳	

기원전 708년

주周	환왕 12년.
노魯	환공 4년.
제齊	희공 23년.
진晉	소자 2년.
진秦	영공 8년.
초楚	무왕 33년.
송宋	장공 3년.
위衞	선공 11년.
진陳	환공 37년.
채蔡	환후 7년.
조曹	환공 49년.
정鄭	장공 36년.
연燕	선후 3년.
오吳	

기원전 707년(갑술甲戌)

주周	환왕 13년. 정나라를 치다[十三. 伐鄭].
노魯	환공 5년.
제齊	희공 24년.
진晉	소자 3년.

진秦	영공 9년.
초楚	무왕 34년.
송宋	장공 4년.
위衛	선공 12년.
진陳	환공 38년. 환공의 동생 타가 태자 면을 죽이다. 대신 보위에 올랐으나 나라가 어지러워 두 차례나 부고하다[三十八.弟他殺太子免.代立, 國亂, 再赴].
채蔡	환후 8년.
조曹	환공 50년.
정鄭	장공 37년. 주나라 왕실을 치다. 왕이 부상을 입다[三十七.伐周, 傷王].
연燕	선후 4년.
오吳	

기원전 706년

주周	환왕 14년.
노魯	환공 6년.
제齊	희공 25년. 산융山戎이 침공하다[二十五.山戎伐我].
진晉	곡옥 무공武公이 소자小子를 죽이다. 주나라가 곡옥을 치다. 애후哀侯의 동생 민湣*을 세워 진후晉侯로 삼다. 진후晉侯 민湣 원년[曲沃武公殺小子. 周伐曲沃, 立晉哀侯弟湣爲晉侯. 晉侯湣元年].
진秦	영공 10년.
초楚	무왕 35년. 수隨나라를 침공했으나 수나라가 선정을 베푸는 것을 보고 그만두다[三十五.侵隨, 隨爲善政, 得止].
송宋	장공 5년.
위衛	선공 13년.

• 《춘추좌전》에는 민緡으로 나온다.

진陳	여공厲公 타他 원년.
채蔡	환후 9년.
조曹	환공 51년.
정鄭	장공 38년. 태자 홀忽이 제나라를 구하다. 제나라가 공실의 여인을 처로 삼으려 하다[三十八太子忽救齊, 齊將妻之].
연燕	선후 5년
오吳	

기원전 705년

주周	환왕 15년.
노魯	환공 7년.
제齊	희공 26년.
진晉	진후 민 2년.
진秦	영공 11년.
초楚	무왕 36년.
송宋	장공 6년.
위衛	선공 14년.
진陳	여공 2년. 경중敬仲 완完이 태어나다. 주나라의 점복관이 완의 후손이 제나라에서 왕 노릇을 하리라 예견하다[二生. 敬仲完. 周史卜完後世王齊].
채蔡	환후 10년.
조曹	환공 52년.
정鄭	장공 39년.
연燕	선후 6년.
오吳	

기원전 704년

주周	환왕 16년.
노魯	환공 8년.
제齊	희공 27년.
진晉	진후 민 3년.
진秦	영공 12년.
초楚	무왕 37년. 수나라를 쳤으나 성을 빼앗지 못하다. 동맹을 맺고 철군하다[三十七. 伐隨, 弗拔, 但盟, 罷兵].
송宋	장공 7년.
위衛	선공 15년.
진陳	여공 3년.
채蔡	환후 11년.
조曹	환공 53년.
정鄭	장공 40년.
연燕	선후 7년.
오吳	

기원전 703년

주周	환왕 17년.
노魯	환공 9년.
제齊	희공 28년.
진晉	진후 민 4년.
진秦	출자出子 원년.
초楚	무왕 38년.
송宋	장공 8년.

위衛	선공 16년.
진陳	여공 4년.
채蔡	환후 12년.
조曹	환공 54년.
정鄭	장공 41년.
연燕	선후 8년.
오吳	

기원전 702년

주周	환왕 18년.
노魯	환공 10년.
제齊	희공 29년.
진晉	진후 민 5년.
진秦	출자 2년.
초楚	무왕 39년.
송宋	장공 9년.
위衛	선공 17년.
진陳	여공 5년.
채蔡	환후 13년.
조曹	환공 55년.
정鄭	장공 42년.
연燕	선후 9년.
오吳	

주周	환왕 19년.
노魯	환공 11년.
제齊	희공 30년.
진晉	진후 민 6년.
진秦	출자 3년.
초楚	무왕 40년.
송宋	장공 10년. 제중을 사로잡다[十. 執祭仲].
위衛	선공 18년. 태자 급伋*의 동생 수壽가 서로 먼저 죽이려고 다투다 죽다[十八. 太子伋弟壽爭死].
진陳	여공 6년.
채蔡	환후 14년.
조曹	장공莊公 역고射姑 원년.
정鄭	장공 43년.
연燕	선후 10년.
오吳	

주周	환왕 20년.
노魯	환공 12년.
제齊	희공 31년.
진晉	진후 민 7년.
진秦	출자 4년.

● 《춘추좌전》에는 태자 급急으로 나온다.

초楚	무왕 41년.
송宋	장공 11년.
위衛	선공 19년.
진陳	여공 7년. 여공이 채나라 여자를 탐하자 채나라 사람들이 여공을 죽이다[七. 公淫蔡, 蔡殺公].
채蔡	환후 15년.
조曹	장공 2년.
정鄭	여공厲公 돌突 원년.
연燕	선후 11년.
오吳	

기원전 699년

주周	환왕 21년.
노魯	환공 13년.
제齊	희공 32년. 희공이 공손 무지에게 태자와 같은 옷을 입히다[三十二. 釐公令母知秩服如太子].
진晉	진후 민 8년.
진秦	출자 5년.
초楚	무왕 42년.
송宋	장공 12년.
위衛	혜공惠公 삭朔 원년.
진陳	장공莊公 임림 원년. 환공桓公의 아들이다[陳莊公林元年. 桓公子].
채蔡	환후 16년.
조曹	장공 3년.
정鄭	여공 2년.
연燕	선후 12년.
오吳	

기원전 698년

주周	환왕 22년.
노魯	환공 14년.
제齊	희공 33년.
진晉	진후 민 9년.
진秦	출자 6년. 삼보三父가 출자를 죽이고 그의 형을 무공武公으로 세우다 [六. 三父殺出子, 立其兄武公].
초楚	무왕 43년.
송宋	장공 13년.
위衛	혜공 2년.
진陳	장공 2년.
채蔡	환후 17년.
조曹	장공 4년.
정鄭	여공 3년. 제후들이 정나라를 치다. 송나라의 이전 일을 보복한 것이다 [三. 諸侯伐我, 報宋故].
연燕	선후 13년.
오吳	

기원전 697년(갑신甲申)

주周	환왕 23년.
노魯	환공 15년. 천자가 수레를 구하다. 이는 예가 아니다[十五. 天王求車, 非禮].
제齊	양공襄公 제예諸兒 원년. 공손 무지의 봉록과 의복을 깎자 무지가 원망하다[齊襄公諸兒元年. 貶毋知秩服, 毋知怨].
진晉	진후 민 10년.
진秦	무공武公 원년. 팽彭을 정벌하고 화산華山에 이르다[秦武公元年. 伐彭, 至華山].

초楚	무왕 44년.
송宋	장공 14년.
위衛	혜공 3년. 혜공 삭朔이 제나라로 달아나자 검모黔牟를 세우다[三朔奔齊, 立黔牟].
진陳	장공 3년.
채蔡	환후 18년.
조曹	장공 5년.
정鄭	여공 4년. 제중祭仲이 공자 홀忽을 세우자 여공이 쫓겨나 역櫟 땅에 거처하다[四. 祭仲立忽, 公出居櫟].
연燕	환후桓侯 원년.
오吳	

기원전 696년

주周	장왕莊王 원년. 왕자 퇴頹를 낳다[莊王元年. 生子頹].
노魯	환공 16년. 환공이 조나라와 회맹하고 정나라 정벌을 꾀하다[十六. 公會曹, 謀伐鄭].
제齊	양공 2년.
진晉	진후 민 11년.
진秦	무공 2년.
초楚	무왕 45년.
송宋	장공 15년.
위衛	검모黔牟 원년.
진陳	장공 4년.
채蔡	환후 19년.
조曹	장공 6년.
정鄭	소공昭公 홀忽 원년. 홀의 모친은 등鄧나라 여인이다. 제중이 그녀를 취하다[鄭昭公忽元年. 忽母鄧 女, 祭仲取之].

연燕	환후 2년.
오吳	

기원전 695년

주周	장왕 2년. 장왕에게 동생 극克이 있다[二. 有弟克].
노魯	환공 17년. 일식이 있었으나 날짜를 기록하지 않다. 해당 관원이 빠뜨린 것이다[十七. 日食, 不書日, 官失之].
제齊	양공 3년.
진晉	진후 민 12년
진秦	무공 3년.
초楚	무왕 46년.
송宋	장공 16년.
위衛	검모 2년.
진陳	장공 5년.
채蔡	환후 20년.
조曹	장공 7년.
정鄭	소공 2년. 대부 고거미高渠彌가 소공을 시해하다[二. 渠彌殺昭公].
연燕	환후 3년.
오吳	

기원전 694년

주周	장왕 3년.

노魯	환공 18년. 공이 부인과 함께 제나라로 가다. 제후齊侯가 이복누이인 공의 부인과 간통한 뒤 공자 팽생彭生을 시켜 수레 안에서 공을 죽이게 하다[十八. 公與夫人如齊, 齊侯通焉, 使彭 生殺公於車上].
제齊	양공 4년. 노환공을 죽인 뒤 팽생에게 죄를 덮어씌워 죽이다[四. 殺魯桓公, 誅彭生].
진晉	진후 민 13년.
진秦	무공 4년.
초楚	무왕 47년.
송宋	장공 17년.
위衛	검모 3년.
진陳	장공 6년.
채蔡	애후哀侯 헌무獻舞 원년.
조曹	장공 8년.
정鄭	공자公子 미亹 원년. 제나라가 공자 미를 죽이다. 공자 미는 소공의 동생이다[鄭子亹元年. 齊殺 子亹, 昭公弟].
연燕	환후 4년.
오吳	

기원전 693년

주周	장왕 4년. 주공周公이 왕을 죽이고 왕의 동생 극克을 세우려 하다. 왕이 주공을 주살하자 극이 연나라로 달아나다[四. 周公欲殺王而立子克, 王誅 周公, 克奔燕].
노魯	장공莊公 동同 원년.
제齊	양공 5년.
진晉	진후 민 14년.
진秦	무공 5년.
초楚	무왕 48년.

송宋	장공 18년.
위衛	검모 4년.
진陳	장공 7년.
채蔡	애후 2년.
조曹	장공 9년.
정鄭	공자 영嬰 원년. 공자 미의 동생이다 [鄭子嬰元年. 子亹之弟].
연燕	환후 5년.
오吳	

기원전 692년

주周	장왕 5년.
노魯	장공 2년.
제齊	양공 6년.
진晉	진후 민 15년.
진秦	무공 6년.
초楚	무왕 49년.
송宋	장공 19년.
위衛	검모 5년.
진陳	선공宣公 저구杵臼 원년. 저구는 장공의 동생이다[陳宣公杵臼元年. 杵臼, 莊公弟].
채蔡	애후 3년.
조曹	장공 10년.
정鄭	공자 영 2년.
연燕	환후 6년.
오吳	

주周	장왕 6년.
노魯	장공 3년.
제齊	양공 7년.
진晉	진후 민 16년.
진秦	무공 7년.
초楚	무왕 50년.
송宋	민공湣公 첩捷 원년.
위衛	검모 6년.
진陳	선공 2년.
채蔡	애후 4년.
조曹	장공 11년.
정鄭	공자 영 3년.
연燕	환후 7년.
오吳	

주周	장왕 7년.
노魯	장공 4년.
제齊	양공 8년. 기를 치고, 그 도읍을 없애다[八. 伐紀, 去其都邑].
진晉	진후 민 17년.
진秦	무공 8년.
초楚	무왕 51년. 무왕이 수나라를 치다. 부인 등만鄧曼에게 두근거리는 마음을 알려주다. 진군 도중 진몰하다[五十一. 王伐隨, 告夫人心動, 王卒軍中].
송宋	민공 2년.

위衛	검모 7년.
진陳	선공 3년.
채蔡	애후 5년.
조曹	장공 12년.
정鄭	공자 영 4년.
연燕	장공莊公 원년.
오吳	

기원전 689년

주周	장왕 8년.
노魯	장공 5년. 제나라와 함께 위나라를 치다. 위나라 혜공을 돌려보내다[五. 與齊伐衛, 納惠公].
제齊	양공 9년.
진晉	진후 민 18년.
진秦	무공 9년.
초楚	문왕文王 자貲 원년. 처음으로 영郢에 도읍하다[楚元年. 始都郢].
송宋	민공 3년.
위衛	검모 8년.
진陳	선공 4년.
채蔡	애후 6년.
조曹	장공 13년.
정鄭	공자 영 5년.
연燕	장공 2년.
오吳	

주周	장왕 9년.
노魯	장공 6년.
제齊	양공 10년.
진晉	진후 민 19년.
진秦	무공 10년.
초楚	문왕 2년. 신申나라를 치고 등鄧나라를 지나다. 등나라 대부 추생騅甥과 담생聃甥 및 양생養甥 등이 초문왕의 암살을 청했으나 등후가 허락지 않다[二. 伐申, 過鄧, 鄧甥曰楚可取, 鄧侯不許].
송宋	민공 4년.
위衛	검모 9년.
진陳	선공 5년.
채蔡	애후 7년.
조曹	장공 14년.
정鄭	공자 영 6년.
연燕	장공 3년.
오吳	

주周	장왕 10년.
노魯	장공 7년. 별이 비처럼 떨어지다. 비도 함께 내리다[七. 星隕如雨, 與雨偕].
제齊	양공 11년.
진晉	진후 민 20년.
진秦	무공 11년.
초楚	문왕 3년.
송宋	민공 5년.

위衛	검모 10년. 제나라가 혜공을 복위시키려 하자 검모가 주나라로 달아나다[十. 齊立惠公, 黔牟奔周].
진陳	선공 6년.
채蔡	애후 8년.
조曹	장공 15년.
정鄭	공자 영 7년.
연燕	장공 4년.
오吳	

기원전 686년

주周	장왕 11년.
노魯	장공 8년. 공자 규糾가 달아나다. 관중과 함께 공손 무지의 반란을 피한 것이다[八. 子糾來奔, 與管仲俱避母知亂].
제齊	양공 12년. 공손 무지가 양공을 살해하고 스스로 즉위하다[十二. 母知殺君自立].
진晉	진후 민 21년.
진秦	무공 12년.
초楚	문왕 4년.
송宋	민공 6년.
위衛	혜공 삭朔이 복위하다. 이전의 기간을 더하면 14년이 되는 셈이다[衛惠公朔復入. 十四年].
진陳	선공 7년.
채蔡	애후 9년.
조曹	장공 16년.
정鄭	공자 영 8년.
연燕	장공 5년.
오吳	

주周	장왕 12년.
노魯	장공 9년. 노나라가 제나라 공자 규와 함께 먼저 제나라로 들어가려 했으나 소백小白보다 늦다. 제나라가 노나라를 저지한 뒤 관중을 생포하게 하다[九. 魯欲與糾入, 後小白, 齊距魯, 使生致管仲].
제齊	환공桓公 소백小白 원년. 봄, 제나라가 공손 무지를 살해하다[齊桓公小白元年. 春, 齊殺毋知].
진晉	진후 민 22년.
진秦	무공 13년.
초楚	문왕 5년.
송宋	민공 7년.
위衛	혜공 15년.
진陳	선공 8년.
채蔡	애후 10년.
조曹	장공 17년.
정鄭	공자 영 9년.
연燕	장공 6년.
오吳	

주周	장왕 13년.
노魯	장공 10년. 제나라가 침공하다. 제나라 공자 규糾로 인한 것이다[十. 齊伐我, 爲糾故].
제齊	환공 2년.
진晉	진후 민 23년.
진秦	무공 14년.

초楚	문왕 6년. 식후息侯의 부인인 식부인息夫人은 진陳나라 여인이다. 시집을 가기 위해 채나라를 지날 때 채나라 애후哀侯가 처제인 식부인에게 예를 차리지 않다. 식후가 이를 미워해 초나라를 사주하다. 초나라가 채나라를 치고, 애후를 포로로 잡아 귀환하다[六. 息夫人, 陳女, 過蔡, 蔡不禮, 惡之. 楚伐蔡, 獲哀侯以歸].
송宋	민공 8년
위衛	혜공 16년.
진陳	선공 9년.
채蔡	애후 11년. 초나라가 애후를 포로로 잡아가다[十一. 楚虜我侯].
조曹	장공 18년.
정鄭	공자 영 10년.
연燕	장공 7년.
오吳	

기원전 683년

주周	장왕 14년.
노魯	장공 11년. 대부 장문중臧文仲이 홍수가 난 송나라를 위문하다[十一. 臧文仲弔宋水].
제齊	환공 3년.
진晉	진후 민 24년.
진秦	무공 15년.
초楚	문왕 7년.
송宋	민공 9년. 홍수가 나다. 민공이 자신의 부덕不德을 책망하다. 노나라가 장문중을 보내 위문하다[九. 宋大水, 公自罪. 魯使臧文仲來弔].
위衛	혜공 17년.
진陳	선공 10년.
채蔡	애후 12년.

조曹	장공 19년.
정鄭	공자 영 11년.
연燕	장공 8년.
오吳	

기원전 682년

주周	장왕 15년.
노魯	장공 12년.
제齊	환공 4년.
진晉	진후 민 25년.
진秦	무공 16년.
초楚	문왕 8년.
송宋	민공 10년. 대부 남궁장만南宮長萬이 군주를 시해하다. 대부 구목仇牧이 의를 지켜 죽다[十. 萬殺君, 仇牧有義].
위衛	혜공 18년.
진陳	선공 11년.
채蔡	애후 13년.
조曹	장공 20년.
정鄭	공자 영 12년.
연燕	장공 9년.
오吳	

기원전 681년

주周	희왕釐王 원년.

노魯	장공 13년. 대부 조말이 제환공을 겁박해 잃은 땅을 되찾고, 사지에서 돌아오다[十三. 曹沫劫桓公. 反所亡地].
제齊	환공 5년. 노나라 군주와 가柯 땅에서 회맹하다[五. 與魯人會柯].
진晉	진후 민 26년.
진秦	무공 17년.
초楚	문왕 9년.
송宋	환공桓公 어열御說 원년. 장공의 아들이다[宋桓公御說元年. 莊公子].
위衛	혜공 19년.
진陳	선공 12년.
채蔡	애후 14년.
조曹	장공 21년.
정鄭	공자 영 13년.
연燕	장공 10년.
오吳	

기원전 680년

주周	희왕 2년.
노魯	장공 14년.
제齊	환공 6년.
진晉	진후 민 27년.
진秦	무공 18년.
초楚	문왕 10년.
송宋	환공 2년.
위衛	혜공 20년.
진陳	선공 13년.
채蔡	애후 15년.

조曹	장공 22년.
정鄭	공자 영 14년.
연燕	장공 11년.
오吳	

기원전 679년

주周	희왕 3년.
노魯	장공 15년.
제齊	환공 7년. 처음으로 패자霸者가 되다. 견鄄 땅에서 회맹하다[七. 始霸, 會諸侯於鄄].
진晉	진후 민 28년. 곡옥의 무공武公 칭稱이 진후 민緡을 멸하다. 보물을 주나라 왕실에 바치다. 주나라가 곡옥의 무공을 진나라 군주로 삼으면서 그 땅을 병탄하게 하다[二十八. 曲沃武公滅晉 侯緡, 以寶獻周, 周命武公爲晉君, 並其地].
진秦	무공 19년.
초楚	문왕 11년.
송宋	환공 3년.
위衛	혜공 21년.
진陳	선공 14년.
채蔡	애후 16년.
조曹	장공 23년.
정鄭	여공厲公 후後 원년. 여공 돌突이 망명한 지 17년 만에 다시 돌아오다[鄭厲公元年. 厲公亡後十七歲復入].
연燕	장공 12년.
오吳	

주周	희왕 4년.
노魯	장공 16년.
제齊	환공 8년.
진晉	무공 칭稱이 진나라 땅을 병탄하다. 곡옥에서 즉위한 지 이미 38년이 되다. 원년을 고치지 않고 자신의 즉위 원년을 좇아 이해를 즉위 38년으로 삼다[晉武公稱並晉, 已立三十八年, 不更元, 因其元年].
진秦	무공 20년. 옹雍 땅에 장사 지내다. 처음으로 사람을 따라 죽게 하는 순장徇葬을 행하다[二十. 葬雍, 初以人從死].
초楚	문왕 12년. 등나라를 쳐 멸하다[十二. 伐鄧滅之].
송宋	환공 4년.
위衛	혜공 22년.
진陳	선공 15년.
채蔡	애후 17년.
조曹	장공 24년.
정鄭	여공 후 2년. 송나라와 제나라 및 위나라 제후들이 침공하다[二. 諸侯伐我].
연燕	장공 13년
오吳	

주周	희왕 5년.
노魯	장공 17년.
제齊	환공 9년.
진晉	무공 39년. 무공 칭稱이 죽다. 아들 궤제詭諸가 즉위하다. 그가 헌공이다[三十九. 武公卒, 子詭諸立, 爲獻公].

진秦	덕공德公 원년. 무공의 동생이다[秦德公元年. 武公弟].
초楚	문왕 13년.
송宋	환공 5년.
위衛	혜공 23년.
진陳	선공 16년.
채蔡	애후 18년.
조曹	장공 25년.
정鄭	여공 후 3년.
연燕	장공 14년.
오吳	

기원전 676년

주周	혜왕惠王 원년. 진후를 취하다[惠王元年取陳后].
노魯	장공 18년.
제齊	환공 10년.
진晉	헌공獻公 궤제詭諸 원년.
진秦	덕공 2년. 처음으로 복날을 만들어 토지신에게 제사를 올리다. 성읍의 사대문에서 개를 찢어 제사에 바치다[二. 初作伏, 祠社, 磔狗邑四門].
초楚	도오堵敖 간艱* 원년.
송宋	환공 6년.
위衛	혜공 24년.
진陳	선공 17년.
채蔡	애후 19년.
조曹	장공 26년.

● 《사기색은》은 초나라 도오堵敖가 두오杜敖로 표기되기도 하며, 간艱의 음이 간眼과 같다고 했다.

정鄭	여공 후 4년.
연燕	장공 15년.
오吳	

기원전 675년

주周	혜왕 2년. 연나라와 위나라가 침공하다. 왕이 온溫 땅으로 달아나다. 왕자 퇴頹를 세우다[二. 燕·衛伐王, 王奔溫, 立子頹].
노魯	장공 19년.
제齊	환공 11년.
진晉	헌공 2년.
진秦	선공宣公 원년.
초楚	도오 2년.
송宋	환공 7년. 위나라 여인을 얻다. 위문공衛文公 훼燬의 여동생이다[七. 取衛女. 文公弟].
위衛	혜공 25년.
진陳	선공 18년.
채蔡	애후 20년.
조曹	장공 27년.
정鄭	여공 후 5년.
연燕	장공 16년. 주나라 왕실을 치다. 왕이 온 땅으로 달아나자 왕자 퇴를 세우다[十六. 伐王, 王奔溫, 立子頹].
오吳	

기원전 674년

주周	혜왕 3년.
노魯	장공 20년.
제齊	환공 12년.
진晉	헌공 3년.
진秦	선공 2년.
초楚	도오 3년.
송宋	환공 8년.
위衛	혜공 26년.
진陳	선공 19년.
채蔡	목후穆侯 힐肸 원년.
조曹	장공 28년.
정鄭	여공 후 6년.
연燕	장공 17년. 정나라가 연나라 군주 중보仲父를 구금하다[十七. 鄭執我仲父].
오吳	

기원전 673년

주周	혜왕 4년. 왕자 퇴頹를 주살하고 혜왕을 맞아들이다[四. 誅頹, 入惠王].
노魯	장공 21년.
제齊	환공 13년.
진晉	헌공 4년.
진秦	선공 3년.
초楚	도오 4년.
송宋	환공 9년.
위衛	혜공 27년.

진陳	선공 20년.
채蔡	목후 2년.
조曹	장공 29년.
정鄭	여공 후 7년. 주왕실의 난을 돕다. 혜왕을 들여보내다[七. 救周亂, 入王].
연燕	장공 18년.
오吳	

기원전 672년

주周	혜왕 5년. 태자의 모친이 일찍 죽다. 혜후惠后가 숙대叔帶를 낳다[五. 太子母早死. 惠后生叔 帶].
노魯	장공 22년.
제齊	환공 14년. 진陳나라 공자 진완陳完이 망명해 오다. 강씨의 제나라를 차지한 전상田常의 뿌리가 여기에 있다[十四. 陳完自陳來奔, 田常始此也].
진晉	헌공 5년. 여융驪戎을 치고 희첩을 얻다[五. 伐驪戎, 得姬].
진秦	선공 4년. 천지에 제사를 올리는 밀치密時를 만들다[四. 作密時].
초楚	도오 5년. 동생 운惲이 도오를 죽이고 스스로 즉위하다[五. 弟惲殺堵敖自立].
송宋	환공 10년.
위衛	혜공 28년.
진陳	선공 21년. 여공의 아들 완完이 제나라로 달아나다[二十一. 厲公子完奔齊].
채蔡	목후 3년.
조曹	장공 30년.
정鄭	문공文公 첩捷 원년.
연燕	장공 19년.
오吳	

기원전 671년

주周	혜왕 6년.
노魯	장공 23년. 공이 제나라로 가서 사직을 관찰하다[二十三. 公如齊觀社].
제齊	환공 15년.
진晉	헌공 6년.
진秦	선공 5년.
초楚	성왕成王 운惲 원년.
송宋	환공 11년.
위衛	혜공 29년.
진陳	선공 22년.
채蔡	목후 4년.
조曹	장공 31년.
정鄭	문공 2년.
연燕	장공 20년.
오吳	

기원전 670년

주周	혜왕 7년.
노魯	장공 24년.
제齊	환공 16년.
진晉	헌공 7년.
진秦	선공 6년.
초楚	성왕 2년.
송宋	환공 12년.
위衛	혜공 30년.

진陳	선공 23년.
채蔡	목후 5년.
조曹	희공釐公 이夷 원년.
정鄭	문공 3년.
연燕	장공 21년.
오吳	

기원전 669년

주周	혜왕 8년.
노魯	장공 25년.
제齊	환공 17년.
진晉	헌공 8년. 옛 진후晉侯의 여러 공자를 모두 죽이다[八. 盡殺故晉侯群公子].
진秦	선공 7년.
초楚	성왕 3년.
송宋	환공 13년.
위衛	혜공 31년.
진陳	선공 24년.
채蔡	목후 6년.
조曹	희공 2년.
정鄭	문공 4년.
연燕	장공 22년.
오吳	

주周	혜왕 9년.
노魯	장공 26년.
제齊	환공 18년.
진晉	헌공 9년. 처음으로 강도絳都에 성을 쌓다[九. 始城絳都].
진秦	선공 8년.
초楚	성왕 4년.
송宋	환공 14년.
위衛	의공懿公 적赤 원년.
진陳	선공 25년.
채蔡	목후 7년.
조曹	희공 3년.
정鄭	문공 5년.
연燕	장공 23년.
오吳	

주周	혜왕 10년. 제후齊侯를 패자로 명한 뒤 위나라를 치도록 하다[十. 賜齊侯命].
노魯	장공 27년.
제齊	환공 19년.
진晉	헌공 10년.
진秦	선공 9년.
초楚	성왕 5년.
송宋	환공 15년.

위衛	의공 2년.
진陳	선공 26년.
채蔡	목후 8년.
조曹	희공 4년.
정鄭	문공 6년.
연燕	장공 24년.
오吳	

기원전 666년

주周	혜왕 11년.
노魯	장공 28년.
제齊	환공 20년.
진晉	헌공 11년.
진秦	선공 10년.
초楚	성왕 6년.
송宋	환공 16년.
위衛	의공 3년.
진陳	선공 27년.
채蔡	목후 9년.
조曹	희공 5년.
정鄭	문공 7년.
연燕	장공 25년.
오吳	

기원전 665년

주周	혜왕 12년.
노魯	장공 29년.
제齊	환공 21년.
진晉	헌공 12년. 태자 신생申生이 곡옥, 공자 중이重耳가 포성蒲城, 공자 이오 夷吾가 굴屈에 거처하다. 여희驪姬로 인한 것이다[十二. 太子申生居曲沃, 重耳居蒲城, 夷吾居屈. 驪姬故].
진秦	선공 11년.
초楚	성왕 7년.
송宋	환공 17년.
위衛	의공 4년.
진陳	선공 28년.
채蔡	목후 10년.
조曹	희공 6년.
정鄭	문공 8년.
연燕	장공 26년.
오吳	

기원전 664년

주周	혜왕 13년.
노魯	장공 30년.
제齊	환공 22년.
진晉	헌공 13년.
진秦	선공 12년.
초楚	성왕 8년.

송宋	환공 18년.
위衞	의공 5년.
진陳	선공 29년.
채蔡	목후 11년.
조曹	희공 7년.
정鄭	문공 9년.
연燕	장공 27년.
오吳	

기원전 663년

주周	혜왕 14년.
노魯	장공 31년.
제齊	환공 23년. 산융을 치다. 연나라를 위한 것이다[二十三. 伐山戎, 爲燕也].
진晉	헌공 14년.
진秦	성공成公 원년.
초楚	성왕 9년.
송宋	환공 19년.
위衞	의공 6년.
진陳	선공 30년.
채蔡	목후 12년.
조曹	희공 8년.
정鄭	문공 10년.
연燕	장공 28년.
오吳	

기원전 662년

주周	혜왕 15년.
노魯	장공 32년. 장공의 동생 숙아叔牙가 짐독鴆毒으로 죽다. 경보慶父가 자반子般을 시해하다. 계우季友가 진陳나라로 달아나다. 민공湣公을 세우다[三十二. 莊公弟叔牙鴆死. 慶父弑子般. 季友奔陳. 立湣公].
제齊	환공 24년.
진晉	헌공 15년.
진秦	성공 2년.
초楚	성왕 10년.
송宋	환공 20년.
위衛	의공 7년.
진陳	선공 31년.
채蔡	목후 13년.
조曹	희공 9년.
정鄭	문공 11년.
연燕	장공 29년.
오吳	

기원전 661년

주周	혜왕 16년.
노魯	민공湣公 개開* 원년.
제齊	환공 25년.

● 노민공 개는 노장공의 아들로 원래 이름은 계啓다. 한경제漢景帝 유계劉啓의 이름을 기휘忌諱한 결과다.

진晉	헌공 16년. 위魏·경耿·곽霍나라를 멸하다. 처음으로 조숙趙夙을 경 땅에 봉하다. 필만畢萬을 위나라에 봉한 것이 여기서 시작되다[十六. 滅魏·耿·霍. 始封趙夙耿, 畢萬魏, 始此].
진秦	성공 3년.
초楚	성왕 11년.
송宋	환공 21년.
위衛	의공 8년.
진陳	선공 32년.
채蔡	목후 14년.
조曹	소공昭公 원년.
정鄭	문공 12년.
연燕	장공 30년.
오吳	

기원전 660년

주周	혜왕 17년.
노魯	민공 2년. 경보慶父가 민공을 살해하다. 계우가 진陳나라에서 돌아와 민공의 동생인 공자 신申을 희공釐公으로 옹립하다. 경보를 죽이다[二. 慶父殺湣公. 季友自陳立申, 爲釐公. 殺慶父].
제齊	환공 26년.
진晉	헌공 17년. 신생이 장군이 되다. 군자들이 그가 폐위될 것을 알다[十七. 申生將軍, 君子知其廢].
진秦	성공 4년.
초楚	성왕 12년.
송宋	환공 22년.

위衛	의공 9년 적翟나라가 위나라를 치다. 의공이 학鶴을 좋아해 병사들이 싸우지 않다. 위나라가 패망하자 백성이 원망하다. 혜공惠公이 난을 일으켜 의공의 후예를 멸하고 검모黔牟의 동생을 다시 세우다. 대공戴公 원년[翟伐我. 公好鶴, 士不戰, 滅我國. 國怨, 惠公亂, 滅其後, 更立黔牟弟. 衛戴公元年].
진陳	선공 33년.
채蔡	목후 15년.
조曹	소공 2년.
정鄭	문공 13년.
연燕	장공 31년.
오吳	

기원전 659년

주周	혜왕 18년.
노魯	희공釐公 신申 원년. 애강哀姜이 상을 치르기 위해 제나라에서 오다[魯釐公申元年哀姜喪自齊至].
제齊	환공 27년. 여동생인 노장공의 부인을 죽이다. 음란했기 때문이다[二十七. 殺女弟魯莊公夫人, 淫故].
진晉	헌공 18년.
진秦	목공穆公 임호任好 원년.
초楚	성왕 13년.
송宋	환공 23년.
위衛	문공文公 훼훼 원년. 대공戴公의 동생이다[衛文公훼元年. 戴公弟也].
진陳	선공 34년.
채蔡	목후 16년.
조曹	소공 3년.
정鄭	문공 14년.
연燕	장공 32년.

오吳	

기원전 658년

주周	혜왕 19년.
노魯	희공 2년.
제齊	환공 28년. 패망한 위나라를 위해 초구楚丘에 성을 쌓다. 융적戎狄의 침공에서 구한 것이다[二十八. 爲衛築楚丘. 救戎狄伐].
진晉	헌공 19년. 순식이 재물을 주고 우虞나라의 길을 빌려 괵虢나라를 치고, 하양下陽을 멸하다[十九. 荀息以幣假道於虞以伐虢, 滅下陽].
진秦	목공 2년.
초楚	성왕 14년.
송宋	환공 24년.
위衛	문공 2년. 제환공이 제후들을 이끌고 위나라를 위해 초구에 성을 쌓다[二. 齊桓公率諸侯爲我城楚丘].
진陳	선공 35년.
채蔡	목후 17년.
조曹	소공 4년.
정鄭	문공 15년.
연燕	장공 33년.
오吳	

기원전 657년(갑자甲子)

주周	혜왕 20년.
노魯	희공 3년.

제齊	환공 29년. 채희蔡姬와 함께 뱃놀이를 하다가 채희가 배를 흔들자 공이 대로해 채희를 본국으로 쫓아내다[二十九. 與蔡姬共舟, 蕩公, 公怒, 歸蔡姬].
진晉	헌공 20년.
진秦	목공 3년.
초楚	성왕 15년.
송宋	환공 25년.
위衛	문공 3년.
진陳	선공 36년.
채蔡	목후 18년. 제나라에서 쫓겨 온 채희를 다른 나라로 시집보내자 제나라가 침공하다[十八. 以女故, 齊伐我].
조曹	소공 5년.
정鄭	문공 16년.
연燕	양공襄公 원년.
오吳	

기원전 656년

주周	혜왕 21년.
노魯	희공 4년.
제齊	환공 30년. 제후들을 이끌고 채나라를 치자 채나라가 무너지다. 곧바로 초나라를 치고 포모包茅를 주나라 왕실에 공물貢物로 바치지 않은 것을 꾸짖다[三十. 率諸侯伐蔡, 蔡潰, 遂伐楚, 責包茅貢].
진晉	헌공 21년. 태자 신생申生이 여희의 참소로 자진하다. 중이가 포성, 이오가 굴로 달아나다[二十一. 申生以驪姬讒自殺, 重耳奔蒲, 夷吾奔屈].
진秦	목공 4년. 진晉나라에서 부인을 맞이하다[四. 迎婦於晉].
초楚	성왕 16년. 제나라의 침공을 받다. 제나라 군사가 형陘 땅에 이르자 대부 굴완屈完을 시켜 제나라와 맹서를 맺게 하다[十六. 齊伐我, 至陘, 使屈完盟].

송宋	환공 26년.
위衛	문공 4년.
진陳	선공 37년.
채蔡	목후 19년.
조曹	소공 6년.
정鄭	문공 17년.
연燕	양공 2년.
오吳	

기원전 655년

주周	혜왕 22년.
노魯	희공 5년.
제齊	환공 31년.
진晉	헌공 22년. 우나라와 괵나라를 멸망시키다. 중이가 적의 땅으로 달아나다[二十二. 滅虞·虢. 重耳奔狄].
진秦	목공 5년.
초楚	성왕 17년.
송宋	환공 27년.
위衛	문공 5년.
진陳	선공 38년.
채蔡	목후 20년.
조曹	소공 7년.
정鄭	문공 18년.
연燕	양공 3년.
오吳	

기원전 654년

주周	혜왕 23년.
노魯	희공 6년.
제齊	환공 32년. 제후들을 이끌고 정나라를 치다[三十二. 率諸侯伐鄭].
진晉	헌공 23년. 이오가 양나라로 달아나다[二十三. 夷吾奔梁].
진秦	목공 6년.
초楚	성왕 18년. 허許나라를 치다. 허군이 웃옷을 벗고 사죄하다. 초나라가 이를 받아들이다[十八. 伐許, 許君肉袒謝, 楚從之].
송宋	환공 28년.
위衛	문공 6년.
진陳	선공 39년.
채蔡	목후 21년.
조曹	소공 8년.
정鄭	문공 19년.
연燕	양공 4년.
오吳	

기원전 653년

주周	혜왕 24년.
노魯	희공 7년.
제齊	환공 33년.
진晉	헌공 24년.
진秦	목공 7년.
초楚	성왕 19년.
송宋	환공 29년.

위衛	문공 7년.
진陳	선공 40년.
채蔡	목후 22년.
조曹	소공 9년.
정鄭	문공 20년.
연燕	양공 5년.
오吳	

기원전 652년

주周	혜왕 25년. 양왕襄王이 즉위했으나 태숙太叔을 두려워하다[二十五. 襄王立, 畏太叔].
노魯	희공 8년.
제齊	환공 34년.
진晉	헌공 25년. 적나라를 치다. 중이 때문이다[二十五. 伐翟, 以重耳故].
진秦	목공 8년.
초楚	성왕 20년.
송宋	환공 30년. 공이 병에 걸리자 태자 자보茲父는 서형 목이目夷가 현명하다는 이유로 양보하려 했으나 공이 듣지 않다[三十. 公疾, 太子茲父讓兄目夷賢, 公不聽].
위衛	문공 8년.
진陳	선공 41년.
채蔡	목후 23년.
조曹	공공共公 원년.
정鄭	문공 21년.
연燕	양공 6년.
오吳	

기원전 651년

주周	양왕襄王 원년. 제후들이 왕을 세우다[襄王元年. 諸侯立王].
노魯	희공 9년. 제나라가 노나라를 이끌고 진나라의 난을 정벌해 고량까지 갔다가 귀환하다[九. 齊率我伐晉亂, 至高梁還].
제齊	환공 35년. 여름, 제후들이 규구葵丘에서 회맹하다. 천자가 재공에게 제사고기인 조를 내려주고, 하배하지 않아도 좋다고 명하다[三十五. 夏, 會諸侯於葵丘. 天子使宰孔賜胙, 命無拜].
진晉	헌공 26년. 공이 죽자 해제奚齊를 세우다. 대부 이극里克이 그를 죽이고 해제의 동생 탁자卓子까지 죽이다. 망명한 이오를 옹립하다[二十六. 公卒, 立奚齊, 里克殺之. 及卓子. 立夷吾].
진秦	목공 9년. 이오가 극예郤芮를 시켜 진秦나라에 많은 뇌물을 주고 보위에 오르는 것을 도와달라고 청하게 하다[九. 夷吾使郤芮賂, 求入].
초楚	성왕 21년.
송宋	환공 31년. 공이 서거했으나 매장하지 않다. 제환공이 규구에서 회맹하다[三十一. 公薨, 未葬, 齊桓會葵丘].
위衛	문공 9년.
진陳	선공 42년.
채蔡	목후 24년.
조曹	공공 2년.
정鄭	문공 22년.
연燕	양공 7년.
오吳	

기원전 650년

주周	양왕 2년.
노魯	희공 10년.

제齊	환공 36년. 습붕隰朋을 시켜 이오를 진혜공晉惠公으로 세우다[三十六. 使隰朋立晉惠公].
진晉	혜공惠公 이오夷吾 원년. 이극을 주살하다. 진秦나라와 맺은 약속을 어기다[晉惠公夷吾元年. 誅里克, 倍秦約].
진秦	목공 10년. 진晉나라 대부 비정丕鄭의 아들 비표丕豹가 망명해 오다[十. 丕鄭子豹亡來].
초楚	성왕 22년.
송宋	양공襄公 자보玆父 원년. 목이目夷가 재상이 되다[宋襄公玆父元年目夷相].
위衛	문공 10년.
진陳	선공 43년.
채蔡	목후 25년.
조曹	공공 3년.
정鄭	문공 23년.
연燕	양공 8년.
오吳	

기원전 649년

주周	양왕 3년. 융이 주나라를 치다. 태숙太叔 대帶가 불러들인 것이다. 숙대를 죽이려 하자 숙대가 제나라로 달아나다[三. 戎伐我, 太叔帶召之. 欲誅叔帶, 叔帶奔齊].
노魯	희공 11년.
제齊	환공 37년.
진晉	혜공 2년.
진秦	목공 11년. 주나라 왕을 구하기 위해 융을 치다. 융이 달아나다[十一. 救王伐戎, 戎去].
초楚	성왕 23년. 황黃나라를 치다[二十三. 伐黃].
송宋	양공 2년.
위衛	문공 11년.

진陳	선공 44년.
채蔡	목후 26년.
조曹	공공 4년.
정鄭	문공 24년. 하늘이 난蘭을 주는 꿈을 문공의 첩이 꾸다. 목공穆公 난蘭을 낳다[二十四. 有妾夢天與之蘭, 生穆公蘭].
연燕	양공 9년.
오吳	

기원전 648년

주周	양왕 4년.
노魯	희공 12년.
제齊	환공 38년. 관중管仲을 시켜 주나라를 침공한 융을 평정하게 하다. 왕실이 관중에게 상경上卿의 예를 베풀려 하자 관중이 사양하며 하경下卿의 예를 받다[三十八. 使管仲平戎於周, 欲以上卿禮, 讓, 受下卿].
진晉	혜공 3년.
진秦	목공 12년.
초楚	성왕 24년.
송宋	양공 3년.
위衛	문공 12년.
진陳	선공 45년.
채蔡	목후 27년.
조曹	공공 5년.
정鄭	문공 25년.
연燕	양공 10년.
오吳	

기원전 647년(갑술甲戌)

주周	양왕 5년.
노魯	희공 13년.
제齊	환공 39년. 중손仲孫을 시켜 왕을 배견할 때 태숙太叔 대帶에 관한 일도 말하게 하다. 왕이 노해 있어 말하지 못하다[三十九. 使仲孫請王, 言叔帶, 王怒].
진晉	혜공 4년. 흉년이 들어 곡식을 청하자 진秦나라가 곡식을 내주다[四. 饑, 請粟, 秦與我].
진秦	목공 13년. 비표가 반대했으나 공이 듣지 않고 흉년이 든 진晉나라에 곡식을 보내다. 곡식을 나르는 배가 진秦나라 도성 옹에서 진晉나라 도성 강도에 이르다[十三. 丕豹欲無與, 公不聽, 輸晉粟, 起雍至絳].
초楚	성왕 25년.
송宋	양공 4년.
위衛	문공 13년.
진陳	목공穆公 관款 원년.
채蔡	목후 28년.
조曹	공공 6년.
정鄭	문공 26년.
연燕	양공 11년.
오吳	

기원전 646년

주周	양왕 6년.
노魯	희공 14년.
제齊	환공 40년.
진晉	혜공 5년. 진秦나라가 흉년이 들어 곡식을 청하자 배은망덕하게 곡식을 보내지 않다[五. 秦饑, 請粟, 晉倍之].

진秦	목공 14년.
초楚	성왕 26년. 육六나라과 영英나라를 멸하다[二十六. 滅六·英].
송宋	양공 5년.
위衛	문공 14년.
진陳	목공 2년.
채蔡	목후 29년.
조曹	공공 7년.
정鄭	문공 27년.
연燕	양공 12년.
오吳	

기원전 645년

주周	양왕 7년.
노魯	희공 15년. 5월, 일식이 있었으나 기록하지 않다. 사관이 빠뜨린 것이다[十五. 五月, 日有食之. 不書, 史官失之].
제齊	환공 41년.
진晉	혜공 6년. 진秦나라가 혜공을 포로로 잡았다가 다시 세우다[六. 秦虜惠公, 復立之].
진秦	목공 15년. 적의 군량을 먹으며 말과 병사를 잘 돌보아 마침내 진晉나라 군사를 깨뜨리다[十五. 以盜食善馬士得破晉].
초楚	성왕 27년.
송宋	양공 6년.
위衛	문공 15년.
진陳	목공 3년.
채蔡	장후莊侯 갑오甲午 원년.
조曹	공공 8년.
정鄭	문공 28년.

연燕	양공 13년.
오吳	

기원전 644년

주周	양왕 8년.
노魯	희공 16년.
제齊	환공 42년. 왕이 융의 노략질을 제나라에 알리다. 제환공이 제후들을 소집해 주나라를 수비하다[四十二. 王以戎寇告齊, 齊徵諸侯戍周].
진晉	혜공 7년. 중이가 관중의 부고를 듣고 적나라를 떠나 제나라로 가다[七. 重耳聞管仲死, 去翟之齊].
진秦	목공 16년. 하동에 관사를 두다[十六. 爲河東置官司].
초楚	성왕 28년.
송宋	양공 7년. 운석 다섯 개가 떨어지다. 질풍疾風으로 여섯 마리 익조鷁鳥가 뒤로 날아 송나라 도성을 지나가다[七. 隕五石. 六鷁退飛, 過我都].
위衛	문공 16년.
진陳	목공 4년.
채蔡	장후 2년.
조曹	공공 9년.
정鄭	문공 29년.
연燕	양공 14년.
오吳	

기원전 643년

주周	양왕 9년.

노魯	희공 17년.
제齊	환공 43년.
진晉	혜공 8년.
진秦	목공 17년.
초楚	성왕 29년.
송宋	양공 8년.
위衛	문공 17년.
진陳	목공 5년.
채蔡	장후 3년.
조曹	공공 10년.
정鄭	문공 30년.
연燕	양공 15년.
오吳	

기원전 642년

주周	양왕 10년.
노魯	희공 18년.
제齊	효공孝公 소昭 원년.
진晉	혜공 9년.
진秦	목공 18년.
초楚	성왕 30년.
송宋	양공 9년.
위衛	문공 18년.
진陳	목공 6년.
채蔡	장후 4년.
조曹	공공 11년.

정鄭	문공 31년.
연燕	양공 16년.
오吳	

기원전 641년

주周	양왕 11년.
노魯	희공 19년.
제齊	효공 2년.
진晉	혜공 10년.
진秦	목공 19년. 양나라를 멸하다. 양나라는 성을 잘 쌓았으나 제대로 지키지 못하다. 백성이 피폐하고, 서로 두려워하다. 패망한 이유다[十九. 滅梁. 梁好城, 不居, 民罷, 相驚, 故亡].
초楚	성왕 31년.
송宋	양공 10년.
위衛	문공 19년.
진陳	목공 7년.
채蔡	장후 5년.
조曹	공공 12년.
정鄭	문공 32년.
연燕	양공 17년.
오吳	

기원전 640년

주周	양왕 12년.

노魯	희공 20년.
제齊	효공 3년.
진晉	혜공 11년.
진秦	목공 20년.
초楚	성왕 32년.
송宋	양공 11년.
위衛	문공 20년.
진陳	목공 8년.
채蔡	장후 6년.
조曹	공공 13년.
정鄭	문공 33년.
연燕	양공 18년.
오吳	

기원전 639년

주周	양왕 13년.
노魯	희공 21년.
제齊	효공 4년.
진晉	혜공 12년.
진秦	목공 21년.
초楚	성왕 33년. 송양공을 포로로 잡았다가 다시 돌려보내다[三十三. 執宋襄公, 復歸之].
송宋	양공 12년. 초나라를 부른 가운데 회맹을 주재하다[十二. 召楚盟].
위衛	문공 21년.
진陳	목공 9년.
채蔡	장후 7년.

조曹	공공 14년.
정鄭	문공 34년.
연燕	양공 19년.
오吳	

기원전 638년

주周	양왕 14년. 태숙 대帶가 다시 주나라로 돌아가다[十四. 叔帶復歸於周].
노魯	희공 22년.
제齊	효공 5년. 왕의 동생 태숙 대를 돌아가게 하다[五. 歸王弟帶].
진晉	혜공 13년. 태자 어圉가 진나라에 볼모로 잡혀 있다가 도망쳐 돌아오다[十三. 太子圉質秦亡歸].
진秦	목공 22년.
초楚	성왕 34년.
송宋	양공 13년. 홍수泓水의 싸움에서 초나라가 양공의 군사를 격파하다[十三. 泓之戰, 楚敗公].
위衛	문공 22년.
진陳	목공 10년.
채蔡	장후 8년.
조曹	공공 15년.
정鄭	문공 35년. 군주가 초나라로 가다. 송나라가 정나라를 치다[三十五. 君如楚, 宋伐我].
연燕	양공 20년.
오吳	

주周	양왕 15년.
노魯	희공 23년.
제齊	효공 6년. 송나라를 치다. 회맹에 참여하지 않은 것을 벌한 것이다[六. 伐宋, 以其不同盟].
진晉	혜공 14년. 태자 어가 회공懷公으로 즉위하다[十四. 圉立, 爲懷公].
진秦	목공 23년. 중이를 초나라에서 맞이해 후하게 예우하다. 딸을 아내로 주다. 중이가 돌아가기를 원한다[二十三. 迎重耳於楚, 厚禮之, 妻之女. 重耳願歸].
초楚	성왕 35년. 중이가 초나라를 지날 때 후하게 예우하다[三十五. 重耳過, 厚禮之].
송宋	양공 14년. 공이 홍수의 싸움에서 입은 상처가 악화되어 숨지다[十四. 公疾死泓戰].
위衛	문공 23년. 중이가 제나라를 떠나 지나갈 때 무례를 범하다[二十三. 重耳從齊過, 無禮].
진陳	목공 11년.
채蔡	장후 9년.
조曹	공공 16년. 중이가 지나갈 때 무례를 범하다. 대부 희부기僖負羈가 사적으로 선의를 보이다[十六. 重耳過, 無禮, 僖負羈私善].
정鄭	문공 36년. 중이가 지나갈 때 무례를 범하다. 대부 숙첨叔詹이 간하다[三十六. 重耳過, 無禮, 叔詹諫].
연燕	양공 21년.
오吳	

주周	양왕 16년. 양왕이 사氾 땅으로 달아나다. 사는 정나라 땅이다[十六王奔氾. 氾, 鄭地也].

노魯	희공 24년.
제齊	효공 7년.
진晉	문공文公 원년. 회공 어圉를 주살하다. 위무자를 위魏 땅의 대부, 조최를 원原 땅의 대부로 삼다. 구범咎犯이 말하기를, "패도를 구하는 것이 안에서 왕 노릇 하는 것만 못하다"고 하다[晉文公元年. 誅子圉. 魏武子爲魏大夫, 趙衰爲原大夫. 咎犯曰, 求霸莫如內王].
진秦	목공 24년. 군사를 동원해 중이를 진晉나라로 호송하다[二十四. 以兵送重耳].
초楚	성왕 36년.
송宋	성공成公 왕신王臣 원년.
위衛	문공 24년.
진陳	목공 12년.
채蔡	장후 10년.
조曹	공공 17년.
정鄭	문공 37년.
연燕	양공 22년.
오吳	

기원전 635년

주周	양왕 17년. 진晉나라가 정나라로 망명한 양왕을 귀경시키다[十七. 晉納王].
노魯	희공 25년.
제齊	효공 8년.
진晉	문공 2년.
진秦	목공 25년. 양왕을 귀경시키기 위해 하상河上에 진주하다[二十五. 欲內王, 軍河上].
초楚	성왕 37년.
송宋	성공 2년.

위衛	문공 25년.
진陳	목공 13년.
채蔡	장후 11년.
조曹	공공 18년.
정鄭	문공 38년.
연燕	양공 23년.
오吳	

기원전 634년

주周	양왕 18년.
노魯	희공 26년.
제齊	효공 9년.
진晉	문공 3년. 송나라를 굴복시키다[三. 宋服].
진秦	목공 26년.
초楚	성왕 38년.
송宋	성공 3년. 초나라를 배신하고 진晉나라와 친해지다[三. 倍楚親晉].
위衛	성공成公 정鄭 원년.
진陳	목공 14년.
채蔡	장후 12년.
조曹	공공 19년.
정鄭	문공 39년.
연燕	양공 24년.
오吳	

기원전 633년

주周	양왕 19년.
노魯	희공 27년.
제齊	효공 10년. 효공이 서거하다. 효공의 동생 반潘이 위나라 공자 개방開方에 기대 효공의 아들을 죽이다. 공자 반이 즉위하다[十. 孝公薨, 弟潘因衛公子開方殺孝公子, 立潘].
진晉	문공 4년. 송나라를 구하고, 조나라와 위나라에서 당한 치욕을 갚다[四. 救宋, 報曹·衛恥].
진秦	목공 27년.
초楚	성왕 39년. 장수 자옥子玉을 시켜 송나라를 치게 하다[三十九. 使子玉伐宋].
송宋	성공 4년. 초나라가 송나라를 치자 송나라가 진晉나라에 위급을 알리다[四. 楚伐我, 我告急於晉].
위衛	성공 2년.
진陳	목공 15년.
채蔡	장후 13년.
조曹	공공 20년.
정鄭	문공 40년.
연燕	양공 25년.
오吳	

기원전 632년

주周	양왕 20년. 왕이 하양河陽에서 사냥하다[二十. 王狩河陽].
노魯	희공 28년. 공이 천토踐土로 가 회맹하고 주나라 왕을 조현朝見하다[二十八. 公如踐土會朝].
제齊	소공昭公 반潘 원년. 진나라에서 회맹해 초나라를 패배시키고, 주나라 왕을 조현하다[齊昭公潘元年. 會晉敗楚, 朝周王].

진晉	문공 5년. 조나라를 치고 위나라를 정벌해 오록五鹿을 빼앗다. 조백曹伯을 사로잡다. 제후들이 초나라를 패배시키고 하양에서 주나라 왕을 조현하다. 주나라 왕이 공에게 땅을 하사하다[五. 侵曹伐衛, 取五鹿, 執曹伯. 諸侯敗楚而朝河陽, 周命賜公土地].
진秦	목공 28년. 진나라와 회맹해 초나라를 치고 주나라 왕을 조현하다[二十八. 會晉伐楚朝周].
초楚	성왕 40년. 진나라가 성복城濮의 싸움에서 초나라 장수 자옥을 패배시키다[四十. 晉敗子玉於城濮].
송宋	성공 5년. 진나라가 송나라를 구하자 초나라 군사가 달아나다[五. 晉救我, 楚兵去].
위衛	성공 3년. 진나라가 위나라를 쳐 오록을 빼앗다. 공이 달아나자 공자 하瑕를 세우고 진나라와 회맹해 조회하다. 공이 다시 위나라로 돌아오다[三. 晉伐我, 取五鹿. 公出奔, 立公子瑕會晉朝, 復歸衛].
진陳	목공 16년. 진나라와 회맹해 초나라를 치고 주나라 왕을 조현하다[十六. 會晉伐楚, 朝周王].
채蔡	장후 14년. 진나라와 회맹해 초나라를 치고 주나라 왕을 조현하다[十四. 會晉伐楚, 朝周王].
조曹	공공 21년. 진나라가 조나라를 쳐 공을 사로잡으나 다시 돌려보내다[二十一. 晉伐我, 執公, 復歸之].
정鄭	문공 41년.
연燕	양공 26년.
오吳	

기원전 631년

주周	양왕 21년.
노魯	희공 29년.
제齊	소공 2년.
진晉	문공 6년.
진秦	목공 29년.

초楚	성왕 41년.
송宋	성공 6년.
위衛	성공 4년. 진晉나라가 위나라를 송나라에게 주다[四. 晉以衛與宋].
진陳	공공共公 삭朔 원년.
채蔡	장후 15년.
조曹	공공 22년.
정鄭	문공 42년.
연燕	양공 27년.
오吳	

기원전 630년

주周	양왕 22년.
노魯	희공 30년.
제齊	소공 3년.
진晉	문공 7년. 주나라가 위성공衛成公을 귀국시켰다는 것을 듣다. 진秦나라와 함께 정나라를 포위하다[七. 聽周歸衛成公, 與秦圍鄭].
진秦	목공 30년. 정나라를 포위하다. 강화한다는 말만 남기고 바로 떠나다[三十. 圍鄭, 有言卽去].
초楚	성왕 42년.
송宋	성공 7년.
위衛	성공 5년. 주나라가 진문공의 요청에 따라 공을 받아들였다가 다시 위나라로 돌려보내다[五. 周入成公, 復衛].
진陳	공공 2년.
채蔡	장후 16년.
조曹	공공 23년.
정鄭	문공 43년. 진秦과 진晉 두 나라가 정나라를 포위하다. 이는 진晉나라로 인한 것이다[四十三. 秦·晉圍我, 以晉故].

연燕	양공 28년.
오吳	

기원전 629년

주周	양왕 23년.
노魯	희공 31년.
제齊	소공 4년.
진晉	문공 8년.
진秦	목공 31년.
초楚	성왕 43년.
송宋	성공 8년.
위衛	성공 6년.
진陳	공공 3년.
채蔡	장후 17년.
조曹	공공 24년.
정鄭	문공 44년.
연燕	양공 29년.
오吳	

기원전 628년

주周	양왕 24년.
노魯	희공 32년.
제齊	소공 5년.

진晉	문공 9년. 문공이 서거하다[九. 文公薨].
진秦	목공 32년. 장차 정나라를 치려 했으나 대부 건숙蹇叔이 말하기를, "불가하다"고 하다[三十二. 將襲鄭, 蹇叔曰, 不可].
초楚	성왕 44년.
송宋	성공 9년.
위衛	성공 7년.
진陳	공공 4년.
채蔡	장후 18년.
조曹	공공 25년.
정鄭	문공 45년. 문공이 서거하다[四十五. 文公薨].
연燕	양공 30년.
오吳	

기원전 627년(갑오甲午)

주周	양왕 25년.
노魯	희공 33년. 희공이 서거하다[三十三. 僖公薨].
제齊	소공 6년. 적인狄人이 침공하다[六. 狄侵我].
진晉	양공襄公 환驩 원년. 진秦나라를 효산殽山에서 격파하다[晉襄公驩元年, 破秦於殽].
진秦	목공 33년. 정나라를 습격하다. 진晉나라가 진秦나라를 효산에서 패배시키다[三十三. 襲鄭, 晉敗我殽].
초楚	성왕 45년.
송宋	성공 10년.
위衛	성공 8년.
진陳	공공 5년.
채蔡	장후 19년.
조曹	공공 26년.

정鄭	목공穆公 란蘭 원년. 진秦나라가 정나라를 습격하자 현고弦高가 거짓으로 진나라 군사를 호궤犒饋하며 이 사실을 알려 침공을 막다[鄭穆公蘭元年. 秦襲我, 弦高詐之].
연燕	양공 31년.
오吳	

기원전 626년

주周	양왕 26년.
노魯	문공文公 흥興 원년.
제齊	소공 7년.
진晉	양공 2년. 위나라를 치자, 위나라가 침공하다[二. 伐衛, 衛伐我].
진秦	목공 34년. 효산의 싸움에서 패한 장수가 달아나 돌아오다. 공이 그의 관직을 회복시키다[三十四. 敗殽將亡歸, 公復其官].
초楚	성왕 46년. 왕이 태자 상신商臣을 제거하고 공자 직職을 세우고자 하다. 태자가 두려워한 나머지 스승 반숭潘崇과 함께 왕을 죽이다. 왕은 곰발바닥 요리를 먹은 뒤 죽게 해달라고 했으나 받아들여지지 않다. 태자가 스스로 즉위하다[四十六. 王欲殺太子立職, 太子恐, 與傅潘崇殺王. 王欲食熊蹯死, 不聽. 自立爲王].
송宋	성공 11년.
위衛	성공 9년. 진晉나라가 침공하자, 위나라도 진나라를 치다[九. 晉伐我, 我伐晉].
진陳	공공 6년.
채蔡	장후 20년.
조曹	공공 27년.
정鄭	목공 2년.
연燕	양공 32년.
오吳	

주周	양왕 27년.
노魯	문공 2년.
제齊	소공 8년.
진晉	양공 3년. 진秦나라가 효산의 패배를 설욕하고자 하다. 왕읍汪邑에서 진秦나라 군사를 격파하다[三. 秦報我殽, 敗於汪].
진秦	목공 35년. 진晉나라를 쳐 효산의 패배를 설욕하고자 하다. 왕읍에서 패하다[三十五. 伐晉報殽, 敗我於汪].
초楚	목왕穆王 상신商臣 원년. 태자 때의 집을 스승 반숭에게 하사하고 재상으로 삼다[楚穆王商臣元年. 以其太子宅賜崇, 爲相].
송宋	성공 12년.
위衛	성공 10년.
진陳	공공 7년.
채蔡	장후 21년.
조曹	공공 28년.
정鄭	목공 3년.
연燕	양공 33년.
오吳	

주周	양왕 28년.
노魯	문공 3년. 공이 진晉나라로 가다[三. 公如晉].
제齊	소공 9년.
진晉	양공 4년. 진秦나라가 진晉나라를 치다. 왕관王官 땅을 빼앗았으나 진晉나라는 출병하지 않다[四. 秦伐我, 取王官, 我不出].

진秦	목공 36년. 맹명孟明 등이 진목공의 명을 받아 진晉나라를 치다. 진晉나라가 감히 출병할 생각을 하지 못하다[三十六. 以孟明等伐晉, 晉不敢出].
초楚	목왕 2년. 진晉나라가 침공하다[二. 晉伐我].
송宋	성공 13년.
위衛	성공 11년.
진陳	공공 8년.
채蔡	장후 22년.
조曹	공공 29년.
정鄭	목공 4년.
연燕	양공 34년.
오吳	

기원전 623년

주周	양왕 29년.
노魯	문공 4년.
제齊	소공 10년.
진晉	양공 5년. 진秦나라를 치고, 원邧*과 신성新城을 포위하다[五. 伐秦, 圍邧 · 新城].
진秦	목공 37년. 진晉나라가 침공해 원과 신성을 포위하다[三十七. 晉伐我, 圍邧 · 新城].
초楚	목왕 3년. 강江나라를 멸하다[三. 滅江].
송宋	성공 14년.
위衛	성공 12년. 공이 진晉나라로 가다[十二. 公如晉].
진陳	공공 9년.
채蔡	장후 23년.

● 《춘추좌전》에는 완䣓으로 나온다.

조曹	공공 30년.
정鄭	목공 5년.
연燕	양공 35년.
오吳	

기원전 622년

주周	양왕 30년.
노魯	문공 5년.
제齊	소공 11년.
진晉	양공 6년. 조성자趙成子·난정자欒貞子·곽백霍伯·구계臼季 모두 노환으로 죽다[六. 趙成子·欒貞子·霍伯·臼季皆卒].
진秦	목공 38년.
초楚	목왕 4년. 육나라와 요蓼나라를 멸하다[四. 滅六·蓼].
송宋	성공 15년.
위衛	성공 13년.
진陳	공공 10년.
채蔡	장후 24년.
조曹	공공 31년.
정鄭	목공 6년.
연燕	양공 36년.
오吳	

기원전 621년

주周	양왕 31년.

노魯	문공 6년.
제齊	소공 12년.
진晉	양공 7년. 공이 죽다. 조돈趙盾이 태자가 어리다는 이유로 다른 군주를 세우고자 하다. 그러나 이내 주살될 것을 두려워해 마침내 태자를 영공靈公으로 세우다[七. 公卒, 趙盾爲太子少, 欲更立君, 恐誅, 遂立太子爲靈公].
진秦	목공 39년. 목공이 서거하다. 사람들을 순장하다. 따라 죽은 자가 170명이다. 군자들이 이를 비난하면서 그의 죽음을 말하지 않다[三十九. 繆公薨. 葬殉以人, 從死者百七十人, 君子譏之, 故不言卒].
초楚	목왕 5년.
송宋	성공 16년.
위衛	성공 14년.
진陳	공공 11년.
채蔡	장후 25년.
조曹	공공 32년.
정鄭	목공 7년.
연燕	양공 37년.
오吳	

기원전 620년

주周	양왕 32년.
노魯	문공 7년.
제齊	소공 13년.
진晉	영공靈公 이고夷皐 원년. 조돈이 정사를 전담하다[晉靈公夷皐元年. 趙盾專政].
진秦	강공康公 앵罃 원년.
초楚	목왕 6년.
송宋	성공 17년. 공손公孫 고固가 성공을 시해하다[十七. 公孫固殺成公].

위衛	성공 15년.
진陳	공공 12년.
채蔡	장후 26년.
조曹	공공 33년.
정鄭	목공 8년.
연燕	양공 38년.
오吳	

기원전 619년

주周	양왕 33년. 양왕이 붕어崩御하다[三十三. 襄王崩].
노魯	문공 8년. 왕이 모백毛伯 위衛를 보내 왕을 안장하기 위한 금을 요구하다. 이는 예가 아니다[八. 王使衛來求金以葬, 非禮].
제齊	소공 14년.
진晉	영공 2년. 진秦나라가 진晉나라를 쳐 무성武城을 빼앗다. 영호의 싸움을 보복한 것이다[二. 秦伐 我, 取武城, 報令孤之戰].
진秦	강공 2년.
초楚	목왕 7년.
송宋	소공昭公 저구杵臼 원년. 양공의 아들이다[宋昭公杵臼曰元年. 襄公之子].
위衛	성공 16년.
진陳	공공 13년.
채蔡	장후 27년.
조曹	공공 34년.
정鄭	목공 9년.
연燕	양공 39년.
오吳	

기원전 618년

주周	경왕頃王 원년.
노魯	문공 9년.
제齊	소공 15년.
진晉	영공 3년. 제후들을 이끌고 가 정나라를 구하다[三. 率諸侯救鄭].
진秦	강공 3년.
초楚	목왕 8년. 정나라를 치고, 이로써 사실상 진晉나라를 굴복시키다[八. 伐鄭, 以其服晉].
송宋	소공 2년.
위衛	성공 17년.
진陳	공공 14년.
채蔡	장후 28년.
조曹	공공 35년.
정鄭	목공 10년. 초나라가 침공하다[十. 楚伐我].
연燕	양공 40년.
오吳	

기원전 617년(갑진甲辰)

주周	경왕 2년.
노魯	문공 10년.
제齊	소공 16년.
진晉	영공 4년. 진秦나라를 치고, 소량少梁을 함락시키다. 진秦나라는 진晉나라의 북징北徵을 빼앗다[四. 伐秦, 拔少梁. 秦取我北徵].
진秦	강공 4년. 진晉나라가 침공해 소량을 취하다. 진秦나라도 진晉나라의 북징을 취하다[四. 晉伐我, 取少梁. 我伐晉取北徵].
초楚	목왕 9년.

송宋	소공 3년.
위衛	성공 18년.
진陳	공공 15년.
채蔡	장후 29년.
조曹	문공文公 수壽 원년.
정鄭	목공 11년.
연燕	환공桓公 원년.
오吳	

기원전 616년

주周	경왕 3년.
노魯	문공 11년. 함咸 땅에서 격파한 장적長翟을 생포해 돌아오다[十一. 敗長翟於咸而歸, 得長翟].
제齊	소공 17년.
진晉	영공 5년.
진秦	강공 5년.
초楚	목왕 10년.
송宋	소공 4년. 장적을 장구長丘에서 패배시키다[四. 敗長翟長丘].
위衛	성공 19년.
진陳	공공 16년.
채蔡	장후 30년.
조曹	문공 2년.
정鄭	목공 12년.
연燕	환공 2년.
오吳	

주周	경왕 4년.
노魯	문공 12년.
제齊	소공 18년.
진晉	영공 6년. 진秦나라가 진晉의 기마羈馬를 빼앗다. 진秦나라와 하곡河曲에서 싸우다. 진秦나라 군사가 달아나다[六. 秦取我羈馬, 與秦戰河曲, 秦師遁].
진秦	강공 6년. 진晉을 쳐 기마를 빼앗다. 진晉나라가 노해 진秦나라와 하곡에서 크게 싸우다[六. 伐晉, 取羈馬. 怒, 與我大戰河曲].
초楚	목왕 11년.
송宋	소공 5년.
위衛	성공 20년.
진陳	공공 17년.
채蔡	장후 31년.
조曹	문공 3년.
정鄭	목공 13년.
연燕	환공 3년.
오吳	

주周	경왕 5년.
노魯	문공 13년.
제齊	소공 19년.
진晉	영공 7년. 망명한 수회隨會를 불러들이다[七. 得隨會].
진秦	강공 7년. 진晉나라가 속임수로 수회를 불러들이다[七. 晉許得隨會].
초楚	목왕 12년.

송宋	소공 6년.
위衛	성공 21년.
진陳	공공 18년.
채蔡	장후 32년.
조曹	문공 4년.
정鄭	목공 14년.
연燕	환공 4년.
오吳	

기원전 613년

주周	경왕 6년. 경왕이 붕어하다. 공경이 정쟁政爭을 벌인 탓에 부고하지 않다[六. 頃王崩. 公卿爭政, 故不赴].
노魯	문공 14년. 혜성이 북두北斗에 들어가다. 주나라 사관이 기록하기를, "7년, 송나라와 제나라 및 진晉나라 군주가 죽다"고 하다[十四. 彗星入北斗, 周史, 七年, 宋·齊·晉君死].
제齊	소공 20년. 소공이 죽다. 동생 상인商人이 태자를 죽이고 스스로 즉위하다. 그가 의공懿公이다[二十. 昭公卒. 弟商人殺太子自立, 是爲懿公].
진晉	영공靈公 8년. 조돈이 수레 800승乘을 첩치捷菑에게 바치고 주나라를 평안하게 하다[八. 趙盾以車八百乘納捷菑, 平王室].•
진秦	강공 8년.
초楚	장왕莊王 려侶 원년.

• 《춘추좌전》〈노문공 14년〉조에 따르면 주문공邾文公의 첫째 부인 제강齊薑은 주정공邾定公 확저玃且를 낳고, 둘째 부인 진희晉姬는 첩치捷菑를 낳았다. 주문공이 세상을 떠나자 주나라 사람들이 주정공을 옹립했다. 첩치는 외가의 나라인 진晉나라로 달아났다. 기원전 613년 6월, 진晉나라의 권신 조돈이 노문공과 송소공, 진영공, 위성공, 정목공, 허소공, 조문공 등과 함께 신성에서 결맹했다. 여기서 첩치를 주나라로 들여보내는 일을 논의했다. 조돈이 수레 800승을 첩치에게 바치고 평안케 한 대상은 주나라 왕실이 아니라 주邾나라다. 평왕실平王室의 '왕실'은 주邾의 오자로 보아야 한다.

송宋	소공 7년.
위衛	성공 22년.
진陳	영공靈公 평국平國 원년.
채蔡	장후 33년.
조曹	문공 5년.
정鄭	목공 15년.
연燕	환공 5년.
오吳	

기원전 612년

주周	광왕匡王 원년.
노魯	문공 15년. 6월 신축일, 일식이 일어나다. 제나라가 침공하다[十五. 六月 辛丑. 日蝕. 齊伐我].
제齊	의공懿公 상인商人 원년.
진晉	영공 9년. 채나라로 진공하다[九. 我入蔡].
진秦	강공 9년.
초楚	장왕 2년.
송宋	소공 8년.
위衛	성공 23년.
진陳	영공 2년.
채蔡	장후 34년. 진나라가 침공하다. 장후莊侯가 서거하다[三十四. 晉伐我. 莊侯薨].
조曹	문공 6년. 제나라가 부郛 땅을 침공하다[六. 齊入我郛].
정鄭	목공 16년.
연燕	환공 6년.
오吳	

주周	광왕 2년.
노魯	문공 16년.
제齊	의공 2년. 교만해 민심을 얻지 못하다[二. 不得民心].
진晉	영공 10년.
진秦	강공 10년.
초楚	장왕 3년. 용庸나라를 멸하다[三. 滅庸].
송宋	소공 9년. 양공의 부인이 위백衛伯을 시켜 소공을 죽이다. 소공의 동생 포鮑를 세우다[九. 襄夫人使衛伯殺昭公. 弟鮑立].•
위衛	성공 24년.
진陳	영공 3년.
채蔡	문후文侯 신申 원년.
조曹	문공 7년.
정鄭	목공 17년.
연燕	환공 7년.
오吳	

주周	광왕 3년.
노魯	문공 17년. 제나라가 침공하다[十七. 齊伐我].
제齊	의공 3년. 노나라를 치다[三. 伐魯].
진晉	영공 11년. 제후들을 이끌고 가 송나라를 평정하다[十一.率諸侯平宋].

• 《춘추좌전》에 따르면 주양왕의 여동생인 송양공의 부인은 손자인 포를 옹립할 생각으로 송소공이 사냥을 떠나게 한 뒤 왕의 사냥터인 전지甸地를 관할하는 수전帥甸을 보내 죽였다. 두예는 수전을 교전郊甸을 관할하는 군사로 풀이했다. 위백은 수전의 잘못으로 보인다.

진秦	강공 11년.
초楚	장왕 4년.
송宋	문공文公 포鮑 원년. 소공의 동생이다. 진晉나라가 제후들을 이끌고 와 평정하다[宋文公鮑元 年. 昭公弟. 晉率諸侯平我].
위衛	성공 25년.
진陳	영공 4년.
채蔡	문후 2년.
조曹	문공 8년.
정鄭	목공 18년.
연燕	환공 8년.
오吳	

기원전 609년

주周	광왕 4년.
노魯	문공 18년. 양중이 적자를 죽이고 서자를 선공宣公으로 세우다[十八. 襄仲殺嫡, 立庶子爲宣公].
제齊	의공 4년. 공이 병촉邴歜의 부친 발꿈치를 베고, 염직閻職의 아내를 빼앗다. 두 사람이 함께 공을 죽이고 환공의 아들을 혜공惠公으로 세우다[四. 公刖邴歜父而奪閻職妻, 二人共殺公, 立桓公子惠公].
진晉	영공 12년.
진秦	강공 12년.
초楚	장왕 5년.
송宋	문공 2년.
위衛	성공 26년.
진陳	영공 5년.
채蔡	문후 3년.
조曹	문공 9년.

정鄭	목공 19년.
연燕	환공 9년.
오吳	

기원전 608년

주周	광왕 5년.
노魯	선공宣公 퇴俀* 원년. 노나라가 서자인 선공을 세운 것은 정도가 아니다. 공실의 권위가 땅에 떨어지다[魯宣公俀元年. 魯立宣公, 不正, 公室卑].
제齊	혜공惠公 원元 원년. 노나라 제서濟西의 전답을 빼앗다[齊惠公元年. 取魯濟西之田].
진晉	영공 13년. 조돈이 진陳나라와 송나라를 구하고, 정나라를 치다[十三. 趙盾救陳·宋, 伐鄭].
진秦	공공共公 화和 원년[秦共公和元年].
초楚	장왕 6년. 송나라와 진陳나라를 치다. 초나라를 배반하고 진晉나라에 굴복한 탓이다[六. 伐宋·陳, 以倍我服晉故].
송宋	문공 3년. 초나라와 정나라가 침공하다. 초나라를 배신한 탓이다[三. 楚·鄭伐我, 以我倍楚故也].
위衛	성공 27년.
진陳	영공 6년.
채蔡	문후 4년.
조曹	문공 10년.
정鄭	목공 20년. 초나라와 함께 진陳나라를 침공하고 마침내 송나라까지 침략하다. 진晉나라가 권신 조돈을 시켜 정나라를 치게 하다. 진晉나라를 배신한 탓이다[二十. 與楚侵陳, 遂侵宋. 晉使趙盾伐我, 以倍晉故].
연燕	환공 10년.
오吳	

● 《사기색은》은 노선공 퇴俀를 왜倭와 발음이 같다고 했다. 사서에 따라서는 접接 또는 위委 등으로 기록해놓았다. 모친은 노문공의 둘째 부인인 경영敬嬴이다.

기원전 607년(갑인甲寅)

주周	광왕 6년. 광왕이 붕어하다[六. 匡王崩].
노魯	선공 2년.
제齊	혜공 2년. 왕자 성보成父가 장적을 격파하다[二. 王子成父敗長翟].
진晉	영공 14년. 조천趙穿이 영공을 시해하고, 조돈이 조천을 시켜 주나라에서 공자 흑둔黑臀을 맞이해 보위에 앉힌다. 조씨에게 공족대부 자리를 내려주다[十四. 趙穿殺靈公, 趙盾使穿迎公子黑臀於周, 立之. 趙氏賜公族].
진秦	공공 2년.
초楚	장왕 7년.
송宋	문공 4년. 화원華元이 전차를 모는 양짐羊斟에게 양 고깃국을 나누어주지 못하는 바람에 정나라 군사에게 포로로 잡혀 패하다[四. 華元以羊羹故陷於鄭].
위衛	성공 28년.
진陳	영공 7년.
채蔡	문후 5년.
조曹	문공 11년.
정鄭	목공 21년. 송나라 군사와 싸워 화원을 사로잡다[二十一. 與宋師戰, 獲華元].
연燕	환공 11년.
오吳	

기원전 606년

주周	정왕定王 원년.
노魯	선공 3년.
제齊	혜공 3년.
진晉	성공成公 흑사黑臀 원년. 정나라를 치다[晉成公黑臀元年. 伐鄭].

진秦	공공 3년.
초楚	장왕 8년. 육혼陸渾을 치고 주나라 왕실이 있는 낙읍雒邑에서 정의 무게를 묻다[八. 伐陸渾, 至雒, 問鼎輕重].
송宋	문공 5년. 정나라에 전차와 말을 이끌고 가 화원을 대속代贖하려 할 때 화원이 도중에 달아나 귀환하다. 조나라를 포위하다[五. 贖華元, 亡歸. 圍曹].
위衛	성공 29년.
진陳	영공 8년.
채蔡	문후 6년.
조曹	문공 12년. 송나라가 포위하다[十二. 宋圍我].
정鄭	목공 22년. 화원이 달아나 송나라로 귀환하다[二十二. 華元亡歸].
연燕	환공 12년.
오吳	

기원전 605년

주周	정왕 2년.
노魯	선공 4년.
제齊	혜공 4년.
진晉	성공 2년.
진秦	공공 4년.
초楚	장왕 9년. 약오씨若敖氏가 난을 일으키자 그를 멸하다. 정나라를 치다[九. 若敖氏爲亂, 滅之. 伐鄭].
송宋	문공 6년.
위衛	성공 30년.
진陳	영공 9년.
채蔡	문후 7년.
조曹	문공 13년.

정鄭	영공靈公 이夷 원년. 공자 귀생歸生이 자라탕을 먹지 못한 것에 원한을 품고 영공을 시해하다[鄭靈公夷元年. 公子歸生以黿故殺靈公].
연燕	환공 13년.
오吳	

기원전 604년

주周	정왕 3년.
노魯	선공 5년.
제齊	혜공 5년.
진晉	성공 3년. 중항환자中行桓子 순림보荀林父가 정나라를 구하고 진陳나라를 치다[三. 中行桓子荀林父救鄭, 伐陳].
진秦	공공 5년.
초楚	장왕 10년.
송宋	문공 7년.
위衛	성공 31년.
진陳	영공 10년. 초나라가 정나라를 치고 진陳나라와 평화조약을 맺다. 진晉나라 중항환자 순림보가 초나라를 거스르며 정나라를 구하고, 진陳나라를 치다[十. 楚伐鄭, 與我平. 晉中行桓子距楚, 救鄭, 伐我].
채蔡	문후 8년.
조曹	문공 14년.
정鄭	양공襄公 견堅 원년. 영공의 이복동생이다. 초나라가 침공하자 진晉나라가 구하러 오다[鄭襄公堅元年. 靈公庶弟. 楚伐我, 晉來救].
연燕	환공 14년.
오吳	

기원전 603년

주周	정왕 4년.
노魯	선공 6년.
제齊	혜공 6년.
진晉	성공 4년. 위나라와 함께 진陳나라를 치다[四. 與衛侵陳].
진秦	환공桓公 원년.
초楚	장왕 11년.
송宋	문공 8년.
위衛	성공 32년. 진晉나라와 함께 진陳나라를 치다[三十二. 與晉侵陳].
진陳	영공 11년. 진晉나라 및 위나라가 함께 침공하다[十一. 晉·衛侵我].
채蔡	문후 9년.
조曹	문공 15년.
정鄭	양공 2년.
연燕	환공 15년.
오吳	

기원전 602년

주周	정왕 5년.
노魯	선공 7년.
제齊	혜공 7년.
진晉	성공 5년.
진秦	환공 2년.
초楚	장왕 12년.
송宋	문공 9년.
위衛	성공 33년.

진陳	영공 12년.
채蔡	문후 10년.
조曹	문공 16년.
정鄭	양공 3년.
연燕	환공 16년.
오吳	

기원전 601년

주周	정왕 6년.
노魯	선공 8년. 7월, 일식이 일어나다[八. 七月, 日蝕].
제齊	혜공 8년.
진晉	성공 6년. 노나라와 함께 진秦나라를 치고, 진나라 첩자를 잡아 도성인 강도에서 처형했으나 엿새 만에 소생하다[六. 與魯伐秦, 獲秦諜, 殺之絳市, 六日而蘇].
진秦	환공 3년. 진晉나라가 침공해 첩자를 잡다[三. 晉伐我, 獲諜].
초楚	장왕 13년. 진陳나라를 치고, 서舒나라와 요나라를 멸하다[十三. 伐陳, 滅 舒蓼].
송宋	문공 10년.
위衛	성공 34년.
진陳	영공 13년. 초나라가 침공하다[十三. 楚伐我].
채蔡	문후 11년.
조曹	문공 17년.
정鄭	양공 4년.
연燕	선공宣公 원년.
오吳	

주周	정왕 7년.
노魯	선공 9년.
제齊	혜공 9년.
진晉	성공 7년. 환자를 시켜 초나라를 치다. 제후들의 군사를 이끌고 가 진陳 나라를 치고 정나라를 구하다. 성공이 서거하다[七. 使桓子伐楚. 以諸侯師 伐陳救鄭, 成公薨].
진秦	환공 4년.
초楚	장왕 14년. 정나라를 치자 진晉나라 장수 극결郤缺이 군사를 이끌고 가 정나라를 구하고, 초나라를 격파하다[十四. 伐鄭, 晉郤缺救鄭, 敗我].
송宋	문공 11년.
위衛	성공 35년.
진陳	영공 14년.
채蔡	문후 12년.
조曹	문공 18년.
정鄭	양공 5년. 초나라가 침공하자 진晉나라가 구원병을 보내 초나라 군사 를 격파하다[五. 楚伐我, 晉來救, 敗楚師].
연燕	선공 2년.
오吳	

주周	정왕 8년.
노魯	선공 10년. 4월, 일식이 일어나다[十四. 月, 日蝕].
제齊	혜공 10년. 공이 죽다. 최저崔杼가 총애를 입자 고씨高氏와 국씨國氏가 최저를 내쫓다. 최저가 위나라로 달아나다[十. 公卒. 崔杼有寵, 高 · 國逐 之, 奔衛].

진晉	경공景公 거据 원년. 송나라와 함께 정나라를 치다[晉景公据元年. 與宋伐鄭].
진秦	환공 5년.
초楚	장왕 15년.
송宋	문공 12년.
위衛	목공穆公 속遬 원년. 제나라의 최저가 도망쳐 오다[衛穆公遬元年. 齊崔杼來奔].
진陳	영공 15년. 하징서夏徵舒가 모친이 모욕당하는 것을 보고 영공을 시해하다[十五. 夏徵舒以其母辱, 殺靈公].
채蔡	문후 13년.
조曹	문공 19년.
정鄭	양공 6년. 진晉나라와 송나라 및 초나라가 침공하다[六. 晉·宋·楚伐我].
연燕	선공 3년.
오吳	

기원전 598년

주周	정왕 9년.
노魯	선공 11년.
제齊	경공頃公 무야無野 원년.
진晉	경공 2년.
진秦	환공 6년.
초楚	장왕 16년. 제후들의 군사를 이끌고 가 진陳나라 대부 하징서를 주살하다. 진영공의 아들 오午를 세우다[十六. 率諸侯誅陳夏徵舒, 立陳靈公子午].
송宋	문공 13년.
위衛	목공 2년.
진陳	성공成公 오午 원년. 영공의 태자다[陳成公午元年. 靈公太子].

채蔡	문후 14년.
조曹	문공 20년.
정鄭	양공 7년.
연燕	선공 4년.
오吳	

기원전 597년(갑자甲子)

주周	정왕 10년.
노魯	선공 12년.
제齊	경공 2년.
진晉	경공 3년. 정나라를 구하러 출전했다가 황하 가에서 초나라에게 패하다[三. 救鄭, 爲楚所敗河上].
진秦	환공 7년.
초楚	장왕 17년. 정나라를 포위하자 정백鄭伯이 웃옷을 벗어 사죄하다. 그를 석방하다[十七. 圍鄭, 鄭伯肉袒謝, 釋之].
송宋	문공 14년. 진陳나라를 치다[十四. 伐陳].
위衛	목공 3년.
진陳	성공 2년.
채蔡	문후 15년.
조曹	문공 21년.
정鄭	양공 8년. 초나라가 포위하다. 정나라가 겸손한 말로 사죄하며 포위를 풀다[八. 楚圍我, 我卑辭以解].
연燕	선공 5년.
오吳	

기원전 596년

주周	정왕 11년.
노魯	선공 13년.
제齊	경공 3년.
진晉	경공 4년.
진秦	환공 8년.
초楚	장왕 18년.
송宋	문공 15년.
위衛	목공 4년.
진陳	성공 3년.
채蔡	문후 16년.
조曹	문공 22년.
정鄭	양공 9년.
연燕	선공 6년.
오吳	

기원전 595년

주周	정왕 12년.
노魯	선공 14년.
제齊	경공 4년.
진晉	경공 5년. 정나라를 치다[五. 伐鄭].
진秦	환공 9년.
초楚	장왕 19년. 송나라를 포위하다. 송나라가 사자를 죽이다[十九. 圍宋, 爲殺使者].
송宋	문공 16년. 초나라 사자를 죽이자 초나라가 송나라를 포위하다[十六. 殺楚使者, 楚圍我].

위衛	목공 5년.
진陳	성공 4년.
채蔡	문후 17년.
조曹	문공 23년. 문공이 서거하다[二十三. 文公薨].
정鄭	양공 10년. 진晉나라가 포위하다[十. 晉伐我].
연燕	선공 7년.
오吳	

기원전 594년

주周	정왕 13년.
노魯	선공 15년. 처음으로 무畝에 세금을 매기다[十五. 初稅畝].
제齊	경공 5년.
진晉	경공 6년. 송나라를 구하다. 초나라가 진晉나라 대부 해양解揚을 사로잡자 사절단을 보내다. 진秦나라가 침공하다[六. 救宋, 執解揚, 有使節. 秦伐我].
진秦	환공 10년.
초楚	장왕 20년. 송나라를 포위하다. 5월, 화원이 초나라 장수 자반子反을 찾아와 정성으로 사과를 청하다. 초나라가 포위를 풀다[二十. 圍宋. 五月, 華元告子反以誠, 楚罷].
송宋	문공 17년. 화원이 초나라에 사정을 고하자 초나라가 철군하다[十七. 華元告楚, 楚去].
위衛	목공 6년.
진陳	성공 5년.
채蔡	문후 18년.
조曹	선공宣公 여廬 원년.
정鄭	양공 11년. 초나라를 도와 송나라를 치다. 해양을 사로잡다[十一. 佐楚伐宋, 執解揚].

연燕	선공 8년.
오吳	

기원전 593년

주周	정왕 14년.
노魯	선공 16년.
제齊	경공 6년.
진晉	경공 7년. 대부 수회가 적적赤翟을 멸하다[七. 隨會滅赤翟].
진秦	환공 11년.
초楚	장왕 21년.
송宋	문공 18년.
위衛	목공 7년.
진陳	성공 6년.
채蔡	문후 19년.
조曹	선공 2년.
정鄭	양공 12년.
연燕	선공 9년.
오吳	

기원전 592년

주周	정왕 15년.
노魯	선공 17년. 일식이 일어나다[十七. 日蝕].

제齊	경공 7년. 진晉나라가 극극郤克을 제나라에 사자로 보내다. 제후의 부인이 극극이 다리를 저는 것을 보고 웃다. 극극이 크게 노해 돌아가다 [七. 晉使郤克來齊, 婦人笑之, 克怒, 歸去].
진晉	경공 8년. 극극을 제나라에 사자로 보내다. 제나라 군주의 부인이 극극을 비웃다. 극극이 크게 노해 돌아오다[八. 使郤克使齊, 婦人笑之, 克怒歸].
진秦	환공 12년.
초楚	장왕 22년.
송宋	문공 19년.
위衛	목공 8년.
진陳	성공 7년.
채蔡	문후 20년. 문후가 서거하다[二十. 文侯薨].
조曹	선공 3년.
정鄭	양공 13년.
연燕	선공 10년.
오吳	

기원전 591년

주周	정왕 16년.
노魯	선공 18년. 선공이 서거하다[十八. 宣公薨].
제齊	경공 8년. 진晉나라가 제나라 군사를 격파하다[八. 晉伐敗我].
진晉	경공 9년. 제나라를 치다. 제나라 대부 자강子強을 인질로 잡고 철군하다[九. 伐齊, 質子強, 兵罷].
진秦	환공 13년.
초楚	장왕 23년. 장왕이 서거하다[二十三. 莊王薨].
송宋	문공 20년.
위衛	목공 9년.
진陳	성공 8년.

채蔡	경후景侯 고固 원년.
조曹	선공 4년.
정鄭	양공 14년.
연燕	선공 11년.
오吳	

기원전 590년

주周	정왕 17년.
노魯	성공成公 흑굉黑肱 원년. 봄, 제나라가 노나라를 치고 융隆 땅을 빼앗다 [魯成公黑肱元年. 春, 齊取我隆].
제齊	경공 9년.
진晉	경공 10년.
진秦	환공 14년.
초楚	공왕共王 심審 원년.
송宋	문공 21년.
위衛	목공 10년.
진陳	성공 9년.
채蔡	경후 2년.
조曹	선공 5년.
정鄭	양공 15년.
연燕	선공 12년.
오吳	

주周	정왕 18년.
노魯	성공 2년. 진晉나라와 함께 제나라를 치다. 제나라가 빼앗은 문양汶陽 땅을 돌려주다. 은밀히 초나라와 맹약하다[二. 與晉伐齊, 齊歸我汶陽, 竊與 楚盟].
제齊	경공 10년. 진晉나라 대부 극극이 안鞍 땅에서 제경공의 군사를 격파하다. 제경공의 전차를 모는 대부 봉추보逢丑父를 사로잡다[十. 晉郤克敗公 於鞍, 虜逢丑父].
진晉	경공 11년. 노나라 및 조나라와 함께 제나라 군사를 격파하다[十一. 與 魯·曹敗齊].
진秦	환공 15년.
초楚	공왕 2년. 가을, 신공申公 무신巫臣이 하징서夏徵舒의 모친 하희夏姬와 함께 몰래 진晉나라로 달아나다. 진나라가 그를 형邢 땅의 대부로 삼 다. 겨울, 위나라와 노나라를 치고 제나라를 구하다[二. 秋, 申公巫臣竊徵 舒母奔晉, 以爲邢大夫. 冬, 伐衛·魯, 救齊].
송宋	문공 22년.
위衛	목공 11년. 목공이 서거하다. 제후들과 함께 제나라 군사를 격파하다. 빼앗긴 땅을 되찾다. 초나라가 위나라를 치다[十一. 穆公薨. 與諸侯敗齊, 反侵地. 楚伐我].
진陳	성공 10년.
채蔡	경후 3년.
조曹	선공 6년.
정鄭	양공 16년.
연燕	선공 13년.
오吳	

주周	정왕 19년.
노魯	성공 3년. 진晉·송·위·조나라와 함께 정나라를 치다[三. 會晉·宋·衛·曹伐鄭].
제齊	경공 11년. 경공이 진晉나라로 가 진나라 군주를 왕으로 모시고자 했으나 진나라가 감히 받아들이지 않다[十一. 頃公如晉, 欲王晉, 晉不敢受].
진晉	경공 12년. 처음으로 육경六卿을 두다. 제후들을 이끌고 가 정나라를 치다[十二. 始置六卿. 率諸侯伐鄭].
진秦	환공 16년.
초楚	공왕 3년.
송宋	공공共公 하暇 원년.
위衛	정공定公 장臧 원년.
진陳	성공 11년.
채蔡	경후 4년.
조曹	선공 7년. 정나라를 치다[七. 伐鄭].
정鄭	양공 17년. 진晉나라가 제후들을 이끌고 가 정나라를 치다[十七. 晉率諸侯伐我].
연燕	선공 14년.
오吳	

주周	정왕 20년.
노魯	성공 4년. 공이 진晉나라로 가다. 진나라가 불경하게 대하다. 공이 진나라를 배반하고 초나라와 회합하려 하다[四. 公如晉, 晉不敬, 公欲倍晉合於楚].
제齊	경공 12년.

진晉	경공 13년. 노나라 군주가 왔으나 불경스럽게 대하다[十三. 魯公來, 不敬].
진秦	환공 17년.
초楚	공왕 4년. 대부 자반이 정나라를 구하다[四. 子反救鄭].
송宋	공공 2년.
위衛	정공 2년.
진陳	성공 12년.
채蔡	경후 5년.
조曹	선공 8년.
정鄭	양공 18년. 진晉나라 대부 난서欒書가 정나라의 범氾 땅을 취하다. 양공이 서거하다[十八. 晉欒書取我氾. 襄公薨].
연燕	선공 15년.
오吳	

기원전 586년

주周	정왕 21년. 정왕이 붕어하다[二十一. 定王崩].
노魯	성공 5년.
제齊	경공 13년.
진晉	경공 14년. 양산梁山이 무너지다. 백종伯宗이 명을 받아 급히 가다가 길에서 만난 사람의 이야기를 듣고 그 말을 전함으로써 진경공이 따르게 하다[十四. 梁山崩. 伯宗隱其人而用其言].
진秦	환공 18년.
초楚	공왕 5년. 정나라를 치다. 초나라를 배반한 탓이다. 정도공鄭悼公이 초나라로 가 허영공許靈公과 쟁송하다[五伐鄭, 倍我故也. 鄭悼公來訟].
송宋	공공 3년.
위衛	정공 3년.
진陳	성공 13년.
채蔡	경후 6년.

조曹	선공 9년.
정鄭	도공悼公 비費 원년. 초나라로 가 허영공과 쟁송하다[鄭悼公費元年. 公如楚訟].
연燕	소공昭公 원년.
오吳	

기원전 585년

주周	간왕簡王 원년.
노魯	성공 6년.
제齊	경공 14년.
진晉	경공 15년. 난서欒書를 시켜 정나라를 구하게 하다. 내친 김에 채나라까지 침공하다[十五. 使欒書救鄭, 遂侵蔡].
진秦	환공 19년.
초楚	공왕 6년.
송宋	공공 4년.
위衛	정공 4년.
진陳	성공 14년.
채蔡	경후 7년. 진秦나라 군사가 침공하다[七. 晉侵我].
조曹	선공 10년.
정鄭	도공 2년. 도공이 서거하다. 초나라가 침공하다. 진晉나라가 난서를 시켜 정나라를 구하게 하다[二. 悼公薨. 楚伐我, 晉使欒書來救].
연燕	소공 2년.
오吳	수몽壽夢 원년.

기원전 584년

주周	간왕 2년.
노魯	성공 7년.
제齊	경공 15년.
진晉	경공 16년. 초나라에서 진나라로 망명한 무신이 처음 오나라와 왕래하며 초나라를 칠 계책을 꾸미다[十六. 以巫臣始通於吳而謀楚].
진秦	환공 20년.
초楚	공왕 7년. 정나라를 치다[七. 伐鄭].
송宋	공공 5년.
위衛	정공 5년.
진陳	성공 15년.
채蔡	경후 8년.
조曹	선공 11년.
정鄭	성공成公 곤睔 원년. 도공의 동생이다. 초나라가 정나라를 치다[鄭成公睔元年. 悼公弟也. 楚伐我].
연燕	소공 3년.
오吳	수몽 2년. 무신이 와서 초나라를 칠 계책을 꾸미다[二. 臣巫來, 謀伐楚].

기원전 583년

주周	간왕 3년.
노魯	성공 8년.
제齊	경공 16년.
진晉	경공 17년. 조무趙武의 전읍田邑을 회복시키다. 채나라를 치다[十七. 復趙武田邑. 侵蔡].
진秦	환공 21년.
초楚	공왕 8년.

송宋	공공 6년.
위衛	정공 6년.
진陳	성공 16년.
채蔡	경후 9년. 진晉나라가 침공하다[九. 晉伐我].
조曹	선공 12년.
정鄭	성공 2년.
연燕	소공 4년.
오吳	수몽 3년.

기원전 582년

주周	간왕 4년.
노魯	성공 9년.
제齊	경공 17년. 경공이 서거하다[十七. 頃公薨].
진晉	경공 18년. 정성공을 사로잡고 정나라를 치다. 진秦나라가 침공하다 [十八. 執鄭成公, 伐鄭. 秦伐我].
진秦	환공 22년. 진晉나라를 치다[二十二. 伐晉].
초楚	공왕 9년. 정나라를 구하다. 겨울, 진晉나라와 동맹을 맺다[九. 救鄭. 冬, 與晉成].
송宋	공공 7년.
위衛	정공 7년.
진陳	성공 17년.
채蔡	경후 10년.
조曹	선공 13년.
정鄭	성공 3년. 초나라와 동맹을 맺다. 공이 진晉나라로 가다. 진나라가 공을 사로잡고 정나라를 치다[三. 與楚盟. 公如晉, 執公伐我].
연燕	소공 5년.
오吳	수몽 4년.

기원전 581년

주周	간왕 5년.
노魯	성공 10년. 공이 진晉나라에 조문 차 갔다가 억류된 뒤 억지로 송장送葬에 참석하다. 이를 치욕으로 여겨 《춘추》에 기록하지 않다[十. 公如晉送葬, 諱之].
제齊	영공靈公 환環 원년.
진晉	경공 19년.
진秦	환공 23년.
초楚	공왕 10년.
송宋	공공 8년.
위衛	정공 8년.
진陳	성공 18년.
채蔡	경후 11년.
조曹	선공 14년.
정鄭	성공 4년. 진晉나라가 제후들의 군사를 이끌고 침공하다[四. 晉率諸侯伐我].
연燕	소공 6년.
오吳	수몽 5년.

기원전 580년

주周	간왕 6년.
노魯	성공 11년.
제齊	영공 2년.
진晉	여공厲公 수만壽曼 원년.
진秦	환공 24년. 진후晉侯와 황하를 사이에 두고 맹약한 뒤 돌아와 배신하다[二十四. 與晉侯夾河盟, 歸, 倍盟].

초楚	공왕 11년.
송宋	공공 9년.
위衛	정공 9년.
진陳	성공 19년.
채蔡	경후 12년.
조曹	선공 15년.
정鄭	성공 5년.
연燕	소공 7년.
오吳	수몽 6년.

기원전 579년

주周	간왕 7년.
노魯	성공 12년.
제齊	영공 3년.
진晉	여공 2년.
진秦	환공 25년.
초楚	공왕 12년.
송宋	공공 10년.
위衛	정공 10년.
진陳	성공 20년.
채蔡	경후 13년.
조曹	선공 16년.
정鄭	성공 6년.
연燕	소공 8년.
오吳	수몽 7년.

주周	간왕 8년.
노魯	성공 13년. 진晉나라와 회맹해 진秦나라를 치다[十三. 會晉伐秦].
제齊	영공 4년. 진秦나라를 치다[四. 伐秦].
진晉	여공 3년. 진秦나라를 치고 경수涇水까지 이르다. 진나라를 격파하고 대부 성차成差를 사로잡다[三. 伐秦至涇, 敗之, 獲其將成差].
진秦	환공 26년. 진晉나라가 제후들의 군사를 이끌고 침공하다[二十六. 晉率諸侯伐我].
초楚	공왕 13년.
송宋	공공 11년. 진晉나라가 송나라 군사를 이끌고 가 진秦나라를 치다[十一. 晉率我伐秦].
위衛	정공 11년.
진陳	성공 21년.
채蔡	경후 14년.
조曹	선공 17년. 진晉나라가 조나라 군사를 이끌고 가 진秦나라를 치다[十七. 晉率我伐秦].
정鄭	성공 7년. 진晉나라가 정나라 군사를 이끌고 가 진秦나라를 치다[七. 晉率我伐秦].
연燕	소공 9년.
오吳	수몽 8년.

주周	간왕 9년.
노魯	성공 14년.
제齊	영공 5년.
진晉	여공 4년.

진秦	환공 27년.
초楚	공왕 14년.
송宋	공공 12년.
위衛	정공 12년. 공이 서거하다[十二. 定公薨].
진陳	성공 22년.
채蔡	경후 15년.
조曹	성공成公 부추負芻 원년.
정鄭	성공 8년.
연燕	소공 10년.
오吳	수몽 9년.

기원전 576년

주周	간왕 10년.
노魯	성공 15년. 처음으로 오나라와 내왕하며 종리鍾離에서 회맹하다[十五始與吳通, 會鍾離].
제齊	영공 6년.
진晉	여공 5년. 극기郤錡와 극주郤犨 및 극지郤至 등 삼극三郤이 백종을 참소해 죽이다. 백종이 직간을 좋아한 탓이다[五. 三郤讒伯宗, 殺之, 伯宗好直諫].
진秦	경공景公 원년.
초楚	공왕 15년. 허나라가 정나라를 두려워한 나머지 섭葉 땅으로 옮기기를 청하다[十五. 許畏鄭, 請徙葉].
송宋	공공 13년. 화원이 진晉나라로 달아났다가 다시 돌아오다[十三. 華元奔晉, 復還].
위衛	헌공獻公 간衎 원년.
진陳	성공 23년.
채蔡	경후 16년.

조曹	성공 2년. 진나라가 조성공曹成公을 잡아갔다가 돌려보내다[二. 晉執我公以歸].
정鄭	성공 9년.
연燕	소공 11년.
오吳	수몽 10년. 노나라와 종리에서 회맹하다[十. 與魯會鍾離].

기원전 575년

주周	간왕 11년.
노魯	성공 16년. 숙손선백叔孫宣伯이 노성공의 생모인 목강穆姜과 사통하면서 진晉나라를 이용해 계문자季文子를 제거하려 하다. 계문자가 의리를 드러내 죽음에서 벗어나다[十六. 宣伯告晉, 欲殺季文子, 文子得以義脫].
제齊	영공 7년.
진晉	여공 6년. 초나라 군사를 언릉鄢陵에서 격파하다[六. 敗楚鄢陵].
진秦	경공 2년.
초楚	공왕 16년. 정나라를 구하고자 했으나 불리했다. 자반이 술에 취한 탓에 초나라 군사가 패하다. 공왕이 자반을 죽이고 철군하다[十六. 救鄭, 不利. 子反醉, 軍敗, 殺子反歸].
송宋	평공平公 성成 원년.
위衛	헌공 2년.
진陳	성공 24년.
채蔡	경후 17년.
조曹	성공 3년.
정鄭	성공 10년. 진晉나라를 배반하고 초나라와 결맹하다. 진나라가 공격하자 초나라가 구하러 오다[十. 倍晉盟楚, 晉伐我, 楚來救].
연燕	소공 12년.
오吳	수몽 11년.

기원전 574년

주周	간왕 12년.
노魯	성공 17년.
제齊	영공 8년.
진晉	여공 7년.
진秦	경공 3년.
초楚	공왕 17년.
송宋	평공 2년.
위衛	헌공 3년.
진陳	성공 25년.
채蔡	경후 18년.
조曹	성공 4년.
정鄭	성공 11년.
연燕	소공 13년. 소공이 서거하다[十三. 昭公薨].
오吳	수몽 12년.

기원전 573년

주周	간왕 13년.
노魯	성공 18년. 성공이 서거하다[十八. 成公薨].
제齊	영공 9년.
진晉	여공 8년. 난서欒書와 중항언中行偃이 여공을 시해하고, 양공의 증손을 도공悼公으로 옹립하다[八. 欒書中行偃殺厲公, 立襄公曾孫, 爲悼公].
진秦	경공 4년.
초楚	공왕 18년. 반기를 들고 초나라로 망명한 송나라 대부 어석魚石을 위해 송나라 팽성彭城을 치다[十八. 爲魚石伐宋彭城].

송宋	평공 3년. 초나라가 팽성을 치고, 어석을 그곳에 봉하다[三. 楚伐彭城, 封魚石].
위衛	헌공 4년.
진陳	성공 26년.
채蔡	경후 19년.
조曹	성공 5년.
정鄭	성공 12년. 초나라와 함께 송나라를 치다[十二. 與楚伐宋].
연燕	무공武公 원년.
오吳	수몽 13년.

기원전 572년

주周	간왕 14년. 간왕이 붕어하다[十四. 簡王崩].
노魯	양공襄公 오午 원년. 송나라 팽성을 포위하다[魯襄公午元年. 圍宋彭城].
제齊	영공 10년. 진나라가 침공하다. 태자 광光을 진晉나라에 인질로 보내다[十. 晉伐我, 使太子光質於晉].
진晉	도공 원년. 송나라 팽성을 포위하다[晉悼公元年. 圍宋彭城].
진秦	경공 5년.
초楚	공왕 19년. 송나라를 치고, 정나라를 구하다[十九. 侵宋, 救鄭].
송宋	평공 4년. 초나라가 침공해 견구犬丘를 취하다. 진나라가 어석을 주살한 뒤 팽성을 되찾아주다[四. 楚侵我, 取犬丘, 晉誅魚石, 歸我彭城].
위衛	헌공 5년. 송나라 팽성을 포위하다[五. 圍宋彭城].
진陳	성공 27년.
채蔡	경후 20년.
조曹	성공 6년.
정鄭	성공 13년. 진晉나라가 정나라 군사를 격파한 뒤 유수洧水 강변에 주둔시키다. 초나라가 구하러 오다[十三. 晉伐敗我, 兵次洧上, 楚來救].
연燕	무공 2년.

오吳	수몽 14년.

기원전 571년

주周	영왕靈王 원년. 태어날 때 수염이 있다[靈王元年. 生有髭].
노魯	양공 2년. 진晉나라와 회맹해 호뢰虎牢에 성을 쌓다[二. 會晉城虎牢].
제齊	영공 11년.
진晉	도공 2년. 제후들을 이끌고 가 정나라를 치다. 호뢰에 성을 쌓다[二. 率諸侯伐鄭, 城虎牢].
진秦	경공 6년.
초楚	공왕 20년.
송宋	평공 5년.
위衛	헌공 6년.
진陳	성공 28년.
채蔡	경후 21년.
조曹	성공 7년.
정鄭	성공 14년. 성공이 서거하다. 진晉나라가 제후들을 이끌고 침공하다[十四. 成公薨. 晉率諸侯伐我].
연燕	무공 3년.
오吳	수몽 15년.

기원전 570년

주周	영왕 2년.
노魯	양공 3년.
제齊	영공 12년.

진晉	도공 3년. 위강魏絳이 양간楊幹을 욕되게 하다[三. 魏絳辱楊幹].
진秦	경공 7년.
초楚	공왕 21년. 자중子重을 시켜 오나라를 치고 형산衡山에 이르게 하다. 하기何忌를 시켜 진陳나라를 치다[二十一. 使子重伐吳, 至衡山. 使何忌侵陳].
송宋	평공 6년.
위衛	헌공 7년.
진陳	성공 29년. 초나라와 맺은 맹약을 배신하자 초나라가 침공하다[二十九. 倍楚盟, 楚侵我].
채蔡	경후 22년.
조曹	성공 8년.
정鄭	희공釐公 운惲 원년.
연燕	무공 4년.
오吳	수몽 16년. 초나라가 침공하다[十六. 楚伐我].

기원전 569년

주周	영왕 3년.
노魯	양공 4년. 공이 진晉나라로 가다[四. 公如晉].
제齊	영공 13년.
진晉	도공 4년. 위강이 융적과 화해하는 방안을 건의하다. 적이 진나라에 조회를 오다[四. 魏絳說和戎·狄, 狄朝晉].
진秦	경공 8년.
초楚	공왕 22년. 진陳나라를 치다[二十二. 伐陳].
송宋	평공 7년.
위衛	헌공 8년.
진陳	성공 30년. 초나라가 침공하다. 성공이 서거하다[三十. 楚伐我, 成公薨].
채蔡	경후 23년.
조曹	성공 9년.

정鄭	희공 2년.
연燕	무공 5년.
오吳	수몽 17년.

기원전 568년

주周	영왕 4년.
노魯	양공 5년. 계문자가 죽다[五. 季文子卒].
제齊	영공 14년.
진晉	도공 5년.
진秦	경공 9년.
초楚	공왕 23년. 진陳나라를 치다[二十三. 伐陳].
송宋	평공 8년.
위衛	헌공 9년.
진陳	애공哀公 약弱 원년.
채蔡	경후 24년.
조曹	성공 10년.
정鄭	희공 3년.
연燕	무공 6년.
오吳	수몽 18년.

기원전 567년(갑오甲午)

주周	영왕 5년.
노魯	양공 6년.

제齊	영공 15년.
진晉	도공 6년.
진秦	경공 10년.
초楚	공왕 24년.
송宋	평공 9년.
위衛	헌공 10년.
진陳	애공 2년.
채蔡	경후 25년.
조曹	성공 11년.
정鄭	희공 4년.
연燕	무공 7년.
오吳	수몽 19년.

기원전 566년

주周	영왕 6년.
노魯	양공 7년.
제齊	영공 16년.
진晉	도공 7년.
진秦	경공 11년.
초楚	공왕 25년. 진陳나라를 포위하다[二十五. 圍陳].
송宋	평공 10년.
위衛	헌공 11년.
진陳	애공 3년. 초나라가 포위하다. 애공이 도망쳐 돌아오다[三. 楚圍我, 爲公亡歸].
채蔡	경후 26년.
조曹	성공 12년.

정鄭	희공 5년. 자사子駟가 도적을 시켜 희공을 독살하다. 거짓으로 병사했다고 제후들에게 부고를 내다[五. 子駟使賊夜殺釐公, 詐以病卒赴諸侯].
연燕	무공 8년.
오吳	수몽 20년.

기원전 565년

주周	영왕 7년.
노魯	양공 8년. 공이 진晉나라로 가다[八. 公如晉].
제齊	영공 17년.
진晉	도공 8년.
진秦	경공 12년.
초楚	공왕 26년. 정나라를 치다[二十六. 伐鄭].
송宋	평공 11년.
위衛	헌공 12년.
진陳	애공 4년.
채蔡	경후 27년. 정나라가 침공하다[二十七. 鄭侵我].
조曹	성공 13년.
정鄭	간공簡公 가嘉 원년. 희공의 아들이다[鄭簡公嘉元年. 釐公子].
연燕	무공 9년.
오吳	수몽 21년.

기원전 564년

주周	영왕 8년.

노魯	양공 9년. 진晉나라와 함께 정나라를 치고, 황하 강변에서 회맹하다. 진도공이 공에게 나이를 물어 열두 살이라고 답하다. 관례冠禮를 치를 만하다고 말해 돌아오는 길에 위나라에서 관례를 치르다[九. 與晉伐鄭, 會河上, 問公年十二, 可冠, 冠於衛].
제齊	영공 18년. 진나라와 함께 정나라를 치다[十八. 與晉伐鄭].
진晉	도공 9년. 제·노·송·위·조나라 등과 함께 정나라를 치다. 진秦나라가 침공하다[九. 率齊·魯·宋·衛·曹伐鄭, 秦伐我].
진秦	경공 13년. 진晉나라를 치다. 초나라가 도움을 주다[十三.伐晉, 楚爲我援].
초楚	공왕 27년. 정나라를 치고, 무성에 주둔하다. 진秦나라로 인한 것이다[二十七. 伐鄭, 師於武城, 爲秦].
송宋	평공 12년. 진晉나라가 송나라 군사를 이끌고 정나라를 치다[十二. 晉率我伐鄭].
위衛	헌공 13년. 진나라가 위나라 군사를 이끌고 정나라를 치다. 악공 사조師曹가 공의 애첩에게 거문고를 가르치다 화가 나 매질을 하다[十三. 晉率我伐鄭. 師曹鞭公幸妾].
진陳	애공 5년.
채蔡	경후 28년.
조曹	성공 14년. 진나라가 조나라 군사를 이끌고 정나라를 치다[十四. 晉率我伐鄭].
정鄭	간공 2년. 자사를 주살하다. 진나라가 제후들의 군사를 이끌고 침공해 맹약을 맺다. 초나라가 크게 노해 침공하다[二. 誅子駟. 晉率諸侯伐我, 我與盟. 楚怒, 伐我].
연燕	무공 10년.
오吳	수몽 22년.

기원전 563년

주周	영왕 9년. 왕실의 경사卿士인 왕숙王叔 진생陳生이 백여伯輿와 왕실의 권력을 놓고 다투다가 진晉나라로 달아나다[九. 王叔奔晉].
노魯	양공 10년. 초나라와 정나라가 서쪽 변경을 침공하다[十. 楚·鄭侵我西鄙].

제齊	영공 19년. 태자 광光과 제나라 상경 고후高厚로 하여금 종리에서 제후들과 회맹하게 하다[十九. 令太子光·高厚會諸侯鍾離].
진晉	도공 10년. 제후들의 군사를 이끌고 정나라를 치다. 순앵荀罃이 진秦나라 군사를 치다[十. 率諸侯伐鄭, 荀罃伐秦].
진秦	경공 14년. 진晉나라가 침공하다[十四. 晉伐我].
초楚	공왕 28년. 자낭子囊에게 정나라를 구하게 하다[二十八. 使子囊救鄭].
송宋	평공 13년. 정나라가 침공하다. 위나라가 구하러 오다[十三. 鄭伐我, 衛來救].
위衛	헌공 14년. 송나라를 구하다[十四. 救宋].
진陳	애공 6년.
채蔡	경후 29년.
조曹	성공 15년.
정鄭	간공 3년. 진晉나라가 제후들의 군사를 이끌고 침공하다. 초나라가 구하러 오다. 자공子孔이 난을 일으키자 자산子産이 그를 공격하다[三. 晉率諸侯伐我, 楚來救, 子孔作亂, 子産攻之].
연燕	무공 11년.
오吳	수몽 23년.

기원전 562년

주周	영왕 10년.
노魯	양공 11년. 환공의 후손인 계손季孫과 맹손孟孫 및 숙손叔孫의 삼환三桓이 삼군三軍을 나눈 뒤 각기 장악하다[十一. 三桓分爲三軍, 各將軍].
제齊	영공 20년.
진晉	도공 11년. 제후들의 군사를 이끌고 가 성나라를 치다. 진秦나라 군사가 역 땅에서 승리를 거두다. 도공이 "위강을 등용해 제후들과 아홉 번 회맹했다"며 악대를 내려주다[十一. 率諸侯伐鄭, 秦敗我櫟. 公, 吾用魏絳九合諸侯, 賜之樂].

진秦	경공 15년. 서장庶長 포鮑로 하여금 진晉나라를 치고 정나라를 구하게 하다. 역 땅에서 진晉나라 군사를 격파하다[十五. 我使庶長鮑伐晉救鄭, 敗之櫟].
초楚	공왕 29년. 정나라와 함께 송나라를 치다[二十九. 與鄭伐宋].
송宋	평공 14년. 초나라 및 정나라와 함께 침공하다[十四. 楚·鄭伐我].
위衛	헌공 15년. 정나라를 치다[十五. 伐鄭].
진陳	애공 7년.
채蔡	경후 30년.
조曹	성공 16년.
정鄭	간공 4년. 초나라와 함께 송나라를 치다. 진晉나라가 제후들의 군사를 이끌고 침공하다. 진秦나라가 구원하러 오다[四. 與楚伐宋, 晉率諸侯伐我, 秦來救].
연燕	무공 12년.
오吳	수몽 24년.

기원전 561년

주周	영왕 11년.
노魯	양공 12년. 공이 진晉나라로 가다[十二. 公如晉].
제齊	영공 21년.
진晉	도공 12년.
진秦	경공 16년.
초楚	공왕 30년.
송宋	평공 15년.
위衛	헌공 16년.
진陳	애공 8년.
채蔡	경후 31년.
조曹	성공 17년.

정鄭	간공 5년.
연燕	무공 13년.
오吳	수몽 25년. 수몽이 죽다[二十五. 壽夢卒].

기원전 560년

주周	영왕 12년.
노魯	양공 13년.
제齊	영공 22년.
진晉	도공 13년.
진秦	경공 17년.
초楚	공왕 31년. 오나라가 침공하자 이를 격파하다. 공왕이 서거하다[三十一. 吳伐我, 敗之. 共王薨].
송宋	평공 16년.
위衛	헌공 17년.
진陳	애공 9년.
채蔡	경후 32년.
조曹	성공 18년.
정鄭	간공 6년.
연燕	무공 14년.
오吳	제번諸樊 원년. 초나라가 오나라 군사를 격파하다[吳諸樊元年. 楚敗我].

기원전 559년

주周	영왕 13년.

노魯	양공 14년. 일식이 일어나다[十四. 日蝕].
제齊	영공 23년. 위헌공이 도망쳐 오다[二十三. 衛獻公來奔].
진晉	도공 14년. 제후와 대부들의 군사를 이끌고 진秦나라로 진공하다. 역림棫林에서 진秦나라 군사를 깨뜨리다[十四. 率諸侯大夫伐秦, 敗棫林].
진秦	경공 18년. 진晉나라가 제후와 대부들의 군사를 이끌고 침공하다. 역림에서 패하다[十八. 晉諸侯大夫伐我, 敗棫林].
초楚	강왕康王 소昭 원년. 공왕의 태자가 오나라로 달아나다[楚康王昭元年. 共王太子出奔吳].
송宋	평공 17년.
위衛	헌공 18년. 손문자孫文子가 헌공을 공격하다. 헌공이 제나라로 달아나다. 정공定公의 동생 적을 세우다[十八. 孫文子攻公, 公奔齊, 立定公弟狄].
진陳	애공 10년.
채蔡	경후 33년.
조曹	성공 19년.
정鄭	간공 7년.
연燕	무공 15년.
오吳	제번 2년. 수몽의 유언에 따라 동생 계찰季劄에게 보위를 양보하려 하나 계찰이 마다하다. 초나라가 침공하다[二. 季子讓位. 楚伐我].

기원전 558년

주周	영왕 14년.
노魯	양공 15년. 일식이 일어나다. 제나라가 침공하다[十五. 日蝕. 齊伐我].
제齊	영공 24년. 노나라를 치다[二十四. 伐魯].
진晉	도공 15년. 도공이 서거하다[十五. 悼公薨].
진秦	경공 19년.
초楚	강왕 2년.
송宋	평공 18년.

위衛	상공殤公 적狄 원년. 정공의 동생이다[衛殤公狄元年. 定公弟].
진陳	애공 11년.
채蔡	경후 34년.
조曹	성공 20년.
정鄭	간공 8년.
연燕	무공 16년.
오吳	제번 3년.

기원전 557년(갑진甲辰)

주周	영왕 15년.
노魯	양공 16년. 제나라가 침공하다. 지진이 일어나다. 제나라가 북쪽 변경을 침공하다[十六. 齊伐我. 地震. 齊復伐我北鄙].
제齊	영공 25년. 노나라를 치다[二十五. 伐魯].
진晉	평공平公 표표彪 원년. 초나라 군사를 잠판湛阪에서 격파하다[晉平公彪元年. 我敗楚於湛阪].
진秦	경공 20년.
초楚	강왕 3년. 진晉나라가 침공하다. 잠판에서 크게 패하다[三. 晉伐我, 敗湛阪].
송宋	평공 19년.
위衛	상공 2년.
진陳	애공 12년.
채蔡	경후 35년.
조曹	성공 21년.
정鄭	간공 9년.
연燕	무공 17년.
오吳	제번 4년.

기원전 556년

주周	영왕 16년.
노魯	양공 17년. 제나라가 북쪽 변경을 침공하다[十七. 齊伐我北鄙].
제齊	영공 26년. 노나라를 치다[二十六. 伐魯].
진晉	평공 2년.
진秦	경공 21년.
초楚	강왕 4년.
송宋	평공 20년. 진陳나라를 치다[二十. 伐陳].
위衛	상공 3년. 조나라를 치다[三. 伐曹].
진陳	애공 13년. 송나라가 침공하다[十三. 宋伐我].
채蔡	경후 36년.
조曹	성공 22년. 위나라가 침공하다[二十二. 衛伐我].
정鄭	간공 10년.
연燕	무공 18년.
오吳	제번 5년.

기원전 555년

주周	영왕 17년.
노魯	양공 18년. 진晉나라와 함께 제나라를 치다[十八. 與晉伐齊].
제齊	영공 27년. 진晉나라가 도성 임치臨淄를 포위하다. 안영晏嬰이 재상이 되다[二十七. 晉圍臨 淄. 晏嬰].
진晉	평공 3년. 노·송·정·위나라 군사를 이끌고 제나라 도성을 포위해 크게 이기다[三. 率魯·宋·鄭·衛圍齊, 大破之].
진秦	경공 22년.
초楚	강왕 5년. 정나라를 치다[五. 伐鄭].

송宋	평공 21년. 진晉나라가 송나라 군사를 이끌고 제나라를 치다[二十一. 晉率我伐齊].
위衛	상공 4년.
진陳	애공 14년.
채蔡	경후 37년.
조曹	성공 23년. 성공이 서거하다[二十三. 成公薨].
정鄭	간공 11년. 진나라가 정나라 군사를 이끌고 제나라 도성을 포위하다. 초나라가 침공하다[十一. 晉率我圍齊. 楚伐我].
연燕	무공 19년. 무공이 서거하다[十九. 武公薨].
오吳	제번 6년.

기원전 554년

주周	영왕 18년.
노魯	양공 19년.
제齊	영공 28년. 태자 광光을 폐하고 아牙를 태자로 삼다. 태자 광이 최저와 더불어 아를 죽이고 스스로 즉위하다. 진晉나라와 위나라가 침공하다[二十八. 廢光. 立子牙爲太子. 光與崔杼殺牙自立. 晉·衛伐我].
진晉	평공 4년. 위나라와 함께 제나라를 치다[四. 與衛伐齊].
진秦	경공 23년.
초楚	강왕 6년.
송宋	평공 22년.
위衛	상공 5년. 진晉나라가 위나라 군사를 이끌고 제나라를 치다[五. 晉率我伐齊].
진陳	애공 15년.
채蔡	경후 38년.
조曹	무공武公 승勝 원년.
정鄭	간공 12년. 자산이 경卿이 되다[十二. 子産爲卿].

연燕	문공文公 원년.
오吳	제번 7년.

기원전 553년

주周	영왕 19년.
노魯	양공 20년. 일식이 일어나다[二十. 日蝕].
제齊	장공莊公 원년.
진晉	평공 5년.
진秦	경공 24년.
초楚	강왕 7년.
송宋	평공 23년.
위衛	상공 6년.
진陳	애공 16년.
채蔡	경후 39년.
조曹	무공 2년.
정鄭	간공 13년.
연燕	문공 2년.
오吳	제번 8년.

기원전 552년

주周	영왕 20년.
노魯	양공 21년. 공이 진晉나라로 가다. 다시 일식이 일어나다[二十一. 公如晉. 日再蝕].

제齊	장공 2년.
진晉	평공 6년. 노양공이 노나라를 위해 출병한 일과 주나라 땅을 베어준 일을 사례하기 위해 오다. 대부 양설호羊舌虎를 죽이다[六. 魯襄公來. 殺羊舌虎].
진秦	경공 25년.
초楚	강왕 8년.
송宋	평공 24년.
위衛	상공 7년.
진陳	애공 17년.
채蔡	경후 40년.
조曹	무공 3년.
정鄭	간공 14년.
연燕	문공 3년.
오吳	제번 9년.

기원전 551년

주周	영왕 21년.
노魯	양공 22년. 공자가 태어나다[二十二. 孔子生].
제齊	장공 3년. 진晉나라 대부 난영欒逞*이 망명해 오다. 안영이 말하기를, "돌려보내는 것이 낫다"고 하다[三. 晉欒逞來奔, 晏嬰曰, "不如歸之"].
진晉	평공 7년. 난영이 제나라로 달아나다[七. 欒逞奔齊].
진秦	경공 26년.
초楚	강왕 9년.
송宋	평공 25년.
위衛	상공 8년.

● 《춘추좌전》에는 난영欒盈으로 나온다.

진陳	애공 18년.
채蔡	경후 41년.
조曹	무공 4년.
정鄭	간공 15년.
연燕	문공 4년.
오吳	제번 10년.

기원전 550년

주周	영왕 22년.
노魯	양공 23년.
제齊	장공 4년. 난영을 곡옥으로 잠입시켜 진晉나라를 치면서 조가朝歌를 취하다[四. 欲遣欒逞入曲沃伐晉, 取朝歌].
진晉	평공 8년.
진秦	경공 27년.
초楚	강왕 10년.
송宋	평공 26년.
위衛	상공 9년. 제나라가 침공하다[九. 齊伐我].
진陳	애공 19년.
채蔡	경후 42년.
조曹	무공 5년.
정鄭	간공 16년.
연燕	문공 5년.
오吳	제번 11년.

주周	영왕 23년.
노魯	양공 24년. 제나라를 치다. 다시 일식이 일어나다[二十四. 侵齊, 日再蝕].
제齊	장공 5년. 진晉나라를 두려워해 초나라와 내통하다. 안영이 계책을 내다[五. 畏晉通楚, 晏子謀].
진晉	평공 9년.
진秦	경공 28년.
초楚	강왕 11년. 제나라와 내통하다. 진陳나라와 채나라의 군사를 이끌고 정나라를 쳐 제나라를 구하다[十一. 與齊通, 率陳·蔡伐鄭救齊].
송宋	평공 27년.
위衛	상공 10년.
진陳	애공 20년. 초나라가 진陳나라 군사를 이끌고 정나라를 치다[二十. 楚率我伐鄭].
채蔡	경후 43년. 초나라가 채나라 군사를 이끌고 정나라를 치다[四十三. 楚率我伐鄭].
조曹	무공 6년.
정鄭	간공 17년. 진나라 대부 범선자范宣子가 실권을 잡다. 진陳나라 토벌을 청하다[十七. 范宣子爲政, 我請伐陳].
연燕	문공 6년.
오吳	제번 12년.

주周	영왕 24년.
노魯	양공 25년. 제나라가 북쪽 변경을 치다. 전년의 효백孝伯의 군사 침공에 대한 보복이다[二十五. 齊伐我北鄙, 以報孝伯之師].

제齊	장공 6년. 진晉나라가 침공하다. 조가를 빼앗은 것에 대한 보복이다. 최저가 장공이 자신의 처와 사통하자 시해하다. 장공의 동생을 경공景公으로 세우다[六. 晉伐我, 報朝歌. 崔杼以莊公通其妻, 殺之, 立其弟, 爲景公].
진晉	평공 10년. 제나라로 쳐들어가 고당高唐에 이르다. 태항太行의 싸움에 대한 보복이다[十. 伐齊至高唐, 報太行之役].
진秦	경공 29년. 공이 진晉나라로 가다. 회맹은 맺지 않다[二十九. 公如晉, 盟不結].
초楚	강왕 12년. 오나라가 침공하다. 주사舟師의 싸움에 대한 보복이다. 오왕 제번을 쏘아 죽이다[十二. 吳伐我, 以報舟師之役, 射殺吳王].
송宋	평공 28년.
위衛	상공 11년.
진陳	애공 21년. 정나라가 침공하다[二十一. 鄭伐我].
채蔡	경후 44년.
조曹	무공 7년.
정鄭	간공 18년. 진陳나라로 진공해 국경을 넘어 들어가다[十八. 伐陳, 入陳].
연燕	의공懿公 원년[燕懿公元年].
오吳	제번 13년. 초나라를 치다. 소문巢門까지 쳐들어갔다가 화살을 맞고 서거하다[十三. 諸樊伐楚, 迫巢門, 傷射以薨].

기원전 547년(갑인甲寅)

주周	영왕 25년.
노魯	양공 26년.
제齊	경공景公 저구杵臼 원년. 진晉나라로 가다. 위헌공衛獻公을 본국으로 보내줄 것을 청하다[齊景公杵臼元年. 如晉, 請歸衛獻公].
진晉	평공 11년. 위상공衛殤公을 주살하고, 위헌공을 다시 들여보내다[十一. 誅衛殤公, 復入獻公].
진秦	경공 30년.

초楚	강왕 13년. 진陳나라와 채나라의 군사를 이끌고 정나라를 치다[十三. 率陳·蔡伐鄭].
송宋	평공 29년.
위衛	상공 12년. 제나라와 진晉나라가 상공을 죽이고, 헌공을 다시 들여보내다[十二. 齊·晉殺殤公, 復內獻公].
진陳	애공 22년. 초나라가 진陳나라 군사를 이끌고 정나라를 치다[二十二. 楚率我伐鄭].
채蔡	경후 45년.
조曹	무공 8년.
정鄭	간공 19년. 초나라가 진陳과 채蔡의 군사를 이끌고 침공하다[十九. 楚率陳·蔡伐我].
연燕	의공 2년.
오吳	여채餘祭 원년[吳餘祭元年].

기원전 546년

주周	영왕 26년.
노魯	양공 27년. 일식이 일어나다[二十七. 日蝕].
제齊	경공 2년. 경봉慶封이 전횡을 꾀하다. 최씨 일족을 주살하자 최저가 자진하다[二. 慶封欲專, 誅崔氏, 杼自殺].
진晉	평공 12년.
진秦	경공 31년.
초楚	강왕 14년.
송宋	평공 30년.
위衛	헌공獻公 간衎 후後 원년.
진陳	애공 23년.
채蔡	경후 46년.
조曹	무공 9년.

정鄭	간공 20년.
연燕	의공 3년.
오吳	여채 2년.

기원전 545년

주周	영왕 27년.
노魯	양공 28년. 공이 초나라로 가다. 초나라 강왕을 장사 지내다[二十八. 公如楚. 葬康王].
제齊	경공 3년. 겨울, 포씨鮑氏와 고씨高氏 및 난씨欒氏가 경봉을 제거할 것을 꾀하다. 군사를 동원해 경봉을 공격하자 경봉이 오나라로 달아나다[三. 冬, 鮑·高·欒氏謀慶封, 發兵攻慶封, 慶封奔吳].
진晉	평공 13년.
진秦	경공 32년.
초楚	강왕 15년. 강왕이 서거하다[十五. 康王薨].
송宋	평공 31년.
위衛	헌공 후 2년.
진陳	애공 24년.
채蔡	경후 47년.
조曹	무공 10년.
정鄭	간공 21년.
연燕	의공 4년. 의공이 서거하다[四. 懿公薨].
오吳	여채 3년. 경봉이 도망쳐 오다[三. 齊慶封來奔].

주周	경왕景王 원년.
노魯	양공 29년. 오나라의 계찰이 찾아와 주나라 왕실에서 망명한 악사들의 음악을 듣다. 음악의 내용을 모두 알다[二十九. 吳季劄來觀周樂, 盡知樂所爲].
제齊	경공 4년. 오나라 계찰이 사자로 오다. 안영과 더불어 기뻐하다[四. 吳季劄來使, 與晏嬰歡].
진晉	평공 14년. 오나라 계찰이 사자로 와 말하기를, "장차 진晉나라 정사는 한씨韓氏와 위씨魏氏 및 조씨趙氏에게 돌아갈 것이다"라고 하다[十四. 吳季劄來, 曰, 晉政卒歸韓·魏·趙].
진秦	경공 33년.
초楚	웅겹오熊郟敖 원년.
송宋	평공 32년.
위衛	헌공 후 3년.
진陳	애공 25년.
채蔡	경후 48년.
조曹	무공 11년.
정鄭	간공 22년. 오나라 계찰이 자산에게 이르기를, "정사가 장차 그대에게 돌아갈 터인데, 그대가 예로써 다스리면 다행히 화를 면할 수 있다"고 하다[二十二. 吳季劄謂子産, 政將歸子, 子以禮, 幸脫於厄矣].
연燕	혜공惠公 원년. 제나라 대부 고지高止가 도망쳐 오다[燕惠公元年. 齊高止來奔].
오吳	여채 4년. 배를 관리하던 월나라 포로 출신 수문장이 여채를 죽이다. 계찰이 제후들에게 사자로 가다[四. 守門閽殺餘祭. 季劄使諸侯].•

• 〈십이제후연표〉는 여채 4년인 기원전 544년에 여채가 죽은 뒤 동생 여말餘昧이 곧바로 보위를 잇지 않고 기원전 530년에야 보위를 이은 것으로 기록해놓았다. 이것이 사실이면 14년 동안 보위를 비워놓았다는 이야기가 된다. 당시의 관례에 비추어 여말이 곧바로 보위를 이었을 공산이 크다. 여기서는 원래의 기록을 좇기로 한다. 초나라 왕 웅겹오도 공자 위圍가 시해한 뒤 겹郟 땅에서 묻으면서 겹오郟敖로 부르게 한 데서 나온 말이다. 원래 이름은 '웅오'로 보는 것이 옳다.

기원전 543년

주周	경왕 2년.
노魯	양공 30년.
제齊	경공 5년.
진晉	평공 15년.
진秦	경공 34년.
초楚	웅겹오 2년.
송宋	평공 33년.
위衛	양공襄公 오惡 원년.
진陳	애공 26년.
채蔡	경후 49년. 경후가 태자를 위해 초나라 여인을 맞아들였다가 사통하다. 태자가 경후를 죽이고 스스로 즉위하다[四十九. 爲太子取楚女, 公通焉, 太子殺公自立].
조曹	무공 12년.
정鄭	간공 23년. 여러 공자가 총애를 다투다가 서로 죽인 뒤 자산까지 죽이려 하다. 자성子成이 이를 그치게 하다[二十三. 諸公子爭寵相殺, 又欲殺子産, 子成止之].
연燕	혜공 2년.
오吳	여채 5년.

기원전 542년

주周	경왕 3년.
노魯	양공 31년. 양공이 서거하다[三十一. 襄公薨].
제齊	경공 6년.
진晉	평공 16년.
진秦	경공 35년.

초楚	웅겹오 3년. 왕의 계부季父인 공자 위圍가 영윤令尹이 되다[三. 王季父圍 爲令尹].
송宋	평공 34년.
위衛	양공 2년.
진陳	애공 27년.
채蔡	영후靈侯 반班 원년.
조曹	무공 13년.
정鄭	간공 24년.
연燕	혜공 3년.
오吳	여채 6년.

기원전 541년

주周	경왕 4년.
노魯	소공昭公 조稠● 원년. 소공은 나이가 열아홉인데도 여전히 치기가 남아 있다[魯昭公稠元年. 昭公年十九, 有童心].
제齊	경공 7년.
진晉	평공 17년. 진秦나라 경공의 동생 후자后子 감鍼이 도망쳐 나오다[十七. 秦后子來奔].
진秦	경공 36년. 경공의 동생 후자가 진晉나라로 달아나다. 수레가 1,000승에 달하다[三十六. 公弟後子奔晉, 車千乘].
초楚	웅겹오 4년. 영윤 위가 겹오를 죽이고, 스스로 영왕靈王으로 즉위하다 [四. 令尹圍殺郟敖, 自立爲靈王].
송宋	평공 35년.
위衛	양공 3년.
진陳	애공 28년.

● 《춘추좌전》에는 노소공 조稠의 이름이 도稠로 되어 있다. 《사기》〈노주공세가〉에는 주禰 로 나온다.

채蔡	영후 2년.
조曹	무공 14년.
정鄭	간공 25년.
연燕	혜공 4년.
오吳	여채 7년.

기원전 540년

주周	경왕 5년.
노魯	소공 2년. 진소강晉少羌이 죽었을 때 공이 조문 차 진晉나라로 가다. 황하에서 진나라가 정실이 아니므로 굳이 올 필요가 없다고 사례하자 이내 돌아오다[二. 公如晉, 至河, 晉謝還之].
제齊	경공 8년. 전무우田無宇가 제나라 여인을 호송하다[八. 田無宇送女].
진晉	평공 18년. 제나라 전무우가 여인을 호송해 오다[十八. 齊田無宇來送女].
진秦	경공 37년.
초楚	영왕靈王 위圍 원년. 공왕의 아들이다. 초공왕이 후계자를 낙점할 때 영왕은 팔꿈치를 옥의 위에 둔 적이 있다[楚靈王圍元年, 共王子, 肘玉].•
송宋	평공 36년.

• 주옥肘玉은 초공왕에게 적장자가 없고 총희寵姬가 낳은 다섯 명의 서자만이 존재한 데서 나온 말이다. 당시 초공왕은 누구를 후계자를 정해야 좋을지 결정을 내리지 못했다. 이에 초공왕은 성신星辰과 산천에 큰 제사를 드리며 기도하기를, "청컨대 신령이 다섯 아들 중에서 후계자를 선택해 그로 하여금 나라를 이끌게 해주십시오!"라고 했다. 이어 성신과 산천의 신령에게 옥벽을 두루 보이며 이같이 다짐하기를, "이 옥벽을 정면으로 향해 절하는 아들이 바로 신령이 점지하는 후계자인 것으로 알겠습니다. 누가 감히 신령의 뜻을 거부하겠습니까?"라고 했다. 그는 제사를 끝낸 뒤 애첩 파희巴姬와 함께 몰래 옥벽을 종묘의 뜰에 묻었다. 그러고는 다섯 아들에게 명해 재계한 뒤 장유의 순서에 따라 앞으로 나아가 절하게 했다. 첫째인 초강왕은 두 다리를 옥벽 위에 걸친 자세로 절을 했다. 둘째인 초영왕은 팔꿈치를 옥벽의 위에 두었다. 여기서 '주옥'이라는 표현이 나왔다. 셋째와 넷째는 모두 옥벽에서 멀리 떨어져 절을 했다. 다섯째인 초평왕楚平王은 아직 어린 까닭에 다른 사람이 안고 들어간 뒤 두 차례에 걸쳐 절하게 했다. 두 번 모두 옥벽의 끈 위에 눌러앉았다. 결국 그는 초영왕의 뒤를 이어 보위에 올랐다.

위衛	양공 4년.
진陳	애공 29년.
채蔡	영후 3년.
조曹	무공 15년.
정鄭	간공 26년.
연燕	혜공 5년.
오吳	여채 8년.

기원전 539년

주周	경왕 6년.
노魯	소공 3년.
제齊	경공 9년. 안영이 진晉나라에 사자로 가다. 진나라 대부 숙향叔向을 보고 말하기를, "제나라의 정권은 장차 전씨田氏에게 돌아갈 것이다"라고 하다. 숙향도 말하기를, "진나라 공실 역시 비천해질 것이다"라고 하다[九. 晏嬰使晉, 見叔向, 曰, 齊政歸田氏. 叔向, 晉公室卑].
진晉	평공 19년.
진秦	경공 38년.
초楚	영왕 2년.
송宋	평공 37년.
위衛	양공 5년.
진陳	애공 30년.
채蔡	영후 4년.
조曹	무공 16년.
정鄭	간공 27년. 여름, 공이 진晉나라로 가다. 겨울, 초나라로 가다[二十七. 夏, 如晉. 冬, 如楚].
연燕	혜공 6년. 공이 공경을 제거하고 총애하는 신하를 임명하려 하다. 공경들이 공의 총신을 주살하다. 공이 두려운 나머지 제나라로 달아나다[六. 公欲殺公卿立幸臣, 公卿誅幸臣, 公恐, 出奔齊].

오吳	여채 9년.

기원전 538년

주周	경왕 7년.
노魯	소공 4년. 병을 칭하고 초나라가 주도하는 회맹에 참여하지 않다[四. 稱病不會楚].
제齊	경공 10년.
진晉	평공 20년.
진秦	경공 39년.
초楚	영왕 3년. 여름, 제후들을 송나라 땅에서 만나 회맹하다. 오나라 주방朱方을 치고 경봉을 주살하다. 겨울, 초나라에 보복하기 위해 성 세 채를 빼앗다[三. 夏, 合諸侯宋地, 盟. 伐吳朱方, 誅慶封. 冬, 報我, 取三城].
송宋	평공 38년.
위衛	양공 6년. 병을 칭하고 초나라가 주도하는 회맹에 참여하지 않다[六. 稱病不會楚].
진陳	애공 31년.
채蔡	영후 5년.
조曹	무공 17년. 병을 칭하고 초나라가 주도하는 회맹에 참여하지 않다[十七. 稱病不會楚].
정鄭	간공 28년. 자산이 말하기를, "삼국은 회맹하지 않는다"고 하다[二十八. 子産, 三國不會].
연燕	혜공 7년.
오吳	여채 10년. 초나라가 경봉을 주살하다. 자산이 재상이 되다[十. 楚誅慶封 子産].

주周	경왕 8년.
노魯	소공 5년.
제齊	경공 11년.
진晉	평공 21년. 진경공의 동생 후자後子가 경공이 죽자 진秦나라로 돌아가다[二十一. 秦後子歸秦].
진秦	경공 40년. 공이 죽다. 후자가 진晉나라에서 돌아오다[四十公. 卒. 后子自晉歸].
초楚	영왕 4년. 제후들을 이끌고 가 오나라를 치다[四. 率諸侯伐吳].
송宋	평공 39년.
위衛	양공 7년.
진陳	애공 32년.
채蔡	영후 6년.
조曹	무공 18년.
정鄭	간공 29년.
연燕	혜공 8년.
오吳	여채 11년. 초나라가 제후들을 이끌고 침공하다[十一. 楚率諸侯伐我].

기원전 536년

주周	경왕 9년.
노魯	소공 6년.
제齊	경공 12년. 공이 진晉나라로 가서 연나라를 함께 토벌하고 연나라 군주를 들여보낼 것을 청하다[十二. 公如晉, 請伐燕, 入其君].
진晉	평공 22년. 제경공이 찾아와 연나라를 함께 토벌하고 연나라 군주를 들여보낼 것을 청하다[二十二. 齊景公來, 請伐燕, 入其君].
진秦	애공哀公 원년.

초楚	영왕 5년. 오나라를 치고, 간계乾溪에 주둔하다[五. 伐吳, 次乾溪].
송宋	평공 40년.
위衛	양공 8년.
진陳	애공 33년.
채蔡	영후 7년.
조曹	무공 19년.
정鄭	간공 30년.
연燕	혜공 9년. 제나라가 침공하다[九. 齊伐我].
오吳	여채 12년. 초나라가 침공한 뒤 간계에 주둔하다[十二. 楚伐我, 次乾溪].

기원전 535년

주周	경왕 10년.
노魯	소공 7년. 계무자季武子가 죽다. 일식이 일어나다[七. 季武子卒. 日蝕].
제齊	경공 13년. 연나라 군주를 들여보내다[十三. 入燕君].
진晉	평공 23년. 연나라 군주를 들여보내다[二十三. 入燕君].
진秦	애공 2년.
초楚	영왕 6년. 사냥감을 모는 직책인 우윤芋尹 신무우申無宇가 죄를 짓고 달아난 자를 잡기 위해 장화궁章華宮 안으로 들어가다[六. 執芋尹亡人入章華].
송宋	평공 41년.
위衛	양공 9년. 양공의 부인 강씨薑氏에게 자식이 없다[九. 夫人薑氏無子].
진陳	애공 34년.
채蔡	영후 8년.
조曹	무공 20년.
정鄭	간공 31년.
연燕	도공悼公 원년. 혜공이 돌아온 뒤 이내 죽다[燕悼公元年. 惠公歸至卒].
오吳	여채 13년.

주周	경왕 11년.
노魯	소공 8년. 공이 초나라로 가다. 초나라가 억류한 뒤 장화궁 낙성을 축하하게 하다[八. 公如楚, 楚留之. 賀章華臺].
제齊	경공 14년.
진晉	평공 24년.
진秦	애공 3년.
초楚	영왕 7년. 장화궁으로 나아가 망명을 온 자들을 받아들여 안을 채우다. 진陳나라를 멸하다[七. 就章華臺, 內亡人實之. 滅陳].
송宋	평공 42년.
위衛	영공靈公 원년.
진陳	애공 35년. 애공의 동생 초招가 난을 일으키다. 애공이 자진하다[三十五. 弟招作亂, 哀公自殺].
채蔡	영후 9년.
조曹	무공 21년.
정鄭	간공 32년.
연燕	도공 2년.
오吳	여채 14년.

주周	경왕 12년.
노魯	소공 9년.
제齊	경공 15년.
진晉	평공 25년.
진秦	애공 4년.

초楚	영왕 8년. 동생 기질棄疾이 군사를 이끌고 가 진陳나라를 평정하다[八. 弟棄疾將兵定陳].
송宋	평공 43년.
위衛	영공 2년.
진陳	혜공惠公 원년. 애공의 손자다. 초나라가 군사를 이끌고 와 진陳나라를 평정하다[陳惠公元年. 哀公孫也. 楚來定我].
채蔡	영후 10년.
조曹	무공 22년.
정鄭	간공 33년.
연燕	도공 3년.
오吳	여채 15년.

기원전 532년

주周	경왕 13년.
노魯	소공 10년.
제齊	경공 16년.
진晉	평공 26년. 봄, 혜성이 무녀수婺女宿에 나타나다. 7월, 공이 서거하다[二十六. 春, 有星出婺女. 七月, 公薨].
진秦	애공 5년.
초楚	영왕 9년.
송宋	평공 44년. 평공이 서거하다[四十四. 平公薨].
위衛	영공 3년.
진陳	혜공 2년.
채蔡	영후 11년.
조曹	무공 23년.
정鄭	간공 34년.
연燕	도공 4년.

오吳	여채 16년.

기원전 531년

주周	경왕 14년.
노魯	소공 11년.
제齊	경공 17년.
진晉	소공昭公 이夷 원년.
진秦	애공 6년.
초楚	영왕 10년. 채후蔡侯를 취하게 한 뒤 죽이다. 기질을 시켜 채나라를 포위하게 하다. 기질을 머물게 한 뒤 채후로 삼다[十醉殺蔡侯, 使棄疾圍之. 棄疾居之, 爲蔡侯].
송宋	원공元公 좌佐 원년.
위衛	영공 4년.
진陳	혜공 3년.
채蔡	영후 12년. 영후가 초나라로 가자 초나라가 그를 살해하다. 기질을 보내 채 땅에 머물게 하면서 채후로 삼다[十二. 靈侯如楚, 楚殺之, 使棄疾居之, 爲蔡侯].
조曹	무공 24년.
정鄭	간공 35년.
연燕	도공 5년.
오吳	여채 17년.

기원전 530년

주周	경왕 15년.

노魯	소공 12년. 진晉나라에 조회를 가다가 황하에서 진나라가 사례하는 바람에 귀국하다[十二. 朝晉至河, 晉謝之歸].
제齊	경공 18년. 공이 진晉나라로 가다[十八. 公如晉].
진晉	소공 2년.
진秦	애공 7년.
초楚	영왕 11년. 왕이 서徐나라를 패망시킴으로써 오나라 백성을 두려움에 떨게 만든다. 간계에 주둔하다. 백성은 부역을 그만두고 간계에서 즐거움을 찾는 왕을 원망하다[十一. 王伐徐以恐吳, 次乾溪, 民罷於役, 怨王].
송宋	원공 2년.
위衛	영공 5년. 공이 진晉나라로 가 뒤를 잇는 사군嗣君을 조현하다[五. 公如晉, 朝嗣君].
진陳	혜공 4년.
채蔡	평후平侯 려廬 원년. 경후景侯의 자식이다[蔡侯廬元年. 景侯子].
조曹	무공 25년.
정鄭	간공 36년. 공이 진晉나라로 가다[三十六公如晉].
연燕	도공 6년.
오吳	여말餘昧* 원년.

기원전 529년

주周	경왕 16년.
노魯	소공 13년.
제齊	경공 19년.
진晉	소공 3년.
진秦	애공 8년.

● 《사기색은》은 오왕 여매餘昧의 매昧를 말昧의 잘못으로 보았다.

초楚	영왕 12년. 기질이 난을 일으켜 스스로 즉위하다. 영왕이 자진하다. 진陳나라와 채나라를 부활시키다[十二. 棄疾作亂自立, 靈王自殺. 復陳·蔡].
송宋	원공 3년.
위衛	영공 6년.
진陳	혜공 5년. 초평왕楚平王이 진陳나라를 부활시키고, 혜공을 세우다[五. 楚平王復陳, 立惠公].
채蔡	평후 2년. 초평왕이 채나라를 부활시키다. 경후의 아들 려廬를 세우다[二. 楚平王復我, 立景侯子廬].
조曹	무공 26년.
정鄭	정공定公 녕寧 원년.
연燕	도공 7년.
오吳	여말 2년.

기원전 528년

주周	경왕 17년.
노魯	소공 14년.
제齊	경공 20년.
진晉	소공 4년.
진秦	애공 9년.
초楚	평왕平王 거居 원년. 공왕의 다섯째 아들이다. 초공왕이 후계자를 시험할 때 구슬을 품다[楚平王居元年. 共王子, 抱玉].
송宋	원공 4년.
위衛	영공 7년.
진陳	혜공 6년.
채蔡	평후 3년.
조曹	무공 27년.
정鄭	정공 2년.

연燕	공공共公 원년.
오吳	여말 3년.

기원전 527년(갑술甲戌)

주周	경왕 18년. 후태자后太子가 죽다[十八. 后太子卒].
노魯	소공 15년. 일식이 일어나다. 공이 진晉나라로 가다. 진나라가 그를 억류해 장례를 치르게 하다. 공이 이를 수치스럽게 생각하다[十五. 日蝕. 公如晉, 晉留之葬, 公恥之].
제齊	경공 21년.
진晉	소공 5년.
진秦	애공 10년.
초楚	평왕 2년. 왕이 태자를 위해 진秦나라 여인을 맞다. 마음에 들어 그녀를 취하다[二. 王爲太子取秦女, 好, 自取之].
송宋	원공 5년.
위衛	영공 8년.
진陳	혜공 7년.
채蔡	평후 4년.
조曹	평공平公 수須 원년.
정鄭	정공 3년.
연燕	공공 2년.
오吳	여말 4년.

기원전 526년

주周	경왕 19년.

노魯	소공 16년.
제齊	경공 22년.
진晉	소공 6년. 공이 죽다. 육경이 강해지고 공실이 비천해지다[六. 公卒. 六卿 强, 公室卑矣].
진秦	애공 11년.
초楚	평왕 3년.
송宋	원공 6년.
위衛	영공 9년.
진陳	혜공 8년.
채蔡	평후 5년.
조曹	평공 2년.
정鄭	정공 4년.
연燕	공공 3년.
오吳	요僚 원년.

기원전 525년

주周	경왕 20년.
노魯	소공 17년. 5월 초하루, 일식이 일어나다. 혜성이 진방辰方에 나타나다 [十七. 五月朔. 日蝕. 彗星見辰].
제齊	경공 23년.
진晉	경공頃公 거질去疾 원년.
진秦	애공 12년.
초楚	평왕 4년. 오나라와 싸우다[四. 與吳戰].
송宋	원공 7년.
위衛	영공 10년.
진陳	혜공 9년.

채蔡	평후 6년.
조曹	평공 3년.
정鄭	정공 5년. 화재가 나다. 푸닥거리를 하려고 하자 자산이 만류하며, "덕을 닦는 것이 낫다"고 하다[五. 火, 欲禳之, 子產, 不如修德].
연燕	공공 4년.
오吳	요 2년. 초나라와 싸우다[二. 與楚戰].

기원전 524년

주周	경왕 21년.
노魯	소공 18년.
제齊	경공 24년.
진晉	경공 2년.
진秦	애공 13년.
초楚	평왕 5년.
송宋	원공 8년. 화재가 나다[八. 火].
위衛	영공 11년. 화재가 나다[十一. 火].
진陳	혜공 10년. 화재가 나다[十. 火].
채蔡	평후 7년.
조曹	평공 4년. 평공이 서거하다[四. 平公薨].
정鄭	정공 6년. 화재가 나다[六. 火].
연燕	공공 5년. 공공이 서거하다[五. 共公薨].
오吳	요 3년.

기원전 523년

주周	경왕 22년.
노魯	소공 19년. 지진이 나다[十九. 地震].
제齊	경공 25년.
진晉	경공 3년.
진秦	애공 14년.
초楚	평왕 6년.
송宋	원공 9년.
위衛	영공 12년.
진陳	혜공 11년.
채蔡	평후 8년.
조曹	도공悼公 오午 원년.
정鄭	정공 7년.
연燕	평공平公 원년.
오吳	요 4년.

기원전 522년

주周	경왕 23년.
노魯	소공 20년. 제경공이 안영과 함께 사냥하다. 노나라에 들어와 예를 묻다[二十. 齊景公與晏子狩, 入魯問禮].
제齊	경공 26년. 공이 노나라 경계에서 사냥하다가 노나라에 들어가다[二十六. 獵魯界, 因入魯].
진晉	경공 4년.
진秦	애공 15년.

초楚	평왕 7년. 오사伍奢와 오상伍尙을 주살하다. 태자 건建이 송나라로 달아나다. 오자서伍子胥가 태자 건의 아들과 함께 오나라로 달아나다[七. 誅伍奢·尙, 太子建奔宋, 伍胥奔吳].
송宋	원공 10년. 공이 믿지 못해 모든 공자를 속여 죽이다. 초나라 태자 건이 도망쳐 왔다가 난이 일어난 것을 보고 다시 정나라로 가다[十. 公毋信. 詐殺諸公子, 楚太子建來奔, 見亂, 之鄭].
위衛	영공 13년.
진陳	혜공 12년.
채蔡	평후 9년. 평후가 서거하다. 영후의 손자 동국東國이 평후의 아들을 죽이고 스스로 즉위하다[九. 平侯薨. 靈侯孫東國殺平侯子而自立].
조曹	도공 2년.
정鄭	정공 8년. 초나라 태자 건이 송나라를 거쳐 도망쳐 오다[八. 楚太子建從宋來奔].
연燕	평공 2년.
오吳	요 5년. 오자서가 도망쳐 오다[五. 伍員來奔].

기원전 521년

주周	경왕 24년.
노魯	소공 21년. 공이 진晉나라로 가다가 황하에서 돌아오다. 일식이 일어나다[二十一. 公如晉至河, 晉謝之, 歸. 日蝕].
제齊	경공 27년.
진晉	경공 5년.
진秦	애공 16년.
초楚	평왕 8년. 채후가 도망쳐 오다[八. 蔡侯來奔].
송宋	원공 11년.
위衛	영공 14년.
진陳	혜공 13년.
채蔡	도후悼侯 동국東國 원년. 초나라로 달아나다[蔡悼侯東國元年. 奔楚].

조曹	도공 3년.
정鄭	정공 9년.
연燕	평공 3년.
오吳	요 6년.

기원전 520년

주周	경왕 25년.
노魯	소공 22년. 일식이 일어나다[二十二. 日蝕].
제齊	경공 28년.
진晉	경공 6년. 주나라 왕실이 어지러워지자 공이 난을 평정하다. 경왕敬王을 세우다[六. 周室亂, 公平亂, 立敬王].
진秦	애공 17년.
초楚	평왕 9년.
송宋	원공 12년.
위衛	영공 15년.
진陳	혜공 14년.
채蔡	도후 2년.
조曹	도공 4년.
정鄭	정공 10년.
연燕	평공 4년.
오吳	요 7년.

기원전 519년

주周	경왕敬王 원년.

노魯	소공 23년. 지진이 나다[二十三. 地震].
제齊	경공 29년.
진晉	경공 7년.
진秦	애공 18년.
초楚	평왕 10년. 오나라 군사가 침공해 초나라 군사를 격파하다[十. 吳伐敗我].
송宋	원공 13년.
위衛	영공 16년.
진陳	혜공 15년. 오나라 군사가 진陳나라 군사를 격파하고, 호胡나라와 심沈나라를 취하다[十五. 吳敗我兵, 取胡·沈].
채蔡	도후 3년.
조曹	도공 5년.
정鄭	정공 11년. 망명해 온 초나라 태자 건이 난을 꾀한 까닭에 살해하다[十一. 楚建作亂, 殺之].
연燕	평공 5년.
오吳	요 8년. 공자 광光이 초나라 군사를 격파하다[八. 公子光敗楚].

기원전 518년

주周	경왕 2년.
노魯	소공 24년. 구욕鸜鵒이 노나라로 와서 둥지를 틀다[二十四. 鸜鵒來巢].
제齊	경공 30년.
진晉	경공 8년.
진秦	애공 19년.
초楚	평왕 11년. 오나라 비량卑梁 사람이 뽕을 두고 다투다가 조나라 종리 땅을 빼앗다[十一. 吳卑梁人爭桑, 伐取我鍾離].
송宋	원공 14년.
위衛	영공 17년.
진陳	혜공 16년.

채蔡	소후昭侯 신申 원년. 도후의 동생이다[蔡昭侯申元年. 悼侯弟].
조曹	도공 6년.
정鄭	정공 12년. 공이 진晉나라로 가서 주나라 왕을 도성으로 들일 것을 청하다[十二. 公如晉, 請內王].
연燕	평공 6년.
오吳	요 9년.

기원전 517년(갑신甲申)

주周	경왕 3년.
노魯	소공 25년. 공이 계씨季氏를 주살하려 하자 삼환씨三桓氏가 공을 공격하다. 공이 운鄆 땅으로 탈출해 머물다[二十五. 公欲誅季氏, 三桓氏攻公, 公出居鄆].
제齊	경공 31년.
진晉	경공 9년.
진秦	애공 20년.
초楚	평왕 12년.
송宋	원공 15년.
위衛	영공 18년.
진陳	혜공 17년.
채蔡	소후 2년.
조曹	도공 7년.
정鄭	정공 13년.
연燕	평공 7년.
오吳	요 10년.

기원전 516년

주周	경왕 4년.
노魯	소공 26년. 제나라가 운 땅을 취해 공을 그곳에 머물게 하다[二十六. 齊取我鄆以處公].
제齊	경공 32년. 혜성이 나타나다. 안영이 말하기를, "전씨가 제나라에 덕을 베푸니 앞날이 가히 두렵다"고 하다[三十二. 彗星見. 晏子, "田氏有德於齊, 可畏"].
진晉	경공 10년. 지력知櫟*과 조앙趙鞅이 왕성王城에서 주경왕을 맞아들이다 [十. 知櫟·趙鞅內王於王城].
진秦	애공 21년.
초楚	평왕 13년. 자서子西를 세우고자 하나 자서가 마다하다. 진나라 여인의 아들을 세우다. 그가 소왕이다[十三. 欲立子西, 子西不肯. 秦女子立, 爲昭王].
송宋	경공景公 두만頭曼 원년[宋景公頭曼元年].
위衛	영공 19년.
진陳	혜공 18년.
채蔡	소후 3년.
조曹	도공 8년.
정鄭	정공 14년.
연燕	평공 8년.
오吳	요 11년.

기원전 515년

주周	경왕 5년.
노魯	소공 27년.

• 《춘추좌전》에는 지력知躒으로 나온다.

제齊	경공 33년.
진晉	경공 11년.
진秦	애공 22년.
초楚	소왕昭王 진珍 원년. 비무기費無忌*를 주살해 백성을 설득하다[楚昭王珍元年. 誅無忌以說衆].
송宋	경공 2년.
위衛	영공 20년.
진陳	혜공 19년.
채蔡	소후 4년.
조曹	도공 9년.
정鄭	정공 15년.
연燕	평공 9년.
오吳	요 12년. 공자 광光이 자객 전제專諸를 이용해 오왕 요를 살해하고, 스스로 즉위하다[十二. 公子光使專諸殺僚, 自立].

기원전 514년

주周	경왕 6년.
노魯	소공 28년. 공이 진나라로 가 노나라로 들여보내줄 것을 청하다. 진나라가 듣지 않고 간후乾侯 땅에 머물게 하다[二十八. 公如晉, 求入, 晉弗聽, 處之乾侯].
제齊	경공 34년.
진晉	경공 12년. 육경이 공족을 주살하고 그 식읍을 나누어 가지다. 각기 그 아들로 하여금 그곳의 대부로 삼다[十二. 六卿誅公族, 分其邑. 各使其子爲大夫].
진秦	애공 23년.
초楚	소왕 2년.

● 《춘추좌전》에는 비무극費無極으로 나온다.

송宋	경공 3년.
위衛	영공 21년.
진陳	혜공 20년.
채蔡	소후 5년.
조曹	양공襄公 원년.
정鄭	정공 16년.
연燕	평공 10년.
오吳	합려闔閭 원년.

기원전 513년

주周	경왕 7년.
노魯	소공 29년. 공이 간후에서 운 땅으로 가다. 제경공이 군주를 자처하자 이를 부끄럽게 여겨 다시 간후로 가다[二十九. 公自乾侯如鄆. 齊侯, 主君. 公恥之, 復之乾侯].
제齊	경공 35년.
진晉	경공 13년.
진秦	애공 24년.
초楚	소왕 3년.
송宋	경공 4년.
위衛	영공 22년.
진陳	혜공 21년.
채蔡	소후 6년.
조曹	양공 2년.
정鄭	헌공獻公 채蠆 원년.
연燕	평공 11년.
오吳	합려 2년.

기원전 512년

주周	경왕 8년.
노魯	소공 30년.
제齊	경공 36년.
진晉	경공 14년. 경공이 서거하다[十四. 頃公薨].
진秦	애공 25년.
초楚	소왕 4년. 엄여掩餘와 촉용燭庸 등 오나라의 세 공자가 도망쳐 오다. 변경에 봉해 오나라의 침공을 막게 하다[四. 吳三公子來奔, 封以捍吳].
송宋	경공 5년.
위衛	영공 23년.
진陳	혜공 22년.
채蔡	소후 7년.
조曹	양공 3년.
정鄭	헌공 2년.
연燕	평공 12년.
오吳	합려 3년. 세 공자가 초나라로 달아나다[三. 三公子奔楚].

기원전 511년

주周	경왕 9년.
노魯	소공 31년. 일식이 일어나다[三十一. 日蝕].
제齊	경공 37년.
진晉	정공定公 오午 원년.
진秦	애공 26년.
초楚	소왕 5년. 오나라가 육과 잠潛 땅을 치다[五. 吳伐我六·潛].
송宋	경공 6년.

위衛	영공 24년.
진陳	혜공 23년.
채蔡	소후 8년.
조曹	양공 4년.
정鄭	헌공 3년.
연燕	평공 13년.
오吳	합려 4년. 초나라의 육과 잠 땅을 치다[四. 伐楚六·潛].

기원전 510년

주周	경왕 10년. 진晉나라가 제후들로 하여금 주나라 왕실을 위해 성을 쌓게 하다[十. 晉使諸侯爲我築城].
노魯	소공 32년. 소공이 간후에서 죽다[三十二. 公卒乾侯].
제齊	경공 38년.
진晉	정공 2년. 제후들을 이끌고 위나라 왕실을 위해 성을 쌓다[二. 率諸侯爲周築城].
진秦	애공 27년.
초楚	소왕 6년.
송宋	경공 7년.
위衛	영공 25년.
진陳	혜공 24년.
채蔡	소후 9년.
조曹	양공 5년. 평공의 동생 통通이 양공을 살해하고 스스로 즉위하다[五. 平公弟通殺襄公自立].
정鄭	헌공 4년.
연燕	평공 14년.
오吳	합려 5년.

주周	경왕 11년.
노魯	정공定公 송宋 원년. 소공의 상喪이 간후에서 오다[魯定公宋元年. 昭公喪 自乾侯至].
제齊	경공 39년.
진晉	정공 3년.
진秦	애공 28년.
초楚	소왕 7년. 영윤 낭와囊瓦가 군사를 이끌고 가 오나라를 치다. 초나라 가 예장豫章에서 패하다. 채후가 조현을 오다[七. 囊瓦伐吳, 敗我豫章, 蔡侯 來朝].
송宋	경공 8년.
위衛	영공 26년.
진陳	혜공 25년.
채蔡	소후 10년. 초나라를 조현하다. 갓옷을 주지 않은 탓에 오랫동안 억류 되다[十. 朝楚, 以裘故留].
조曹	은공隱公 원년.
정鄭	헌공 5년.
연燕	평공 15년.
오吳	합려 6년. 초나라가 침공해 영격迎擊에 나서 격파하다. 초나라의 거소 居巢를 빼앗다[六. 楚伐我, 迎擊, 敗之, 取楚之居巢].

주周	경왕 12년.
노魯	정공 2년.
제齊	경공 40년.
진晉	정공 4년.

진秦	애공 29년.
초楚	소왕 8년.
송宋	경공 9년.
위衛	영공 27년.
진陳	혜공 26년.
채蔡	소후 11년.
조曹	은공 2년.
정鄭	헌공 6년.
연燕	평공 16년.
오吳	합려 7년.

기원전 507년(갑오甲午)

주周	경왕 13년.
노魯	정공 3년.
제齊	경공 41년.
진晉	정공 5년.
진秦	애공 30년.
초楚	소왕 9년. 채소후蔡昭侯가 영윤 낭와에게 갖옷과 패옥을 바치지 않아 3년 동안 초나라에 억류되다. 갖옷을 바친 뒤 귀국을 허락받다[九. 蔡昭侯留三歲, 得裘, 故歸].
송宋	경공 10년.
위衛	영공 28년.
진陳	혜공 27년.
채蔡	소후 12년. 영윤 낭와에게 갖옷을 바친 뒤 비로소 귀국하다. 진晉나라로 가 초나라 토벌을 청하다[十二. 與子常裘, 得歸, 如晉, 請伐楚].
조曹	은공 3년.
정鄭	헌공 7년.

연燕	평공 17년.
오吳	합려 8년.

기원전 506년

주周	경왕 14년. 진晉나라와 함께 제후들을 이끌고 초나라를 치다[十四. 與晉率諸侯侵楚].
노魯	정공 4년.
제齊	경공 42년.
진晉	정공 6년. 주나라가 진나라와 함께 제후들을 이끌고 초나라를 치다[六. 周與我率諸侯侵楚].
진秦	애공 31년. 초나라 대부 신포서申包胥가 찾아와 구원을 청하다[三十一. 楚包胥請救].
초楚	소왕 10년. 오나라와 채나라가 침공해 도성인 영도郢都까지 들어오다. 소왕이 달아나다. 오자서가 초평왕의 묘를 파내 시신에 채찍질을 가하다[十. 吳·蔡伐我, 入郢, 昭王亡, 伍子胥鞭平王墓].
송宋	경공 11년.
위衛	영공 29년. 채나라와 우두머리 자리를 놓고 다투다[二十九. 與蔡爭長].
진陳	혜공 28년.
채蔡	소후 13년. 위나라와 우두머리 자리를 놓고 다투다. 초나라의 침공을 계기로 오나라와 함께 초나라를 쳐 영도까지 들어가다[十三. 與衛爭長. 楚侵我, 吳與我伐楚, 入郢].
조曹	은공 4년.
정鄭	헌공 8년.
연燕	평공 18년.
오吳	합려 9년. 채나라와 함께 초나라를 치면서 영도까지 들어가다[九. 與蔡伐楚, 入郢].

기원전 505년

주周	경왕 15년.
노魯	정공 5년. 양호陽虎가 계환자季桓子를 사로잡았다가 맹서한 후 풀어주다. 일식이 일어나다[五. 陽虎執季桓子, 與盟, 釋之, 日蝕].
제齊	경공 43년.
진晉	정공 7년.
진秦	애공 32년.
초楚	소왕 11년. 진秦나라 군사가 구원 차 오자 오나라 군사가 철군하다. 소왕이 다시 도성으로 들어오다[十一. 秦救至, 吳去, 昭王復入].
송宋	경공 12년.
위衛	영공 30년.
진陳	회공懷公 류류柳 원년.
채蔡	소후 14년.
조曹	정공靖公 로로路 원년.
정鄭	헌공 9년.
연燕	평공 19년.
오吳	합려 10년.

기원전 504년

주周	경왕 16년. 왕자 조朝의 무리가 난을 일으킨 탓에 왕이 진晉나라로 달아나다[十六. 王子朝之徒作亂故, 王奔晉].
노魯	정공 6년.
제齊	경공 44년.
진晉	정공 8년.
진秦	애공 33년.

초楚	소왕 12년. 오나라가 다시 초나라의 번番 땅을 치다. 초나라가 두려워한 나머지 약鄀 땅으로 천도하다[十二. 吳伐我番, 楚恐, 徙鄀].
송宋	경공 13년.
위衛	영공 31년.
진陳	회공 2년.
채蔡	소후 15년.
조曹	정공 2년.
정鄭	헌공 10년. 노나라가 침공하다[十. 魯侵我].
연燕	간공簡公 원년.
오吳	합려 11년. 초나라를 쳐 번 땅을 취하다[十一. 伐楚, 取番].

기원전 503년

주周	경왕 17년. 유자劉子가 왕을 맞이하다. 진晉나라가 왕을 들여보내다[十七. 劉子迎王, 晉入王].
노魯	정공 7년. 제나라가 침공하다[七. 齊伐我].
제齊	경공 45년. 위나라를 공략하고, 노나라를 치다[四十五. 侵衛. 伐魯].
진晉	정공 9년. 주경왕을 왕성으로 들여보내다[九. 入周敬王].
진秦	애공 34년.
초楚	소왕 13년.
송宋	경공 14년.
위衛	영공 32년. 제나라가 침공하다[三十二. 齊侵我].
진陳	회공 3년.
채蔡	소후 16년.
조曹	정공 3년.
정鄭	헌공 11년.
연燕	간공 2년.
오吳	합려 12년.

주周	경왕 18년.
노魯	정공 8년. 양호가 삼환을 치려고 하자 삼환이 양호를 공격하다. 양호가 양관陽關으로 달아나다[八. 陽虎欲伐三桓, 三桓攻陽虎, 虎奔陽關].
제齊	경공 46년. 노나라가 침공하다. 이에 맞서 노나라를 치다[四十六. 魯伐我. 我伐魯].
진晉	정공 10년. 위나라를 치다[十. 伐衛].
진秦	애공 35년.
초楚	소왕 14년. 영윤 자서子西가 백성을 위해 울고, 백성 역시 울다. 채소후가 두려워하다[十四. 子西爲民泣, 民亦泣, 蔡昭侯恐].
송宋	경공 15년.
위衛	영공 33년. 진晉나라와 노나라가 침공하다[三十三. 晉·魯侵伐我].
진陳	회공 4년. 공이 오나라로 가자 오나라가 억류하다. 오나라에서 죽다[四. 公如吳, 吳留之, 因死吳].
채蔡	소후 17년.
조曹	정공 4년. 정공이 서거하다[四. 靖公薨].
정鄭	헌공 12년.
연燕	간공 3년.
오吳	합려 13년. 진회공이 오자 억류하다. 오나라에서 죽다[十三. 陳懷公來, 留之, 死於吳].

주周	경왕 19년.
노魯	정공 9년. 양호를 치다. 양호가 제나라로 달아나다[九. 伐陽虎, 虎奔齊].
제齊	경공 47년. 양호를 가두다. 양호가 진晉나라로 달아나다[四十七. 囚陽虎, 虎奔晉].

진晉	정공 11년. 양호가 도망쳐 오다[十一. 陽虎來奔].
진秦	애공 36년. 애공이 서거하다[三十六. 哀公薨].
초楚	소왕 15년.
송宋	경공 16년. 양호가 도망쳐 오다[十六陽虎來奔].
위衛	영공 34년.
진陳	민공湣公 월越 원년.
채蔡	소후 18년.
조曹	조백曹伯 양陽 원년.
정鄭	헌공 13년. 헌공이 서거하다[十三. 獻公薨].
연燕	간공 4년.
오吳	합려 14년.

기원전 500년

주周	경왕 20년.
노魯	정공 10년. 제경공과 협곡夾谷에서 회맹하다. 공자가 회맹의 예를 주관하다. 제나라가 노나라의 땅을 돌려주다[十. 公會齊侯於夾谷. 孔子相. 齊歸我地].
제齊	경공 48년.
진晉	정공 12년.
진秦	혜공惠公 원년. 혜성이 보이다[秦惠公元年. 彗星見].
초楚	소왕 16년.
송宋	경공 17년.
위衛	영공 35년.
진陳	민공 2년.
채蔡	소후 19년.
조曹	조백 양 2년.

정鄭	성공聲公 승勝 원년. 정나라가 날로 쇠약해지다[鄭聲公勝元年. 鄭益弱].
연燕	간공 5년.
오吳	합려 15년.

기원전 499년

주周	경왕 21년.
노魯	정공 11년.
제齊	경공 49년.
진晉	정공 13년.
진秦	혜공 2년. 조공趮公과 회공懷公, 간공簡公을 낳다[二. 生趮公·懷公·簡公].
초楚	소왕 17년.
송宋	경공 18년.
위衛	영공 36년.
진陳	민공 3년.
채蔡	소후 20년.
조曹	조백 양 3년. 나라 사람이 꿈을 꾸다. 여러 군자가 사궁社宮을 세우고 조나라를 멸망시킬 계책을 꾸미자 조나라의 개국조인 조숙曹叔 진탁 振鐸이 공손강公孫強을 기다릴 것을 청하고 이를 허락하는 내용이다 [三. 國人有夢衆君子立社宮, 謀亡曹, 振鐸請待公孫強, 許之].
정鄭	성공 2년.
연燕	간공 6년.
오吳	합려 16년.

기원전 498년

주周	경왕 22년.
노魯	정공 12년. 제나라가 여악女樂을 보내다. 계환자가 이를 받아들이자 공자가 노나라를 떠나다[十二. 齊來歸女樂, 季桓子受之, 孔子行].
제齊	경공 50년. 노나라에 여악을 보내다[五十. 遺魯女樂].
진晉	정공 14년.
진秦	혜공 3년.
초楚	소왕 18년.
송宋	경공 19년.
위衛	영공 37년. 조나라를 치다[三十七. 伐曹].
진陳	민공 4년.
채蔡	소후 21년.
조曹	조백 양 4년. 위나라가 침공하다[四. 衛伐我].
정鄭	성공 3년.
연燕	간공 7년.
오吳	합려 17년.

기원전 497년(갑진甲辰)

주周	경왕 23년.
노魯	정공 13년.
제齊	경공 51년.
진晉	정공 15년. 조앙이 범씨范氏와 중항씨中行氏를 치다[十五. 趙鞅伐范·中行].
진秦	혜공 4년.
초楚	소왕 19년.

송宋	경공 20년.
위衛	영공 38년. 공자가 오다. 노나라에서 맡던 관직과 같은 녹봉을 주다 [三十八. 孔子來, 祿之如魯].
진陳	민공 5년.
채蔡	소후 22년.
조曹	조백 양 5년.
정鄭	성공 4년.
연燕	간공 8년.
오吳	합려 18년.

기원전 496년

주周	경왕 24년.
노魯	정공 14년.
제齊	경공 52년.
진晉	정공 16년.
진秦	혜공 5년.
초楚	소왕 20년.
송宋	경공 21년.
위衛	영공 39년. 태자 괴외蒯聵가 달아나다[三十九. 太子蒯聵出奔].
진陳	민공 6년. 공자가 오다[六. 孔子來].
채蔡	소후 23년.
조曹	조백 양 6년. 공손강이 활을 잘 쏘아 기러기를 바치다. 군주가 그에게 사성司城의 관직을 맡기다. 꿈에서 공손강의 모습을 본 자의 아들이 화가 닥칠 것을 알고 조나라를 떠나다[六. 公孫强好射, 獻雁, 君使爲司城, 夢者子行].
정鄭	성공 5년. 자산이 죽다[五. 子産卒].
연燕	간공 9년.

| 오吳 | 합려 19년. 월나라를 치다가 패하다. 합려가 손가락에 부상을 입고 이로 인해 죽다[十九. 伐越, 敗我, 傷闔閭指, 以死]. |

기원전 495년

주周	경왕 25년.
노魯	정공 15년. 정공이 서거하다. 일식이 일어나다[十五. 定公薨. 日蝕].
제齊	경공 53년.
진晉	정공 17년.
진秦	혜공 6년.
초楚	소왕 21년. 호나라를 멸하다. 오나라가 월나라에 패하자 초나라가 배신하다[二十一. 滅胡. 以吳敗, 我倍之].
송宋	경공 22년. 정나라가 침공하다[二十二. 鄭伐我].
위衛	영공 40년.
진陳	민공 7년.
채蔡	소후 24년.
조曹	조백 양 7년.
정鄭	성공 6년. 송나라를 치다[六. 伐宋].
연燕	간공 10년.
오吳	오왕吳王 부차夫差 원년.

기원전 494년

주周	경왕 26년.
노魯	애공哀公 장將 원년.
제齊	경공 54년. 진晉나라를 치다[五十四. 伐晉].

진晉	정공 18년. 조앙이 범씨와 중항씨를 조가에서 포위하다. 제나라와 위나라가 침공하다[十八. 趙鞅圍范·中行朝歌. 齊·衛伐我].
진秦	혜공 7년.
초楚	소왕 22년. 제후들을 이끌고 가 채나라를 포위하다[二十二. 率諸侯圍蔡].
송宋	경공 23년.
위衛	영공 41년. 진晉나라를 치다[四十一. 伐晉].
진陳	민공 8년. 오나라가 침공하다[八. 吳伐我].
채蔡	소후 25년. 초나라가 침공하다. 전에 오나라와 함께 초나라를 친 탓이다[二十五. 楚伐我, 以吳怨故].
조曹	조백 양 8년.
정鄭	성공 7년.
연燕	간공 11년.
오吳	오왕 부차 2년. 월나라를 치다[二. 伐越].

기원전 493년

주周	경왕 27년.
노魯	애공 2년.
제齊	경공 55년. 범씨와 중항씨의 곡식을 수송하다[五十五. 輸範·中行氏粟].
진晉	정공 19년. 조앙이 범씨와 중항씨를 포위하다. 정나라가 구하러 왔으나 진晉나라가 물리치다[十九. 趙鞅圍范·中行, 鄭來救, 我敗之].
진秦	혜공 8년.
초楚	소왕 23년.
송宋	경공 24년.
위衛	영공 42년. 영공이 서거하다. 태자 괴외의 아들 첩輒이 즉위하다. 진晉나라가 척戚 땅에서 괴외를 받아들이다[四十二. 靈公薨. 蒯聵子輒立. 晉納太子蒯聵於戚].
진陳	민공 9년.

채蔡	소후 26년. 초나라를 두려워한 나머지 은밀히 오나라 군사를 불러들여 주래州來로 천도하다. 주래는 오나라와 가깝다[二十六. 畏楚, 私召吳人, 乞 遷於州來, 州來近吳].
조曹	조백 양 9년.
정鄭	성공 8년. 범씨와 중항씨를 구하기 위해 조앙과 싸우다. 정나라 군사가 패하다[八. 救范·中行氏, 與趙鞅戰於鐵, 敗我師].
연燕	간공 12년.
오吳	오왕 부차 3년.

기원전 492년

주周	경왕 28년.
노魯	애공 3년. 지진이 나다[三. 地震].
제齊	경공 56년.
진晉	정공 20년.
진秦	혜공 9년.
초楚	소왕 24년.
송宋	경공 25년. 공자 일행이 송나라를 지나다. 환퇴桓魋가 이를 싫어해 죽이려 하다[二十五. 孔子過宋, 桓魋惡之].
위衛	출공出公 첩輒 원년.
진陳	민공 10년.
채蔡	소후 27년.
조曹	조백 양 10년. 송나라가 침공하다[十. 宋伐我].
정鄭	성공 9년.
연燕	헌공獻公 원년.
오吳	오왕 부차 4년.

기원전 491년

주周	경왕 29년.
노魯	애공 4년.
제齊	경공 57년. 전기田乞가 범씨를 구하다[五十七. 乞救范氏].
진晉	정공 21년. 조앙이 한단邯鄲과 백인柏人을 공략해 차지하다[二十一. 趙鞅 拔邯鄲·柏人, 有之].
진秦	혜공 10년. 혜공이 서거하다[十. 惠公薨].
초楚	소왕 25년.
송宋	경공 26년.
위衛	출공 2년.
진陳	민공 11년.
채蔡	소후 28년. 대부가 공모해 소후를 죽이다[二十八. 大夫共誅昭侯].
조曹	조백 양 11년.
정鄭	성공 10년.
연燕	헌공 2년.
오吳	오왕 부차 5년.

기원전 490년

주周	경왕 30년.
노魯	애공 5년.
제齊	경공 58년. 경공이 서거하다. 총희의 아들을 태자로 세우다[五十八. 景公 薨. 立嬖姬子爲太子].
진晉	정공 22년. 조앙이 범씨와 중항씨를 격파하다. 중항씨가 제나라로 달아나다. 위나라를 치다[二十二. 趙鞅敗范中行, 中行奔齊. 伐衛].
진秦	도공悼公 원년.
초楚	소왕 26년.

송宋	경공 27년.
위衛	출공 3년. 진晉나라가 침공하다. 범씨를 도왔기 때문이다[三. 晉伐我, 救范氏故].
진陳	민공 12년.
채蔡	성후成侯 삭朔 원년.
조曹	조백 양 12년.
정鄭	성공 11년.
연燕	헌공 3년.
오吳	오왕 부차 6년.

기원전 489년

주周	경왕 31년.
노魯	애공 6년.
제齊	안유자晏孺子 원년. 전기가 거짓으로 양생陽生을 세우고 안유자를 죽이다[齊晏孺子元年. 田乞詐立陽生, 殺孺子].
진晉	정공 23년.
진秦	도공 2년.
초楚	소왕 27년. 진陳나라를 구하다. 소왕이 성보城父에서 죽다[二十七. 救陳, 王死城父].
송宋	경공 28년. 조나라를 치다[二十八. 伐曹].
위衛	출공 4년.
진陳	민공 13년. 오나라가 침공하다. 초나라가 구하러 오다[十三. 吳伐我, 楚來救].
채蔡	성후 2년.
조曹	조백 양 13년. 송나라가 침공하다[十三. 宋伐我].
정鄭	성공 12년.
연燕	헌공 4년.

오吳	오왕 부차 7년. 진陳나라를 치다[七. 伐陳].

기원전 488년

주周	경왕 32년.
노魯	애공 7년. 공이 증繒 땅에서 오왕 부차와 회맹하다. 오나라가 희생 100 마리를 요구하자 계강자季康子가 공자의 수제자 자공子貢을 시켜 《주례周禮》에 어긋난다는 이유를 내세워 그만두게 하다[七. 公會吳王於繒. 吳徵百牢, 季康子使子貢謝之].
제齊	도공悼公 양생陽生 원년.
진晉	정공 24년. 위나라를 치다[二十四. 侵衛].
진秦	도공 3년.
초楚	혜왕惠王 장章 원년.
송宋	경공 29년. 정나라를 치고, 조나라를 포위하다[二十九. 侵鄭, 圍曹].
위衛	출공 5년. 진晉나라가 침공하다[五. 晉侵我].
진陳	민공 14년.
채蔡	성후 3년.
조曹	조백 양 14년. 송나라가 조나라를 포위하다. 정나라가 구하러 오다[十四. 宋圍我, 鄭救我].
정鄭	성공 13년.
연燕	헌공 5년.
오吳	오왕 부차 8년. 노애공과 증 땅에서 회맹하다[八. 魯會我繒].

기원전 487년(갑인甲寅)

주周	경왕 33년.

노魯	애공 8년. 오나라가 주나라를 위해 침공하다. 도성 아래까지 와서 맹서한 뒤 철군하다. 제나라가 침공해 세 개의 성읍을 취하다[八. 吳爲邾伐我, 至城下, 盟而去. 齊取我三邑].
제齊	도공 2년. 노나라를 쳐 세 개의 성읍을 취하다[二. 伐魯, 取三邑].
진晉	정공 25년.
진秦	도공 4년.
초楚	혜왕 2년. 영윤 자서가 오나라에 있는 태자 건建의 아들 승勝을 부른 뒤 백공白公으로 삼다[二. 子西召建子勝於吳, 爲白公].
송宋	경공 30년. 조나라가 배신하자 이를 멸하다[三十. 曹倍我, 我滅之].
위衛	출공 6년.
진陳	민공 15년.
채蔡	성후 4년.
조曹	조백 양 15년. 송나라가 침공해 패망케 만들다. 조백 양을 사로잡다[十五. 宋滅曹, 虜伯陽].
정鄭	성공 14년.
연燕	헌공 6년.
오吳	오왕 부차 9년. 노나라를 치다[九. 伐魯].

기원전 486년

주周	경왕 34년.
노魯	애공 9년.
제齊	도공 3년.
진晉	정공 26년.
진秦	도공 5년.
초楚	혜왕 3년. 진陳나라를 치다. 진나라가 오나라와 함께한 탓이다[三. 伐陳, 陳與吳故].
송宋	경공 31년. 정나라가 송나라를 포위했으나 옹구雍丘에서 패하다[三十一. 鄭圍我, 敗之於雍丘].

위衛	출공 7년.
진陳	민공 16년. 초나라를 배신하고 오나라와 화친하다[十六. 倍楚, 與吳成].
채蔡	성후 5년.
정鄭	성공 15년. 송나라를 포위했으나 옹구에서 패하다. 정나라가 여세를 몰아 송나라를 침공하다[十五. 圍宋, 敗我師雍丘, 伐我].
연燕	헌공 7년.
오吳	오왕 부차 10년.

기원전 485년

주周	경왕 35년.
노魯	애공 10년. 오나라와 함께 제나라를 치다[十. 與吳伐齊].
제齊	도공 4년. 오나라와 노나라가 침공하다. 포자鮑子가 도공을 살해하다. 제나라 사람들이 그의 아들 임壬을 간공簡公으로 세우다[四吳·魯伐我. 鮑子殺悼公, 齊人立其子壬爲簡公].
진晉	정공 27년. 조앙을 시켜 제나라를 치게 하다[二十七. 使趙鞅伐齊].
진秦	도공 6년.
초楚	혜왕 4년. 진陳나라를 치다[四. 伐陳].
송宋	경공 32년. 정나라를 치다[三十二. 伐鄭].
위衛	출공 8년. 공자가 진陳나라에서 오다[八. 孔子自陳來].
진陳	민공 17년.
채蔡	성후 6년.
정鄭	성공 16년.
연燕	헌공 8년.
오吳	오왕 부차 11년. 노나라와 함께 제나라를 치고 진陳나라를 구하다. 오자서를 주살하다[十一. 與魯伐齊救陳. 誅五員].

주周	경왕 36년.
노魯	애공 11년. 제나라가 침공하다. 염유冉有의 말에 따라 공자를 환영하기로 하다. 공자가 마침내 위나라에서 돌아오다[十一. 齊伐我. 冉有言, 故迎孔子, 孔子歸].
제齊	간공簡公 원년. 노나라와 오나라가 제나라 군사를 격파하다[齊簡公元年. 魯與吳敗我].
진晉	정공 28년.
진秦	도공 7년.
초楚	혜왕 5년.
송宋	경공 33년.
위衛	출공 9년. 공자가 노나라로 돌아가다[九. 孔子歸魯].
진陳	민공 18년.
채蔡	성후 7년.
정鄭	성공 17년.
연燕	헌공 9년.
오吳	오왕 부차 12년. 노나라와 함께 제나라 군사를 격파하다[十二.與魯敗齊].

주周	경왕 37년.
노魯	애공 12년. 오나라와 탁고橐皐에서 회맹하다. 토지의 크고 작음에 따른 징세와 징병을 하는 전부제田賦制를 시행하다[十二. 與吳會橐皐. 用田賦].
제齊	간공 2년.
진晉	정공 29년.
진秦	도공 8년.

초楚	혜왕 6년. 백공 승勝이 누차 영윤 자서에게 정나라 토벌을 청하다. 정나라가 부친인 태자 건을 죽인 탓이다[六. 白公勝數請子西伐鄭, 以父怨故].
송宋	경공 34년.
위衛	출공 10년. 공이 진晉나라로 가다. 오나라와 함께 탁고에서 회맹하다[十. 公如晉, 與吳 會橐皐].
진陳	민공 19년.
채蔡	성후 8년.
정鄭	성공 18년. 송나라가 침공하다[十八. 宋伐我].
연燕	헌공 10년.
오吳	오왕 부차 13년. 노나라와 탁고에서 회맹하다[十三. 與魯會橐皐].

기원전 482년

주周	경왕 38년.
노魯	애공 13년. 오나라와 황지黃池에서 회맹하다[十三. 與吳會黃池].
제齊	간공 3년.
진晉	정공 30년. 오나라와 황지에서 회맹하며 우두머리 자리를 다투다[三十. 與吳會黃池, 爭長].
진秦	도공 9년.
초楚	혜왕 7년. 진陳나라를 치다[七. 伐陳].
송宋	경공 35년. 정나라가 송나라 군사를 격파하다[三十五. 鄭敗我師].
위衛	출공 11년.
진陳	민공 20년.
채蔡	성후 9년.
정鄭	성공 19년. 송나라 군사를 격파하다[十九. 敗宋師].
연燕	헌공 11년.
오吳	오왕 부차 14년. 진晉나라와 함께 황지에서 회맹하다[十四. 與晉會黃池].

기원전 481년

주周	경왕 39년.
노魯	애공 14년. 서쪽에서 기린을 잡다. 위출공이 도망쳐 오다[十四. 西狩獲麟, 衛出公來奔].
제齊	간공 4년. 전상이 간공을 시해하다. 그 동생 오驚를 평공平公으로 세우다. 전상이 재상이 되어 국권을 장악하다[四. 田常殺簡公, 立其弟驚, 爲平公, 常相之, 專國權].
진晉	정공 31년.
진秦	도공 10년.
초楚	혜왕 8년.
송宋	경공 36년.
위衛	출공 12년. 부친인 괴외가 들어오자 출공 첩이 달아나다[十二. 父蒯聵入, 輒出亡].
진陳	민공 21년.
채蔡	성후 10년.
정鄭	성공 20년.
연燕	헌공 12년.
오吳	오왕 부차 15년

기원전 480년

주周	경왕 40년.
노魯	애공 15년. 자복경백子服景伯이 제나라에 사자로 가다. 공자의 제자 자공이 보좌하다. 제나라가 노나라에서 빼앗은 땅을 돌려주게 하다[十五. 子服景伯使齊, 子貢爲介, 齊歸我侵地].
제齊	평공平公 오驚 원년. 경공의 손자다. 제나라의 권신 진씨陳氏는 이때부터 스스로 전씨를 칭하다[齊平公驚元年. 景公孫也. 齊自是稱田氏].
진晉	정공 32년.

진秦	도공 11년.
초楚	혜왕 9년.
송宋	경공 37년. 화성火星인 형혹熒惑이 심수心宿를 지키다. 송나라 사관 자위子韋가 송경공에게 말하기를, "좋다"고 하다[三十七. 熒惑守心, 子韋曰, 善].
위衛	장공莊公 괴외蒯聵 원년.
진陳	민공 22년.
채蔡	성후 11년.
정鄭	성공 21년.
연燕	헌공 13년.
오吳	오왕 부차 16년.

기원전 479년

주周	경왕 41년.
노魯	애공 16년. 공자가 숨을 거두다[十六. 孔子卒].
제齊	평공 2년.
진晉	정공 33년.
진秦	도공 12년.
초楚	혜왕 10년. 백공 승이 난을 일으켜 영윤 자서를 죽이고 혜왕을 공격하다. 섭공葉公이 백공을 공격하자 백공이 자진하다. 혜왕이 돌아오다[十. 白公勝殺令尹子西, 攻惠王]. 葉公攻白公, 白公自殺. 惠王復國].
송宋	경공 38년.
위衛	장공 2년.
진陳	민공 23년. 초나라가 진陳나라를 멸하고, 민공을 죽이다[二十三. 楚滅陳, 殺湣公].
채蔡	성후 12년.
정鄭	성공 22년.

연燕	헌공 14년.
오吳	오왕 부차 17년.

기원전 478년

주周	경왕 42년.
노魯	애공 17년.
제齊	평공 3년.
진晉	정공 34년.
진秦	도공 13년.
초楚	혜왕 11년.
송宋	경공 39년.
위衛	장공 3년. 융주戎州에 사는 융인戎人을 모욕하다. 융인이 진晉나라 권신 조간자趙簡子를 부추겨 장공을 치게 하다. 장공이 밖으로 달아나다[三. 莊公辱戎州人, 戎州人與趙簡子攻莊公, 出奔].
채蔡	성후 13년.
정鄭	성공 23년.
연燕	헌공 15년.
오吳	오왕 부차 18년. 월나라가 오나라 군사를 격파하다[十八. 越敗我].

기원전 477년(갑자甲子)

주周	경왕 43년. 경왕이 붕어하다[四十三. 敬王崩].
노魯	애공 18년. 노애공이 재위 27년 만에 죽다[十八. 二十七卒].
제齊	평공 4년. 제평공이 재위 25년 만에 죽다[四. 二十五卒].
진晉	정공 35년. 진정공이 재위 37년 만에 죽다[三十五. 三十七卒].

진秦	도공 14년. 도공이 죽다. 아들 여공공厲共公이 즉위하다[十四. 辛, 子厲共公立].
초楚	혜왕 12년. 초혜왕이 재위 57년 만에 죽다[十二. 五十七卒].
송宋	경공 40년. 송경공이 재위 64년 만에 죽다[四十. 六十四卒].
위衛	위군衛君 기起 원년. 석부石傅가 기를 밖으로 쫓아내다. 망명했던 출공 첩이 다시 들어오다[衛君起元年. 石傅逐起出, 輒復入].
채蔡	성후 14년. 채성후蔡聲侯가 재위 19년 만에 죽다[十四. 十九卒].
정鄭	성공 24년. 정성공이 재위 38년 만에 죽다[二十四. 三十八卒].
연燕	헌공 16년. 연헌공이 재위 28년 만에 죽다[十六. 二十八卒].
오吳	오왕 부차 19년. 오왕 부차가 재위 23년 만에 죽다[十九. 二十三卒].

권 15

육국연표
六國年表

〈육국연표〉는 주원왕 원년(기원전 476)부터 진시황의 뒤를 이은 진 2세
二世 3년(기원전 207)까지 기록한 것으로 총 270년에 달한다. 육국 이
외에도 주나라와 진秦나라가 포함되어 있다. 그럼에도 '팔국연표'
로 표기하지 않은 이유는 크게 두 가지다. 첫째, 주나라는 비록 일
개 제후국만도 못한 정도로 쇠락했음에도 진시황이 천하를 통일할
때까지는 여전히 유일무이한 천자의 나라로 존재했다. 열국 세계世
系의 기준에 해당한다. 육국에서 제외한 이유다. 둘째, 전국시대는
크게 보아 진秦나라의 천하통일 과정으로 해석할 수 있다. 진나라
역시 열국 세계의 기준에 해당한다. 그러므로 진나라 역시 육국에
포함시키지 않았던 것이다.

주목할 것은 전국시대 역시 춘추시대와 마찬가지로 중원의 진晉나
라가 삼분되어 탄생한 위·한韓·조趙나라 등 이른바 삼진三晉을 비
롯해 초·연·제나라 등의 육국 이외에도 여러 소국이 병존했다는
점이다. 진문공의 후손이 다스린 삼분되기 직전의 진晉나라를 비롯
해 위·정·노·채·송 등이 그것이다. 사마천은 이들 소국이 남겨놓
은 패망 직전까지의 사적을 병탄한 나라 항목에 함께 기록해놓았

다. 적잖은 착오가 일어난 것도 이런 맥락에서 이해할 수 있다. 해당국의 사적이 전국시대의 전란 속에 흔적도 없이 소실된 탓이 크다. 해당 대목마다 각주 형식으로 이를 지적해놓았다.

태사공은《진기》를 읽다가 견융이 유왕을 격파하자 주나라가 동쪽 낙읍洛邑으로 천도하고, 진양공이 처음으로 제후에 봉해진 뒤 서치西 畤를 세워 하늘에 제사를 지냈다는 대목에서 참람한 짓을 한 단서를 발견했다.《예禮》의 기록이다.

천자는 천지에 제사를 지내고, 제후는 자신의 봉역封域 내에서 명산 대천名山大川에 제사를 지낸다.

당시 진나라는 융적戎翟의 풍속이 뒤섞여 있었다. 폭려暴戾를 앞세 우며 인의仁義를 뒤로하고, 번신藩臣의 지위에서 천지에 제사를 올리 는 교사郊祀의 예를 행한 것이 그렇다. 군자들이 걱정하고 두려워하 기 시작한 이유다. 진문공秦文公 때에는 농隴 땅을 넘어 이적을 물리 치고, 전설적인 진보陳寶를 귀하게 받들고, 기와 옹 땅 사이에 기틀을 닦았다. 진목공秦穆公 때 동쪽 경계가 황하까지 확장되면서 제환공과 진문공晉文公 같은 중원의 후백侯伯과 어깨를 나란히 하게 되었다.

중원의 경우를 보면 이후 제후의 신하인 이른바 배신陪臣들이 정 권을 장악하고, 대부大夫가 세습해 녹을 먹었다. 진晉나라의 경우는 육경이 권력을 멋대로 한 것은 물론 정벌이나 회맹會盟할 때는 이들 의 권세가 여타 제후들을 압도했다. 제나라의 경우는 권신 전상이 주군인 간공簡公을 살해하고 대를 이어 제나라의 재상 노릇을 하게 되었다. 그런데도 제후들은 이를 태연히 여기며 토벌할 생각을 하지 않고, 오직 해내海內에서 전공戰功만을 다툴 뿐이었다. 진晉나라의 권 신인 조씨趙氏와 한씨韓氏 및 위씨魏氏 등 삼진은 끝내 주군의 나라인 진晉나라를 셋으로 쪼개 나누어 가졌다. 제나라의 권신 전화田和도

마침내 강씨薑氏의 제나라를 멸하고 이를 차지했다. 진秦나라 동쪽의 육국六國이 강대해진 것은 바로 이때부터였다.

당시 열국의 제후들은 병력을 강화해 적국을 병탄하는 데 힘썼다. 음모와 사기가 자행되고, 종횡縱橫과 단장短長의 의론議論이 분분히 일어난 이유다. 왕명을 사칭한 자들이 벌 떼처럼 일어나고, 맹약을 맺고도 이내 배신하는 일이 자행되었다. 설령 인질을 교환하고, 부符를 나누어 가질지라도 서로 믿을 수 없게 된 배경이다.

원래 진秦나라는 소국인데다 중원에서 멀리 떨어진 변방국이었다. 중원의 나라들은 이를 꺼려 융적과 동등하게 대했다. 그러나 진헌공秦獻公 때부터 늘 제후들 가운데서 우두머리 노릇을 하게 되었다. 진나라의 덕의德義를 논하면 노나라나 위나라의 포악한 자만도 못했다. 병력을 따질지라도 삼진의 강대함만 못했다. 그럼에도 마침내 천하를 병탄한 것은 반드시 험준하고 굳건한 형세의 이로움 때문만은 아닌 듯하다. 아마도 하늘이 도운 것 같다. 누군가 이같이 말했다.

"동방은 만물이 생겨나는 곳이고 서방은 만물이 성숙하는 곳이다."

무릇 먼저 일을 만드는 자는 반드시 동남쪽에서 시작하고, 실제로 공을 이루는 자는 언제나 서북쪽에 있다. 우왕禹王의 하나라가 서강西羌에서 흥기하고, 탕왕湯王의 은나라가 박亳 땅에서 일어나고, 주나라의 왕업王業이 풍豐과 호鎬를 토대로 은나라를 정벌하는 데서 시작하고, 진秦나라의 제업帝業이 옹주를 토대로 시작하고, 한나라의 흥기가 촉蜀과 한나라를 배경으로 시작한 것이 그렇다.

진秦나라는 천하를 병탄한 후 천하의 《시詩》와 《서書》를 불살랐다. 열국의 사서가 가장 심하게 훼손되었다. 이들 사서에 진나라를 풍자하고 헐뜯는 말이 실려 있었기 때문이다. 《시》와 《서》를 다시 볼 수 있게 된 것은 대부분 민가에 감추어두었던 덕분이다. 역사를 기록한 전적은 오로지 주나라 왕실과 진나라 황실에만 소장되어 있었던 까닭에 전란과 항우의 분탕 때 일거에 사라지고 말았다.

애석하고, 애석하다! 다만《진기》만 남게 되었으나 여기에는 일월日月이 기재되어 있지 않은데, 문장도 극히 간략하고 완전하지 못하다. 다만 전국시대의 권변權變에 따른 책략은 채용할 만한 것이 있다. 어찌 아주 옛날 것만 볼만하다고 하겠는가?

진나라는 천하를 얻은 후 포학한 모습을 많이 보였으나 시변時變을 따른 과감한 변법으로 공을 이룬 것 또한 적지 않다.《순자荀子》는《맹자孟子》가 전설적인 성왕을 본받는 법선왕法先王을 주장한 것과 달리 실존한 선왕인 후왕後王을 본받는 법후왕法後王을 주장했다. 이는 무슨 까닭인가? 후왕은 자신과 근접해 있고 풍속의 변화도 서로 비슷한 까닭에 설령 그 의론議論이 천할지라도 쉽게 실행할 수 있기 때문이다.

학자들은 자신이 들은 것에 얽매여 진제국의 존속이 짧은 것만 보고 그 시종始終을 제대로 살피지 못한 탓에 모두들 비웃으며 감히 칭찬의 말을 하지 않고 있다. 이는 귀로 음식을 먹는 것과 다름이 없다. 슬픈 일이다!

내가《진기》의 기록을 토대로《춘추》의 기록을 잇고자 주원왕周元王부터 시작된 육국 당시의 시사時事를 표로 만든 이유다. 시간대를 보면 진 2세까지 이르니 모두 270년에 달한다. 여기에는 내가 견문한 모든 흥망성쇠의 단서가 기록되어 있다. 후대의 군자가 열람하는 데 도움을 주고자 한 것이다.

●● 太史公讀秦記, 至犬戎敗幽王, 周東徙洛邑, 秦襄公始封爲諸侯,作西畤用事上帝, 僭端見矣. 禮曰, "天子祭天地, 諸侯祭其域內名山大川." 今秦雜戎翟之俗, 先暴戾, 後仁義, 位在藩臣而臚於郊祀, 君子懼焉. 及文公踰隴, 攘夷狄, 尊陳寶, 營岐雍之間, 而穆公脩政, 東竟至河, 則與齊桓‧晉文中國侯伯侔矣. 是後陪臣執政, 大夫世祿, 六卿擅晉權, 征伐會盟, 威重於諸侯. 及田常殺簡公而相齊國, 諸侯晏然弗討, 海內爭於戰功矣. 三國終之卒分晉, 田和亦滅齊而有之, 六國之盛自此始. 務在彊兵幷敵, 謀詐用而從衡短長之說起. 矯稱蜂出, 誓盟不信, 雖置質剖符猶不能約束也. 秦始小國僻遠, 諸夏賓之, 比於戎翟, 至獻公之後常雄諸侯. 論秦之德義不如魯衛之暴戾者, 量秦之兵不如三晉之彊也, 然卒幷天下, 非必險固便形埶利也, 蓋若天所助焉. 或曰, "東方物所始生, 西方物之成孰." 夫作事者必於東南, 收功實者常於西北. 故禹興於西羌, 湯起於亳, 周之王也以豐鎬伐殷, 秦之帝用雍州興, 漢之興自蜀漢. 秦旣得意, 燒天下詩書, 諸侯史記尤甚, 爲其有所刺譏也. 詩書所以復見者, 多藏人家, 而史記獨藏周室, 以故滅. 惜哉, 惜哉! 獨有秦記, 又不載日月, 其文略不具. 然戰國之權變亦有可頗采者, 何必上古. 秦取天下多暴, 然世異變, 成功大. 傳曰 '法後王', 何也? 以其近己而俗變相類, 議卑而易行也. 學者牽於所聞, 見秦在帝位日淺, 不察其終始, 因擧而笑之, 不敢道, 此與以耳食無異. 悲夫! 余於是因秦記, 踵春秋之後, 起周元王, 表六國時事, 訖二世, 凡二百七十年, 著諸所聞興壞之端. 後有君子, 以覽觀焉.

주周	원왕元王 원년.
진秦	여공공厲共公 원년.
위魏	위헌자魏獻子.* 위출공衛出公 첩輒 후後 원년[魏獻子. 衛出公輒後元年].
한韓	한선자韓宣子.**
조趙	조간자 42년[趙簡子. 四十二].
초楚	혜왕 13년. 오나라가 침공하다[楚惠王章十三年. 吳伐我].
연燕	헌공 17년.
제齊	평공 5년.

주周	원왕 2년.
진秦	여공공 2년. 촉나라 사자가 공물을 가져오다[二. 蜀人來賂].
위魏	진정공晉定公이 죽다[晉定公卒].
한韓	
조趙	조간자 43년.
초楚	혜왕 14년. 월나라가 오나라를 포위하자 오나라가 원망하다[十四. 越圍吳, 吳怨].
연燕	헌공 18년.
제齊	평공 6년.

* 사마천은 위헌자가 재위한 기간을 정확히 알 수 없어 햇수를 기록해놓지 않았다.
** 사마천은 한선자가 재위한 기간을 정확히 알 수 없어 햇수를 기록해놓지 않았다.

기원전 474년

주周	원왕 3년.
진秦	여공공 3년.
위魏	진출공晉出公 조착錯 원년.
한韓	
조趙	조간자 44년.
초楚	혜왕 15년.
연燕	헌공 19년.
제齊	평공 7년. 월나라 사자가 처음으로 오다[七. 越人始來].

기원전 473년

주周	원왕 4년.
진秦	여공공 4년.
위魏	
한韓	
조趙	조간자 45년.
초楚	혜왕 16년. 월나라가 오나라를 멸하다[十六. 越滅吳].
연燕	헌공 20년.
제齊	평공 8년.

기원전 472년

주周	원왕 5년.

진秦	여공공 5년. 초나라 사자가 공물을 가져오다[五. 楚人來賂].
위魏	
한韓	
조趙	조간자 46년.
초楚	혜왕 17년. 채경후蔡景侯가 죽다[十七. 蔡景侯卒].
연燕	헌공 21년.
제齊	평공 9년. 진晉나라 권신 지백知伯 요요瑤가 제나라를 치러 오다[九. 晉知伯瑤來伐我].

기원전 471년

주周	원왕 6년.
진秦	여공공 6년. 의거義渠에서 공물을 가져오다. 면제綿諸가 군사지원을 요청하다[六. 義渠來賂. 綿諸乞援].
위魏	
한韓	
조趙	조간자 47년.
초楚	혜왕 18년. 채성후蔡聲侯 원년[十八. 蔡聲侯元年].
연燕	헌공 22년.
제齊	평공 10년.

기원전 470년

주周	원왕 7년.
진秦	여공공 7년.

위魏	위출공이 음식을 먹을 때 대부 저사비褚師比가 신발을 벗지 않고 자리에 오르다. 위출공이 대로해 즉시 부친인 위장공 괴외를 공격하다. 위장공이 송나라로 달아나다[衛出公飮, 大夫不解襪, 公怒, 卽攻公, 公奔宋].
한韓	
조趙	조간자 48년.
초楚	혜왕 19년. 왕자 영英이 진秦나라로 달아나다[十九. 王子英奔秦].
연燕	헌공 23년.
제齊	평공 11년.

기원전 469년

주周	원왕 8년.
진秦	여공공 8년.
위魏	
한韓	
조趙	조간자 49년.
초楚	혜왕 20년.
연燕	헌공 24년.
제齊	평공 12년.

기원전 468년

주周	정왕定王 원년.
진秦	여공공 9년.
위魏	
한韓	

조趙	조간자 50년.
초楚	혜왕 21년.
연燕	헌공 25년.
제齊	평공 13년.

기원전 467년

주周	정왕 2년.
진秦	여공공 10년. 서장이 군사를 이끌고 가 위魏나라 성을 공략하다. 혜성이 보이다[十. 庶長將兵拔魏城. 彗星見].
위魏	
한韓	
조趙	조간자 51년.
초楚	혜왕 22년. 노애공이 죽다[二十二. 魯哀公卒].
연燕	헌공 26년.
제齊	평공 14년.

기원전 466년

주周	정왕 3년.
진秦	여공공 11년.
위魏	
한韓	
조趙	조간자 52년.
초楚	혜왕 23년. 노도공魯悼公 원년. 삼환이 승리하다. 노나라 군주는 소후小侯와 같아지다[二十三. 魯悼公元年. 三桓勝, 魯如小侯].

연燕	헌공 27년.
제齊	평공 15년.

기원전 465년

주周	정왕 4년.
진秦	여공공 12년.
위魏	
한韓	
조趙	조간자 53년.
초楚	혜왕 24년.
연燕	헌공 28년.
제齊	평공 16년.

기원전 464년

주周	정왕 5년.
진秦	여공공 13년.
위魏	
한韓	지백知伯이 정나라를 치다. 사환자駟桓子가 제나라로 가 구원을 청하다 [知伯伐鄭, 駟桓子如齊求救].
조趙	조간자 54년. 지백이 조간자에게 조양자趙襄子를 태자의 자리에서 폐위할 것을 말하자 조양자가 지백을 원망하다[五十四. 知伯謂簡子, 欲廢太子襄子. 襄子怨知伯].
초楚	혜왕 25년.
연燕	효공孝公 원년.

| 제齊 | 평공 17년. 정나라를 구하다. 진晉나라 군사가 물러나다. 진나라에서 망명한 중항문자中行文子 순인荀寅이 전상에게 충고하기를, "이제 곧 패망한 이유를 알게 될 것이다"라고 하다[十七. 敎鄭, 晉師去. 中行文子謂田常, 乃今知所以亡]. |

기원전 463년

주周	정왕 6년.
진秦	여공공 14년. 진晉나라와 초나라의 사자와 와서 공물을 바치다[十四. 晉人·楚人來賂].
위魏	정성공이 죽다[鄭聲公卒].
한韓	
조趙	조간자 55년.
초楚	혜왕 26년.
연燕	효공 2년.
제齊	평공 18년.

기원전 462년

주周	정왕 7년.
진秦	여공공 15년.
위魏	
한韓	정애공鄭哀公 원년.
조趙	조간자 56년.
초楚	혜왕 27년.
연燕	효공 3년.
제齊	평공 19년.

기원전 461년

주周	정왕 8년.
진秦	여공공 16년. 아阿 땅 옆에 참호를 파다. 융적이 많은 대려大荔를 치다. 방희성을 보수하다[十六. 塹阿旁. 伐大荔. 補龐戲城].
위魏	
한韓	
조趙	조간자 57년.
초楚	혜왕 28년.
연燕	효공 4년.
제齊	평공 20년.

기원전 460년

주周	정왕 9년.
진秦	여공공 17년.
위魏	
한韓	
조趙	조간자 58년.
초楚	혜왕 29년.
연燕	효공 5년.
제齊	평공 21년.

기원전 459년

주周	정왕 10년.
진秦	여공공 18년.
위魏	
한韓	
조趙	조간자 59년.
초楚	혜왕 30년.
연燕	효공 6년.
제齊	평공 22년.

기원전 458년

주周	정왕 11년.
진秦	여공공 19년.
위魏	
한韓	
조趙	조간자 60년.
초楚	혜왕 31년.
연燕	효공 7년.
제齊	평공 23년.

기원전 457년

주周	정왕 12년.

진秦	여공공 20년. 공이 군사를 이끌고 가서 면제와 싸우다[二十. 公將師與綿諸戰].
위魏	
한韓	
조趙	양자襄子 원년. 복상服喪이 끝나지 않았는데도 하옥산夏屋山에 올라 대왕代王을 유인하다. 이어 놋쇠로 만든 국자로 대왕과 그 일행을 살해하다. 친형인 백로伯魯가 자신에게 자리를 물려준 것에 보답하기 위해 백로의 아들 주周를 그곳에 봉하고 대성군으로 삼다[襄子元年. 未除服, 登夏屋, 誘代王, 以金斗殺代王, 封伯魯子周爲代成君].
초楚	혜왕 32년. 채성후가 죽다[三十二. 蔡聲侯辛].
연燕	효공 8년.
제齊	평공 24년.

기원전 456년

주周	정왕 13년.
진秦	여공공 21년.
위魏	진애공晉哀公 기료 원년.
한韓	
조趙	양자 2년.
초楚	혜왕 33년. 채원후蔡元侯 원년.
연燕	효공 9년.
제齊	평공 25년.

기원전 455년

주周	정왕 14년.

진秦	여공공 22년.
위魏	도공悼公 검黔 원년.
한韓	
조趙	양자 3년.
초楚	혜왕 34년.
연燕	효공 10년.
제齊	선공宣公 취잡就匝 원년.

기원전 454년

주周	정왕 15년.
진秦	여공공 23년.
위魏	
한韓	
조趙	양자 4년. 지백智伯*과 함께 범씨와 중항씨의 땅을 나누다[四. 與智伯分 范·中行地].
초楚	혜왕 35년.
연燕	효공 11년.
제齊	선공 2년.

기원전 453년

주周	정왕 16년.

● 앞에서는 지백知伯으로 표기했다. 《사기》를 비롯한 대다수의 사서가 양자를 혼용해 사용
하고 있다.

진秦	여공공 24년.
위魏	위환자魏桓子가 지백을 진양晉陽에서 격파하다[魏桓子敗智伯於晉陽].
한韓	한강자韓康子가 지백을 진양에서 격파하다[韓康子敗智伯於晉陽].
조趙	양자 5년. 양자가 진양에서 지백을 격파하고 위환자 및 한강자와 함께 지씨의 땅을 삼분해 가지다[五. 襄子敗智伯晉陽, 與魏·韓三分其地].
초楚	혜왕 36년.
연燕	효공 12년.
제齊	선공 3년.

기원전 452년

주周	정왕 17년.
진秦	여공공 25년. 진晉나라 대부 지개智開가 봉읍封邑 사람들을 이끌고 망명하다[二十五. 晉大夫智開率其邑來奔].
위魏	
한韓	
조趙	양자 6년.
초楚	혜왕 37년.
연燕	효공 13년.
제齊	선공 4년.

기원전 451년

주周	정왕 18년.
진秦	여공공 26년. 좌서장左庶長이 남정南鄭에 성을 쌓다[二十六. 左庶長城南鄭].
위魏	

한韓	
조趙	양자 7년.
초楚	혜왕 38년.
연燕	효공 14년.
제齊	선공 5년. 송경공이 죽다[五. 宋景公卒].

기원전 450년

주周	정왕 19년.
진秦	여공공 27년.
위魏	위경공衛敬公 원년.
한韓	
조趙	양자 8년.
초楚	혜왕 39년. 채후蔡侯 제齊 원년.
연燕	효공 15년.
제齊	선공 6년. 송소공宋昭公 원년.

기원전 449년

주周	정왕 20년.
진秦	여공공 28년. 월나라 사람이 와서 여인을 맞이하다[二十八. 越人來迎女].
위魏	
한韓	
조趙	양자 9년.
초楚	혜왕 40년.

연燕	성공成公 원년.
제齊	선공 7년.

기원전 448년

주周	정왕 21년.
진秦	여공공 29년. 진晉나라 대부 지관智寬이 봉읍 사람들을 이끌고 망명하다[二十九. 晉大夫智寬率其邑人來奔].
위魏	
한韓	
조趙	양자 10년.
초楚	혜왕 41년.
연燕	성공 2년.
제齊	선공 8년.

기원전 447년

주周	정왕 22년.
진秦	여공공 30년.
위魏	
한韓	
조趙	양자 11년.
초楚	혜왕 42년. 초나라가 채나라를 멸하다[四十二. 楚滅蔡].
연燕	성공 3년.
제齊	선공 9년.

기원전 446년

주周	정왕 23년.
진秦	여공공 31년.
위魏	
한韓	
조趙	양자 12년.
초楚	혜왕 43년.
연燕	성공 4년.
제齊	선공 10년.

기원전 445년

주周	정왕 24년.
진秦	여공공 32년.
위魏	
한韓	
조趙	양자 13년.
초楚	혜왕 44년. 기杞나라를 멸하다. 기나라는 하나라 우왕의 후예를 봉한 나라다[四十四. 滅杞. 杞, 夏之後].
연燕	성공 5년.
제齊	선공 11년.

기원전 444년

주周	정왕 25년.
진秦	여공공 33년. 의거를 치고, 그 왕을 사로잡다[三十三. 伐義渠, 虜其王].
위魏	
한韓	
조趙	양자 14년.
초楚	혜왕 45년.
연燕	성공 6년.
제齊	선공 12년.

기원전 443년

주周	정왕 26년.
진秦	여공공 34년. 일식이 일어나다. 낮인데도 어둡고 별이 나타나다[三十四. 日蝕, 晝晦. 星見].
위魏	
한韓	
조趙	양자 15년.
초楚	혜왕 46년.
연燕	성공 7년.
제齊	선공 13년.

기원전 442년

주周	정왕 27년.
진秦	조공躁公 원년.
위魏	
한韓	
조趙	양자 16년.
초楚	혜왕 47년.
연燕	성공 8년.
제齊	선공 14년.

기원전 441년

주周	정왕 28년.
진秦	조공 2년. 남정에서 모반이 일어나다[二. 南鄭反].
위魏	
한韓	
조趙	양자 17년.
초楚	혜왕 48년.
연燕	성공 9년.
제齊	선공 15년.

기원전 440년

주周	고왕考王 원년.

진泰	조공 3년.
위魏	
한韓	
조趙	양자 18년.
초楚	혜왕 49년.
연燕	성공 10년.
제齊	선공 16년.

기원전 439년

주周	고왕 2년.
진泰	조공 4년.
위魏	
한韓	
조趙	양자 19년.
초楚	혜왕 50년.
연燕	성공 11년.
제齊	선공 17년.

기원전 438년

주周	고왕 3년.
진泰	조공 5년.
위魏	
한韓	

조趙	양자 20년.
초楚	혜왕 51년.
연燕	성공 12년.
제齊	선공 18년.

기원전 437년

주周	고왕 4년.
진秦	조공 6년.
위魏	진유공晉幽公 류柳 원년. 한씨韓氏와 위씨魏氏 및 조씨趙氏 등을 두려워하며 복종하다[晉幽公柳元年. 服韓·魏].
한韓	
조趙	양자 21년.
초楚	혜왕 52년.
연燕	성공 13년.
제齊	선공 19년.

기원전 436년

주周	고왕 5년.
진秦	조공 7년.
위魏	
한韓	
조趙	양자 22년.
초楚	혜왕 53년.

연燕	성공 14년.
제齊	선공 20년.

기원전 435년

주周	고왕 6년.
진秦	조공 8년. 6월, 눈비가 내리고 일식과 월식이 일어나다[八. 六月, 雨雪. 日·月蝕].
위魏	
한韓	
조趙	양자 23년.
초楚	혜왕 54년.
연燕	성공 15년.
제齊	선공 21년.

기원전 434년

주周	고왕 7년.
진秦	조공 9년.
위魏	
한韓	
조趙	양자 24년.
초楚	혜왕 55년.
연燕	성공 16년.
제齊	선공 22년.

기원전 433년

주周	고왕 8년.
진秦	조공 10년.
위魏	
한韓	
조趙	양자 25년.
초楚	혜왕 56년.
연燕	민공湣公 원년.
제齊	선공 23년.

기원전 432년

주周	고왕 9년.
진秦	조공 11년.
위魏	
한韓	
조趙	양자 26년.
초楚	혜왕 57년.
연燕	민공 2년.
제齊	선공 24년.

기원전 431년

주周	고왕 10년.

진秦	조공 12년.
위魏	위소공衛昭公 원년.
한韓	
조趙	양자 27년.
초楚	간왕簡王 중仲 원년. 거莒나라를 멸하다[楚簡王仲元年. 滅莒].
연燕	민공 3년.
제齊	선공 25년.

기원전 430년

주周	고왕 11년.
진秦	조공 13년. 의거가 침공해 위수渭水 북쪽에 이르다[十三. 義渠伐秦, 侵至渭陽].
위魏	
한韓	
조趙	양자 28년.
초楚	간왕 2년.
연燕	민공 4년.
제齊	선공 26년.

기원전 429년

주周	고왕 12년.
진秦	조공 14년.
위魏	

한韓	
조趙	양자 29년.
초楚	간왕 3년. 노도공이 죽다[三. 魯悼公卒].
연燕	민공 5년.
제齊	선공 27년.

기원전 428년

주周	고왕 13년.
진秦	회공懷公 원년. 영공靈公을 낳다[秦懷公元年. 生靈公].
위魏	
한韓	
조趙	양자 30년.
초楚	간왕 4년. 노원공魯元公 원년.
연燕	민공 6년.
제齊	선공 28년.

기원전 427년

주周	고왕 14년.
진秦	회공 2년.
위魏	
한韓	
조趙	양자 31년.
초楚	간왕 5년.

연燕	민공 7년.
제齊	선공 29년.

기원전 426년

주周	고왕 15년.
진秦	회공 3년.
위魏	
한韓	
조趙	양자 32년.
초楚	간왕 6년.
연燕	민공 8년.
제齊	선공 30년.

기원전 425년

주周	위열왕威烈王 원년.
진秦	회공 4년. 서장 조룙가 회공을 죽이다. 태자가 일찍 죽어 대신들이 태자의 아들을 영공으로 옹립하다[四. 庶長鼉殺懷公. 太子蚤死, 大臣立太子之子, 爲靈公].
위魏	도공悼公 미麃 원년.
한韓	
조趙	양자 33년. 양자가 죽다[三十三. 襄子卒].
초楚	간왕 7년.
연燕	민공 9년.
제齊	선공 31년.

기원전 424년

주周	위열왕 2년.
진秦	영공靈公 원년. 헌공獻公을 낳다[秦靈公元年. 生獻公].
위魏	문후文侯 사斯 원년.
한韓	무자武子 원년.
조趙	환자桓子 원년.
초楚	간왕 8년.
연燕	민공 10년.
제齊	선공 32년.

기원전 423년

주周	위열왕 3년.
진秦	영공 2년.
위魏	문후 2년.
한韓	무자 2년. 정유공鄭幽公 원년. 한나라가 정유공을 살해하다[二. 鄭幽公元年. 韓殺之].
조趙	헌후獻侯 원년.
초楚	간왕 9년.
연燕	민공 11년.
제齊	선공 33년.

기원전 422년

주周	위열왕 4년.
진秦	영공 3년. 천지에 제사를 올리는 상치上畤와 하치下畤를 만들다[三. 作上下畤].
위魏	문후 3년.
한韓	무자 3년. 정나라가 유공의 아들을 수공繻公으로 세우다. 위수공爲繻公 원년[三. 鄭立幽公子, 爲繻公, 元年].
조趙	헌후 2년.
초楚	간왕 10년.
연燕	민공 12년.
제齊	선공 34년.

기원전 421년

주周	위열왕 5년.
진秦	영공 4년.
위魏	문후 4년.
한韓	무자 4년.
조趙	헌후 3년.
초楚	간왕 11년.
연燕	민공 13년.
제齊	선공 35년.

기원전 420년

주周	위열왕 6년.
진秦	영공 5년.
위魏	문후 5년. 진유공晉幽公을 주살한 뒤 그 동생 지止를 세우다[五. 魏誅晉幽公, 立其弟止].
한韓	무자 5년.
조趙	헌후 4년.
초楚	간왕 12년.
연燕	민공 14년.
제齊	선공 36년.

기원전 419년

주周	위열왕 7년.
진秦	영공 6년.
위魏	문후 6년. 진열공晉烈公 지止 원년. 위나라가 소량에 성을 쌓다[六. 晉烈公止元年. 魏城少梁].
한韓	무자 6년.
조趙	헌후 5년.
초楚	간왕 13년.
연燕	민공 15년.
제齊	선공 37년.

기원전 418년

주周	위열왕 8년.
진秦	영공 7년. 위나라와 소량에서 싸우다[七. 與魏戰少梁].
위魏	문후 7년.
한韓	무자 7년.
조趙	헌후 6년.
초楚	간왕 14년.
연燕	민공 16년.
제齊	선공 38년.

기원전 417년

주周	위열왕 9년.
진秦	영공 8년. 황하 강변에 성을 쌓고 참호를 파다. 처음으로 공주公主를 황하의 신인 하백河伯에게 바치다[八. 城塹河瀕. 初以君主妻河].
위魏	문후 8년. 다시 소량에 성을 쌓다[八. 復城少梁].
한韓	무자 8년.
조趙	헌후 7년.
초楚	간왕 15년.
연燕	민공 17년.
제齊	선공 39년.

기원전 416년

주周	위열왕 10년.
진秦	영공 9년.
위魏	문후 9년.
한韓	무자 9년.
조趙	헌후 8년.
초楚	간왕 16년.
연燕	민공 18년.
제齊	선공 40년.

기원전 415년

주周	위열왕 11년.
진秦	영공 10년. 방희성을 보수하고, 적고籍姑에 성을 쌓다. 영공이 죽자 계부季父 도자悼子를 간공簡公으로 세우다[十. 補龐, 城籍姑. 靈公卒, 立其季父悼子, 是爲簡公].
위魏	문후 10년.
한韓	무자 10년.
조趙	헌후 9년.
초楚	간왕 17년.
연燕	민공 19년.
제齊	선공 41년.

기원전 414년

주周	위열왕 12년.
진秦	간공簡公 원년.
위魏	문후 11년. 위신공衛慎公 원년.
한韓	무자 11년.
조趙	헌후 10년. 중산국中山國에 무공武公이 처음으로 즉위하다[十. 中山武公 立].
초楚	간왕 18년.
연燕	민공 20년.
제齊	선공 42년.

기원전 413년

주周	위열왕 13년.
진秦	간공 2년. 삼진과 싸워 정나라 도성 아래에서 격파하다[二. 與晉戰, 敗 鄭下].
위魏	문후 12년.
한韓	무자 12년.
조趙	헌후 11년.
초楚	간왕 19년.
연燕	민공 21년.
제齊	선공 43년. 삼진을 치다. 황성黃城을 부수고, 양호陽狐를 포위하다[四 十三. 伐晉, 毀黃城, 圍陽狐].

기원전 412년

주周	위열왕 14년.
진秦	간공 3년.
위魏	문후 13년. 문후의 아들 격擊이 번방繁龐을 포위하고, 그 백성을 내쫓다[十三. 公子擊圍繁龐, 出其民].
한韓	무자 13년.
조趙	헌후 12년.
초楚	간왕 20년.
연燕	민공 22년.
제齊	선공 44년. 노나라와 거나라를 치고 안양安陽에 이르다[四十四. 伐魯·莒及安陽].

기원전 411년

주周	위열왕 15년.
진秦	간공 4년.
위魏	문후 14년.
한韓	무자 14년.
조趙	헌후 13년. 평읍平邑에 성을 쌓다[十三. 城平邑].
초楚	간왕 21년.
연燕	민공 23년.
제齊	선공 45년. 노나라를 치고 성읍 하나를 빼앗다[四十五. 伐魯, 取都].

기원전 410년

주周	위열왕 16년.
진秦	간공 5년. 일식이 일어나다[五. 日蝕].
위魏	문후 15년.
한韓	무자 15년.
조趙	헌후 14년.
초楚	간왕 22년.
연燕	민공 24년.
제齊	선공 46년.

기원전 409년

주周	위열왕 17년.
진秦	간공 6년. 처음으로 관원에게 검을 차고 다니게 하다[六. 初令吏帶劍].
위魏	문후 16년. 진秦나라를 치고, 임진臨晉과 원리元里에 성을 쌓다[十六. 伐秦, 築臨晉·元里].
한韓	무자 16년.
조趙	헌후 15년.
초楚	간왕 23년.
연燕	민공 25년.
제齊	선공 47년.

주周	위열왕 18년.
진秦	간공 7년. 낙하洛河에 참호를 파고, 중천重泉에 성을 쌓다. 처음으로 곡물 수확에 세금을 매기다[七. 塹洛, 城重泉. 初租禾].
위魏	문후 17년. 태자 격이 중산中山을 지키다. 진秦나라를 치고 정나라에 이르다. 철군한 뒤 낙음洛陰과 합양合陽에 성을 쌓다[十七. 擊守中山. 伐秦至鄭, 還築洛陰·合陽].
한韓	경후景侯 건虔 원년. 정나라를 치고 옹구를 취하다. 정나라가 경京 땅에 성을 쌓다[韓景 侯虔元年. 伐鄭, 取雍丘. 鄭城京].
조趙	열후烈侯 적籍 원년. 위나라가 태자를 시켜 중산을 치게 하다[趙烈侯籍元年. 魏使太子伐 中山].
초楚	간왕 24년. 간왕簡王이 죽다[二十四. 簡王卒].
연燕	민공 26년.
제齊	선공 48년. 노나라의 성郕 땅을 취하다[四十八. 取魯郕].

주周	위열왕 19년.
진秦	간공 8년.
위魏	문후 18년. 문후가 공자의 제자 자하子夏에게서 유가 경전 수업을 받다. 자하의 제자 단간목段幹木의 집 앞을 지날 때면 수레의 가로나무에 기대 경례하고 지나가다[十八. 文侯受經子夏. 過段幹木之閭, 常式].
한韓	경후 2년. 정나라가 부서負黍에서 한나라 군사를 격파하다[二. 鄭敗韓於負黍].
조趙	열후 2년.
초楚	성왕聲王 당當 원년. 노목공魯穆公 원년[楚聲王當元年. 魯穆公元年].
연燕	민공 27년.

| 제齊 | 선공 49년. 정나라와 서성에서 회맹하다. 위衛나라를 치고 관冊 땅을 취하다[四十九. 與鄭會於西城. 伐衛, 取冊]. |

기원전 406년

주周	위열왕 20년.
진秦	간공 9년.
위魏	문후 19년.
한韓	경후 3년.
조趙	열후 3년.
초楚	성왕 2년.
연燕	민공 28년.
제齊	선공 50년.

기원전 405년

주周	위열왕 21년.
진秦	간공 10년.
위魏	문후 20년. 재상의 선발 문제를 놓고 대부 이극李克과 척황翟璜이 다투다[二十. 卜相, 李克·翟璜爭].
한韓	경후 4년.
조趙	열후 4년.
초楚	성왕 3년.
연燕	민공 29년.
제齊	선공 51년. 전회田會가 늠구廩丘에서 반기를 들다[五十一. 田會以廩丘反].

기원전 404년

주周	위열왕 22년.
진秦	간공 11년.
위魏	문후 21년.
한韓	경후 5년.
조趙	열후 5년.
초楚	성왕 4년.
연燕	민공 30년.
제齊	강공康公 대貸 원년.

기원전 403년

주周	위열왕 23년. 구정九鼎이 진동하다[二十三. 九鼎震].
진秦	간공 12년.
위魏	문후 22년. 처음으로 제후가 되다[二十二. 初爲侯].
한韓	경후 6년. 처음으로 제후가 되다[六. 初爲侯].
조趙	열후 6년. 처음으로 제후가 되다[六. 初爲侯].
초楚	성왕 5년. 위魏·한韓·조나라가 처음으로 제후의 반열에 오르다[五. 魏·韓·趙始列爲諸侯].
연燕	민공 31년.
제齊	강공 2년. 송도공宋悼公 원년.

기원전 402년

주周	위열왕 24년.
진秦	간공 13년.
위魏	문후 23년.
한韓	경후 7년.
조趙	열후 7년. 열후가 음악을 좋아해 노래를 부른 자에게 전답을 주려 하다. 서월徐越이 인의로 간하자 이내 그만두다[七. 烈侯好音, 欲賜歌者田, 徐越侍以仁義, 乃止].
초楚	성왕 6년. 성왕을 암살하다[六. 盗殺聲王].
연燕	희공釐公 원년.
제齊	강공 3년.

기원전 401년

주周	안왕安王 원년.
진秦	간공 14년. 위나라를 쳐 양호에 이르다[十四. 伐魏, 至陽狐].
위魏	문후 24년. 진秦나라가 침공해 양호에 이르다[二十四. 秦伐我, 至陽狐].
한韓	경후 8년.
조趙	열후 8년.
초楚	도왕悼王 류類 원년.
연燕	희공 2년.
제齊	강공 4년.

기원전 400년

주周	안왕 2년.
진秦	간공 15년.
위魏	문후 25년. 태자 앵罃을 낳다[二十五. 太子罃生].
한韓	경후 9년. 정나라가 양척陽翟을 포위하다[九. 鄭圍陽翟].
조趙	열후 9년.
초楚	도왕 2년. 삼진이 침공해 승구乘丘에 이르다[二. 三晉來伐我, 至乘丘].
연燕	희공 3년.
제齊	강공 5년.

기원전 399년

주周	안왕 3년. 왕자 정定이 진晉나라로 달아나다[三. 王子定奔晉].
진秦	혜공惠公 원년.
위魏	문후 26년. 곽산霍山이 무너져 황하의 물길을 막다[二十六. 霍山崩, 壅河].
한韓	열후烈侯 원년.
조趙	무공武公 원년.
초楚	도왕 3년. 유관楡關을 정나라에 돌려주다[三. 歸楡關於鄭].
연燕	희공 4년.
제齊	강공 6년.

기원전 398년

주周	안왕 4년.

진秦	혜공 2년.
위魏	문후 27년.
한韓	열후 2년. 정나라가 재상 사자양駟子陽을 죽이다[二. 鄭殺其相駟子陽].
조趙	무공 2년.
초楚	도왕 4년. 정나라 군사를 격파하고 도성을 포위하다. 정나라 사람이 사자양을 죽이다[四. 敗鄭師, 圍鄭. 鄭人殺子陽].•
연燕	희공 5년.
제齊	강공 7년.

기원전 397년

주周	안왕 5년.
진秦	혜공 3년. 일식이 일어나다[三. 日蝕].
위魏	문후 28년.
한韓	열후 3년. 정나라 사람이 군주를 살해하다.•• 3월, 한나라 재상 협루俠累를 암살하다[三. 鄭人殺君. 三月, 盜殺韓相俠累].
조趙	무공 3년.
초楚	도왕 5년.
연燕	희공 6년.
제齊	강공 8년.

• 《여씨춘추》〈적위適威〉는 기록하기를, "자양은 매사에 극히 엄격한 태도를 취했다. 한 사람이 잘못해 활을 부러뜨린 후 틀림없이 죽을 것으로 생각해 마침내 미친개를 뜻하는 제구瘈狗를 이용해 자양을 죽였다"고 했다.
•• "정인살군鄭人殺君" 문장은 판본에 따라 누락되어 있기도 하다.

기원전 396년

주周	안왕 6년.
진秦	혜공 4년.
위魏	문후 29년.
한韓	열후 4년. 정나라 재상 사자양의 무리가 주군인 수공을 죽이다[四. 鄭相 子陽之徒殺其君繻公].
조趙	무공 4년.
초楚	도왕 6년.
연燕	희공 7년.
제齊	강공 9년.

기원전 395년

주周	안왕 7년.
진秦	혜공 5년. 면제를 치다[五. 伐綿諸].
위魏	문후 30년.
한韓	열후 5년. 정강공鄭康公 원년.
조趙	무공 5년.
초楚	도왕 7년.
연燕	희공 8년.
제齊	강공 10년. 송휴공宋休公 원년.

기원전 394년

주周	안왕 8년.
진秦	혜공 6년.
위魏	문후 31년.
한韓	열후 6년. 노나라를 구하다. 정나라 부서負黍가 반기를 들다[六. 救魯. 鄭負黍反].
조趙	무공 6년.
초楚	도왕 8년.
연燕	희공 9년.
제齊	강공 11년. 노나라를 쳐 최最 땅을 취하다[十一. 伐魯, 取最].

기원전 393년

주周	안왕 9년.
진秦	혜공 7년.
위魏	문후 32년. 정나라를 치고, 산조酸棗에 성을 쌓다[三十二. 伐鄭, 城酸棗].
한韓	열후 7년.
조趙	무공 7년.
초楚	도왕 9년. 한나라를 치고 부서를 취하다[九. 伐韓, 取負黍].
연燕	희공 10년.
제齊	강공 12년.

기원전 392년

주周	안왕 10년.
진秦	혜공 8년.
위魏	문후 33년. 진효공晉孝公 경傾 원년.
한韓	열후 8년.*
조趙	무공 8년.
초楚	도왕 10년.
연燕	희공 11년.
제齊	강공 13년.

기원전 391년

주周	안왕 11년.
진秦	혜공 9년. 한나라의 의양宜陽을 치고, 여섯 개 성읍을 취하다[九. 伐韓宜陽, 取六邑].
위魏	문후 34년.
한韓	열후 9년. 진나라가 의양으로 침공해 여섯 개 성읍을 취하다[九. 秦伐宜陽, 取六邑].
조趙	무공 9년.
초楚	도왕 11년.
연燕	희공 12년.
제齊	강공 14년.

기원전 390년

주周	안왕 12년.
진秦	혜공 10년. 삼진과 무성에서 싸우다. 섭陝 땅을 현縣으로 삼다[十. 與晉戰武城. 縣陝].
위魏	문후 35년. 제나라가 양릉襄陵을 침공해 빼앗다[三十五. 齊伐取襄陵].
한韓	열후 10년.
조趙	무공 10년.
초楚	도왕 12년.
연燕	희공 13년.
제齊	강공 15년. 노나라가 제나라 군사를 평륙平陸에서 격파하다[十五. 魯敗我平陸].

기원전 389년

주周	안왕 13년.
진秦	혜공 11년. 태자가 태어나다[十一. 太子生].
위魏	문후 36년. 진秦나라가 음진陰晉을 침공하다[三十六. 秦侵陰晉].
한韓	열후 11년.
조趙	무공 11년.
초楚	도왕 13년.
연燕	희공 14년.
제齊	강공 16년. 삼진 및 위衛나라와 탁택濁澤에서 회맹하다[十六. 與晉·衛會濁澤].

주周	안왕 14년.
진秦	혜공 12년.
위魏	문후 37년.
한韓	열후 12년.
조趙	무공 12년.
초楚	도왕 14년.
연燕	희공 15년.
제齊	강공 17년.

주周	안왕 15년.
진秦	혜공 13년. 촉나라가 남정을 침공해 취하다[十三. 蜀取我南鄭].
위魏	문후 38년.
한韓	열후 13년.
조趙	무공 13년.
초楚	도왕 15년.
연燕	희공 16년.
제齊	강공 18년.

주周	안왕 16년.

진秦	출공出公 원년.
위魏	무후武侯 원년. 한단을 기습했으나 패하다[魏武侯元年, 襲邯鄲, 敗焉].
한韓	문후文侯 원년.
조趙	경후敬侯 원년. 무공의 아들 조朝가 난을 일으켰다가 위魏나라로 달아나다[趙敬侯元年, 武公子朝作亂, 奔魏].
초楚	도왕 16년.
연燕	희공 17년.
제齊	강공 19년. 전상의 증손 전화가 제후의 반열에 오르다. 강공을 바닷가로 옮기고 성읍 하나를 식읍으로 주다[十九, 田常曾孫田和始列爲諸侯, 遷康公海上, 食一城].

기원전 385년

주周	안왕 17년.
진秦	출공 2년. 서장 개改가 영공의 태자를 맞이해 헌공獻公으로 세우다. 출공을 주살하다[二, 庶長改迎靈公太子, 立爲獻公, 誅出公].
위魏	무후 2년. 안읍安邑과 왕원王垣에 성을 쌓다[二, 城安邑·王垣].
한韓	문후 2년. 정나라를 쳐 양성陽城을 취하다. 송나라를 쳐 팽성에 이르고 송나라 군주를 사로잡다[二, 伐鄭, 取陽城, 伐宋, 到彭城, 執宋君].
조趙	경후 2년.
초楚	도왕 17년.
연燕	희공 18년.
제齊	강공 20년. 노나라를 쳐 격파하다. 전화가 죽다[二十, 伐魯, 破之, 田和卒].

기원전 384년

주周	안왕 18년.

진秦	헌공獻公 원년.
위魏	무후 3년.
한韓	문후 3년.
조趙	경후 3년.
초楚	도왕 18년.
연燕	희공 19년.
제齊	강공 21년. 전화의 아들 환공桓公 오午가 즉위하다[二十一. 田和子桓公午立].

기원전 383년

주周	안왕 19년.
진秦	헌공 2년. 약양櫟陽*에 성을 쌓다[二. 城櫟陽].
위魏	무후 4년.
한韓	문후 4년.
조趙	경후 4년. 위나라가 조나라 군사를 토대免臺에서 격파하다[四. 魏敗我免臺].
초楚	도왕 19년.
연燕	희공 20년.
제齊	강공 22년.

● '역양'이 아닌 '약양'으로 읽어야 한다. 지금의 하남성에 있는 역성櫟城은 같은 글자인데도 '력'으로 읽는다. 역성은 춘추시대 정나라의 대표적인 도시로 약양만큼이나 유서가 깊다. 현재까지 같은 글자로 된 지명인데도 달리 읽는 매우 드문 경우에 속한다.

기원전 382년

주周	안왕 20년.
진秦	헌공 3년. 일식이 일어나 대낮인데도 어둡다[三. 日蝕, 晝晦].
위魏	무후 5년.
한韓	문후 5년.
조趙	경후 5년.
초楚	도왕 20년.
연燕	희공 21년.
제齊	강공 23년.

기원전 381년

주周	안왕 21년.
진秦	헌공 4년. 효공孝公이 태어나다[四. 孝公生].
위魏	무후 6년.
한韓	문후 6년.
조趙	경후 6년.
초楚	도왕 21년.
연燕	희공 22년.
제齊	강공 24년.

기원전 380년

주周	안왕 22년.

진秦	헌공 5년.
위魏	무후 7년. 제나라를 치고 상구桑丘에 이르다[七. 伐齊, 至桑丘].
한韓	문후 7년. 제나라를 치고 상구에 이르다. 정나라가 진晉나라를 격파하다[七. 伐齊, 至桑丘. 鄭 敗晉].
조趙	경후 7년. 제나라를 치고 상구에 이르다[七. 伐齊, 至桑丘].
초楚	숙왕肅王 장臧 원년.
연燕	희공 23년.
제齊	강공 25년. 연나라를 치고 상구를 취하다[二十五. 伐燕, 取桑丘].

기원전 379년

주周	안왕 23년.
진秦	헌공 6년. 포蒲와 남전藍田 및 선명씨善明氏 등을 현으로 삼다[六. 初縣蒲·藍田·善明氏].
위魏	무후 8년.
한韓	문후 8년.
조趙	경후 8년. 위衛나라를 습격했으나 이기지 못하다[八. 襲衛, 不克].
초楚	숙왕 2년.
연燕	희공 24년.
제齊	강공 26년. 강공이 죽다. 전씨가 마침내 강씨의 모든 땅을 병탄하다. 태공 여상에 대한 후대의 제사가 끊어지다[二十六. 康公卒, 田氏遂並齊而有之. 太公望之後絶祀].

기원전 378년

주周	안왕 24년.

진秦	헌공 7년.
위魏	무후 9년. 적나라가 위魏나라 군사를 회澮에서 격파하다. 제나라를 쳐 영구靈丘에 이르다[九. 翟敗我澮. 伐齊, 至靈丘].
한韓	문후 9년. 제나라를 쳐 영구에 이르다[九. 伐齊, 至靈丘].
조趙	경후 9년. 제나라를 쳐 영구에 이르다[九. 伐齊, 至靈丘].
초楚	숙왕 3년.
연燕	희공 25년.
제齊	위왕威王 인제因齊 원년. 전상에서 시작해 위왕에 이르게 되다. 위왕이 도성 임치에 직하稷下의 학궁學宮을 만들어 천하의 인재를 그러모음으로써 처음으로 전씨의 제나라를 천하의 강국으로 만들다[齊威王因齊元年. 自田常至威王, 威王始以齊強天下].

기원전 377년

주周	안왕 25년.
진秦	헌공 8년.
위魏	무후 10년. 진정공晉靜公 구주俱酒 원년.
한韓	문후 10년.
조趙	경후 10년.
초楚	숙왕 4년. 촉나라가 자방茲方을 침공하다[四. 蜀伐我茲方].
연燕	희공 26년.
제齊	위왕 2년.

기원전 376년

주周	안왕 26년.

진秦	헌공 9년.
위魏	무후 11년. 위魏·한·조나라가 주군의 나라인 진晉나라를 멸하다. 진晉나라의 후사가 끊기다[十一. 魏·韓·趙滅晉, 絶無後].
한韓	애후哀侯 원년. 진晉나라를 나누어 가지다[韓哀侯元年, 分晉國].
조趙	경후 11년. 진나라를 나누어 가지다[十一. 分晉國].
초楚	숙왕 5년. 노공공魯共公 원년.
연燕	희공 27년.
제齊	위왕 3년. 삼진이 군주의 나라인 진晉나라를 멸하다[三. 三晉滅其君].

기원전 375년

주周	열왕烈王 원년.
진秦	헌공 10년. 일식이 일어나다[十. 日蝕].
위魏	무후 12년.
한韓	애후 2년. 정나라를 멸하다. 정강공이 재위 20년 만에 멸망하다. 후사가 없다[二. 滅鄭. 康公二十年滅, 無後].
조趙	경후 12년.
초楚	숙왕 6년.
연燕	희공 28년.
제齊	위왕 4년.

기원전 374년

주周	열왕 2년.
진秦	헌공 11년. 약양을 현으로 삼다[十一. 縣櫟陽].
위魏	무후 13년.

한韓	애후 3년.
조趙	성후成侯 원년.
초楚	숙왕 7년.
연燕	희공 29년.
제齊	위왕 5년.

기원전 373년

주周	열왕 3년.
진秦	헌공 12년.
위魏	무후 14년.
한韓	애후 4년.
조趙	성후 2년.
초楚	숙왕 8년.
연燕	희공 30년. 제나라 군사를 임고林孤*에서 격파하다[三十. 敗齊林孤].
제齊	위왕 6년. 노나라가 침공해 양관에 들어오다. 삼진이 침공해 전릉轉陵에 이르다[六. 魯伐入陽關. 晉伐到轉陵].

기원전 372년

주周	열왕 4년.
진秦	헌공 13년.
위魏	무후 15년. 위성공衛聲公 원년. 조나라 군사를 북린北藺에서 격파하다[十五. 衛聲公元年. 敗趙北藺].

● 《자치통감資治通鑑》에는 임호林狐로 나온다.

한韓	애후 5년.
조趙	성후 3년. 위衛나라를 쳐 공경대부와 그 자제들이 보유한 성읍 일흔세 개를 취하다. 위魏나라가 조나라 군사를 북린에서 격파하다[三. 伐衛, 取都鄙七十三. 魏敗我藺].
초楚	숙왕 9년.
연燕	환공桓公 원년.
제齊	위왕 7년. 송벽공宋辟公 원년.

기원전 371년

주周	열왕 5년.
진秦	헌공 14년.
위魏	무후 16년. 초나라를 쳐 노양魯陽을 취하다[十六. 伐楚, 取魯陽].
한韓	애후 6년. 대부 한엄韓嚴이 애후를 시해하다[六. 韓嚴殺其君].
조趙	성후 4년.
초楚	숙왕 10년. 위나라가 침공해 노양을 취하다[十. 魏取我魯陽].
연燕	환공 2년.
제齊	위왕 8년.

기원전 370년

주周	열왕 6년.
진秦	헌공 15년.
위魏	혜왕惠王 원년.
한韓	장후莊侯 원년.

조趙	성후 5년. 제나라 견甄 땅을 침공하다. 위나라 군사가 조나라 군사를 회懷 땅에서 격파하다[五. 伐齊於甄. 魏敗我懷].
초楚	숙왕 11년.
연燕	환공 3년.
제齊	위왕 9년. 조나라가 견 땅을 침공하다[九. 趙伐我甄].

기원전 369년

주周	열왕 7년.
진秦	헌공 16년. 민간에 역질이 크게 돌다. 일식이 일어나다[十六. 民大疫. 日蝕].
위魏	혜왕 2년. 한나라 군사를 마릉馬陵에서 격파하다[二. 敗韓馬陵].
한韓	장후 2년. 위나라 군사가 한나라 군사를 마릉에서 격파하다[二. 魏敗我 馬陵].
조趙	성후 6년. 위나라 군사를 탁택에서 격파하고, 위혜왕을 포위하다[六. 敗 魏涿澤, 圍惠王].
초楚	선왕宣王 양부良夫 원년.
연燕	환공 4년.
제齊	위왕 10년. 송나라 척성군剔成君 원년.

기원전 368년

주周	현왕顯王 원년.
진秦	헌공 17년. 약양에 4월에서 8월까지 운석이 비처럼 쏟아지다[十七. 櫟陽 雨金, 四月 至八月].
위魏	혜왕 3년. 제나라가 관진觀津을 침공하다[三. 齊伐我觀].
한韓	장후 3년.

조趙	성후 7년. 제나라를 쳐 장성長城에 이르다[七. 侵齊, 至長城].
초楚	선왕 2년.
연燕	환공 5년.
제齊	위왕 11년. 위나라를 쳐 관진을 취하다. 조나라가 쳐들어와 장성에 이르다[十一. 伐魏取觀. 趙侵我長城].

기원전 367년

주周	현왕 2년.
진秦	헌공 18년.
위魏	혜왕 4년.
한韓	장후 4년.
조趙	성후 8년.
초楚	선왕 3년.
연燕	환공 6년.
제齊	위왕 12년.

기원전 366년

주周	현왕 3년.
진秦	헌공 19년. 한나라와 위魏나라 군사를 낙음에서 격파하다[十九. 敗韓·魏洛陰].
위魏	혜왕 5년. 한나라와 택양宅陽에서 회맹하다. 무도武都에 성을 쌓다[五. 與韓會宅陽. 城武都].
한韓	장후 5년.
조趙	성후 9년.

초楚	선왕 4년.
연燕	환공 7년.
제齊	위왕 13년.

기원전 365년

주周	현왕 4년.
진秦	헌공 20년.
위魏	혜왕 6년. 송나라를 쳐 의대儀臺를 취하다[六 伐宋, 取儀臺].
한韓	장후 6년.
조趙	성후 10년.
초楚	선왕 5년.
연燕	환공 8년.
제齊	위왕 14년.

기원전 364년

주周	현왕 5년. 진秦나라의 승리를 축하하다[五. 賀秦].
진秦	헌공 21년. 장교章蟜가 삼진과 석문石門에서 싸우다. 6만 명을 참수하다. 천자가 축하하다[二十一. 章蟜與晉戰石門, 斬首六萬, 天子賀].
위魏	혜왕 7년.
한韓	장후 7년.
조趙	성후 11년.
초楚	선왕 6년
연燕	환공 9년.
제齊	위왕 15년.

기원전 363년

주周	현왕 6년.
진秦	헌공 22년.
위魏	혜왕 8년.
한韓	장후 8년.
조趙	성후 12년.
초楚	선왕 7년.
연燕	환공 10년.
제齊	위왕 16년.

기원전 362년

주周	현왕 7년.
진秦	헌공 23년. 위나라와 소량에서 싸워 위나라 태자를 사로잡다[二十三. 與魏戰少梁, 虜其太子].
위魏	혜왕 9년. 진나라와 소량에서 싸우다. 태자가 포로로 잡히다[九. 與秦戰少梁, 虜我太子].
한韓	장후 9년. 위나라 군사가 한나라 군사를 회에서 격파하다. 큰비가 석 달 동안 내리다[九. 魏敗我於澮. 大雨三月].
조趙	성후 13년. 위나라 군사가 조나라 군사를 회에서 격파하다[十三. 魏敗我於澮].
초楚	선왕 8년.
연燕	환공 11년.
제齊	위왕 17년.

기원전 361년

주周	현왕 8년.
진秦	효공孝公 원년. 혜성이 서쪽에 출현하다[秦孝公元年. 彗星見西方].
위魏	혜왕 10년. 조나라의 피뢰皮牢를 취하다. 위성후衛成侯 원년[十. 取趙皮牢. 衛成侯元年].
한韓	장후 10년.
조趙	성후 14년.
초楚	선왕 9년
연燕	문공文公 원년.
제齊	위왕 18년.

기원전 360년

주周	현왕 9년. 진나라에 제사를 지낸 고기인 조胙를 내리다[九. 致胙於秦].
진秦	효공 2년. 천자가 조를 내리다[二. 天子致胙].
위魏	혜왕 11년.
한韓	장후 11년.
조趙	성후 15년.
초楚	선왕 10년.
연燕	문공 2년.
제齊	위왕 19년.

주周	현왕 10년.
진秦	효공 3년.
위魏	혜왕 12년. 별이 낮에 떨어지다. 큰소리가 나다[十二. 星晝墮, 有聲].
한韓	장후 12년.
조趙	성후 16년.
초楚	선왕 11년.
연燕	문공 3년.
제齊	위왕 20년.

주周	현왕 11년.
진秦	효공 4년.
위魏	혜왕 13년.
한韓	소후昭侯 원년. 진나라가 한나라 군사를 서사西山에서 격파하다[韓昭侯 元年. 秦敗我西山].
조趙	성후 17년.
초楚	선왕 12년.
연燕	문공 4년.
제齊	위왕 21년. 추기鄒忌가 거문고 연주를 구실로 위왕을 알현하다[二十一. 鄒忌以鼓琴見威王].

기원전 357년

주周	현왕 12년.
진秦	효공 5년.
위魏	혜왕 14년. 조나라와 호鄗에서 회맹하다[十四. 與趙會鄗].
한韓	소후 2년. 송나라가 황지를 취하다. 위나라가 주朱 땅을 취하다[二. 宋取我黃池. 魏取我朱].
조趙	성후 18년. 조맹趙孟이 제나라로 가다[十八. 趙孟如齊].
초楚	선왕 13년. 군윤君尹 흑黑*이 진나라 여인을 맞이하다[十三. 君尹黑迎女秦].
연燕	문공 5년.
제齊	위왕 22년. 추기를 성후成侯에 봉하다[二十二. 封鄒忌爲成侯].

기원전 356년

주周	현왕 13년.
진秦	효공 6년.
위魏	혜왕 15년. 노·위衛·송宋·정나라의 군주가 알현 차 찾아오다[十五. 魯·衛·宋·鄭侯來].
한韓	소후 3년.
조趙	성후 19년. 연나라와 아阿 땅에서 회맹하다. 제나라 및 송나라와 평륙에서 회맹하다[十九. 與燕會阿. 與齊·宋會平陸].
초楚	선왕 14년.
연燕	문공 6년.
제齊	위왕 23년. 조나라와 평륙에서 회맹하다[二十三. 與趙會平陸].

● 우윤右尹을 지칭한 것으로 보인다.

주周	현왕 14년.
진秦	효공 7년. 위혜왕과 두평杜平에서 회맹하다[七. 與魏王會杜平].
위魏	혜왕 16년. 진효공秦孝公과 두평에서 회맹하다. 송나라 황지를 침공했으나 송나라가 다시 차지하다[十六. 與秦孝公會杜平, 侵宋黃池, 宋復取之].
한韓	소후 4년.
조趙	성후 20년.
초楚	선왕 15년.
연燕	문공 7년.
제齊	위왕 24년. 위혜왕과 회맹하고 교외에서 사냥하다[二十四. 與魏會田於郊].

주周	현왕 15년.
진秦	효공 8년. 위나라와 원리에서 싸우다. 7,000명을 참수하고, 소량을 취하다[八. 與魏戰元里, 斬首七千, 取少梁].
위魏	혜왕 17년. 진나라와 원리에서 싸우다. 진나라가 소량을 취하다[十七. 與秦戰元里, 秦取我少梁].
한韓	소후 5년.
조趙	성후 21년. 위나라가 조나라 도성 한단을 포위하다[二十一. 魏圍我邯鄲].
초楚	선왕 16년.
연燕	문공 8년.
제齊	위왕 25년.

기원전 353년

주周	현왕 16년.
진秦	효공 9년.
위魏	혜왕 18년. 한단을 공략하다. 제나라 군사가 위나라 군사를 계릉桂陵에서 격파하다[十八. 邯鄲降. 齊敗我桂陵].
한韓	소후 6년. 동주東周를 치고, 능관陵觀과 늠구를 취하다[六. 伐東周, 取陵觀·廩丘].
조趙	성후 22년. 위나라가 조나라 도성 한단을 공략하다[二十二. 魏拔邯鄲].
초楚	선왕 17년.
연燕	문공 9년.
제齊	위왕 26년. 위나라 군사를 계릉에서 격파하다[二十六. 敗魏桂陵].

기원전 352년

주周	현왕 17년.
진秦	효공 10년. 위나라 공자 공손앙公孫鞅이 대량조大良造에 임명되다. 위나라 도성 안읍을 쳐 항복을 받다[十. 衛公孫鞅爲大良造, 伐安邑, 降之].
위魏	혜왕 19년. 제후들이 위나라 양릉을 포위하다. 장성을 쌓고 고양固陽을 봉쇄하다[十九. 諸侯圍我襄陵. 築長城, 塞固陽].
한韓	소후 7년.
조趙	성후 23년.
초楚	선왕 18년. 노강공魯康公 원년[十八. 魯康公元年].
연燕	문공 10년.
제齊	위왕 27년.

기원전 351년

주周	현왕 18년.
진秦	효공 11년. 상새商塞에 성을 쌓다. 위앙衞鞅이 고양을 포위해 투항케 만들다[十一. 城商塞. 衞鞅圍固陽, 降之].
위魏	혜왕 20년. 조나라의 도성 한단을 돌려주다[二十. 歸趙邯鄲].
한韓	소후 8년. 신불해申不害가 재상이 되다[八. 申不害相].
조趙	성후 24년. 위나라가 한단을 돌려주다. 위나라와 장수漳水 강변에서 회맹하다[二十四. 魏歸邯鄲, 與魏盟漳水上].
초楚	선왕 19년.
연燕	문공 11년.
제齊	위왕 28년.

기원전 350년

주周	현왕 19년.
진秦	효공 12년. 처음으로 작은 성읍을 모아 서른한 개의 현으로 통합토록 명하다. 전답에 경계를 표시하는 천맥阡陌을 만들도록 하다[十二. 初聚小邑爲三十一縣, 令. 爲田開阡陌].
위魏	혜왕 21년. 진나라 군사와 동彤 땅에서 조우하다[二十一. 與秦遇彤].
한韓	소후 9년.
조趙	성후 25년.
초楚	선왕 20년.
연燕	문공 12년.
제齊	위왕 29년.

기원전 349년

주周	현왕 20년.
진秦	효공 13년. 처음으로 현을 설치하고 관질官秩을 담당하는 질사秩史를 배치하다[十三. 初爲縣, 有秩史].
위魏	혜왕 22년.
한韓	소후 10년. 한희韓姬가 주군 도공悼公을 시해하다[十. 韓姬弑其君 悼公].●
조趙	숙후肅侯 원년.
초楚	선왕 21년.
연燕	문공 13년.
제齊	위왕 30년.

기원전 348년

주周	현왕 21년.
진秦	효공 14년. 처음으로 전답에 세금을 매기다[十四. 初爲賦].
위魏	혜왕 23년.
한韓	소후 11년. 소후가 알현 차 진나라로 가다[十一. 昭侯如秦].
조趙	숙후 2년.
초楚	선왕 22년.
연燕	문공 14년.
제齊	위왕 31년.

● 《사기》〈한세가〉에 한희가 주군 도공을 시해했다는 대목이 나온다. 전목錢穆은 한희를 한 나라 대부, 도공을 잔존한 진晉나라의 군주로 간주했다.

기원전 347년

주周	현왕 22년.
진秦	효공 15년.
위魏	혜왕 24년.
한韓	소후 12년.
조趙	숙후 3년. 공자 범范이 한단을 급습했으나 이기지 못하고 죽다[三. 公子 范襲邯鄲, 不勝, 死].
초楚	선왕 23년.
연燕	문공 15년.
제齊	위왕 32년.

기원전 346년

주周	현왕 23년.
진秦	효공 16년.
위魏	혜왕 25년.
한韓	소후 13년.
조趙	숙후 4년.
초楚	선왕 24년.
연燕	문공 16년.
제齊	위왕 33년. 대부 모신牟辛을 죽이다[三十三. 殺其大夫牟辛].

기원전 345년

주周	현왕 24년.
진秦	효공 17년.
위魏	혜왕 26년.
한韓	소후 14년.
조趙	숙후 5년.
초楚	선왕 25년.
연燕	문공 17년.
제齊	위왕 34년.

기원전 344년

주周	현왕 25년. 제후들이 낙양洛陽에서 회동하다[二十五. 諸侯會].
진秦	효공 18년.
위魏	혜왕 27년. 단丹을 명회名會에 봉하다.[•] 단은 위나라 대신이다[二十七. 丹封名會. 丹, 魏大臣].
한韓	소후 15년.
조趙	숙후 6년.
초楚	선왕 26년.
연燕	문공 18년.
제齊	위왕 35년. 전기가 제나라를 기습했으나 이기지 못하다[三十五. 田忌襲齊, 不勝].

● 명회를 우회于澮의 잘못으로 보는 견해가 있다. 이 경우 "단을 회澮 주변의 땅에 봉하다"라는 의미가 된다.

기원전 343년

주周	현왕 26년. 진나라에 패자覇者를 뜻하는 패백의 칭호를 내리다[二十六. 致伯秦].●
진秦	효공 19년. 무성에 성을 쌓다. 동쪽 변경 모구牡丘에서 돌아오다. 천자가 패백의 칭호를 내리다[十九. 城武城. 從東方牡丘來歸. 天子致伯].
위魏	혜왕 28년.
한韓	소후 16년.
조趙	숙후 7년.
초楚	선왕 27년. 노경공魯景公 언偃 원년.
연燕	문공 19년.
제齊	위왕 36년.

기원전 342년

주周	현왕 27년.
진秦	효공 20년. 제후들이 하례를 마치다. 제후들과 봉택逢澤에서 만나 함께 천자를 조현하다[二十. 諸侯畢賀. 會諸侯於澤. 朝天子].●●
위魏	혜왕 29년. 중산군中山君이 재상이 되다[二十九. 中山君爲相].
한韓	소후 17년.
조趙	숙후 8년.
초楚	선왕 28년.
연燕	문공 20년.

● 여기서 '패'는 패覇의 뜻으로 우두머리를 뜻하는 백伯과 의미가 다르다. 이듬해에 제후들이 모두 진효공에게 하례를 올리고, 진효공이 봉택逢澤에서 제후들과 회동해 함께 주현왕을 조현한 사실이 이를 뒷받침한다. 이는 춘추시대의 패자만이 행한 것이기도 하다.
●● 《사기집해史記集解》는 서광徐廣의 말을 인용해, 진효공이 제후들을 만난 택澤이 《기년紀年》에는 봉택으로 나온다고 했다.

제齊	선왕宣王 벽강辟強 원년.

기원전 341년

주周	현왕 28년.
진秦	효공 21년. 말이 사람을 낳다[二十一. 馬生人].
위魏	혜왕 30년. 제나라가 위나라 태자 신申을 사로잡고, 장수 방연龐涓을 죽이다[三十. 齊虜我太子申, 殺將軍龐涓].
한韓	소후 18년.
조趙	숙후 9년.
초楚	선왕 29년.
연燕	문공 21년.
제齊	선왕 2년. 위나라 군사를 마릉에서 격파하다. 전기와 전영田嬰 및 전반田肦이 장수, 손빈孫臏이 군사軍師가 되다[二. 敗魏馬陵. 田忌·田嬰·田肦將, 孫子爲師].

기원전 340년

주周	현왕 29년.
진秦	효공 22년. 대량조 위앙을 상어商於에 봉하고 상군商君으로 칭하다[二十二. 封大 良造商鞅].
위魏	혜왕 31년. 진秦나라 상군이 군사를 이끌고 침공하다. 거짓 계책으로 공자 앙印을 사로잡다[三十一. 秦商君伐我, 虜我公子印].
한韓	소후 19년.
조趙	숙후 10년.
초楚	선왕 30년.
연燕	문공 22년.

제齊	선왕 3년. 조나라와 회맹해 위나라를 치다[三. 與趙會, 伐魏].

기원전 339년

주周	현왕 30년.
진秦	효공 23년. 삼진과 안문岸門에서 싸우다[二十三. 與晉戰岸門].
위魏	혜왕 32년. 공자 혁赫이 태자가 되다[三十二. 公子赫爲太子].
한韓	소후 20년.
조趙	숙후 11년.
초楚	위왕威王 웅상熊商 원년.
연燕	문공 23년.
제齊	선왕 4년.

기원전 338년

주周	현왕 31년.
진秦	효공 24년. 서융西戎의 일족인 대려가 합양을 포위하다. 효공이 서거하다. 상군이 반기를 들다가 동 땅에서 죽다[二十四. 秦大荔圍合陽. 孝公薨. 商君反, 死彤地].
위魏	혜왕 33년. 상앙이 망명을 청했으나 후환이 두려운 나머지 받아들이지 않다[三十三. 衛鞅亡歸我, 我恐, 弗內].
한韓	소후 21년.
조趙	숙후 12년.
초楚	위왕 2년.
연燕	문공 24년.
제齊	선왕 5년.

주周	현왕 32년.
진秦	혜문왕惠文王 원년. 초·한韓·조趙·촉나라의 사자가 조현 차 오다[秦惠文王元年. 楚·韓·趙·蜀人來].
위魏	혜왕 34년.
한韓	소후 22년. 재상 신불해가 죽다[二十二. 申不害卒].
조趙	숙후 13년.
초楚	위왕 3년.
연燕	문공 25년.
제齊	선왕 6년.

주周	현왕 33년.
진秦	혜문왕 2년. 천자가 축하하다. 동전을 주조해 유통시키다. 송나라 태구太丘에 있는 토지신 사당이 무너지다[二. 天子賀. 行錢. 宋太丘社亡].
위魏	혜왕 35년. 맹자가 혜왕을 방문하다. 왕이 "나라를 이롭게 하는 방안이 무엇인가?"라고 묻자 맹자가 대답하기를, "군주는 이로움을 앞세우지 않아야 한다"고 하다[三十五. 孟子來, 王問, 利國. 對, 君不可言利].
한韓	소후 23년.
조趙	숙후 14년.
초楚	위왕 4년.
연燕	문공 26년.
제齊	선왕 7년. 위나라와 평아平阿의 남쪽에서 회맹하다[七. 與魏會平阿南].

기원전 335년

주周	현왕 34년.
진秦	혜문왕 3년. 왕이 관례冠禮를 올리다. 한나라의 의양을 함락시키다[三. 王冠. 拔韓宜陽].
위魏	혜왕 36년.
한韓	소후 24년. 진나라가 의양을 함락시키다[二十四. 秦拔我宜陽].
조趙	숙후 15년.
초楚	위왕 5년.
연燕	문공 27년.
제齊	선왕 8년. 위나라와 견 땅에서 회맹하다[八. 與魏會於甄].

기원전 334년

주周	현왕 35년.
진秦	혜문왕 4년. 천자가 문왕과 무왕의 제사 때 올린 고기인 조胙를 내리다. 위부인魏夫人이 오다[四. 天子致文武胙. 魏夫人來].
위魏	양왕襄王 원년. 제후들과 서주徐州에서 회맹하다. 제후들이 위양왕을 돕다[魏襄王元年. 與諸侯會徐州, 以相王].•
한韓	소후 25년. 가뭄이 들다. 높고 큰 궁문인 고문高門을 만들자 초나라에서 온 굴의구屈宜臼가 말하기를, "한소후는 이 문을 나서지 못할 것이다"라고 하다[二十五. 旱. 作高門. 屈 宜臼曰, "昭侯不出此門"].
조趙	숙후 16년.
초楚	위왕 6년.

• 《사기》〈위세가〉는 위혜왕이 기원전 335년에 죽고 이듬해인 334년에 뒤를 이은 위양왕이 제선왕과 만난 것으로 기록해놓았다. 그러나 《자치통감》은 위혜왕이 기원전 319년까지 생존한 것으로 기록해놓았다. 《자치통감》의 기록을 좇을 경우 제선왕과 만난 당사자는 위양왕이아닌 위혜왕이 된다. 여기서는 《사기》의 기록을 좇았다.

연燕	문공 28년. 소진蘇秦이 연문공에게 유세를 하다[二十八. 蘇秦說燕].
제齊	선왕 9년. 위나라와 서주에서 회맹하다. 제후들이 제선왕을 돕다[九. 與魏會徐州, 諸侯相王].

기원전 333년

주周	현왕 36년.
진秦	혜문왕 5년. 음진 출신 유세가인 서수犀首가 대량조에 임명되다[五. 陰晉人犀首爲大良造].
위魏	양왕 2년. 진나라가 위나라 군사를 조음雕陰에서 격파하다[二. 秦敗我雕陰].
한韓	소후 26년. 고문이 완성되자 소후가 죽다. 결국 문밖으로 나가지 못한 셈이다[二十六. 高門成, 昭侯卒, 不出此門].
조趙	숙후 17년.
초楚	위왕 7년. 서주에서 제나라 군사를 포위하다[七. 圍齊於徐州].
연燕	문공 29년.
제齊	선왕 10년. 초나라가 서주를 포위하다[十. 楚圍我徐州].

기원전 332년

주周	현왕 37년.
진秦	혜문공 6년. 위나라가 음진의 땅을 바치며 화해를 구하다. 음진의 지명을 영진寧秦으로 바꾸다[六. 魏以陰晉爲和, 命曰寧秦].
위魏	양왕 3년. 조나라를 치다. 위평후衛平侯 원년[三. 伐趙. 衛平侯元年].
한韓	선혜후宣惠侯* 원년.
조趙	숙후 18년. 제나라와 위나라가 침공하다. 황하의 둑을 터서 그들을 물에 잠기게 하다[十八. 齊·魏伐我, 我決河水浸之].

초楚	위왕 8년.
연燕	역공易公 원년.
제齊	선왕 11년. 위나라와 함께 조나라를 치다[十一. 與魏伐趙].

기원전 331년

주周	현왕 38년.
진秦	혜문공 7년. 의거에서 내란이 일어나다. 서장 조가 군사를 이끌고 가 평정하다[七. 義渠內亂, 庶長操將兵定之].
위魏	양왕 4년.
한韓	선혜후 2년.
조趙	숙후 19년.
초楚	위왕 9년.
연燕	역공 2년.
제齊	선왕 12년.

기원전 330년

주周	현왕 39년.
진秦	혜문공 8년. 위나라가 하서河西 땅을 진나라에 바치다[八. 魏入河西地 於秦].
위魏	양왕 5년. 진나라에 하서와 소량을 바치다. 진나라가 위나라의 초성焦 城과 곡옥을 포위하다[五. 與秦河西地少梁. 秦圍我焦·曲沃].

● 원문에는 선혜왕宣惠王으로 나와 있다. 그러나 그가 공식적으로 왕을 칭한 것은 재위 10년째가 되는 기원전 323년이므로 기원전 323년 전까지는 선혜후로 표시하는 것이 옳다. 연나라 역공易公의 경우도 마찬가지다. 그가 왕을 칭한 것 역시 기원전 323년이다. 서로 영향을 받았을 공산이 크다.

한韓	선혜후 3년.
조趙	숙후 20년.
초楚	위왕 10년.
연燕	역공 3년.
제齊	선왕 13년.

기원전 329년

주周	현왕 40년.
진秦	혜문공 9년. 황하를 건너 위나라의 분음汾陰과 피씨皮氏를 탈취하다. 위나라의 초성을 포위해 항복을 받다. 위나라와 응應 땅에서 회맹하다 [九. 度河, 取汾陰·皮氏, 圍焦, 降之, 與魏會應].
위魏	양왕 6년. 진나라와 응 땅에서 회맹하다. 진나라가 분음과 피씨를 탈취하다[六. 與秦會應. 秦取 汾陰·皮氏].
한韓	선혜후 4년.
조趙	숙후 21년.
초楚	위왕 11년. 위나라가 초나라 군사를 형산陘山에서 격파하다[十一. 魏敗我陘山].
연燕	역공 4년.
제齊	선왕 14년.

기원전 328년

주周	현왕 41년.
진秦	혜문공 10년. 장의張儀가 재상이 되다. 공자 상桑이 포양蒲陽을 포위해 항복을 받다. 위나라가 상군을 바치다[十. 張儀相. 公子桑圍蒲陽, 降之. 魏納上郡].

위魏	양왕 7년. 상군을 진나라에 바치다[七. 入上郡於秦].
한韓	선혜후 5년.
조趙	숙후 22년.
초楚	회왕懷王 괴槐 원년
연燕	역공 5년.
제齊	선왕 15년. 송군宋君 언偃 원년.*

기원전 327년

주周	현왕 42년.
진秦	혜문공 11년. 의거의 군주가 신복臣服하다. 위나라의 초성과 곡옥을 돌려주다[十一. 義渠君爲臣. 歸魏焦·曲沃].
위魏	양왕 8년. 진나라가 초성과 곡옥을 돌려주다[八. 秦歸我焦·曲沃].
한韓	선혜후 6년.
조趙	숙후 23년.
초楚	회왕 2년.
연燕	역공 6년.
제齊	선왕 16년.

기원전 326년

주周	현왕 43년.

● 송벽공宋辟公의 아들인 송나라 군주 척성剔成은 아우 언이 습격하자 싸움에 패해 제나라로 달아났다. 이에 언이 스스로 보위에 올랐다. 《자치통감》은 기원전 329년의 일로 기록해놓았다.

진秦	혜문공 12년. 처음으로 사냥에 나서다. 용문龍門에서 군신들과 만나다 [十二. 初獵. 會龍門].
위魏	양왕 9년.
한韓	선혜후 7년.
조趙	숙후 24년.
초楚	회왕 3년.
연燕	역공 7년.
제齊	선왕 17년.

기원전 325년

주周	현왕 44년.
진秦	혜문공 13년. 4월 4일, 군호를 공公에서 왕王으로 높이다[十三. 四月戊午. 君爲王].
위魏	양왕 10년.
한韓	선혜후 8년. 위나라가 한나라 장수 한거韓舉●를 격파하다[八. 魏敗我韓舉].
조趙	무령왕武靈王●● 원년. 위나라가 조나라 장수 조호趙護를 격파하다[趙武靈王元年. 魏敗我趙護].
초楚	회왕 4년.
연燕	역공 8년.
제齊	선왕 18년.

● 《사기색은》은 《죽서기년竹書紀年》에 한나라 장수 한거가 조나라 장수로 나오고 있는 점에 주목해 원래는 조나라 장수였으나 이때 한나라로 들어가 장수가 된 것으로 보았다.
●● 원문은 무령왕으로 되어 있으나 그는 왕호를 사용한 적이 없다. 무령왕은 한나라와 연나라가 잇달아 왕호를 사용하자 "내용도 없이 어찌 감히 왕의 명칭을 쓴단 말인가?"라며 홀로 왕호 사용을 거부했다. 전국칠웅 가운데 유일하게 왕호를 사용하지 않은 경우에 해당한다. 당시 그는 백성에게 자신을 왕 대신 국군國君으로 부를 것을 명했다. 무령공武靈公으로 표현하는 것이 옳으나 사가들이 하나같이 무령왕으로 표현하고 있는 만큼 이를 좇았다.

주周	현왕 45년.
진秦	혜문왕惠文王 원년. 재상인 장의가 군사를 이끌고 가 섬 땅을 탈취하다. 처음으로 혜문공 14년을 혜문왕 원년으로 바꾸다[相張儀將兵取陝. 初更元年].
위魏	양왕 11년. 위사군衛嗣君 원년.
한韓	선혜후 9년.
조趙	무령왕 2년. 호에 성을 쌓다[二. 城鄗].
초楚	회왕 5년.
연燕	역공 9년.
제齊	선왕 19년.

주周	현왕 46년.
진秦	혜문왕 2년. 재상 장의가 제나라 및 초나라의 재상과 설상진齧桑津에서 회맹하다[二. 相張儀與齊·楚會齧桑].
위魏	양왕 12년.
한韓	선혜왕宣惠王 10년. 군호를 후侯에서 왕王으로 높이다[十. 君爲王].
조趙	무령왕 3년.
초楚	회왕 6년. 위나라 군사를 양릉에서 격파하다[六. 敗魏襄陵].
연燕	역왕易王 10년. 군호를 공公에서 왕王으로 높이다[十. 君爲王].
제齊	민왕湣王 지地 원년.*

• 《사기》에는 이해에 제민왕이 즉위한 것으로 되어 있으나 《자치통감》은 이보다 10년 뒤인 기원전 314년의 일로 기록해놓았다. 《사기》의 기록을 좇았다.

주周	현왕 47년.
진秦	혜문왕 3년. 장의가 진나라 재상의 자리에서 내려온 뒤 위나라로 가 재상이 되다[三. 張儀免相, 相魏].
위魏	양왕 13년. 진나라가 곡옥을 탈취하다. 평주平周에 사는 여인이 문득 남자로 변하는 일이 빚어지다[十三. 秦取曲沃. 平周女化爲丈夫].•
한韓	선혜왕 11년.
조趙	무령왕 4년. 한나라와 구서區鼠에서 회맹하다[四. 與韓會區鼠].
초楚	회왕 7년.
연燕	역왕 11년.
제齊	민왕 2년.

주周	현왕 48년.
진秦	혜문왕 4년.
위魏	양왕 14년.
한韓	선혜왕 12년.
조趙	무령왕 5년. 한나라 여인을 부인으로 맞이하다[五. 取韓女爲夫人].
초楚	회왕 8년.
연燕	역왕 12년.
제齊	민왕 3년. 전영을 설薛 땅에 봉하다[三. 封田嬰於薛].

• "남자로 변했다"는 말은 기이한 일이 생겼음을 지칭한다.

기원전 320년

주周	신정왕慎靚王 원년.
진秦	혜문왕 5년. 왕이 북쪽 융 땅을 유람하며 황하에 이르다[五. 王北遊戎地, 至河上].
위魏	양왕 15년.
한韓	선혜왕 13년.
조趙	무령왕 6년.
초楚	회왕 9년.
연燕	연왕燕王 쾌噲 원년.
제齊	민왕 4년. 진나라 여인을 부인으로 맞이하다[四. 迎婦於秦].

기원전 319년

주周	신정왕 2년.
진秦	혜문왕 6년.
위魏	양왕 16년.
한韓	선혜왕 14년. 진나라 군사가 기습해 언鄢 땅을 탈취하다[十四. 秦來擊我, 取鄢].
조趙	무령왕 7년.
초楚	회왕 10년. 광릉廣陵에 성을 쌓다[十. 城廣陵].
연燕	연왕 쾌 2년.
제齊	민왕 5년.

주周	신정왕 3년.
진秦	혜문왕 7년. 동쪽의 5개국이 연합해 공격하다. 이기지 못하자 이내 철군하다[七. 五國共擊 秦, 不勝而還].
위魏	애왕哀王 원년. 진나라를 공격했으나 이기지 못하다[魏哀王元年. 擊秦不勝].
한韓	선혜왕 15년. 진나라를 공격했으나 이기지 못하다[十五. 擊秦不勝].
조趙	무령왕 8년. 진나라를 공격했으나 이기지 못하다[八. 擊秦不勝].
초楚	회왕 11년. 진나라를 공격했으나 이기지 못하다[十一. 擊秦不勝].
연燕	연왕 쾌 3년. 진나라를 공격했으나 이기지 못하다[三. 擊秦不勝].
제齊	민왕 6년. 송나라 군주 언이 스스로 왕을 칭하다[六. 宋自立爲王].

주周	신정왕 4년.
진秦	혜문왕 8년. 한나라 및 조나라 군사와 싸워 8만 명을 참수하다. 장의가 다시 진나라 재상이 되다[八. 與韓·趙戰, 斬首八萬. 張儀復相].
위魏	애왕 2년. 제나라가 위나라 군사를 관택觀澤에서 격파하다[二. 齊敗我觀澤].
한韓	선혜왕 16년. 진나라 군사가 한나라 군사를 수어脩魚에서 격파하고, 장군 신차申差를 사로잡다[十六. 秦敗我脩魚, 得[韓]將軍申差].
조趙	무령왕 9년. 한나라 및 위나라 군사와 함께 진나라를 치다. 제나라 군사가 조나라 군사를 관택에서 격파하다[九. 與韓·魏擊秦. 齊敗我觀澤].
초楚	회왕 12년.
연燕	연왕 쾌 4년.
제齊	민왕 7년. 위나라와 조나라 군사를 관택에서 격파하다[七. 敗魏·趙觀澤].

기원전 316년

주周	신정왕 5년.
진秦	혜문왕 9년. 촉나라를 공격해 멸하다. 조나라의 중도中都와 서양西陽을 탈취하다[九. 擊蜀, 滅之. 取趙中都·西陽].
위魏	애왕 3년.
한韓	선혜왕 17년.
조趙	무령왕 10년. 진나라가 중도와 서양을 탈취하다[十. 秦取我中都·西陽].
초楚	회왕 13년.
연燕	연왕 쾌 5년. 감언이설에 넘어가 재상 자지子之에게 나라를 넘기고, 신하처럼 굴다[五. 君讓其臣子之國, 顧爲臣].
제齊	민왕 8년.

기원전 315년

주周	신정왕 6년.
진秦	혜문왕 10년.
위魏	애왕 4년.
한韓	선혜왕 18년.
조趙	무령왕 11년. 진나라 군사가 조나라 장군 영英의 군사를 격파하다[十一. 秦敗我將軍英].
초楚	회왕 14년.
연燕	연왕 쾌 6년.
제齊	민왕 9년.

주周	난왕赧王 원년.
진秦	혜문왕 11년. 의거를 침공해 스물다섯 개 성읍을 얻다[十一. 侵義渠, 得二十五城].
위魏	애왕 5년. 위나라가 반기를 들자 진나라가 곡옥을 공략한 뒤 반란자들을 귀부시키다. 안문에서 유세가 서수를 쫓아버리다[五. 秦拔我曲沃, 歸其人, 走犀首岸門].
한韓	선혜왕 19년.
조趙	무령왕 12년.
초楚	회왕 15년. 노평공魯平公 원년.
연燕	연왕 쾌 7년. 내란으로 연왕 쾌와 태자, 재상 자지가 모두 죽다[七. 君噲及太子相子之皆死].
제齊	민왕 10년.●

주周	난왕 2년.
진秦	혜문왕 12년. 저리자樗里子가 조나라의 인양藺陽을 공격해 조나라 장수를 생포하다. 공자 요통繇通을 촉 땅에 봉하다[十二. 樗里子擊藺陽, 虜趙將. 公子繇通封蜀].
위魏	애왕 6년. 진나라가 와서 공자 정政을 태자로 삼다. 진나라 왕과 임진에서 회맹하다[六. 秦來立公子政爲太子, 與秦王會臨晉].
한韓	선혜왕 20년.
조趙	무령왕 13년. 진나라가 조나라의 인양을 공략하고 조나라 장수 조장趙莊을 생포하다[十三. 秦拔我藺, 虜將趙莊].
초楚	회왕 16년. 장의가 와서 재상이 되다[十六. 張儀來相].

● 《자치통감》은 이해에 제선왕이 죽고 그의 아들 지地가 제민왕으로 즉위한 것으로 기록해 놓았다.

연燕	연왕 쾌 8년.
제齊	민왕 11년.

기원전 312년

주周	난왕 3년.
진秦	혜문왕 13년. 서장 위장魏章이 초나라를 치고 8만 명을 참수하다[十三. 庶長章擊楚, 斬首八萬].
위魏	애왕 7년. 제나라를 치고 복濮 땅에서 성자를 생포하다. 진나라와 함께 연나라를 공격하다[七. 擊齊, 虜聲子於濮. 與秦擊燕].
한韓	선혜왕 21년. 진나라가 초나라를 공격하는 것을 도와 초나라 장수 경좌景座를 포위하다[二十一. 我助秦攻楚, 圍景座].
조趙	무령왕 14년.
초楚	회왕 17년. 굴개屈匃가 이끄는 초나라 군사를 진나라 군사가 격파하다[十七. 秦敗我將屈匃].
연燕	연왕 쾌 9년. 연나라 사람이 공자 평平을 소왕昭王으로 옹립하다[九. 燕人共立公子平].●
제齊	민왕 12년.

기원전 311년

주周	난왕 4년.

● 학계에서는 연왕 쾌의 뒤를 이어 보위에 오른 연소왕의 실체를 놓고 견해가 엇갈리고 있다. 《사기》는 〈표〉에서 태자는 죽고 공자 평이 연소왕으로 즉위한 것으로 기록해놓았다. 《전국책》에도 태자 평이 난 중에 사망한 것으로 되어 있다. 그러나 《사기》 〈연세가燕世家〉에는 태자 평이 자지의 난에서 살아남아 연소왕으로 즉위한 것으로 되어 있다. 《자치통감》은 이를 좇았다. 전목은 연왕 쾌의 아들 공자 직이 연소왕으로 즉위한 것으로 보았다. 〈연세가〉와 《자치통감》의 기록을 좇았다.

진秦	혜문왕 14년. 촉나라 재상 진장陳壯이 촉후蜀侯로 있는 군주 요통을 죽이다[十四. 蜀相殺蜀侯].
위魏	애왕 8년. 위衛나라를 포위하다[八. 圍衛].
한韓	양왕襄王 원년.
조趙	무령왕 15년.
초楚	회왕 18년.
연燕	소왕昭王 원년.
제齊	민왕 13년.

기원전 310년

주周	난왕 5년.
진秦	무왕武王 원년. 촉상蜀相 진장을 주살하다. 무왕의 견제를 받은 장의와 위장 모두 위魏나라로 빠져나가다[秦武王元年. 誅蜀相壯. 張儀·魏章皆出之魏].
위魏	애왕 9년. 진나라와 임진에서 회맹하다[九. 與秦會臨晉].
한韓	양왕 2년.
조趙	무령왕 16년. 조나라 대부 오광吳廣이 무령공에게 딸을 들여보내 아들 하何를 낳다. 무령공이 그녀를 혜왕후惠王后로 삼다[十六. 吳廣入女, 生子何, 立爲惠王后].
초楚	회왕 19년.
연燕	소왕 2년.
제齊	민왕 14년.

주周	난왕 6년.
진秦	무왕 2년. 처음으로 승상丞相 제도를 두다. 저리자와 감무甘茂가 각각 좌승상·우승상이 되다[二. 初置丞相, 樗里子·甘茂爲丞相].
위魏	애왕 10년. 장의가 죽다[十. 張儀死].
한韓	양왕 3년.
조趙	무령왕 17년.
초楚	회왕 20년.
연燕	소왕 3년.
제齊	민왕 15년.

주周	난왕 7년.
진秦	무왕 3년.
위魏	애왕 11년. 진나라와 응 땅에서 회맹하다[十一. 與秦會應].
한韓	양왕 4년. 진나라와 임진에서 회맹하다. 진나라가 의양을 공격하다[四. 與秦會臨晉. 秦擊我宜陽].
조趙	무령왕 18년.
초楚	회왕 21년.
연燕	소왕 4년.
제齊	민왕 16년.

기원전 307년

주周	난왕 8년.
진秦	무왕 4년. 의양의 성을 공략한 뒤 6만 명을 참수하다. 황하를 건너 무수武遂에 성을 쌓다[四. 拔宜陽城, 斬首六萬. 涉河, 城武遂].
위魏	애왕 12년. 태자가 진나라에 조현하러 가다[十二. 太子往朝秦].
한韓	양왕 5년. 진나라가 의양을 공략한 뒤 6만 명을 참수하다[五. 秦拔我宜陽, 斬首六萬].
조趙	무령왕 19년. 처음으로 짧은 소매의 호복胡服을 입고 말 위에서 활을 쏘는 호복기사胡服騎射를 실시하다[十九. 初胡服].
초楚	회왕 22년.
연燕	소왕 5년.
제齊	민왕 17년.

기원전 306년

주周	난왕 9년.
진秦	소양왕昭襄王 원년.
위魏	애왕 13년. 진나라가 피씨를 공격하다. 공략치 않고 포위망을 풀다[十三. 秦擊皮氏, 未拔而解].
한韓	양왕 6년. 진나라가 무수를 돌려주다[六. 秦復與我武遂].
조趙	무령왕 20년.
초楚	회왕 23년.
연燕	소왕 6년.
제齊	민왕 18년.

기원전 305년

주周	난왕 10년.
진秦	소양왕 2년. 혜성이 보이다. 상군燊君이 난을 일으켰다가 주살을 당하다[二. 彗星見. 樂君爲亂, 誅].
위魏	애왕 14년. 진나라 무왕의 왕후가 다시 위나라로 돌아오다[十四. 秦武王后來歸].
한韓	양왕 7년.
조趙	무령왕 21년.
초楚	회왕 24년. 진나라 사자가 와 소양왕의 부인을 맞이해가다[二十四. 秦來迎婦].
연燕	소왕 7년.
제齊	민왕 19년.

기원전 304년

주周	난왕 11년.
진秦	소양왕 3년.
위魏	애왕 15년.
한韓	양왕 8년.
조趙	무령왕 22년.
초楚	회왕 25년. 진나라 소양왕과 황극黃棘에서 회맹하다. 진나라가 상용上庸 땅을 돌려주다[二十五. 與秦王會黃棘, 秦復歸我上庸].
연燕	소왕 8년.
제齊	민왕 20년.

기원전 303년

주周	난왕 12년.
진秦	소양왕 4년. 혜성이 보이다[四. 彗星見].
위魏	애왕 16년. 진나라가 포판蒲阪과 진양 및 봉릉封陵을 함락시키다[十六. 秦拔我蒲阪·晉陽·封陵].
한韓	양왕 9년. 진나라가 무수를 다시 탈취하다[九. 秦取武遂].
조趙	무령왕 23년.
초楚	회왕 26년. 태자를 진나라에 인질로 보내다[二十六. 太子質秦].
연燕	소왕 9년.
제齊	민왕 21년.

기원전 302년

주周	난왕 13년.
진秦	소양왕 5년. 위나라 애왕이 조현 차 오다[五. 魏王來朝].
위魏	애왕 17년. 진나라와 임진에서 회맹하다. 포판을 돌려주다[十七. 與秦會臨晉, 復歸我蒲阪].
한韓	양왕 10년. 태자 영嬰이 진나라 소양왕과 임진에서 회맹하다. 함양咸陽까지 갔다가 돌아오다[十. 太子嬰與秦王會臨晉, 因至咸陽而歸].
조趙	무령왕 24년.
초楚	회왕 27년.
연燕	소왕 10년.
제齊	민왕 22년.

주周	난왕 14년.
진秦	소양왕 6년. 촉 땅이 배신하다. 사마조司馬錯가 군사를 이끌고 가 태수 휘輝를 주살하고 난을 평정하다. 일식이 일어나 대낮인데도 어둡다. 초나라를 치다[六. 蜀反, 司馬錯往誅蜀守輝, 定蜀, 日蝕, 晝晦, 伐楚].
위魏	애왕 18년. 진나라와 함께 초나라를 치다[十八. 與秦擊楚].
한韓	양왕 11년. 진나라가 양릉 땅을 탈취하다. 진나라와 함께 초나라를 치다[十一. 秦取我穰, 與秦擊楚].
조趙	무령왕 25년. 조나라 군사가 중산을 치다. 혜왕후가 죽다[二十五. 趙攻中山. 惠后卒].
초楚	회왕 28년. 진秦·한·위魏·제나라의 연합군이 장수 당말唐昧•이 이끄는 초나라 군사를 중구重丘에서 격파하다[二十八. 秦·韓·魏·齊敗我將軍唐昧於重丘].
연燕	소왕 11년.
제齊	민왕 23년. 진나라와 함께 초나라를 공격하다. 공자 광장匡將에게 명해 군사를 이끌고 가 큰 공을 세우게 하다[二十三. 與秦擊楚, 使公子將, 大有功].

주周	난왕 15년.
진秦	소양왕 7년. 승상 저리질樗里疾이 죽다. 초나라를 공격해 3만 명을 참수하다. 위염魏冉이 승상이 되다[七. 樗里疾卒, 擊楚, 斬首三萬, 魏冉爲相].
위魏	애왕 19년.
한韓	양왕 12년.
조趙	무령왕 26년.

• 《자치통감》에는 초나라 장수 당말의 말昧 자가 매昧로 나온다.

초楚	회왕 29년. 진나라가 양성襄城을 취하고, 초나라 장수 경결景缺을 죽이다[二十九. 秦取我襄城, 殺景缺].
연燕	소왕 12년.
제齊	민왕 24년. 진나라가 경양군涇陽君을 인질로 보내다[二十四. 秦使涇陽君來爲質].

기원전 299년

주周	난왕 16년.
진秦	소양왕 8년. 초왕이 오자 이내 억류하다[八. 楚王來, 因留之].
위魏	애왕 20년. 제나라 민왕과 한나라에서 회맹하다[二十. 與齊王會於韓].
한韓	양왕 13년. 제나라와 위나라 왕이 오다. 공자 구咎를 태자로 세우다[十三. 齊·魏王來, 立咎爲太子].
조趙	무령왕 27년.
초楚	회왕 30년. 왕이 진나라로 들어가다. 진나라가 여덟 개 성읍을 탈취하다[三十. 王入秦. 秦取我八城].
연燕	소왕 13년.
제齊	민왕 25년. 경양군이 인질에서 풀려나 진나라로 돌아가다. 설 땅의 맹상군孟嘗君 전문田文이 진나라로 가 재상이 되다[二十五. 涇陽君復歸秦. 薛文入相秦].

기원전 298년

주周	난왕 17년.
진秦	소양왕 9년.
위魏	애왕 21년. 제나라 및 한나라와 함께 함곡관에서 진나라 군사를 공격하다. 죽은 병사의 시체로 인해 황하와 위수가 하루 동안 끊기다[二十一. 與齊·韓共擊秦於函谷. 河·渭絕一日].

한韓	양왕 14년. 제나라 및 위나라와 함께 진나라를 공격하다[十四. 與齊·魏 共擊秦].
조趙	혜문왕惠文王 원년. 공자 승勝을 재상으로 삼으면서 평원군平原君에 봉 하다[趙惠文王元年. 以公子勝爲相. 封平原君].
초楚	경양왕頃襄王 원년. 진나라가 열여섯 개 성읍을 탈취하다[楚頃襄王元年. 秦取我十六城].
연燕	소왕 14년.
제齊	민왕 26년. 위나라 및 한나라와 함께 진나라를 공격하다. 맹상군이 제나라로 돌아와 재상이 되다[二十六. 與魏·韓共擊秦. 孟嘗君歸相齊].

기원전 297년

주周	난왕 18년.
진秦	소양왕 10년. 초회왕이 달아나 조나라로 망명하려 했으나 조나라가 받아들이지 않다[十. 楚懷王亡之趙. 趙弗內].
위魏	애왕 22년.
한韓	양왕 15년.
조趙	혜문왕 2년. 초회왕이 도주해 와 망명하려 했으나 받아들이지 않다[二. 楚懷王亡來. 弗內].
초楚	경양왕 2년.
연燕	소왕 15년.
제齊	민왕 27년.

기원전 296년

주周	난왕 19년.

진秦	소양왕 11년. 혜성이 보이다. 위나라에 봉릉을 돌려주다[十一. 彗星見. 復與魏封陵].
위魏	애왕 23년.
한韓	양왕 16년. 제나라 및 위나라와 함께 진나라를 치다. 진나라가 무수를 돌려주며 화해를 청하다[十六. 與齊魏擊秦. 秦與我武遂和].
조趙	혜문왕 3년.
초楚	경양왕 3년. 회왕이 진나라에서 죽다. 진나라에서 영구를 보내 안장하다[三. 懷王卒於秦, 來歸葬].
연燕	소왕 16년.
제齊	민왕 28년.

기원전 295년

주周	난왕 20년.
진秦	소양왕 12년. 누완樓緩이 승상의 자리에서 면직되고, 양후穰侯 위염이 승상이 되다[十二. 樓緩免. 穰侯魏冄爲丞相].
위魏	소왕昭王 원년. 진나라 국위國尉 사마조가 양襄 땅을 침공하다[魏昭王元年. 秦尉錯來擊我襄].
한韓	희왕釐王 구咎 원년.
조趙	혜문왕 4년. 상왕인 주부主父 무령왕武靈王을 사구沙丘의 궁에 가두어 아사시키다. 제나라 및 연나라와 함께 중산국을 멸하다[四. 圍殺主父. 與齊·燕共滅中山].
초楚	경양왕 4년. 노문공魯文公 원년.
연燕	소왕 17년.
제齊	민왕 29년. 조나라를 도와 중산국을 멸하다[二十九. 佐趙滅中山].

주周	난왕 21년.
진秦	소양왕 13년. 임비任鄙를 한중漢中 태수로 삼다[十三. 任鄙爲漢中守].
위魏	소왕 2년. 진나라와 싸워 불리해지다[二. 與秦戰, 我不利].
한韓	희왕 2년.
조趙	혜문왕 5년.
초楚	경양왕 5년.
연燕	소왕 18년.
제齊	민왕 30년. 전갑田甲이 왕을 위협하다. 재상인 설공薛公 전문이 달아나다[三十. 田甲劫王, 相薛文走].

주周	난왕 22년.
진秦	소양왕 14년. 백기白起가 이궐伊闕에서 위나라와 한나라 군사 24만 명을 참수하다[十四. 白起擊伊闕, 斬首二十四萬].
위魏	소왕 3년. 한나라가 진나라를 공격하는 것을 돕다. 진나라 군사가 위나라 군사를 이궐에서 격파하다[三. 佐韓擊秦, 秦敗我兵伊闕].
한韓	희왕 3년. 진나라 군사가 이궐에서 한나라 군사를 격파하다. 24만 명을 참수하고 한나라 장수 공손희公孫喜를 생포하다[三. 秦敗我伊闕, 斬首二十四萬, 虜將喜].
조趙	혜문왕 6년.
초楚	경양왕 6년.
연燕	소왕 19년.
제齊	민왕 31년.

기원전 292년

주周	난왕 23년.
진秦	소양왕 15년. 위염이 승상의 자리에서 면직되다[十五. 魏冉免相].
위魏	소왕 4년.
한韓	희왕 4년.
조趙	혜문왕 7년.
초楚	경양왕 7년. 진나라에서 부인을 맞이하다[七. 迎婦秦].
연燕	소왕 20년.
제齊	민왕 32년.

기원전 291년

주周	난왕 24년.
진秦	소양왕 16년.
위魏	소왕 5년.
한韓	희왕 5년. 진나라가 완성宛城을 함락시키다[五. 秦拔我宛城].
조趙	혜문왕 8년.
초楚	경양왕 8년.
연燕	소왕 21년.
제齊	민왕 33년.

기원전 290년

주周	난왕 25년.

진秦	소양왕 17년. 위나라가 하동 땅 400리를 바치다[十七. 魏入河東四百里].
위魏	소양 6년. 망묘芒卯가 꾀를 내어 중용되다[六. 芒卯以詐見重].
한韓	희왕 6년. 진나라에게 무수 땅 200리를 주다[六. 與秦武遂地方二百里].
조趙	혜문왕 9년.
초楚	경양왕 9년.
연燕	소왕 22년.
제齊	민왕 34년.

기원전 289년

주周	난왕 26년.
진秦	소양왕 18년. 객경 사마조가 위나라를 쳐 지軹 땅에 이르다. 크고 작은 예순한 개 성읍을 탈취하다[十八. 客卿錯擊魏, 至軹, 取城大小六十一].
위魏	소양 7년. 진나라가 침공해 크고 작은 예순한 개 성읍을 탈취하다[七. 秦擊我. 取城大小六十一].
한韓	희왕 7년.
조趙	혜문왕 10년.
초楚	경양왕 10년.
연燕	소왕 23년.
제齊	민왕 35년.

기원전 288년

주周	난왕 27년.
진秦	소양왕 19년. 10월, 제나라의 제의에 따라 군호를 왕王에서 서제西帝로 바꾸다. 12월, 다시 왕으로 돌아오다. 임비가 죽다[十九. 十月爲帝, 十二月 復爲王. 任鄙卒].

위魏	소왕 8년.
한韓	희왕 8년.
조趙	혜문왕 11년. 진나라가 계양桂陽을 함락시키다[十一. 秦拔我桂陽].
초楚	경양왕 11년.
연燕	소왕 24년.
제齊	민왕 36년. 동제東帝를 칭하다. 2월, 다시 왕으로 돌아오다[三十六. 爲東帝. 二月, 復爲王].

기원전 287년

주周	난왕 28년.
진秦	소양왕 20년.
위魏	소왕 9년. 진나라가 신원新垣과 곡양曲陽의 성을 함락시키다[九. 秦拔我新垣·曲陽之城].
한韓	희왕 9년.
조趙	혜문왕 12년.
초楚	경양왕 12년.
연燕	소왕 25년.
제齊	민왕 37년.

기원전 286년

주周	난왕 29년.
진秦	소양왕 21년. 위나라가 안읍과 하내河內를 바치다[二十一. 魏納安邑及河內].
위魏	소왕 10년. 송왕 언이 온 땅에서 죽다[十. 宋王死我溫].

한韓	희왕 10년. 진나라가 한나라 병사를 하산夏山에서 격파하다[十. 秦敗我兵夏山].
조趙	혜문왕 13년.
초楚	경양왕 13년.
연燕	소왕 26년.
제齊	민왕 38년. 제나라가 송나라를 멸하다[三十八. 齊滅宋].

기원전 285년

주周	난왕 30년.
진秦	소양왕 22년. 몽무蒙武가 제나라 군사를 격파하다[二十二. 蒙武擊齊].
위魏	소왕 11년.
한韓	희왕 11년.
조趙	혜문왕 14년. 진나라와 중양中陽에서 회맹하다[十四. 與秦會中陽].
초楚	경양왕 14년. 진나라와 완宛 땅에서 회맹하다[十四. 與秦會宛].
연燕	소왕 27년.
제齊	민왕 39년. 진나라가 아홉 개의 성읍을 차례로 함락시키다[三十九. 秦拔我列城九].

기원전 284년

주周	난왕 31년.
진秦	소양왕 23년. 도위都尉 사리斯離가 한·위·연·조나라와 함께 제나라를 쳐 격파하다[二十三. 尉斯離與韓·魏·燕·趙共擊齊, 破之].
위魏	소왕 12년. 진나라와 함께 제수濟水의 서쪽을 치다. 진나라 왕과 서주西周에서 회맹하다[十二. 與秦擊齊濟西. 與秦王會西周].

한韓	희왕 12년. 진나라와 함께 제수의 서쪽을 치다. 진나라 왕과 서주에서 회맹하다[十二. 與秦擊齊濟西. 與秦王會西周].
조趙	혜문왕 15년. 제나라의 석양昔陽을 함락시키다[十五. 取齊昔陽].
초楚	경양왕 15년. 제나라의 회북淮北 일대를 함락시키다[十五. 取齊淮北].
연燕	소왕 28년. 진나라 및 삼진과 함께 제나라를 공격하다. 연나라가 단독으로 도성 임치에 들어가 보기寶器를 손에 넣다[二十八. 與秦·三晉擊齊, 燕獨入至臨菑, 取其寶器].
제齊	민왕 40년. 오국五國이 함께 민왕을 공격하다. 민왕이 거 땅으로 달아나다[四十. 五國共擊潛王, 王走莒].

기원전 283년

주周	난왕 32년.
진秦	소양왕 24년. 초나라와 양 땅에서 회맹하다[二十四. 與楚會穰].
위魏	소왕 13년. 진나라가 안성安城을 함락시키다. 진나라 군사가 도성인 대량大梁까지 이르렀다가 철군하다[十三. 秦拔我安城, 兵至大梁而還].
한韓	희왕 13년.
조趙	혜문왕 16년.
초楚	경양왕 16년. 진나라와 양 땅에서 회맹하다[十六. 與秦王會穰].
연燕	소왕 29년.
제齊	양왕襄王 법장法章 원년.

기원전 282년

주周	난왕 33년.
진秦	소양왕 25년.
위魏	소왕 14년. 홍수가 나다. 위회군衛懷君 원년[十四. 大水. 衛懷君元年].

한韓	희왕 14년. 동주와 서주 사이에서 진나라와 회맹하다[十四. 與秦會兩周間].
조趙	혜문왕 17년. 진나라가 두 개의 성읍을 함락시키다[十七. 秦拔我兩城].
초楚	경양왕 17년.
연燕	소왕 30년.
제齊	양왕 2년.

기원전 281년

주周	난왕 34년.
진秦	소양왕 26년. 위염이 다시 승상의 자리에 오르다[二十六. 魏冉復爲丞相].
위魏	소왕 15년.
한韓	희왕 15년.
조趙	혜문왕 18년. 진나라가 석성石城을 함락시키다[十八. 秦拔我石城].
초楚	경양왕 18년.
연燕	소왕 31년.
제齊	양왕 3년.

기원전 280년

주周	난왕 35년.
진秦	소양왕 27년. 조나라를 공격해 3만 명을 참수하다. 지진이 나 성이 무너지다[二十七. 擊趙, 斬首三萬. 地動, 壞城].
위魏	소왕 16년.
한韓	희왕 16년.

조趙	혜문왕 19년. 진나라가 조나라 군사를 격파해 3만 명을 참수하다[十九. 秦敗我軍, 斬首三萬].
초楚	경양왕 19년. 진나라가 공격하다. 진나라에 한북漢北과 상용의 땅을 주다[十九. 秦擊我, 與秦漢北及上庸地].
연燕	소왕 32년.
제齊	양왕 4년.

기원전 279년

주周	난왕 36년.
진秦	소양왕 28년.
위魏	소왕 17년.
한韓	희왕 17년.
조趙	혜문왕 20년. 진나라와 민지澠池에서 회맹하다. 인상여藺相如가 수종하다[二十. 與秦會澠池, 藺相如從].
초楚	경양왕 20년. 진나라가 언과 서릉西陵 땅을 함락시키다[二十. 秦拔鄢·西陵].
연燕	소왕 33년.
제齊	양왕 5년. 연나라 장수 기겁騎劫을 죽이다[五. 殺燕騎劫].

기원전 278년

주周	난왕 37년.
진秦	소양왕 29년. 백기가 초나라 군사를 공격해 도성인 영도를 함락시키다. 다시 동쪽으로 경릉竟陵까지 공략한 뒤 이곳을 남군南郡으로 삼다[二十九. 白起擊楚, 拔郢, 更東至竟陵, 以爲南郡].
위魏	소왕 18년.

한韓	희왕 18년.
조趙	혜문왕 21년.
초楚	경양왕 21년. 진나라 군사가 도성인 영도를 함락시키다. 선왕의 묘가 있는 이릉夷陵을 불태우다. 왕이 진陳 땅으로 달아나다[二十一. 秦拔我郢, 燒夷陵, 王亡走陳].
연燕	혜왕惠王 원년.
제齊	양왕 6년.

기원전 277년

주周	난왕 38년.
진秦	소양왕 30년. 백기가 무안군武安君에 봉해지다[三十. 白起封爲武安君].
위魏	소왕 19년.
한韓	희왕 19년.
조趙	혜문왕 22년.
초楚	경양왕 22년. 진나라 군사가 무巫와 검중黔中을 함락시키다[二十二. 秦拔我巫·黔中].
연燕	혜왕 2년.
제齊	양왕 7년.

기원전 276년

주周	난왕 39년.
진秦	소양왕 31년.
위魏	안희왕安釐王 원년. 진나라가 두 개의 성읍을 함락시키다. 안희왕이 동생인 공자 무기를 신릉군信陵君에 봉하다[魏安釐王元年. 秦拔我兩城. 封弟公子無忌爲信陵君].

한韓	희왕 20년.
조趙	혜문왕 23년.
초楚	경양왕 23년. 진나라가 공략한 장강 일대의 성읍이 진나라에 반기를 들다[二十三. 秦所拔我江旁反秦].
연燕	혜왕 3년.
제齊	양왕 8년.

기원전 275년

주周	난왕 40년.
진秦	소양왕 32년.
위魏	안희왕 2년. 진나라가 두 개의 성읍을 공략한 뒤 위나라 도성 대량의 성 아래에 주둔하다. 한나라 군사가 구원하러 오다. 진나라에 온 땅을 내주고 강화하다[二. 秦拔我兩城, 軍大梁下, 韓來救, 與秦溫以和].
한韓	희왕 21년. 폭연暴鳶이 위나라를 구하러 갔다가 진나라 군사에게 패해 개봉開封으로 달아나다[二十一. 暴鳶救魏, 爲秦所敗, 走開封].
조趙	혜문왕 24년.
초楚	경양왕 24년.
연燕	혜왕 4년.
제齊	양왕 9년.

기원전 274년

주周	난왕 41년.
진秦	소양왕 33년.
위魏	안희왕 3년. 진나라가 네 개의 성읍을 공략해 4만 명을 참수하다[三. 秦拔我四城, 斬首四萬].

한韓	희왕 22년.
조趙	혜문왕 25년.
초楚	경양왕 25년.
연燕	혜왕 5년.
제齊	양왕 10년.

기원전 273년

주周	난왕 42년.
진秦	소양왕 34년. 백기가 위나라 군사를 화양華陽에서 공격하자 위나라 재상 망묘가 달아나다. 백기가 삼진의 장수를 생포해 15만 명을 참수하다[三十四. 白起擊魏華陽軍, 芒卯走, 得三晉將, 斬首十五萬].
위魏	안희왕 4년. 진나라에 남양南陽을 주고 강화하다[四. 與秦南陽以和].
한韓	희왕 23년.
조趙	혜문왕 26년.
초楚	경양왕 26년.
연燕	혜왕 6년.
제齊	양왕 11년.

기원전 272년

주周	난왕 43년.
진秦	소양왕 35년.
위魏	안희왕 5년. 연나라를 공격하다[五. 擊燕].
한韓	환혜왕桓惠王 원년.
조趙	혜문왕 27년.

초楚	경양왕 27년. 연나라를 공격하다. 노경공魯頃公 원년[二十七. 擊燕. 魯頃公元年].
연燕	혜왕 7년.
제齊	양왕 12년.

기원전 271년

주周	난왕 44년.
진秦	소양왕 36년.
위魏	안희왕 6년.
한韓	환혜왕 2년.
조趙	혜문왕 28년. 인상여가 제나라를 공격해 평읍에 이르다[二十八. 藺相如攻齊, 至平邑].
초楚	경양왕 28년.
연燕	무성왕武成王 원년.
제齊	양왕 13년.

기원전 270년

주周	난왕 45년.
진秦	소양왕 37년.
위魏	안희왕 7년.
한韓	환혜왕 3년. 진나라가 알여성閼與城을 공격했으나 공략치 못하다[三. 秦擊我閼與城, 不拔].
조趙	혜문왕 29년. 진나라가 한나라 군사를 알여성에서 공격하다. 조사趙奢가 군사를 이끌고 가 진나라 군사를 대파하다. 마복군에 봉하다[二十九. 秦攻韓閼與, 趙奢將擊秦, 大敗之, 賜號曰馬服].

초楚	경양왕 29년.
연燕	무성왕 2년.
제齊	양왕 14년. 진나라와 초나라가 강수剛壽에서 제나라 군사를 공격하다 [十四. 秦 · 楚擊我剛壽].

기원전 269년

주周	난왕 46년.
진秦	소양왕 38년.
위魏	안희왕 8년.
한韓	환혜왕 4년.
조趙	혜문왕 30년.
초楚	경양왕 30년.
연燕	무성왕 3년.
제齊	양왕 15년.

기원전 268년

주周	난왕 47년.
진秦	소양왕 39년.
위魏	안희왕 9년. 진나라가 위나라의 회성懷城을 함락시키다[九. 秦拔我懷城].
한韓	환혜왕 5년.
조趙	혜문왕 31년.
초楚	경양왕 31년.
연燕	무성왕 4년.
제齊	양왕 16년.

주周	난왕 48년.
진秦	소양왕 40년. 태자 도悼가 위나라에 인질로 가 있다가 죽다. 돌아온 유해를 지양芷陽에 안장하다[四十. 太子質於魏者死, 歸葬芷陽].
위魏	안희왕 10년.
한韓	환혜왕 6년.
조趙	혜문왕 32년.
초楚	경양왕 32년.
연燕	무성왕 5년.
제齊	양왕 17년.

주周	난왕 49년.
진秦	소양왕 41년.
위魏	안희왕 11년. 진나라 군사가 늠구를 함락시키다[十一. 秦拔我廩丘].
한韓	환혜왕 7년.
조趙	혜문왕 33년.
초楚	경양왕 33년.
연燕	무성왕 6년.
제齊	양왕 18년.

기원전 265년

주周	난왕 50년.
진秦	소양왕 42년. 선태후宣太后가 서거하다. 안국군安國君이 태자가 되다 [四十二. 宣太后薨. 安國君爲太子].
위魏	안희왕 12년.
한韓	환혜왕 8년.
조趙	효성왕孝成王 원년. 진나라가 세 개의 성읍을 함락시키다. 평원군이 재상이 되다[趙孝成王元年. 秦拔我三城. 平原君相].
초楚	경양왕 34년.
연燕	무성왕 7년. 전단田單이 중양을 함락시키다[七. 齊田單拔中陽].
제齊	양왕 19년.

기원전 264년

주周	난왕 51년.
진秦	소양왕 43년.
위魏	안희왕 13년.
한韓	환혜왕 9년. 진나라가 형성陘城을 함락시키다. 분수汾水 주변에 성을 쌓다[九. 秦拔我陘. 城汾旁].
조趙	효성왕 2년.
초楚	경양왕 35년.
연燕	무성왕 8년.
제齊	제왕齊王 건建 원년.

주周	난왕 52년.
진秦	소양왕 44년. 한나라를 공격해 남양을 탈취하다[四十四. 秦攻韓, 取南陽].
위魏	안희왕 14년.
한韓	환혜왕 10년. 진나라가 상당군上黨郡이 있는 태항산太行山 일대를 공격하다[十. 秦擊我太行].
조趙	효성왕 3년.
초楚	경양왕 36년.
연燕	무성왕 9년.
제齊	제왕 건 2년.

주周	난왕 53년.
진秦	소양왕 45년. 진나라가 한나라를 공격해 열 개 성읍을 탈취하다[四十五. 秦攻韓, 取十城].
위魏	안희왕 15년.
한韓	환혜왕 11년.
조趙	효성왕 4년.
초楚	고열왕考烈王 원년. 진나라가 주州 땅을 탈취하다. 황헐黃歇이 재상이 되다[楚考烈王元年. 秦取我州. 黃歇爲相].
연燕	무성왕 10년.
제齊	제왕 건 3년.

주周	난왕 54년.
진秦	소양왕 46년. 왕이 남정으로 가다[四十六. 王之南鄭].
위魏	안희왕 16년.
한韓	환혜왕 12년.
조趙	효성왕 5년. 염파廉頗를 시켜 장평長平에서 진나라 군사를 막게 하다[五. 使廉頗拒秦於長平].
초楚	고열왕 2년.
연燕	무성왕 11년.
제齊	제왕 건 4년.

주周	난왕 55년.
진秦	소양왕 47년. 백기가 장평에서 조나라 군사를 대파하고, 45만 명을 죽이다[四十七. 白起破趙長平, 殺卒四十五萬].
위魏	안희왕 17년.
한韓	환혜왕 13년.
조趙	효성왕 6년. 조괄趙括이 염파를 대신해 군사를 지휘하게 하다. 백기가 조괄이 이끄는 군사 45만 명을 대파하다[六. 使趙括代廉頗將. 白起破括四十五萬].
초楚	고열왕 3년.
연燕	무성왕 12년.
제齊	제왕 건 5년.

기원전 259년

주周	난왕 56년.
진秦	소양왕 48년.
위魏	안희왕 18년.
한韓	환혜왕 14년.
조趙	효성왕 7년.
초楚	고열왕 4년.
연燕	무성왕 13년.
제齊	제왕 건 6년.

기원전 258년

주周	난왕 57년.
진秦	소양왕 49년.
위魏	안희왕 19년.
한韓	환혜왕 15년.
조趙	효성왕 8년.
초楚	고열왕 5년.
연燕	무성왕 14년.
제齊	제왕 건 7년.

기원전 257년

주周	난왕 58년.

진秦	소양왕 50년. 왕흘王齕과 정안평鄭安平이 조나라 도성 한단을 포위하다. 왕흘이 철군하는 도중에 신중新中을 함락시키다[五十. 王齕·鄭安平圍邯鄲, 及齕還軍, 拔新中].
위魏	안희왕 20년. 공자 무기가 한단을 구하다. 진나라 군사가 포위를 풀고 철군하다[二十. 公子無忌救邯鄲, 秦兵解去].
한韓	환혜왕 16년.
조趙	효성왕 9년. 진나라 군사가 한단을 포위하다. 초나라와 위나라 군사가 구하러 오다[九. 秦圍我邯鄲, 楚·魏救我].
초楚	고열왕 6년. 춘신군春申君 황헐이 조나라를 구하다[六. 春申君救趙].
연燕	효왕孝王 원년.
제齊	제왕 건 8년.

기원전 256년

주周	난왕 59년. 난왕이 죽다[五十九. 赧王卒].
진秦	소양왕 51년.
위魏	안희왕 21년. 한·위·초나라가 조나라의 신중을 구하러 가다. 진나라가 군사를 거두다[二十一. 韓·魏·楚救趙新中, 秦兵罷].
한韓	환혜왕 17년. 진나라가 양성陽城을 공격하다. 조나라의 신중을 구하다[十七. 秦擊我陽城, 救趙新中].
조趙	효성왕 10년.
초楚	고열왕 7년. 조나라의 신중을 구하다[七. 救趙新中].
연燕	효왕 2년.
제齊	제왕 건 9년.

기원전 255년

진秦	소양왕 52년. 서주西周를 병탄하다. 하동 군수 왕계王稽가 제후들과 내통한 혐의로 기시棄市되다[五十二. 取西周. 王稽棄市].
위魏	안희왕 22년.
한韓	환혜왕 18년.
조趙	효성왕 11년.
초楚	고열왕 8년. 노나라를 빼앗고, 노경공을 거 땅에 봉하다[八. 取魯, 魯君封於莒].
연燕	효왕 3년.
제齊	제왕 건 10년.

기원전 254년

진秦	소양왕 53년.
위魏	안희왕 23년.
한韓	환혜왕 19년.
조趙	효성왕 12년.
초楚	고열왕 9년.
연燕	연왕 희喜 원년.
제齊	제왕 건 11년.

기원전 253년

진秦	소양왕 54년.
위魏	안희왕 24년.

한韓	환혜왕 20년.
조趙	효성왕 13년.
초楚	고열왕 10년. 거양鉅陽으로 천도하다[十. 徙於鉅陽].
연燕	연왕 희 2년.
제齊	제왕 건 12년.

기원전 252년

진秦	소양왕 55년.
위魏	안희왕 25년. 위원군衛元君 원년.
한韓	환혜왕 21년.
조趙	효성왕 14년.
초楚	고열왕 11년.
연燕	연왕 희 3년.
제齊	제왕 건 13년.

기원전 251년

진秦	소양왕 56년.
위魏	안희왕 26년.
한韓	환혜왕 22년.
조趙	효성왕 15년. 평원군 조승趙勝이 죽다[十五. 平原君卒].
초楚	고열왕 12년. 주국柱國 경백景伯이 죽다[十二. 柱國景伯死].
연燕	연왕 희 4년. 조나라를 치다. 조나라가 연나라 군사를 격파하고 장군 율복栗腹을 죽이다[四. 伐趙, 趙破我軍, 殺栗腹].
제齊	제왕 건 14년.

기원전 250년

진秦	효문왕孝文王 원년.
위魏	안희왕 27년.
한韓	환혜왕 23년.
조趙	효성왕 16년.
초楚	고열왕 13년.
연燕	연왕 희 5년.
제齊	제왕 건 15년.

기원전 249년

진秦	장양왕莊襄王 초楚 원년. 몽오蒙驁가 한나라로부터 성고成皋와 형양榮陽을 탈취하다. 이곳에 처음으로 삼천군三川郡을 두다. 여불위가 승상이 되다. 동주를 식읍으로 삼다[秦莊襄王楚元年. 蒙驁取成皋·榮陽. 初置三川郡. 呂不韋相. 取東周].
위魏	안희왕 28년.
한韓	환혜왕 24년. 진나라가 성고와 형양을 탈취하다[二十四. 秦拔我成皋·榮陽].
조趙	효성왕 17년.
초楚	고열왕 14년. 초나라가 노나라를 멸하다. 노경공이 변卞 땅으로 옮겨가 살게 되면서 평민이 된 까닭에 제사가 끊기다[十四. 楚滅魯. 頃公遷卞. 爲家人. 絶祀].
연燕	연왕 희 6년.
제齊	제왕 건 16년.

기원전 248년

진秦	장양왕 2년. 몽오가 조나라의 유차楡次·신성·낭맹狼孟을 공격해 서른일곱 개 성읍을 얻다. 일식이 일어나다[二. 蒙驁擊趙楡次·新城·狼孟, 得三十七城. 日蝕].
위魏	안희왕 29년.
한韓	환혜왕 25년.
조趙	효성왕 18년.
초楚	고열왕 15년. 춘신군이 오 땅으로 옮겨져 봉해지다[十五. 春申君徙封於吳].
연燕	연왕 희 7년.
제齊	제왕 건 17년.

기원전 247년

진秦	장양왕 3년. 왕의王齮*가 한나라의 상당군을 공략해 처음으로 태원군太原郡을 두다. 위衛나라 공자 신릉군 무기가 오국의 군사를 이끌고 와 진나라 군사를 황하 밖으로 밀어내다. 몽오가 퇴각하다[三. 王齮擊上黨. 初置太原郡. 魏公子無忌率五國御我軍河外, 蒙驁解去].
위魏	안희왕 30년. 신릉군 무기가 오국의 군사를 이끌고 가 진나라 군사를 황하 밖으로 밀어내다[三十. 無忌率五國兵敗秦軍河外].
한韓	환혜왕 26년. 진나라가 상당군을 함락시키다[二十六. 秦拔我上黨].
조趙	효성왕 19년.
초楚	고열왕 16년.
연燕	연왕 희 8년.
제齊	제왕 건 18년.

• 《사기》〈진시황본기〉에는 왕의, 〈진본기〉에는 왕홀로 나온다. 동일 인물이다.

기원전 246년

진秦	진왕秦王 정政 원년.* 진양을 공격해 탈취하다. 정국거鄭國渠를 만들다 [始皇帝元年. 擊取晉陽, 作鄭國渠].
위魏	안희왕 31년.
한韓	환혜왕 27년.
조趙	효성왕 20년. 진나라가 진양을 함락시키다[二十. 秦拔我晉陽].
초楚	고열왕 17년.
연燕	연왕 희 9년.
제齊	제왕 건 19년.

기원전 245년

진秦	진왕 정 2년.
위魏	안희왕 32년.
한韓	환혜왕 28년.
조趙	효성왕 21년.
초楚	고열왕 18년.
연燕	연왕 희 10년.
제齊	제왕 건 20년.

● 원문에는 시황제始皇帝로 되어 있으나 시황제를 칭한 것은 사상 최초로 천하를 통일한 기원전 221년이므로 그 이전까지는 진왕 정으로 표현하는 것이 옳다.

기원전 244년

진秦	진왕 정 3년. 몽오가 한나라를 공격해 열세 개 성읍을 탈취하다. 왕의가 죽다[三. 蒙鷔擊韓, 取十三城. 王齮死].
위魏	안희왕 33년.
한韓	환혜왕 29년. 진나라가 열세 개 성읍을 함락시키다[二十九. 秦拔我十三城].
조趙	도양왕悼襄王 언偃 원년.
초楚	고열왕 19년.
연燕	연왕 희 11년.
제齊	제왕 건 21년.

기원전 243년

진秦	진왕 정 4년. 7월, 메뚜기가 하늘을 덮다. 곡식 1,000석을 바친 백성에게 작위를 1등급씩 내리다[四. 七月, 蝗蔽天下. 百姓納粟千石, 拜爵一級].
위魏	안희왕 34년. 신릉군 무기가 죽다[三十四. 信陵君死].
한韓	환혜왕 30년.
조趙	도양왕 2년. 태자가 진나라에 인질이 되어 따라갔다가 돌아오다[二. 太子從質秦歸].
초楚	고열왕 20년.
연燕	연왕 희 12년. 조나라가 무수와 방성方城을 함락시키다[十二. 趙拔我武遂·方城].
제齊	제왕 건 22년.

기원전 242년

진秦	진왕 정 5년. 몽오가 위나라 산조 일대의 스무 개 성읍을 탈취하다. 이곳에 처음으로 동군東郡을 두다[五. 蒙驁取魏酸棗二十城. 初置東郡].
위魏	경민왕景湣王 원년. 진나라가 열두 개 성읍을 함락시키다[魏景湣王元年. 秦拔我二十城].
한韓	환혜왕 31년.
조趙	도양왕 3년. 조나라와 위나라의 재상이 가 땅에서 만나 맹약하다[三. 趙相·魏相會柯. 盟].
초楚	고열왕 21년.
연燕	연왕 희 13년. 극신劇辛이 조나라에서 죽다[十三. 劇辛死於趙].
제齊	제왕 건 23년.

기원전 241년

진秦	진왕 정 6년. 오국이 합세해 진나라를 공격하다[六. 五國共擊秦].
위魏	경민왕 2년. 진나라가 조가를 함락시키다. 속국이 된 위衛나라가 복양濮陽에서 야왕野王으로 옮기다[二. 秦拔我朝歌. 衛從濮陽徙野王].
한韓	환혜왕 32년.
조趙	도양왕 4년.
초楚	고열왕 22년. 왕이 동쪽 수춘壽春으로 천도한 뒤 영도로 명명하다[二十二. 王東徙壽春. 命曰郢].
연燕	연왕 희 14년.
제齊	제왕 건 24년.

진秦	진왕 정 7년. 혜성이 북쪽과 서쪽에 나타나다. 하태후夏太后가 서거하다. 몽오가 죽다[七. 彗星見北方西方. 夏太后薨. 蒙驁死].
위魏	경민왕 3년. 진나라가 급汲 땅을 함락시키다[三. 秦拔我汲].
한韓	환혜왕 33년.
조趙	도양왕 5년.
초楚	고열왕 23년.
연燕	연왕 희 15년.
제齊	제왕 건 25년.

진秦	진왕 정 8년. 노애嫪毐를 장신후長信侯에 봉하다[八. 嫪毐封長信侯].
위魏	경민왕 4년.
한韓	환혜왕 34년.
조趙	도양왕 6년.
초楚	고열왕 24년.
연燕	연왕 희 16년.
제齊	제왕 건 26년.

진秦	진왕 정 9년. 혜성이 나타나 하늘에 가득 차다. 노애가 난을 일으키다. 휘하에 있던 사인舍人 등을 촉 땅으로 추방하다. 혜성이 다시 보이다[九. 彗星見, 竟天. 嫪毐爲亂, 遷其舍人於蜀. 彗星復見].

위魏	경민왕 5년. 진나라가 원垣 · 포양 · 연衍을 함락시키다[五. 秦拔我垣 · 蒲陽 · 衍].
한韓	한왕韓王 안安 원년.
조趙	도양왕 7년.
초楚	고열왕 25년. 이원李園이 춘신군을 암살하다[二十五. 李園殺春申君].
연燕	연왕 희 17년.
제齊	제왕 건 27년.

기원전 237년

진秦	진왕 정 10년. 상국相國 여불위를 면직하다. 제나라와 조나라 사자가 오자 연회를 베풀다. 태제후가 함양으로 들어오다. 유세객을 쫓아내기 위해 대대적으로 수색하다[十. 相國呂不韋免. 齊 · 趙來, 置酒. 太后入咸陽. 大索].
위魏	경민왕 6년.
한韓	한왕 안 2년.
조趙	도양왕 8년. 진나라에 사자를 보내자 진나라가 연회를 베풀다[八. 入秦, 置酒].
초楚	유왕幽王 도悼 원년.●
연燕	연왕 희 18년.
제齊	제왕 건 28년. 진나라에 사자를 보내자 진나라가 연회를 베풀다[二十八. 入秦, 置酒].

● 《자치통감》에는 초유왕의 이름 도悼가 한斛으로 나온다.

진秦	진왕 정 11년. 여불위가 봉국인 하남河南으로 가다. 진나라 장수 왕전王翦이 조나라의 업鄴과 알여閼與를 공격해 아홉 개의 성읍을 탈취하다[十一. 呂不韋之河南. 王翦擊鄴·閼與, 取九城].
위魏	경민왕 7년.
한韓	한왕 안 3년.
조趙	도양왕 9년. 진나라가 알여와 업 등을 공략해 아홉 개의 성읍을 탈취하다[九. 秦拔我閼與·鄴, 取九城].
초楚	유왕 도 2년.
연燕	연왕 희 19년.
제齊	제왕 건 29년.

진秦	진왕 정 12년. 네 개 군郡의 병력을 동원해 위나라와 함께 초나라를 공격하다. 여불위가 죽다. 재차 노애의 사인들을 촉 땅으로 유배하다[十二. 發四郡兵助魏擊楚. 呂不韋卒. 復嫪毐舍人遷蜀者].
위魏	경민왕 8년. 진나라가 위나라를 도와 초나라를 공격하다[八. 秦助我擊楚].
한韓	한왕 안 4년.
조趙	조왕趙王 천遷 원년.
초楚	유왕 도 3년. 진나라와 위나라가 함께 공격하다[三. 秦·魏擊我].
연燕	연왕 희 20년.
제齊	제왕 건 30년.

진秦	진왕 정 13년. 환의桓齮가 평양을 공격해 조나라 장수 호첩扈輒을 죽이고 10만 명을 참수하다. 이어 동쪽으로 진격하자 조왕이 하남으로 달아나다. 혜성이 보이다[十三. 桓齮擊平陽, 殺趙扈輒, 斬首十萬, 因東擊. 趙王之河南. 彗星見].
위魏	경민왕 9년.
한韓	한왕 안 5년.
조趙	조왕 천 2년. 진나라 장수 환의가 평양을 공략해 호첩을 패사시킨 뒤 10만 명을 참수하다[二. 秦拔我平陽, 敗扈輒, 斬首十萬].
초楚	유왕 도 4년.
연燕	연왕 희 21년.
제齊	제왕 건 31년.

진秦	진왕 정 14년. 환의가 평양·무성·의안宜安을 평정하다. 한나라가 한비韓非를 사자로 보내다. 진왕 정이 한비를 죽이다. 한왕 안이 신하가 되기를 청하다[十四. 桓齮定平陽·武城·宜安. 韓使非來, 我殺非. 韓王請爲臣].
위魏	경민왕 10년.
한韓	한왕 안 6년.
조趙	조왕 천 3년. 진나라가 의안을 함락시키다[三. 秦拔我宜安].
초楚	유왕 도 5년.
연燕	연왕 희 22년.
제齊	제왕 건 32년.

기원전 232년

진秦	진왕 정 15년. 군사를 일으켜 업 땅에 이어 태원太原에 이르다. 맹랑狼孟을 탈취하다[十五. 興軍至鄴. 軍至太原. 取狼孟].
위魏	경민왕 11년.
한韓	한왕 안 7년.
조趙	조왕 천 4년. 진나라가 맹랑과 파오鄱吾를 함락시키다. 업 땅에 주둔하다[四. 秦拔我狼孟·鄱吾. 軍鄴].
초楚	유왕 도 6년.
연燕	연왕 희 23년. 태자 단丹이 진나라에 인질로 갔다가 도망쳐 돌아오다[二十三. 太子丹質於秦. 亡來歸].
제齊	제왕 건 33년.

기원전 231년

진秦	진왕 정 16년. 여읍麗邑을 배치하다. 군대를 출동시켜 한나라의 남양을 거두다[十六. 置麗邑. 發卒受韓南陽].
위魏	경민왕 12년. 진나라에 성을 바치다[十二. 獻城秦].
한韓	한왕 안 8년. 진나라가 와서 영토를 거두다[八. 秦來受地].
조趙	조왕 천 5년. 큰 지진이 나다[五. 地大動].
초楚	유왕 도 7년.
연燕	연왕 희 24년.
제齊	제왕 건 34년.

기원전 230년

진秦	진왕 정 17년. 내사內史 등騰이 한왕 안을 공격해 생포한 뒤 한나라 땅을 모두 접수하다. 그곳에 영천군潁川郡을 두다. 화양태후華陽太后가 서거하다[十七. 內史騰擊得韓王安, 盡取其地, 置潁川郡. 華陽太后薨].
위魏	경민왕 13년.
한韓	한왕 안 9년. 진나라가 한왕 안을 생포하고 한나라를 멸하다[九. 秦虜王安, 秦滅韓].
조趙	조왕 천 6년.
초楚	유왕 도 8년.
연燕	연왕 희 25년.
제齊	제왕 건 35년.

기원전 229년

진秦	진왕 정 18년.
위魏	경민왕 14년. 위군衛君 각角 원년.
조趙	조왕 천 7년.
초楚	유왕 도 9년.
연燕	연왕 희 26년.
제齊	제왕 건 36년.

기원전 228년

진秦	진왕 정 19년. 왕전이 조나라를 공략해 조왕 천을 한단에서 생포하다. 진왕 정의 생모인 조태후趙太后가 서거하다[十九. 王翦拔趙, 虜王遷邯鄲. 帝太后薨].

위魏	경민왕 15년.
조趙	조왕 천 8년. 왕전이 조왕 천을 생포하다. 조나라 공자 가嘉가 대代 땅에서 자립해 대왕代王을 칭하다[八. 秦王翦虜王遷邯鄲. 公子嘉自立爲代王].
초楚	유왕 도 10년. 유왕이 죽다. 유왕의 동생 학郝이 애왕哀王으로 즉위하다. 3월, 부추가 애왕을 죽이다[十. 幽王卒. 弟郝立. 爲哀王. 三月. 負芻殺哀王].
연燕	연왕 희 27년.
제齊	제왕 건 37년.

기원전 227년

진秦	진왕 정 20년. 연나라 태자 단이 자객 형가荊軻를 시켜 진왕의 척살을 시도했으나 이내 발각되다. 왕전이 연나라를 공격하려 하다[二十. 燕太子使荊軻刺王. 覺之. 王翦將擊燕].
위魏	위왕魏王 가假 원년.
조趙	대왕代王 가嘉 원년.
초楚	초왕楚王 부추負芻 원년. 부추는 애왕의 서형이다[楚王負芻元年. 負芻. 哀王庶兄].
연燕	연왕 희 28년. 태자 단이 자객 형가를 시켜 진왕의 척살을 시도하다. 진나라가 연나라를 치다[二十八. 太子丹使荊軻刺秦王. 秦伐我].
제齊	제왕 건 38년.

기원전 226년

진秦	진왕 정 21년. 장수 왕분王賁이 초나라를 공격하다[二十一. 王賁擊楚].
위魏	위왕 가 2년.
조趙	대왕 가 2년.

초楚	초왕 부추 2년. 진나라가 초나라 군사를 격파하고 열 개의 성읍을 탈취하다[二. 秦大破我, 取十城].
연燕	연왕 희 29년. 진나라가 연나라 도성 계성薊城을 함락시키고 태자 단을 사로잡다. 연왕 희가 요동遼東으로 옮겨가다[二十九. 秦拔我薊, 得太子丹. 王徒遼東].
제齊	제왕 건 39년.

진秦	진왕 정 22년. 왕분이 위나라를 공격해 위왕 가假를 사로잡고, 위나라 영토를 모두 탈취하다[二十二. 王賁擊魏, 得其王假, 盡取其地].
위魏	위왕 가 3년. 진나라 군사가 위왕 가를 생포하다[三. 秦虜王假].
조趙	대왕 가 3년.
초楚	초왕 부추 3년.
연燕	연왕 희 30년.
제齊	제왕 건 40년.

진秦	진왕 정 23년. 왕전과 몽무가 초나라 군사를 격파하고, 초나라 장수 항연項燕을 살해하다[二十三. 王翦·蒙武擊破楚軍, 殺其將項燕].
조趙	대왕 가 4년.
초楚	초왕 부추 4년. 진나라가 항연이 이끄는 초나라 군사를 격파하다[四. 秦破我將項燕].
연燕	연왕 희 31년.
제齊	제왕 건 41년.

기원전 223년

진秦	진왕 정 24년. 왕전과 몽무가 초나라 군사를 대파하고 초왕 부추를 생포하다[二十四. 王翦·蒙武破楚, 虜其王負芻].
조趙	대왕 가 5년.
초楚	초왕 부추 5년. 진나라가 초왕 부추를 생포하고, 초나라를 멸하다[五. 秦虜王負芻. 秦滅楚].
연燕	연왕 희 32년.
제齊	제왕 건 42년.

기원전 222년

진秦	진왕 정 25년. 왕분이 연나라를 공격해 연왕 희를 생포하다. 이어 조나라 대왕 가를 공격해 사로잡다. 5월, 천하에 대대적으로 술잔치를 벌이도록 하라는 명인 대포大酺를 내리다[二十五. 王賁擊燕, 虜王喜. 又擊得代王嘉. 五月, 天下大酺].
조趙	대왕 가 6년. 진나라 장수 왕분이 대왕 가를 생포하다. 진나라가 조나라를 완전히 멸하다[六. 秦將王賁虜王嘉, 秦滅趙].
연燕	연왕 희 33년. 진나라 군사가 연왕 희를 생포하고, 요동을 함몰시키다. 진나라가 연나라를 완전히 멸하다[三十三. 秦虜王喜, 拔遼東, 秦滅燕].
제齊	제왕 건 43년.

기원전 221년

진秦	진왕 정 26년. 왕분이 제나라를 공격해 제왕齊王 건建을 생포하다. 처음으로 천하를 병탄하고 황제皇帝의 자리에 오르다[二十六. 王賁擊齊, 虜王建. 初并天下, 立爲皇帝].

제齊	제왕 건 44년. 진나라 군사가 제왕 건을 생포하다. 진나라가 제나라를 멸하다[四十四. 秦虜王建. 秦滅齊].

기원전 220년

진秦	진시황 27년. 황하의 명칭을 덕수德水로 바꾸다. 천하의 병기를 모두 녹여 열두 개의 금인金人을 만들다. 백성을 검수黔首로 칭하다. 천하의 문자를 통일하고, 천하를 모두 서른여섯 개 군으로 나누다[二十七. 更命河爲德水. 爲金人十二. 命民曰, 黔首. 同天下書. 分爲三十六郡].

기원전 219년

진秦	진시황 28년. 아방궁阿房宮을 조영하다. 형산衡山으로 가다. 함양에서 곧바로 전국 각지에 이르는 치도馳道를 닦다. 황제가 낭야琅邪로 갔다가 남군의 길을 따라 환궁하다. 태극묘太極廟를 만든 뒤 민호 30호를 내리고 작위를 1등급씩 하사하다[二十八. 爲阿房宮. 之衡山. 治馳道. 帝之琅邪, 道南郡入. 爲太極廟. 賜戶三十, 爵一級].

기원전 218년

진秦	진시황 29년. 황제가 양무현陽武縣의 박랑사博狼沙에 이르렀을 때 자객 때문에 크게 놀라다. 자객을 잡으려 했으나 잡지 못하자 열흘 동안 일대의 군현을 대대적으로 수색하다. 황제가 낭야로 갔다가 상당上黨의 길을 거쳐 환궁하다[二十九. 郡縣大索十日. 帝之琅邪, 道上黨入].

기원전 217년

진秦	진시황 30년.

기원전 216년

진秦	진시황 31년. 명을 내려 음력 12월인 납월臘月의 명칭을 가평嘉平으로 바꾸다. 리里마다 백성에게 쌀 여섯 석과 양 두 마리를 하사하다. 황제가 함양을 미행微行하려고 무사와 함께 한밤중에 궁궐을 나왔다가 도적을 만난 후 관중關中을 스무 날 동안 대대적으로 수색하다[三十一. 更命臘曰, 嘉平. 賜黔首里六石米二羊, 以嘉平. 大索二十日].

기원전 215년

진秦	진시황 32년. 황제가 동해의 갈석碣石으로 갔다가 상군上郡의 길을 따라 환궁하다[三十二. 帝之碣石, 道上郡入].

기원전 214년

진秦	진시황 33년. 도망자와 행상 및 데릴사위 등을 붙잡은 뒤 병사로 파견해 남쪽 육량陸梁 일대를 공략하다. 이곳에 계림桂林·남해南海·상군象郡을 두고 이들로 하여금 수자리를 서게 하다. 서북으로 융인을 몰아내고 서른네 개 현을 두다. 장성을 황하 북쪽에 쌓으면서, 몽념蒙恬에게 30만 대군을 이끌고 장성을 지키게 하다[三十三. 遣諸逋亡及賈人贅婿略取陸梁, 爲桂林·南海·象郡, 以適戍. 西北取戎爲三十四縣. 築長城河上, 蒙恬將三十萬].

기원전 213년

진秦	진시황 34년. 감옥을 관할하는 관원 가운데 정직하지 못한 자를 귀양 보내 장성을 쌓게 하거나 남월南越 땅으로 옮겨가 살게 하다. 재심을 맡았는데 고의로 판결을 뒤집거나 실수로 잘못 처리하는 복역고실覆獄故失을 범한 옥리 역시 같은 죄로 다스리다[三十四. 適治獄不直者築長城. 取南方越地. 覆獄故失].

기원전 212년

진秦	진시황 35년. 몽념에게 명해 곧바로 뻗은 대로[直道]를 닦아 구원九原에 이르게 하다. 직도가 감천甘泉까지 통하게 되다[三十五. 爲直道. 道九原. 通甘泉].

기원전 211년

진秦	진시황 36년. 북하北河와 유중榆中으로 3만 호를 이주시키고 가구마다 작위를 1등급씩 내리다. 동군에 운석이 떨어지다. 운석에 "시황제가 죽으면 땅이 나뉠 것이다"라는 글귀가 보이다[三十六. 徙民於北河·榆中. 耐徙三處. 拜爵一級. 石畫下東郡. 有文言. 地分].

기원전 210년

진秦	진시황 37년. 10월, 황제가 회계會稽와 낭야로 가다. 돌아오는 길에 사구에서 붕어하다. 아들 호해胡亥가 뒤를 이어 2세 황제가 되다. 이내 몽념을 죽이다. 천하 순행에 나섰다가 구원九原의 길을 따라 환궁하다. 다시 동전을 주조하다[三十七. 十月. 帝之會稽·琅邪. 還至沙丘崩. 子胡亥立. 爲二世皇帝. 殺蒙恬. 道九原入. 復行錢].

진秦	2세二世 황제 원년. 11월 무인일, 죄인을 대거 사면하는 대사령大赦令을 내리다. 11월, 토원兎園을 만들다. 12월, 아방궁을 다시 짓기 시작하다. 이듬해 9월, 군현이 모두 반기를 들다. 진승이 세운 장초張楚의 반군이 함양 인근의 희수戲水까지 이르다. 진나라 장수 장함章邯이 이를 물리치다. 위군 각이 서인이 되고 마침내 속국으로 있던 위衛나라가 멸망하다[二世元年. 十月戊寅, 大赦罪人. 十一月, 爲兎園. 十二月, 就阿房宮. 其九月, 郡縣皆反. 楚兵至戲, 章邯擊卻之. 出衛君角爲庶人].

진秦	2세 황제 2년. 진나라 장수 장함과 장사長史 사마흔司馬欣 및 도위 동예董翳가 초나라 군사를 뒤쫓아 황하에 이르다. 좌승상 이사李斯와 우승상 거질 및 장군 풍겁馮劫을 주살하다[二. 將軍章邯·長史司馬欣·都尉董翳追楚兵至河, 誅丞相斯·去疾, 將軍馮劫].

진秦	2세 황제 3년. 조고趙高의 모반으로 2세 황제가 자진하다. 조고가 부소扶蘇의 아들 자영子嬰을 옹립하다. 자영이 조고와 그의 삼족을 멸하다. 항우가 이끄는 제후의 군사가 함양으로 들어오자 자영이 항복했으나 이내 항우에게 죽임을 당하다. 한고조 유방이 항우를 찾아 주살하자 천하의 민심이 한나라에 돌아오다[三. 趙高反, 二世自殺, 高立二世兄子嬰. 子嬰立, 刺殺高, 夷三族, 諸侯入秦, 嬰降, 爲項羽所殺. 尋誅羽, 天下屬漢].

진초지제월표
秦楚之際月表

〈진초지제월표〉는 〈표〉 가운데 사건을 월 단위로 기록한 유일한 월표에 해당한다. 한고조 유방과 초패왕 항우가 천하의 패권을 놓고 한 치의 양보도 없이 치열하게 다툰 이야기를 상세히 소개하려는 취지에서 월표 방식으로 기록한 것이다. 진초지제秦楚之際의 시기가 사마천이 생존했던 시기와 가장 가까웠던 것도 하나의 이유가 되었을 것이다. 학자들은 진초지제 대신 초한지제楚漢之際를 즐겨 쓴다.

사마천이 《한서》의 저자 반고처럼 진한秦漢 또는 후대 학자들처럼 초한楚漢의 표현을 사용하지 않고 굳이 진초秦楚로 표현한 것을 두고 그간 여러 해석이 나왔다. 진나라를 패망으로 이끄는 데 가장 큰 공헌을 한 진승과 항량, 항우, 유방 모두 초나라 출신이라는 사실을 은연중에 부각시키려 했다는 풀이가 가장 그럴듯하다.

태사공이 진초의 역사를 읽고서 말했다.

"당초 반란을 일으킨 자는 진섭陳涉이고, 잔혹한 방법으로 진나라를 멸한 자는 항우다. 그러나 어지러운 세상을 바로잡아 포악한 자를 제거하고 해내를 평정해 마침내 제위帝位에 오른 것은 한가漢家에 의해 완성되었다. 한고조가 기치를 내걸고 천하를 평정하기까지 5년 동안 나름대로 천하를 호령한 자가 모두 세 차례나 바뀌었다. 백성이 생긴 이래 천명을 받은 것이 이처럼 빠른 때는 없었다. 옛날 순임금과 하나라가 흥한 것은 수십 년 동안 선정을 베풀고 공적을 쌓았던 덕분이다. 은덕이 백성에게 두루 미치고, 하늘을 대신한 정사를 차질 없이 펼치는 식으로 하늘의 시험을 거친 후에 제위에 오른 것이다.

은나라 탕왕과 주나라 무왕이 왕을 칭하게 된 것은 그 조상인 설과 후직 때부터 인의를 갈고 닦으며 실천한 지 10여 세대가 지난 뒤의 일이다. 무왕이 기의할 당시 서로 약속을 하지도 않았는데 800여 명의 제후가 맹진盟津에 모였다. 그럼에도 두 사람 모두 오히려 아직 때가 이르지 않았다고 여겼다. 때가 성숙된 연후에 비로소 탕왕이 걸을 유배 보내고, 무왕이 주를 죽였다.

진秦나라는 진양공 때 흥기해 진문공과 진목공 때 명성을 드러냈다. 진헌공과 진효공 때 크게 힘을 길러 육국을 잠식하기 시작하면서 100여 년이 지난 후 마침내 진시황 때 육국을 병탄하게 되었다. 순임금을 비롯한 삼대의 적덕積德 행보와 진나라의 강병强兵 행보가 이처럼 오래도록 이어진 것은 천하통일의 대업이 그만큼 어렵다는 사실을 보여준다.

당초 진시황은 칭제 이후 병란이 그치지 않을 것을 우려했다. 그는 모든 것이 제후들의 할거割據에서 비롯되었다고 판단했다. 천하통일 직후 한 자[尺]의 땅도 공신과 종실에게 분봉하지 않고, 이름난 성벽을 모두 무너뜨린 이유다. 칼날과 화살촉을 녹이고 호걸을 제거하는 방식으로 만세萬世의 안녕을 유지하려고 한 것이다.

그러나 제왕의 대업은 제후가 아닌 여염閭閻에서 시작되었다. 여염에서 일어난 자들이 힘을 합쳐 진나라를 토벌한 것이 그렇다. 당시 그 기세는 삼대를 뛰어넘었다. 전에 진나라가 실시한 엄법은 오히려 현자들이 막강한 진나라를 무너뜨리는 데 도움을 주었을 뿐이다. 고조 역시 여염에서 발분해 마침내 천하의 영웅이 되었다. 그러니 어찌 봉국이 있는 제후가 아니면 결코 제왕이 될 수 없다고 말할 수 있겠는가! 고조야말로 책을 통해서만 전해져 내려온 바로 그 대성大聖인가? 이 어찌 하늘의 뜻이 아니겠는가? 이 어찌 하늘의 뜻이 아니겠는가? 대성이 아니라면 누가 능히 당시 상황에서 천명을 받아 제왕이 될 수 있었겠는가?"

●● 太史公讀秦楚之際, 曰, "初作難, 發於陳涉, 虐戾滅秦, 自項氏, 撥亂誅暴, 平定海內, 卒踐帝祚, 成於漢家. 五年之閒, 號令三嬗. 自生民以來, 未始有受命若斯之亟也. 昔虞·夏之興, 積善累功數十年, 德洽百姓, 攝行政事, 考之於天, 然後在位. 湯·武之王, 乃由契·后稷脩仁行義十餘世, 不期而會孟津八百諸侯, 猶以爲未可, 其後乃放弑. 秦起襄公, 章於文·繆, 獻·孝之後, 稍以蠶食六國, 百有餘載, 至始皇乃能幷冠帶之倫. 以德若彼, 用力如此, 蓋一統若斯之難也. 秦既稱帝, 患兵革不休, 以有諸侯也, 於是無尺土之封, 墮壞名城, 銷鋒鏑, 鉏豪桀, 維萬世之安. 然王跡之興, 起於閭巷, 合從討伐, 軼於三代, 鄉秦之禁, 適足以資賢者爲驅除難耳. 故憤發其所爲天下雄, 安在無土不王! 此乃傳之所謂大聖乎? 豈非天哉, 豈非天哉? 非大聖孰能當此受命而帝者乎?"

7월

진秦	2세 원년.
초楚	장초를 세운 초은왕楚隱王 진섭이 거병해 진나라의 도성 부근으로 들어가다[楚隱王陳涉起兵入秦].
항項	
조趙	
제齊	
한漢	
연燕	
위魏	
한韓	

8월

진秦	
초楚	부리符離 출신인 진섭의 부장部將 갈영葛嬰이 진섭을 위해 구강九江 일대를 다스리다가 초나라 왕족 출신 양강襄彊을 내세워 초왕으로 삼다 [葛嬰爲涉徇九江, 立襄彊爲楚王].
항項	
조趙	진섭과 옛날부터 잘 알고 지내던 진陳 땅 출신 무신武臣이 처음으로 옛 조나라 수도 한단에서 스스로 자립해 조왕을 칭하다. 조나라가 여기서 시작하다[武臣始至邯鄲, 自立爲趙王, 始].
제齊	
한漢	
연燕	
위魏	
한韓	

9월

진秦	9월, 진섭의 부장 주문周文이 이끄는 장초의 군사가 함양 인근의 희수에 이르다[九月. 楚兵至戱].
초楚	주문이 이끄는 장초의 군사가 희수에 이르렀으나 진나라 군사에게 패하다. 갈영은 진섭이 장초를 세우고 왕이 되었다는 소식을 듣고 곧바로 양강을 죽이다[周文兵至戱, 敗. 而嬰聞涉王, 卽殺彊].
항項	항량이 무신군武信君으로 일컬어지다[項梁號武信君].
조趙	
제齊	제왕齊王 전담田儋이 처음 등장하다. 전담은 적狄 땅 출신이다. 당시 적 땅 출신 여러 전씨들이 매우 강성하다. 그의 종제從弟가 전영田榮이고, 전영의 동생이 전횡田橫이다[齊王田儋始. 儋, 狄人. 諸田宗強. 從弟榮, 榮弟橫].
한漢	패공沛公 유방이 처음으로 기의하다[沛公初起].
연燕	한광韓廣이 옛 조나라를 위해 연나라 땅을 공략해 옛 연나라 도성인 계성에 이르다. 스스로 보위에 올라 연왕이 되다. 연나라가 처음 등장하다[韓廣爲趙略地至薊, 自立爲燕王, 始].
위魏	위왕 위구魏咎가 처음 등장하다. 위구는 진陳 땅에 있었으나 귀국하지 못하다[魏王咎, 始. 咎在陳, 不得歸國].
한韓	

10월

진秦	2세 황제 2년. 새해가 시작하는 10월이다[二年. 十月].
초楚	진섭이 갈영을 주살하다[誅葛嬰].
항項	
조趙	
제齊	전담이 봉기해 적 땅 출신 인사들을 죽이고 스스로 왕을 칭하다[儋之起, 殺狄令自王].
한漢	유방이 진나라의 호릉胡陵과 방여方與를 공격하고 감군監軍이 이끄는 진나라 군사를 격파하다[擊胡陵·方與, 破秦監軍].
연燕	
위魏	

한韓	

11월

진秦	
초楚	주문이 죽다[周文死].
항項	
조趙	부장 이량李良이 주군인 무신을 죽이자 조왕 장이張耳와 진여陳餘가 달아나다[李良殺武臣, 張耳·陳餘走].
제齊	
한漢	유방이 사수泗水의 태수를 죽이다. 설군薛郡의 서쪽을 함락시키다. 주불周市이 동쪽 풍과 패沛 사이의 땅을 공략하다[殺泗水守, 拔薛西. 周市東略地豐沛閒].
연燕	
위魏	제나라와 조나라가 함께 주불을 옹립하려 하다. 주불이 원하지 않다. 그는 말하기를, "반드시 위구를 세워라"고 하다[齊·趙共立周市, 市不肯, 曰 "必立魏咎"云].
한韓	

12월

진秦	
초楚	진섭이 죽다[陳涉死].
항項	
조趙	
제齊	
한漢	옹치雍齒가 패공 유방을 배반하고, 풍읍豐邑을 들어 위나라 장수 주불에게 투항하다. 패공이 군사를 이끌고 돌아와 풍읍을 쳤으나 이기지 못하다[雍齒叛沛公, 以豐降魏. 沛公還攻豐, 不下].
연燕	
위魏	위구가 진陳 땅에서 돌아와 보위에 오르다[咎自陳歸, 立].
한韓	

1월

진秦	단월端月●이다[端月].
초楚	진섭이 죽은 후 초나라 귀족 경씨景氏의 일족인 경구景駒가 초왕을 자처하며 처음 등장하다. 진섭의 부장 출신 진가秦嘉가 세운 것이다[楚王景駒始, 秦嘉立之].
항項	진섭의 부장 소평召平은 장함이 이끄는 진나라 군사가 다가오자 회하를 건넌 뒤 임의로 진승의 명을 고쳐 항량을 초나라의 주국에 임명하고, 급히 군사를 몰아 장함의 군사를 공격하게 하다[涉將召平矯拜項梁爲楚柱國, 急西擊秦].
조趙	조왕 조헐趙歇이 처음 등장하다. 장이와 진여가 세운 것이다[趙王歇始, 張耳·陳餘立之].
제齊	전담이 경구로 하여금 멋대로 왕을 칭하게 하고 제나라에게는 진나라 공격 문제를 요청치 않게 하다[讓景駒以擅自王不請我].
한漢	패공 유방은 경구가 유현留縣에서 보위에 올랐다는 이야기를 듣고 이내 그 밑으로 들어가다. 경구의 군사와 함께 탕군碭郡의 서쪽에서 진나라 군사를 공격하다[沛公聞景駒王在留, 往從, 與擊秦軍碭西].
연燕	
위魏	진나라 장수 장함이 이미 진섭을 격파한 뒤 위구를 임제臨濟에서 포위하다[章邯已破涉, 圍咎臨濟].
한韓	

2월

진秦	
초楚	진가가 상장군上將軍이 되다[嘉爲上將軍].
항項	항량이 회수를 건너다. 진영陳嬰과 경포黥布가 모두 귀속하다[梁渡江, 陳嬰·黥布皆屬].

● 진나라 음력으로 2세 황제 2년의 네 번째 달에 해당한다. 진나라는 정正과 같은 뜻으로 통용된 진시황의 이름 정政을 피하기 위해 정월을 '단월'로 칭했다.

조趙	
제齊	경구가 제왕 전담을 끌어들일 속셈으로 유세객인 공손경公孫慶을 제나라에 사자로 보내 함께 함양으로 진격하는 방안을 제시토록 하다. 화가 난 전담이 공손경을 주살하다[景駒使公孫慶讓齊, 誅慶].
한漢	유방이 탕군을 공격해 병사 6,000명을 얻다. 이전의 병사와 합하자 모두 9,000명에 달하다[攻下碭, 收得兵六千, 與故凡九千人].
연燕	
위魏	
한韓	

3월

진秦	
초楚	
항項	
조趙	
제齊	
한漢	유방이 하읍下邑을 공략한 여세를 몰아 풍읍을 쳤으나 함락시키지 못하다. 항량이 군사를 크게 모았다는 소식을 듣자 곧바로 찾아가 풍읍을 치는 데 도움을 줄 것을 청하고자 하다[攻拔下邑, 遂擊豐, 豐不拔. 聞項梁兵衆, 往請擊豐].
연燕	
위魏	
한韓	

4월

진秦	
초楚	
항項	항량이 경구와 진가를 공격해 죽이다. 마침내 설군으로 들어가다. 군사가 10여만 명에 달하다[梁擊殺景駒·秦嘉, 遂入薛, 兵十餘萬衆].
조趙	

제齊	
한漢	패공 유방이 설현薛縣으로 가서 항량을 배견하다. 항량이 유방에게 병사 5,000명을 더해주다. 유방이 마침내 풍읍을 함락시키다. 유방을 배신한 옹치가 위나라로 달아나다[沛公如薛見項梁, 梁益沛公卒五千, 擊豐, 拔之. 雍齒奔魏].
연燕	
위魏	장함이 동진해 위왕 위구의 군사를 임제에서 격파하자 위구 밑에서 재상을 하고 있던 주불이 황급히 동쪽 제나라의 전담과 남쪽 초나라의 항량을 찾아가 구원을 청하다[臨濟急, 周市如齊‧楚請救].
한韓	

5월

진秦	
초楚	
항項	
조趙	
제齊	
한漢	
연燕	
위魏	
한韓	

6월

진秦	
초楚	초회왕이 처음 등장하다. 우이盱眙*에 도읍하다. 옛날 진나라에서 객사한 초회왕의 후손이다. 항량이 세운 것이다[楚懷王始, 都盱台, 故懷王孫, 梁立之].

● 우이盱眙의 이眙는 이台와 통한다.

항項	항량이 옛날 초회왕의 후손을 찾아나선 후 마침내 민간에서 미심羋心을 발견하다. 미심을 초왕으로 세우다[梁求楚懷王孫, 得之民間, 立爲楚王].●
조趙	
제齊	전담이 위왕 위구를 구하기 위해 군사를 이끌고 임제로 달려가다. 장함이 전담을 패사시키다. 전영이 남은 군사를 이끌고 황급히 동아현東阿縣으로 달아나다[儋救臨濟, 章邯殺田儋, 榮走東阿].
한漢	패공 유방이 설군으로 가다. 초회왕을 함께 옹립하다[沛公如薛, 共立楚懷王].
연燕	
위魏	위왕 위구가 백성을 생각해 항복을 약속한 뒤 항복이 받아들여지자 "백성에게는 죄가 없다"며 불 속으로 뛰어들어 자진하다. 임제의 백성이 장함에게 항복하다[咎自殺, 臨濟降秦].
한韓	한나라 왕족인 한성韓成이 한왕으로 처음 등장하다[韓王成始].

7월

진秦	
초楚	진영이 주국이 되다[陳嬰爲柱國].
항項	하늘에서 큰비가 내리다. 석 달 동안 별이 보이지 않다[天大雨, 三月不見星].
조趙	
제齊	제나라가 전가田假를 왕으로 삼다. 진나라가 급히 동아현을 포위하다[齊立田假爲王, 秦急圍東阿].
한漢	패공 유방이 항우와 함께 북쪽으로 동아현을 구하며 진나라 군사를 복양에서 쳐부수다. 또 동쪽으로 성양城陽의 백성을 도륙하다[沛公與項羽北救東阿, 破秦軍濮陽, 東屠城陽].
연燕	
위魏	위구의 동생 위표魏豹가 동아현으로 달아나다[咎弟豹走東阿].
한韓	

● 《사기색은》은 초회왕의 이름을 미심이라 했다.

8월

진秦	
초楚	
항項	항량이 동아현을 구하고 진나라 군사를 격파하다. 승세에 올라 정도定陶에 이르자 항량의 얼굴에 교만한 색채가 역력해지다[救東阿, 破秦軍, 乘勝至定陶, 項梁有驕色].
조趙	
제齊	초나라가 전영을 구한 뒤 철군하자 전영이 전가를 쫓아내고 자신의 조카 전담의 아들 전불田市을 내세워 제왕齊王으로 삼다. 전불의 제나라가 처음 등장하다[楚救榮, 得解歸, 逐田假, 立儋子市爲齊王, 始].
한漢	패공 유방이 항우와 함께 서쪽 땅을 공략하고, 삼천 태수 이유李由를 옹구에서 참수하다[沛公與項羽西略地, 斬三川守李由於雍丘].
연燕	
위魏	
한韓	

9월

진秦	
초楚	초나라가 도성을 우이에서 팽성으로 옮기다[徙都彭城].
항項	진나라 장수 장함이 항량을 정도에서 죽이다. 항우가 두려워한 나머지 군사를 이끌고 팽성으로 돌아와 주둔하다[章邯破殺項梁於定陶, 項羽恐, 還軍彭城].
조趙	
제齊	전가가 초나라로 달아나자 초나라는 제나라를 재촉해 조나라를 구하려 하다. 전영이 전가를 구실로 "초나라가 전가를 죽이면 출병하겠다"며 이에 응하지 않다. 항우가 전영에게 크게 노하다[田假走楚, 楚趣齊救趙. 田榮以假故, 不肯, 謂楚殺假乃出兵. 項羽怒田榮].
한漢	패공 유방은 항량이 죽었다는 소식을 듣고 이내 철군한 뒤 초회왕의 명에 따라 탕군에 군사를 주둔시키다[沛公聞項梁死, 還軍, 從懷王, 軍於碭].
연燕	

위魏	위표가 스스로 위왕의 자리에 오르다. 평양에 도읍하다. 위왕 위표가 처음으로 등장하다[魏豹自立爲魏王, 都平陽, 始].
한韓	

후 9월

진秦	후後 9월이 시작하다[後九月].
초楚	초회왕이 송의宋義를 상장군으로 삼다[拜宋義爲上將軍].
항項	초회왕이 항우를 장안후長安侯에 봉하고 노魯 땅을 다스리게 하다. 차장次將으로 임명해 송의의 밑에 두다. 북쪽 조나라의 위기를 구하고자 한 것이다[懷王封項羽於魯, 爲次將, 屬宋義, 北救趙].
조趙	장함이 이끄는 진나라 군사가 조왕 조헐을 거록성鉅鹿城에서 포위하다. 진여가 연합군의 일원으로 참여한 장이에게 출병을 재촉하다[秦軍圍歇鉅鹿, 陳餘出收兵].
제齊	
한漢	초회왕이 패공 유방을 탕군의 군장郡長으로 삼고 무안후武安侯에 봉하다. 휘하 병사를 이끌고 서진해 함양에 먼저 입성하면 관중왕關中王에 봉하겠다고 약속하다[懷王封沛公爲武安侯, 將碭郡兵西, 約先至咸陽王之].
연燕	
위魏	
한韓	

10월

진秦	2세 3년. 새해가 시작하는 10월이다[三年. 十月].
초楚	
항項	
조趙	장함이 조나라 도성 한단을 쳐부수고 그 백성을 하내로 옮기다[章邯破邯鄲, 徙其民於河內].
제齊	제나라 장수 전도田都가 전영에게 반기를 들고, 항우를 도와 조나라 구원에 나서다[齊將田都叛榮, 往助項羽救趙].
한漢	유방이 동군의 도위 및 왕리王離가 이끄는 진나라 군사를 성무成武의 남쪽에서 공격해 격파하다[攻破東郡尉及王離軍於成武南].

연燕	연왕 한광이 장수 장도臧荼로 하여금 조나라를 구원하게 하다[使將臧荼救趙].
위魏	
한韓	

11월

진秦	
초楚	초회왕이 송의의 목을 벤 항우를 상장군에 제수하다[拜籍上將軍].
항項	항우가 송의를 죽이다. 병사를 이끌고 황하를 도하한 뒤 장함의 군사에게 포위된 거록성을 구하다[羽矯殺宋義, 將其兵渡河救鉅鹿].
조趙	
제齊	
한漢	
연燕	
위魏	
한韓	

12월

진秦	
초楚	
항項	항우가 진나라 군사를 거록성 아래에서 대파하다. 제후들이 모두 항우에게 복속하다[大破秦軍鉅鹿下, 諸侯將皆屬項羽].
조趙	초나라가 구원하러 오자 진나라가 거록성의 포위를 풀다[楚救至, 秦圍解].
제齊	제왕齊王 건建의 손자 전안田安이 제북濟北까지 내려와 항우를 수종하며 조나라를 구하다[故齊王建孫田安下濟北, 從項羽救趙].
한漢	유방이 율栗 땅에서 위나라 장수 황흔皇欣과 무포武蒲˙의 군사와 합세해 진나라 군사를 공격해 크게 깨뜨리다[救趙至栗, 得皇欣·武蒲軍, 與秦軍戰, 破之].
연燕	

위魏	위왕 위표가 조나라를 구하다[豹救趙].
한韓	

기원전 207년

1월

진秦	
초楚	
항項	진나라 장수 왕리를 생포하다[虜秦將王離].
조趙	장이가 진여의 행보에 분노해 장수의 인수印綬를 내던지고 떠나다[張耳怒陳餘, 棄將印去].
제齊	
한漢	
연燕	
위魏	
한韓	

2월

진秦	
초楚	
항項	유방이 장함을 공격해 격파하다. 장함의 군사가 퇴각하다[攻破章邯, 章邯軍郤].
조趙	
제齊	

• 《자치통감》에는 무만武滿으로 나온다.

한漢	팽월彭越의 군사가 창읍昌邑을 손에 넣은 뒤 진류陳留를 습격하다. 역이기酈食其의 계책을 이용해 군량미를 얻다[得彭越軍昌邑, 襲陳留. 用酈食其策, 軍得積粟].
연燕	
위魏	
한韓	

3월

진秦	
초楚	
항項	
조趙	
제齊	
한漢	유방이 개봉을 공격하다. 진나라 장수 양웅楊熊을 격파하다. 양웅이 형양으로 달아나다. 2세 황제가 양웅을 참수해 시체를 군중軍中에 돌리며 경계로 삼다[攻開封, 破秦將楊熊, 熊走滎陽, 秦斬熊以徇].
연燕	
위魏	
한韓	

4월

진秦	
초楚	
항項	초나라가 급히 장함을 공격하다. 장함이 두려운 나머지 장사 사마흔을 시켜 함양으로 가 증원군을 청하게 했다. 조고가 사양하다[楚急攻章邯, 章邯恐, 使長史欣歸秦請兵, 趙高讓之].
조趙	
제齊	
한漢	유방이 영양潁陽을 공격하고, 옛 한韓나라 땅을 공략하다. 북으로 황하의 나루터를 끊다[攻潁陽, 略韓地, 北絶河津].

연燕	
위魏	
한韓	

5월

진秦	
초楚	초회왕이 즉위한 지 2년 1월이 되다[二年一月].
항項	조고가 사마흔을 주살하려 하다. 사마흔이 두려운 나머지 장함에게 달아난 뒤 조고의 모반 움직임을 고하다[趙高欲誅欣, 欣恐, 亡走, 告章邯謀叛秦].
조趙	
제齊	
한漢	
연燕	
위魏	
한韓	

6월

진秦	
초楚	
항項	장함이 항우에게 투항할 것을 약속하다. 아직 약속이 이루어지지 않았을 때 항우가 장수들의 건의를 받아들여 공격을 허락하다[章邯與楚約降, 未定, 項羽許而擊之].
조趙	
제齊	
한漢	유방이 남양 태수 기齮를 공격해 양성陽城 성곽의 동쪽을 격파하다[攻南陽守齮, 破之陽城郭東].
연燕	
위魏	
한韓	

7월

진秦	
초楚	
항項	항우가 장함과 원수洹水의 남쪽 은허殷虛에서 맹서하기로 약속하다. 장함 등이 이미 항복하자 회맹한 뒤 임의로 장함을 옹왕雍王으로 삼다[項羽與章邯期殷虛, 章邯等已降, 與盟, 以邯爲雍王].
조趙	
제齊	
한漢	남양을 항복시키고, 투항한 남양 태수 기를 계속 태수에 봉하다[降下南陽, 封其守齮].
연燕	
위魏	
한韓	하구瑕丘의 신양申陽이 하남으로 내려와 항우에게 투항하다[申陽下河南, 降楚].

8월

진秦	8월, 조고가 2세 황제를 죽이다[八月. 趙高殺二世].
초楚	
항項	항우가 투항한 도위 동예와 장사 사마흔을 상장으로 삼다. 항우가 이들 진나라의 항장降將을 앞세워 함양으로 향하다[以秦降都尉翳·長史欣爲上將, 將秦降軍].
조趙	조왕 조헐이 봉국인 대 땅에 머물다. 진여가 남피南皮로 달아나 거처하다[趙王歇留國. 陳餘亡居南皮].
제齊	
한漢	유방이 함양으로 들어가는 남쪽 관문인 무관武關을 공격해 격파하다[攻武關, 破之].
연燕	
위魏	
한韓	

9월

진秦	9월, 자영이 황제에서 왕으로 내려오다[九月, 子嬰爲王].
초楚	
항項	
조趙	
제齊	
한漢	유방이 군사를 이끌고 요관嶢關을 우회해 괴산蕢山을 넘어간 뒤 진나라 군사를 치고, 이들을 남전의 남쪽에서 대파하다. 유후留侯 장량張良의 계책을 활용해 싸우지 않고도 모두 항복시키다[攻下嶢及藍田. 以留侯策, 不戰皆降].
연燕	
위魏	
한韓	

10월

진秦	
초楚	
항項	항우가 제후들의 군사 40여만 명을 이끌고 사방을 공략하며 하남에 이르다[項羽將諸侯兵四十餘萬, 行略地, 西至於河南].
조趙	장이가 항우가 이끄는 초나라 군사를 쫓아 서쪽 진나라로 들어가다[張耳從楚西入秦].
제齊	
한漢	한漢 원년. 진왕 자영이 유방에게 항복하다. 유방이 함양으로 들어가 진나라를 평정하고, 파수灞水 주변에 주둔하면서 제후와의 약속을 대비하다[漢元年, 秦王子嬰降, 沛公入破咸陽, 平秦, 還軍霸上, 待諸侯約]. ●
연燕	
위魏	위왕 위표가 항우를 쫓아 사방을 공략하면서 마침내 관중關中으로 들어가다[從項羽略地, 遂入關].

● 유방이 파상霸上에 주둔한 대목에서 '파'는 파수를 가리킨다. 파霸는 일반적으로 패자를 뜻할 때는 '패'로 읽으나 파수를 지칭할 때는 '파'로 읽는다.

한韓	

11월

진秦	
초楚	
항項	항우가 함양으로 진군하는 도중에 신안新安에서 투항한 진나라 군사 20만 명을 거짓으로 속여 산 채로 매장하다[羽許坑殺秦降卒二十萬人於新安].
조趙	
제齊	
한漢	패공 유방이 법삼장法三章을 공포하자 관중의 백성 모두 크게 기뻐하다[沛公出令三章, 秦民大悅].
연燕	
위魏	
한韓	

12월

진秦	
초楚	초나라를 넷으로 나누다[分楚爲四].
항項	항우가 함양에 들어가 투항한 진왕 자영을 주살하고 함양을 불사르다. 천하를 나누고 각지에 제후를 봉해 봉건제로 돌아가다[至關中, 誅秦子嬰, 屠燒咸陽. 分天下, 立諸侯].
조趙	조나라를 둘로 나누어 대국代國을 만들다[分趙爲代國].
제齊	항우가 전영에게 원한을 품고 제나라를 삼분하다[項羽恕榮, 分齊爲三國].
한漢	항우와 틈이 생겨 희수 아래서 알현하고 강화를 청하다. 항우가 초회 왕이 내건 약속을 어기고 관중을 넷으로 나누다[與項羽有郤, 見之戲下, 講解. 羽倍約, 分關中爲四國].
연燕	연나라 장수 장도가 항우를 쫓아 입관한 까닭에 연나라를 둘로 나누다[臧荼從入, 分燕爲二國].
위魏	위나라를 둘로 나누어 은국殷國을 만들다[分魏爲殷國].
한韓	한나라를 둘로 나누어 하남국河南國을 만들다[分韓爲河南國].

1월

의제義帝	의제義帝 원년. 제후들의 초회왕을 높여 의제로 받들다[義帝元年. 諸侯尊懷王爲義帝].	
초초楚	서초西楚	항우가 스스로 서초패왕西楚霸王이 되어 천하를 호령하다[項籍自立爲西楚霸王].
	형산衡山	초나라를 넷으로 나누어 형산국을 만들다[分爲衡山].
	임강臨江	초나라를 넷으로 나누어 임강국을 만들다[分爲臨江].
	구강九江	초나라를 넷으로 나누어 구강국을 만들다[分爲九江].
조조趙	상산常山	조나라의 명칭을 상산국으로 바꾸다[更名爲常山].
	대국代國	조나라를 나누어 대국을 만들다[分爲代].
제齊	임치臨菑	제나라의 명칭을 임치국으로 바꾸다[更名爲臨菑].
	제북濟北	제나라를 삼분해 제북국을 만들다[分爲濟北].
	교동膠東	제나라를 삼분해 교동국을 만들다[分爲膠東].
한한漢	한국漢國	한漢나라 정월이다. 관중關中을 나누어 한국을 만들다[正月. 分關中爲漢].
	옹국雍國	한漢나라를 넷으로 나누어 옹국을 만들다[分關中爲雍].
	새국塞國	한漢나라를 넷으로 나누어 새국을 만들다[分關中爲塞].
	적국翟國	한漢나라를 넷으로 나누어 적국을 만들다[分關中爲翟].
연燕	연국燕國	연나라의 명칭은 그대로다[燕].
	요동遼東	연나라를 둘로 나누어 요동국을 만들다[分爲遼東].
위위魏	서위西魏	위나라의 명칭을 서위로 바꾸다[更爲西魏].
	은국殷國	위나라를 둘로 나누어 은국을 만들다[分爲殷].
한한韓	한국韓國	한韓나라의 명칭은 그대로다[韓]
	하남河南	한韓나라를 둘로 나누어 하남국을 만들다[分爲河南].

2월

의제義帝	의제가 머무는 도읍을 장강 남쪽 침郴 땅으로 옮기게 하다[徙都江南郴].		
초초楚	서초西楚	서초의 패주霸主가 되다. 서초패왕 항우가 처음으로 등장하다. 항우가 천하를 위해 명을 내리다. 열여덟 왕을 제후로 봉하다[西楚主伯, 項籍始, 爲天下主命, 立十八王].	
	형산衡山	형산왕衡山王 오예吳芮가 처음으로 등장하다. 이전의 파군番君이다[王吳芮始, 故番君].•	
	임강臨江	임강왕臨江王 공오共敖가 처음으로 등장하다. 이전의 초나라 주국이다[王共敖始, 故楚柱國].	
	구강九江	구강왕九江王 영포英布가 처음으로 등장하다. 이전의 초나라 장수다[王英布始, 故楚將].	
조趙	상산常山	상산왕常山王 장이가 처음으로 등장하다. 이전의 초나라 장수다[王張耳始, 故楚將].	
	대국代國	대왕 조헐이 처음으로 등장하다. 이전의 조나라 왕이다[王趙歇始, 故趙王].	
제齊	임치臨菑	임치왕 전도가 처음으로 등장하다. 이전의 제나라 장수다[王田都始, 故齊將].	
제齊	제북濟北	제북왕濟北王 전안이 처음으로 등장하다. 이전의 제나라 장수다[王田安始, 故齊將].	
	교동膠東	교동왕 전불이 처음으로 등장하다. 이전의 제나라 왕이다[王田市始, 故齊王].	
한漢	한국漢國	한 원년 2월이다. 한왕 유방이 처음으로 등장하다. 이전의 패공이다[二月, 漢王始, 故沛公].	
	옹국雍國	옹왕 장함이 처음으로 등장하다. 이전의 진나라 장수다[王章邯始, 故秦將].	
	새국塞國	새왕 사마흔이 처음으로 등장하다. 이전의 진나라 장수다[王司馬欣始, 故秦將].	
	적국翟國	적왕翟王 동예가 처음으로 등장하다. 이전의 진나라 장수다[王董翳始, 故秦將].	

• 파군의 파番는 파鄱와 통한다.

연燕	연국燕國	연왕 장도가 처음으로 등장하다. 이전의 연나라 장수다[王臧荼始, 故燕將].
	요동遼東	요동왕 한광韓廣이 처음으로 등장하다. 이전의 연왕이다[王韓廣始, 故燕王].
위魏	서위西魏	서위왕 위표가 처음으로 등장하다. 이전의 위나라 왕이다[王魏豹始, 故魏王].
	은국殷國	은왕 사마앙司馬卬이 처음으로 등장하다. 이전의 조나라 장수다[王司馬卬始, 故趙將].
한韓	한국韓國	한왕 한성이 처음으로 등장하다. 이전의 한나라 장수다[王韓成始, 故韓將].
	하남河南	하남왕 신양이 처음으로 등장하다. 이전의 초나라 장수다[王申陽始, 故楚將].

3월

의제義帝		
초楚	서초西楚	팽성에 도읍하다[都彭城].
	형산衡山	주邾 땅에 도읍하다[都邾].
	임강臨江	강릉江陵에 도읍하다[都江陵].
	구강九江	육六 땅에 도읍하다[都六].
조趙	상산常山	양국襄國에 도읍하다[都襄國].
	대국代國	대 땅에 도읍하다[都代].
제齊	임치臨菑	임치에 도읍하다[都臨菑].
	제북濟北	박양博陽에 도읍하다[都博陽].
	교동膠東	즉묵卽墨에 도읍하다[都卽墨].
한漢	한국漢國	3월이다. 남정에 도읍하다[三月. 都南鄭].
	옹국雍國	폐구廢丘에 도읍하다[都廢丘].
	새국塞國	약양에 도읍하다[都櫟陽].
	적국翟國	고노高奴에 도읍하다[都高奴].
연燕	연국燕國	계성에 도읍하다[都薊].
	요동遼東	무종無終에 도읍하다[都無終].

위魏	서위西魏	평양에 도읍하다[都平陽].
	은국殷國	조가에 도읍하다[都朝歌].
한韓	한국韓國	양적陽翟에 도읍하다[都陽翟].
	하남河南	낙양에 도읍하다[都洛陽].

4월

의제義帝		
초楚	서초西楚	제후들 모두 희수 가에서 연합군을 해산한 뒤 봉국으로 가다[諸侯罷戲下兵, 皆之國].
	형산衡山	
	임강臨江	
	구강九江	
조趙	상산常山	
	대국代國	
제齊	임치臨菑	
	제북濟北	
	교동膠東	
한漢	한국漢國	한 원년 4월이다.
	옹국雍國	
	새국塞國	
	적국翟國	
연燕	연국燕國	
	요동遼東	
위魏	서위西魏	
	은국殷國	
한韓	한국韓國	
	하남河南	

5월

의제義帝		
초楚	서초西楚	
	형산衡山	
	임강臨江	
	구강九江	
조趙	상산常山	
	대국代國	
제齊	임치臨菑	전영田榮이 전도를 공격하자 전도가 초나라로 달아나다 [田榮擊都, 都降楚].
	제북濟北	
	교동膠東	
한漢	한국漢國	한 원년 5월이다.
	옹국雍國	
	새국塞國	
	적국翟國	
연燕	연국燕國	
	요동遼東	
위魏	서위西魏	
	은국殷國	
한韓	한국韓國	
	하남河南	

6월

의제義帝		
초楚	서초西楚	
	형산衡山	
	임강臨江	
	구강九江	

조趙	상산常山		
	대국代國		
제齊	임치臨菑	제왕 전영이 처음으로 등장하다. 이전의 제나라 장수다[齊王田榮始, 故齊相].	
	제북濟北		
	교동膠東	전영이 전불을 공격해 죽이다[田榮擊殺市].	
한漢	한국漢國	한 원년 6월이다.	
	옹국雍國		
	새국塞國		
	적국翟國		
연燕	연국燕國		
	요동遼東		
위魏	서위西魏		
	은국殷國		
한韓	한국韓國		
	하남河南		

7월

의제義帝		
초楚	서초西楚	
	형산衡山	
	임강臨江	
	구강九江	
조趙	상산常山	
	대국代國	
제齊	임치臨菑	
	제북濟北	전영이 전안을 공격해 죽이다[田榮擊殺安].
	교동膠東	전영이 다스리는 제나라에 귀속되다[屬齊].

	한국漢國	한 원년 7월이다.
한漢	옹국雍國	
	새국塞國	
	적국翟國	
연燕	연국燕國	
	요동遼東	
위魏	서위西魏	
	은국殷國	
한韓	한국韓國	항우가 팽성에서 한왕 한성을 주살하다[項羽誅成].
	하남河南	

8월

의제義帝		
초楚	서초西楚	
	형산衡山	
	임강臨江	
	구강九江	
조趙	상산常山	
	대국代國	
제齊	임치臨菑	
	제북濟北	전영이 다스리는 제나라에 귀속되다[屬齊].
한漢	한국漢國	한 원년 8월이다.
	옹국雍國	장함이 폐구를 지키다. 한나라 군사가 포위하다[邯守廢丘, 漢圍之].
	새국塞國	사마흔이 유방에게 항복하다. 나라가 폐지되다[欣降漢, 國除].
	적국翟國	동예가 유방에게 항복하다. 나라가 폐지되다[翳降漢, 國除].

연燕	연국燕國	
	요동遼東	장도가 한광의 요동국 도성 무종을 공격해 멸하다[臧荼擊廣無終, 滅之].
위魏	서위西魏	
	은국殷國	
한韓	한국韓國	한왕 정창鄭昌이 처음으로 등장하다. 항우가 세운 것이다[韓王鄭昌始, 項羽立之].
	하남河南	

9월

의제義帝		
초楚	서초西楚	
	형산衡山	
	임강臨江	
	구강九江	
조趙	상산常山	
	대국代國	
제齊	임치臨菑	
한漢	한국漢國	한 원년 9월이다.
	옹국雍國	
	새국塞國	한나라에 귀속되다. 위남渭南과 하상군河上郡을 두다[屬漢, 爲渭南·河上郡].
	적국翟國	한나라에 귀속되다. 하상군을 두다[屬漢, 爲上郡].
연燕	연국燕國	
	요동遼東	연나라에 귀속되다[屬燕].
위魏	서위西魏	
	은국殷國	
한韓	한국韓國	
	하남河南	

10월

의제義帝	은밀히 구강왕 경포와 형산왕 오예, 임강왕 공오 등에게 명해 의제를 치게 하자 이들이 의제를 장강에 빠뜨려 죽이다[項羽滅義帝].	
초초楚	서초西楚	
	형산衡山	
	임강臨江	
	구강九江	
조조趙	상산常山	장이가 유방에게 항복하다[耳降漢].
	대국代國	조헐이 조왕이 되다[歇復王趙].
제제齊	임치臨菑	
한漢	한국漢國	한 2년이 시작하는 10월이다. 한왕 유방이 섬현陜縣까지 가 관외關外의 부로父老들을 위로하다[十月. 王至陜].
	옹국雍國	
연연燕	연국燕國	
위위魏	서위西魏	
	은국殷國	
한한韓	한국韓國	
	하남河南	

11월

초초楚	서초西楚	
	형산衡山	
	임강臨江	
	구강九江	
조조趙	상산常山	
	대국代國	
제제齊	임치臨菑	

한漢	한국漢國	한 2년 11월이다.
	옹국雍國	한왕 유방이 장함이 다스리는 옹국의 농서隴西를 함몰시키다[漢拔我隴西].
연燕	연국燕國	
위魏	서위西魏	
	은국殷國	
한韓	한국韓國	한왕 한신韓信이 처음으로 등장하다. 한왕 유방이 세운 것이다[韓王信始, 漢立之].
	하남河南	한나라에 귀속되다. 하남군河南郡을 두다[屬漢, 爲河南郡].

12월

초楚	서초西楚	
	형산衡山	
	임강臨江	
	구강九江	
조趙	상산常山	조왕 조헐이 진여를 대왕으로 삼다. 이전의 성안군成安君이다[歇以陳餘爲代王, 故成安君].
	대국代國	
제齊	임치臨菑	
한漢	한국漢國	한 2년 12월이다.
	옹국雍國	
연燕	연국燕國	
위魏	서위西魏	
	은국殷國	
한韓	한국韓國	

기원전 205년

1월

초楚	서초西楚	
	형산衡山	
	임강臨江	
	구강九江	
조趙	상산常山	
	대국代國	
제齊	임치臨菑	항우가 제왕 전영을 공격하다. 전영이 평원平原으로 달아나다. 평원의 백성이 전영을 죽이다[項籍擊榮, 走平原. 平原民殺之].
한漢	한국漢國	한 2년 단월이다.
	옹국雍國	한왕 유방이 옹국의 북지北地를 함락시키다[漢拔我北地].
연燕	연국燕國	
위魏	서위西魏	
	은국殷國	
한韓	한국韓國	

2월

초楚	서초西楚	서초국이 선 후 2년 1월이 되다.
	형산衡山	형산국이 선 후 2년 1월이 되다.
	임강臨江	
	구강九江	구강국이 선 후 2년 1월이 되다.
조趙	상산常山	
	대국代國	
제齊	제국齊國	항우가 전에 제왕齊王으로 있던 전가를 임치와 제북 및 교동을 하나로 합한 제나라의 왕으로 삼다[項籍立故齊王田假爲齊王].

한漢	한국漢國	한 2년 2월이다.
	옹국雍國	옹국이 선 후 2년 1월이 되다.
연燕	연국燕國	연국이 선 후 2년 1월이 되다.
위魏	서위西魏	
	은국殷國	
한韓	한국韓國	

3월

초楚	서초西楚	
	형산衡山	
	임강臨江	
	구강九江	
조趙	상산常山	
	대국代國	
제齊	제국齊國	전영의 동생 전횡이 성양에서 반기를 들어 전가를 공격했다가 초나라로 달아나다. 초나라가 전가를 죽이다[田榮弟橫反城陽, 擊假, 走楚, 楚殺假].
한漢	한국漢國	한 2년 3월이다. 한왕 유방이 은나라를 공격하다[三月. 王擊殷].
	옹국雍國	
연燕	연국燕國	
위魏	서위西魏	한왕 유방에게 항복하다[降漢].
	은국殷國	한왕 유방에게 항복하다. 은왕 사마앙이 폐위되다[降漢, 卬廢].
한韓	한국韓國	

4월

초楚	서초西楚	항우가 3만 명의 군사로 한나라 유방의 연합군 56만 명을 격파하다[項羽以兵三萬破漢兵五十六萬].
	형산衡山	
	임강臨江	
	구강九江	
조趙	상산常山	
	대국代國	
제齊	제국齊國	제왕 전광田廣이 처음으로 등장하다. 전광은 전영의 아들이다. 전횡이 세운 것이다[齊王田廣始. 廣, 榮子, 橫立之].
한漢	한국漢國	한 2년 4월이다. 한왕 유방이 초나라를 쳐 팽성에 이르렀으나 항우의 기습을 받고 일거에 괴멸되어 황급히 도주하다[四月. 王伐楚至彭城, 壞走].
	옹국雍國	
연燕	연국燕國	
위魏	서위西魏	한왕 유방을 쫓아 초나라 토벌에 나서다[從漢伐楚].
	은국殷國	은국을 하내군河內郡으로 삼다. 한나라에 귀속되다[爲河內郡, 屬漢].
한韓	한국韓國	한왕 한신이 유방을 쫓아 초나라 토벌에 나서다[從漢伐楚].

5월

초楚	서초西楚	
	형산衡山	
	임강臨江	
조趙	상산常山	
	대국代國	
제齊	제국齊國	
한漢	한국漢國	한 2년 5월이다. 한왕 유방이 형양으로 달아나다[五月. 王走滎陽].
	옹국雍國	

연燕	연국燕國	
위魏	서위西魏	위표가 봉국으로 돌아온 뒤 한왕 유방에게 반기를 들다 [豹歸, 叛漢].
한韓	한국韓國	

6월

초楚	서초西楚	
	형산衡山	
	임강臨江	
조趙	상산常山	
	대국代國	
제齊	제국齊國	
한漢	한국漢國	한 2년 6월이다. 한왕 유방이 관중으로 들어가 여후呂后 소생의 유영劉盈을 태자로 세우다. 다시 형양으로 가다 [六月, 王入關, 立太子, 復如滎陽].
	옹국雍國	한나라 군사가 장함을 폐구에서 살해하다[漢殺邯廢丘].
연燕	연국燕國	
위魏	서위西魏	
한韓	한국韓國	

7월

초楚	서초西楚	
	형산衡山	
	임강臨江	
조趙	상산常山	
	대국代國	
제齊	제국齊國	

한漢	한국漢國	한나라 2년 7월이다.
	옹국雍國	한나라에 속하다. 이곳에 농서와 북지, 중지군中地郡을 두다[屬漢, 爲隴西·北地·中地郡].
연燕	연국燕國	
위魏	서위西魏	
	은국殷國	
한韓	한국韓國	

8월

초楚	서초西楚	
	형산衡山	
	임강臨江	
조趙	상산常山	
	대국代國	
제齊	제국齊國	
한漢	한국漢國	한나라 2년 8월이다.
연燕	연국燕國	
위魏	서위西魏	
	은국殷國	
한韓	한국韓國	

9월

초楚	서초西楚	
	형산衡山	
	임강臨江	
조趙	상산常山	
	대국代國	
제齊	제국齊國	

한漢	한국漢國	한나라 2년 9월이다.
연燕	연국燕國	
위魏	서위西魏	한나라 장수 한신이 위왕 위표를 포로로 잡다[漢將信虜豹].
한韓	한국韓國	

후 9월

초楚	서초西楚	
	형산衡山	
	임강臨江	
조趙	상산常山	
	대국代國	
제齊	제국齊國	
한漢	한국漢國	
연燕	연국燕國	
위魏	서위西魏	한나라에 속하다. 하동과 상당군을 두다[屬漢, 爲河東·上黨郡].
	은국殷國	
한韓	한국韓國	

10월

초楚	서초西楚	
	형산衡山	
	임강臨江	
	구강九江	
조趙	상산常山	한나라 장수 한신이 진여를 참수하다[漢將韓信斬陳餘].
	대국代國	한나라가 조헐의 대국을 멸하다[漢滅歇].
제齊	제국齊國	
한漢	한국漢國	한나라 3년이 시작하는 10월이다.

연燕	연국燕國	
한韓	한국韓國	

11월

	서초西楚	
초楚	형산衡山	
	임강臨江	
	구강九江	
조趙	상산常山	한나라에 속하다. 태원군을 두다[屬漢, 爲太原郡].
	대국代國	한나라에 속하다. 대군代郡을 두다[屬漢, 爲郡].
제齊	제국齊國	
한漢	한국漢國	한 3년 11월이다.
연燕	연국燕國	
한韓	한국韓國	
	하남河南	

12월

	서초西楚	
초楚	형산衡山	
	임강臨江	
	구강九江	영포가 자신은 한나라에 투항했으나 땅은 항우에게 속하다[布身降漢, 地屬項籍].
제齊	제국齊國	
한漢	한국漢國	한 3년 12월이다.
연燕	연국燕國	
한韓	한국韓國	

기원전 204년

1월

초楚	서초西楚	서초국이 선 후 3년 1월이 되다.
	형산衡山	형산국이 선 후 3년 1월어 되다.
	임강臨江	
제齊	제국齊國	
한漢	한국漢國	한 3년 단월이다.
연燕	연국燕國	연국이 선 후 3년 1월이 되다.
한韓	한국韓國	

2월

초楚	서초西楚	
	형산衡山	
	임강臨江	
제齊	제국齊國	
한漢	한국漢國	
연燕	연국燕國	
한韓	한국韓國	

3월

초楚	서초西楚	
	형산衡山	
	임강臨江	
제齊	제국齊國	
한漢	한국漢國	
연燕	연국燕國	
한韓	한국韓國	

4월

초楚	서초西楚	
	형산衡山	
	임강臨江	
제齊	제국齊國	
한漢	한국漢國	한 3년 4월이다. 초나라가 형양에서 한왕 유방을 포위하다[四月. 楚圍王滎陽].
연燕	연국燕國	
한韓	한국韓國	

5월

초楚	서초西楚	
	형산衡山	
	임강臨江	
제齊	제국齊國	
한漢	한국漢國	한 3년 5월이다.
연燕	연국燕國	
한韓	한국韓國	

6월

초楚	서초西楚	
	형산衡山	
	임강臨江	
제齊	제국齊國	
한漢	한국漢國	한 3년 6월이다.
연燕	연국燕國	
한韓	한국韓國	

7월

초楚	서초西楚	
	형산衡山	
	임강臨江	임강왕 공오가 서거하다[王敖薨].
제齊	제국齊國	
한漢	한국漢國	한 3년 7월이다. 한왕 유방이 형양을 황급히 빠져나가다[七月. 王出滎陽].
연燕	연국燕國	
한韓	한국韓國	

8월

초楚	서초西楚	
	형산衡山	
	임강臨江	임강왕 공환共驩*이 처음으로 등장하다. 공오의 아들이다[臨江王驩. 始, 敖子].
제齊	제국齊國	
한漢	한국漢國	한 3년 8월이다. 형양을 지키던 어사대부御史大夫 주가周苛와 종공樅公이 성안의 민심이 흉흉해지자 민심을 진정시키기 위해 한나라를 배신한 바 있는 위표를 죽이다[八月. 周苛·樅公殺魏豹].
연燕	연국燕國	
한韓	한국韓國	

9월

초楚	서초西楚	
	형산衡山	
	임강臨江	

● 《자치통감》에는 임강왕 공위共尉로 나온다. 그가 항복하지 않자 노관盧綰과 유가劉賈를 보내 포로로 잡았다.

제齊	제국齊國	
한漢	한국漢國	한 3년 9월이다.
연燕	연국燕國	
한韓	한국韓國	

10월

초楚	서초西楚	
	형산衡山	
	임강臨江	
제齊	제국齊國	
한漢	한국漢國	한 4년 10월이다.
연燕	연국燕國	
한韓	한국韓國	유방의 고향 친구인 한신이 한왕이 된 지 3년 1월이 되다.

11월

초楚	서초西楚	한나라 장수 한신이 항우의 부장 용저龍且를 격파해 죽이다[漢將韓信破殺龍且].
	형산衡山	
	임강臨江	
조趙	상산常山	조왕 장이가 처음으로 등장하다. 한왕 유방이 세운 것이다[趙王張耳始, 漢立之].
제齊	제국齊國	한나라 장수 한신이 제왕 전광을 공격해 죽이다[漢將韓信擊殺廣].
한漢	한국漢國	한 4년 11월이다.
연燕	연국燕國	
한韓	한국韓國	

12월

초楚	서초西楚	
	형산衡山	
	임강臨江	
	구강九江	
조趙	조국趙國	
제齊	제국齊國	한나라에 귀속되다. 임치군臨菑郡을 두다[屬漢, 爲郡].
한漢	한국漢國	한 4년 12월이다.
연燕	연국燕國	
한韓	한국韓國	

기원전 203년

1월

초楚	서초西楚	서초국이 선 후 4년 1월이 되다[四年一月].
	형산衡山	형산국이 선 후 4년 1월이 되다[四年一月].
	임강臨江	
조趙	조국趙國	
한漢	한국漢國	한 4년 단월이다.
연燕	연국燕國	장도의 연국이 선 후 4년 1월이 되다[四年一月].
한韓	한국韓國	

2월

초楚	서초西楚	
	형산衡山	
	임강臨江	

조趙	조국趙國	
제齊	제국齊國	제왕 한신이 처음으로 등장하다. 한왕 유방이 세운 것이다[齊王韓信始, 漢立之].
한漢	한국漢國	한 4년 2월이다. 한신을 제나라 왕에 봉하다[二月. 立信王齊].
연燕	연국燕國	
한韓	한국韓國	

3월

초楚	서초西楚	형양을 지키던 한나라 어사대부 주가가 초나라 군사에게 잡힌 뒤, 상장군으로 삼고 3만 호를 봉하겠다는 항우의 설득을 거부하고 욕을 하다가 팽살烹殺을 당하다[漢御史周苛入楚, 死].
	형산衡山	
	임강臨江	
조趙	조국趙國	
제齊	제국齊國	
한漢	한국漢國	한 4년 3월이다. 한나라 어사대부 주가가 초나라 군사에게 잡히다[三月. 周苛入楚].
연燕	연국燕國	
한韓	한국韓國	

4월

초楚	서초西楚	
	형산衡山	
	임강臨江	
조趙	조국趙國	
제齊	제국齊國	
한漢	한국漢國	한 4년 4월이다. 한왕 유방이 영양으로 가다. 위표가 죽다[四月. 王出滎陽. 豹死].
연燕	연국燕國	

한韓	한국韓國	

5월

초楚	서초西楚	
	형산衡山	
	임강臨江	
조趙	조국趙國	
제齊	제국齊國	
한漢	한국漢國	한 4년 5월이다.
연燕	연국燕國	
한韓	한국韓國	

6월

초楚	서초西楚	
	형산衡山	
	임강臨江	
조趙	조국趙國	
제齊	제국齊國	
한漢	한국漢國	한 4년 6월이다.
연燕	연국燕國	
한韓	한국韓國	

7월

초楚	서초西楚	
	형산衡山	
	임강臨江	
	회남淮南	회남왕淮南王 영포가 처음으로 등장하다. 한왕 유방이 세운 것이다[淮南王英布始, 漢立之].

조趙	조국趙國	
제齊	제국齊國	
한漢	한국漢國	한 4년 7월이다. 영포가 회남왕에 봉해지다[七月. 立布爲淮南王].
연燕	연국燕國	
한韓	한국韓國	

8월

	서초西楚	
초楚	형산衡山	
	임강臨江	
	회남淮南	
조趙	조국趙國	
제齊	제국齊國	
한漢	한국漢國	한 4년 8월이다.
연燕	연국燕國	
한韓	한국韓國	

9월

	서초西楚	
초楚	형산衡山	
	임강臨江	
	회남淮南	
조趙	조국趙國	
제齊	제국齊國	
한漢	한국漢國	한 4년 9월이다. 유방의 부친 태공과 부인 여후가 초나라 군영에서 풀려나 유방 곁으로 돌아오다[九月. 太公·呂后歸自楚].
연燕	연국燕國	

한韓	한국韓國	

10월

	서초西楚	
초楚	형산衡山	
	임강臨江	
	회남淮南	
조趙	조국趙國	
제齊	제국齊國	
한漢	한국漢國	한나라 5년이 시작하는 10월이다.
연燕	연국燕國	
한韓	한국韓國	한왕 한신의 한국이 선 후 4년 1월이 되다.

11월

	서초西楚	
초楚	형산衡山	
	임강臨江	
	회남淮南	
조趙	조국趙國	장이의 조국이 선 후 2년 1월이 되다.
제齊	제국齊國	
한漢	한국漢國	한 5년 11월이다.
연燕	연국燕國	
한韓	한국韓國	

12월

초초楚	서초西楚	유방의 연합군이 항우를 주살하다[誅籍].
	형산衡山	
	임강臨江	한나라 군사가 임강왕 공환을 생포하다[漢虜驩].
	회남淮南	
조趙	조국趙國	
제齊	제국齊國	
한漢	한국漢國	
연燕	연국燕國	
한韓	한국韓國	

기원전 202년

1월

초초楚	서초西楚	제왕 한신을 초왕으로 이봉移封하다[齊王韓信徙楚王].
	형산衡山	형산왕 오예를 장사왕長沙王으로 이봉하다[徙王長沙].
	임강臨江	한나라에 귀속되다. 남군을 두다[屬漢, 爲南郡].
	회남淮南	회남국淮南國을 그대로 두다[淮南國].
조趙	조국趙國	조국을 그대로 두다[趙國].
제齊	제국齊國	제왕 한신을 초왕으로 이봉하다. 한나라에 귀속되다. 네 개의 군을 두다[徙王楚, 屬漢, 爲四郡].
한漢	한국漢國	한 5년 단월이다. 항우를 죽이고, 천하를 평정하다. 제후들이 모두 한나라에 신하가 될 것을 약속하다[正月. 殺項籍, 天下平, 諸侯臣屬漢].
연燕	연국燕國	장도의 연국이 들어선 후 5년 1월이다. 연국을 그대로 두다[五年一月. 燕國].
위魏	양국梁國	다시 양국을 두다[復置梁國].

한韓	한국韓國	한왕 한신을 대왕代王으로 이봉하다. 마읍馬邑에 도읍하게 하다[韓王信徙王代, 都馬邑].
	장사長沙	임강을 나누어 장사국長沙國을 만들다[分臨江爲長沙國].

2월

초楚	서초西楚	
	형산衡山	회남국에 귀속되다[屬淮南國].
	회남淮南	
조趙	조국趙國	
	대국代國	
한漢	한국漢國	한 5년 2월이다. 갑오일, 한왕의 왕호를 제호帝號로 바꾸다. 한왕 유방이 정도에서 황제의 자리에 오르다[二月. 甲午, 王更號, 卽皇帝位於定陶].●
연燕	연국燕國	
위魏	양국梁國	양왕梁王 팽월이 처음으로 등장하다[梁王彭越始].
한韓	장사長沙	형산왕 오예가 장사왕이 되다[衡山王吳芮爲長沙王].

3월

초楚	서초西楚	
	회남淮南	
조趙	조국趙國	
	대국代國	
제齊	임치臨菑	
한漢	한국漢國	한 5년 3월이다.
연燕	연국燕國	
위魏	양국梁國	

● 한신韓信을 한왕韓王에서 대왕代王으로 이봉한 만큼 조趙나라로 분류해야 하는데도 〈진초지제월표〉에서는 한韓나라로 분류해놓았다.

한韓	장사長沙	

4월

초楚	서초西楚	
	회남淮南	
조趙	조국趙國	
	대국代國	
한漢	한국漢國	한 5년 4월이다.
연燕	연국燕國	
위魏	양국梁國	
한韓	장사長沙	

5월

초楚	서초西楚	
	회남淮南	
조趙	조국趙國	
	대국代國	
한漢	한국漢國	한 5년 5월이다.
연燕	연국燕國	
위魏	양국梁國	
한韓	장사長沙	

6월

초楚	서초西楚	
	회남淮南	
조趙	조국趙國	
	대국代國	
제齊	임치臨菑	

한漢	한국漢國	한 5년 6월이다. 황제 유방이 장안長安이 있는 관중關中으로 들어가다[六月. 帝入關].
연燕	연국燕國	
위魏	양국梁國	
한韓	장사長沙	

7월

초楚	서초西楚	
	회남淮南	영포의 회남국이 선 후 2년 1월이 되다.
조趙	조국趙國	조왕 장이가 서거하다. 시호를 경왕景王이라 하다[耳薨, 諡景王].
	대국代國	
한漢	한국漢國	한 5년 7월이다.
연燕	연국燕國	
위魏	양국梁國	
한韓	장사長沙	장사왕 오예가 서거하다. 시호를 문왕文王이라 하다[薨, 諡文王].

8월

초楚	서초西楚	
	회남淮南	
조趙	조국趙國	조왕 장오張敖가 처음으로 등장하다. 장이의 아들이다[趙王張敖始, 耳子].
	대국代國	
한漢	한국漢國	한 5년 8월이다. 황제 유방이 친히 군사를 이끌고 가 연나라를 치다[八月. 帝自將誅燕].
연燕	연국燕國	
위魏	양국梁國	
한韓	장사長沙	장사성왕長沙成王 오신吳臣이 처음으로 등장하다. 오예의 아들이다[長沙成王臣始, 芮子].

9월

초楚	서초西楚	초왕 한신이 옛 항우의 옛 부장 종리매鍾離眛를 보호하다가 참수했다는 소문이 나다[王得故項羽將鍾離眛, 斬之以聞].
	회남淮南	
조趙	조국趙國	
	대국代國	
한漢	한국漢國	한 5년 9월이다.
연燕	연국燕國	연왕 장도가 한나라에 반기를 들다. 한나라가 장도를 생포하다[反漢, 虜荼].
위魏	양국梁國	
한韓	장사長沙	

후 9월

초楚	서초西楚	
	회남淮南	
조趙	조국趙國	
	대국代國	대왕으로 이봉된 이전의 한왕 한신이 보위에 오른 후 5년 1월이 되다.
한漢	한국漢國	한 5년 후 9월이다.
연燕	연국燕國	연왕 노관이 처음으로 등장하다. 한나라의 태위太尉다 [燕王盧綰始, 漢太尉].
위魏	양국梁國	
한韓	장사長沙	

한흥이래제후왕연표

漢興以來諸侯王年表

〈한흥이래제후왕연표〉는 한고조 원년(기원전 206)부터 한무제 태초 4년(기원전 101)까지 105년 동안 일어난 각 제후국의 흥망과 변천 과정을 정리한 것이다. 한고조 유방은 항우를 제압할 때까지 한신과 팽월 및 경포 등을 제후에 봉하는 식의 편법을 썼다. 그러나 항우를 제압한 후 곧바로 이들을 토사구팽兔死狗烹했다. 이때 유씨劉氏가 아니면 왕이 될 수 없다는 원칙을 세웠다. 여후의 죽음을 계기로 여씨의 발호가 종식되면서 유씨의 세상이 다시 찾아왔으나 이는 또 다른 위기를 불러일으켰다. 부강해진 일부 유씨 제후왕들이 모반을 꾀한 것이 그렇다. '오초칠국吳楚七國의 난'이 일어난 배경이다. 난을 평정한 이후에는 제후왕의 봉국을 잘게 쪼개는 식으로 이들의 힘을 극도로 축소시켰다. 한무제가 즉위할 무렵, 제후왕의 세력이 극히 미미해진 배경이다. 한무제는 이를 배경으로 자신의 자손을 모두 제후왕에 봉하는 조치를 취했다. 이는 공신이 주축이 된 제후들의 운명과도 직결된 사안이었다. 〈한흥이래제후왕연표〉가 이어지는 〈고조공신후자연표〉와 불가분의 관계를 맺고 있는 이유다.

태사공은 평한다.

"은나라 이전의 역사는 매우 오래되었다. 주나라가 시행한 작위는 크게 공公·후侯·백伯·자子·남男의 다섯 개 등급이다. 백금을 노, 강숙을 위衛나라에 봉한 것이 그렇다. 이들의 봉국은 400리였다. 이는 친족에게 친애하는 마음을 표하고, 유덕자를 기린 것이다. 건국공신 태공 여상을 제나라에 봉하면서 이웃한 다섯 제후국의 영토를 관할토록 한 것은 그의 공을 존중했기 때문이다.

주나라의 무왕·성왕·강왕 때 분봉받은 제후의 수는 수백 명에 달했다. 그 가운데 왕실과 같은 희성姬姓으로 제후가 된 자는 모두 쉰다섯 명이었다. 이들의 봉국은 최대한 사방 100리를 넘지 않았고, 최소한 사방 30리 이하는 아니었다. 이들은 왕실을 보위하는 역할을 수행했다. 후대로 와 관숙管叔과 채숙蔡叔 및 강숙의 봉국을 비롯해 조와 정나라 등의 영토 가운데 일부는 규정을 초과했고, 일부는 규정에 미달했다. 여왕과 유왕 이후 왕실이 크게 이지러지자 후백 가운데 강력한 무력을 배경으로 한 패국霸國이 등장했다. 천자는 힘이 약해 그들을 다스릴 길이 없었다. 이는 주왕실의 덕행이 불순했기 때문이 아니라, 형세가 이미 미약해졌기 때문이다.

한漢나라가 일어난 후 봉작封爵은 왕王과 후侯 두 가지로 나뉘었다. 고조 말년에 유씨가 아니면서 왕이 되거나, 공이 없어 천자가 봉하지 않은 자 가운데 제후가 된 자는 천하인이 합세해 토벌했다. 당시 고조의 자제 또는 종친의 자격으로 왕에 봉해진 자는 모두 아홉 명이다. 단지 장사왕 오예만 성이 달랐다. 공적을 세워 제후가 된 자는 100여 명이었다. 안문과 태원에서 동쪽 요양遼陽에 이르는 제후국은 연과 대나라였다. 상산에서 남쪽 태항산을 왼쪽으로 돌아 황하와 제수를 건넌 뒤 동아東阿와 견성甄城 동쪽으로 나아가 곧장 바닷가에 이르는 제후국은 제와 조나라였다. 진현陳縣 서쪽에서 시작해 남쪽으로 구의산九疑山에 이르면서 동쪽으로 장강과 회하, 곡수穀水, 사수 및 회계산會稽山에 근접한 제후국은 양梁과 초, 회남, 장사였다.

이들 제후국 모두 밖으로 흉노匈奴 및 월越과 접하고 있었다. 내지인 관중의 북쪽으로는 산을 사이에 두고 동쪽부터 모두 제후의 봉국이다. 큰 제후국은 대여섯 개의 군을 보유해 수십 개의 성시城市가 잇달아 있었다. 이들 모두 독자적으로 조정을 두었는데 참람하게도 천자를 넘어설 정도였다. 당시 한나라 조정은 삼하와 동군, 영천, 남양만 보유하고 있었다. 강릉 서쪽부터 촉나라에 이르는 곳과 운중雲中부터 농서에 이르는 곳에다 내사를 합쳐 겨우 열다섯 군이 존재했다. 공주와 열후列侯의 식읍이 그 안에 있었다. 이는 무슨 까닭인가? 천하가 막 평정되었을 당시 골육이나 종친이 적었기 때문이다. 황실 자손의 힘을 길러 천하를 두루 다스리며 천자를 보위하려 했던 것이다.

한나라가 천하를 평정한 100년 동안 황실의 종친들은 사이가 더욱 멀어졌고, 일부 종친 제후는 교만하고 사치해 간사한 신하의 계략에 넘어가 반란을 꾀하기도 했다. 크게는 반역을 저지르고, 작게는 국법을 무시함으로써 몸을 위태롭게 하고 심지어 나라를 잃는 자도 있었다. 당시 천자는 상고 때 정사의 득실을 고찰한 후 은혜를 베풀어 이 자제들에게 나라와 성읍을 나누어주었다. 제齊가 일곱 국, 조가 여섯 국, 양이 다섯 국, 회남이 세 국으로 나뉜 배경이다.

천자의 방계로 왕이 되거나 왕자의 방계로 제후가 된 자는 모두 100여 명이다. 오초칠국의 난을 전후로 많은 제후가 벌을 받아 유배를 가거나 봉국이 삭감되었다. 연과 대는 북쪽의 군을 잃고, 오·회남·장사는 남쪽의 군을 잃었다. 제·조·양·초 등은 제후국 안에 제후가 독자적으로 설치한 군인 이른바 지군支郡을 비롯해 명산과 하택河澤을 한나라 조정에 바쳐야 했다. 이후 제후들의 세력이 점차 약해져 큰 제후국도 불과 10여 개의 성을 소유하는 것에 지나지 않았다. 작은 제후국은 겨우 수십 리의 땅을 점유할 뿐이었다. 제후들로 하여금 위로는 조공의 의무를 충실히 이행하고, 아래로는 조상의 제사를 잘 받들어 황제가 머무는 도성을 튼튼히 보위토록 한 것이다.

한나라 조정이 설치한 여든에서 아흔 개의 군이 제후국 사이에 섞여 있는 모습은 마치 개 이빨이 단단히 맞물린 듯하다. 조정이 천하의 요새를 장악함으로써 줄기는 튼튼히 하고 가지는 약하게 만든 형세다. 존비尊卑의 관계가 명확해지고 모든 일이 제자리를 얻게 된 배경이다.

이에 신臣 사마천은 고조부터 태초太初에 이르기까지 여러 제후국의 흥망을 삼가 기록했다. 후대인이 살펴보는 데 도움을 주고자 한 것이다. 형세에는 비록 강약이 있을 수 있으나 요약하면 인의仁義를 치국治國의 근본으로 삼는 것이 관건이다.”

●● 太史公曰, “殷以前尙矣. 周封五等, 公, 侯, 伯, 子, 男. 然封伯禽·康叔於魯·衛, 地各四百里, 親親之義, 襃有德也, 太公於齊, 兼五侯地, 尊勤勞也. 武王·成·康所封數百, 而同姓五十五, 地上不過百里, 下三十里, 以輔衛王室. 管·蔡·康叔·曹·鄭, 或過或損. 厲·幽之後, 王室缺, 侯伯彊國興焉, 天子微, 弗能正. 非德不純, 形勢弱也. 漢興, 序二等. 高祖末年, 非劉氏而王者, 若無功上所不置而侯者, 天下共誅之. 高祖子弟同姓爲王者九國, 雖獨長沙異姓, 而功臣侯者百有餘人. 自鴈門·太原以東至遼陽, 爲燕·代國, 常山以南, 大行左轉, 度河·濟, 阿·甄以東薄海, 爲齊·趙國, 自陳以西, 南至九疑, 東帶江·淮·穀·泗, 薄會稽, 爲梁·楚·淮南·長沙國, 皆外接於胡·越. 而內地北距山以東盡諸侯地, 大者或五六郡, 連城數十, 置百官宮觀, 僭於天子. 漢獨有三河·東郡·潁川·南陽, 自江陵以西至蜀, 北自雲中至隴西, 與內史凡十五郡, 而公主列侯頗食邑其中. 何者?

天下初定, 骨肉同姓少, 故廣彊庶孽, 以鎭撫四海, 用承衛天子也. 漢定百年之閒, 親屬益疏, 諸侯或驕奢, 忕邪臣計謀爲淫亂, 大者叛逆, 小者不軌於法, 以危其命, 殞身亡國. 天子觀於上古, 然後加惠, 使諸侯得推恩分子弟國邑, 故齊分爲七, 趙分爲六, 梁分爲五, 淮南分三, 及天子支庶子爲王, 王子支庶爲侯, 百有餘焉. 吳楚時, 前後諸侯或以適削地, 是以燕·代無北邊郡, 吳·淮南·長沙無南邊郡, 齊·趙·梁·楚支郡名山陂海咸納於漢. 諸侯稍微, 大國不過十餘城, 小侯不過數十里, 上足以奉貢職, 下足以供養祭祀, 以蕃輔京師. 而漢郡八九十, 形錯諸侯閒, 犬牙相臨, 秉其阨塞地利, 彊本幹, 弱枝葉之勢, 尊卑明而萬事各得其所矣. 臣遷謹記高祖以來至太初諸侯, 譜其下益損之時, 令時世得覽. 形勢雖彊, 要之以仁義爲本."

기원전 206년(고조高祖 원년)[·]

초楚	
제齊	
형荊	
회남淮南	
연燕	
조趙	
양梁	
회양淮陽	
대代	
장사長沙	

기원전 205년(고조 2년)

초楚	팽성에 도읍하다[都彭城].
제齊	임치에 도읍하다[都臨菑].
형荊	오현吳縣에 도읍하다[都吳].
회남淮南	수춘에 도읍하다[都壽春].
연燕	계성에 도읍하다[都薊].
조趙	한단에 도읍하다[都邯鄲].
양梁	회양에 도읍하다[都淮陽].

● 《사기색은》에 따르면 초나라는 고조 5년에 한신韓信을 봉했다. 제나라는 고조 4년에 한신을 봉했다가 초왕으로 이봉한 뒤 고조 6년에 아들 유비劉肥를 봉했다. 형나라는 고조 6년, 일족인 유가를 봉했다. 회남은 고조 4년, 영포英布를 봉했다. 연나라는 고조 5년, 노관을 봉했다. 조나라는 고조 4년, 장이를 봉했다. 양나라는 고조 5년, 팽월을 봉했다. 회양은 고조 11년, 아들 유우劉友를 봉했다. 대나라는 고조 2년, 한왕 신信을 봉했다. 장사는 고조 5년, 오예를 봉했다.

회양淮陽	진현에 도읍하다[都陳].
대代	11월, 초대 대왕 한신韓信 원년. 마읍에 도읍하다[十一月, 初王韓信元年. 都馬邑].
장사長沙	

기원전 204년(고조 3년)

초楚	
제齊	
형荊	
회남淮南	
연燕	
조趙	
양梁	
회양淮陽	
대代	
장사長沙	

기원전 203년(고조 4년)

초楚	
제齊	초대 제왕 한신 원년. 이전의 상국이다[初王信元年. 故相國].
형荊	
회남淮南	10월 을축일, 초대 회남왕 영포英布 원년[十月乙丑, 初王英布元年].
연燕	
조趙	초대 조왕 장이張耳 원년. 서거하다[初王張耳元年. 薨].

양梁	
회양淮陽	
대代	
장사長沙	

기원전 202년(고조 5년)

초楚	제왕 한신의 초왕 이봉移封 원년. 모반으로 폐위되다[齊王信徙爲楚王元年. 反. 廢].
제齊	2년. 한신의 봉국을 초나라로 옮기다[二. 徙楚].
형荊	
회남淮南	
연燕	후 9월 임자일, 초대 연왕 노관盧綰 원년[後九月壬子, 初王盧綰元年].
조趙	조왕 장오 원년. 장오는 장이의 아들이다[王敖元年. 敖, 耳子].
양梁	초대 양왕 팽월彭越 원년.
회양淮陽	
대代	4년. 대왕 한신이 흉노에게 투항하다. 봉국이 폐지되어 군으로 편입되다[四. 降匈奴, 國除爲郡].
장사長沙	2월 을미, 초대 장사왕 오예吳芮 원년. 서거하다[二月乙未, 初王文王吳芮元年. 薨].

기원전 201년(고조 6년)

초楚	정월 병오일, 새 초왕 유교劉交 원년. 유교는 고조의 동생이다[正月丙午, 初王交元年. 交, 高祖弟].
제齊	정월 갑자일, 새 제왕 도혜왕悼惠王 유비 원년. 유비는 고조의 아들이다[正月甲子, 初王悼惠王肥元年. 肥, 高祖子].

형荊	정월 병오일, 초대 형왕荊王 유가 원년.
회남淮南	
연燕	
조趙	
양梁	
회양淮陽	
대代	
장사長沙	성왕成王 오신吳臣 원년.

기원전 200년(고조 7년)

초楚	
제齊	
형荊	
회남淮南	
연燕	
조趙	
양梁	
회양淮陽	
대代	
장사長沙	

기원전 199년(고조 8년)

초楚	

제齊	
형荊	
회남淮南	
연燕	
조趙	4년. 조왕 장오를 폐위하다[四. 廢].
양梁	
회양淮陽	
대代	
장사長沙	

기원전 198년(고조 9년)

초楚	4년. 초왕 유교가 조현하러 오다[四. 來朝].
제齊	4년. 제왕 유비가 조현하러 오다[四. 來朝].
형荊	
회남淮南	6년. 회남왕 영포가 조현하러 오다[六. 來朝].
연燕	
조趙	새 조은왕趙隱王 유여의劉如意 원년. 여의는 고조의 아들이다[初王隱王如意元年. 如意, 高祖子].
양梁	5년. 양왕 팽월이 조현하러 오다[五. 來朝].
회양淮陽	
대代	
장사長沙	

기원전 197년(고조 10년)

초楚	5년. 초왕 유교가 조현하러 오다[五. 來朝].
제齊	5년. 제왕 유비가 조현하러 오다[五. 來朝].
형荊	5년. 형왕 유가가 조현하러 오다[五. 來朝].
회남淮南	7년. 회남왕 영포가 조현하러 오다. 이내 모반해 이듬해에 주살되다[七. 來朝. 反. 誅.].•
연燕	6년. 연왕 노관이 조현하러 오다[六. 來朝].
조趙	
양梁	6년. 양왕 팽월이 조현하러 오다. 모반으로 주살되다[六. 來朝. 反. 誅].
회양淮陽	
대代	다시 대국을 두다. 중도에 도읍하다[復置代, 都中都].
장사長沙	5년. 장사왕 오신이 조현하러 오다[五. 來朝].

기원전 196년(고조 11년)

초楚	
제齊	
형荊	6년. 형왕 유가가 회남왕 영포에게 살해되다. 봉국이 폐지되어 군으로 편입되다[六. 爲英布所殺, 國除爲郡].
회남淮南	12월 경오일, 회남여왕淮南厲王 유장劉長 원년. 유장은 고조의 아들이다[十二月庚午, 厲王長元年. 長, 高祖子].
연燕	
조趙	

• 회남왕 영포가 주살된 것은 이듬해인 고조 11년이다. 본문의 '주誅'는 이듬해의 일을 미리 언급했음을 뜻한다.

양梁	2월 병오일, 새 양왕 유회劉恢 원년. 유회는 고조의 아들이다[二月丙午. 初王恢元年. 恢, 高祖子].
회양淮陽	3월 병인일, 초대 회양왕淮陽王 유우劉友 원년. 유우는 고조의 아들이다[三月丙寅, 初王友元年. 友, 高祖子].
대代	정월 병자일, 새 대왕 유항劉恒 원년[正月丙子, 初王元年].
장사長沙	

기원전 195년(고조 12년)

초楚	
제齊	
오吳	형국荊國을 다시 오국吳國으로 삼다. 10월 신축일, 초대 오왕 유비劉濞 원년. 유비는 고조의 형 유중劉仲의 아들이다. 이전의 패후沛侯다[更爲吳國. 十月辛丑, 初王濞元 年. 濞, 高祖兄仲子, 故沛侯].
회남淮南	
연燕	2월 갑오일, 새 연영왕燕靈王 유건劉建 원년. 유건은 고조의 아들이다[二月甲午, 初王 靈王建元年. 建, 高祖子].
조趙	4년. 조은왕 유여의가 죽다[四. 死].
양梁	
회양淮陽	
대代	
장사長沙	

기원전 194년(효혜제孝惠帝 원년)

초楚	
제齊	

오吳	
회남淮南	
연燕	
조趙	회양왕 유우가 조왕으로 이봉되다. 새 조왕 유우劉友 원년. 그가 바로 조유왕趙幽王이다[淮陽王徙於趙, 名友, 元年. 是爲幽王].
양梁	
회양淮陽	군郡으로 편입되다[爲郡].
대代	
장사長沙	

기원전 193년(혜제 2년)

초楚	9년. 초왕 유교가 조현하러 오다[九. 來朝].
제齊	9년. 제왕 유비가 조현하러 오다[九. 來朝].
오吳	
회남淮南	
연燕	
조趙	
양梁	
회양淮陽	
대代	
장사長沙	애왕哀王 오회吳回 원년.

기원전 192년(혜제 3년)

초楚	초왕 유교 10년.

제齊	제왕 유비 10년.
오吳	오왕 유비劉濞 4년.
회남淮南	회남왕 유장 5년.
연燕	연왕 유건 4년.
조趙	조왕 유우 3년.
양梁	양왕 유회 5년.
회양淮陽	
대代	대왕 유항 5년.
장사長沙	장사왕 오회 2년.

기원전 191년(혜제 4년)

초楚	초왕 유교 11년. 조현하러 오다[十一. 來朝].
제齊	제왕 유비 11년. 조현하러 오다[十一. 來朝].
오吳	
회남淮南	회남왕 유장 6년. 조현하러 오다[六. 來朝].
연燕	
조趙	조왕 유우 4년. 조현하러 오다[四. 來朝].
양梁	
회양淮陽	
대代	
장사長沙	

기원전 190년(혜제 5년)

초楚	
제齊	
오吳	오왕 유비 6년. 조현하러 오다[六. 來朝].
회남淮南	
연燕	연왕 유건 6년. 조현하러 오다[六. 來朝].
조趙	
양梁	
회양淮陽	
대代	
장사長沙	

기원전 189년(혜제 6년)

초楚	
제齊	제왕 유비 13년. 서거하다[十三. 薨].
오吳	
회남淮南	
연燕	
조趙	
양梁	
회양淮陽	
대代	
장사長沙	

기원전 188년(혜제 7년)

초楚	초왕 유교 14년. 조현하러 오다[十四. 來朝].
노魯	처음으로 노국魯國을 두다[初置魯國].
제齊	애왕哀王 유양劉襄 원년[哀王襄元年].
오吳	오왕 유비劉濞 8년. 조현하러 오다[八. 來朝].
회남淮南	회남왕 유장 9년. 조현하러 오다[九. 來朝].
연燕	연왕 유건 8년. 조현하러 오다[八. 來朝].
조趙	조왕 유우 7년. 조현하러 오다[七. 來朝].
상산常山	처음으로 상산국을 두다[初置常山國].
양梁	양왕 유회 9년. 조현하러 오다[九. 來朝].
여呂	처음으로 여국呂國을 두다[初置呂國].
회양淮陽	다시 회양국淮陽國을 두다[復置淮陽國].
대代	
장사長沙	

기원전 187년(고후高后 원년)

초楚	
노魯	4월 초, 노왕魯王 장언張偃 원년. 장언은 고후의 외손으로 이전의 조왕 장오의 아들이다[四月初, 王張偃元年. 偃, 高后外孫, 故趙王敖子].
제齊	
오吳	
회남淮南	
연燕	
조趙	

상산常山	4월 신묘일, 애왕哀王 유불의劉不疑 원년. 서거하다[四月辛卯, 哀王不疑元年. 薨].
양梁	
여呂	4월 신묘일, 여숙왕呂肅王 여태呂台 원년. 서거하다[四月辛卯, 呂王台元年. 薨].
회양淮陽	4월 신묘일, 초대 회양회왕淮陽懷王 유강劉强 원년. 유강은 혜제惠帝의 아들이다[四月辛卯, 初王懷王强元年. 强, 惠帝子].
대代	
장사長沙	

기원전 186년(고후 2년)

초楚	
노魯	
제齊	
오吳	
회남淮南	
연燕	
조趙	
상산常山	7월 계사, 새 상산왕 유의劉義 원년. 유의는 애왕 유불의의 동생으로 혜제의 아들이다. 이전의 양성후襄城侯다. 이후 황제로 옹립되다[七月癸巳, 初王義元年. 哀王弟. 義, 孝惠子, 故襄城侯, 立爲帝].
양梁	
여呂	11월 계해, 여왕 여가呂嘉 원년. 여가는 여숙왕 여태의 아들이다[十一月癸亥, 王呂嘉元年. 嘉, 肅王子].
회양淮陽	
대代	
장사長沙	공왕恭王 오우吳右 원년.

기원전 185년(고후 3년)

초楚	
노魯	
제齊	애왕 유양 4년. 조현하러 오다[四. 來朝].
오吳	
회남淮南	
연燕	
조趙	
상산常山	
양梁	
여呂	
회양淮陽	
대代	
장사長沙	공왕 오우 2년. 조현하러 오다[二. 來朝].

기원전 184년(고후 4년)

초楚	
노魯	
제齊	
오吳	
회남淮南	
연燕	
조趙	
상산常山	5월 병진일, 새 상산왕 유조劉朝 원년. 유조는 혜제의 아들로 이전의 지후軹侯다[五月丙辰, 初王朝元年. 朝, 惠帝子, 故軹侯].

양梁	
여呂	
회양淮陽	
대代	
장사長沙	

기원전 183년(고후 5년)

초楚	
노魯	
제齊	
오吳	
회남淮南	회남왕 유장 14년. 조현하러 오다[十四. 來朝].
연燕	
조趙	
상산常山	
양梁	
여呂	
회양淮陽	회양왕 유강 5년. 후사가 없다[五. 無嗣].
대代	
장사長沙	

기원전 182년(고후 6년)

초楚	

노魯	
제齊	
낭야琅琊	처음으로 낭야국琅琊國을 두다[初置琅邪國]. •
오吳	
회남淮南	
연燕	
조趙	
상산常山	
양梁	
여呂	여왕 여가를 폐하다. 7월 병진일, 새 여왕 여산呂産 원년. 여산은 숙왕 여태의 동생으로 이전의 효후다[嘉廢. 七月丙辰, 呂産元年. 産, 肅王弟, 故沒侯].
회양淮陽	새 회양왕 유무劉武 원년. 혜제의 아들이다. 이전의 호관후壺關侯다[初王武元年. 武, 孝惠帝子, 故壺關侯].
대代	
장사長沙	

기원전 181년(고후 7년)

초楚	
노魯	
제齊	
낭야琅琊	초대 낭야왕 유택劉澤 원년. 이전의 영릉후營陵侯다[王澤元年. 故營陵侯].
오吳	
회남淮南	
연燕	연왕 유건 15년. 세습이 끊기다[十五. 絶].

• 낭야국의 야邪는 야琊와 같다.

조趙	
상산常山	
양梁	양왕 유회를 조왕으로 이봉하자 자진하다. 새 양왕 여산呂産 원년[徙王趙. 自殺. 王呂産元年].
여呂	여산을 양왕으로 이봉하다. 2월 정사일, 새 여왕 유태劉太 원년. 유태는 혜제의 아들이다[呂産徙王梁. 二月丁巳, 王太元年. 惠帝子].
회양淮陽	
대代	
장사長沙	

기원전 180년(고후 8년)

초楚	
노魯	
제齊	
낭야琅邪	
오吳	
회남淮南	
연燕	10월 신묘일, 새 연왕 여통呂通 원년. 숙왕 여태의 아들로 이전의 동평후東平侯다. 한나라 음력으로 이듬해인 기원전 180년 9월 주살하다. 봉국이 폐지되다[十月辛丑, 初王呂通元年. 肅王子, 故東平侯. 九月誅, 國除].
조趙	새 조왕 여록呂祿 원년. 여후의 오빠인 건성강후建成康侯 여석지呂釋之의 아들로 이전의 호릉후胡陵侯다. 도중에 주살되어 봉국이 폐지되다[初王呂祿元年. 呂后兄子, 胡陵侯. 誅, 國除].
상산常山	상산왕 유조 5년. 혜제의 아들이 아니어서 주살되다. 봉국이 폐지되어 군으로 편입되다[五. 非子, 誅, 國除爲郡].
양梁	여왕 유태 2년. 죄를 지어 주살되다. 봉국이 폐지되어 군으로 편입되다[二. 有罪, 誅, 爲郡].
여呂	

회양淮陽	회양왕 유무 3년. 유무가 주살되고 봉국이 폐지되다[三. 武誅, 國除].
대代	
장사長沙	

기원전 179년(효문제孝文帝 전전 원년)

초楚	
노魯	노왕 장언 9년. 왕에서 폐해 후侯로 삼다[九. 廢爲侯].
제齊	애왕 유양 10년. 서거하다[十. 薨].
성양城陽	처음으로 성양군城陽郡을 두다[初置城陽郡].
제북濟北	처음으로 제북을 두다[初置濟北].
낭야瑯琊	낭야왕 유택 3년. 유택을 연왕으로 이봉하다[三. 徙燕].
오吳	
회남淮南	
연燕	10월 경오일, 낭야왕 유택의 연왕 이봉移封 원년. 그가 바로 연경왕燕敬王이다[十月庚戌, 瑯邪王澤徙燕元年. 是爲敬王].
조趙	10월 경술일, 조왕 유수劉遂 원년. 조유왕 유우의 아들이다[十月庚戌, 趙王遂元年. 幽王子].
하간河間	둘로 나누어 하간河間을 만들다. 낙성樂成에 도읍하다[分爲河間, 都樂成].
태원太原	처음으로 태원을 두고, 진양을 도읍으로 하다[初置太原, 都晉陽].
양梁	다시 양국을 두다[復置梁國].
대代	대왕 유항 18년. 문제文帝로 즉위하다[十八. 爲文帝].
장사長沙	

초楚	이왕夷王 유영劉郢 원년.
제齊	문왕文王 유칙劉則 원년.
성양城陽	2월 을묘일, 경왕 유장劉章 원년. 유장은 제도혜왕齊悼惠王 유비의 아들로 이전의 주허후朱虛侯다[二月乙卯, 景王章元年. 章, 悼惠王子, 故朱虛侯].
제북濟北	2월 을묘일, 초대 제북왕 유흥거劉興居 원년. 제도혜왕 유비의 아들로 이전의 동모후東牟侯다[二月乙卯, 王興居元年. 興居, 悼惠王子, 故東牟侯].
낭야琅邪	봉국이 폐지되어 군으로 편입되다[國除爲郡].
오吳	
회남淮南	
연燕	연왕 유택 2년. 서거하다[二. 薨].
조趙	
하간河間	2월 을묘일, 초대 하간문왕河間文王 유벽강劉辟強 원년. 유벽강은 조유왕 유우의 아들이다[二月乙卯, 初王文王辟強元年. 辟強, 趙幽王子].
태원太原	2월 을묘일, 초대 태원왕太原王 유참劉參 원년. 유참은 문제의 아들이다[二月乙卯, 初王參元年. 參, 文帝子].
양梁	2월 을묘일, 새 양회왕梁懷王 유승劉勝 원년. 유승은 문제의 아들이다[二月乙卯, 初王懷王勝元年. 勝, 文帝子].
대代	2월 을묘일, 새 대왕 유무劉武 원년. 유무는 문제의 아들이다[二月乙卯, 初王武元年. 武, 文帝子].
장사長沙	

초楚	
제齊	
성양城陽	

제북濟北	군으로 편입되다[爲郡].
오吳	오왕 유비劉濞 19년. 조현하러 오다[十九. 來朝].
회남淮南	회남왕 유장 20년. 조현하러 오다[二十. 來朝].
연燕	연강왕燕康王 유가劉嘉 원년.
조趙	
하간河間	
태원太原	
양梁	
회양淮陽	다시 회양국을 두다[復置淮陽國].
대代	대왕 유무 2년. 회양왕으로 이봉하다[二. 徙淮陽].
장사長沙	장사정왕長沙靖王 오저吳著 원년.

기원전 176년(문제 전 4년)

초楚	
제齊	
성양城陽	성양공왕城陽共王 유희劉喜 원년.
오吳	
회남淮南	
연燕	
조趙	
하간河間	
태원太原	태원왕 유참 3년. 호칭을 대왕으로 바꾸다[三. 更爲代王].
양梁	
회양淮陽	회양왕으로 이봉된 대왕 유무 3년.
대代	태원왕에서 대왕으로 호칭이 바뀐 유참 3년. 실제로는 태원에 머무르다. 그가 바로 대효왕代孝王이다[三. 太原王參更號爲代王三年, 實居太原, 是爲孝王].

장사長沙	

기원전 175년(문제 전 5년)

초楚	이왕 유영 4년. 서거하다[四. 薨].
제齊	
성양城陽	
오吳	
회남淮南	
연燕	
조趙	
하간河間	
양梁	
회양淮陽	
대代	
장사長沙	

기원전 174년(문제 전 6년)

초楚	초왕 유무劉戊 원년.
제齊	
성양城陽	
오吳	
회남淮南	회남왕 유장 23년. 왕이 무도해 촉 땅으로 유배 보내다. 유배를 가던 길에 옹 땅에서 죽다. 회남국을 군으로 편입하다[二十三. 王無道, 遷蜀, 死雍, 爲郡].

연燕	
조趙	
하간河間	
양梁	
회양淮陽	
대代	
장사長沙	

기원전 173년(문제 전 7년)

초楚	
제齊	
성양城陽	
오吳	
회남淮南	
연燕	
조趙	조왕 유수 7년. 조현하러 오다[七. 來朝].
하간河間	
양梁	양왕 유승 6년. 조현하러 오다[六. 來朝].
회양淮陽	회양왕 유무 6년. 조현하러 오다[六. 來朝].
대代	대왕 유참 6년. 조현하러 오다[六. 來朝].
장사長沙	

기원전 172년(문제 전 8년)

초楚	
제齊	제왕 유칙 7년. 조현하러 오다[七. 來朝].
성양城陽	
오吳	
회남淮南	
연燕	연왕 유가 6년. 조현하러 오다[六. 來朝].
조趙	
하간河間	하간왕 유벽강 7년. 조현하러 오다[七. 來朝].
양梁	
회양淮陽	
대代	
장사長沙	

기원전 171년(문제 전 9년)

초楚	
제齊	
성양城陽	성양왕 유희 6년. 조현하러 오다[六. 來朝].
오吳	
회남淮南	
연燕	
조趙	
하간河間	
양梁	
회양淮陽	회양왕 유무 8년. 조현하러 오다[八. 來朝].

대代	
장사長沙	

기원전 170년(문제 전 10년)

초楚	
제齊	
성양城陽	
오吳	
회남淮南	
연燕	
조趙	
하간河間	
양梁	
회양淮陽	
대代	
장사長沙	장사왕 오저 8년. 조현하러 오다[八. 來朝].

기원전 169년(문제 전 11년)

초楚	
제齊	
성양城陽	성양왕 유희 8년. 회남왕으로 이봉하다. 성양을 군으로 편입해 제나라에 귀속시키다[八. 徙淮南. 爲郡, 屬齊].
오吳	
회남淮南	

연燕	
조趙	
하간河間	
양梁	양왕 유승 10년. 조현하러 오다. 서거했으나 후사가 없다[十. 來朝. 薨. 無後].
회양淮陽	회양왕 유무 10년. 조현하러 오다. 양왕으로 이봉하고, 회양을 군으로 편입시키다[十. 來朝. 徙梁. 爲郡].
대代	대왕 유참 10년. 조현하러 오다[十. 來朝].
장사長沙	

기원전 168년(문제 전 12년)

초楚	
제齊	제왕 유칙 11년. 조현하러 오다[十一. 來朝].
성양城陽	
오吳	
회남淮南	성양왕에서 회남왕으로 이봉된 유희劉喜 원년[城陽王喜徙淮南元年].
연燕	
조趙	조왕 유수 12년. 조현하러 오다[十二. 來朝].
하간河間	하간왕 유벽강 11년. 조현하러 오다[十一. 來朝].
양梁	양왕 유승이 죽자 회양왕 유무가 양왕으로 이봉되어 재위 11년이 되다. 그가 바로 양효왕梁孝王이다[十一. 淮陽王武徙梁年, 是爲孝王].
대代	
장사長沙	

기원전 167년(문제 전 13년)

초楚	초왕 유무 8년. 조현하러 오다[八. 來朝].
제齊	
성양城陽	
오吳	
회남淮南	
연燕	
조趙	
하간河間	
양梁	
대代	
장사長沙	

기원전 166년(문제 전 14년)

초楚	
제齊	
성양城陽	
오吳	
회남淮南	
연燕	연왕 유가 12년. 조현하러 오다[十二. 來朝].
조趙	
하간河間	하간왕 유벽강 13년. 서거하다[十三. 薨].
양梁	
대代	
장사長沙	

초楚	
형산衡山	처음으로 형산을 두다[初置衡山].
제齊	제왕 유칙 14년. 서거했으나 후사가 없다[十四. 薨. 無後].
성양城陽	제나라에 다시 성양국을 두다[復置城陽國].
제북濟北	제나라에 다시 제북국을 두다[復置濟北國].
제남濟南	제나라를 나누어 제남국을 두다[分爲濟南國].
치천菑川	제나라를 나누어 치천국을 두다. 극성劇城에 도읍하다[分爲菑川, 都劇].
교서膠西	제나라를 나누어 교서국을 두다. 완성에 도읍하다[分爲膠西, 都宛].
교동膠東	제나라를 나누어 교동국을 두다. 즉묵에 도읍하다[分爲膠東, 都卽墨].
오吳	
회남淮南	회남왕 유희 4년. 다시 성양으로 이봉하다[四. 徙城陽].
연燕	연왕 유가 13년. 조현하러 오다[十三. 來朝].
조趙	
하간河間	애왕 유복劉福 원년. 서거했으나 후사가 없다. 봉국이 폐지되어 군으로 편입되다[哀王福元年. 薨, 無後, 國除爲郡].
여강廬江	처음으로 여강국을 두다[初置廬江國].
양梁	양왕 유무 14년. 조현하러 오다[十四. 來朝].
대代	
장사長沙	

초楚	
형산衡山	4월 병인일, 형산왕 유발劉勃 원년. 회남여왕 유장의 아들로 이전의 안양후安陽侯다[四月丙寅, 王勃元年. 淮南厲王子, 故安陽侯].

제齊	4월 병인일, 제효왕 유장려劉將閭 원년. 제도혜왕 유비의 아들로 이전의 양허후陽虛侯다[四月丙寅, 孝王將閭元年. 齊悼惠王子, 故陽虛侯].
성양城陽	회남왕에서 성양왕으로 이봉된 유희의 이전 재위기간을 합하면 모두 13년이다[淮南王喜徙城陽十三年].
제북濟北	4월 병인일, 초대 제북왕 유지劉志 원년. 제도혜왕 유비의 아들로 이전의 안도후安都侯다[四月丙寅, 初王志元年. 齊悼惠王子, 故安都侯].
제남濟南	4월 병인일, 초대 제남왕濟南王 유벽광劉辟光 원년. 제도혜왕 유비의 아들로 이전의 늑후扐侯다[四月丙寅, 初王辟光元年. 齊悼惠王子, 故扐侯].
치천菑川	4월 병인일, 초대 치천왕 유현劉賢 원년. 제도혜왕 유비의 아들로 이전의 무성후武城侯다[四月丙寅, 初王賢元年. 齊悼惠王子, 故武城侯].
교서膠西	4월 병인일, 초대 교서왕膠西王 유앙劉卬 원년. 제도혜왕 유비의 아들로 이전의 평창후平昌侯다[四月丙寅, 初王卬元年. 齊悼惠王子, 故平昌侯].
교동膠東	4월 병인일, 초대 교동왕 유웅거劉雄渠 원년. 제도혜왕 유비의 아들로 이전의 백석후白石侯다[四月丙寅, 初王雄渠元年. 齊悼惠王子, 故白石侯].
오吳	
회남淮南	4월 병인일, 회남왕 유안劉安 원년. 회남여왕 유장의 아들로 이전의 부릉후阜陵侯다[四月丙寅, 王安元年. 淮南厲王子, 故阜陵侯].
연燕	
조趙	
여강廬江	4월 병인일, 여강왕廬江王 유사劉賜 원년. 회남여왕 유장의 아들로 이전의 양주후陽周侯다[四月丙寅, 王賜元年. 淮南厲王子, 故陽周侯].
양梁	
대代	
장사長沙	

기원전 163년(문제 후後 원년)

초楚	
형산衡山	

제齊	
성양城陽	
제북濟北	
제남濟南	
치천菑川	
교서膠西	
교동膠東	
오吳	
회남淮南	
연燕	
조趙	
여강廬江	
양梁	
대代	
장사長沙	

기원전 162년(문제 후 2년)

초楚	
형산衡山	
제齊	
성양城陽	
제북濟北	
제남濟南	
치천菑川	
교서膠西	
교동膠東	

오吳	
회남淮南	
연燕	
조趙	
여강廬江	
양梁	
대代	대왕 유참 17년. 서거하다[十七. 薨].
장사長沙	

기원전 161년(문제 후 3년)

초楚	
형산衡山	
제齊	제왕 유장려 4년. 조현하러 오다[四. 來朝].
성양城陽	
제북濟北	제북왕 유지 4년. 조현하러 오다[四. 來朝].
제남濟南	제남왕 유벽광 4년. 조현하러 오다[四. 來朝].
치천菑川	
교서膠西	
교동膠東	
오吳	
회남淮南	
연燕	
조趙	
여강廬江	
양梁	양왕 유무 18년. 조현하러 오다[十八. 來朝].
대代	대공왕代恭王 유등劉登 원년.

장사長沙	

기원전 160년(문제 후 4년)

초楚	
형산衡山	
제齊	
성양城陽	
제북濟北	제북왕 유지 5년. 조현하러 오다[五. 來朝].
제남濟南	
치천菑川	
교서膠西	
교동膠東	
오吳	
회남淮南	
연燕	연왕 유가 18년. 조현하러 오다[十八. 來朝].
조趙	조왕 유수 20년. 조현하러 오다[二十. 來朝].
여강廬江	
양梁	
대代	
장사長沙	

기원전 159년(문제 후 5년)

초楚	초왕 유무 16년. 조현하러 오다[十六. 來朝].

형산衡山	
제齊	
성양城陽	성양왕 유희 18년. 조현하러 오다[十八. 來朝].
제북濟北	
제남濟南	제남왕 유벽광 6년. 조현하러 오다[六. 來朝].
치천菑川	
교서膠西	교서왕 유앙 6년. 조현하러 오다[六. 來朝].
교동膠東	
오吳	
회남淮南	
연燕	
조趙	
여강廬江	
양梁	
대代	
장사長沙	

기원전 158년(문제 후 6년)

초楚	
형산衡山	
제齊	
성양城陽	
제북濟北	
제남濟南	
치천菑川	
교서膠西	

교동膠東	
오吳	
회남淮南	회남왕 유안 7년. 조현하러 오다[七. 來朝].
연燕	
조趙	
여강廬江	
양梁	양왕 유무 21년. 조현하러 오다[二十一. 來朝].
대代	
장사長沙	장사왕 오저 20년. 조현하러 오다[二十. 來朝].

기원전 157년(문제 후 7년)

초楚	
형산衡山	
제齊	
성양城陽	
제북濟北	
제남濟南	
치천菑川	
교서膠西	
교동膠東	
오吳	
회남淮南	
연燕	
조趙	
여강廬江	
양梁	

대代	
장사長沙	장사왕 오저 21년. 조현하러 오다. 서거하다. 후사가 없어 봉국이 폐지 되다[二十一. 來朝. 薨, 無後, 國除].

기원전 156년(효경제孝景帝 원년)

초楚	
형산衡山	
제齊	
성양城陽	
제북濟北	
제남濟南	
치천菑川	
교서膠西	
교동膠東	
오吳	
회남淮南	
연燕	
조趙	
하간河間	다시 하간국을 두다[復置河閒國].
광천廣川	처음으로 광천을 두다. 신도信都에 도읍하다[初置廣川, 都信都].
여강廬江	
양梁	
임강臨江	처음으로 임강을 두다. 강릉에 도읍하다[初置臨江, 都江陵].
여남汝南	처음으로 여남국을 두다[初置汝南國].
회양淮陽	다시 회양국을 두다[復置淮陽國].
대代	

장사長沙	다시 장사국을 두다[復置長沙國].

기원전 155년(경제 2년)

초楚	초왕 유무 20년. 조현하러 오다[二十. 來朝].
노魯	초나라를 나누어 다시 노국을 두다[分楚復置魯國].
형산衡山	
제齊	
성양城陽	
제북濟北	제북왕 유지 10년. 조현하러 오다[十. 來朝].
제남濟南	
치천菑川	
교서膠西	
교동膠東	
오吳	
회남淮南	
연燕	
조趙	조왕 유수 25년. 조현하러 오다[二十五. 來朝].
하간河間	3월 갑인일, 새 하간헌왕河間獻王 유덕劉德 원년. 경제의 아들이다[三月甲寅, 初王獻王德元年. 景帝子].
광천廣川	3월 갑인일, 초대 광천왕廣川王 유팽조劉彭祖 원년. 경제의 아들이다[三月甲寅, 王彭祖元年. 景帝子].
중산中山	처음으로 중산을 두다. 노노盧奴에 도읍하다[初置中山, 都盧奴].
여강廬江	
양梁	양왕 유무 24년. 조현하러 오다[二十四. 來朝].
임강臨江	3월 갑인일, 초대 임강왕 유알우劉閼于* 원년. 경제의 아들이다[三月甲寅, 初王關於元年. 景帝子].

여남汝南	3월 갑인일, 초대 여남왕汝南王 유비劉非 원년. 경제의 아들이다[三月甲寅. 初王非元年. 景帝子].
회양淮陽	3월 갑인일, 새 회양왕 유여劉餘 원년. 경제의 아들이다[三月甲寅. 初王餘元年. 景帝子].
대代	
장사長沙	3월 갑인일, 장사정왕 유발劉發 원년. 경제의 아들이다[三月甲寅. 定王發元年. 景帝子].

기원전 154년(경제 3년)

초楚	초왕 유무 20년. 모반을 꾀해 주살되다[二十一. 反, 誅].
노魯	6월 을해일, 회양왕에서 초대 노왕으로 이봉된 유여劉餘 원년. 그가 바로 노공왕魯恭王이다[六月乙亥. 淮陽王徙魯元年. 是爲恭王].
형산衡山	
제齊	
성양城陽	
제북濟北	제북왕 유지 11년. 치천으로 이봉하다[十一. 徙菑川].
제남濟南	제남왕 유벽광 11년. 모반을 꾀하다 주살되다. 군으로 편입되다[十一. 反, 誅. 爲郡].
치천菑川	치천왕 유현 11년. 모반을 꾀하다가 주살되다. 제북왕에서 치천왕으로 이봉된 유지 11년이 되다. 그가 바로 치천의왕菑川懿王이다[十一. 反, 誅. 濟北王志徙菑川十一年. 是爲懿王].
교서膠西	교서왕 유앙 11년. 모반을 꾀하다가 주살되다. 6월 을해일, 교서우왕膠西于王 유단劉端 원년. 경제의 아들이다[十一. 反, 誅. 六月乙亥. 于王端元年. 景帝子].
교동膠東	교동왕 유웅거 11년. 모반을 꾀하다가 주살되다[十一. 反, 誅].
오吳	오왕 유비劉濞 42년. 모반을 꾀하다가 주살되다[四十二. 反, 誅].

• 임강왕 유알우가 〈한흥이래장상명신연표〉에는 유알劉閼로 나온다.

회남淮南	
연燕	
조趙	조왕 유수 26년. 모반을 꾀하다가 주살되다. 봉국이 군으로 편입되다[二十六. 反. 誅. 爲郡].
하간河間	하간왕 유덕 2년. 조현하러 오다[二. 來朝].
광천廣川	광천왕 유팽조 2년. 조현하러 오다[二. 來朝].
중산中山	6월 을해일, 중산정왕中山靖王 유승劉勝 원년. 경제의 아들이다[六月乙亥. 靖王勝元年. 景帝子].
여강廬江	
양梁	양왕 유무 25년. 조현하러 오다[二十五. 來朝].
임강臨江	
여남汝南	
회양淮陽	회양왕 유여를 노왕으로 이봉한 뒤 군으로 편입하다[徙魯. 爲郡].
대代	
장사長沙	

기원전 153년(경제 4년)

한漢	4월 기사일, 태자를 세우다[四月己巳. 立太子].
초楚	초문왕 유례劉禮 원년. 한고조 유방의 동생인 초원왕 유교의 아들로 이전의 평륙후平陸侯다[文王禮元年. 元王子. 故平陸侯].
노魯	노왕 유여 2년. 조현하러 오다[二. 來朝].
형산衡山	형산왕 유발 12년. 제북왕으로 이봉하다. 여강왕에서 형산왕으로 이봉된 유사劉賜 원년[十二. 徙濟北. 廬江王賜徙衡山元年].
제齊	제의왕齊懿王 유수劉壽 원년.
성양城陽	
제북濟北	형산왕에서 제북왕으로 이봉된 유발 12년. 그가 바로 제북정왕濟北貞王이다[衡山王勃徙濟北十二年. 是爲貞王].

치천菑川	
교서膠西	
교동膠東	4월 기사일, 새 교동왕 유철劉徹 원년. 그가 바로 효무제孝武帝다[四月己巳, 初王元年. 是爲孝武帝].
강도江都	처음으로 강도를 두다. 6월 을해일, 여남왕에서 강도왕江都王이 된 유비劉非 원년. 그가 바로 강도역왕江都易王이다[初置江都. 六月乙亥, 汝南王非爲江都王元年. 是爲易王].
회남淮南	
연燕	
조趙	
하간河間	
광천廣川	
중산中山	
여강廬江	여강왕 유사 12년. 형산왕으로 이봉되다. 봉국이 폐지되어 군으로 편입되다[十二. 徙衡山, 國除爲郡].
양梁	
임강臨江	임강왕 유알우 3년. 서거했으나 후사가 없다. 봉국이 폐지되어 군으로 편입되다[三. 薨, 無後, 國除爲郡].
여남汝南	여남왕 유비 3년. 강도왕으로 이봉되다[三. 徙江都].
대代	
장사長沙	

기원전 152년(경제 5년)

초楚	
노魯	
형산衡山	
제齊	제왕 유수 2년. 조현하러 오다[二. 來朝].

성양城陽	
제북濟北	제북왕 유발 13년. 서거하다[十三. 薨].
치천菑川	
교서膠西	
교동膠東	
강도江都	
회남淮南	회남왕 유안 13년. 조현하러 오다[十三. 來朝].
연燕	연왕 유가 26년. 서거하다[二十六. 薨].
조趙	광천왕에서 조왕으로 이봉된 유팽조 4년. 그가 바로 조경숙왕趙敬肅王이다[廣川王彭祖徙趙四年. 是爲敬肅王].
하간河間	
광천廣川	광천왕 유팽조 4년. 조왕으로 이봉되다. 봉국이 폐지되고 신도군信都郡으로 편입되다[四. 徙趙. 國除爲信都郡].
중산中山	
양梁	
임강臨江	
대代	
장사長沙	

기원전 151년(경제 6년)

초楚	초왕 유례 3년. 서거하다[三. 來朝. 薨].
노魯	
형산衡山	
제齊	
성양城陽	
제북濟北	제북무왕濟北武王 유호劉胡 원년.

치천菑川	
교서膠西	
교동膠東	
강도江都	
회남淮南	
연燕	연왕 유정국劉定國 원년.
조趙	
하간河間	
중산中山	
양梁	
임강臨江	다시 임강국을 두다[復置臨江國].
대代	
장사長沙	장사왕 유발 5년. 조현하러 오다[五. 來朝].

기원전 150년(경제 7년)

한漢	11월 을축일, 태자를 폐하다[十一月乙丑, 太子廢].
초楚	초안왕楚安王 유도劉道 원년.
노魯	
형산衡山	
제齊	
성양城陽	
제북濟北	
치천菑川	
교서膠西	
교동膠東	교동왕 유철 4년. 4월 정사일, 태자가 되다[四. 四月丁巳, 爲太子].
강도江都	

회남淮南	
연燕	
조趙	
하간河間	
중산中山	중산왕 유승 5년. 조현하러 오다[五. 來朝].
양梁	양왕 유무 29년. 조현하러 오다[二十九. 來朝].
임강臨江	11월 을축일, 새 임강민왕臨江閔王 유영劉榮 원년. 경제의 태자로 있다가 폐해지다[一月乙丑, 初王閔王榮元年. 景帝太子, 廢].
대代	
장사長沙	장사왕 유발 6년. 조현하러 오다[六. 來朝].

기원전 149년(경제 중中 원년)

초楚	초왕 유도 2년. 조현하러 오다[二. 來朝].
노魯	노왕 유여 6년. 조현하러 오다[六. 來朝].
형산衡山	
제齊	
성양城陽	
제북濟北	
치천菑川	치천왕 유지 16년. 조현하러 오다[十六. 來朝].
교서膠西	교서왕 유단 6년. 조현하러 오다[六. 來朝].
교동膠東	다시 교동국을 두다[復置膠東國].
강도江都	
회남淮南	
연燕	
조趙	
하간河間	

광천廣川	다시 광천국廣川國을 두다[復置廣川國].
중산中山	
양梁	
임강臨江	
대代	
장사長沙	

기원전 148년(경제 중 2년)

초楚	
노魯	
형산衡山	
제齊	
성양城陽	성양왕 유희 29년. 조현하러 오다[二十九. 來朝].
제북濟北	
치천菑川	치천왕 유지 17년. 조현하러 오다[十七. 來朝].
교서膠西	
교동膠東	4월 을사일, 새 교동강왕膠東康王 유기劉寄 원년. 경제의 아들이다[四月乙巳, 初王康王寄元年. 景帝子].
강도江都	
회남淮南	
연燕	
조趙	조왕 유팽조 8년. 조현하러 오다[八. 來朝].
하간河間	하간왕 유덕 8년. 조현하러 오다[八. 來朝].
광천廣川	4월 을사일, 광천혜왕廣川惠王 유월劉越 원년. 경제의 아들이다[四月乙巳, 惠王越元年. 景帝子].
중산中山	

청하淸河	처음으로 청하淸河를 두다. 청양淸陽에 도읍하다[初置淸河, 都淸陽].
양梁	양왕 유무 31년. 조현하러 오다[三十一. 來朝].
임강臨江	
대代	
장사長沙	

기원전 147년(경제 중 3년)

초楚	
노魯	
형산衡山	형산왕 유사 7년. 조현하러 오다[七. 來朝].
제齊	
성양城陽	
제북濟北	
치천菑川	
교서膠西	
교동膠東	
강도江都	
회남淮南	
연燕	연왕 유정국 5년. 조현하러 오다[五. 來朝].
조趙	
하간河間	
광천廣川	
중산中山	
청하淸河	3월 정사일, 청하애왕淸河哀王 유승劉乘 원년. 경제의 아들이다[三月丁巳, 哀王乘元年. 景帝子].
양梁	

임강臨江	임강왕 유영 4년. 궁궐을 늘리다가 문제의 사당 담장을 침범한 일로 조사를 받아 부황인 경제에게 사과 편지를 쓴 뒤 자진하다. 봉국이 폐지되어 남군으로 편입되다[四. 坐侵廟壖垣爲宮, 自殺. 國除爲南郡].
대代	대왕 유등 15년. 조현하러 오다[十五. 來朝].
장사長沙	

기원전 146년(경제 중 4년)

초楚	
노魯	
형산衡山	
제齊	
성양城陽	
제북濟北	
치천菑川	
교서膠西	
교동膠東	
강도江都	
회남淮南	회남왕 유안 19년. 조현하러 오다[十九. 來朝].
연燕	
조趙	
하간河間	
광천廣川	
중산中山	중산왕 유승 9년. 조현하러 오다[九. 來朝].
청하清河	
상산常山	다시 상산국을 두다[復置常山國].
양梁	

대代	
장사長沙	장사왕 유발 10년. 조현하러 오다[十. 來朝].

기원전 145년(경제 중 5년)

초楚	초왕 유도 2년. 조현하러 오다[六. 來朝].
노魯	
형산衡山	
제齊	
성양城陽	
제북濟北	
치천菑川	
교서膠西	
교동膠東	교동왕 유기 4년. 조현하러 오다[四. 來朝].
강도江都	
회남淮南	
연燕	
조趙	
하간河間	
광천廣川	
중산中山	
청하淸河	
상산常山	4월 정사일, 새 상산헌왕常山憲王 유순劉舜 원년. 경제의 아들이다[四月丁巳, 初王憲王舜元年. 孝景子].
양梁	
제천濟川	양국梁國을 나누어 제천국을 만들다[分爲濟川國].
제동濟東	양국을 나누어 제동국을 만들다[分爲濟東國].

산양山陽	양국을 나누어 산양국을 만들다[分爲山陽國].
제음濟陰	양국을 나누어 제음국을 만들다[分爲濟陰國].
대代	
장사長沙	장사왕 유발 11년. 조현하러 오다[十一. 來朝].

기원전 144년(경제 중 6년)

초楚	
노魯	
형산衡山	
제齊	
성양城陽	성양왕 유희 33년. 서거하다[三十三. 薨].
제북濟北	
치천菑川	
교서膠西	
교동膠東	
강도江都	
회남淮南	
연燕	
조趙	
하간河間	
광천廣川	
중산中山	
청하清河	
상산常山	
양梁	양왕 유무 35년. 조현하러 오다. 서거하다[三十五. 來朝. 薨].

제천濟川	5월 병술일, 초대 제천왕 유명劉明 원년. 양효왕 유무의 아들이다[五月 丙戌, 初王明元年. 梁孝王子].
제동濟東	5월 병술일, 초대 제동왕濟東王 유팽리劉彭離 원년. 양효왕 유무의 아들이다[五月丙戌, 初王彭離元年. 梁孝王子].
산양山陽	5월 병술일, 초대 산양왕山陽王 유정劉定 원년. 양효왕 유무의 아들이다[五月丙戌, 初王定元年. 梁孝王子].
제음濟陰	5월 병술일, 초대 제음왕濟陰王 유불식劉不識 원년. 양효왕 유무의 아들이다[五月丙戌, 初王不識元年. 梁孝王子].
대代	
장사長沙	

기원전 143년(경제 후後 원년)

초楚	
노魯	
형산衡山	
제齊	
성양城陽	성양경왕城陽頃王 유연劉延 원년.
제북濟北	
치천菑川	치천왕 유지 22년. 조현하러 오다[二十二. 來朝].
교서膠西	
교동膠東	
강도江都	
회남淮南	
연燕	연왕 유정국 5년. 조현하러 오다[九. 來朝].
조趙	조왕 유팽조 13년. 조현하러 오다[十三. 來朝].
하간河間	하간왕 유덕 13년. 조현하러 오다[十三. 來朝].
광천廣川	

중산中山	
청하淸河	
상산常山	
양梁	양공왕梁恭王 유매劉買 원년. 양효왕 유무의 아들이다[恭王買元年. 孝王子].
제천濟川	
제동濟東	
산양山陽	
제음濟陰	제음왕 유불식 2년. 서거했으나 후사가 없어 봉국이 폐지되다[二. 薨, 無後, 國除].
대代	
장사長沙	

기원전 142년(경제 후 2년)

초楚	
노魯	
형산衡山	
제齊	제왕 유수 12년. 조현하러 오다[十二. 來朝].
성양城陽	
제북濟北	제북왕 유호 10년. 조현하러 오다[十. 來朝].
치천菑川	
교서膠西	
교동膠東	
강도江都	
회남淮南	
연燕	연왕 유정국 10년. 조현하러 오다[十. 來朝].

조趙	
하간河間	
광천廣川	
중산中山	
청하淸河	
상산常山	
양梁	
제천濟川	
제동濟東	
산양山陽	
대代	
장사長沙	

기원전 141년(경제 후 3년)

초楚	
노魯	
형산衡山	
제齊	
성양城陽	
제북濟北	
치천菑川	
교서膠西	
교동膠東	교동왕 유기 8년. 조현하러 오다[八. 來朝].
강도江都	
회남淮南	
연燕	

조趙	
하간河間	
광천廣川	
중산中山	
청하清河	
상산常山	
양梁	
제천濟川	
제동濟東	
산양山陽	
대代	
장사長沙	

기원전 140년(효무제孝武帝 건원建元 원년)

초楚	
노魯	
형산衡山	
제齊	
성양城陽	
제북濟北	
치천菑川	
교서膠西	
교동膠東	
강도江都	
회남淮南	
연燕	

조趙	
하간河間	
광천廣川	
중산中山	
청하淸河	
상산常山	
양梁	
제천濟川	
제동濟東	
산양山陽	
대代	
장사長沙	

기원전 139년(건원 2년)

초楚	초왕 유도 12년. 조현하러 오다[十二. 來朝].
노魯	노왕 유여 16년. 조현하러 오다[十六. 來朝].
형산衡山	
제齊	
성양城陽	
제북濟北	
치천菑川	
교서膠西	
교동膠東	
강도江都	
회남淮南	회남왕 유안 26년. 조현하러 오다[二十六. 來朝].
연燕	

조趙	
하간河間	
광천廣川	
중산中山	
청하清河	청하왕 유승 9년. 조현하러 오다[九. 來朝].
상산常山	
양梁	
제천濟川	
제동濟東	
산양山陽	
대代	
장사長沙	

기원전 138년(건원 3년)

초楚	
노魯	
형산衡山	
제齊	
성양城陽	
제북濟北	
치천菑川	
교서膠西	
교동膠東	
강도江都	
회남淮南	
연燕	

조趙	
하간河間	
광천廣川	
중산中山	중산왕 유승 17년. 조현하러 오다[十七. 來朝].
청하淸河	
상산常山	
양梁	
제천濟川	제천왕 유명 7년. 유명이 태부太傅 다음의 스승인 중부中傅를 살해하다. 폐립되어 방릉房陵으로 유배되다[七. 明殺中傅. 廢遷房陵].
제동濟東	
산양山陽	
대代	대왕 유등 24년. 조현하러 오다[二十四. 來朝].
장사長沙	장사왕 유발 18년. 조현하러 오다[十八. 來朝].

기원전 137년(건원 4년)

초楚	
노魯	
형산衡山	
제齊	
성양城陽	
제북濟北	
치천菑川	
교서膠西	
교동膠東	
강도江都	강도왕 유비劉非 17년. 조현하러 오다[十七. 來朝].
회남淮南	

연燕	
조趙	
하간河間	
광천廣川	
중산中山	
청하淸河	
상산常山	상산왕 유순 9년. 조현하러 오다[九. 來朝].
양梁	양왕 유매 7년. 서거하다[七. 薨].
제천濟川	군으로 편입되다[爲郡].
제동濟東	
산양山陽	
대代	
장사長沙	

초楚	
노魯	
형산衡山	
제齊	
성양城陽	
제북濟北	
치천菑川	
교서膠西	
교동膠東	
강도江都	
회남淮南	

연燕	
조趙	
하간河間	
광천廣川	광천목왕廣川繆王 유제劉齊 원년.*
중산中山	
청하淸河	청하왕 유승 12년. 서거했으나 후사가 없다. 봉국이 폐지되어 군으로 편입되다[十二. 薨, 無後, 國除爲郡].
상산常山	
양梁	양평왕梁平王 유양劉襄 원년.
제동濟東	
산양山陽	산양왕 유정 9년. 서거했으나 후사가 없다. 봉국이 폐지되어 군으로 편입되다[九. 薨, 無後, 國除爲郡].
대代	
장사長沙	

기원전 135년(건원 6년)

초楚	
노魯	
형산衡山	
제齊	
성양城陽	
제북濟北	
치천菑川	
교서膠西	교서왕 유단 20년. 조현하러 오다[二十. 來朝].

● 《자치통감》에는 이해에 광천국 혜왕 유월과 청하국淸河國 애왕 유승이 죽었으며, 후손이 없어 봉국이 폐지된 것으로 나온다.

교동膠東	
강도江都	
회남淮南	
연燕	
조趙	조왕 유팽조 21년. 조현하러 오다[二十一. 來朝].
하간河間	
광천廣川	
중산中山	
상산常山	
양梁	
제동濟東	
대代	
장사長沙	

기원전 134년(원광元光 원년)

초楚	
노魯	
형산衡山	
제齊	
성양城陽	성양왕 유연 10년. 조현하러 오다[十. 來朝].
제북濟北	
치천菑川	
교서膠西	
교동膠東	교동왕 유기 15년. 조현하러 오다[十五. 來朝].
강도江都	
회남淮南	

연燕	연왕 유정국 18년. 조현하러 오다[十八. 來朝].
조趙	
하간河間	
광천廣川	
중산中山	
상산常山	
양梁	
제동濟東	
대代	
장사長沙	

기원전 133년(원광 2년)

초楚	초왕 유도 18년. 조현하러 오다[十八. 來朝].
노魯	
형산衡山	
제齊	
성양城陽	
제북濟北	
치천菑川	
교서膠西	
교동膠東	
강도江都	
회남淮南	
연燕	
조趙	
하간河間	

광천廣川	
중산中山	중산왕 유승 22년. 조현하러 오다[二十二. 來朝].
상산常山	
양梁	
제동濟東	
대代	
장사長沙	장사왕 유발 23년. 조현하러 오다[二十三. 來朝].

기원전 132년(원광 3년)

초楚	초왕 유도 19년. 조현하러 오다[十九. 來朝].
노魯	
형산衡山	
제齊	제왕 유수 22년. 죽다[二十二. 卒].
성양城陽	
제북濟北	
치천菑川	
교서膠西	
교동膠東	
강도江都	
회남淮南	
연燕	
조趙	
하간河間	
광천廣川	
중산中山	중산왕 유승 23년. 조현하러 오다[二十三. 來朝].
상산常山	

양梁	
제동濟東	
대代	대왕 유의劉義 원년[王義元年].
장사長沙	장사왕 유발 24년. 조현하러 오다[二十四. 來朝].

기원전 131년(원광 4년)

초楚	
노魯	
형산衡山	
제齊	제여왕齊厲王 유차창劉次昌 원년.
성양城陽	
제북濟北	
치천菑川	
교서膠西	
교동膠東	
강도江都	
회남淮南	
연燕	
조趙	
하간河間	
광천廣川	
중산中山	
상산常山	
양梁	
제동濟東	제동왕 유팽리 14년. 조현하러 오다[十四. 來朝].
대代	

장사長沙	

기원전 130년(원광 5년)

초楚	
노魯	
형산衡山	
제齊	
성양城陽	성양왕 유연 14년. 조현하러 오다[十四. 來朝].
제북濟北	
치천菑川	치천왕 유지 35년. 서거하다[三十五. 薨].
교서膠西	
교동膠東	
강도江都	
회남淮南	
연燕	
조趙	
하간河間	하간왕 유덕 26년. 조현하러 오다[二十六. 來朝].
광천廣川	
중산中山	
상산常山	
양梁	
제동濟東	
대代	
장사長沙	

초楚	초왕 유도 22년. 서거하다[二十二. 薨].
노魯	노왕 유여 26년. 서거하다[二十六. 薨].
형산衡山	
제齊	
성양城陽	
제북濟北	
치천菑川	치천정왕菑川靖王 유건劉建 원년.
교서膠西	
교동膠東	
강도江都	
회남淮南	
연燕	
조趙	조왕 유팽조 27년. 조현하러 오다[二十七. 來朝].
하간河間	하간공왕河間恭王 유불해劉不害 원년.
광천廣川	
중산中山	
상산常山	
양梁	
제동濟東	
대代	
장사長沙	

초楚	초양왕楚襄王 유주劉注 원년.

노魯	노안왕魯安王 유광劉光 원년.
형산衡山	
제齊	
성양城陽	
제북濟北	제북왕 유호 24년. 조현하러 오다[二十四. 來朝].
치천菑川	
교서膠西	
교동膠東	
강도江都	
회남淮南	
연燕	연왕 유정국 24년. 짐승 같은 일에 연좌되어 자진하다.* 봉국이 폐지되어 군으로 편입되다[二十四. 坐禽獸行自殺. 國除爲郡].
조趙	
하간河間	
광천廣川	
중산中山	
상산常山	
양梁	
제동濟東	
대代	
장사長沙	장사강왕長沙康王 유용劉庸 원년.

● 연왕 유정국은 부친인 연강왕의 첩과 간통을 하고, 동생의 처를 빼앗아 첩으로 삼았다. 비여현肥如縣 현령의 영인郢人을 살해하자 영인의 형제들이 한무제에게 상서문을 올려 이를 알렸다. 공경들이 유정국을 죽일 것을 청하자 한문제가 이를 허락했다. 이에 유정국은 자진했고, 황상皇上은 연나라를 없애버렸다.

초楚	
노魯	
형산衡山	
제齊	제왕 유차창 5년. 서거했으나 후사가 없다. 봉국이 폐지되어 군으로 편입되다[五. 薨, 無後, 國除爲郡].
성양城陽	
제북濟北	
치천菑川	
교서膠西	교서왕 유단 28년. 조현하러 오다[二十八. 來朝].
교동膠東	
강도江都	강도왕 유건劉建 원년.
회남淮南	
조趙	
하간河間	
광천廣川	
중산中山	
상산常山	
양梁	양왕 유양 10년. 조현하러 오다[十. 來朝].
제동濟東	
대代	
장사長沙	

초楚	

노魯	
형산衡山	
성양城陽	
제북濟北	
치천菑川	
교서膠西	
교동膠東	
강도江都	
회남淮南	
조趙	
하간河間	하간왕 유불해 4년. 서거하다[四. 薨].
광천廣川	
중산中山	중산왕 유승 29년. 조현하러 오다[二十九. 來朝].
상산常山	
양梁	
제동濟東	
대代	
장사長沙	

기원전 125년(원삭 4년)

초楚	초왕 유주 4년. 조현하러 오다[四. 來朝].
노魯	
형산衡山	
성양城陽	
제북濟北	
치천菑川	

교서膠西	
교동膠東	
강도江都	
회남淮南	
조趙	
하간河間	하간강왕河間剛王 유감劉堪 원년.
광천廣川	
중산中山	
상산常山	
양梁	
제동濟東	제동왕 유팽리 20년. 조현하러 오다[二十. 來朝].
대代	
장사長沙	

기원전 124년(원삭 5년)

초楚	
노魯	
형산衡山	
성양城陽	
제북濟北	
치천菑川	
교서膠西	
교동膠東	교동왕 유기 25년. 조현하러 오다[二十五. 來朝].
강도江都	
회남淮南	회남왕 유안 41년. 유안이 죄를 지어 봉국 가운데 두 개의 현이 삭감되다[四十一. 安有罪, 削國二縣].

조趙	
하간河間	
광천廣川	
중산中山	
상산常山	상산왕 유순 22년. 조현하러 오다[二十二. 來朝].
양梁	
제동濟東	
대代	
장사長沙	

기원전 123년(원삭 6년)

초楚	
노魯	
형산衡山	
성양城陽	성양왕 유연 21년. 조현하러 오다[二十一. 來朝].
제북濟北	
치천菑川	
교서膠西	
교동膠東	
강도江都	
회남淮南	
조趙	
하간河間	
광천廣川	광천왕 유제 14년. 조현하러 오다[十四. 來朝].
중산中山	
상산常山	

양梁	
제동濟東	
대代	
장사長沙	

기원전 122년(원수元狩 원년)

초楚	
노魯	
형산衡山	형산왕 유사 32년. 모반을 꾀하다가 자진하다. 봉국이 폐지되다[三十二. 反, 自殺, 國除].
성양城陽	
제북濟北	
치천菑川	
교서膠西	
교동膠東	
강도江都	
회남淮南	회남왕 유안 43년. 모반을 꾀하다가 자진하다[四十三. 反, 自殺].
조趙	조왕 유팽조 34년. 조현하러 오다[三十四. 來朝].
하간河間	
광천廣川	
중산中山	
상산常山	
양梁	
제동濟東	
대代	
장사長沙	

초楚	
노魯	노왕 유광 8년. 조현하러 오다[八. 來朝].
성양城陽	
제북濟北	
치천菑川	
교서膠西	
교동膠東	
강도江都	강도왕 유건 7년. 모반을 꾀하다가 자진하다. 봉국이 폐지되어 광릉군廣陵郡으로 편입되다[七. 反, 自殺, 國除爲廣陵郡].
육안六安	육안국六安國을 두다. 옛 진현에 도읍하다. 7월 병자일, 초대 육안공왕六安恭王 유경劉慶 원년. 교동왕 유기의 아들이다[置六安國, 以故陳爲都. 七月丙子, 初王恭王慶元年].
조趙	
하간河間	
광천廣川	
중산中山	
상산常山	
양梁	
제동濟東	
대代	대왕 유의 12년. 조현하러 오다[十二. 來朝].
장사長沙	장사왕 유용 8년. 조현하러 오다[八. 來朝].

초楚	
노魯	

성양城陽	
제북濟北	제북왕 유호 32년. 조현하러 오다[三十二. 來朝].
치천菑川	
교서膠西	
교동膠東	교동애왕膠東哀王 유현劉賢 원년.
육안六安	
조趙	
하간河間	
광천廣川	
중산中山	중산왕 유승 35년. 조현하러 오다[三十五. 來朝].
상산常山	
양梁	
제동濟東	
대代	
장사長沙	

기원전 119년(원수 4년)

초楚	초왕 유주 10년. 조현하러 오다[十. 來朝].
노魯	
성양城陽	
제북濟北	
치천菑川	
교서膠西	
교동膠東	
육안六安	
조趙	

하간河間	
광천廣川	
중산中山	
상산常山	
양梁	
제동濟東	제동왕 유팽리 26년. 조현하러 오다[二十六. 來朝].
대代	
장사長沙	

기원전 118년(원수 5년)

초楚	
노魯	
제齊	다시 제국齊國을 두다[復置齊國].
성양城陽	성양왕 유연 26년. 조현하러 오다. 서거하다[二十六. 來朝. 薨].
제북濟北	
치천菑川	치천왕 유건 12년. 조현하러 오다[十二. 來朝].
교서膠西	
교동膠東	
광릉廣陵	폐지된 강도국江都國을 다시 광릉국廣陵國으로 삼다[更爲廣陵國].
육안六安	
연燕	다시 연국을 두다[復置燕國].
조趙	
하간河間	
광천廣川	
중산中山	
상산常山	

양梁	
제동濟東	
대代	
장사長沙	

기원전 117년(원수 6년)

초楚	
노魯	
제齊	4월 을사일, 새 제회왕齊懷王 유굉劉閎 원년. 무제의 아들이다[四月乙巳, 初王懷王閎元年. 武帝子].
성양城陽	성양경왕 유의劉義 원년.
제북濟北	
치천菑川	
교서膠西	
교동膠東	
광릉廣陵	4월 을사일, 새 광릉왕廣陵王 유서劉胥 원년. 무제의 아들이다[四月乙巳, 初王胥元年. 武帝子].
육안六安	
연燕	4월 을사일, 새 연날왕燕剌王 유단劉旦 원년. 무제의 아들이다[四月乙巳, 初王剌王旦元年. 武帝子].
조趙	
하간河間	하간왕 유감 9년. 조현하러 오다[九. 來朝].
광천廣川	
중산中山	
상산常山	상산왕 유순 29년. 조현하러 오다[二十九. 來朝].
양梁	
제동濟東	

대代	
장사長沙	

기원전 116년(원정元鼎 원년)

초楚	
노魯	
제齊	
성양城陽	
제북濟北	
치천菑川	
교서膠西	
교동膠東	
광릉廣陵	
육안六安	
연燕	
조趙	
하간河間	
광천廣川	광천왕 유제 21년. 조현하러 오다[二十一. 來朝].
중산中山	
상산常山	
양梁	
제동濟東	제동왕 유팽리 29년. 저녁이 되면 노복 등과 함께 사람들을 겁탈해 죽이는 것을 즐긴 탓에 봉국이 폐지되고 상용으로 쫓겨나다. 봉국은 대하군大河郡으로 편입되다[二十九. 剽攻殺人, 遷上庸, 國爲大河郡].
대代	
장사長沙	

기원전 115년(원정 2년)

초楚	초왕 유주 14년. 서거하다[十四. 薨].
노魯	노왕 유광 14년. 조현하러 오다[十四. 來朝].
제齊	
성양城陽	
제북濟北	
치천菑川	
교서膠西	
교동膠東	
광릉廣陵	
육안六安	
연燕	
조趙	
하간河間	
광천廣川	
중산中山	
상산常山	
양梁	
대代	대왕 유의 18년. 조현하러 오다[十八. 來朝].
장사長沙	

기원전 114년(원정 3년)

초楚	초절왕楚節王 유순劉純 원년.
노魯	
사수泗水	처음으로 사수를 두다. 담성郯城에 도읍하다[初置泗水, 都郯].

제齊	
성양城陽	
제북濟北	
치천菑川	
교서膠西	
교동膠東	
광릉廣陵	
육안六安	
연燕	
조趙	
하간河間	하간왕 유감 12년. 서거하다[十二. 薨].
광천廣川	
중산中山	중산왕 유승 41년. 조현하러 오다[四十一. 來朝].
청하淸河	다시 청하국을 두다[復置淸河國].
상산常山	상산왕 유순 32년. 서거하다. 아들 유발劉勃이 뒤를 이어 즉위하다[三十二. 薨, 子爲王].
양梁	
대代	대왕 유의 19년. 청하왕으로 이봉되다. 대국은 태원군으로 편입되다[十九. 徙淸河. 爲太原郡].
장사長沙	장사왕 유용 15년. 조현하러 오다[十五. 來朝].

기원전 113년(원정 4년)

초楚	
노魯	

● 상산왕 유순이 죽었을 때 아들 유발이 뒤를 이었으나 유발은 헌왕이 병들었을 때 시중들지 않고, 상중에도 무례한 일을 저지른 일로 이내 폐위되어 방릉으로 쫓겨났다.

사수泗水	사수사왕泗水思王 유상劉商 원년. 유상은 상산왕 유순의 아들이다[思王商元年. 商, 常山憲王子].
제齊	
성양城陽	
제북濟北	
치천菑川	
교서膠西	
교동膠東	
광릉廣陵	
육안六安	
연燕	
조趙	
하간河間	하간경왕河間頃王 유수劉授 원년.
광천廣川	
중산中山	중산왕 유승 42년. 서거하다[四十二. 薨].
청하淸河	대왕에서 청하왕으로 이봉된 유의 20년. 그가 바로 청하강왕淸河剛王이다[二十. 代王義徙淸河年. 是爲剛王].
진정眞定	폐지된 상산국을 다시 진정국眞定國으로 만들다. 진정경왕眞定頃王 유평劉平 원년. 유평은 상산왕 유순의 아들이다[更爲眞定國. 頃王平元年. 常山憲王子].
양梁	
장사長沙	

초楚	
노魯	
사수泗水	

제齊	
성양城陽	
제북濟北	
치천菑川	
교서膠西	
교동膠東	
광릉廣陵	
육안六安	
연燕	
조趙	
하간河間	
광천廣川	광천왕 유제 25년. 조현하러 오다[二十五. 來朝].
중산中山	중산애왕中山哀王 유창劉昌 원년. 즉위한 해에 서거하다[哀王昌元年. 卽年薨].
청하淸河	
진정眞定	
양梁	
장사長沙	

기원전 111년(원정 6년)

초楚	
노魯	
사수泗水	
제齊	
성양城陽	
제북濟北	제북왕 유호 41년. 조현하러 오다[四十一. 來朝].

치천菑川	
교서膠西	
교동膠東	
광릉廣陵	
육안六安	육안왕 유경 11년. 조현하러 오다[十一. 來朝].
연燕	
조趙	
하간河間	
광천廣川	
중산中山	중산강왕中山康王 유곤치劉昆侈 원년.
청하淸河	
진정眞定	
양梁	
장사長沙	

기원전 110년(원봉元封 원년)

초楚	
노魯	
사수泗水	
제齊	제왕 유굉 8년. 서거하다. 봉국이 폐지되어 군으로 편입되다[八. 薨, 無後, 國除爲郡].
성양城陽	성양왕 유의 8년. 조현하러 오다[八. 來朝].
제북濟北	
치천菑川	
교서膠西	
교동膠東	

광릉廣陵	
육안六安	
연燕	
조趙	
하간河間	
광천廣川	
중산中山	
청하淸河	
진정眞定	진정왕 유평 4년. 조현하러 오다[四. 來朝].
양梁	
장사長沙	

기원전 109년(원봉 2년)

초楚	
노魯	
사수泗水	
성양城陽	성양왕 유의 9년. 서거하다[九. 薨].
제북濟北	
치천菑川	치천경왕菑川頃王 유유劉遺 원년.
교서膠西	
교동膠東	
광릉廣陵	
육안六安	
연燕	
조趙	
하간河間	

광천廣川	
중산中山	
청하淸河	
진정眞定	
양梁	
장사長沙	

기원전 108년(원봉 3년)

초楚	
노魯	노왕 유광 21년. 조현하러 오다[二十一. 來朝].
사수泗水	
성양城陽	성양혜왕城陽慧王 유무劉武 원년.
제북濟北	
치천菑川	
교서膠西	교서왕 유단 47년. 서거했으나 후사가 없어 봉국이 폐지되다[四十七. 薨, 無後, 國除].
교동膠東	
광릉廣陵	
육안六安	
연燕	
조趙	
하간河間	
광천廣川	
중산中山	
청하淸河	청하왕 유의 25년.
진정眞定	

양梁	
장사長沙	

기원전 107년(원봉 4년)

초楚	
노魯	
사수泗水	
성양城陽	
제북濟北	
치천菑川	
교동膠東	
광릉廣陵	
육안六安	
연燕	
조趙	
하간河間	
광천廣川	
중산中山	
청하淸河	
진정眞定	
양梁	
장사長沙	

기원전 106년(원봉 5년)

초楚	
노魯	노왕 유광 23년. 무제가 봉선을 거행할 때 태산泰山에서 조현하다[二十三. 朝泰山].
사수泗水	
성양城陽	
제북濟北	제북왕 유호 46년. 태산에서 무제를 조현하다[四十六. 朝泰山].
치천菑川	
교동膠東	교동대왕膠東戴王 유통평劉通平 원년.
광릉廣陵	
육안六安	
연燕	
조趙	
하간河間	
광천廣川	
중산中山	
청하清河	
진정眞定	
양梁	
장사長沙	

기원전 105년(원봉 6년)

초楚	
노魯	
사수泗水	

성양城陽	
제북濟北	
치천菑川	
교동膠東	
광릉廣陵	
육안六安	
연燕	
조趙	
하간河間	
광천廣川	
중산中山	
청하淸河	
진정眞定	진정왕 유평 9년. 조현하러 오다[九. 來朝].
양梁	
장사長沙	

기원전 104년(태초太初 원년)

초楚	
노魯	
사수泗水	사수왕 유상 10년. 서거하다[十. 薨].
성양城陽	
제북濟北	
치천菑川	
교동膠東	
광릉廣陵	
육안六安	육안왕 유경 18년. 조현하러 오다[十八. 來朝].

연燕	
조趙	
하간河間	
광천廣川	
중산中山	
청하淸河	
진정眞定	
양梁	
장사長沙	

기원전 103년(태초 2년)

초楚	
노魯	
사수泗水	사수애왕泗水哀王 유안세劉安世 원년. 유안세가 죽고 뒤를 이어 즉위한 사수대왕泗水戴王 유하劉賀 원년이 되다. 유하는 유안세의 아들이다[哀王安世元年. 卽戴王賀元年. 安世子].
성양城陽	
제북濟北	
치천菑川	
교동膠東	
광릉廣陵	
육안六安	
연燕	
조趙	
하간河間	
광천廣川	

중산中山	중산왕 유곤치 9년. 조현하러 오다[九. 來朝].
청하清河	
진정眞定	
양梁	
장사長沙	

기원전 102년(태초 3년)

초楚	
노魯	
사수泗水	
성양城陽	성양혜왕 유무가 서거하다[薨].
제북濟北	
치천菑川	
교동膠東	
광릉廣陵	
육안六安	
연燕	
조趙	
하간河間	
광천廣川	
중산中山	
청하清河	
진정眞定	
양梁	
장사長沙	

초楚	
노魯	
사수泗水	
성양城陽	성양황왕城陽荒王 유하劉賀 원년.
제북濟北	
치천菑川	
교동膠東	
광릉廣陵	
육안六安	
연燕	
조趙	
하간河間	
광천廣川	
중산中山	
청하淸河	
진정眞定	
양梁	양왕 유양 36년. 조현하러 오다[三十六. 來朝].
장사長沙	장사왕 유용 28년. 조현하러 오다[二十八. 來朝].

고조공신후자연표

高祖功臣侯者年表

〈고조공신후자연표〉는 한고조 유방이 천하를 손에 넣을 때 도움을 준 143명의 공신에 관한 연표다. 제후에 봉해진 뒤 봉지封地가 폐지될 때까지의 역사를 간략히 기록해놓은 것이다. 주목할 것은 한고조 때 제후에 봉해진 개국공신의 후예가 한무제 때 대거 몰락한 점이다. 여기에는 잇단 정벌로 군공軍功을 세운 자들은 날로 늘어나는데 포상할 땅은 한정되어 있었던 점이 크게 작용했다. 포상을 위해 전에 분봉된 자들의 봉지를 삭감하거나 폐지하는 방법을 동원했던 것이다. 이는 부득이한 측면이 있었다.

《사기색은》에 나오는 요씨姚氏의 말에 따르면 당초 개국공신의 종합순위는 이렇다. 1위位 소하蕭何, 2위 조참曹參, 3위 장오, 4위 주발周勃, 5위 번쾌樊噲, 6위 역상酈商, 7위 해연奚涓, 8위 하후영夏侯嬰, 9위 관영灌嬰, 10위 부관傅寬, 11위 근흡靳歙, 12위 왕릉王陵, 13위 진무陳武, 14위 왕흡王吸, 15위 설구薛歐, 16위 주창周昌, 17위 정복丁復, 18위 고달蠱達 등이다.

《사기》의 기록은 《한서》의 〈연표〉와 대략 같다. 《한서》는 나중에 공신에 오른 자들까지 기록해놓았다. 진평陳平이 여후 때 책명된 것

등이 그렇다. 고조 때는 열여덟 명만을 후로 봉했고, 여후 때 진평 등을 대거 열후에 봉했다. 이들을 모두 합하면 총 143명이다.

태사공은 평한다.

"옛날 신하 된 자의 공훈功勳은 모두 다섯 가지 등급이 있었다. 덕행으로 종묘의 기틀을 다지고 사직을 안정시키는 것을 훈勳, 언론으로 나라를 굳건히 하는 것을 로勞, 무력을 사용해 공을 세우는 것을 공功, 나라의 법제를 만드는 것을 벌伐, 오래도록 정무政務를 맡아 보는 것을 열閱이라 했다. 작위를 내릴 때는 이런 서약을 한다.

'황하를 허리띠, 태산을 숫돌로 삼아 나라를 영원토록 태평하게 만들어 후손에게 전하라!'

당초 작위를 내릴 때는 늘 그 근본을 튼튼히 하고자 했으나 후대에 점차 쇠미해지고 말았다. 나는 고조가 공신에게 분봉한 사료를 읽으면서 이들이 처음에 받은 작위를 나중에 잃어버리게 된 까닭을 자세히 살펴보고는 '내가 들은 것과 너무 다르다!'라고 탄식했다. 《서경》에 이르기를, '만국을 화평하게 한다'고 했다. 요순부터 하나라와 은나라 때까지 더러는 이런 태평한 시기가 수천 년 동안 이어지기도 했다.

이후 주나라는 800여 명의 제후를 봉했다. 여왕과 유왕 이후의 사적이 《춘추》에 나온다. 《서경》에 따르면 요순이 봉한 후백은 하·은·주 3대의 1,000여 년의 세월을 거치는 동안 자신을 보전하면서 천자를 보위하는 신하가 되었다. 이 어찌 인의를 돈독히 실천하며 황상의 법도를 받드는 것이 아니겠는가!

한나라가 들어선 후 공신으로 작위를 받은 자는 100여 명이다. 당시 천하가 막 평정되는 와중에 크고 이름난 성읍의 백성 모두 이리저리 흩어진 까닭에 손으로 셀 수 있는 호구戶口는 열 개 가운데 두세 개에 지나지 않았다. 대후大侯의 봉읍封邑은 1만 호戶를 넘지 않았고,

소후小侯는 500∼600호에 지나지 않았다. 이후 여러 대를 거치면서 백성이 차례로 귀향하자 호구가 날로 늘어났다. 소하·조참·주발·관영 등의 공신 가운데 일부는 봉호封戶가 4만 호에 이르렀다. 소후의 봉호도 갑절로 늘어났다. 그들의 재부財富가 그만큼 넉넉해진 이유다.

그러나 그 자손들은 오히려 교만하고 사치스러워져 조상이 작위를 얻었을 당시의 어려움을 잊어버리고, 음란하고 사악한 짓에 골몰하게 되었다. 태초太初 연간에 이르기까지 100년 동안 작위를 보존한 자는 겨우 다섯 명에 지나지 않고, 나머지는 모두 법을 어겨 목숨을 잃거나 나라를 패망케 만들었다. 이는 법망이 촘촘하지 못했던 탓도 있지만, 기본적으로 제후들 자신이 금령禁令에 주의를 기울이며 행동을 삼가지 않았기 때문이다.

지금 시대를 살면서 선인의 행적을 기록하는 것은 스스로 거울로 삼으려는 것이다. 물론 고금이 반드시 일치하는 것은 아니다. 제왕 모두 서로 예법이 달랐고, 정사 또한 달리했다. 그러나 성공적인 사례를 계통과 벼리로 삼은 점은 같았다. 그러니 어찌 같은 것만 요구할 수 있겠는가? 제후왕이 존중과 총애를 받거나 또는 버림을 받고 모욕당한 이유를 살펴보면 그 시대의 성패와 득실을 얻을 수 있다. 그러니 어찌 꼭 옛날 사적만 들추어낼 필요가 있겠는가! 여기에 고조 이후 제후왕에 봉해지고 폐위된 시종을 살펴 그 요지를 기록해두었다. 이 기록 중에는 시종이 미진한 점이 적지 않다. 명확한 것만 기록했고 의심나는 것은 빈칸으로 두었기 때문이다. 훗날 군자가 추론해 보충하기 바란다. 이 연표가 후대 군자의 열람에 나름의 도움이 될 것이다."

●● 太史公曰, "古者人臣功有五品, 以德立宗廟定社稷曰勳, 以言曰勞, 用力曰功, 明其等曰伐, 積日曰閱. 封爵之誓曰, '使河如帶, 泰山若厲. 國以永寧, 爰及苗裔.' 始未嘗不欲固其根本, 而枝葉稍陵夷衰微也. 余讀高祖侯功臣, 察其首封, 所以失之者, 曰, '異哉所聞!' 書曰 '協和萬國', 遷於夏商, 或數千歲. 蓋周封八百, 幽厲之後, 見於春秋. 尚書有唐虞之侯伯, 歷三代千有餘載, 自全以蕃衛天子, 豈非篤於仁義, 奉上法哉? 漢興, 功臣受封者百有餘人. 天下初定, 故大城名都散亡, 戶口可得而數者十二三, 是以大侯不過萬家, 小者五六百戶. 後數世, 民咸歸鄉里, 戶益息, 蕭 · 曹 · 絳 · 灌之屬或至四萬, 小侯自倍, 富厚如之. 子孫驕溢, 忘其先, 淫嬖. 至太初百年之閒, 見侯五, 餘皆坐法隕命亡國, 秏矣. 罔亦少密焉, 然皆身無兢兢於當世之禁云. 居今之世, 志古之道, 所以自鏡也, 未必盡同. 帝王者各殊禮而異務, 要以成功爲統紀, 豈可緄乎? 觀所以得尊寵及所以廢辱, 亦當世得失之林也, 何必舊聞? 於是謹其終始, 表其文, 頗有所不盡本末, 著其明, 疑者闕之. 後有君子, 欲推而列之, 得以覽焉."

평양후平陽侯 조참°

후공侯功	중연中涓 출신이다. 패현에서 고조를 쫓아 거병하다. 함께 관중에 입관해 파상에 이르다. 후侯에 봉해지다. 장군이 되어 한중으로 들어가다. 좌승상 때 출정해 제나라와 위魏나라를 평정하다. 우승상 때 평양후平陽侯에 봉해지다. 식읍은 1만 600호다[以中涓從起沛, 至霸上, 侯. 以將軍入漢, 以左丞相出征齊・魏, 以右丞相爲平陽侯, 萬六百戶].
고조 12년	7위. 고조 6년 12월 갑신일, 의후懿侯 조참 원년.
혜제 7년	5위. 혜제 2년 상국이 되다[五. 其二年爲相國].
	2위. 혜제 6년 10월, 정후靖侯 조줄曹窋 원년.
여후 8년	8위.
문제 23년	19위.
	4위. 문제 후 4년 간후簡侯 조기曹奇 원년.
경제 16년	3위.
	13위. 이후夷侯 조시曹時 원년.
무제 54년	10위.
	16위. 원광 5년, 공후恭侯 조양曹襄 원년. 원정 3년, 금후今侯 조종曹宗 원년.
후제侯第	2위.

● 《사기집해》에 나오는 〈한서음의漢書音義〉에는 "조참은 원래 2위인데 〈표〉에서는 수위에 올라와 있다. 앞뒤를 모두 합쳐 종합적으로 판단한 결과다"라고 기록되어 있다. 또 《사기색은》에 나오는 〈한서음의〉에는 "조참은 2위이나 〈표〉에서 수위에 올랐다. 소하는 1위이나 〈표〉에서는 13위로 되어 있다. 앞뒤로 봉해진 시간순서에 따른 결과다"라고 했다. 봉해진 시기를 보면 조참은 고조 6년 12월, 소하는 고조 6년 정월이다. 이때는 10월을 세수歲首로 삼는 진력秦曆을 그대로 사용한 까닭에 앞선 시기인 고조 6년 12월에 책봉을 받은 조참이 다음 달인 고조 6년 정월에 책봉을 받은 소하보다 앞에 나온다.

신무후信武侯 근흡靳歙

후공侯功	중연 출신이다. 완과 구朐 땅에서 고조를 쫓아 거병해 한중으로 들어가다. 기도위騎都尉로서 삼진三秦을 평정하고 항우를 공격하고, 이후 강릉을 평정하다. 5,300호의 후侯가 되다. 거기장군車騎將軍이 되어 경포와 진희陳豨를 공격하다[以中涓從起宛·朐, 入漢, 以騎都尉定三秦, 擊項羽, 別定江陵, 侯, 五千三百戶. 以車騎將軍攻黥布·陳豨].
고조 12년	7위. 고조 6년 12월 갑신일, 숙후肅侯 근흡 원년.
혜제 7년	
여후 8년	5위[五]. 3위. 여후 6년, 이후夷侯 근정靳亭 원년.
문제 23년	18위. 문제 후 3년, 후 근정이 법 규정보다 부역을 지나치게 한 것에 연좌되어 작위가 박탈되고 봉지가 폐지되다[十八. 後三年, 侯亭坐事國人過律, 奪侯, 國除].
경제 16년	
무제 54년	
후제侯第	11위.

청양후清陽侯 왕흡王吸

후공侯功	중연 출신이다. 풍읍에서 고조를 쫓아 거병해 파상에 이르다. 기랑장騎郎將이 되어 한중으로 들어가다. 장군이 되어 항우를 격파한 공으로 후가 되다. 식읍은 3,000호다[以中涓從起豐, 至霸上, 爲騎郎將, 入漢, 以將軍擊項羽功, 侯, 三千一百戶].
고조 12년	7위. 고조 6년 12월 갑신일, 정후定侯 왕흡 원년.
혜제 7년	
여후 8년	
문제 23년	7위. 문제 원년, 애후哀侯 왕강王彊 원년. 16위. 문제 8년, 효후孝侯 왕항王伉 원년.

경제 16년	4위.
	12위. 경제 5년, 애후哀侯 왕불해王不害 원년.
무제 54년	7위.
	원광 2년, 후 왕불해가 서거했으나 후사가 없어 봉지가 폐지되다[元光二年, 侯不害薨, 無後, 國除].
후제侯第	14위.

여음후汝陰侯 하후영夏侯嬰

후공侯功	영사令史 출신이다. 고조를 쫓아 패현을 항복시키다. 태복太僕과 상봉거常奉車를 거쳐 등공滕公이 되다. 고조가 천하를 평정할 때 한중으로 들어가 혜제와 노원공주魯元公主를 온전히 한 공으로 후가 되다. 식읍은 6,900호다. 이후 태복의 역할을 계속하다[以令史從降沛, 爲太僕, 常奉車, 爲滕公, 竟定天下, 入漢中, 全孝惠·魯元, 侯, 六千九百戶. 常爲太僕].
고조 12년	7위. 고조 6년 12월 갑신일, 문후文侯 하후영 원년.
혜제 7년	
여후 8년	
문제 23년	8위.
	7위. 문제 9년, 이후夷侯 하후조夏侯竈 원년.
	8위. 문제 16년, 공후恭侯 하후사夏侯賜 원년.
경제 16년	
무제 54년	7위. 원광 2년, 후侯 하후파夏侯頗 원년.
	19위. 원정 2년, 후 하후파가 평양공주平陽公主를 맞아들인 후 부친의 어비御婢와 간통한 죄에 연좌되어 자진하고 봉지가 폐지되다[十九. 元鼎二年, 侯頗坐尙公主, 與父御婢奸罪, 自殺, 國除].
후제侯第	8위.

양릉후陽陵侯 부관傅寬

후공侯功	사인 출신이다. 횡양橫陽에서 고조를 쫓아 거병해 파상에 이르다. 기장騎將이 되어 한중으로 들어가 삼진을 평정한 뒤 회음후淮陰侯 한신韓信의 휘하에 배속되다. 제나라를 평정한 뒤 제나라의 재상과 후가 되다. 식읍은 2,600호다[以舍人從起橫陽, 至霸上, 爲騎將, 入漢, 定三秦, 屬淮陰, 定齊, 爲齊丞相, 侯, 二千六百戶].
고조 12년	7위. 고조 6년 12월 갑신일, 경후景侯 부관 원년.
혜제 7년	5위.
	2위. 혜제 6년, 경후頃侯 부정傅靖 원년.
여후 8년	
문제 23년	14위.
	9위. 문제 15년, 공후恭侯 부칙傅則 원년.
경제 16년	3위.
	13위. 전 4년, 후侯 부언傅偃 원년.
무제 54년	18위. 원수元狩 원년, 부언이 회남왕 모반 사건에 연좌되어 봉지가 폐지되다[十八. 元狩元年, 偃坐與淮南王謀反, 國除].
후제侯第	10위.

광엄후廣嚴侯 소구召歐

후공侯功	중연 출신으로 패현에서 고조를 쫓아 거병해 파상에 이르다. 하급관원인 연오連敖가 되어 한중으로 들어간 뒤 기장이 되어 연과 조를 평정하고 적의 장군을 사로잡은 공으로 후가 되다. 식읍은 2,200호다[以中涓從起沛, 至霸上, 爲連敖, 入漢, 以騎將定燕·趙, 得將軍, 侯, 二千二百戶].
고조 12년	7위. 고조 6년 12월 갑신일, 장후壯侯 소구 원년.
혜제 7년	
여후 8년	

문제 23년	19위. 문제 2년, 대후戴侯 소승召勝 원년.
	13위. 문제 11년, 공후恭侯 소가召嘉 원년. 문제 후 7년에 소가가 서거하다. 후사가 없어 봉지가 폐지되다[十三. 十一年, 恭侯嘉元年. 至後七年嘉薨, 無後, 國除].
경제 16년	
무제 54년	
후제侯第	28위.

광평후廣平侯 설구薛歐

후공侯功	사인 출신으로 풍읍에서 고조를 좇아 거병해 파상에 이르다. 낭중郎中이 되어 한중으로 들어가다. 장군이 되어 항우와 종리매를 공격해 공을 세워 후가 되다. 식읍은 4,500호다[以舍人從起豐, 至霸上, 爲郎中, 入漢, 以將軍擊項羽·鍾離昧功, 侯, 四千五百戶].
고조 12년	7위. 고조 6년 12월 갑신일, 경후敬侯 설구 원년.
혜제 7년	
여후 8년	8위. 여후 원년, 정후靖侯 설산薛山 원년.
문제 23년	18위.
	5위. 문제 후 3년, 후侯 설택薛澤 원년.
경제 16년	8위. 경제 중 2년, 죄를 지어 세습이 끊기다[八. 中二年, 有罪, 絶].
	봉지 평극현平棘縣. 5위. 경제 중 5년, 다시 절후에 봉해진 설택薛澤 원년.
무제 54년	15위. 10년 동안 승상이 되다[十五. 其十年, 爲丞相].
	3위. 원삭 4년, 후 설양薛穰 원년. 원수 원년, 설양이 회남왕의 재물을 받고 신하를 칭하다. 사면 전에 황제를 기만한 죄에 관해 조서詔書로 질책을 받다. 봉지가 폐지되다[三. 元朔四年, 侯穰元年. 元狩元年, 穰受淮南王財物, 稱臣, 在赦前, 詔問謾罪, 國除].
후제侯第	15위.

박양후博陽侯 진비陳濞

후공侯功	사인 출신으로 탕군에서 고조를 좇아 거병한 뒤 자객장刺客將이 되어 한중으로 들어가다. 도위로서 항우를 형양에서 공격해 용도甬道를 끊고, 그 뒤를 좇아 공격해 죽인 공으로 후가 되다[以舍人從起碭, 以刺客將, 入漢, 以都尉擊項羽滎陽, 絶甬道, 擊殺追卒功, 侯].
고조 12년	7위. 고조 6년 12월 갑신일, 장후壯侯 진비 원년.
혜제 7년	
여후 8년	
문제 23년	18위. 5위. 문제 후 3년, 후侯 진시陳始 원년.
경제 16년	4위. 경제 전 5년, 후 진시가 죄를 지어 봉지가 폐지되다[四. 前五年, 侯始有罪, 國除]. 봉지 새현塞縣. 2위. 경제 중 5년, 다시 진시를 봉하다. 후 원년, 진시가 죄를 지어 다시 봉지가 폐지되다[塞二. 中五年, 復封始. 後元年, 始有罪, 國除].
무제 54년	
후제侯第	19위.

곡역후曲逆侯 진평陳平

후공侯功	옛 초나라의 도위 출신으로 한왕 2년, 처음으로 수무修武를 수종해 도위가 되다. 이후 호군중위護軍中尉로 옮기다. 여섯 가지 기계奇計로 천하를 평정한 공으로 후가 되다. 식읍은 5,000호다[以故楚都尉, 漢王二年初從修武, 爲都尉, 遷爲護軍中尉. 出六奇計, 定天下, 侯, 五千戶].
고조 12년	7위. 고조 6년 12월 갑신일, 헌후獻侯 진평 원년.
혜제 7년	7위. 혜제 5년, 좌승상이 되다[七. 其五年, 爲左丞相].
여후 8년	8위. 여후 원년, 우승상으로 옮기다. 이후 홀로 승상이 되어 문제를 2년 동안 보좌하다[八. 其元年, 徙爲右丞相. 後專爲丞相, 相孝文二年].

	2위.
문제 23년	2위. 문제 3년, 공후恭侯 진매陳買 원년.
	19위. 문제 5년, 간후簡侯 진회陳悝 원년.
경제 16년	4위.
	12위. 경제 5년, 후侯 진하陳何 원년.
무제 54년	10위. 원광 5년, 후 진하가 남의 처를 빼앗아 기사棄市되고 봉지가 폐지되다[十. 元光五年, 侯何坐略人妻, 棄市, 國除].
후제侯第	47위.

당읍후堂邑侯 진영陳嬰

후공侯功	스스로 동양東陽을 평정하고 장수가 되어 항량의 휘하로 들어가다. 초나라 주국이 되다. 4년 후 항우가 죽자 한나라에 귀속되어 예장과 절강浙江 일대를 평정하다. 절浙 땅을 도읍으로 삼아 스스로 보위에 올라 장식왕壯息王을 칭하다가 후가 되다. 식읍은 1,800호다. 초원왕 11년, 다시 초나라의 재상이 되다[以自定東陽, 爲將, 屬項梁, 爲楚柱國. 四歲, 項羽死, 屬漢, 定豫章·浙江都浙自立爲王壯息, 侯, 千八百戶. 復相楚元王十一年].
고조 12년	7위. 고조 6년 12월 갑신일, 안후安侯 진영 원년.
혜제 7년	
여후 8년	4위.
	4위. 여후 5년, 공후恭侯 진록陳祿 원년.
문제 23년	2위.
	21위. 문제 3년, 이후夷侯 진오陳午 원년.
경제 16년	
무제 54년	11위. 원광 6년, 계수季須 원년.
	13위. 원정 원년, 후 계수가 모친 장공주長公主를 죽이다. 간악함을 없애지 않고 형제가 재물을 놓고 싸우는 바람에 죽거나 자살하고 봉지도 폐지되다[十三. 元鼎元年, 侯須坐母長公主卒, 未除服奸, 兄弟爭財, 當死, 自殺, 國除].

후제侯第	86위.

주려후周呂侯 **여택** 呂澤

후공侯功	여후의 오라비다. 당초 객장客將으로 고조를 쫓아 거병해 한중으로 들어온 후 제후가 된다. 다시 삼진을 평정하고 군사를 이끌고 먼저 탕군에 들어가다. 한왕 유방이 패해 팽성을 떠날 때 그를 따라가다. 다시 출병해 고조를 돕고, 천하를 평정한 공으로 후가 되다[以呂后初起以客從, 入漢爲侯. 還定三秦, 將兵先入碭. 漢王之解彭城, 往從之, 復發兵佐高祖定天下, 功侯].
고조 12년	3위. 고조 6년 정월 병술일, 영무후令武侯 여택 원년.
	4위. 고조 9년, 역후酈侯에 봉해진 아들 여태呂台 원년.
혜제 7년	
여후 8년	
문제 23년	
경제 16년	
무제 54년	
후제侯第	

건성후建成侯 **여석지** 呂釋之

후공侯功	여후의 오라비다. 당초 객장으로 고조를 쫓아 거병해 삼진을 공격하다. 한왕 유방이 한중으로 들어가고, 여석지는 풍패豐沛로 돌아와 여선왕呂宣王과 태상황太上皇을 호위하다. 얼마 후 천하가 평정되면서 여석지를 건성후建成侯에 봉하다[以呂后兄初起以客從, 擊三秦. 漢王入漢, 而釋之還豐沛, 奉衛呂宣王·太上皇. 天下已平, 封釋之爲建成侯].
고조 12년	7위. 고조 6년 정월 병술일, 강후康侯 여석지 원년.

혜제 7년	2위.
	5위. 혜제 3년, 후 여칙呂則 원년. 죄를 짓다[五. 三年, 侯則元年. 有罪].
여후 8년	봉지 호릉. 7위. 여후 원년 5월 병인일, 여칙의 동생이 태중대부大中大夫에 봉해지다. 여록呂祿 원년[胡陵七. 元年五月丙寅, 封則弟大中大夫. 呂祿元年].
	여후 7년, 여록이 조왕이 되자 봉지가 폐지되다. 강후 여석지가 소왕昭王으로 추존되다. 여록이 조왕이 되어 음모를 꾸미는 등 선하지 못한 모습을 보이다. 대신들이 여록을 주살하고, 여씨 일족을 멸하다[七年, 祿爲趙王, 國除. 追尊康侯爲昭王. 祿以趙王謀爲不善, 大臣誅祿, 遂滅呂].
문제 23년	
경제 16년	
무제 54년	
후제侯第	

유후留侯 장량張良

후공侯功	구장廐將의 자격으로 하비下邳에서 거병해 한韓의 승상인 신도申徒가 되어 한국韓國을 공략하다. 유방에게 웅대한 계책을 건의한 덕분에 진왕秦王 자영이 두려워하며 항복하다. 항우의 노여움을 푸는 계책을 건의하고, 한왕 유방을 위해 한중의 땅을 청하게 하다. 늘 천하를 평정하는 계책을 낸 공으로 후가 되다. 식읍은 1만 호다[以廐將從起下邳, 以韓申徒下韓國, 言上張旗志, 秦王恐, 降, 解上與項羽之納, 爲漢王請漢中地, 常計謀平天下, 侯, 萬戶].
고조 12년	7위. 고조 6년 정월 병오일, 문성후文成侯 장량 원년.
혜제 7년	
여후 8년	2위.
	6위. 여후 3년, 장불의張不疑 원년.
문제 23년	4위. 문제 5년, 후 장불의가 대부들과 함께 옛 초나라 내사를 암살하려 모의한 일에 연좌되어 죽게 되다. 속죄해 아침에 일어난 성벽을 쌓는 성단城旦의 형벌을 받고 봉지가 폐지되다[四. 五年, 侯不疑坐與門大夫謀殺故楚內史, 當死, 贖爲城旦, 國除].

경제 16년	
무제 54년	
후제侯第	

사향후射陽侯 항전項纏

후공侯功	당초 거병해 제후들과 함께 진나라를 공격하고, 초나라 좌영윤左令尹이 되다. 항우와 유방이 홍문鴻門에서 다투자 항전項纏이 어려움을 해소하다.* 항우를 격파하는 과정에서 전에 항전이 세운 공을 높이 사 사양후射陽侯에 봉하다[兵初起, 與諸侯共擊秦, 爲楚左令尹, 漢王與項羽有納於鴻門, 項伯纏解難, 以破羽纏嘗有功, 封射陽侯].
고조 12년	7위. 고조 6년 정월 병오일, 후侯 항전 원년. 유씨 성을 하사하다[七. 六年正月丙午, 侯項纏元年. 賜姓劉氏].
혜제 7년	2위. 후 항전이 죽다. 작위를 계승한 아들 항수項睢**가 죄를 지어 봉지가 폐지되다[二. 三年, 侯纏卒, 嗣子睢有罪, 國除].
여후 8년	
문제 23년	
경제 16년	
무제 54년	
후제侯第	

● 《사기색은》은 항전을 홍문지연鴻門之宴 때 유방을 살리는 데 결정적인 공헌을 한 항백으로 간주했다.
●● 항수의 수睢는 일반적으로 '휴'로 읽으나 인명으로 사용될 때는 '수'로 읽는다.

후공侯功	당초 객장의 자격으로 고조를 쫓아 거병해 한중으로 따라 들어가다. 승상이 되어 촉과 관중을 지키고, 군량미를 차질 없이 공급하고, 유방을 도와 제후를 평정하고, 법령을 만들고 종묘를 세운 공으로 후가 되다. 식읍은 8,000호다[以客初起從入漢, 爲丞相, 備守蜀及關中, 給軍食, 佐上定諸侯, 爲法令, 立宗廟, 侯, 八千戶].
고조 12년	7위. 고조 6년 정월 병오일, 문종후文終侯 소하 원년. 원년에 승상이 되고, 9년에 상국이 되다[七. 六年正月丙午, 文終侯蕭何元年. 元年, 爲丞相, 九年, 爲相國].
혜제 7년	2위.
	5위. 혜제 3년, 애후哀侯 소록蕭祿 원년.
여후 8년	1위.
	7위. 의후懿侯 소동蕭同 원년. 소동은 소록의 동생이다[七. 二年, 懿侯同元年. 同, 祿弟].
문제 23년	봉지 축양현築陽縣. 19위. 소동이 죄를 짓자 소하의 작은아들 소연蕭延을 봉하다[築陽十九. 元年, 同有罪, 封何子延元年].
	1위. 문제 후 4년, 양후煬侯 소유蕭遺 원년[一. 後四年, 煬侯遺元年].
	3위. 문제 후 5년, 후侯 소칙蕭則 원년[三. 後五年, 侯則元年].
경제 16년	1위. 죄를 짓다[一. 有罪].
	봉지 무양武陽. 7위. 경제 전 2년, 양후의 소유의 동생 소가蕭嘉를 유후에 봉하다. 소가 원년[武陽七. 前二年, 封煬侯弟幽侯嘉元年].
	8위. 경제 중 2년, 후侯 소승蕭勝 원년.
무제 54년	1위. 원삭 2년, 후 소승이 불경죄에 연좌되어 세습이 끊기다[十. 元朔二年, 侯勝坐不敬, 絶].
무제 54년	3위. 원수 3년, 소하의 증손 공후恭侯 소경蕭慶 원년.
	봉지 찬현鄼縣. 3위. 원수 6년, 후侯 소수성蕭壽成 원년.
	10위. 원봉 4년, 소수성이 태상太常이 되다. 종묘제사에 올리는 희생犧牲의 사용법이 어긋나 봉지가 폐지되다[十. 元封四年, 壽成爲太常, 犧牲不如令, 國除].
후제侯第	1위.

곡주후曲周侯 역상酈商

후공侯功	장군의 자격으로 기에서 고조를 쫓아 거병해 남쪽으로 장사를 공격하고, 그 밖에 한중과 촉을 평정하다. 삼진을 평정하고, 항우를 공격한 공으로 후가 되다. 식읍은 4,800호다[以將軍從起岐, 攻長社以南, 別定漢中及蜀, 定三秦, 擊項羽, 侯, 四千八百戶].
고조 12년	7위. 고조 6년 정월 병오일, 경후景侯 역상 원년.
혜제 7년	
여후 8년	
문제 23년	23위. 문제 원년, 후侯 역기酈寄 원년.
경제 16년	9위. 죄를 짓다[九. 有罪]. 봉지 무현繆縣. 7위. 경제 중 3년, 역상의 다른 아들 정후靖侯 역견酈堅 원년[七. 中三年, 封商他子靖侯堅元年].
무제 54년	9위. 원광 4년, 강후康侯 역수酈遂 원년. 5위. 원삭 3년, 후侯 역종酈宗 원년. 11위. 원정 2년, 후侯 역종근酈終根 원년. 28위. 후원 2년, 후 역종근이 저주를 한 죄에 연좌되어 주살되고 봉지가 폐지되다[二十八. 後元二年, 侯終根坐咒詛誅, 國除].
후제侯第	6위.

강후絳侯 주발周勃

후공侯功	중연 출신으로 패현에서 고조를 쫓아 거병해 파상에 이르다. 후가 되다. 삼진을 평정하고 식읍을 받고, 장군이 되다. 한중으로 들어와 농서를 평정하고, 항우를 공격하고, 요관을 지키고, 사수와 동해 일대를 평정한 공으로 후가 되다. 식읍은 8,100호다[以中涓從起沛, 至霸上, 爲侯. 定三秦, 食邑, 爲將軍. 入漢, 定隴西, 擊項羽, 守嶢關, 定泗水·東海. 八千一百戶].
고조 12년	7위. 고조 6년 정월 병오일, 무후武侯 주발 원년.

혜제 7년	
여후 8년	8위. 여후 4년, 태위가 되다[八. 其四年爲太尉].
문제 23년	11위. 문제 원년, 우승상이 되다. 3년, 면직되었다가 다시 승상이 되다[十一. 元年, 爲右丞相, 三年, 免. 復爲丞相].
	6위. 문제 12년, 후侯 주승지周勝之 원년.
	봉지 조현條縣. 6위. 문제 후 2년, 주발의 아들 주아부周亞夫를 후에 봉하다[條六. 後二年, 封勃子亞夫元年].
경제 16년	13위. 경제 3년, 태위가 되다. 7년, 승상이 되다. 죄를 지어 봉지가 폐지되다[十三. 其三年, 爲太尉. 七年, 爲丞相. 有罪, 國除].
	봉지 평곡平曲. 3위. 경제 후 원년, 주발의 아들 공후恭侯 주견周堅 원년.
무제 54년	16위. 원삭 5년, 후侯 주건덕周建德 원년.
	12위. 원정 5년, 후 주건덕이 종묘제사 헌금인 주금酎金 사건에 연좌되어 봉지가 폐지되다[十二. 元鼎五年, 侯建德坐酎金, 國除].
후제侯第	4위.

후공侯功	사인 출신으로 패현에서 기병해 종군하면서 파상에서 후가 되다. 한중으로 들어와 삼진을 평정해 장군이 되다. 항우를 공격하고, 봉지를 더 받다. 연나라를 깨뜨리고 한신을 붙잡은 공으로 후가 되다. 식읍은 5,000호다[以舍人起沛, 從至霸上, 爲侯. 入漢, 定三秦, 爲將軍, 擊項籍, 再益封. 從破燕, 執韓信, 侯, 五千戶].
고조 12년	7위. 고조 6년 정월 병오일, 무후 번쾌 원년. 7년, 장군과 상국이 되다. 3월의 일이다[七. 六年正月丙午, 武侯樊噲元年. 其七年, 爲將軍·相國三月].
혜제 7년	6위.
	1위. 혜제 7년, 무양후舞陽侯 번항樊伉 원년. 여수呂須의 아들이다.
여후 8년	8위. 여씨의 죄에 연좌되어 주살되다. 일족이 멸하다[八. 坐呂氏誅, 族].
문제 23년	23위. 번쾌의 서자 황후荒侯 번시인樊市人 원년.

경제 16년	6위. 경제 7년, 후侯 번타광樊它廣 원년.
	6위. 경제 중 6년, 후 번타광이 번시인의 아들이 아닌 것으로 드러나 봉지가 폐지되다[六. 中六年, 侯它廣非市人子, 國除].
무제 54년	
후제侯第	5위.

영음후潁陰侯 **관영**灌嬰

후공侯功	중연 출신으로 탕군에서 고조를 좇아 거병해 파상에서 창문군昌文君이 되다. 한중으로 들어와 삼진을 평정하고 식읍을 받다. 거기장군이 되어 회음에 배속된 뒤 제齊와 회남, 하읍을 평정하다. 항우를 죽인 공으로 후가 되다. 식읍은 5,000호다[以中涓從起碭, 至霸上, 爲昌文君. 入漢, 定三秦, 食邑. 以車騎將軍屬淮陰, 定齊·淮南及下邑, 殺項籍, 侯, 五千戶].
고조 12년	7위. 고조 6년 정월 병오일, 의후懿侯 관영 원년.
혜제 7년	
여후 8년	
문제 23년	4위. 문제 1년, 태위가 되다. 3년, 승상이 되다[四. 其一, 爲太尉. 三, 爲丞相].
	19위. 문제 5년, 평후平侯 관하灌何 원년.
경제 16년	9위.
	7위. 경제 중 3년, 후侯 관강灌彊 원년.
무제 54년	6위. 죄를 지어 세습이 끊기다[六. 有罪, 絶].
	9위. 원광 2년, 관영의 손자 관현灌賢이 임여후臨汝侯에 봉해지다. 임여후 관현 원년[九. 元光二年, 封嬰孫賢爲臨汝侯. 侯賢元年].
무제 54년	원삭 5년, 관현이 죄를 지어 봉지가 폐지되다[元朔五年, 侯賢行賕罪, 國除].
후제侯第	9위.

분음후汾陰侯 **주창周昌**

후공侯功	당초 거병해 군기軍旗를 관리하는 직지職志가 되어 진秦을 격파하다. 한중으로 들어간 후 함곡관을 나와 내사의 자격으로 오창敖倉의 군량을 굳게 지키다. 이후 어사대부가 되어 제후를 평정하다. 청양후淸陽侯 왕흡에 비견되다. 식읍은 2,800호다[初起以職志擊破秦, 入漢, 出關, 以內史堅守敖倉, 以御史大夫定諸侯, 比淸陽侯, 二千八百戶].
고조 12년	7위. 고조 6년 정월 병오일, 도후悼侯 주창 원년.
혜제 7년	3위[三].
	봉지 건평建平. 4위. 혜제 4년, 애후哀侯 주개방周開方 원년.
여후 8년	
문제 23년	4위. 문제 전 5년. 후侯 주의周意 원년.
	13위. 죄를 지어 세습이 끊기다[十三. 有罪, 絶].
경제 16년	봉지 안양. 8위. 경제 중 2년, 주창의 손자 주좌거周左車를 안양후에 봉하다[安陽八. 中二年, 封昌孫左車].
무제 54년	건원 원년, 죄를 지어 봉지가 폐지되다[建元元年, 有罪, 國除].
후제侯第	16위.

양추후梁鄒侯 **무유武儒**

후공侯功	당초 거병할 때 알자謁者로 종군해 진秦을 격파하고, 한중으로 들어와 장군이 되어 제후들을 평정하는 공을 세우다. 박양후博陽侯 주취周聚에 비견되다. 식읍은 2,800호다[兵初起, 以謁者從擊破秦, 入漢, 以將軍擊定諸侯功, 比博陽侯, 二千八百戶].
고조 12년	7위. 고조 6년 정월 병오일, 효후孝侯 무유 원년.
혜제 7년	4위.
	3위. 혜제 5년, 후侯 무최武最 원년.
여후 8년	
문제 23년	

경제 16년	
무제武帝 54년	6위. 원광 원년, 경후頃侯 무영제武嬰齊 원년.
	3위. 원광 4년, 후侯 무산부武山柎 원년.
	20위. 원정 5년, 후 무산부가 주금 사건에 연좌되어 봉지가 폐지되다 [二十. 元鼎五年, 侯山柎坐酎金, 國除].
후제侯第	20위.

성후成侯 동설董渫

후공侯功	당초 거병할 때 사인의 자격으로 진秦을 공격하고 도위가 되다. 한중으로 들어와 삼진을 평정하다. 함곡관을 나와 장군이 되어 제후들을 평정하는 공을 세우다. 염차후厭次侯 원경元頃에 비견되다. 식읍은 2,800호다[兵初起, 以舍人從擊秦, 爲都尉. 入漢, 定三秦. 出關, 以將軍定諸侯功, 比厭次侯, 二千八百戶].
고조高祖 12년	7위. 고조 6년 정월 병오일, 경후敬侯 동설 원년.
혜제惠帝 7년	7위. 혜제 원년, 강후康侯 동적董赤 원년.
여후呂后 8년	
문제文帝 23년	
경제 16년	6위. 죄를 지어 세습이 끊기다[六. 有罪, 絕].
	봉지 절씨節氏. 5위. 경제 중 5년, 다시 봉해진 강후康侯 동적董赤 원년 [節氏. 中五年, 復封康侯赤元年].
무제武帝 54년	3위. 건원 4년, 공후恭侯 동파군董罷軍 원년.
	5위. 원광 3년, 후侯 동조董朝 원년.
	12위. 원수 3년, 후 동조가 제남 태수가 되다. 성양왕의 딸과 사통하는 불경죄를 저질러 봉지가 폐지되다[十二. 元狩三年, 侯朝爲濟南太守, 與成陽王女通, 不敬, 國除].
후제侯第	25위.

요후蓼侯 공총孔藂

후공侯功	방패를 든 하급 병사인 집순執盾 출신으로 한漢 원년 이전에 탕군에서 고조를 쫓아 거병하다. 좌사마左司馬가 되어 한중으로 들어가 장군이 되다. 도위가 되어 세 번 항우를 공격하고, 한신 휘하에 배속되다. 공을 인정받아 후가 되다[以執盾前元年. 從起碭, 以左司馬入漢, 爲將軍, 三以都尉擊項羽, 屬韓信, 功侯].
고조 12년	7위. 고조 6년 정월 병오일, 후侯 공총 원년.
혜제 7년	
여후 8년	
문제 23년	15위. 문제 9년, 후侯 공장孔臧 원년.
경제 16년	
무제 54년	14위. 원삭 3년, 후 공장이 태상이 되다. 남릉南陵의 태상이 되었으나 남릉의 교량이 붕괴하고 의관 및 수레가 법도에 어긋난 일로 봉지가 폐지되다[元朔三年, 侯臧坐爲太常, 南陵橋壞, 衣冠車不得度, 國除].
후제侯第	30위.

비후費侯 진하陳賀

후공侯功	사인 출신으로 한 원년 전년에 탕군에서 고조를 쫓아 거병하다. 좌사마가 되어 한중으로 들어온 뒤 도위가 되어 한신 밑에 배속되다. 이후 항우를 공격하는 공을 세워 장군이 되다. 회계와 절강 및 호양湖陽을 평정해 후가 되다[以舍人前元年. 從起碭, 以左司馬入漢, 用都尉屬韓信, 擊項羽有功, 爲將軍, 定會稽·浙江·湖陽, 侯].
고조 12년	7위. 고조 6년 정월 병오일, 어후圉侯 진하 원년.
혜제 7년	
여후 8년	
문제 23년	23위. 문제 원년, 공후共侯 진상陳常 원년.

경제 16년	1위. 경제 2년, 후侯 진언陳偃 원년. 죄를 지어 세습이 끊기다[一. 二年, 侯偃元年. 中二年, 有罪, 絶].
	8위. 경제 중 6년, 진하의 아들 후侯 진최陳最 원년. 봉지 소현巢縣. 4위. 경제 후 3년, 진최가 서거했으나 후사가 없어 봉지가 폐지되다[八. 中六年, 封賀子侯最元年. 巢四. 後三年, 最薨, 無後, 國除].
무제 54년	
후제侯第	

양하후陽夏侯 진희陳豨

후공侯功	특장特將 출신으로 병사 500명을 이끌고 한 원년의 전년에 완과 구 땅에서 고조를 쫓아 거병해 파상에서 후가 되다. 유격장군遊擊將軍이 되어 따로 대 땅을 평정하고, 이후 연왕 장도를 처부수다. 진희를 양하후陽夏侯에 봉하다[以特將將卒五百人, 前元年. 從起宛·朐, 至霸上, 爲侯, 以遊擊將軍別定代, 已破臧荼, 封豨爲陽夏侯].
고조 12년	5위. 고조 6년 정월 병오일, 후侯 진희 원년.
	10년 8월, 진희가 조의 상국이 되어 군사를 이끌고 대 땅을 지키다. 조정에서 불러들였으나 모반하다. 휘하 병사와 왕황王黃의 군사 등을 이끌고 대 땅을 공략하고, 스스로 보위에 오르다. 한나라가 진희를 영구에서 죽이다[十年, 八月, 豨以趙相國將兵守代. 漢使召豨, 豨反, 以其兵與王黃等略代, 自立爲王. 漢殺豨靈丘].
혜제 7년	
여후 8년	
문제 23년	
경제 16년	
무제 54년	
후제侯第	

융려후隆慮侯 주조周竈

후공侯功	병졸兵卒 출신으로 탕군에서 고조를 쫓아 거병해 하급관원인 연오가 되어 한중으로 들어가다. 이후 장피도위長鈹都尉가 되어 항우를 공격한 공으로 후가 되다[以卒從起碭, 以連敖入漢, 以長鈹都尉, 擊項羽, 有功, 侯].
고조 12년	7위. 고조 6년 정월 정미일, 애후哀侯 주조 원년.
혜제 7년	
여후 8년	
문제 23년	17위.
	6위. 문제 후 2년, 후侯 주통周通 원년.
경제 16년	7위. 경제 중中 원년, 후 주통이 죄를 지어 봉지가 폐지되다[七. 中元年, 侯通有罪, 國除].
무제 54년	
후제侯第	34위.

양도후陽都侯 정복丁復

후공侯功	조나라의 장수 자격으로 업 땅에서 고조를 쫓아 거병해 파상에 이르다. 누번樓煩의 장수가 되어 한중으로 들어가다. 삼진을 평정하고 따로 적왕 동예를 항복시키다. 도무왕悼武王 여택呂澤 휘하에 배속되어 용저를 죽이고, 팽성을 도륙해 대사마大司馬가 되다. 항우의 군사를 섭葉 땅에서 격파하고 장군이 된 충신이다. 이런 공으로 후가 되다. 식읍은 7,800호다[以趙將從起鄴, 至霸上, 爲樓煩將, 入漢, 定三秦, 別降翟王, 屬悼武王, 殺龍且彭城, 爲大司馬, 破羽軍葉, 拜爲將軍, 忠臣, 侯, 七千八百戶].
고조 12년	7위. 고조 6년 정월 무신일, 경후敬侯 정복 원년.
혜제 7년	7위.
여후 8년	5위.
	3위. 여후 6년 조후繰侯 정녕丁寧 원년.

문제 23년	9위.
	14위. 문제 10년, 후侯 정안성丁安成 원년.
경제 16년	1위. 경제 2년, 후 정안성이 죄를 지어 봉지가 폐지되다[一. 二年, 侯安成有罪, 國除].
무제 54년	
후제侯第	17위.

신양후新陽侯 여청呂淸

후공侯功	한나라 5년, 좌영윤의 자격으로 처음 시중을 들다. 공적이 1,000호의 당읍후堂邑侯에 비견되다[以漢五年用左令尹初從, 功比堂邑侯, 千戶].
고조 12년	7위. 고조 6년 정월 임자일, 호후胡侯 여청 원년.
혜제 7년	3위.
	4위. 혜제 4년, 경후頃侯 여신呂臣 원년.
여후 8년	8위.
문제 23년	6위.
	2위. 문제 7년, 회후懷侯 여의呂義 원년.
	15위. 문제 9년, 혜후惠侯 여타呂它 원년.
경제 16년	4위.
	5위. 경제 5년, 공후恭侯 여선呂善 원년.
	7위. 경제 후 3년, 후侯 여담呂譚 원년.
무제 54년	28위. 원정 5년, 후 여담이 주금 사건에 연좌되어 봉지가 폐지되다[二十八. 元鼎五年, 侯譚坐酎金, 國除].
후제侯第	81위.

동무후東武侯 곽몽郭蒙

후공侯功	궁문을 지키는 호위戶衛 출신으로 설 땅에서 거병해 도무왕 여택 휘하에 배속되다. 진나라 군사를 강리杠里에서 격파한 데 이어 양웅이 이끄는 진나라 군사를 재차 곡우曲遇에서 격파하다. 한중으로 들어와 월장군越將軍이 되다. 삼진을 평정하고, 도위로서 오창을 굳게 지키고, 장군이 되어 항우의 군사를 격파한 공으로 후가 되다. 식읍은 2,000호다[以戶衛起薛, 屬悼武王, 破秦軍杠里, 楊熊軍曲遇, 入漢, 爲越將軍, 定三秦, 以都尉堅守敖倉, 爲將軍, 破籍軍, 功侯, 二千戶].
고조 12년	7위. 고조 6년 정월 무오일, 정후貞侯 곽몽 원년.
혜제 7년	
여후 8년	5위.
	3위. 여후 6년, 후侯 곽타郭它 원년.
문제 23년	
경제 16년	5위. 경제 6년, 후 곽타가 기시되고 봉지가 폐지되다[五. 六年, 侯它棄市, 國除].
무제 54년	
후제侯第	41위.

즙방후汁方侯* 옹치雍治

후공侯功	조나라 장수 자격으로 한 원년 3년 전에 고조를 수종한 덕분에 나중에 후가 되다. 공이 평정후平定侯 제수齊受에 비견되다. 옹치는 옛 패현의 호족으로 유력자였다. 도중에 고조와 틈이 벌어져 뒤늦게 시종을 든 것이다[以趙將前三年從定諸侯, 侯, 二千五百戶, 功比平定侯, 齒故沛豪, 有力, 與上有納, 故晚從].
고조 12년	7위. 고조 6년 3월 무자일, 숙후肅侯 옹치 원년.

● 《자치통감》에는 십방후什方侯로 나온다. 십방什方은 사천성 십방현을 지칭한다.

혜제 7년	2위.
	5위. 혜제 3년, 황후荒侯 옹거雍居 원년.
여후 8년	
문제 23년	
경제 16년	2위.
	10위. 경제 3년, 후侯 옹양雍野 원년.
	4위. 경제 중 6년, 종후終侯 옹환雍桓 원년.
무제 54년	28위. 원정 5년, 종후 옹환이 주금 사건에 연좌되어 봉지가 폐지되다[二十八. 元鼎五年, 終侯桓坐酎金, 國除].
후제侯第	57위[五十七].

극포후棘蒲侯 진무陳武

후공侯功	장군이 되어 한 원년의 전년에 2,500명의 군사를 이끌고 설 땅에서 거병하다. 별도로 동아현을 구하고 파상에 이르다. 2년 10월, 한중으로 들어가 제나라 역하曆下의 군사를 이끄는 전기田既를 격파한 공으로 후가 되다[以將軍前元年. 率將二千五百人起薛, 別救東阿, 至霸上, 二歲十月入漢, 擊齊曆下軍田既, 功侯].
고조 12년	7위. 고조 6년 3월 병신일, 강후剛侯 진무 원년[七. 六年三月丙申, 剛侯陳武元年].
혜제 7년	
여후 8년	
문제 23년	16위. 문제 후 원년, 후 진무가 서거하다. 뒤를 이은 아들 진기陳奇가 모반으로 작위를 세습할 후사를 두지 못하다가 이내 봉지가 폐지되다[十六. 後元年, 侯武薨. 嗣子奇反, 不得置後, 國除].
경제 16년	
무제 54년	
후제侯第	13위[一十三].

도창후都昌侯 주진朱軫

후공侯功	사인 출신으로 한 원년의 전년에 패현에서 고조를 쫓아 거병하다. 100명의 기병騎兵을 이끄는 대솔隊率이 되어 먼저 적왕을 항복시키고, 이어 장함을 생포한 공으로 후가 되다[以舍人前元年. 從起沛, 以騎隊率先降翟王, 虜章邯, 功侯].
고조 12년	7위. 고조 6년 3월 경자일, 장후莊侯 주진 원년[七. 六年三月庚子, 莊侯朱軫元年].
혜제 7년	
여후 8년	7위[七].
	8위. 여후 원년, 강후剛侯 주솔朱率 원년[八. 元年, 剛侯率元年].
문제 23년	7위[七].
	16위. 문제 8년, 이후夷侯 주굴朱詘 원년[十六. 八年, 夷侯詘元年].
경제 16년	2위. 경제 원년, 공후恭侯 주언朱偃 원년[二. 元年, 恭侯偃元年].
	5위. 경제 3년, 후侯 주벽강朱辟強 원년[五. 三年, 侯辟強元年].
	경제 중 원년, 주벽강이 서거했으나 후사가 없어 봉지가 폐지되다[中元年, 辟強薨, 無後, 國除].
무제 54년	
후제侯第	23위[二十三].

무강후武彊侯 장불식莊不識

후공侯功	사인 출신으로 고조를 쫓아 파상에 이르다. 기장이 되어 한중으로 들어가다. 다시 항우를 공격하고 승상 영甯*의 휘하에 배속되다. 공을 세워 후가 되다. 장군이 되어 경포를 공격한 공으로 후가 되다[以舍人從至霸上, 以騎將入漢. 還擊項羽, 屬丞相甯, 功侯, 用將軍擊黥布, 侯].
고조 12년	7위. 고조 6년 3월 경자일, 장후莊侯 장불식 원년.

● 승상 영의 실체는 알려진 것이 없다. 일각에서는 안국후安國侯 왕릉으로 보기도 한다.

혜제 7년	
여후 8년	6위.
	2위. 여후 7년, 간후簡侯 장영莊嬰 원년.
문제 23년	17위.
	6위. 문제 후 2년, 후侯 장청적莊青翟 원년.
경제 16년	
무제 54년	25위. 원정 2년, 후 장청적이 승상이 되어 장사 주매신朱買臣 등과 함께 어사대부 장탕張湯을 체포할 때 벌인 부정한 짓이 드러나 봉지가 폐지되다[二十五. 元鼎二年, 侯青翟坐爲丞相與長史朱買臣等逮御史大夫湯不直, 國除].
후제侯第	33위.

세후貰侯 여呂

후공侯功	월 땅의 호장戶將 출신이다. 한중으로 들어온 후 삼진을 평정하다. 도위가 되어 항우를 공격하다. 식읍은 1,600호다. 공이 대후 소승에 비견되다[以越戶將從破秦, 入漢, 定三秦, 以都尉擊項羽, 千六百戶, 功比臺侯].
고조 12년	2위. 고조 6년 3월 경자일, 제후齊侯 여 원년.
	5위. 고조 8년, 공후恭侯 여방산呂方山 원년.
혜제 7년	
여후 8년	
문제 23년	2위. 문제 원년, 양후楊侯 여적呂赤 원년.
	12위. 문제 12년, 강후康侯 여유呂遺 원년.
경제 16년	16위[一十六].
무제 54년	16위. 원삭 5년, 후侯 여청呂倩* 원년.
	8위. 원정 원년, 후 여청이 살인죄에 연좌되어 기시되고 봉지가 폐지되다[八. 元鼎元年, 侯倩坐殺人棄市, 國除].
후제侯第	36위.

해양후海陽侯 요무여搖毋餘

후공侯功	월 땅의 대장隊將으로 고조를 쫓아 진나라를 격파하다. 한중으로 들어가 삼진을 평정한 공으로 후가 되다. 식읍은 1,800호다[以越隊將從破秦, 入漢定三秦, 以都尉擊顛羽, 侯, 千八百戶].
고조 12년	7위. 고조 6년 3월 경자일, 제신후齊信侯 요무여 원년.
혜제 7년	2위.
	5위. 혜제 3년, 애후 요초양搖招攘 원년.
여후 8년	4위.
	4위. 여후 5년, 강후康侯 요건搖建 원년.
문제 23년	
경제 16년	3위. 경제 4년, 애후哀侯 요성搖省 원년.
	10위. 경제 중 6년, 후 요생이 서거했으나 후사가 없어 봉지가 폐지되다[十. 中六年, 侯省薨, 無後, 國除].
무제 54년	
후제侯第	37위.

남안후南安侯 선호宣虎

후공侯功	하남의 장군으로 한 3년에 진양을 항복케 만들고, 아장亞將이 되어 연왕 장도를 격파한 공으로 후가 되다. 식읍은 900호다[以河南將軍漢王三年降晉陽, 以亞將破臧荼, 侯, 九百戶].
고조 12년	7위. 고조 6년 3월 경자일, 장후莊侯 선호 원년.
혜제 7년	
여후 8년	

● 성씨만 알려졌고, 이름은 전해지지 않는다. 《사기색은》에 따르면 여청의 청倩은 일반적으로 '천'으로 읽으나 여기서는 그 음이 칠七과 정淨의 반절半切로 나오고 있는 까닭에 '청'으로 읽어야 한다.

문제 23년	8위.
문제 23년	11위. 문제 9년, 공후共侯 선융宣戎 원년.
	4위. 문제 후 4년, 후侯 선천추宣千秋 원년.
경제 16년	7위.
	경제 중 원년, 선천추가 사람을 다치게 한 일에 연좌되어 면직되다[中元年, 千秋坐傷人免].
무제 54년	
후제侯第	63위.

비여후肥如侯 채인蔡寅

후공侯功	위나라 태복 출신으로 한 3년에 처음 거병한 뒤 거기도위車騎都尉가 되어 용저를 격파하고 팽성을 함몰시킨 공으로 후가 되다. 식읍은 1,000호다[以魏太僕三年初從, 以車騎都尉破龍且及彭城, 侯, 千戶].
고조 12년	7위. 고조 6년 3월 경자일, 경후敬侯 채인 원년.
혜제 7년	
여후 8년	
문제 23년	2위.
	14위. 문제 3년, 장후莊侯 채성蔡成 원년.
	7위. 문제 후 원년, 후侯 채노蔡奴 원년.
경제 16년	원년, 후 채노가 서거했으나 후사가 없어 봉지가 폐지되다[元年, 侯奴薨, 無後, 國除].
무제 54년	
후제侯第	66위.

곡성후曲城侯 고봉蟲逢

후공侯功	곡성曲城의 호장 출신으로 당초 병사 서른일곱 명을 이끌고 탕군에서 고조를 쫓아 거병해 파상에 이르다. 조정의 고관인 집규執圭가 되어 두 개 부대의 장수 자격으로 도무왕 여택 휘하에 배속되다. 한중으로 들어가 삼진을 평정한 뒤 도위가 되어 항우의 군사를 진현에서 격파한 공으로 후가 되다. 식읍은 4,000호다. 이후 장군이 되어 연과 대 땅을 공격해 함락시키다[以曲城戶將卒三十七人初從起碭, 至霸上, 爲執圭, 爲二隊將, 屬悼武王, 入漢, 定三秦, 以都尉破項羽軍陳下, 功侯, 四千戶. 爲將軍, 擊燕·代, 拔之].
고조 12년	7위. 고조 6년 3월 경자일, 어후圉侯 고봉 원년.
혜제 7년	
여후 8년	
문제 23년	8위. 문제 원년, 후侯 고첩蟲捷 원년. 죄를 지어 세습이 끊기다[八. 元年, 侯捷元年. 有罪, 絶].
	5위. 문제 후3년, 다시 복위된 공후 고첩 원년.
경제 16년	13위. 죄를 지어 세습이 끊기다[十三. 有罪, 絶].
	봉지 원垣. 5위. 경제 중5년, 다시 복위된 공후 고첩 원년.
무제 54년	1위. 건원 2년, 후侯 고고유蟲皐柔 원년.
	25위. 원정 3년, 후 고고유가 여남 태수가 되다. 백성에게 적측전赤側錢을 사용해 세금을 내도록 하지 않은 일에 연좌되어 봉지가 폐지되다[二十五. 元鼎三年, 侯皐柔坐爲汝南太守知民不用赤側錢爲賦, 國除].
후제侯第	18위.

하양후河陽侯 진연陳涓

후공侯功	병사 출신으로 한 원년의 전년에 탕군에서 고조를 쫓아 거병하다. 두 개 부대의 장수가 되어 한중으로 들어와 항우를 공격하고, 본인은 낭장郞將의 자리를 얻다. 이런 공으로 후가 되다. 이후 승상이 되어 제 땅을 평정하다[以卒前元年. 起碭從, 以二隊將入漢, 擊項羽, 身得郞將處, 功侯. 以丞相定齊地].

고조 12년	7위. 고조 6년 3월 경자일, 장후莊侯 진연 원년.
혜제 7년	
여후 8년	
문제 23년	3위. 문제 원년. 후侯 진신陳信 원년.
	문제 4년, 후 진신이 사람들에게 상을 주지 않고 문책만 여섯 달 동안 한 일에 연좌되어 후의 작위를 박탈당하고 봉지도 폐지되다[四年, 侯信坐不償人責過六月, 奪侯, 國除].
경제 16년	
무제 54년	
후제侯第	29위.

회음후淮陰侯 한신韓信

후공侯功	당초 거병했을 때 병사가 되어 항량을 좇다. 항량 사후 항우 휘하에 배속되어 낭중이 된 뒤 함양에 이르다. 고조에게 망명한 뒤 한중으로 따라 들어가 손님을 접대하는 하급관원인 연오전객連敖典客이 되다. 소하의 건의로 대장군이 되고, 따로 위魏와 제를 평정하고 제왕齊王이 되다. 항우 사후 봉국이 제에서 초楚로 바뀐 뒤 멋대로 군사를 움직인 일에 연좌되어 왕위에서 폐위되고 회음후가 되다[兵初起, 以卒從項梁, 梁死屬項羽爲郎中, 至咸陽, 亡從入漢, 爲連敖典客, 蕭何言爲大將軍, 別定魏·齊, 爲王, 徙楚, 坐擅發兵, 廢爲淮陰侯].
고조 12년	5위. 고조 6년 4월, 회음후 한신 원년.
고조 12년	11년, 한신이 관중關中에서 모반하자 여후가 한신을 주살하고 삼족을 멸하다. 봉지도 폐지되다[十一年, 信謀反關中, 呂后誅信, 夷三族, 國除].
혜제 7년	
여후 8년	
문제 23년	
경제 16년	
무제 54년	
후제侯第	

후공侯功	궁문을 감독하는 문위門尉 출신으로 한 원년의 전년에 처음 탕군에서 거병해 파상에 이르다. 무정군武定君이 되어 한중으로 들어가다. 다시 삼진을 평정하고, 도위가 되어 항우를 공격해 후가 되다[以門尉前元年. 初起碭, 至霸上, 爲武定君, 入漢, 還定三秦, 以都尉擊項羽, 侯].
고조 12년	3위. 고조 6년, 망후芒侯 이소 원년.
	9년, 망후 이소가 죄를 지어 봉지가 폐지되다[九年, 侯昭有罪, 國除].
혜제 7년	
여후 8년	
문제 23년	
경제 16년	봉지 장張. 11위. 경제 3년, 후 이소가 옛 망후로서 병사를 이끌고 태위 주아부를 좇아 오초를 공격해 공을 세우다. 다시 후가 되다[張十一. 孝景三年, 昭以故芒侯將兵從太尉亞夫擊吳楚有功, 復侯].
	3위. 경제 후 원년 3월, 후侯 이신㢱申 원년.
무제 54년	17위. 이신이 남궁후南宮侯 장좌張坐에게 시집을 갔던 경제의 딸 남궁공주南宮公主를 맞아들였다가 불경한 일에 연좌되어 봉지가 폐지되다[十七. 元朔六年, 侯申坐尚南宮公主不敬, 國除].
후제侯第	

후공侯功	하급 병사인 집순 출신으로, 거병해 한중으로 들어가 하상 태수가 되다. 임시 재상인 가상假相으로 자리를 옮겨 항우를 공격한 공으로 후가 되다. 식읍은 1,000호다. 공이 평정후 제수에 비견되다[以執盾初起, 入漢, 爲河上守, 遷爲假相, 擊項羽, 侯, 千戶, 功比平定侯].

● 《사기색은》에 따르면 망후는 패현 소속이다. 《사기집해》는 《한서》 〈연표〉를 인용해 망후의 이름이 이척㢱赤이라고 했다.

고조 12년	3위. 고조 6년 4월 계미일, 후侯 염택적 원년. 4위. 고조 9년, 이후夷侯 염무해閻毋害 원년.
혜제 7년	
여후 8년	
문제 23년	19위.
	4위. 문제 후 4년, 대후戴侯 염적閻績 원년.
경제 16년	4위.
	12위. 경제 5년, 후侯 염곡閻穀이 세습하다[十二. 孝景五年, 侯穀嗣].
무제 54년	28위. 원정 5년, 후 염곡이 주금 사건에 연좌되어 봉지가 폐지되다[二十八. 元谷五年, 侯穀坐酎金, 國除].
후제侯第	55위.

유구후柳丘侯 융사戎賜

후공侯功	연오連敖 출신으로 설군에서 고조를 쫓아 거병하다. 두 개 부대의 장수가 되어 한중으로 들어가다. 삼진을 평정하고, 도위가 되어 항우의 군사를 격파한 공으로 장군에 임명되고 후가 되다. 식읍은 1,000호다[以連敖從起薛, 以二隊將入漢, 定三秦, 以都尉破項籍軍, 爲將軍, 侯, 千戶].
고조 12년	7위. 고조 6년 6월 정해일, 제후齊侯 융사 원년.
혜제 7년	
여후 8년	4위.
	4위. 여후 5년, 정후定侯 융안국戎安國 원년.
문제 23년	
경제 16년	3위. 경제 4년, 경후敬侯 융가성戎嘉成 원년.
	10위. 경제 후 원년. 후侯 융각사戎角嗣가 죄를 지어 봉지가 폐지되다[十. 後元年, 侯角嗣, 有罪, 國除].
무제 54년	
후제侯第	26위.

위기후魏其侯 주정周定

후공侯功	사인 출신으로 패현에서 고조를 쫓아 나선 뒤 낭중이 되어 한중으로 들어가다. 주신후周信侯가 되어 삼진을 평정하고, 낭중기장郎中騎將으로 옮겨 항우를 동성東城에서 격파한 공으로 후가 되다. 식읍은 1,000호다[以舍人從沛, 以郎中入漢, 爲周信侯, 定三秦, 遷爲郎中騎將, 破籍東城, 侯, 千戶].
고조 12년	7위. 고조 6년 6월 정해일, 장후莊侯 주정 원년.
혜제 7년	
여후 8년	4위. 4위. 여후 5년, 후侯 주간周開 원년.
문제 23년	
경제 16년	2위. 경제 전 3년, 후 주간이 모반을 꾀해 봉지가 폐지되다[前三年, 侯開反, 國除].
무제 54년	
후제侯第	44위.

기후祁侯 증하繪賀

후공侯功	집순 출신으로 한왕이 봉기한 지 3년이 되던 해에 처음 진양에서 거병하다. 연오가 되어 항우를 공격하다. 한왕 유방이 팽성에서 패주할 때 군사를 이끌고 추격하는 초나라 군사를 공격하다. 이에 초나라 기병이 더는 진격하지 못하다. 한왕이 돌아보며 증하에게 명하기를, "그대는 팽성에 남아 집규가 되어 동쪽의 항우를 공격하고, 급히 적들이 성벽에 접근하는 것을 막으라"고 하다. 이때의 공으로 후가 되다. 식읍은 1,400호다[以執盾漢王三年初起從晉陽, 以連敖擊項籍, 漢王敗走, 賀方將軍擊楚, 追騎以故不得進, 漢王顧謂賀, 子留彭城, 用執圭東擊羽, 急絕其近壁, 侯, 千四百戶].
고조 12년	7위. 고조 6년 6월 정해일, 곡후谷侯 증하 원년.
혜제 7년	

여후 8년	
문제 23년	11위.
	12위. 문제 12년, 경후頃侯 증호繒湖 원년.
경제 16년	5위.
	11위. 경제 6년, 후侯 증타繒它 원년.
무제 54년	8위. 원광 2년, 후 증타가 황제의 시중을 들다가 활을 멋대로 쏜 일에 연좌되어 불경죄로 봉지가 폐지되다[八. 元光二年, 侯它坐從射擅罷, 不敬, 國除].
후제侯第	51위.

평후平侯 패가沛嘉

후공侯功	당초 거병할 때 사인으로 종군해 진나라를 공격하고, 낭중이 되어 한중으로 들어가다. 장군이 되어 제후들을 평정하고, 낙양을 지킨 공을 인정받아 후가 되다. 비후費侯 진하에 비견되다. 식읍은 1,300호다[兵初起, 以舍人從擊秦, 以郎中入漢, 以將軍定諸侯, 守洛陽, 功侯, 比費侯賀, 千三百戶].
고조 12년	6위. 고조 6년 6월 정해일, 도후悼侯 패가 원년.
	1위. 고조 12년, 정후靖侯 패노沛奴 원년.
혜제 7년	
여후 8년	
문제 23년	15위.
	8위. 문제 16년, 후侯 패집沛執 원년.
경제 16년	11위. 경제 중 5년, 후 패집이 죄를 지어 봉지가 폐지되다[十一. 中五年, 侯執有罪, 國除].
무제 54년	
후제侯第	32위.

후공侯功	사인 출신으로 패현에서 고조를 쫓아 거병해 함양에서 낭중이 되다. 한중으로 들어가 장군이 되어 제후들을 평정한 공으로 후가 되다. 식읍은 4,800호다. 공이 무양후 번쾌에 비견되다. 유방의 천하통일을 위해 전사한 까닭에 모친이 대신 작위를 받다[以舍人從起沛, 至咸陽爲郞中, 入漢, 以將軍從定諸侯, 侯, 四千八百戶, 功比舞陽侯. 死事, 母代侯].
고조 12년	7위. 고조 6년 중, 노후 자의 모친 원년.
혜제 7년	
여후 8년	4위. 여후 5년, 노후 자의 모친이 서거했으나 후사가 없어 봉지를 폐하다[四. 五年, 母侯疵薨, 無後, 國除].
문제 23년	
경제 16년	
무제 54년	
후제侯第	7위.

후공侯功	당초 거병할 때 알자로 고조를 쫓아 한중으로 들어가다. 장군이 되어 제후들을 공격하고, 우승상으로서 회양을 지킨 공으로 염차후 원경에 비견되다. 식읍은 2,000호다[兵初起, 以謁者從, 入漢, 以將軍擊諸侯, 以右丞相備守淮陽功, 比厭次侯, 二千戶].
고조 12년	7위. 고조 6년 중, 장후莊侯 윤회 원년.
혜제 7년	2위.
	5위. 혜제 3년, 후侯 윤개방尹開方 원년.
여후 8년	2위. 여후 3년, 후 윤개방이 작위를 박탈당하고 봉지가 없는 관내후關內侯가 되다[二. 三年, 侯方奪侯, 爲關內侯].
문제 23년	
경제 16년	

무제 54년	
후제侯第	26위.

임후任侯 장월張越

후공侯功	기도위 자격으로 한 5년에 동원에서 고조를 좇아 거병해 연과 대 땅을 공격하고, 옹치의 휘하에 배속되다. 그 공으로 후에 봉해져 거기장군이 되다[以騎都尉漢五年從起東垣, 擊燕·代, 屬雍齒, 有功, 侯. 爲車騎將軍].
고조 12년	7위. 고조 6년, 후侯 장월 원년.
혜제 7년	
여후 8년	2위. 여후 3년, 후 장월이 죽을죄를 지은 자를 은닉한 죄에 연좌되다. 자리에서 쫓겨나 서인이 되고 봉지가 폐지되다[二. 三年, 侯越坐匿死罪, 免爲庶人, 國除].
문제 23년	
경제 16년	
무제 54년	
후제侯第	

극구후棘丘侯 양襄*

후공侯功	집순대사執盾隊史가 된 후 한 원년의 전년에 탕군에서 고조를 좇아 거병해 진나라 군사를 격파하다. 이후 치속내사治粟內史가 되어 한중으로 들어간 뒤 상군上郡 태수가 되어 서위를 공격해 평정한 공으로 후가 되다[以執盾隊史前元年. 從起碭, 破秦, 以治粟內史入漢, 以上郡守擊定西魏地, 功侯].

• 《사기색은》에 따르면 양襄은 이름이고, 성과 시호는 도중에 실전되었다.

고조 12년	7위. 고조 6년, 후侯 양 원년.
혜제 7년	
여후 8년	4위. 여후 4년, 후 양이 작위를 박탈당하고 병사로 강등되어 봉지가 폐지되다[四. 四年, 侯襄奪侯, 爲士伍, 國除].
문제 23년	
경제 16년	
무제 54년	
후제侯第	

아릉후阿陵侯 곽정郭亭

후공侯功	연오가 되어 한 원년의 전년에 선보單父에서 고조를 쫓아 거병한 뒤 지름길을 통해 한중으로 들어가다[以連敖前元年. 從起單父, 以塞疏入漢].*
고조 12년	7위. 고조 6년 7월 경인일, 경후頃侯 곽정 원년.
혜제 7년	
여후 8년	
문제 23년	2위.
	21위. 문제 3년, 혜후惠侯 곽구郭歐 원년.
경제 16년	18위. 경제 전 2년, 후侯 곽승객郭勝客 원년. 죄를 지어 세습이 끊기다[一八. 前二年, 侯勝客元年. 有罪, 絕].
	봉지 남현南縣. 4위. 경제 중 6년, 정후靖侯 곽연거郭延居 원년.
무제 54년	11위. 원광 6년, 후侯 곽칙郭則 원년.
	17위. 원정 5년, 후 곽칙이 주금 사건에 연좌되어 봉지가 폐지되다[十七. 元鼎五年, 侯則坐酎金, 國除].
후제侯第	27위.

● 《사기색은》은 색소塞疏를 차단된 지름길인 색로塞路의 잘못으로 보았다.

창무후昌武侯 선녕單甯

후공侯功	당초 거병할 때 사인으로 종군해 낭중이 되어 한중으로 들어가다. 삼진을 평정하고 낭중장郎中將이 되어 제후들을 공격한 공으로 후가 되다. 식읍은 980호다. 공이 위기후魏其侯 주정周定에 비견되다[初起以舍人從, 以郎中入漢, 定三秦, 以郎中將擊諸侯, 侯, 九百八十戶, 比魏其侯].
고조 12년	7위. 고조 6년 7월 경인일, 정신후靖信侯 선녕 원년.
혜제 7년	5위.
	2위. 혜제 6년, 이후夷侯 선여의單如意 원년.
여후 8년	
문제 23년	
경제 16년	10위.
	6위. 경제 중 4년, 강후康侯 선가성單賈成 원년.
무제 54년	10위. 원광 5년, 후侯 선득單得 원년.
무제 54년	4위. 원삭 3년, 후 선득이 사람을 다치게 해 스무 날 내로 죽게 만든 일에 연좌되어 기시되고 봉지가 폐지되다[四. 元朔三年, 侯得坐傷人二旬內死, 棄市, 國除].
후제侯第	45위.

고원후高苑侯 병청丙倩

후공侯功	당초 거병할 때 사인으로 종군해 한중으로 들어가다. 삼진을 평정하고, 중위中尉가 되어 항우를 격파해 후가 되다. 식읍은 1,600호다. 공이 척구후斥丘侯 당려唐厲에 비견되다[初起以舍人從, 入漢, 定三秦, 以中尉破籍, 侯, 千六百戶, 比斥丘侯].
고조 12년	7위. 고조 6년 7월 무술일, 제후制侯 병청 원년.
혜제 7년	7위. 혜제 원년, 간후簡侯 병득丙得 원년.
여후 8년	

문제 23년	15위.
	8위. 문제 16년, 효후孝侯 병무丙武 원년.
경제 16년	
무제 54년	2위. 건무 원년, 후侯 병신丙信 원년.
	건원 3년. 후 병신이 황제의 부거副車 사이로 함부로 다닌 일에 연좌되어, 작위를 박탈당하고 봉지가 폐지되다[建元三年, 侯信坐出入屬車間, 奪侯, 國除].
후제侯第	41위.

선곡후宣曲侯 정의丁義

후공侯功	병졸로 유현에서 거병한 뒤 고조를 쫓아 기장이 되어 한중으로 들어가다. 삼진을 평정하고, 항우의 군사를 형양에서 격파해 낭기장郎騎將이 되다. 이후 종리매의 군사를 고릉固陵에서 격파한 공으로 후가 되다. 식읍은 670호다[以卒從起留, 以騎將入漢, 定三秦, 破籍軍榮陽, 爲郎騎將, 破鍾離昧軍固陵, 侯, 六百七十戶].
고조 12년	7위. 고조 6년 7월 무술일, 제후齊侯 정의 원년.
혜제 7년	
여후 8년	
문제 23년	10위.
	13위. 문제 11년, 후侯 정통丁通 원년.
경제 16년	4위. 죄를 지어 봉지가 폐지되다[四. 有罪, 除].
	봉지 발루發婁. 경제 중 5년, 다시 봉해진 후侯 정통丁通 원년. 경제 중 6년, 후 정통이 죄를 지어 봉지가 폐지되다[發婁. 中五年, 復封侯通元年. 中六年, 侯通有罪, 國除].
무제 54년	
후제侯第	43위.

후공侯功	월 땅의 장수로 유현에서 거병한 뒤 고조를 쫓아 한중으로 들어가다. 삼진을 평정하고 장도를 격파한 공으로 후가 되다. 식읍은 740호다. 이후 종군해 마읍과 경포를 공격하다[以越將從起留, 入漢, 定三秦, 擊臧荼, 侯, 七百四十戶. 從攻馬邑及布].
고조 12년	7위. 고조 6년 7월 무술일, 제후齊侯 화무해 원년.
혜제 7년	
여후 8년	
문제 23년	3위.
	16위. 문제 4년, 공후恭侯 화발제華勃齊 원년.
	4위. 문제 후4년, 후侯 화록華祿 원년.
경제 16년	3위. 경제 4년, 후 화록이 경계를 넘어선 일에 연좌되어 죄를 짓고 봉지가 폐지되다[三. 四年, 侯祿坐出界, 有罪, 國除].
무제 54년	
후제侯第	46위.

후공侯功	사인 출신으로 탕군에서 고조를 쫓아 거병해 파상에 이르다. 두 개 부대를 이끌고 한중으로 들어가다. 삼진을 평정하고, 도위가 되어 항우를 공격하고, 장도를 격파한 공을 세워 후가 되다. 한신을 생포한 공으로 장군이 되고, 기존의 봉지에 1,000호가 더해지다[以舍人從起碭, 至霸上, 以二隊入漢, 定三秦, 以都尉擊項羽, 破臧荼, 侯. 捕韓信, 爲將軍, 益邑千戶].
고조 12년	7위. 고조 6년 8월 병진일, 경후敬侯 유조 원년.
혜제 7년	
여후 8년	

문제 23년	2위. 문제 3년, 후侯 유길劉吉 원년.
	13위. 문제 16년, 후 유길의 작위를 박탈당하고 봉지가 폐지되다[十三. 十六年, 侯吉奪爵, 國除].
경제 16년	
무제 54년	
후제侯第	48위.

척구후斥丘侯 당려唐厲

후공侯功	사인 출신으로 풍읍에서 고조를 쫓아 거병한 뒤 좌사마가 되어 한중으로 들어가다. 아장이 되어 항우를 공격해 승리함으로써 동군도위東郡都尉가 되다. 항우의 무성을 격파해 후가 되다. 한중위漢中尉가 되어 경포를 격파하고 척구후가 되다. 식읍은 1,000호다[以舍人從起豐, 以左司馬入漢, 以亞將攻籍, 克敵, 爲東都都尉, 擊破籍武城, 侯, 爲漢中尉, 擊布, 爲斥丘侯, 千戶].
고조 12년	7위. 고조 6년 8월 병진일, 의후懿侯 당려 원년.
혜제 7년	
여후 8년	
문제 23년	8위.
	13위. 문제 9년, 공후恭侯 당조唐朝 원년.
	2위. 문제 후6년, 후侯 당현唐賢 원년.
경제 16년	
무제 54년	25위. 원정 2년, 후侯 당존唐尊 원년.
	3위. 원정 5년, 후 당존이 주금 사건에 연좌되어 봉지가 폐지되다[三. 元鼎五年, 侯尊坐酎金, 國除].
후제侯第	40위.

대후臺侯 대야戴野

후공侯功	사인으로 탕군에서 고조를 쫓아 거병한 뒤 휘하 부대를 이끌고 한중으로 들어가다. 도위가 되어 항우를 공격하다. 항우 사후 군대를 돌려 임강왕 공위를 공격하고, 유방의 사촌형인 장군 유가의 휘하에 배속되다[以舍人從起碭, 用隊率入漢, 以都尉擊籍, 籍死, 轉擊臨江, 屬將軍賈, 功侯. 以將軍擊燕].
고조 12년	7위. 고조 6년 8월 갑자일, 정후定侯 대야 원년.
혜제 7년	
여후 8년	
문제 23년	3위.
	10위. 문제 4년, 후侯 대재戴才 원년.
경제 16년	2위. 경제 3년, 후 대재가 모반을 꾀해 봉지가 폐지되다[二. 三年, 侯才 反, 國除].
무제 54년	
후제侯第	

안국후安國侯 왕릉王陵

후공侯功	객장으로 풍읍에서 기병해 구장이 되어 따로 동군과 남양을 평정한 뒤 파상에 이르다. 한중으로 들어간 후 풍읍을 지키다. 황제가 동쪽에서 항우와 싸울 때 참전했다가 전황이 불리해지자 혜제와 노원공주를 모시고, 사지인 수수睢水 일대를 빠져나오다. 이후 풍읍을 굳건히 지킨 공으로 옹후雍侯에 봉해지다. 식읍은 5,000호다[以客從起豐, 以廄 將別定東郡 · 南陽, 從至霸上. 入漢, 守豐. 上東, 因從戰不利, 奉孝惠 · 魯元出睢水 中, 及堅守豐, 封雍侯, 五千戶].
고조 12년	7위. 고조 6년 8월 갑자일, 무후武侯 왕릉 원년. 안국安國 일대를 봉지로 받다[七. 六年八月甲子, 武侯王陵元年. 定侯安國].
혜제 7년	7위, 혜제 6년, 우승상이 되다[七. 其六年, 爲右丞相].

여후 8년	7위.
	1위. 여후 8년, 애후哀侯 왕기王忌 원년.
문제 23년	23위. 문제 원년, 종후終侯 왕유王遊 원년.
경제 16년	
무제 54년	20위. 건원 원년 3월, 안후安侯 왕벽방王辟方 원년.
	8위. 원수 3년, 후侯 왕정王定 원년. 원정 5년, 후 왕정이 주금 사건에 연좌되어 봉지가 폐지되다[八. 元狩三年, 侯定元年. 元鼎五年, 侯定坐酎金, 國除].
후제侯第	12위.

악성후樂成侯 정례丁禮

후공侯功	중연 출신으로 기병을 이끌고 탕군에서 거병한 뒤 기장이 되어 한중으로 들어가다. 삼진을 평정하고 후가 되다. 도위가 되어 항우를 공격하고, 관영의 휘하로 들어가 용저를 죽여 다시 악성후樂成侯에 봉해지다. 식읍은 1,000호다[以中涓騎從起碭中, 爲騎將, 入漢, 定三秦, 侯. 以都尉擊籍, 屬灌嬰, 殺龍且, 更爲樂成侯, 千戶].
고조 12년	7위. 고조 6년 8월 갑자일, 절후節侯 정례 원년.
혜제 7년	
여후 8년	
문제 23년	4위.
	18위. 문제 5년, 이후夷侯 정마종丁馬從 원년.
	1위. 문제 후7년, 무후武侯 정객丁客 원년.
경제 16년	
무제 54년	25위. 원정 2년, 후侯 정의丁義 원년.
	3위. 원정 5년, 후 정의가, 오리장군五利將軍에 봉해진 방사 난대欒大의 도리에 맞지 않은 행각에 연좌되어 기시되고 봉지가 폐지되다[三. 元鼎五年, 侯義坐言五利侯不道, 棄市, 國除].
후제侯第	42위.

벽양후辟陽侯 심이기審食其

후공侯功	당초 사인으로 고조를 쫓아 봉기한 뒤 여후와 혜제를 3년 10개월 동안 모시다. 여후가 초나라 군사의 수중에 들어간 뒤에도 심이기審食其가 1년 동안 여후의 시중을 든 공으로 후가 되다[以舍人初起, 侍呂后·孝惠沛三歲十月, 呂后入楚, 食其從一歲, 侯].
고조 12년	7위. 고조 6년 8월 갑자일, 유후 심이기 원년.
혜제 7년	
여후 8년	
문제 23년	3위.
	20위. 문제 4년, 후侯 심평審平 원년.
경제 16년	2위. 경제 3년, 후 심평이 모반죄에 연좌되어 봉지가 폐지되다[二. 三年, 平坐反, 國除].
무제 54년	
후제侯第	59위.

안평후安平侯 악천추諤千秋

후공侯功	당초 알자 자격으로 한 3년에 처음 종군한 뒤 제후를 평정해 공을 세우고, 소하를 천거한 공으로 후가 되다. 식읍은 2,000호다[以謁者漢王三年初從, 定諸侯, 有功秩, 舉蕭何, 功侯, 二千戶].
고조 12년	7위. 고조 6년 8월 갑자, 경후敬侯 악천추 원년.
혜제 7년	2위.
	5위. 혜제 원년, 간후簡侯 악가諤嘉 원년.
여후 8년	7위.
	1위. 여후 8년, 경후頃侯 악응諤應 원년.
문제 23년	13위.
	10위. 문제 14년, 양후煬侯 악기諤寄 원년.

경제 16년	15위.
	1위. 경제 후 3년, 후後 악단諤但 원년.
무제 54년	18위. 원수 원년, 회남왕 유안의 딸 유릉劉陵과 사통해 회남왕에게 칭신稱臣하며 힘쓰겠다는 내용의 서신을 올린 일로 기시되고 봉지가 폐지되다[十八. 元狩元年, 坐與淮南王女陵通, 遺淮南書稱臣盡力, 棄市, 國除].
후제侯第	61위.

괴성후蒯成侯 주설周緤

후공侯功	사인으로 패현에서 고조를 좇아 거병해 파상에서 후가 되다. 한중으로 들어가 삼진을 평정하고, 지양池陽을 식읍으로 받다. 항우의 군사를 형양에서 공격하고, 곡식을 나르는 용도를 끊고 따라 나오다. 평음平陰을 건너 회음후 한신의 군사를 양국襄國에서 조우하다. 초와 한이 홍구鴻溝를 기점으로 천하를 양분할 것을 약조할 때 주설周緤을 증인으로 삼다. 전황이 불리한데도 황제 곁을 떠나지 않다. 이런 공으로 후가 되다. 식읍은 3,300호다[以舍人從起沛, 至霸上, 侯. 入漢, 定三秦, 食邑池陽. 擊項羽軍滎陽, 絕甬道, 從出, 度平陰, 遇淮陰侯軍襄國. 楚漢約分鴻溝, 以緤爲信, 戰不利, 不敢離上, 侯, 三千三百戶].
고조 12년	7위. 고조 6년 8월 갑자일, 존후尊侯 주설 원년.
	고조 12년 10월 을미일, 괴성蒯成을 평정하다[十二年十月乙未, 定蒯成].
혜제 7년	
여후 8년	
문제 23년	5위. 괴설이 서거하자 아들 주창이 대를 잇다. 죄를 지어 세습이 끊기고, 봉지도 폐지되다[五. 緤薨, 子昌代. 有罪, 絕, 國除].
경제 16년	봉지 다鄲.• 1위. 경제 중 원년, 괴설의 아들인 강후康侯 주응周應 원년.
	8위. 경제 중 2년, 후侯 주중거周中居 원년.

• 《사기색은》은 궐사闞駰의 《주지州志》를 근거로 한 여순如淳이 주석을 인용하며, 봉지 다鄲의 원래 음이 '단'이나 여기서는 '다'로 읽어야 한다고 했다. 《한지漢志》에 따르면 다는 패군沛郡에 속한다.

무제 54년	26위. 원정 3년, 주중거가 태상이 된 후 죄를 지은 일에 연좌되어 봉지가 폐지되다[二十六. 元鼎三年, 居坐爲太常有罪, 國除].
후제侯第	21위.

북평후北平侯 장창張倉

후공侯功	객장의 자격으로 양무陽武에서 거병해 파상에 이르다. 상산 태수가 된 후 진여를 잡고, 대나라 재상이 되었다가 조나라 재상으로 옮기다. 후가 된 후 상국 소하의 휘하에서 재정과 회계를 담당하는 계상計相이 되었다가 4년 뒤부터 회남의 재상으로 14년을 지내다. 식읍은 1,300호다[以客從起陽武, 至霸上, 爲常山守, 得陳餘, 爲代相, 徙趙相, 侯. 爲計相四歲, 淮南相十四歲, 千三百戶].
고조 12년	7위. 고조 6년 8월 정축일, 문후文侯 장창 원년.
혜제 7년	
여후 8년	
문제 23년	23위. 문제 4년에 승상이 되다. 5년 만에 그만두다[二十三. 其四爲丞相. 五歲罷].
경제 16년	5위[五].
	8위. 경제 6년, 강후康侯 장봉張奉 원년.
	3위. 경제 후 원년, 후侯 장예張預 원년.
무제 54년	4위. 건원 5년, 후 장예가 제후들이 조문한 후에 조문 자리에 임하는 불경을 저질러 봉지가 폐지되다[四. 建元五年, 侯預坐臨諸侯喪後, 不敬, 國除].
후제侯第	65위.

고호후高胡侯 진부걸陳夫乞

후공侯功	병졸로 강리에서 고조를 쫓아 거병해 한중으로 들어가다. 도위가 되어 항우를 공격하고, 도위가 되어 연국을 평정해 후가 되다. 식읍은 1,000호다[以卒從起杠里, 入漢, 以都尉擊籍, 以都尉定燕, 侯, 千戶].

고조 12년	7위. 고조 6년 중, 후侯 진부걸 원년.
혜제 7년	
여후 8년	
문제 23년	4위. 문제 5년, 상후殤侯 진정陳程嗣이 뒤를 잇다. 상후가 서거한 뒤 후사가 없어 봉지가 폐지되다[四. 五年, 殤侯程嗣. 薨, 無後, 國除].
경제 16년	
무제 54년	
후제侯第	82위.

염차후厭次侯 원경元頃

후공侯功	근신해 장수가 되는 신장愼將의 자격으로 한 원년 전년에 유현에서 고조를 쫓아 거병한 뒤 한중으로 들어가다. 도위가 되어 광무廣武를 지키다. 그 공으로 후가 되다[以愼將前元年. 從起留, 入漢, 以都尉守廣武, 功侯].
고조 12년	7위. 고조 6년 중, 후侯 원경 원년.
혜제 7년	
여후 8년	
문제 23년	5위. 문제 원년 후侯 원하元賀 원년.
	문제 6년, 후 원하가 모반을 꾀하다가 봉지가 폐지되다[六年, 侯賀謀反, 國除].
경제 16년	
무제 54년	
후제侯第	24위.

평고후平皋侯 유타劉它

후공侯功	본명은 항타項它다. 한 6년에 탕군의 장자長者로서 처음으로 고조를 시종해 유씨 성을 하사받다. 공이 대후戴侯 팽조彭祖에 비견되다. 식읍은 580호다[項它, 漢六年以碭郡長初從, 賜姓爲劉氏. 功比戴侯彭祖, 五百八十戶].
고조 12년	6위. 고조 7년 10월 계해일, 양후煬侯 유타 원년.
혜제 7년	4위.
	3위. 혜제 5년, 공후恭侯 유원劉遠 원년.
여후 8년	
문제 23년	
경제 16년	16위. 경제 원년, 절후節侯 유광劉光 원년.
무제 54년	28위. 건원 원년, 후후侯侯 유승劉勝 원년.
	원정 5년, 후 유승이 주금 사건에 연좌되어 봉지가 폐지되다[元鼎五年, 侯勝坐酎金, 國除]. 후제후第 121위[百十一].

복양후復陽侯 진서陳胥

후공侯功	병졸로 설군에서 고조를 쫓아 거병하다. 장군이 되어 한중으로 들어가다. 우사마右司馬가 되어 항우를 공격해 후가 되다. 식읍은 1,000호다[以卒從起薛, 以將軍入漢, 以右司馬擊項籍, 侯, 千戶].
고조 12년	6위. 고조 7년 10월 갑자일, 강후剛侯 진서 원년.
혜제 7년	
여후 8년	
문제 23년	10위.
	13위. 문제 11년 공후恭侯 진가秦嘉 원년.
경제 16년	5위.
	11위. 경제 6년, 강후康侯 진습陳拾 원년.

무제 54년	12위. 원삭 원년, 후侯 진강陳彊 원년.
	7위. 원수 2년, 부친 진습이 진가의 자식이 아닌 일에 연좌되어 봉지가 폐지되다[七. 元狩二年, 坐父拾非嘉子, 國除].
후제侯第	49위.

양하후陽河侯 변소卞訴[*]

후공侯功	군주에게 직접 보고하는 중알자中謁者가 되어 한중으로 들어가다. 낭중기郞中騎가 되어 고조를 쫓아 제후들을 평정하다. 500호의 후가 되다. 공이 고호후高胡侯 진부걸陳夫乞에 비견되다[以中謁者從入漢, 以郞中騎從定諸侯, 侯五百戶, 功比高胡侯].
고조 12년	3위. 고조 7년 10월 갑자일, 제애후齊哀侯 변소 원년.
	3위. 고조 10년, 후侯 변안국卞安國 원년.
혜제 7년	
여후 8년	
문제 23년	
경제 16년	10위.
	6위. 경제 중 4년, 후侯 변오卞午 원년. 도중에 세습이 끊기다[六. 中四年, 侯午元年. 中絶].
무제 54년	27위. 원정 4년, 공후恭侯 변장卞章 원년.
	봉지 비산埤山. 3위. 원봉元封 원년, 후侯 변인卞仁 원년.
	20위. 정화 3년 10월, 변인이 모친과 함께 저주를 한 일에 연좌되어 대역무도의 죄로 봉지가 폐지되다[二十. 征和三年十月, 仁與母坐祝詛, 大逆無道, 國除].
후제侯第	83위.

● 《사기색은》에 따르면 양하후의 이름은 변소卞訴다. 《한서》〈연표〉에는 이름이 기석其石으로 나온다.

조양후朝陽侯 화기華寄

후공侯功	사인 출신으로 설현에서 고조를 쫓아 거병한 뒤 연오가 되어 한중에 들어오다. 위도위衛都尉가 되어 항우를 공격하고, 후에 한왕 한신을 공격한 공으로 후가 되다. 식읍은. 1,000호다[以舍人從起薛, 以連敖入漢, 以都尉擊項羽, 後攻韓王信, 侯, 千戶].
고조 12년	6위. 고조 7년 3월 임인일, 제후齊侯 화기 원년.
혜제 7년	
여후 8년	8위. 여후 원년, 문후文侯 화요華要 원년.
문제 23년	13위.
	10위. 문제 14년, 후후侯侯 화당華當 원년.
경제 16년	
무제 54년	13위. 원삭 2년, 후 화당이 사람을 시켜 상서上書해 법을 어지럽힌 죄에 연좌되어 봉지가 폐지되다[十三. 元朔二年, 侯當坐教人上書枉法罪, 國除].
후제侯第	69위.

극양후棘陽侯 두득신杜得臣

후공侯功	병졸 출신으로 호릉에서 고조를 쫓아 거병해 한중으로 들어가다. 낭장이 되어 좌승상 한신韓信의 군사와 함께 항우를 공격한 공으로 후가 되다. 식읍은 1,000호다[以卒從起胡陵, 入漢, 以郎將迎左丞相軍以擊項籍, 侯, 千戶].
고조 12년	6위. 고조 7년 7월 병신일, 장후莊侯 두득신 원년.●
혜제 7년	
여후 8년	
문제 23년	5위.
	18위. 문제 6년, 질후質侯 두단杜但 원년.

●《사기색은》두득신의 시호 장후莊侯를 장후壯侯로 표시했다.

경제 16년	
무제 54년	9위. 원광 4년, 회후懷侯 두무杜武 원년.
	7위. 원삭 5년, 두무가 서거했으나 후사가 없어 봉지가 폐지되다[七. 元朔五年, 薨, 無後, 國除].
후제侯第	81위.

열양후涅陽侯 여승呂勝

후공侯功	기사騎士 출신으로 한왕 고조 2년에 함곡관 밖으로 출병하다. 낭장이 되어 항우를 공격한 공으로 후가 되다. 식읍은 1,500호다. 두연후杜衍侯 왕예王翳에 비견되다[以騎士漢王二年從出關, 以郎將擊斬項羽, 侯, 千五百戶, 比杜衍侯].
고조 12년	6위. 고조 7년 중, 장후莊侯 여승 원년.
혜제 7년	
여후 8년	
문제 23년	4위. 문제 5년, 장후의 아들 여성呂成이 친아들이 아닌데도 부당하게 후가 되었다는 사실이 드러나 봉지가 폐지되다[四. 五年, 莊侯子成實非子, 不當爲侯, 國除].
경제 16년	
무제 54년	
후제侯第	104위.

평극후平棘侯 임집林執•

후공侯功	객장으로 항보亢父에서 고조를 쫓아 거병한 후 장함이 임명한 촉나라의 태수를 참수한 공으로 연燕의 재상에 임명되어 후가 되다. 식읍은 1,000호다[以客從起亢父, 斬章邯所署蜀守, 用燕相, 侯, 千戶].

고조 12년	6위. 고조 7년 중, 의후懿侯 임집 원년.
혜제 7년	
여후 8년	7위.
	1위. 여후 8년, 후侯 임벽강林辟彊 원년.
문제 23년	5위. 문제 6년, 후 임벽강이 죄를 지어 종묘 제사용 땔나무를 베는 귀신鬼薪의 형을 받고 봉지도 폐지되다[五. 六年, 侯辟彊有罪, 爲鬼薪, 國除].
경제 16년	
무제 54년	
후제侯第	64위.

갱힐후羹頡侯 유신劉信

후공侯功	고조의 형의 아들이다. 고조를 쫓아 모반한 한왕 한신을 공격해 낭중장이 되다. 고조의 형수인 유신의 모친은 일찍이 고조가 미천했을 때 시동생에게 밥을 주지 않는 죄를 지었는데 태상황이 유신을 가련히 여겨 갱힐후羹頡侯로 봉하다[以高祖兄子從軍, 擊反韓王信, 爲郎中將. 信母嘗有罪高祖微時, 太上憐之, 故封爲羹頡侯].
고조 12년	6위. 고조 7년 중, 후侯 유신 원년.
혜제 7년	
여후 8년	원년, 유신이 죄를 지은 탓에 한 등급이 깎여 관내후가 되다[元年, 信有罪, 削爵一級, 爲關內侯].
문제 23년	
경제 16년	
무제 54년	
후제侯第	

• 《사기집해》는 서광의 말을 인용해 임집이 《한서》 〈연표〉에는 임지林摯로 나온다고 했다.

심택후深澤侯 조장야趙將夜

후공侯功	조나라 장수로서 한왕 고조 3년에 회음후 한신의 휘하에 속하다. 조와 제, 초나라를 차례로 평정하다. 이후 유방이 흉노에게 포위된 평성平城을 공격한 공으로 후가 되다. 식읍은 700호다[以趙將漢王三年降, 屬淮陰侯, 定趙·齊·楚, 以擊平城, 侯, 七百戶].
고조 12년	5위. 고조 8년 10월 계축, 제후齊侯 조장야 원년.
혜제 7년	
여후 8년	1위. 작위를 박탈당해 세습이 끊기다. 3년 뒤 다시 봉해졌다가 1년 뒤 다시 끊기다[一. 奪, 絕. 三年復封, 一年絕].
문제 23년	4위. 문제 14년, 다시 후에 봉해진 조장야封將夜 원년.
	6위. 문제 후 2년, 대후戴侯 조두趙頭 원년.
경제 16년	2위[二].
	7위. 경제 3년, 후侯 조순趙純 원년. 죄를 지어 세습이 끊기다[七. 三年, 侯循元年. 罪, 絕].
	봉지는 갱更. 5위. 경제 중 5년, 다시 봉해진 조두의 아들 이후夷侯 조호趙胡 원년.
무제 54년	16위. 원삭 5년, 이후 조호가 서거했으나 후사가 없어 봉지가 폐지되다[十六. 元朔五年, 夷侯胡薨, 無後, 國除].
후제侯第	98위.

백지후柏至侯 허온許溫 •

후공侯功	두 명의 기병을 날개로 삼는 병련骿憐을 기반으로 고조를 쫓아 창읍에서 거병하다. 야영할 때 숙위宿衛를 담당하는 설위設衛가 되어 한중으로 들어오다. 중위가 되어 항우를 공격한 공으로 후가 되다. 식읍은 1,000호다[以骿憐從起昌邑, 以設衛入漢, 以中尉擊籍, 侯, 千戶].
고조 12년	6위. 고조 7년 10월 무진일, 정후靖侯 허온 원년.
혜제 7년	

여후 8년	1위. 여후 2년, 죄를 지어 세습이 끊기다[一. 二年, 有罪, 絶].
	6위. 여후 3년, 다시 이전처럼 온 땅에 봉해지다[六. 三年, 復封溫如故].
문제 23년	14위. 문제 원년, 간후簡侯 허록許祿 원년.
	9위. 문제 15년, 애후哀侯 허창許昌 원년.
경제 16년	
무제 54년	7위. 원광 2년, 공후共侯 허안여許安如 원년.
	13위. 원수 3년, 후侯 허복許福 원년.
	5위. 원정 2년, 후 허복이 죄를 지어 봉지가 폐지되다[五. 元鼎二年, 侯福 有罪, 國除].
후제侯第	58위.

중수후中水侯 여마동呂馬童

후공侯功	낭중기장이 되어 한 원년에 고조를 쫓아 호치好畤에서 거병하다. 사마司馬가 되어 용저를 공격하고, 다시 여러 사람과 함께 항우의 목을 벤 공으로 후가 되다. 식읍은 1,500호다[以郎中騎將漢王元年. 從起好畤, 以司馬擊龍且, 復共斬項羽, 侯, 千五百戶].
고조 12년	6위. 고조 7년 정월 을유일, 장후莊侯 여마동 원년.
혜제 7년	
여후 8년	
문제 23년	9위.
	3위. 문제 10년, 이후夷侯 여가呂假 원년.
	13위. 문제 13년, 공후共侯 여청견呂青肩 원년.
경제 16년	

● 《사기색은》은 《한서》 〈연표〉에 허온이 허앙許盎으로 나온다고 했다. 온 땅이 식읍인 점에 비추어 원래 이름이 허앙이었을 공산이 크다.

무제 54년	5위. 건원 6년, 정후靖侯 여덕呂德 원년.
	1위. 원광 원년, 후侯 여의성呂宜成 원년.
	23위. 원정 5년, 후 여의성이 주금 사건에 연좌되어 봉지가 폐지되다 [二十三. 元鼎五年, 宜成坐酎金, 國除].
후제侯第	101위.

후공侯功	낭중기가 되어 한 3년에 고조를 좇아 하비에서 거병한 뒤 회음후 한신 휘하에 배속되다. 관영을 좇아 출전한 뒤 여러 사람과 함께 항우의 목을 벤 공으로 후가 되다. 식읍은 1,700호다[以郎中騎漢王三年從起下邳, 屬淮陰, 從灌嬰共斬項羽, 侯, 千七百戶].
고조 12년	6위. 고조 7년 정월 기유일, 장후莊侯 왕예 원년.
혜제 7년	
여후 8년	5위.
	3위. 여후 6년, 공후共侯 왕복王福 원년.
문제 23년	4위.
	7위. 문제 5년, 후侯 왕시신王市臣 원년.
	12위. 문제 12년, 후侯 왕흡王翕 원년.
경제 16년	12위. 죄를 지어 세습이 끊기다[十二. 有罪, 絶].
	3위. 경제 후 원년, 다시 봉해진 왕예의 아들 강후彊侯 왕영인王郢人 원년.
무제 54년	9위. 원광 4년, 후侯 왕정국王定國 원년.
	12위. 원수 4년, 후 왕정국이 죄를 지어 봉지가 폐지되다[十二. 元狩四年, 侯定國有罪, 國除].
후제侯第	102위.

적천후赤泉侯 양희楊喜

후공侯功	낭중기가 되어 한 2년에 고조를 쫓아 두杜 땅에서 거병한 후 회음후 한신에 배속되다. 관영을 쫓아 출전한 뒤 여러 사람과 함께 항우의 목을 벤 공으로 후가 되다. 식읍은 1,900호다[以郎中騎漢王二年從起杜, 屬淮陰, 後從灌嬰共斬項羽, 侯, 千九百戶].
고조 12년	6위. 고조 7년 정월 기유일, 장후莊侯 양희 원년.
혜제 7년	
여후 8년	여후 원년, 작위를 박탈당해 세습이 끊기다[元年, 奪, 絶].
	7위. 여후 2년, 다시 후에 봉해지다[七. 二年, 復封].
문제 23년	11위.
	12위. 문제 12년, 정후定侯 양은楊殷 원년.
경제 16년	3위. 경제 4년, 후侯 양무해楊無害 원년.
	6위. 죄를 지어 세습이 끊기다[六. 有罪, 絶].
	봉지 임여臨汝. 5위. 경제 중 5년, 다시 후에 봉해진 양무해 원년.
무제 54년	7위. 원광 2년, 후 양무해가 죄를 지어 봉지가 폐지되다[七. 元光二年, 侯無害有罪, 國除].
후제侯第	103위.

순후枸侯 온개溫疥

후공侯功	연나라 중군으로 한 4년에 항우의 부장인 조구曹咎의 군사를 쫓아 연나라 재상이 되다. 연왕 장도의 모반을 밀고해 후가 되고, 연나라의 상국이 되어 노노 일대를 평정하다. 식읍은 1,900호다[以燕將軍漢王四年從曹咎軍, 爲燕相, 告燕王荼反, 侯, 以燕相國定盧奴, 千九百戶].
고조 12년	5위. 고조 8년 10월 병진, 경후頃侯 온개 원년.
혜제 7년	
여후 8년	

	5위.
문제 23년	17위. 문제 6년, 문후文侯 온인溫仁 원년.
	1위. 문제 후 7년, 후侯 온하溫河 원년.
경제 16년	10위. 경제 중 4년, 후 온하가 죄를 지어 봉지가 폐지되다[十. 中四年, 侯河有罪, 國除].
무제 54년	
후제侯第	91위.

무원후武原侯 위거衛肤

후공侯功	한 7년, 팽월의 봉국인 양나라 장군으로 당초 한왕 한신과 진희, 경포를 공격한 공으로 후가 되다. 식읍은 2,800호다. 공이 고릉후高陵侯 왕주王周에 비견되다[漢七年, 以梁將軍初從擊韓信·陳豨·黥布功, 侯, 二千八百戶, 功比高陵].
고조 12년	5위. 고조 8년 12월 정미일, 정후靖侯 위거 원년.
혜제 7년	3위.
	4위. 혜제 4년, 공후共侯 위기衛寄 원년.
여후 8년	
문제 23년	
경제 16년	3위. 경제 4년, 후侯 위불해衛不害 원년.
	13위. 경제 후 2년, 후 위불해가 장례의 규정을 어긴 일에 연좌되어 봉지가 폐지되다[十三. 後二年, 不害坐葬過律, 國除].
무제 54년	
후제侯第	93위.

마후磨侯 정흑程黑

후공侯功	조나라 위장군衛將軍으로 한 3년에 고조를 좇아 노노에서 거병하다. 항우의 군사를 오창에서 공격해 장군이 되다. 연왕 장도를 공격한 공으로 후가 되다. 식읍은 1,000호다[以趙衞將軍漢王三年從起盧奴, 擊項羽敖倉下, 爲將軍, 攻臧荼有功, 侯, 千戶].
고조 12년	5위. 고조 8년 7월 계유일, 간후簡侯 정흑 원년.
혜제 7년	
여후 8년	2위.
	6위. 여후 3년, 효후孝侯 정희程釐 원년.
문제 23년	16위.
	7위. 문제 후 원년, 후侯 정조程竈 원년.
경제 16년	7위. 경제 중中 원년, 후 정조가 죄를 지어 봉지가 폐지되다[七. 中元年, 竈有罪, 國除].
무제 54년	
후제侯第	92위.

고후槀侯 진조陳錯

후공侯功	고제高帝 7년, 장군이 되어 고조를 좇아 대 땅에 있는 한왕 한신을 공격한 데 이어 진희를 격파한 공으로 후가 되다. 식읍은 600호다[有功, 侯, 六百戶 高帝七年, 爲將軍, 從擊代陳稀有功, 侯, 六百戶].
고조 12년	5위. 고조 8년 12월 정미일, 기후 진조陳錯 원년.
혜제 7년	2위.
	5위. 혜제 3년, 회후懷侯 진영陳嬰 원년.
여후 8년	
문제 23년	6위.
	14위. 문제 7년, 공후共侯 진응陳應 원년.
	3위. 문제 후 5년, 후侯 진안陳安 원년.

경제 16년	
무제 54년	12위. 진부득陳不得은 진천추陳千秋의 부친이다[十二. 不得, 千秋父].
	7위. 원수 2년, 후侯 진천추陳千秋 원년.
	9위. 원정 5년, 후 진천추가 주금 사건에 연좌되어 봉지가 폐지되다[九. 元鼎五年, 侯千秋坐酎金, 國除].
후제侯第	124위.

송자후宋子侯 허계許瘛

후공侯功	한 3년에 조나라의 우림장羽林將으로 첫 종군에 제후들을 공격해 평정하다. 공이 마후 정흑에 비견되다. 식읍은 540호다[以漢三年以趙羽林將初從, 擊定諸侯, 功比磨侯, 五百四十戶].
고조 12년	4위. 고조 8년 12월 정묘일, 혜후惠侯 허계 원년.
	1위. 고조 12년, 공후共侯 허불의許不疑 원년.
혜제 7년	
여후 8년	
문제 23년	9위.
	14위. 문제 10년, 후侯 허구許九 원년.
경제 16년	8위. 경제 중 2년, 후 허구가 새외塞外에서 금지물품을 판 죄에 연좌되어 봉지가 폐지되다[八. 中二年, 侯九坐買塞外禁物罪, 國除].
무제 54년	
후제侯第	99위.

의씨후猗氏侯 진속陳遬

후공侯功	사인 출신으로 풍읍에서 거병해 한중으로 들어가다. 도위가 되어 항우를 공격한 공으로 후가 되다. 식읍은 2,400호다[以舍人從起豐, 入漢, 以都尉擊項羽, 侯, 二千四百戶].
고조 12년	5위. 고조 8년 3월 병술일, 경후敬侯 진속 원년.
혜제 7년	6위.
	1위. 혜제 7년, 정후靖侯 진교陳交 원년.
여후 8년	
문제 23년	
경제 16년	2위. 경제 3년, 경후頃侯 진차陳差 원년. 서거했으나 후사가 없어 봉지가 폐지되다[二. 三年, 頃侯差元年, 薨, 無後, 國除].
무제 54년	
후제侯第	50위.

청후淸侯 공중동空中同

후공侯功	쇠뇌부대를 이끄는 노장弩將으로 처음 봉기해 고조를 쫓아 한중으로 들어가다. 도위가 되어 항우와 대 땅의 한왕 한신을 공격한 공으로 후가 되다. 팽후彭侯 진동秦同에 비견되다. 식읍은 1,000호다[以弩將初起, 從入漢, 以都尉擊項羽·代, 侯, 比彭侯, 千戶].
고조 12년	5위. 고조 8년 3월 병술일, 간후簡侯 공중동• 원년.
혜제 7년	7위. 혜제 원년, 경후頃侯 공중성空中聖 원년.
여후 8년	

• 《사기색은》에 따르면 간후의 이름은 동同이고 성이 공중空中이다. 《풍속통風俗通》에 공중의 성씨가 보인다고 했다. 《사기집해》는 서광의 말을 인용하며 공空이 질窒로 기록된 것도 있다고 했다.

문제 23년	7위.
	16위. 문제 8년, 강후康侯 공중부空中鮒 원년.
경제 16년	
무제 54년	20위. 원수 3년, 공후恭侯 공중석空中石 원년.
	7위. 원정 4년, 후侯 공중생空中生 원년.
	1위. 원정 5년, 후 공중생이 주금 사건에 연좌되어 봉지가 폐지되다 [一. 元鼎五年, 生坐酎金, 國除].
후제侯第	71위.

강후彊侯 유승留勝

후공侯功	외부에서 온 군리軍吏인 객리客吏 출신으로 처음 봉기해 고조를 쫓아 한중으로 들어가다. 도위가 되어 항우와 대 땅의 한왕 한신을 공격한 공으로 후가 되다. 공이 팽후 진동에 비견되다. 식읍은 1,000호다[以客吏初起, 從入漢, 以都尉擊項羽·代, 侯, 比彭侯, 千戶].
고조 12년	3위. 고조 8년 3월 병술일, 간후簡侯 유승 원년.
	2위. 고조 11년, 대후戴侯 유장留章 원년.
혜제 7년	
여후 8년	
문제 23년	12위. 문제 13년, 후侯 유복留福 원년.
	2위. 문제 15년, 후 유복이 죄를 지어 봉지가 폐지되다[二. 十五年, 侯服有罪, 國除].
경제 16년	
무제 54년	
후제侯第	72위.

팽후彭侯 진동秦同

후공侯功	병졸 출신으로 설군에서 거병한 뒤 노장이 되어 한중으로 들어가다. 도위가 되어 항우와 대 땅의 한왕 한신을 공격한 공으로 후가 되다. 식읍은 1,000호다[以卒從起薛, 以弩將入漢, 以都尉擊項羽·代, 侯, 千戶].
고조 12년	5위. 고조 8년 3월 병술일, 간후簡侯 진동 원년.
혜제 7년	
여후 8년	
문제 23년	2위.
	21위. 문제 3년, 대후戴侯 진집秦執 원년.
경제 16년	2위. 경제 3년, 후侯 진무秦武 원년.
	11위. 경제 후 원년, 후 진무가 죄를 지어 봉지가 폐지되다[十一. 後元年, 侯武有罪, 國除].
무제 54년	
후제侯第	70위.

오방후吳房侯 양무楊武

후공侯功	낭중기장 출신으로 한 원년에 하규下邽에서 거병해 양하陽夏 일대를 공격하다. 도위가 되어 항우를 공격한 공으로 후가 되다. 식읍은 700호다[以郎中騎將漢王元年從起下邽, 擊陽夏, 以都尉斬項羽, 有功, 侯, 七百戶].
고조 12년	5위. 고조 8년 3월 신묘일, 장후莊侯 양무 원년.
혜제 7년	
여후 8년	
문제 23년	12위.
	11위. 문제 13년, 후侯 양거질楊去疾 원년.
경제 16년	14위. 경제 후 원년, 후 양거질이 죄를 지어 봉지가 폐지되다[十四. 後元年, 去疾有罪, 國除].

무제 54년	
후제侯第	94위.

영후甯侯 위선魏選

후공侯功	사인 출신으로 탕군에서 거병해 고조를 쫓아 한중으로 들어가다. 도위가 되어 연왕 장도를 공격한 공으로 후가 되다. 식읍은 1,000호다[以舍人從起碭, 入漢, 以都尉擊臧荼功, 侯, 千戶].
고조 12년	5위. 고조 8년 4월 신유일, 장후莊侯 위선 원년.
혜제 7년	
여후 8년	
문제 23년	15위. 8위. 문제 16년, 공후恭侯 위련魏連 원년.
경제 16년	3위. 경제 원년, 후侯 위지魏指 원년.
경제 16년	경제 4년, 후 위지가 자신의 봉지를 벗어난 일에 연좌되어 봉지가 폐지되다[四年, 侯指坐出國界, 有罪, 國除].
무제 54년	
후제侯第	78위.

창후昌侯 노경盧卿

후공侯功	제나라 장수로 한 4년에 회음후 한신을 쫓아 무염無鹽에서 거병하다. 제나라를 평정한 후 항우와 한왕 한신을 대 땅에서 공격한 공으로 후가 되다. 식읍은 1,000호다[以齊將漢王四年從淮陰侯起無鹽, 定齊, 擊籍及韓王信於代, 侯, 千戶].
고조 12년	5위. 고조 8년 6월 무신일, 어후圉侯 노경 원년.
혜제 7년	

여후 8년	
문제 23년	14위.
	9위. 문제 15년, 후侯 노통盧通 원년.
경제 16년	2위. 경제 3년, 후 노통이 모반을 꾀해 봉지가 폐지되다[二. 三年, 侯通反, 國除].
무제 54년	
후제侯第	109위.

공후共侯 노파사盧罷師

후공侯功	제나라 장수로 한 4년에 회음후 한신을 쫓아 임치에서 거병하다. 항우를 격파하고 평성에서 한왕 한신을 공격한 공으로 후가 되다. 식읍은 1,200호다[以齊將漢王四年從淮陰侯起臨淄, 擊籍及韓王信於平城, 有功, 侯, 千二百戶].
고조 12년	5위. 고조 8년 6월 임자일, 장후莊侯 노파사 원년.
혜제 7년	
여후 8년	
문제 23년	6위. 문제 7년, 혜후惠侯 노당盧黨 원년.
	8위. 문제 15년, 회후懷侯 노상盧商 원년.
	5위. 문제 후 4년, 후 노상이 서거했으나 후사가 없어 봉지가 폐지되다[五. 後四年, 侯商薨, 無後, 國除].
경제 16년	
무제 54년	
후제侯第	114위.

알씨후關氏侯 풍해감馮解敢

후공侯功	대국의 태위로 한 3년에 항복한 뒤 안문의 태수가 되다. 특장이 되어 대 땅의 반적反敵을 평정한 공으로 후가 되다. 식읍은 1,000호다[以代太尉漢王三年降, 爲雁門守, 以特將平代反寇, 侯, 千戶].
고조 12년	4위. 고조 8년 6월 임자일, 절후節侯 풍해감 원년.
	1위. 고조 12년, 공후恭侯 풍타馮它 원년. 서거했으나 후사가 없어 봉지가 폐지되다[一. 十二年, 恭侯它元年. 薨, 無後, 絶].
혜제 7년	
여후 8년	
문제 23년	14위. 문제 2년, 다시 봉한 공후 풍타의 유복자인, 문후文侯 풍유馮遺 원년.
	8위. 문제 16년, 공후恭侯 풍승지馮勝之 원년.
경제 16년	5위.
	11위. 경제 전 6년, 후侯 풍평馮平 원년.
무제 54년	28위. 원정 5년, 후 풍평이 주금 사건에 연좌되어 봉지가 폐지되다[二十八. 元鼎五年, 侯平坐酎金, 國除].
후제侯第	100위.

안구후安丘侯 장열張說

후공侯功	병졸로 방여에서 거병해 위표의 휘하에 배속되다. 한 2년 5월, 집피執鈹가 되어 고조를 쫓아 한중으로 들어가다. 사마가 되어 항우를 공격하고, 장군이 되어 대 땅을 평정한 공으로 후가 되다. 식읍은 3,000호다[以卒從起方與, 屬魏豹, 二歲五月, 以執鈹入漢, 以司馬擊籍, 以將軍定代, 侯, 三千戶].
고조 12년	5위. 고조 8년 7월 계유일, 의후懿侯 장열 원년.
혜제 7년	
여후 8년	

문제 23년	12위.
	11위. 문제 13년, 공후恭侯 장노張奴 원년.
경제 16년	2위[二].
	1위. 경제 3년, 경후敬侯 장집張執 원년.
	13위. 경제 4년, 강후康侯 장흔張欣 원년.
무제 54년	18위. 원수 원년, 후후後侯 장지張指 원년.
	9위. 원정 4년, 후 장지가 상림원上林苑에 들어가 몰래 사슴을 잡고자 한 일에 연좌되어 봉지가 폐지되다[九. 元鼎四年, 侯指坐入上林謀盜鹿, 國除].
후제侯第	67위.

합양후合陽侯 유중劉仲

후공侯功	고조의 둘째 형이다. 병졸로 처음 거병해 태공을 모시고 풍읍을 지키다. 천하가 평정된 후 한 6년 정월, 고조가 유중을 대왕으로 삼다. 한 8년, 흉노가 대 땅을 공격했을 때 나라를 버리고 달아나는 바람에 왕위에서 폐위되고 합향후合陽侯에 봉해지다[高祖兄. 兵初起, 侍太公守豐, 天下已平, 以六年正月立仲爲代王, 高祖八年, 匈奴攻代, 王棄國亡, 廢爲合陽侯].
고조 12년	5위. 고조 8년 9월 병자일, 후侯 유중 원년.
혜제 7년	2위. 유중의 아들 유비劉濞가 오왕吳王이 되다[二. 仲子濞, 爲吳王].
	아들 유비가 오왕이 된 까닭에 유중의 시호를 대경후代頃侯로 높이다[以子吳王故, 尊仲諡爲代頃侯].
여후 8년	
문제 23년	
경제 16년	
무제 54년	
후제侯第	

양평후襄平侯 기통紀通

후공侯功	병졸 출신으로 처음 거병한 후 기성紀成에서 장군이 되어 고조를 쫓아 진나라 군사를 격파하고, 한중으로 들어간 뒤 삼진을 평정하다. 그 공이 평정후 제수에 비견되다. 호치의 싸움에서 전사하다. 아들 기통紀通이 부친의 공을 계승해 후가 되다[兵初起, 紀成以將軍從擊破秦, 入漢, 定三秦, 功比平定侯. 戰好時, 死事. 子通襲成功, 侯].
고조 12년	5위. 고조 8년 9월 병오일, 후侯 기통 원년.
혜제 7년	
여후 8년	
문제 23년	
경제 16년	9위.
	7위. 경제 중 3년, 강후康侯 기상부紀相夫 원년.
무제 54년	12위. 원삭 원년, 후侯 기이오紀夷吾 원년.
	19위. 원봉元封 원년, 기이오가 서거했으나 후사가 없어 봉지가 폐지되다[十九. 元封元年, 夷吾薨, 無後, 國除].
후제侯第	

용후龍侯 진서陳署

후공侯功	병졸 출신으로 종군하면서 한 원년에 파상에서 일어나다. 알자가 되어 항우를 공격하고, 조구의 목을 베다. 이런 공으로 후가 되다. 식읍은 1,000호다[以卒從, 漢王元年. 起霸上, 以謁者擊籍, 斬曹咎, 侯, 千戶].
고조 12년	5위. 고조 8년 후後 9월 기미일, 경후敬侯 진서 원년.
혜제 7년	
여후 8년	6위.
	2위. 여후 7년, 후侯 진견陳堅 원년.
문제 23년	16위. 문제 후 원년, 후 진견의 작위가 박탈되고 봉지도 폐지되다[十六. 後元年, 侯堅奪侯, 國除].

경제 16년	
무제 54년	
후제侯第	84위.

번후繁侯 강첨彊瞻

후공侯功	조나라의 기장 출신으로 한 3년에 제후들을 공격해 후가 되다. 공이 오방후吳房侯 양무에 비견되다. 식읍은 1,500호다[以趙騎將從, 漢三年, 從擊諸侯, 侯, 比吳房侯, 千五百戶].
고조 12년	4위. 고조 9년 11월 임인일, 장후莊侯 강첨 원년.
혜제 7년	4위.
	3위. 혜제 5년, 강후康侯 강구독彊昫獨 원년.
여후 8년	
문제 23년	
경제 16년	3위.
	6위. 경제 4년, 후侯 강기彊寄 원년.
	7위. 경제 중 3년, 후侯 강안국彊安國 원년.
무제 54년	18위. 원수元狩 원년, 후 강안국이 피살되어 봉지가 폐지되다[十八. 元狩元年, 安國爲人所殺, 國除].
후제侯第	95위.

육량후陸梁侯 수무須母

후공侯功	조서를 내려 열후로 삼다. 자체적으로 관원을 두고 장사왕 오예의 영을 받다[詔以爲列侯, 自置吏, 受令長沙王].
고조 12년	3위. 고조 9년 3월 병진일, 후侯 수무 원년.
	1위. 고조 12년, 공후共侯 수상須桑 원년.

혜제 7년	
여후 8년	
문제 23년	18위.
	5위. 문제 후 3년, 강후康侯 수경기須慶忌 원년.
경제 16년	원년, 후侯 수염須冉 원년.
	16위.
무제 54년	28위. 원정 5년, 후 수염이 주금 사건에 연좌되어 봉지가 폐지되다 [二十八. 元鼎五年, 侯冉坐酎金, 國除].
후제侯第	137위.

고경후高京侯 주성周成

후공侯功	주가가 거병한 뒤 내사가 되어 고조를 쫓아 진나라를 격파하다. 어사대부가 되어 한중으로 들어가다. 제후들을 포위해 제압하고, 형양을 굳게 지키다. 그 공이 벽양후辟陽侯 심이기에 비견된다. 어사대부로 있을 때 숨을 거두다. 아들 주성周成이 작위를 이어받아 후가 되다[周苛起兵, 以內史從, 擊破秦, 爲御史大夫, 入漢, 圍取諸侯, 堅守滎陽, 功比辟陽. 苛以御史大夫死事. 子成爲侯, 襲侯].
고조 12년	4위. 고조 9년 4월 무인일, 후侯 주성 원년.
혜제 7년	
여후 8년	
문제 23년	20위. 문제 후 5년, 모반죄에 연좌되어 목이 매달려 죽임을 당하고 봉지도 폐지되다. 세습이 끊기다[二十. 後五年, 坐謀反, 繫死, 國除, 絶].
경제 16년	봉지 승계. 경제 중 원년, 다시 봉해진 주성의 손자 주응周應 원년.
	후侯 주평周評이 작위를 계승했으나 햇수를 알 수 없다[侯平嗣, 不得元].
무제 54년	원수 4년, 주평이 태상이 되어 원릉을 제대로 다스리지 못한 불경을 범해 봉지가 폐지되다[元狩四年, 平坐爲太常不繕治園陵, 不敬, 國除].
후제侯第	60위.

이후離侯 등약鄧弱

후공侯功	이후離侯가 일어나고 끊어진 바를 자세히 알 길이 없다[失此侯始所起及所絶].
고조 12년	9년 4월 무인일, 등약 원년.
혜제 7년	
여후 8년	
문제 23년	
경제 16년	
무제 54년	
후제侯第	

의릉후義陵侯 오정吳程

후공侯功	장사 주국으로 있다가 후가 되다. 식읍은 1,500호다[以長沙國侯, 千五百戶].
고조 12년	4위. 고조 9년 9월 병자일, 後侯 오정 원년.
혜제 7년	3위. 4위. 혜제 4년, 後侯 오종吳種 원년.
여후 8년	6위. 여후 7년, 후 오종이 서거했으나 후사가 없어 봉지가 폐지되다. 오정과 오종의 시호가 모두 실종되어 알 길이 없다[六. 七年, 侯種薨, 無後, 國除. 皆失諡].
문제 23년	
경제 16년	
무제 54년	
후제侯第	

선평후宣平侯 장오張敖

후공侯功	당초 거병할 때 장이가 진秦나라를 토벌한 덕분에 조왕 조헐의 재상이 되다. 제후들의 군사를 거록鉅鹿에서 모아, 진을 쳐부수고 조나라를 평정해 상산왕에 봉해지다. 이후 진여가 모반으로 장이를 치자 나라를 버리고 대신들과 함께 한나라에 귀의하다. 한나라가 조나라를 평정한 뒤 조왕이 되다. 죽은 뒤 아들 장오가 뒤를 이었으나 대신 관고貫高가 정사를 제대로 펼치지 못하는 바람에 왕위에서 폐위되어 후에 봉해지다[兵初起, 張耳誅秦, 爲相, 合諸侯兵鉅鹿, 破秦定趙, 爲常山王. 陳餘反, 襲耳, 棄國, 與大臣歸漢, 漢定趙, 爲王. 卒, 子敖嗣. 其臣貫高不善, 廢爲侯].
고조 12년	4위. 고조 9년 4월, 무후武侯 장오 원년.
혜제 7년	
여후 8년	6위. 신평후信平侯 장오가 서거하자 아들 장언이 노왕으로 승작陞爵하면서 봉지가 폐지되다[六. 信平薨, 子偃爲魯王, 國除].
문제 23년	15위. 문제 원년, 이전의 노왕이 폐지되면서 남궁후로 바뀌다[十五. 元年, 以故魯王爲南宮侯].
	8위. 문제 16년, 애후哀侯 장구張歐 원년.
경제 16년	9위.
	7위. 경제 중 3년, 후侯 장생張生 원년.
무제 54년	7위. 죄를 얻어 세습이 끊기다[七. 罪, 絶].
	봉지 수양睢陽. 18위. 원광 3년, 다시 봉한 장언의 손자, 후侯 장광張廣 원년.
	13위. 원정 2년, 후侯 장창張昌 원년. 태초 3년, 후 장창이 태상이 된 후 사당을 훼손해 봉지가 폐지되다[十三. 元鼎二年, 侯昌元年. 太初三年, 侯昌爲太常, 乏祠, 國除].
후제侯第	3위.

동양후東陽侯 장상여張相如

후공侯功	고조 6년, 중대부中大夫가 되다. 하간 태수가 되어 모반을 일으킨 진희를 공격하며 온 힘을 다해 싸운 공으로 후가 되다. 식읍은 1,300호다[高祖六年, 爲中大夫, 以河閒守擊陳豨力戰功, 侯, 千三百戶].
고조 12년	2위. 고조 21년 2월 계사일, 무후武侯 장상여 원년.
혜제 7년	
여후 8년	
문제 23년	15위.
	5위. 문제 16년, 공후共侯 장은張殷 원년.
	3위. 문제 후 5년, 대후戴侯 장안국張安國 원년.
경제 16년	3위.
	13위. 경제 4년, 애후哀侯 장강張彊 원년.
무제 54년	건원 원년, 후 장강이 서거했으나 후사가 없어 봉지가 폐지되다[建元元年, 侯彊薨, 無後, 國除].
후제侯第	118위.

개봉후開封侯 도사陶舍

후공侯功	우사마가 되어 한 5년에 처음 고조를 쫓다. 중위가 되어 연나라를 공격하고. 대 땅을 평정한 공으로 후가 되다. 그 공이 공후 노파사에 비견되다. 식읍은 2,000호다[以右司馬漢王五年初從, 以中尉擊燕, 定代, 侯, 比共侯, 二千戶].
고조 12년	1위. 고조 11년 12월 병진일, 민후閔侯 도사 원년.
	1위. 고조 12년, 이후夷侯 도청陶靑 원년.
혜제 7년	
여후 8년	
문제 23년	

경제 16년	9위. 경제 때 승상이 되다[九. 景帝時, 爲丞相].
	7위. 경제 중 3년, 절후節侯 도언陶偃 원년.
무제 54년	10위. 원광 5년, 후侯 도수陶睢 원년.
	18위. 원정 5년, 후 도수가 주금 사건에 연좌되어 봉지가 폐지되다[十八. 元鼎五年, 侯睢坐酎金, 國除].
후제侯第	115위.

패후沛侯 유비劉濞

후공侯功	고조의 형 합양후合陽侯 유중劉仲의 아들이다. 후가 되다[高祖兄合陽侯 劉仲子, 侯].
고조 12년	1위. 고조 11년 12월 계사일, 후侯 유비 원년.
	12년 10월 신축일, 후 유비가 오왕吳王으로 승작하면서 봉지가 폐지되다[十二年十月辛丑, 侯濞爲吳王, 國除].
혜제 7년	
여후 8년	
문제 23년	
경제 16년	
무제 54년	
후제侯第	

신양후慎陽侯 난열欒說

| 후공侯功 | 회음후 한신의 사인 출신이다. 회음후가 모반을 꾀한 사실을 밀고한 공으로 후가 되다. 식읍은 2,000호다[爲淮陰舍人, 告淮陰侯信反, 侯, 二千戶]. |
| 고조 12년 | 2위. 고조 11년 12월 갑인일, 후侯 난열 원년. |

혜제 7년	
여후 8년	
문제 23년	
경제 16년	12위.
	4위. 경제 중 6년, 정후靖侯 난원지欒願之 원년.
무제 54년	22위. 건원 원년, 후侯 난매지欒買之 원년.
	원수 5년, 후 난매지가 백금白金을 주조한 일에 연좌되어 기시되고 봉지가 폐지되다[元狩五年, 侯買之坐鑄白金棄市, 國除].
후제侯第	131위.

화성후禾成侯 공손이公孫耳

후공侯功	병졸 출신으로 한 5년에 처음으로 고조를 쫓다. 낭중이 되어 대 땅을 공격하고, 진희를 참수한 공으로 후가 되다. 식읍은 1,900호다[以卒漢五年初從, 以郎中擊代, 斬陳豨, 侯, 千九百戶].
고조 12년	2위. 고조 11년 정월 기미일, 효후孝侯 공손이 원년.
혜제 7년	
여후 8년	
문제 23년	4위. 회후懷侯 공손점公孫漸 원년.
	9위. 문제 14년, 후 공손점이 서거했으나 후사가 없어 봉지가 폐지되다[九. 十四年, 侯漸薨,無後, 國除].
경제 16년	
무제 54년	
후제侯第	117위.

당양후堂陽侯 손적孫赤

후공侯功	중연 출신으로 패현에서 고조를 쫓아 거병하다. 낭郎이 되어 한중으로 들어가다. 장군이 되어 항우를 공격해 혜후가 되었으나 형양을 지키다가 초나라 군사에게 항복한 일에 연좌되어 면직되다. 다시 돌아와 낭이 되어 항우를 공격한 공으로 상당 태수가 되고, 다시 진희를 공격한 공으로 후가 되다. 식읍은 800호다[以中涓從起沛, 以郎入漢, 以將軍擊籍, 爲惠侯. 坐守滎陽降楚免. 後復來, 以郎擊籍, 爲上黨守, 擊豨, 侯, 八百戶].
고조 12년	2위. 고조 11년 정월 기미일, 애후哀侯 손적 원년.
혜제 7년	
여후 8년	8위. 여후 8년, 후侯 손덕孫德 원년.
문제 23년	
경제 16년	12위. 경제 중 6년, 후 손덕이 죄를 지어 봉지가 폐지되다[十二. 中六年, 侯德有罪, 國除].
무제 54년	
후제侯第	77위.

축아후祝阿侯 고읍高邑

후공侯功	객군客軍 출신으로 설상齧桑에서 고조를 쫓아 거병하다. 상대장上隊將이 되어 한중으로 들어가다. 장군이 되어 위나라 태원을 평정하고, 정형井陘을 격파한 뒤 회음후 한신의 휘하에 배속되다. 이후 부도군斥度軍이 되어 항우와 진희를 공격한 공으로 후가 되다. 식읍은 800호다[以客從起齧桑, 以上隊將入漢, 以將軍定魏太原, 破井陘, 屬淮陰侯, 以斥度軍擊籍及攻豨, 侯, 八百戶].
고조 12년	2위. 고조 11년 정월 기미일, 효후孝侯 고읍 원년.
혜제 7년	
여후 8년	

문제 23년	4위. 문제 5년, 후侯 고성高成 원년.
	14위. 문제 후 3년, 후 고성이 이민吏民을 과하게 사역使役한 일에 연좌되어 봉지가 폐지되다[十四. 後三年, 侯成坐事國人過律, 國除].
경제 16년	
무제 54년	
후제侯第	74위.

장수후長脩侯 두념杜恬

후공侯功	한 2년 어사御史가 된 후 처음으로 고조를 쫓아 함곡관 밖으로 출병하다. 내사가 되어 제후를 공격한 공으로 후가 되다. 그 공이 수창후須昌侯 조연趙衍에 비견되다. 정위廷尉로 있다가 죽다. 식읍은 1,900호다[以漢二年用御史初從出關, 以內史擊諸侯, 功比須昌侯, 以廷尉死事, 千九百戶].
고조 12년	2위. 고조 11년 정월 병진일, 평후平侯 두념 원년.
혜제 7년	2위.
	5위. 혜제 3년, 회후懷侯 두중杜中 원년.
여후 8년	
문제 23년	4위.
	19위. 문제 5년, 후侯 두희杜喜 원년.
경제 16년	8위. 죄를 지어 세습이 끊기다[八. 罪絶].
	봉지 양평陽平. 5위. 경제 중 5년, 다시 후에 봉해지다. 후侯 두상부杜相夫 원년[陽平五. 中五年, 復封. 侯相夫元年].
무제 54년	33위. 원봉 4년, 후 두상부가 태상이 되어 태악령太樂令 무가無可와 함께 옛 정나라의 음악과 춤을 연주하기 위해 명을 거스르며 멋대로 사람을 부리고 무단으로 함곡관을 나온 일에 연좌되어 봉지가 폐지되다[三十三. 元封四年, 侯相夫坐爲太常與樂令無可當鄭舞人擅繇不如令, 闌出函谷關, 國除].
후제侯第	108위.

강읍후江邑侯 조요趙堯

후공侯功	한 5년에 어사가 된 후 기계로 어사대부 주창을 조나라 재상으로 만들고 그 자리를 대신하다. 종군해 진희를 공격한 공으로 후가 되다. 식읍은 600호다[以漢五年爲御史, 用奇計徙御史大夫周昌爲趙相而代之, 從擊陳豨, 功侯, 六百戶].
고조 12년	2위. 고조 11년 정월 신미일, 후侯 조요 원년.
혜제 7년	
여후 8년	원년, 후 조요가 죄를 지어 봉지가 폐지되다[元年, 侯堯有罪, 國除].
문제 23년	
경제 16년	
무제 54년	
후제侯第	

영릉후營陵侯 유택劉澤

후공侯功	한 3년 낭중이 된 후 항우를 공격하고, 장군이 되어 진희를 공격해 왕황을 포획한 공으로 후가 되다. 고조와는 먼 친척뻘인 종친인 까닭에 대대로 궁정을 보위하는 위위衛尉가 되다. 식읍은 1만 2,000호다[以漢三年爲郎中, 擊項羽, 以將軍擊陳豨, 得王黃, 爲侯, 與高祖疏屬劉氏, 世爲衛尉. 萬二千戶].
고조 12년	2위. 고조 11년, 후侯 유택 원년.
혜제 7년	
여후 8년	5위. 여후 6년, 후 유택이 낭야왕으로 승작하면서 봉지가 폐지되다[五. 六年, 侯澤爲瑯邪王, 國除].
문제 23년	
경제 16년	
무제 54년	
후제侯第	88위.

토군후土軍侯 선의宣義

후공侯功	한 6년 중지中地 태수가 되다. 정위가 되어 진희를 공격한 공으로 후가 되다. 식읍은 1,200호다. 봉지로 간 뒤 연나라 재상이 되다[高祖六年爲中地守, 以廷尉擊陳豨, 侯, 千二百戶. 就國, 後爲燕相].
고조 12년	2위. 고조 11년 2월 정해일, 무후武侯 선의 원년.
혜제 7년	5위.
	2위. 혜제 6년, 효후孝侯 선막여宣莫如 원년.
여후 8년	
문제 23년	
경제 16년	2위.
	14위. 경제 3년, 강후康侯 선평宣平 원년.
무제 54년	5위. 건원 6년, 후侯 선생宣生 원년.
	8위. 원삭 2년, 후 선생이 남의 처와 간통한 일에 연좌되어 봉지가 폐지되다[八. 元朔二年, 生坐與人妻奸罪, 國除].
후제侯第	122위.

광아후廣阿侯 임오任敖

후공侯功	객군 출신으로 패현에서 고조를 쫓아 거병하다. 어사가 되어 풍읍을 2년 동안 지키다. 항우를 공격해 상당 태수가 된 후에도 상당을 굳게 지킨 공으로 후가 되다. 식읍은 1,800호다. 후에 어사대부로 자리를 옮기다[以客從起沛, 爲御史, 守豐二歲, 擊籍, 爲上黨守, 陳豨反, 堅守, 侯, 千八百戶. 後遷御史大夫].
고조 12년	2위. 고조 11년 2월 정해일, 의후懿侯 임오 원년.
혜제 7년	
여후 8년	

문제 23년	2위.
	1위. 문제 3년, 이후夷侯 임경任竟 원년.
	20위. 문제 4년, 경후敬侯 임단任但 원년.
경제 16년	
무제 54년	4위. 건원 5년, 후侯 임월任越 원년.
	21위. 원정 2년, 후 임월이 태상이 되어 종묘제사에 바치는 술을 쉬게 만든 불경죄에 연좌되어 봉지가 폐지되다[二十一. 元鼎二年, 侯越坐爲太常廟酒酸, 不敬, 國除].
후제侯第	89위.

수창후須昌侯 조연趙衍

후공侯功	알자 출신으로 한 원년에 한중에서 거병하다. 장함이 이끄는 옹국의 군사가 진창陳倉으로 가는 길을 막고 있는 까닭에 고조 유방이 돌아가고자 하다. 조연이 다른 길로 가면 길이 통할 것이라고 진언한 공으로 하간 태수가 되다. 이후 진희가 모반하자 도위 상여相如를 주살한 공으로 후가 되다. 식읍은 1,400호다[以謁者漢王元年初起漢中, 雍軍塞陳, 謁上, 上計欲還, 衍言從他道, 道通, 後爲河間守, 陳豨反, 誅都尉相如, 功侯, 千四百戶].
고조 12년	2위. 고조 11년 2월 기유일, 정후貞侯 조연 원년.
혜제 7년	
여후 8년	
문제 23년	15위.
	4위. 문제 16년, 대후戴侯 조복趙福 원년.
	4위. 문제 후 4년, 후侯 조불해趙不害 원년.
경제 16년	4위. 경제 5년, 후 조불해가 죄를 지어 봉지가 폐지되다[四. 五年, 侯不害有罪, 國除].
무제 54년	
후제侯第	107위.

임원후臨轅侯 척새戚鰓

후공侯功	당초 고조를 쫓아 거병해 낭이 되고, 도위가 되어 기성蘄城을 지키다. 중위로 있으면서 후가 되다. 식읍은 500호다[初起從爲郎, 以都尉守蘄城, 以中尉侯, 五百戶].
고조 12년	2위. 고조 11년 2월 을유일, 견후堅侯 척새 원년.
혜제 7년	4위.
	3위. 혜제 5년, 이후夷侯 척촉룡戚觸龍 원년.
여후 8년	
문제 23년	
경제 16년	3위.
	13위. 경제 4년, 공후共侯 척충戚忠 원년.
무제 54년	3위. 건원 4년, 후侯 척현戚賢 원년.
	25위. 원정 5년, 후 척현이 주금 사건에 연좌되어 봉지가 폐지되다[二十五. 元鼎五年, 侯賢坐酎金, 國除].
후제侯第	116위.

급후汲侯 공상불해公上不害

후공侯功	한 6년, 태복이 되다. 대 땅의 진희를 공격한 공으로 후가 되다. 식읍은 1,200호다. 이후 조나라의 태부가 되다[高祖六年爲太僕, 擊代豨, 有功, 侯, 千二百戶. 爲趙太傅].
고조 12년	2위. 고조 11년 2월 기사일, 종후終侯 공상불해 원년.
혜제 7년	1위.
	6위. 혜제 2년, 이후夷侯 공상무公上武 원년.
여후 8년	
문제 23년	13위.
	10위. 문제 14년, 강후康侯 공상통公上通 원년.

경제 16년	
무제 54년	1위.
	9위. 건원 2년, 후侯 공상광덕公上廣德 원년.
	원광 5년, 후 공상광덕의 처 정精이 대역죄를 범할 때 깊이 관여한 일에 연좌되어 기시되고 봉지가 폐지되다[元光五年, 廣德坐妻精大逆罪, 頗連廣德, 棄市, 國除].
후제侯第	123위.

영릉후寧陵侯 여신呂臣

후공侯功	사인 출신으로 진류에서 고조를 쫓으면서 낭이 되어 한중으로 들어가다. 초나라 장수 조구를 성고에서 격파하고, 황제를 위해 추격하는 초나라 기병을 저지하며, 도위가 되어 진희를 공격한 공으로 후가 되다. 식읍은 1,000호다[以舍人從陳留, 以郎入漢, 破曹咎成皐, 爲上解隨馬, 以都尉擊陳豨, 功侯, 千戶].
고조 12년	2위. 고조 11년 2월 신해일, 이후夷侯 여신 원년.
혜제 7년	
여후 8년	
문제 23년	10위.
	13위. 문제 11년, 대후戴侯 여석呂射 원년.
경제 16년	3위. 경제 4년, 혜후惠侯 여시呂始 원년.
경제 16년	1위. 경제 5년, 후 여시가 서거했으나 후사가 없어 봉지가 폐지되다[一. 五年, 侯始薨, 無後, 國除].
무제 54년	
후제侯第	73위.

분양후汾陽侯 근강靳彊

후공侯功	낭중기로서 1,000명의 기병을 이끄는 천인千人이 되어 한 원년의 2년 전에 양하에서 거병하다. 항우를 공격하고, 중위가 되어 종리매를 격파한 공으로 후가 되다[以郎中騎千人前二年從陽夏, 擊項羽, 以中尉破鍾離眛, 功侯].
고조 12년	2위. 고조 11년 2월 신해일, 후侯 근강 원년.
혜제 7년	
여후 8년	2위.
	6위. 여후 3년, 공후共侯 근해靳解 원년.
문제 23년	
경제 16년	4위.
	12위. 경제 5년, 강후康侯 근호靳胡 원년. 세습이 끊기다[十二. 五年, 康侯胡元年. 絶].
무제 54년	봉지 강추江鄒. 19위. 원정 5년, 후侯 근석靳石 원년.
	태시 4년 5월 정묘일, 후 근석이 태상이 된 뒤 태복의 직책을 겸하며 소송과 부세를 담당한 색부嗇夫를 다스리는 일을 몇 년 동안 수행하던 가운데 날로 방자해져 봉지가 폐지되다[太始四年五月丁卯, 侯石坐爲太常, 行太僕事, 治嗇夫可年, 益縱年, 國除].
후제侯第	96위[九十六].

대후戴侯 추팽조秋彭祖[●]

후공侯功	병졸 출신으로 패현에서 고조를 쫓아 거병하다. 패현의 성문을 여는 공을 세운 뒤 유방의 부친인 태공의 마부가 되다. 이후 중구령中廐令이 되어 진희를 공격한 공으로 후가 되다. 식읍은 1,200호다[以卒從起沛, 以卒開沛城門, 爲太公僕. 以中廐令擊豨, 侯, 千二百戶].
고조 12년	2위. 고조 11년 3월 계유일, 경후敬侯 추팽조 원년.

●《사기색은》에 따르면《한서》〈연표〉에는 추팽조의 성씨가 추秋가 아닌 비祕로 나온다.

혜제 7년	
여후 8년	2위.
	6위. 여후 3년, 공후共侯 추도秋悼 원년.
문제 23년	7위.
	16위. 문제 8년, 이후夷侯 추안국秋安國 원년.
경제 16년	
무제 54년	16위. 원삭 5년, 후侯 추안기秋安期 원년.
	12위. 원정 5년, 후侯 추몽秋蒙 원년.
	25위. 후원 원년 5월 갑술일, 후 추몽이 저주하는 무도한 일에 연좌되어 봉지가 폐지되다[二十五. 後元年五月甲戌, 坐祝詛, 無道, 國除].
후제侯第	126위.

연후衍侯 적우翟盱

후공侯功	한 2년에 연 땅의 영令이 되다. 도위가 되어 초나라의 아홉 개의 성읍을 공략하고, 연燕 땅을 굳게 지킨 공으로 후가 되다. 식읍은 900호다[以漢二年爲燕令, 以都尉下楚九城, 堅守燕, 侯, 九百戶].
고조 12년	2위. 고조 11년 7월 을사일, 간후簡侯 적우 원년.
혜제 7년	
여후 8년	3위.
	2위. 여후 4년, 지후祇侯 적산翟山 원년.
	3위. 여후 6년, 절후節侯 적가翟嘉 원년.
문제 23년	
경제 16년	
무제 54년	2위. 건원 3년, 후侯 적불의翟不疑 원년.
	10위. 원삭 원년, 후 적불의가 붉은 비점批點을 찍는 등 조서를 끼고 죄를 논한 일에 연좌되어 봉지가 폐지되다[十. 元朔元年, 不疑坐挾詔書論罪, 國除].
후제侯第	130위.

평주후平州侯 소섭도미昭涉掉尾

후공侯功	한 4년에 연나라 재상으로 출전해 항우를 공격한 뒤 다시 돌아가 연 왕 장도를 공격한 공으로 2,000석의 장군에 임명되고 후가 되다. 식읍은 1,000호다[漢王四年, 以燕相從擊籍, 還擊荼, 以故二千石將爲列侯, 千戶].
고조 12년	2위. 고조 11년 8월 갑진일, 공후共侯 소섭도미 원년.
혜제 7년	
여후 8년	
문제 23년	1위.
	3위. 경제 2년, 대후戴侯 소섭복昭涉福 원년.
	4위. 경제 5년, 회후懷侯 소섭타인昭涉它人 원년.
	15위. 경제 9년, 효후孝侯 소섭마동昭涉馬童 원년.
경제 16년	14위.
	2위. 경제 후 2년, 후侯 소섭매昭涉眛 원년.
무제 54년	33위. 원수 5년, 후 소섭매가 치도를 가면서 말을 더욱 채찍질하며 내달린 일에 연좌되어 봉지가 폐지되다[三十三. 元狩五年, 侯眛坐行馳中更呵馳去罪, 國除].
후제侯第	111위.

중모후中牟侯 선보성單父聖

후공侯功	병졸 출신으로 패현에서 거병하다. 한중으로 들어와 낭중이 되어 경포를 공격한 공으로 후가 되다. 식읍은 2,300호다. 고조가 한미한 처지에 있을 때 다급한 일이 생기자 고조에게 말 한 필을 기꺼이 내준 것이 많은 식읍을 보유한 후가 되는 데 크게 기여하다[以卒從起沛, 入漢以郎中擊布, 功侯, 二千三百戶. 始高祖微時, 有急, 給高祖一馬, 故得侯].
고조 12년	1위. 고조 12년 10월 을미일, 공후共侯 선보성 원년.
혜제 7년	
여후 8년	

	7위.
문제 23년	5위. 문제 8년, 경후敬侯 선보증單父繒 원년.
	11위. 문제 13년, 대후戴侯 선보종근單父終根 원년.
경제 16년	
무제 54년	10위. 원광 5년, 후侯 선보순單父舜 원년.
	18위. 원정 5년, 후 선보순이 주금 사건에 연좌되어 봉지가 폐지되다 [十八. 元鼎五年, 侯舜坐酎金, 國除].
후제侯第	125위.

기후邔侯 황극중黃極中

후공侯功	전에 군도群盜를 이끌다가 임강의 장수가 되다. 한나라에 복속한 뒤 임강왕을 비롯한 제후들을 공격하고, 경포를 격파한 공으로 후가 되다. 식읍은 1,000호다[以故群盜長爲臨江將, 已而爲漢擊臨江王及諸侯, 破布, 功侯, 千戶].
고조 12년	고조 12년 10월 무술일, 장후莊侯 황극중 원년.
혜제 7년	
여후 8년	
문제 23년	11위.
	9위. 문제 12년, 경후慶侯 황영성黃榮盛 원년.
	3위. 문제 후5년, 공후共侯 황명黃明 원년.
경제 16년	
무제 54년	16위. 원삭 5년, 후侯 황수黃遂 원년.
	8위. 원정 원년, 후 황수가 자신의 집을 관청에 비싸게 판 일에 연좌되어 봉지가 폐지되다[八. 元鼎元年, 遂坐賣宅縣官故貴, 國除].
후제侯第	113위.

박양후博陽侯 주취周聚

후공侯功	병졸 출신으로 풍읍에서 고조를 쫓아 거병하다. 병사를 이끌고 한 중으로 들어온 뒤 성고의 전투에서 항우를 공격한 공으로 장군이 되다. 경포가 모반하자 오군吳郡을 평정한 공으로 후가 되다. 식읍은 1,400호다[以卒從起豐, 以隊卒入漢, 擊籍成皐, 有功, 爲將, 布反, 定吳郡, 侯, 千四百戶].
고조 12년	1위. 고조 12년 10월 신축일, 절후節侯 주취 원년.
혜제 7년	
여후 8년	
문제 23년	8위.
	15위. 문제 9년, 후侯 주속周邀 원년.
경제 16년	11위. 경제 중 5년, 후 주속의 작위가 1등급 깎이고 봉지가 폐지되어 관내후가 되다[十一. 中五年, 侯邀奪爵一級, 國除].
무제 54년	
후제侯第	53위.

양의후陽義侯 영상靈常

후공侯功	형荊의 영윤 출신으로 한 5년에 처음 고조를 쫓아 종리매와 진공陳公 이기利幾를 공격해 격파하다. 한나라 대부로 자리를 옮긴 뒤 진陳에서 한신을 생포해 돌아온 공으로 중위가 되다. 이후 경포를 공격한 공으로 후가 되다. 식읍은 2,000호다[以荊令尹漢王五年初從, 擊鍾離眜及陳公利幾, 破之, 徙爲漢大夫, 從至陳, 取韓信, 還爲中尉, 從擊布, 功侯, 二千戶].
고조 12년	1위. 고조 12년 10월 임인일, 정후定侯 영상 원년.
혜제 7년	
여후 8년	6위.
	2위. 여후 7년, 공후共侯 영하靈賀 원년.

문제 23년	6위. 문제 7년, 애후哀侯 영승靈勝 원년[六. 七年, 哀侯勝元年].
	6위. 문제 12년, 후 영승이 서거했으나 후사가 없어 봉지가 폐지되다 [六. 十二年, 侯勝薨, 無後, 國除].
경제 16년	
무제 54년	
후제侯第	119위.

하상후下相侯 냉이冷耳

후공侯功	객군 출신으로 고조를 쫓아 패현에서 거병하다. 병사를 이끌고 가 제 나라 장수 전해田解의 군사를 격파하다. 초나라의 승상이 된 후 팽성을 굳게 지키며 경포 군사의 진격을 막은 공으로 후가 되다. 식읍은 2,000호다[以客從起沛, 用兵從擊破齊田解軍, 以楚丞相堅守彭城, 距布軍, 功侯, 二千戶].
고조 12년	1위. 고조 12년 10월 기유일, 장후莊侯 냉이 원년.
혜제 7년	
여후 8년	
문제 23년	2위.
	21위. 문제 3년, 후侯 냉신冷愼 원년.
경제 16년	2위. 경제 3년 3월, 후 냉신이 모반을 꾀해 봉지가 폐지되다[二. 三年三月, 侯愼反, 國除].
무제 54년	
후제侯第	85위.

덕후德侯 유광劉廣

후공侯功	유방의 둘째 형인 대경왕代頃王 유중劉仲의 아들로, 후가 되다. 대경왕은 오왕 유비劉濞의 부친이다. 유광劉廣은 유비의 동생이다[以代頃王子侯. 頃王, 吳王濞父也. 廣, 濞之弟也].
고조 12년	1위. 고조 12년 11월 경진일, 애후哀侯 유광 원년.
혜제 7년	
여후 8년	2위.
	6위. 여후 3년, 경후頃侯 유통劉通 원년.
문제 23년	
경제 16년	5위.
	11위. 경제 6년, 후侯 유흘劉齕 원년.
무제 54년	27위. 원정 4년, 후侯 유하劉何 원년.
	1위. 원정 5년, 후 유하가 주금 사건에 연좌되어 봉지가 폐지되다[一. 元鼎五年, 侯何坐酎金, 國除].
후제侯第	127위.

고릉후高陵侯 왕주王周

후공侯功	장함 휘하의 기사마騎司馬 출신으로 한 원년에 폐구에서 거병하다. 도위가 되어 전횡과 용저를 격파하고, 달아나는 항우를 추격해 동성에 이르다. 장군이 되어 경포를 공격하다. 식읍은 900호다[以騎司馬漢王元年. 從起廢丘, 以都尉破田橫·龍且, 追籍至東城, 以將軍擊布, 九百戶].
고조 12년	1위. 고조 12년 12월 정해일, 어후圉侯 왕주 원년.
혜제 7년	
여후 8년	2위.
	6위. 여후 3년, 혜후惠侯 왕병궁王並弓 원년.
문제 23년	12위.
	11위. 문제 13년, 후侯 왕행王行 원년.

경제 16년	2위. 경제 3년, 후 왕행이 모반을 꾀해 봉지가 폐지되다[二. 三年. 反. 國除].
무제 54년	
후제侯第	92위.

기사후期思侯 비혁賁赫

후공侯功	회남왕 경포의 중대부 출신이다. 경포와 틈이 생긴 뒤 상서를 올려 경포의 모반을 밀고한 공으로 후가 되다. 식읍은 2,000호다. 경포가 그의 일족을 모두 죽이다[淮南王布中大夫. 有郤. 上書告布反. 侯. 二千戶. 布盡殺其宗族].
고조 12년	1위. 고조 12년 12월 계묘일, 강후康侯 비혁 원년.
혜제 7년	
여후 8년	
문제 23년	13위. 문제 14년, 강후 비혁이 서거했으나 후사가 없어 봉지가 폐지되다[十三. 十四年. 赫薨. 無後. 國除].
경제 16년	
무제 54년	
후제侯第	132위.

곡릉후穀陵侯 풍계馮溪

후공侯功	병졸 출신으로 종군해 한 원년 2년 전에 자柘 땅에서 거병하다. 항우를 공격하고 대代 땅을 평정한 공으로 장군에 임명되고 후가 되다[以卒從. 前二年起柘. 擊籍. 定代. 爲將軍. 功侯].
고조 12년	1위. 고조 12년 정월 을축일, 정후定侯 풍계 원년.
혜제 7년	

여후 8년	
문제 23년	6위.
	17위. 문제 7년, 공후共侯 풍웅馮熊 원년.
경제 16년	2위.
	2위. 경제 3년, 은후隱侯 풍인馮印 원년.
경제 16년	12위. 경제 5년, 헌후獻侯 풍해馮解 원년.
무제 54년	3위. 건원 4년, 후侯 풍언馮偃 원년.
후제侯第	105위.

척후戚侯 계필季必

후공侯功	도위 출신으로 한 2년에 약양에서 처음 거병하다. 폐구의 장함을 공격해 격파한 뒤 여세를 몰아 항우를 공격하다. 별도로 한신의 휘하에 배속된 뒤 제나라 군사를 격파하고, 이어 연왕 장도를 공격하다. 장군의 자리로 옮긴 뒤 회음후 한신을 공격한 공으로 후가 되다. 식읍은 1,000호다[以都尉漢二年初起櫟陽, 攻廢丘, 破之, 因擊項籍, 別屬韓信破齊軍, 攻臧荼, 遷爲將軍, 擊信, 侯, 千戶].
고조 12년	1위. 고조 12년 12월 계묘일, 어후圉侯 계필 원년.
혜제 7년	
여후 8년	
문제 23년	3위[三].
	20위. 문제 4년, 제후齊侯 계반季班 원년.
경제 16년	
무제 54년	2위. 건원 2년, 후侯 계신성季信成 원년.
	20위. 원수 5년, 후 계신성이 태상이 된 후 승상 이채李蔡가 경제의 능묘로 들어가는 길 주변의 공지空地를 침범하는 것을 방치하는 불경죄에 연좌되어 봉지가 폐지되다[二十. 元狩五年, 侯信成坐爲太常, 縱丞相侵神道壖, 不敬, 國除].
후제侯第	90위.

장후壯侯 허청許倩*

후공侯功	초나라 장수 출신으로 한 3년에 한나라에 투항하다. 임제에서 거병한 뒤 낭중이 되어 항우와 진희를 공격한 공으로 후가 되다. 식읍은 600호다[以楚將漢王三年降, 起臨濟, 以郎中擊籍·陳豨, 功侯, 六百戶].
고조 12년	1위. 고조 12년 정월 을축일, 경후敬侯 허청 원년.
혜제 7년	
여후 8년	
문제 23년	
경제 16년	1위.
	15위. 경제 2년, 공후共侯 허회許恢 원년.
무제 54년	1위. 건원 2년, 상후殤侯 허칙許則 원년.
	9위. 원광 5년, 후侯 허광종許廣宗 원년.
	19위. 원정 원년, 후 허광종이 주금 사건에 연좌되어 봉지가 폐지되다 [十五. 元鼎元年, 侯廣宗坐酎金, 國除].
후제侯第	112위.

성양후成陽侯 해의奚意

후공侯功	위나라 낭관 출신이다. 한 2년에 고조를 쫓아 양무에서 거병하다. 항우를 공격한 뒤 위왕 위표의 휘하로 들어갔다가 위표가 모반하자 상국인 팽월 휘하에 배속되다. 태원의 위尉가 되어 대 땅을 평정한 공으로 후가 되다. 식읍은 600호다[以魏郎漢王二年從起陽武, 擊籍, 屬魏豹, 豹反, 屬相國彭越, 以太原尉定代, 侯, 六百戶].
고조 12년	1위. 고조 12년 정월 을유일, 정후定侯 해의 원년.
혜제 7년	

● 《사기색은》에 따르면 허청의 이름은 허시許猜다. 《한서》 〈연표〉에는 장후가 엄후嚴侯로 나온다.

여후 8년	
문제 23년	10위.
	13위. 문제 11년, 후侯 해신奚信 원년.
경제 16년	
무제 54년	건원 원년, 후 해신이 죄를 지어 종묘 제사용 땔나무를 베는 귀신鬼薪이라는 벌을 받고 봉지도 폐지되다[建元元年, 侯信罪鬼薪, 國除].
후제侯第	110위.

도후桃侯 유양劉襄

후공侯功	객군 출신으로 한 2년 고조를 쫓아 정도에서 거병하다. 대알자大謁者가 되어 경포를 공격한 공으로 후가 되다. 식읍은 1,000호다. 회음淮陰 태수가 된 후 항우의 항씨와 친척이 되는 까닭에 유씨 성을 하사받다[以客從漢王二年從定陶, 以大謁者擊布, 侯, 千戶, 爲淮陰守. 項氏親也, 賜姓].
고조 12년	1위. 고조 12년 3월 정사일, 안후安侯 유양 원년.
혜제 7년	
여후 8년	1위. 작위가 박탈되어 세습이 끊기다[一. 奪, 絶].
	7위. 여후 2년, 유양을 다시 봉하다[七. 二年, 復封襄].
문제 23년	9위.
	14위. 문제 10년, 애후哀侯 유사劉舍 원년.
경제 16년	16위. 경제 때 승상이 되다[十六. 景帝時, 爲丞相].
무제 54년	13위. 건원 원년, 여후勵侯 유신劉申 원년.
	15위. 원삭 2년, 후侯 유자위劉自爲 원년.
	원정 5년, 후 유자위가 주금 사건에 연좌되어 봉지가 폐지되다[元鼎五年, 侯自爲坐酎金, 國除].
후제侯第	135위.

고량후高梁侯 역개酈疥

후공侯功	역이기가 객군으로 고조를 쫓아 거병한 뒤 진나라를 격파한 공으로 열후가 되어 한중으로 들어가다. 다시 밖으로 나와 제후들을 평정하고, 늘 제후들과 화약和約하며 병사들을 모은 공으로 후가 되다. 그 공이 평후 패가에 비견되다. 고조를 위해 임무를 수행하다가 죽자 아들 역개酈疥가 작위를 이어받다. 식읍은 900호다[食其, 兵起以客從擊破秦, 以列侯入漢, 還定諸侯, 常使約和諸侯列辛兵聚, 侯, 功比平侯嘉. 以死事, 子疥襲食其功侯, 九百戶].
고조 12년	1위. 고조 12년 3월 병인일, 공후共侯 역개 원년.
혜제 7년	
여후 8년	
문제 23년	
경제 16년	
무제 54년	8위. 원광 3년. 후侯 역발酈勃 원년.
	10위. 원수 원년, 거짓 조서로 형산왕으로부터 금을 취한 일에 연좌되어 사형에 처하게 되었으나 도중에 병사하다. 봉지가 폐지되다[十. 元狩元年, 坐詐詔衡山王取金, 當死, 病死, 國除].
후제侯第	66위.

기후紀侯 진창陳倉

후공侯功	중연 출신으로 풍읍에서 고조를 쫓아 거병한 뒤 기장이 되어 한중으로 들어가다. 장군이 되어 항우를 공격하고, 이후 노관을 공격한 공으로 후가 되다. 식읍은 700호다[以中涓從起豐, 以騎將入漢, 以將軍擊籍, 後攻盧綰, 侯, 七百戶].
고조 12년	1위. 고조 12년 6월 임진일, 광후匡侯 진창 원년.
혜제 7년	
여후 8년	2위.
	6위. 여후 3년, 이후夷侯 진개陳開 원년.

문제 23년	17위[一十七].
	6위. 문제 후 2년, 후侯 진양陳陽 원년.
경제 16년	2위. 경제 3년, 후 진양이 모반을 꾀한 일에 연좌되어 봉지가 폐지되다[二. 三年, 陽反, 國除].
무제 54년	
후제侯第	80위.

감천후甘泉侯 왕경王竟[•]

후공侯功	거사마車司馬 출신으로 한 원년에 처음 고조를 쫓아 고릉에서 거병하다. 유가의 휘하에 배속되어 도위로서 종군한 공으로 후가 되다[以車司馬漢王元年. 初從起高陵, 屬劉賈, 以都尉從軍, 侯].
고조 12년	1위. 고조 12년 6월 임진일, 후侯 왕경 원년.
혜제 7년	6위.
	1위. 혜제 7년, 대후戴侯 왕막요王莫搖 원년.
여후 8년	
문제 23년	10위.
	13위. 문제 11년, 후侯 왕표王嫖 원년.
경제 16년	9위. 경제 10년, 후侯 왕표가 죄를 지어 봉지가 폐지되다[九. 十年, 侯嫖有罪, 國除].
무제 54년	
후제侯第	106위.

• 《사기색은》은《한서》〈연표〉에 감천후가 경후景侯으로 나오며, 왕경이 장후壯侯 왕경王競으로 나온다고 했다.

자조후煮棗侯 극적棘赤[*]

후공侯功	월 땅의 연오 출신으로 고조를 쫓아 풍읍에서 거병하다. 별도로 낭장이 되어 한중으로 들어가다. 제후들을 공격한 공으로 도위에 임명되고 후가 되다. 식읍은 900호다[以越連敖從起豐, 別以郎將入漢, 擊諸侯, 以都尉侯, 九百戶].
고조 12년	1위. 고조 12년 6월 임진일, 정후靖侯 극적 원년.
혜제 7년	
여후 8년	
문제 23년	1위.
	22위. 문제 2년, 극적의 아들 강후康侯 극무棘武 원년.
경제 16년	8위. 경제 중 2년, 후侯 극창棘昌 원년.
	2위. 경제 중 4년, 죄를 지어 봉지가 폐지되다[二. 中四年, 有罪, 國除].
무제 54년	
후제侯第	75위.

장후張侯 모택毛澤

후공侯功	중연기中涓騎 출신으로 고조를 쫓아 풍읍에서 거병하다. 낭장이 되어 한중으로 들어가다. 고조를 쫓아 제후들을 공격한 공으로 후가 되다. 식읍은 700호다[以中涓騎從起豐, 以郎將入漢, 從擊諸侯, 七百戶].
고조 12년	1위. 고조 12년 6월 임진일, 절후節侯 모택 원년.
혜제 7년	
여후 8년	

● 《사기색은》은 정후靖侯 극적을 단후端侯 극주棘朱라고 했다. 《한서》 〈연표〉에는 단후 혁주革朱로 되어 있다.

문제 23년	10위.
	2위. 문제 11년, 이후夷侯 모경毛慶 원년.
	11위. 문제 13년, 후侯 모순毛舜 원년.
경제 16년	12위. 경제 중 6년, 후 모순이 죄를 지어 봉지가 폐지되다[十二. 中六年, 侯舜有罪, 國除].
무제 54년	
후제侯第	79위.

언릉후鄢陵侯 주비朱濞

후공侯功	병졸 출신으로 고조를 쫓아 풍읍에서 거병하다. 한중으로 들어간 후 도위가 되어 항우가 장도를 공격한 공으로 후가 되다. 식읍은 700호 다[以卒從起豐, 入漢, 以都尉擊籍·荼, 侯, 七百戶].
고조 12년	1위. 고조 12년 중, 장후莊侯 주비 원년.
혜제 7년	
여후 8년	3위.
	5위. 여후 4년, 공후恭侯 주경朱慶 원년.
문제 23년	6위. 문제 7년, 공후 주경이 서거했으나 후사가 없어 봉지가 폐지되다 [六. 七年, 恭侯慶薨, 無後, 國除].
경제 16년	
무제 54년	
후제侯第	52위.

후공侯功	중연 출신으로 한 원년의 전년에 고조를 쫓아 선보에서 거병하다. 관중으로 들어가지 않은 채 항우와 경포, 노관 등을 공격해 남양을 얻은 공으로 후가 되다. 식읍은 2,700호다[以中涓前元年. 從起單父, 不入關, 以擊籍·布·燕王綰, 得南陽, 侯, 二千七百戶].
고조 12년	1위. 고조 12년, 장후莊侯 장평 원년.
혜제 7년	
여후 8년	4위.
	4위. 여후 5년, 후侯 장승張勝 원년.
문제 23년	3위. 문제 4년, 후 장승이 죄를 지어 봉지가 폐지되다[三. 四年, 侯勝有罪, 國除].
경제 16년	
무제 54년	
후제侯第	48위.

혜경간후자연표

惠景閒侯者年表

〈혜경간후자연표〉는 혜제 원년(기원전 194)에서 무제 원봉 6년(기원전 105) 사이의 제후들에 관한 기록이다. 본서 표에 나오는 "무제 36년"의 원문은 "건원 지 원봉 6년 36"이다. 건원 원년(기원전 140)에서 원봉 6년(기원전 105)까지의 제후에 관한 기록이라는 뜻이다. "무제 18년"의 원문은 "태초 이후[太初已後]"다. 태초 원년(기원전 104)부터 무제가 숨을 거두는 후원 2년(기원전 87)까지의 기록이라는 의미다. 이 표에 기록된 제후는 모두 아흔세 명이다. 이들 가운데 왕자후王子侯와 외척으로 은택을 받아 제후에 봉해진 자는 마흔여덟 명, 공을 세우거나 그 자손이 은택을 입어 제후에 봉해진 자는 마흔다섯 명이다. 이 표에는 이들이 분봉을 받게 된 배경을 비롯해 분봉받은 식읍의 크기와 폐지 배경 등이 요약되어 있다.

태사공은 역대 제후의 분봉 기록을 읽다가 장사왕 오예의 아들인 편후便侯 오천吳淺의 대목에 이르러 이같이 말한다.

"그럴 만한 이유가 있었구나! 장사왕 오예가 봉해진 것을 법령 제1편 영갑令甲에 기록해둔 것은 그의 충정을 기리기 위함이다.[•] 전에 고조가 천하를 평정한 뒤 동성同姓이 아닌데도 분봉해 제후왕으로 삼은 자는 모두 여덟 명이다.[••] 혜제 때에 오직 장사왕만이 나라를 온전히 보전해 5대에 걸쳐 전했다. 그러나 그 또한 마침내 후손이 없어 대가 끊기고 말았다. 장사국은 시종 그 어떤 과오도 저지르지 않았다. 번국藩國의 소임을 충실히 지켰으니 실로 충직했다고 할 만하다. 오예가 남긴 은택은 방계의 자손들에게까지 미쳤다. 아무런 공적도 없이 제후가 된 자가 여러 명에 이른 것이 그렇다. 혜제에서 경제에 이르는 50년 동안 고조 때 분봉되지 못한 자들을 공신으로 추봉追封했다. 문제를 따라 대국에서 온 공신과 오초칠국의 난을 평정해 공을 세운 자들도 제후에 봉해졌다. 제후의 자제를 비롯해 폐부肺腑처럼 가까이 여기는 외척, 외국에서 귀순한 자 가운데 분봉된 자들을 포함할 경우 모두 90여 명에 이른다. 이제 이들의 분봉 내력을 표로 만들어 기록해둔다. 모두 당시 인의를 전면에 내세워 현저한 공을 세운 자들이다."

●● 太史公讀列封至便侯, 曰, "有以也夫! 長沙王者, 著令甲, 稱其忠焉. 昔高祖定天下, 功臣非同姓疆土而王者八國. 至孝惠時, 唯獨長沙

[•] 한나라 때는 이전의 조령을 모아 공포한 시점에 따라 각각 영갑·영을令乙·영병令丙 등으로 칭했다. 오늘날 법령의 제1장·제2장·제3장에 해당한다.

[••] 여덟 명의 이성異姓 제후에 대해 학설이 엇갈린다. 제왕齊王에서 초왕으로 이봉된 한신, 동명이인인 한왕 한신, 연왕 노관, 양왕 팽월, 조왕 장이, 회남왕 영포, 임강왕 공오, 장사왕 오예를 꼽는 것이 통설이다. 일각에서는 임강왕 공오 대신 연왕 장도를 꼽기도 한다.

全, 禪五世, 以無嗣絶, 意無過, 爲藩守職, 信矣. 故其澤流枝庶, 毋功而侯者數人. 及孝惠訖孝景閒五十載, 追修高祖時遺功臣, 及從代來, 吳楚之勞, 諸侯子弟若肺腑, 外國歸義, 封者九十有餘. 咸表始終, 當世仁義成功之著者也."

편후便侯 오천吳淺

후공侯功	장사왕 오예의 아들로, 후가 되다. 식읍은 2,000호다[長沙王子, 侯, 二千戶].
혜제 7년	7위. 혜제 원년 9월, 경후頃侯 오천 원년.
여후 8년	8위.
문제 23년	22위.
	1위. 문제 후 7년, 공후恭侯 오신吳信 원년.
경제 16년	5위.
	11위. 경제 전 6년, 후侯 오광지吳廣志 원년.
무제 36년	28위. 원정 5년, 후侯 오천추吳千秋가 주금 사건에 연좌되어 봉지가 폐지되다[二十八. 元鼎五年, 侯千秋坐酎金, 國除].
무제 18년	

대후軑侯 이창利倉

후공侯功	장사국의 재상으로, 후가 되다. 식읍은 700호다[長沙相, 侯, 七百戶].
혜제 7년	6위. 혜제 2년 4월 경자일, 후侯 이창 원년.
여후 8년	2위[二].
	6위. 여후 3년, 후侯 이희利豨 원년.
문제 23년	15위.
	8위. 문제 16년, 후侯 이팽조利彭祖 원년.
경제 16년	
무제 36년	30위. 원봉 원년, 후侯 이질利秩이 동해 태수가 되다. 장안을 지나면서 알현을 청하지 않고, 멋대로 병사를 징집해 호위로 삼다. 마땅히 참수해야 하나 사면되고, 봉지가 폐지되다[三十. 元封元年, 侯秩爲東海太守, 行過不請, 擅發卒兵爲衞, 當斬, 會赦, 國除].
무제 18년	

평도후平都侯 유도劉到

후공侯功	제나라 장수 출신으로 고조 3년에 투항하다. 제나라를 평정한 공으로 후가 되다. 식읍은 1,000호다[以齊將, 高祖三年降, 定齊, 侯, 千戶].
혜제 7년	3위. 혜제 5년 6월 을해일, 효후孝侯 유도 원년.
여후 8년	
문제 23년	2위.
	21위. 문제 3년, 후侯 유성劉成 원년.
경제 16년	14위. 경제 후 2년, 후 유성이 죄를 지어 봉지가 폐지되다[十四. 後二年, 侯成有罪, 國除].
무제 36년	
무제 18년	

이상이 혜제 때 봉해진 세 명의 제후다.

●● 右孝惠時三.

고후 연간

부류후扶柳侯 여평呂平

후공侯功	고후 여아후呂娥姁의 언니인 여장후呂長姁의 아들로, 후가 되다[高后姊長姁子, 侯].
여후 8년	7위. 여후 원년 4월 경인일, 후侯 여평 원년. 여후 8년, 후 여평이 여씨의 전횡에 관한 일에 연좌되어 주살되고 봉지가 폐지되다[七. 元年四月庚寅, 侯呂平元年. 八年, 侯平坐呂氏事誅, 國除].
문제 23년	
경제 16년	
무제 36년	
무제 18년	

교후郊侯 **여산**呂產

후공侯功	여후의 오라비 도무왕 여택의 아들이다. 여택이 몸소 고조를 도와 천하를 평정하다. 여씨가 고조를 보좌해 천하를 다스리자 크게 안정되다. 도무왕의 작은아들 여산을 교후郊侯*로 봉하다[呂后兄悼武王身佐高祖定天下, 呂氏佐高祖治天下, 天下大安, 封武王少子產爲郊侯].
여후 8년	5위. 여후 원년 4월 신묘일. 후侯 여산 원년.
	여후 6년 7월 임진일, 여산이 여왕으로 승작하면서 봉지가 폐지되다[六年七月壬辰, 產爲呂王, 國除].
	여후 8년 9월, 여산이 여왕의 신분으로 한나라 조정의 상국이 된 후 반역을 꾀하자 대신들이 주살하고 여씨 일족을 멸하다[八年九月, 產以呂王爲漢相, 謀爲不善. 大臣誅產, 遂滅諸呂].
문제 23년	
경제 16년	
무제 36년	
무제 18년	

남궁후南宮侯 **장매**張買

후공侯功	부친 장월인張越人이 고조의 기장이 되어 종군한 공으로 태중대부로 있으면서 후가 되다[以父越人爲高祖騎將, 從軍, 以大中大夫侯].
여후 8년	7위. 여후 원년 4월 병인일, 후侯 장매 원년.
	여후 8년, 후 장매가 여씨의 전횡에 관한 일에 연좌되어 봉지가 폐지되다[八年, 侯買坐呂氏事誅, 國除].
문제 23년	
경제 16년	
무제 36년	
무제 18년	

● 《자치통감》에는 교후交侯로 나온다.

오후梧侯 양성연陽成延

후공侯功	군중의 장인匠人인 군장軍匠 출신으로 고조를 쫓아 겹 땅에서 거병한 뒤 한중으로 들어가다. 궁중의 일을 관장하는 소부少府가 되어 장락궁長樂宮과 미앙궁未央宮을 지은 데 이어 장안성長安城까지 쌓다. 이런 일에 앞장선 공으로 후가 되다. 식읍은 500호다[以軍匠從起郟, 入漢, 後爲少府, 作長樂·未央宮, 築長安城, 先就, 功侯, 五百戶].
여후 8년	6위. 여후 원년 4월 을유일, 제후齊侯 양성연 원년.
	2위. 여후 7년, 경후敬侯 양거질陽去疾 원년.
문제 23년	
경제 16년	9위.
	7위. 경제 중 3년, 정후靖侯 양언陽偃 원년.
무제 36년	8위. 원광 3년, 후侯 양융노陽戎奴 원년.
	14위. 원수 5년, 후 양융노가 계부를 모살한 일에 연좌되어 기시되고, 봉지도 폐지되다[十四. 元狩五年, 侯戎奴坐謀殺季父棄市, 國除].
무제 18년	

평정후平定侯 제수齊受

후공侯功	병졸 출신으로 고조를 쫓아 유현에서 거병하다. 고조 집안의 수레를 모는 가거리家車吏가 되어 한중으로 들어가다. 효기도위梟騎都尉가 되어 항우를 공격하고, 누번의 장수를 포획하는 공을 세우다. 제나라 승상으로 있으면서 제후가 되다. 일설에는 항우의 부장으로 있던 항연項涓이라고도 한다[以卒從高祖起留, 以家車吏入漢, 以梟騎都尉擊項籍, 得樓煩將功, 用齊丞相侯. 一云項涓].
여후 8년	8위. 여후 원년 4월 을유일, 경후敬侯 제수 원년.
문제 23년	1위.
	4위. 문제 2년, 제후齊侯 제시인齊市人 원년.
	18위. 문제 6년, 공후恭侯 제응齊應 원년.
경제 16년	
무제 36년	7위. 원광 2년, 강후康侯 제연거齊延居 원년.
	18위. 원정 2년, 후侯 제창齊昌 원년.
	2위. 원정 4년, 후 제창이 죄를 지어 봉지가 폐지되다[二. 元鼎四年, 侯昌有罪, 國除].

무제 18년	

박성후博成侯 풍무택馮無擇

후공侯功	도무왕 여택의 낭중 출신으로 진승 등의 반군이 처음 일어날 때 고조를 좇아 풍읍에서 거병하다. 옹구를 치고, 항우를 공격할 때 힘껏 싸우다. 여택을 모시고 형양을 빠져나온 공으로 후가 되다[以悼武王郎中, 兵初起, 從高祖起豊, 攻雍丘, 擊項籍, 力戰, 奉衛悼武王出滎陽, 功侯].
여후 8년	3위. 여후 원년 4월 을유일, 경후敬侯 풍무택 원년.
	4위. 여후 4년, 후侯 풍대馮代 원년.
	여후 8년, 후 풍대가 여씨의 전횡에 관한 일에 연좌되어 주살되고 봉지가 폐지되다[八年, 侯代坐呂氏事誅, 國除].
문제 23년	
경제 16년	
무제 36년	
무제 18년	

패후沛侯 여종呂種

후공侯功	여후의 오라비 강후 여석지의 작은아들로, 후가 되다. 조부이자 여후의 부친인 여선왕의 능묘를 받들다[呂后兄康侯少子, 侯, 奉呂宣王寢園].
여후 8년	7위. 여후 원년 4월 을유일, 후侯 여종 원년.
	1위. 후 여종을 불기후不其侯로 삼다[一. 爲不其侯].
	여후 8년, 후 여종이 여씨의 전횡에 관한 일에 연좌되어 봉지가 폐지되다[八年, 侯種坐呂氏事誅, 國除].
문제 23년	
경제 16년	
무제 36년	
무제 18년	

양성후襄成侯 유의劉義

후공侯功	혜제의 아들로, 후가 되다[孝惠子, 侯].
여후 8년	1위. 여후 원년 4월 신묘일, 후侯 유의 원년. 여후 2년, 후 유의가 상산왕으로 승작하면서 봉지가 폐지되다[二年, 侯義爲常山王, 國除].
문제 23년	
경제 16년	
무제 36년	
무제 18년	

지후軹侯 유조劉朝

후공侯功	혜제의 아들로, 후가 되다[孝惠子, 侯].
여후 8년	3위. 여후 원년 4월 신묘일, 후侯 유조 원년. 여후 4년, 후 유조가 상산왕으로 승작하면서 봉지가 폐지되다[四年, 侯朝爲常山王, 國除].
문제 23년	
경제 16년	
무제 36년	
무제 18년	

호관후壺關侯 유무劉武

후공侯功	혜제의 아들로, 후가 되다[孝惠子, 侯].
여후 8년	4위. 여후 원년 4월 신묘일, 후侯 유무 원년. 여후 5년, 후 유무가 회양왕으로 승작하면서 봉지가 폐지되다[五年, 侯武爲淮陽王, 國除].
문제 23년	
경제 16년	
무제 36년	
무제 18년	

완릉후沅陵侯 오양吳陽

후공侯功	장사성왕 오신의 아들로, 후가 되다[長沙嗣成王子, 侯].
여후 8년	8위. 여후 원년 11월 임신일, 경후頃侯 오양 원년.
문제 23년	17위. 문제 후 2년, 경후頃侯 오복吳福 원년.
경제 16년	11위.
	4위. 경제 중 5년, 애후哀侯 오주吳周 원년.
	경제 후 3년, 후 오주가 서거했으나 후손이 없어 봉지가 폐지되다[後三年, 侯周薨, 無後, 國除].
무제 36년	
무제 18년	

상비上邳 유영객劉郢客

후공侯功	고조의 형인 초원왕 유교의 아들로, 후가 되다[楚元王子, 侯].
여후 8년	7위. 여후 2년 5월 병신일, 후侯 유영객 원년.
문제 23년	1위. 문제 2년, 후 유영객이 초왕으로 승작하면서 봉지가 폐지되다[一. 二年, 侯郢客爲楚王, 國除].
경제 16년	
무제 36년	
무제 18년	

주허후朱虛侯 유장劉章

후공侯功	제도혜왕 유비의 아들로, 후가 되다[齊悼惠王子, 侯].
여후 8년	7위. 여후 2년 5월 병신일, 후侯 유장 원년.
문제 23년	1위. 문제 2년, 후 유장이 성양왕으로 승작하면서 봉지가 폐지되다[一. 二年, 侯章爲城陽王, 國除].
경제 16년	
무제 36년	
무제 18년	

창평후昌平侯 유태劉太

후공侯功	혜제의 아들로, 후가 되다[孝惠子, 侯].
여후 8년	3위. 여후 4년 2월 계미일, 후侯 유태 원년.
	여후 7년, 후 유태가 여왕으로 승작하면서 봉지가 폐지되다[七年, 太爲呂王, 國除].
문제 23년	
경제 16년	
무제 36년	
무제 18년	

췌기후贅其侯 여승呂勝

후공侯功	여후 형제의 아들이다. 회양국 승상으로 있으면서 후가 되다[呂后昆弟子, 用淮陽丞相侯].
여후 8년	4위. 여후 4년 4월 병신일, 후侯 여승 원년.
	여후 8년, 후 여승이 여씨의 전횡에 관한 일에 연좌되어 주살되고, 봉지도 폐지되다[八年, 侯勝坐呂氏事誅, 國除].
문제 23년	
경제 16년	
무제 36년	
무제 18년	

중읍후中邑侯 주통朱通

후공侯功	창을 들고 호위하는 집모執矛가 되어 고조를 쫓아 한중으로 들어가다. 중위가 되어 항우의 대사마 조구를 격파하다. 여왕 여태의 승상으로 있으면서 제후가 되다. 식읍은 600호다[以執矛從高祖入漢, 以中尉破曹咎, 用呂相侯, 六百戶].
여후 8년	5위. 여후 4년 4월 병신일, 정후貞侯 주통 원년.
문제 23년	17위. 문제 후 2년, 후侯 주도朱悼 원년.
경제 16년	15위. 경제 후 3년, 후 주도가 죄를 지어 봉지가 폐지되다[十五. 後三年, 侯悼有罪, 國除].

무제 36년	
무제 18년	

악평후樂平侯 위무택衛無擇

후공侯功	대졸隊卒이 되어 고조를 쫓아 패현에서 거병해 황흔 휘하에 소속되다. 낭이 되어 진여를 공격하다. 위위로 있으면서 후가 되다. 식읍은 600호다[以隊卒從高祖起沛, 屬皇欣, 以郞擊陳餘, 用衛尉侯, 六百戶].
여후 8년	2위. 여후 4년 4월 병신일, 간후簡侯 위무택 원년.
	3위. 여후 6년, 공후恭侯 위승衛勝 원년.
문제 23년	
경제 16년	15위.
	1위. 경제 후 3년, 후侯 위치衛侈 원년.
무제 36년	5위. 건원 6년, 후 위치가 불법으로 전택田宅을 구매한 뒤 관원의 죄로 다스려줄 것을 청구한 일에 연좌되어 봉지가 폐지되다[五. 建元六年, 侯侈坐以買田宅不法, 又請求吏罪, 國除].
무제 18년	

산도후山都侯 왕념개王恬開

후공侯功	고조 5년, 낭중주하령郞中柱下令이 되다. 위장군이 되어 진희를 공격하다. 양나라 재상으로 있으면서 후가 되다[高祖五年爲郞中柱下令, 以衛將軍擊陳豨, 用梁相侯].
여후 8년	5위. 여후 4년 4월 병신일, 정후貞侯 왕념개 원년.
문제 23년	3위.
	20위. 문제 4년, 혜후惠侯 왕중황王中黃 원년.
경제 16년	3위.
	13위. 경제 4년, 경후敬侯 왕촉룡王觸龍 원년.
무제 36년	22위. 원수 5년, 후侯 왕당王當 원년.
	8위. 원봉 원년, 후 왕당이 자신의 노복과 함께 멋대로 상림원에 들어간 일에 연좌되어 봉지가 폐지되다[八. 元封元年, 侯當坐與奴闌入上林苑, 國除].

무제 18년	

송자후松玆侯 서려徐厲

후공侯功	당초 반군이 일어날 때 사인의 신분으로 고조를 쫓아 패현에서 거병하다. 낭중이 되어 한중으로 들어가다. 한중에서 나올 때 옹왕 장함의 가속家屬을 포획한 공으로 상산국의 승상으로 있으면서 후가 되다[兵初起, 以舍人從起沛, 以郎中入漢, 還, 得雍王邯家屬功, 用常山丞相侯].
여후 8년	5위. 여후 4년 4월 병신일, 이후夷侯 서려 원년].
문제 23년	6위.
	17위. 문제 7년, 강후康侯 서도徐悼 원년.
경제 16년	12위.
	4위. 경제 중 6년, 후侯 서언徐偃 원년.
무제 36년	5위. 건원 6년, 후 서언이 죄를 지어 봉지가 폐지되다[五. 建元六年, 侯偃有罪, 國除].
무제 18년	

성도후成陶侯 주신周信

후공侯功	병졸의 신분으로 고조를 쫓아 선보에서 거병한 뒤 여씨의 사인이 되다. 하남 태수로 있으면서 여후가 무사히 회수를 도하하도록 보필한 공으로 후가 되다. 봉지는 500호다[以卒從高祖起單父, 爲呂氏舍人, 度呂后淮之功, 用河南守侯, 五百戶].
여후 8년	5위. 여후 4년 4월 병신일, 이후夷侯 주신 원년.
문제 23년	11위. 문제 12년, 효후孝侯 주발周勃 원년.
	3위. 문제 15년, 후 주발이 죄를 지어 봉지가 폐지되다[三. 十五年, 侯勃有罪, 國除].
경제 16년	
무제 36년	
무제 18년	

유후俞侯 **여타**呂它

후공侯功	여영呂嬰이 연오가 되어 고조를 쫓아 진나라를 격파한 뒤 한중으로 들어가다. 도위가 되어 제후들을 평정하다. 그 공이 조양후朝陽侯 화기에 비견되다. 여영이 죽자 아들 여타呂它가 그 공훈을 이어받아 태중대부로 있으면서 후가 되다[以連敖從高祖破秦, 入漢, 以都尉定諸侯, 功比朝陽侯. 嬰死, 子它襲功, 用太中大夫侯].
여후 8년	4위. 여후 4년 4월 병신일, 후侯 여타 원년.
	여후 8년, 후 여타가 여씨의 전횡에 관한 일에 연좌되어 주살되고, 봉지도 폐지되다[八年, 侯它坐呂氏事誅, 國除].
문제 23년	
경제 16년	
무제 36년	
무제 18년	

등후滕侯 **여갱시**呂更始

후공侯功	사인과 낭중으로 있다가 고조 12년, 도위가 되어 파상에서 둔전屯田을 하다. 초나라의 재상으로 있으면서 후가 되다[以舍人·郎中, 十二歲, 以都尉屯田霸上, 用楚相侯].
여후 8년	4위. 여후 4년 4월 병신일, 후侯 여갱시 원년.
	여후 8년, 후 여갱시가 여씨의 전횡에 관한 일에 연좌되어 주살되고, 봉지도 폐지되다[八年, 侯更始坐呂氏事誅, 國除].
문제 23년	
경제 16년	
무제 36년	
무제 18년	

예릉후醴陵侯 월越•

후공侯功	병졸 신분으로 한 2년에 처음으로 약양에서 거병하다. 병졸을 관리하는 졸리卒吏가 되어 항우를 공격해 하내도위河內都尉가 되다. 장사국의 재상으로 있으면서 후가 되다. 식읍은 600호다[以卒從, 漢王二年初起櫟陽, 以卒吏擊項籍, 爲河內都尉, 用長沙相侯, 六百戶].
여후 8년	5위. 여후 4년 4월 병신일, 후侯 월 원년.
문제 23년	3위. 문제 4년, 후 월이 죄를 지어 봉지가 폐지되다[三. 四年, 侯越有罪, 國除].
경제 16년	
무제 36년	
무제 18년	

여성후呂成侯 여분呂忿

후공侯功	여후 형제의 아들로, 후가 되다[呂后昆弟子, 侯].
여후 8년	4위. 여후 4년 4월 병신일, 후侯 여분 원년. 여후 8년, 후 여분이 여씨의 전횡에 관한 일에 연좌되어 주살되고, 봉지도 폐지되다[八年, 侯忿坐呂氏事誅, 國除].
문제 23년	
경제 16년	
무제 36년	
무제 18년	

동모후東牟侯 유흥거劉興居

후공侯功	제도혜왕 유비의 아들로, 후가 되다[齊悼惠王子, 侯].
여후 8년	3위. 여후 6년 4월 정유일, 후侯 유흥거 원년.
문제 23년	1위. 문제 2년, 후 유흥거가 제북왕으로 승작하면서 봉지가 폐지되다[一. 二年, 侯興居爲濟北王, 國除].

• 월越은 성씨가 아닌 이름으로 보인다.《사기색은》등은 월이 성씨인지 여부에 대해 주석을 남기지 않았다.

경제 16년	
무제 36년	
무제 18년	

추후錘侯 **여통**呂通

후공侯功	여숙왕 여태의 아들로, 후가 되다[呂肅王子, 侯].
여후 8년	2위. 여후 6년 4월 정유일, 侯 여통 원년.
	여후 8년, 후 여통이 연왕으로 승작하다. 여씨의 전횡에 관한 일에 연좌되어 봉지가 폐지되다[八年, 侯通爲燕王, 坐呂氏事, 國除].
문제 23년	
경제 16년	
무제 36년	
무제 18년	

신도후信都侯 **장치**張侈

후공侯功	조왕 장오와 노원태후魯元太后 사이의 아들로, 후가 되다[以張敖·魯元太后子侯].
여후 8년	1위. 여후 8년 4월 정유일, 侯 장치 원년.
문제 23년	문제 원년, 후 장치가 죄를 지어 봉지가 폐지되다[元年, 侯侈有罪, 國除].
경제 16년	
무제 36년	
무제 18년	

악창후樂昌侯 **장수**張受

후공侯功	조왕 장오와 노원태후 사이의 아들로, 후가 되다[以張敖·魯元太后子侯].
여후 8년	1위. 여후 8년 4월 정유일, 侯 장수 원년.
문제 23년	문제 원년, 후 장수가 죄를 지어 봉지가 폐지되다[元年, 侯受有罪, 國除].
경제 16년	

무제 36년	
무제 18년	

축자후祝茲侯 **여영**呂榮

후공侯功	여후 형제의 아들로, 후가 되다[呂后昆弟子, 侯].
여후 8년	여후 8년 4월 정유일, 후侯 여영 원년. 여씨의 전횡에 관한 일에 연좌되어 주살되고, 봉지도 폐지되다[八年四月丁酉, 侯呂榮元年. 坐呂氏事誅, 國除].
문제 23년	
경제 16년	
무제 36년	
무제 18년	

건릉후建陵侯 **장택**張澤

후공侯功	대알자의 신분으로 후가 되다. 환관으로 일하면서 기묘한 꾀를 많이 쓰다[以大謁者侯, 宦者, 多奇計].
여후 8년	여후 8년 4월 정유일, 후侯 장택 원년. 9월, 후의 작위를 박탈당하고, 봉지도 폐지되다[八年四月丁酉, 侯張澤元年. 九月, 奪侯, 國除].
문제 23년	
경제 16년	
무제 36년	
무제 18년	

동평후東平侯 **여장**呂莊

후공侯功	연왕 여통의 동생으로, 후가 되다[以燕王呂通弟侯].
여후 8년	여후 8년 5월 병진일, 후侯 여장 원년. 여씨의 전횡에 관한 일에 연좌되어 주살되고, 봉지도 폐지되다[八年五月丙辰, 侯呂莊元年. 坐呂氏事誅, 國除].
문제 23년	

경제 16년	
무제 36년	
무제 18년	

이상이 여후 때 봉해진 서른한 명의 제후다.

◉◉ 右高后時三十一.

문제 연간

양신후陽信侯 유게劉揭

후공侯功	고조 11년, 낭이 되다. 귀화인을 관리하는 전객典客이 되어 조왕 여록의 인수를 빼앗다. 궁궐 문을 닫아걸어 여산 등의 진입을 막다. 주발 등과 함께 문제를 받들어 옹립한 공으로 후가 되다. 식읍은 2,000호다[高祖十一年爲郎. 以典客奪趙王呂祿印. 關殿門拒呂産等入, 共尊立孝文, 侯, 二千戶].
문제 23년	14위. 문제 원년 3월 신축일, 후侯 유게 원년. 9위. 문제 15년, 후侯 유중의劉中意 원년.
경제 16년	5위. 경제 6년, 후 유중의가 죄를 지어 봉지가 폐지되다[五. 六年, 侯中意有罪, 國除].
무제 36년	
무제 18년	

지후軹侯 박소薄昭

후공侯功	고조 10년에 낭이 되어 종군하다. 17년 만에 태중대부가 되어 대 땅에서 문제를 영접하고, 거기장군이 되어 박태후薄太后를 대 땅에서 영접한 공으로 후가 되다. 식읍은 1만 호다. 박태후의 동생이다[高祖十年爲郎, 從軍, 十七歲爲太中大夫, 迎孝文代, 用車騎將軍迎太后, 侯, 萬戶. 薄太后弟].

문제 23년	10위. 문제 원년 4월 을사일, 후侯 박소 원년.
	13위. 문제 11년, 역후易侯 박융노薄戎奴 원년.
경제 16년	
무제 36년	1위. 건원 2년, 후侯 박량薄梁 원년.
무제 18년	

장무후壯武侯 송창宋昌

후공侯功	가리家吏 출신으로 고조를 쫓아 효산 이동의 산동山東에서 거병하다. 도위가 되어 형양을 지키고 식읍을 얻다. 대국의 중위가 되어 대왕 유항에게 보위를 잇기 위해 장안으로 갈 것을 적극 권한 뒤 참승驂乘이 되어 대왕 유항의 저택에 이르다. 대왕이 황제가 되자 그 공으로 후가 되다. 식읍은 1,400호다[以家吏從高祖起山東, 以都尉從守滎陽, 食邑. 以代中尉勸代王入, 驂乘至代邸, 王卒爲帝, 功侯, 千四百戶].
문제 23년	23위. 문제 원년 4월 신해일, 후侯 송창 원년.
경제 16년	11위. 경제 중 4년, 후 송창이 작위를 박탈당하고, 봉지도 폐지되다[十一. 中四年, 侯昌奪侯, 國除].
무제 36년	
무제 18년	

청도후淸都侯 사균駟鈞

후공侯功	제애왕 유양의 외숙으로, 후가 되다[以齊哀王舅父侯].
문제 23년	5위. 문제 원년 4월 신미일, 후侯 사균 원년.
	문제 전 6년, 사균이 죄를 지어 봉지가 폐지되다[前六年, 鈞有罪, 國除].
경제 16년	
무제 36년	
무제 18년	

주양후周陽侯 조겸趙兼

| 후공侯功 | 회남여왕 유장의 외숙으로, 후가 되다[以淮南厲王舅父侯]. |

문제 23년	5위. 문제 원년 4월 신묘일, 후侯 조겸 원년.
	문제 전 6년, 조겸이 죄를 지어 봉지가 폐지되다[前六年, 兼有罪, 國除].
경제 16년	
무제 36년	
무제 18년	

번후樊侯 채겸蔡兼

후공侯功	수양령雎陽令의 신분으로 고조를 쫓아 아阿 땅에서 처음으로 거병하다. 한씨韓氏 집안의 자손이 되어 근거지로 돌아간 뒤 북지를 평정하다. 상산국의 재상으로 있으면서 후가 된다. 식읍은 1,200호다[以雎陽令從高祖初起阿, 以韓家子還定北地, 用常山相侯, 千二百戶].
문제 23년	14위. 문제 원년 6월 병인일, 후侯 채겸 원년.
	9위. 문제 15년, 강후康侯 채객蔡客 원년.
경제 16년	9위[九].
	7위. 경제 중 3년, 공후恭侯 채평蔡評 원년.
무제 36년	13위. 원삭 2년, 후侯 채벽방蔡辟方 원년.
	14위. 원정 4년, 후 채벽방이 죄를 지어 봉지가 폐지되다[十四. 元鼎四年, 侯辟方有罪, 國除].
무제 18년	

관후管侯 유파군劉罷軍

후공侯功	제도혜왕 유비의 아들로, 후가 되다[齊悼惠王子, 侯].
문제 23년	2위. 문제 4년 5월 갑인일, 공후恭侯 유파군 원년.
	18위. 문제 6년, 후侯 유융노劉戎奴 원년.
경제 16년	2위. 경제 3년, 후 유융노가 반란을 꾀해 봉지가 폐지되다[二. 三年, 侯戎奴反, 國除].
무제 36년	
무제 18년	

과구후瓜丘侯 유녕국劉寧國

후공侯功	제도혜왕 유비의 아들로, 후가 되다[齊悼惠王子].
문제 23년	11위. 문제 4년 5월 갑인일, 후侯 유녕국 원년.
	9위. 문제 15년, 후侯 유언劉偃 원년.
경제 16년	2위. 경제 3년, 후 유언이 반란을 꾀해 봉지가 폐지되다[二. 三年, 侯偃反, 國除].
무제 36년	
무제 18년	

영후營侯 유신도劉信都

후공侯功	제도혜왕 유비의 아들로, 후가 되다[齊悼惠王子, 侯].
문제 23년	10위. 문제 4년 5월 갑인일, 평후平侯 유신도 원년.
	10위. 문제 14년, 후侯 유광劉廣 원년.
경제 16년	2위. 경제 3년, 후 유광이 반란을 꾀해 봉지가 폐지되다[二. 三年, 侯廣反, 國除].
무제 36년	
무제 18년	

양허후楊虛侯 유장려劉將廬

후공侯功	제도혜왕 유비의 아들로, 후가 되다[齊悼惠王子, 侯].
문제 23년	12위. 문제 4년 5월 갑인일, 공후恭侯 유장려 원년.
	문제 16년, 후 유장려가 제왕齊王으로 승작했으나 이내 죄를 지어 봉지가 폐지되다[十六年, 侯將廬爲齊王, 有罪, 國除].
경제 16년	
무제 36년	
무제 18년	

역후朸侯 유벽광劉辟光

후공侯功	제도혜왕 유비의 아들로, 후가 되다[齊悼惠王子, 侯].
문제 23년	12위. 문제 4년 5월 갑인일, 후侯 유벽광 원년.
	문제 16년, 후 유벽광이 제남왕으로 승작하면서 봉지가 폐지되다[十六年, 侯辟光濟南王, 國除].
경제 16년	
무제 36년	
무제 18년	

안도후安都侯 유지劉志

후공侯功	제도혜왕 유비의 아들로, 후가 되다[齊悼惠王子, 侯].
문제 23년	12위. 문제 4년 5월 갑인일, 후侯 유지 원년.
	문제 16년, 후 유지가 제북왕으로 승작하면서 봉지가 폐지되다[十六年, 侯志爲濟北王, 國除].
경제 16년	
무제 36년	
무제 18년	

평창후平昌侯 유앙劉卬

후공侯功	제도혜왕 유비의 아들로, 후가 되다[齊悼惠王子, 侯].
문제 23년	12위. 문제 4년 5월 갑인일, 후侯 유앙 원년.
	문제 16년, 후 유앙이 교서왕으로 승작하면서 봉지가 폐지되다[十六年, 侯卬爲膠西王, 國除].
경제 16년	
무제 36년	
무제 18년	

무성후武城侯 유현劉賢

후공侯功	제도혜왕 유비의 아들로, 후가 되다[齊悼惠王子, 侯].
문제 23년	12위. 문제 4년 5월 갑인일, 후侯 유현 원년.
	문제 16년, 후 유현이 치천왕으로 승작하면서 봉지가 폐지되다[十六年, 侯賢爲菑川王, 國除].
경제 16년	
무제 36년	
무제 18년	

백석후白石侯 유웅거劉雄渠

후공侯功	제도혜왕 유비의 아들로, 후가 되다[齊悼惠王子, 侯].
문제 23년	12위. 문제 4년 5월 갑인일, 후侯 유웅거 원년.
	문제 16년, 후 유웅거가 교동왕으로 승작하면서 봉지가 폐지되다[十六年, 侯雄渠爲膠東王, 國除].
경제 16년	
무제 36년	
무제 18년	

파릉후波陵侯 위사魏駟

후공侯功	양릉군陽陵君 신분으로 후가 되다[以陽陵君侯].
문제 23년	5위. 문제 7년 3월 갑인일, 강후康侯 위사 원년.
	문제 12년, 강후 위사가 서거했으나 후손이 없어 봉지가 폐지되다[十二年, 康侯魏駟薨, 無後, 國除].
경제 16년	
무제 36년	
무제 18년	

낭정후南部侯 기起

후공侯功	신평군信平君 신분으로 후가 되다[以信平君侯].
문제 23년	1위. 문제 7년 3월 갑인일, 후侯 기* 원년.
	문제 때 의붓아버지와 관련한 일에 연좌되어 작위의 직급이 깎이고 봉지가 없는 관내후가 되다[孝文時坐後父故奪爵級, 關內侯].
경제 16년	
무제 36년	
무제 18년	

부릉후阜陵侯 유안劉安

후공侯功	회남여왕 유장의 아들로, 후가 되다[以淮南厲王子侯].
문제 23년	8위. 문제 8년 5월 병오일, 후侯 유안 원년.
	문제 16년, 후 유안이 회남왕으로 승작하면서 봉지가 폐지되다[十六年, 安爲淮南王, 國除].
경제 16년	
무제 36년	
무제 18년	

안양후安陽侯 유발劉勃

후공侯功	회남여왕 유장의 아들로, 후가 되다[以淮南厲王子侯].
문제 23년	8위. 문제 8년 5월 병오일, 후侯 유발 원년.
	문제 16년, 후 유발이 형산왕으로 승작하면서 봉지가 폐지되다[十六年, 侯勃爲衡山王, 國除].
경제 16년	
무제 36년	
무제 18년	

• 《사기색은》에 따르면 기起는 이름이다. 성은 찾지 못했다.

양주후陽周侯 유사劉賜

후공侯功	회남여왕 유장의 아들로, 후가 되다[以淮南厲王子侯].
문제 23년	8위. 문제 8년 5월 병오일, 후侯 유사 원년.
	문제 16년, 후 유사가 여강왕으로 승작하면서 봉지가 폐지되다[十六年, 侯賜爲廬江王, 國除].
경제 16년	
무제 36년	
무제 18년	

동성후東城侯 유량劉良

후공侯功	회남여왕 유장의 아들로, 후가 되다[以淮南厲王子侯].
문제 23년	7위. 문제 8년 5월 병오일, 애후哀侯 유량 원년.
	문제 15년, 후 유량이 서거했으나 후손이 없어 봉지가 폐지되다[十五年, 侯良薨, 無後, 國除].
경제 16년	
무제 36년	
무제 18년	

이후犂侯 소노召奴

후공侯功	제나라 재상 소평의 아들로, 후가 되다. 식읍은 1,410호다[以齊相召平子侯, 千四百一十戶].
문제 23년	11위. 문제 10년 4월 계축일, 경후頃侯 소노 원년.
	3위. 문제 후 5년, 후侯 소택召澤 원년.
경제 16년	
무제 36년	16위. 원삭 5년, 후侯 소연召延 원년.
무제 36년	19위. 원봉 6년, 후 소연이 자신의 말을 군마軍馬로 바치지 않은 일에 연좌되어 참수되고, 봉지도 폐지되다[十九. 元封六年, 侯延坐不出持馬, 斬, 國除].
무제 18년	

병후_{軿侯} 손단_{孫單}

후공_{侯功}	북지도위_{北地都尉} 손앙_{孫卬}이 흉노의 북지 침공 때 힘써 싸우다 죽은 공으로 아들 손단이 후가 되다[以北地都尉孫卬, 匈奴入北地, 力戰死事, 子侯].
문제 23년	10위. 문제 14년 3월 정사일, 후_侯 손단 원년.
경제 16년	2위. 경제 전 3년, 후 손단이 반란을 꾀한 일로 봉지가 폐지되다[二. 前三年, 侯單謀反, 國除].
무제 36년	
무제 18년	

궁고후_{弓高侯} 한퇴당_{韓頹當}

후공_{侯功}	흉노의 상국 신분으로 항복하다. 한왕 한신의 서자로, 후가 되다. 식읍은 1,237호다[以匈奴相國降, 故韓王信孼子, 侯, 千二百三十七戶].
문제 23년	8위. 문제 16년 6월 병자일, 장후_{莊侯} 한퇴당 원년.
경제 16년	16위. 경제 전 원년, 후_侯 한칙_{韓則} 원년.
무제 36년	16위. 무제 원삭 5년, 후 한칙이 서거했으나 후손이 없어 봉지가 폐지되다[十六. 元朔五年, 侯則薨, 無後, 國除].
무제 18년	

양성후_{襄成侯} 한영_{韓嬰}

후공_{侯功}	흉노의 상국 신분으로 항복해 후가 되다. 한왕 한신의 태자가 낳은 아들로, 후가 된 것이다. 식읍은 1,432호다[以匈奴相國降侯, 故韓王信太子之子, 侯, 千四百三十二戶].
문제 23년	7위. 문제 16년 6월 병자일, 애후_{哀侯} 한영 원년.
	1위. 문제 후7년, 후_侯 한택지_{韓澤之} 원년.
경제 16년	
무제 36년	15위. 원삭 4년, 후 한택지가 병을 핑계로 명을 따르지 않는 불경스러운 일에 연좌되어 봉지가 폐지되다[十五. 元朔四年, 侯澤之坐詐病不從, 不敬, 國除].
무제 18년	

고안후故安侯 신도가申屠嘉

후공侯功	문제 원년, 회양 태수로 있다가 고조를 쫓아 거병한 뒤 한중으로 들어가 공을 세워 후가 되다. 식읍은 500호다. 승상으로 있을 때 후가 되면서 식읍이 1,712호로 늘다[孝文元年, 舉淮陽守從高祖入漢功侯, 食邑五百戶. 用丞相侯, 一千七百一十二戶].
문제 23년	5위. 문제 후 3년 4월 정사일, 절후節侯 신도가 원년.
경제 16년	2위.
	14위. 경제 전 3년, 공후恭侯 신도멸申屠蔑 원년.
무제 36년	19위. 원수 2년, 청안후淸安侯 신도유申屠臾 원년.
	5위. 원정 원년, 신도유가 구강 태수로 있을 때 죄를 지어 봉지가 폐지되다[五. 元鼎元年, 臾坐爲九江太守有罪, 國除].
무제 18년	

장무후章武侯 두광국竇廣國

후공侯功	문제의 부인 두황후竇皇后의 동생으로, 후가 되다. 식읍은 1,869호다[以孝文后弟侯, 萬一千八百六十九戶].
문제 23년	1위. 문제 후 7년 6월 을묘일, 경후景侯 두광국 원년.
경제 16년	6위.
경제 16년	10위. 경제 전 7년, 공후恭侯 두완竇完 원년.
무제 36년	8위. 원광 3년, 후侯 두상좌竇常坐 원년.
	10위. 원수 원년, 후 두상좌가 살인을 꾀하다가 미수에 그친 일에 연좌되어 봉지가 폐지되다[十. 元狩元年, 侯常坐謀殺人未殺罪, 國除].
무제 18년	

남피후南皮侯 두팽조竇彭祖

후공侯功	문제의 부인 두황후의 오라비 두장군竇長君의 아들로, 후가 되다. 식읍은 6,460호다[以孝文后兄竇長君子侯, 六千四百六十戶].
문제 23년	1위. 문제 후 7년 6월 을묘일, 후侯 두팽조 원년.
경제 16년	

무제 36년	5위. 건원 6년, 이후夷侯 두량竇良 원년.
	5위. 원광 5년, 후侯 두상림竇桑林 원년.
	18위. 원정 5년, 후 두상림이 주금 사건에 연좌되어 봉지가 폐지되다[十八. 元鼎五年, 侯桑林坐酎金罪, 國除].
무제 18년	

이상이 문제 때 봉해진 스물아홉 명의 제후다.*

●● 右孝文時二十九.

경제 연간

평륙후平陸侯 유례劉禮

후공侯功	초원왕 유교의 아들로, 후가 되다. 식읍은 3,267호다[楚元王子, 侯, 三千二百六十七戶].
경제 16년	2위. 경제 원년 4월 을묘일, 후侯 유례 원년.
	경제 3년, 후 유례가 초왕으로 승작하면서 봉지가 폐지되다[三年, 侯禮爲楚王, 國除].
무제 36년	
무제 18년	

휴후休侯 유부劉富

| 후공侯功 | 초원왕 유교의 아들로, 후가 되다[楚元王子, 侯]. |

• 원문에는 스물아홉 명이라 기록되어 있으나 모두 스물여덟 명이다.

경제 16년	2위. 경제 원년 4월 을사일, 후侯 유부 원년.
	경제 3년, 형의 아들 유융劉戎이 초왕이 되어 반기를 들자 후 유부가 가속을 이끌고 장안으로 가 자진 귀순하다. 백성을 제대로 교화하지 못한 책임을 지고 인수를 바치다. 경제가 조서를 내려 초왕으로 복귀시키다. 이후 평륙후 유례를 초왕으로 삼으면서 유부를 홍후紅侯에 봉하다[三年, 侯富以兄子戎爲楚王反, 富與家屬至長安北闕自歸, 不能相敎, 上印綬. 詔復王. 後以平陸侯爲楚王, 更封富爲紅侯].
무제 36년	
무제 18년	

심유후沈猶侯 유예劉歲

후공侯功	초원왕 유교의 아들로, 후가 되다. 식읍은 1,380호다[楚元王子, 侯, 千三百八十戶].
경제 16년	16위. 경제 원년 4월 을사일, 이후夷侯 유예 원년.
무제 36년	4위. 건원 5년, 후侯 유수劉受 원년.
	18위. 원수 5년, 후 유수가 전에 종정宗正이 되어, 사적인 청탁을 받아들이는 청알聽謁을 행하며 종실의 일을 제대로 처리하지 못한 불경스러운 일에 연좌되어 봉지가 폐지되다[十八. 元狩五年, 侯受坐故爲宗正聽謁不具宗室, 不敬, 國除].
무제 18년	

홍후紅侯 유부劉富

후공侯功	초원왕 유교의 아들로, 후가 되다. 식읍은 1,750호다[楚元王子, 侯, 千七百五十戶].
경제 16년	4위. 경제 3년 4월 을사일, 장후莊侯 유부 원년.
	1위. 경제 전 7년, 도후悼侯 유징劉澄 원년.
	9위. 경제 중 원년, 경후敬侯 유발劉發 원년.
무제 36년	15위. 원삭 4년, 후侯 유장劉章 원년.
	1위. 원삭 5년, 후 유장이 서거했으나 후손이 없어 봉지가 폐지되다[一. 元朔五年, 侯章薨, 無後, 國除].
무제 18년	

완구후宛朐侯 유예劉埶

후공侯功	초원왕 유교의 아들로, 후가 되다[楚元王子, 侯].
경제 16년	2위. 경제 원년 4월 을사일, 후侯 유예 원년.
	경제 3년, 후 유예가 반란을 꾀해 봉지가 폐지되다[三年, 侯執反, 國除].
무제 36년	
무제 18년	

위기후魏其侯 두영竇嬰

후공侯功	대장군 출신으로 형양에 주둔하며 오초칠국의 진공을 저지한 공으로 후가 되다. 식읍은 3,350호다[以大將軍屯滎陽, 捍吳楚七國, 侯, 三千三百五十戶].
경제 16년	14위. 경제 3년 6월 을사일, 후侯 두영 원년.
무제 36년	9위. 건원 원년, 승상이 되었으나 2년 만에 면직되다[九. 建元元年, 爲丞相, 二歲免].
무제 36년	원광 4년, 후 두영이 관부灌夫를 옹호하기 위해 상서하면서 선제의 조서를 언급하며 내용을 멋대로 고치는 해악을 저지른 일에 연좌되어 기시되고 봉지도 폐지되다[元光四年, 侯嬰坐爭灌夫事上書稱爲先帝詔, 矯制害, 棄市, 國除].
무제 18년	

극락후棘樂侯 유조劉調

후공侯功	초원왕 유교의 아들로, 후가 되다. 식읍은 1,213호다[楚元王子, 侯, 戶千二百一十三].
경제 16년	14위. 경제 3년 8월 임자일, 경후敬侯 유조 원년.
무제 36년	1위. 건원 2년, 공후恭侯 유응劉應 원년.
	11위. 원삭 원년, 후侯 유경劉慶 원년.
	16위. 원정 5년, 후 유경이 주금 사건에 연좌되어 봉지가 폐지되다[十六. 元鼎五年, 侯慶坐酎金, 國除].
무제 18년	

유후俞侯 난포欒布

후공侯功	장군 출신으로 오초칠국의 난 때 제나라를 공격하는 공을 세우다. 난포는 과거 팽월의 사인이었다. 팽월이 반기를 들었을 때 난포는 제나라에 사자로 가 있었다. 돌아왔을 때 팽월은 이미 효수梟首되어 있었다. 난포가 그의 제사를 지내며 곡을 하다. 삶아 죽이는 벌인 팽형烹刑을 받게 되어 있었으나 고조가 그의 충성스러운 말을 듣고 놓아주다. 경포가 모반하자 난포가 도위가 되어 공을 세우고 후가 되다. 식읍은 1,800호다[以將軍吳楚反擊齊有功. 布故彭越舍人, 越反時布使齊, 還已梟越, 布祭哭之, 當亨, 出忠言, 高祖舍之. 黥布反, 布爲都尉, 侯, 戶千八百].
경제 16년	6위. 경제 6년 4월 정묘일, 후侯 난포 원년.
	경제 중 5년, 난포가 서거하다[中五年, 侯布薨].
무제 36년	10위. 원수 6년, 후侯 난비欒賁가 태상이 된 후 희생을 법령에 맞지 않게 사용한 일에 연좌되어 봉지가 폐지되다[十. 元狩六年, 侯賁坐爲太常廟犧牲不如令, 有罪, 國除].
무제 18년	

건릉후建陵侯 위관衛綰

후공侯功	장군 출신으로 오초칠국의 난 때 오초를 공격하는 공을 세우다. 중위로 있으면서 후가 되다. 식읍은 1,310호다[以將軍擊吳楚功, 用中尉侯, 戶一千三百一十].
경제 16년	11위. 경제 6년 4월 정묘일, 경후敬侯 위관 원년.
무제 36년	10위. 원광 5년, 후侯 위신衛信 원년.
	18위. 원정 5년, 후 위신이 주금 사건에 연좌되어 봉지가 폐지되다[十八. 元鼎五年, 侯信坐酎金, 國除].
무제 18년	

건평후建平侯 정가程嘉

후공侯功	장군 출신으로 오초를 공격하는 공을 세우다. 강도국의 재상으로 있으면서 후가 되다. 식읍은 3,150호다[以將軍擊吳楚功, 用江都相侯, 戶三千一百五十].
경제 16년	11위. 경제 6년 4월 정묘일, 애후哀侯 정가 원년.

무제 36년	7위. 원광 2년, 절후節侯 정횡程橫 원년.
	1위. 원광 3년, 후侯 정회程回 원년.
	1위. 원광 4년, 후 정회가 서거했으나 후손이 없어 봉지가 폐지되다 [一. 元光四年, 侯回薨, 後, 國除].
무제 18년	

평곡후平曲侯 공손곤公孫昆

후공侯功	장군 출신으로 오초를 공격하는 공을 세우다. 농서 태수로 있으면서 후가 되다. 식읍은 3,220호다[以將軍擊吳楚功, 用隴西太守侯, 戶三千二百二十].
경제 16년	5위. 경제 6년 4월 기사일, 후侯 공손곤야公孫昆邪• 원년.
경제 16년	경제 중 4년, 후 공손곤야가 죄를 지어 봉지가 폐지되다. 그는 태복 공손하公孫賀의 부친이다[中四年, 侯昆邪有罪, 國除. 太僕賀父].
무제 36년	
무제 18년	

강양후江陽侯 소가蘇嘉

후공侯功	장군 출신으로 오초를 공격하는 공을 세우다. 조나라의 재상으로 있으면서 후가 되다. 식읍은 2,541호다[以將軍擊吳楚功, 用趙相侯, 戶二千五百四十一].
경제 16년	4위. 경제 6년 4월 임신일, 강후康侯 소가 원년.
	7위. 경제 중 3년, 의후懿侯 소로蘇盧 원년.
무제 36년	2위. 건원 3년, 후侯 소명蘇明 원년.
	16위. 원삭 6년, 후侯 소조蘇雕 원년.
	11위. 원정 5년, 후 소조가 주금 사건에 연좌되어 봉지가 폐지되다[十一. 元鼎五年, 侯雕坐酎金, 國除].
무제 18년	

• 《사기색은》에 따르면 《한서》〈연표〉에는 공손혼야公孫渾邪로 나온다.

거후遽侯 횡横

후공侯功	조나라 재상 건덕建德이다. 조왕 유수가 모반했을 때 건덕이 이를 좇지 않다가 죽임을 당하다. 모반에 가담하지 않은 점으로 인해 아들이 후가 되다. 식읍은 1,970호다[以趙相建德, 王遂反, 建德不聽, 死事, 子侯, 戶千九百七十].
경제 16년	6위. 경제 중 2년 4월 을사일, 후侯 횡* 원년. 경제 후 2년, 후 횡이 죄를 지어 봉지가 폐지되다[後二年, 侯橫有罪, 國除].
무제 36년	
무제 18년	

신시후新市侯 왕강王康

후공侯功	조나라 내사 왕신王慎이다. 조왕 유수가 모반했을 때 왕신이 이를 좇지 않아 죽임을 당하다. 아들이 그 공으로 후가 되다. 식읍은 1,014호다[以趙內史王慎, 王遂反, 慎不聽, 死事, 子侯, 戶一千十四].
경제 16년	5위. 경제 중 2년 4월 을사일, 후侯 왕강 원년. 3위. 경제 후 원년, 상후殤侯 왕시창王始昌 원년.
무제 36년	9위. 원광 4년, 상후 왕시창이 피살되어 봉지가 폐지되다[九. 元光四年, 殤侯始昌爲人所殺, 國除].
무제 18년	

상릉후商陵侯 조주趙周

후공侯功	초나라 태부 조이오趙夷吾다. 초왕 유무가 반기를 들었을 때 이를 좇지 않아 죽임을 당하다. 모반에 가담하지 않은 점으로 인해 아들이 후가 되다. 식읍은 1,045호다[以楚太傅趙夷吾, 王戊反, 不聽, 死事, 子侯, 千四十五戶].
경제 16년	8위. 경제 중 2년 4월 을사일, 후侯 조주 원년.
무제 36년	29위. 원정 5년, 후 조주가 승상이 되어 열후가 바친 주금이 가볍다는 것을 알고 있었다는 사건에 연좌되어 정위에게 보내지자, 이내 자진하고 봉지도 폐지되다[二十九. 元鼎五年, 侯周坐爲丞相知列侯酎金輕, 下廷尉, 自殺, 國除].

● 《사기색은》에 따르면 횡横은 이름이다. 성은 찾지 못했다.

무제 18년	

산양후山陽侯 장당거張當居

후공侯功	초나라 재상 장상張尙이다. 초왕 유무가 반기를 들었을 때 이를 좇지 않아 죽임을 당하다. 아들이 그 공으로 후가 되다. 식읍은 1,114호다 [以楚相張尙, 王戊反, 尙不聽, 死事, 子侯, 戶千一百一十四].
경제 16년	8위. 경제 중 2년 4월 을사일, 후侯 장당거 원년.
무제 36년	16위. 원삭 5년, 후 장당거가 태상이 되어 박사제자원博士弟子員을 선발하면서 사실에 근거해 뽑지 않은 일에 연좌되어 봉지가 폐지되다 [十六. 元朔五年, 侯當居坐爲太常程博士弟子故不以實罪, 國除].
무제 18년	

안릉후安陵侯 자군子軍

후공侯功	흉노의 추장으로 있다가 투항해 후가 되다. 식읍은 1,517호다[以匈奴王降侯, 戶一千五百一十七].
경제 16년	7위. 경제 중 3년 11월 경자일, 후侯 자군 원년.
무제 36년	5위. 건원 6년, 후 자군이 서거했으나 후손이 없어 봉지가 폐지되다 [五. 建元六年, 侯子軍薨, 無後, 國除].
무제 18년	

원후垣侯 사賜

후공侯功	흉노의 추장으로 있다가 투항해 후가 되다[以匈奴王降侯].
경제 16년	3위. 경제 중 3년 12월 정축일, 후侯 사 원년.
	경제 6년, 후 사가 죽다. 후사를 얻지 못하다[六年, 賜死, 不得及嗣].
무제 36년	
무제 18년	

주후道侯 이융강李隆彊•

후공侯功	흉노의 추장으로 있다가 투항해 후가 되다. 식읍은 5,569호다[以匈奴王降侯, 戶五千五百六十九].
경제 16년	경제 중 3년 12월 정축일, 주후道侯 이융강 원년. 이융강이 후사를 얻지 못하다[中三年十二月丁丑, 侯隆彊元年. 不得隆彊嗣].
무제 36년	
무제 18년	후원 원년 4월 갑진일, 후 이칙李則이 무당 제소군齊少君에게 저주하는 제사를 올리도록 하는 대역무도 사건에 연좌되어 봉지가 폐지되다[後元年四月甲辰, 侯則坐使巫齊少君祠詛, 大逆無道, 國除].

용성후容成侯 유서로唯徐盧

후공侯功	흉노의 추장으로 있다가 투항해 후가 되다. 식읍은 700호다[以匈奴王降侯, 七百戶].
경제 16년	7위. 경제 중 3년 12월 정축일, 후侯 유서로 원년.
무제 36년	14위. 건원 원년, 강후康侯 유서작唯徐綽 원년.
	22위. 원삭 3년, 후侯 유서광唯盧光 원년.
무제 18년	18위. 후원 2년 3월 임진일, 후 유서광이 저주하는 제사를 올린 일에 연좌되어 봉지가 폐지되다[十八. 後二年, 三月壬辰, 侯光坐祠詛, 國除].

역후易侯 복경僕黥

후공侯功	흉노의 추장으로 있다가 투항해 후가 되다[以匈奴王降侯].
경제 16년	6위. 경제 중 3년 12월 정축일, 후侯 복경 원년.
	후원 2년, 후 복경이 서거했으나 후사가 없다[後二年, 侯僕黥薨, 無嗣].
무제 36년	
무제 18년	

• 《사기색은》에 따르면 융강의 성씨는 이씨이고, 시호는 도후道侯다. 《사기집해》는 서광의 말을 인용해 봉지가 폐지된 해를 후원 2년이라고 했다.

범양후范陽侯 대代

후공侯功	흉노의 추장으로 있다가 투항해 후가 되다. 식읍은 1,197호다[以匈奴王降侯, 戶千一百九十七].
경제 16년	7위. 경제 중 3년 12월 정축일, 단후端侯 대 원년.
무제 36년	7위. 원광 2년, 회후懷侯 덕德 원년.
무제 36년	2위. 원광 4년, 회후 덕이 서거했으나 후손이 없어 봉지가 폐지되다[二. 元光四年, 侯德薨, 無後, 國除].
무제 18년	

흡후翕侯 한단邯鄲

후공侯功	흉노의 추장으로 있다가 투항해 후가 되다[以匈奴王降侯].
경제 16년	7위. 경제 중 3년 12월 정축일, 후侯 한단 원년.
무제 36년	9위. 원광 4년, 후 한단이 도성에 와 장신궁長信宮 태후에게 알현을 청하지 않은 불경스러운 일에 연좌되어 봉지가 폐지되다[九. 元光四年, 侯邯鄲坐行來不請長信, 不敬, 國除].
무제 18년	

아곡후亞谷侯 노타보盧它父

후공侯功	흉노의 동호왕東胡王으로 있다가 투항하다. 옛 연왕 노관의 아들로, 후가 되다. 식읍은 1,500호다[以匈奴東胡王降, 故燕王盧綰子侯, 千五百戶].
경제 16년	2위. 경제 중 5년 4월 정사일, 간후簡侯 노타보 원년.
	3위. 경제 후 원년, 안후安侯 노종盧種 원년.
무제 36년	11위. 건원 원년, 강후康侯 노편盧偏 원년.
	25위. 원광 6년, 후康 노하盧賀 원년.
무제 18년	15위. 정화 2년 7월 신사일, 후 노하가 태자의 일에 연좌되어 봉지가 폐지되다[十五. 征和二年七月辛巳, 侯賀坐太子事, 國除].

융려후隆慮侯 진교陳蟜

후공侯功	경제의 누이동생인 관도공주館陶公主 유표劉嫖의 아들로, 후가 되다. 식읍은 4,126호다[以長公主嫖子侯, 戶四千一百二十六].
경제 16년	5위. 경제 중 5년 5월 정축일, 후侯 진교 원년*.
무제 36년	24위. 원정 원년, 후 진교가 모친인 관도공주의 상喪에 아직 상복을 벗지도 않았는데 간음을 하는 등 금수의 행동을 하다. 사형이 마땅한데 자진해 봉지가 폐지되다[二十四. 元鼎元年, 侯蟜坐母長公主薨未除服, 姦, 禽獸行, 當死, 自殺, 國除].
무제 18년	

승씨후乘氏侯 유매劉買

후공侯功	양효왕 유무의 아들로, 후가 되다[以梁孝王子侯]
경제 16년	경제 중 5년 5월 정묘일, 후侯 유매 원년.
	경제 중 6년, 후 유매가 양왕梁王으로 승작하면서 봉지가 폐지되다[中六年, 侯買嗣爲梁王, 國除].
무제 36년	
무제 18년	

환읍후桓邑侯 유명劉明

후공侯功	양효왕 유무의 아들로, 후가 되다[以梁孝王子侯].
경제 16년	1위. 경제 중 5년 5월 정묘일, 후侯 유명 원년.
	경제 중 6년, 제천왕으로 승작하면서 봉지가 폐지되다[中六年, 爲濟川王, 國除].
무제 36년	
무제 18년	

● 《사기집해》는 서광의 말을 인용해 진교 원년이 〈본기〉에는 "경제 전前 5년"으로 나온다고 했다.

갑후蓋侯 왕신王信

후공侯功	경제 황후의 오라비로, 후가 되다. 식읍은 2,890호다[以孝景后兄侯, 戶二千八百九十].
경제 16년	5위. 경제 중 5년 5월 갑술일, 정후靖侯 왕신 원년.
무제 36년	20위. 원수 3년, 후侯 왕언王偃 원년.
	8위. 원정 5년, 후 왕언이 주금 사건에 연좌되어 봉지가 폐지되다[八. 元鼎五年, 侯偃坐酎金, 國除].
무제 18년	

새후塞侯 직불의直不疑

후공侯功	어사대부가 되어 전에 병사를 이끌고 오초를 공격하는 공을 세워 후가 되다. 식읍은 1,046호다[以御史大夫前將兵擊吳楚功侯, 戶千四十六].
경제 16년	3위. 경제 후 원년 8월, 후侯 직불의 원년.
무제 36년	3위. 건원 4년, 후侯 직상여直相如 원년.
	12위. 원삭 4년, 후侯 직견直堅 원년.
	13위. 원정 5년, 후 직견이 주금 사건에 연좌되어 봉지가 폐지되다[十三. 元鼎五年, 堅坐酎金, 國除].
무제 18년	

무안후武安侯 전분田蚡

후공侯功	경제의 황후와 같은 어머니에게서 난 동생으로, 후가 되다. 식읍은 8,214호다[以孝景后同母弟侯, 戶八千二百一十四].
경제 16년	1위. 경제 후 3년 3월, 후侯 전분 원년.
무제 36년	9위. 원광 4년, 후侯 전오田梧 원년.
	5위. 원삭 3년, 후 전오가 남녀 공용의 간편복인 첨유襜襦를 입고 입궁하는 불경스러운 일에 연좌되어 봉지가 폐지되다[五. 元朔三年, 侯梧坐衣襜襦入宮廷中, 不敬, 國除].
무제 18년	

주양후周陽侯 전승田勝

후공侯功	경제의 황후와 같은 어머니에게서 난 동생으로, 후가 되다. 식읍은 6,026호다[以孝景后同母弟侯, 戶六千二十六].
경제 16년	1위. 경제 후 3년 3월, 의후懿侯 전승 원년.
무제 36년	11위. 원광 6년, 후侯 전팽조田彭祖 원년.
	8위. 원수 2년, 후 전팽조가 장후章侯•에게 집을 돌려주지 않은 일에 연좌되어 봉지가 폐지되다[八. 元狩二年, 侯彭祖坐當歸與章侯宅不與罪, 國除].
무제 18년	

이상이 경제 때 봉해진 서른 명의 제후다.••

◉◉ 右孝景時三十.

• 청나라 말기의 고증학자 왕선겸王先謙은 《한서보주漢書補註》에서 무제 때 장후라는 인물은 없었다며 이를 장무후 두광국의 잘못으로 보았다.
•• 원문은 서른 명으로 되어 있으나 모두 서른한 명이다.

권 20

건원이래후자연표

建元以來侯者年表

〈건원이래후자연표〉는 무제 건원 원년(기원전 140)부터 태초太初 연간 (기원전 104~101)에 이르는 시기에 제후로 봉해진 자들의 사적을 표로 만든 것이다. 표의 양식은 〈고조공신후자연표〉·〈혜경간후자연표〉 와 같다. 다만 사마천이 활약한 무제 때의 사적을 보다 세밀히 추적 하고 있는 점이 약간 다르다. 당시의 현대사를 중시한 셈이다.

태사공은 평한다.

"흉노는 한나라와 화친을 끊고, 변경의 요로要路와 요새를 자주 침공했다. 민월閩越이 멋대로 동구東甌를 치자 동구가 한나라에 투항 의사를 밝히며 긴급하게 구원을 요청했다. 흉노와 민월의 두 이적이 번갈아 쳐들어온 시점은 한나라가 전성기를 구가할 때다. 당시 공신들이 봉지를 받은 것은 조상이 세운 공에 비견할 만하다. 이는 무슨 까닭인가?《시》와《서》도 삼대三代 때 '융과 적을 공격하고, 형과 도荼를 응징했다'고 칭송했다. 제환공은 연나라를 넘어가 산융을 토벌했고, 조무령왕은 적은 병력으로 흉노의 선우單于를 굴복시켰다. 진목공은 백리해百里奚를 등용해 서융의 패자가 되었고, 오나라와 초나라의 군주는 제후의 신분으로 백월百越을 부렸다. 하물며 중원이 통일되고, 밝은 천자가 재위하며 문무를 겸비하고, 천하를 석권해 안으로 억만의 백성이 단합한 상황에서 어찌 한가한 모습을 보이며 변경 침공자들을 그대로 둘 리 있겠는가! 이때 이후 마침내 군사를 파견해 북쪽으로 강대한 흉노, 남쪽으로 강경한 월족越族을 주살했다. 당시 공을 세운 장졸將卒은 차례로 봉지를 받았다."

●● 太史公曰, "匈奴絶和親, 攻當路塞, 閩越擅伐, 東甌請降. 二夷交侵, 當盛漢之隆, 以此知功臣受封侔於祖考矣. 何者? 自詩·書稱三代 '戎狄是膺, 荊荼是徵', 齊桓越燕伐山戎, 武靈王以區區趙服單于, 秦繆用百里霸西戎, 吳楚之君以諸侯役百越. 況乃以中國一統, 明天子在上, 兼文武, 席卷四海, 內輯億萬之衆, 豈以晏然不爲邊境征伐哉! 自是後, 遂出師北討彊胡, 南誅勁越, 將卒以次封矣."

흡후翕侯 조신趙信

후공侯功	흉노의 재상으로 있다가 투항해 후가 되다. 원삭 2년에 거기장군 휘하에 소속되다. 흉노를 공격한 공으로 봉지를 더하다[匈奴相降, 侯. 元朔二年, 屬車騎將軍, 擊匈奴有功, 益封].
원광元光	3위. 원광 4년 7월 임오일, 후侯 조신 원년.
원삭元朔	5위. 원삭 6년, 후 조신이 전장군前將軍이 되어 흉노를 공격하다. 선우의 군사와 조우해 패하다. 조신이 흉노에게 투항해 봉지가 폐지되다 [五. 六年, 侯信爲前將軍擊匈奴, 遇單于兵, 敗, 信降匈奴, 國除].
원수元狩	
원정元鼎	
원봉元封	
태초太初	

지장후持裝侯 악樂

후공侯功	흉노의 도위로 있다가 투항해 후가 되다[匈奴都尉降, 侯].
원광元光	원광 6년 후後 9월 병인일, 후後* 악 원년.
원삭元朔	
원수元狩	
원정元鼎	원정 원년, 후 악이 죽다. 후손이 없어 봉지가 폐지되다[元年, 侯樂死, 無後, 國除].
원봉元封	
태초太初	

친양후親昜侯 월지月氏

후공侯功	흉노의 재상으로 있다가 투항해 후가 되다[匈奴相降, 侯].

● 《사기색은》에 따르면 《한서》 〈연표〉에는 원후轅侯로 나온다.

원광元光	
원삭元朔	3위. 원삭 2년 10월 계사일, 후侯 월지 원년.
	원삭 5년, 후 월지가 달아나다가 참수되고, 봉지도 폐지되다[五年, 侯月氏坐亡斬, 國除].
원수元狩	
원정元鼎	
원봉元封	
태초太初	

약양후若陽侯 맹猛

후공侯功	흉노의 재상으로 있다가 투항해 후가 되다[匈奴相降, 侯].
원광元光	
원삭元朔	3위. 원삭 2년 10월 계사일, 후侯 맹 원년.
	원삭 5년, 후 맹이 달아나다가 참수되고, 봉지도 폐지되다[五年, 侯猛坐亡斬, 國除].
원수元狩	
원정元鼎	
원봉元封	
태초太初	

장평후長平侯 위청衛靑

후공侯功	원삭 2년, 다시 거기장군이 되어 흉노를 공격하다. 삭방朔方과 하남을 손에 넣은 공으로 후가 되다. 원삭 5년, 대장군이 되어 흉노를 공격하다. 우현왕右賢王을 격파한 공으로 봉지 3,000호를 더하다[以元朔二年再以車騎將軍擊匈奴, 取朔方·河南功侯. 元朔五年, 以大將軍擊匈奴, 破右賢王, 盆封三千戶].
원광元光	
원삭元朔	5위. 원삭 2년 3월 병진일, 열후烈侯 위청 원년.
원수元狩	

원정元鼎	
원봉元封	
태초太初	태초 원년, 금후今侯 위항衛亢 원년.

평릉후平陵侯 소건蘇建

후공侯功	도위가 되어 거기장군 위청을 쫓아 흉노를 공격한 공으로 후가 되다. 원삭 5년, 유격장군이 되어 대장군을 쫓아 종군한 공으로 봉지를 더하다[以都尉從車騎將軍靑擊匈奴功侯, 以元朔五年, 用遊擊將軍從大將軍, 益封].
원광元光	
원삭元朔	5위. 원삭 2년 3월 병진일, 후侯 소건 원년.
원수元狩	
원정元鼎	6위. 원정 6년, 후 소건이 우장군右將軍이 되어 흡후 조신과 함께 선우의 군사에게 패하다. 홀로 탈출해 귀국하다. 참수가 마땅한데 돈으로 속죄하고, 봉지는 폐지되다[六, 六年, 侯建爲右將軍, 與翕侯信俱敗, 獨身脫來歸, 當斬, 贖, 國除]
원봉元封	
태초太初	

안두후岸頭侯 장차공張次公

후공侯功	도위 출신으로 거기장군 위청을 쫓아 흉노를 공격한 공으로 후가 되다. 원삭 6년, 대장군을 쫓아 종군한 공으로 봉지를 더하다[以都尉從車騎將軍靑擊匈奴功侯, 元朔六年, 從大將軍, 益封].
원광元光	
원삭元朔	5위. 원삭 2년 6월 임신일, 후侯 장차공 원년.
원수元狩	원수 원년, 후 장차공이 회남왕 유안의 딸과 간통하고 뇌물을 받은 일에 연좌되어 봉지가 폐지되다[元年, 次公坐與淮南王女姦, 及受財物罪, 國除].
원정元鼎	
원봉元封	
태초太初	

평진후平津侯 **공손홍**公孫弘

후공侯功	승상이 되어 조서를 활용해 포상을 한 공으로 후가 되다[以丞相詔所襃侯].
원광元光	
원삭元朔	4위. 원삭 5년 11월 을축일, 헌후獻侯 공손홍 원년.
원수元狩	2위.
	4위. 원수 3년, 후侯 공손경 원년.
원정元鼎	
원봉元封	3위. 원봉 4년, 후 공손경이 산양 태수로 있으면서 죄를 지은 일에 연좌되어 봉지가 폐지되다[三. 四年, 侯慶坐爲山陽太守有罪, 國除].
태초太初	

섭안후涉安侯 **어단**於單

후공侯功	흉노 선우의 태자로 있다가 투항해 후가 되다[以匈奴單于太子降侯].
원광元光	
원삭元朔	1위. 원삭 3년 4월 병자일, 후侯 어단 원년.
	이해 5월에 죽다. 후손이 없어 봉지가 폐지되다[五月, 卒, 無後, 國除].
원수元狩	
원정元鼎	
원봉元封	
태초太初	

창무후昌武侯 **조안계**趙安稽

후공侯功	흉노의 추장으로 있다가 투항해 후가 되다. 창무후가 되어 표기장군驃騎將軍 곽거병霍去病을 쫓아 종군하다. 흉노 좌현왕左賢王을 공격한 공으로 봉지가 더해지다[以匈奴王降侯. 以昌武侯從驃騎將軍擊左賢王功, 益封].
원광元光	
원삭元朔	3위. 원삭 4년 10월 경신일, 견후堅侯 조안계 원년.
원수元狩	

원정元鼎	
원봉元封	1위.
	5위. 원봉 2년, 후侯 조충국趙充國 원년.
태초太初	태초 원년, 후 조충국이 서거하다. 후손이 사라져 봉지가 폐지되다[太初元年, 侯充國薨, 亡後, 國除].

양성후襄城侯 무룡無龍

후공侯功	흉노의 상국으로 있다가 투항해 후가 되다[以匈奴相國降侯].
원광元光	
원삭元朔	3위. 원삭 4년 10월 경신일, 후侯 무룡 원년.
원수元狩	
원정元鼎	
원봉元封	
태초太初	1위. 태초 2년, 무룡이 착야후浞野侯 조파노趙破奴를 쫓아 종군했다가 전사하다[一. 太初二年, 無龍從浞野侯戰死].
	2위. 태초 3년, 후侯 병이病已 원년.

남표후南㠊侯* 공손하公孫賀

후공侯功	기장군騎將軍이 되어 대장군 위청을 쫓아 흉노를 공격해 흉노왕을 포획한 공으로 후가 되다. 태초 2년, 승상이 되어 갈역후葛繹侯에 봉해지다[以騎將軍從大將軍青擊匈奴得王功侯. 太初二年, 以丞相封爲葛繹侯].
원광元光	
원삭元朔	2위. 원삭 5년 4월 정미일, 후侯 공손하 원년.
원수元狩	
원정元鼎	4위. 원정 5년, 후 공손하가 주금 사건에 연좌되어 봉지가 폐지되고, 세습이 끊기다. 7년 동안 이어지다[四. 五年, 賀坐酎金, 國除, 絶, 七歲].
원봉元封	

• 《사기》〈위장군표열전〉과 《자치통감》에는 남표가 남교南㠊로 나온다.

태초太初	13위. 태초 2년 3월 정묘일, 갈역후에 봉해지다. 정화 2년, 공손하의 아들 공손경성公孫敬聲이 죄를 지어 봉지가 폐지되다[十三. 太初二年三月丁卯, 封葛繹侯. 征和二年, 賀子敬聲有罪, 國除].

합기후合騎侯 공손오公孫敖

후공侯功	호군도위護軍都尉가 되어 대장군 위청을 세 번 쫓아가 흉노를 공격하다. 우현왕의 궁정에서 왕을 포획한 공으로 후가 되다. 원삭 6년, 봉지가 더해지다[以護軍都尉三從大將軍擊匈奴, 至右賢王庭, 得王功侯. 元朔六年益封].
원광元光	
원삭元朔	2위. 원삭 5년 4월 정미일, 후侯 공손오 원년.
원수元狩	1위. 원수 2년, 후 공손오가 군사를 이끌고 흉노를 공격하다. 표기장군과 만나기로 약속했으나 이후 겁을 먹고 나약한 모습을 보이다. 참수가 마땅한데 속죄해 서인이 되고 봉지가 폐지되다[一. 二年, 侯敖將兵擊匈奴, 與驃騎將軍期, 後, 畏懦, 當斬, 贖爲庶人, 國除].
원정元鼎	
원봉元封	
태초太初	

낙안후樂安侯 이채李蔡

후공侯功	경거장군輕車將軍이 되어 대장군 위청을 두 번 쫓아가 흉노를 공격하고 흉노왕을 포획한 공으로 후가 되다[以輕車將軍再從大將軍青擊匈奴得王功侯].
원광元光	
원삭元朔	2위. 원삭 5년 4월 정미일, 후侯 이채 원년.
원수元狩	4위. 원수 5년, 후 이채가 승상이 되어 경제의 능묘인 효경원孝景園으로 들어가는 길 주변의 공지를 침범하는 일에 연좌되어 자진하고, 봉지도 폐지되다[四. 五年, 侯蔡以丞相盜孝景園神道壖地罪, 自殺, 國除].
원정元鼎	
원봉元封	
태초太初	

용액후龍額侯 한열韓說

후공侯功	도위가 되어 대장군 위청을 쫓아 흉노를 공격하고 왕을 포획한 공으로 후가 되다. 원정 6년, 횡해장군橫海將軍이 되어 동월東越을 공격한 공으로 안도후가 되다[以都尉從大將軍青擊匈奴得王功侯. 元鼎六年, 以橫海將軍擊東越功, 爲案道侯].
원광元光	
원삭元朔	2위. 원삭 5년 4월 정미일, 후侯 한열 원년.
원수元狩	
원정元鼎	4위. 원정 5년, 후 한열이 주금 사건에 연좌되어 봉지 세습이 끊기다. 2년 뒤 다시 후에 봉해지다[四. 五年, 侯說坐酎金, 國絶. 二歲復侯].
원봉元封	6위. 원봉 원년 5월 정묘일, 안도후 한열韓說 원년.
태초太初	13위. 정화 2년, 아들 한장대韓長大가 작위를 대신했으나 죄를 지어 세습이 끊기다. 아들 한증韓曾이 다시 용액후龍額侯에 봉해지다[十三. 征和二年, 子長代, 有罪, 絶. 子曾復封爲龍額侯].

수성후隨成侯 조불우趙不虞

후공侯功	교위校尉가 되어 대장군 위청을 세 번 쫓아가 흉노를 공격하다. 농오農吾를 치고, 석루石累의 성벽에 먼저 올라 흉노왕을 포획하는 공을 세워 후가 되다[以校尉三從大將軍青擊匈奴, 攻農吾, 先登石累, 得王功侯].
원광元光	
원삭元朔	2위. 원삭 5년 4월 을묘일, 후侯 조불우 원년.
원수元狩	3위. 원수 3년, 후 조불우가 정양도위定襄都尉가 되어 흉노가 태수를 패배시킨 것을 실정과 다르게 보고하는 기만행위에 연좌되어 봉지가 폐지되다[三. 三年, 侯不虞坐爲定襄都尉, 匈奴敗太守, 以聞非實, 謾, 國除].
원정元鼎	
원봉元封	
태초太初	

종평후從平侯 **공손융노**公孫戎奴

후공侯功	교위가 되어 대장군 위청을 세 번 쫓아가 흉노를 공격하다. 우현왕의 궁정에서 여러 번 우익羽翼이 되어 석산石山에 먼저 오른 공으로 후가 되다[以校尉三從大將軍青擊匈奴, 至右賢王庭, 數爲雁行上石山先登功侯].
원광元光	
원삭元朔	2위. 원삭 5년 4월 을묘일, 공손융노 원년.
원수元狩	1위. 원수 2년, 후 공손융노가 상군 태수가 되어 군사를 동원해 흉노를 칠 때 보고를 제대로 하지 않은 기만행위에 연좌되어 봉지가 폐지되다[一. 二年, 侯戎奴坐爲上郡太守發兵擊匈奴, 不以聞, 謾, 國除].
원정元鼎	
원봉元封	
태초太初	

섭지후涉軹侯 **이삭**李朔

후공侯功	교위가 되어 대장군 위청을 세 번 쫓아가 흉노를 치다. 우현왕의 궁정에서 왕을 포획하고, 흉노왕의 부인 알지閼氏를 생포한 공으로 후가 되다[以校尉三從大將軍擊匈奴, 至右賢王庭, 得王, 虜閼氏功侯].
원광元光	
원삭元朔	2위. 원삭 5년 4월 정미일, 후侯 이삭 원년.
원수元狩	원수 원년, 후 이삭이 죄를 지어 봉지가 폐지되다[元年, 侯朔有罪, 國除].
원정元鼎	
원봉元封	
태초太初	

의춘후宜春侯 **위항**衛亢

후공侯功	부친인 대장군 위청이 우현왕을 격파한 공으로 후가 되다[以父大將軍青破右賢王功侯].
원광元光	
원삭元朔	2위. 원삭 5년 4월 정미일, 후侯 위항 원년.
원수元狩	

원정元鼎	원정 원년, 후 위항이 비록 해를 끼치지는 않았으나 조서를 왜곡한 일에 연좌되어 봉지가 폐지되다[元年, 伉坐矯制不害, 國除].
원봉元封	
태초太初	

음안후陰安侯 위불의衛不疑

후공侯功	부친인 대장군 위청이 우현왕을 격파한 공으로 후가 되다[以父大將軍青破右賢王功侯].
원광元光	
원삭元朔	2위. 원삭 5년 4월 정미일, 후侯 위불의 원년.
원수元狩	
원정元鼎	4위. 원삭 5년, 후 위불의가 주금 사건에 연좌되어 봉지가 폐지되다[四. 五年, 侯不疑坐酎金, 國除].
원봉元封	
태초太初	

발간후發幹侯 위등衛登

후공侯功	부친인 대장군 위청이 우현왕을 격파한 공으로 후가 되다[以父大將軍青破右賢王功侯].
원광元光	
원삭元朔	2위. 원삭 5년 4월 정미일, 후侯 위등 원년.
원수元狩	
원정元鼎	4위. 원정 5년, 후 위등이 주금 사건에 연좌되어 봉지가 폐지되다[四. 五年, 侯登坐酎金, 國除].
원봉元封	
태초太初	

박망후博望侯 장건張騫

후공侯功	교위가 되어 대장군을 쫓아 6년 동안 흉노를 공격하다. 산천의 지형을 익히 알고 미리 멀리 떨어진 대하大夏에 사자로 다녀온 공으로 후가 되다[以校尉從大將軍六年擊匈奴, 知水道, 及前使絶域大夏功侯].
원광元光	
원삭元朔	1위. 원삭 6년 3월 갑진일, 후侯 장건 원년.
원수元狩	1위. 원수 2년, 후 장건이 장군이 되어 흉노를 공격하면서 두려운 모습을 보인 일에 연좌되다. 참수가 마땅한데 속죄해 봉지가 폐지되다[一. 二年, 侯騫坐以將軍擊匈奴畏懦, 當斬, 贖, 國除].
원정元鼎	
원봉元封	
태초太初	

관군후冠軍侯 곽거병郭去病

후공侯功	표요교위嫖姚校尉가 되어 대장군 위청을 쫓아 두 번 종군하다. 6년 동안 대장군을 쫓아가 흉노를 공격하다. 흉노의 상국을 참수한 공으로 후가 되다. 원수 2년, 표기장군이 되어 흉노를 공격해 기련산祁連山에 이르는 공을 세워 봉지가 더해지다. 혼야왕渾邪王을 맞이해 봉지가 더해지다. 좌우현왕左右賢王을 공격해 다시 봉지가 더해지다[以嫖姚校尉再從大將軍, 六年從大將軍擊匈奴, 斬相國功侯, 元狩二年, 以驃騎將軍擊匈奴, 至祁連, 益封, 迎渾邪王, 益封, 擊左右賢王, 益封].
원광元光	
원삭元朔	1위. 원삭 6년 4월 임신일, 경환후景桓侯 곽거병 원년.
원수元狩	
원정元鼎	6위. 원정 원년, 애후哀侯 곽선郭嬗 원년[六. 元年, 哀侯嬗元年].
원봉元封	원봉 원년, 애후 곽선이 서거했으나 후손이 없어 봉지가 폐지되다[元年, 哀侯嬗薨, 無後, 國除].
태초太初	

중리후衆利侯 학현郝賢

후공侯功	상곡上谷 태수가 되어 대장군 위청을 쫓아 네 번 종군하다. 6년 동안 흉노를 공격하면서 수급을 포함해 1,000명 이상을 노획한 공으로 후가 되다[以上谷太守四從大將軍, 六年擊匈奴, 首虜千級以上功侯].
원광元光	
원삭元朔	1위. 원삭 6년 5월 임진일, 후侯 학현 원년.
원수元狩	1위. 원수 2년, 후 학현이 상곡 태수가 되어 수자리를 서는 병사인 수졸戍卒의 재물을 손에 넣고 위에 그릇되게 보고하는 기만죄에 연좌되어 봉지가 폐지되다[一. 二年, 侯賢坐爲上谷太守入戍卒財物上計謾罪, 國除].
원정元鼎	
원봉元封	
태초太初	

요후瘳侯 난자煖訾

후공侯功	흉노의 조왕으로 있다가 투항해 후가 되다[以匈奴趙王降, 侯].
원광元光	
원삭元朔	
원수元狩	1위. 원수 원년 7월 임오일, 도후悼侯 조왕趙王 난자 원년.
	원수 2년, 난자가 죽다. 후손이 없어 봉지가 폐지되다[二年, 暖訾死, 無後, 國除].
원정元鼎	
원봉元封	
태초太初	

의관후宜冠侯 고불식高不識

후공侯功	교위가 되어 표기장군을 쫓아 종군하다. 2년 동안 두 번 출격해 흉노를 공격한 공으로 후가 되다. 전에 흉노로 있다가 귀의한 인물이다[以校尉從驃騎將軍二年再出擊匈奴功侯. 故匈奴歸義].
원광元光	
원삭元朔	

원수元狩	2위. 원수 2년 정월 을해일, 후侯 고불식 원년.
	원수 4년, 고불식이 흉노를 공격하다. 군공을 부풀려 수급의 숫자가 맞지 않다. 참수가 마땅한데 속죄하고 봉지가 폐지되다[四年, 不識擊匈奴, 戰軍功增首不以實, 當斬, 贖罪, 國除].
원정元鼎	
원봉元封	
태초太初	

휘거후煇渠侯 복다僕多

후공侯功	교위가 되어 표기장군을 쫓아 종군하다. 2년 동안 두 번 출격해 흉노를 공격하고 왕을 포획하는 공을 세워 후가 되다. 교위가 되어 표기장군을 쫓아 종군하면서 2년 동안 다섯 명의 왕을 포획한 공으로 봉지가 더해지다. 전에 흉노로 있다가 귀의한 인물이다[以校尉從驃騎將軍二年再出擊匈奴, 得王功侯. 以校尉從驃騎將軍二年虜五王功, 益封. 故匈奴歸義].
원광元光	
원삭元朔	
원수元狩	5위. 원수 2년 2월 을축일, 충후忠侯 복다 원년.
원정元鼎	3위.
	3위. 원정 4년, 후侯 복전僕電 원년.
원봉元封	
태초太初	

종표후從驃侯 조파노趙破奴

후공侯功	사마가 되어 표기장군을 쫓아 출격해 흉노 진영 깊숙이 들어가 두 명의 왕자와 기장을 포획한 공으로 후가 되다. 흉하장군匈河將軍이 되어 원봉 3년에 누란樓蘭을 친 공으로 다시 후가 되다[以司馬再從驃騎將軍數深入匈奴, 得兩王子騎將功侯. 以匈河將軍元封三年擊樓蘭功, 復侯].
원광元光	
원삭元朔	
원수元狩	5위. 원수 2년 5월 정축, 후侯 조파노 원년.

원정元鼎	4위. 원정 5년, 후 조파노가 주금 사건에 연좌되어 봉지가 폐지되다 [四. 五年, 侯破奴坐酎金, 國除].
원봉元封	봉지 착야涩野. 4위. 원봉 3년, 후 조파노 원년.
태초太初	1위. 태초 2년, 후 조파노가 준계장군浚稽將軍이 되어 흉노를 공격하 다. 군사를 잃고, 포로로 잡혀 봉지가 폐지되다[一. 二年, 侯破奴以浚稽將 軍擊匈奴, 失軍, 爲虜所得, 國除].

하휘후下麾侯 호독니呼毒尼

후공侯功	흉노의 추장으로 있다가 투항해 후가 되다[以匈奴王降侯].
원광元光	
원삭元朔	
원수元狩	5위. 원수 2년 6월 을해일, 후侯 호독니 원년.
원정元鼎	4위. 2위. 원정 5년, 양후煬侯 이즉헌伊卽軒 원년.
원봉元封	
태초太初	

탑음후漯陰侯 혼야渾邪

후공侯功	흉노 혼야왕으로 있다가 10만 명의 군사를 이끌고 투항해 후가 되다. 식읍은 1만 호다[以匈奴渾邪王將衆十萬降侯, 萬戶].
원광元光	
원삭元朔	
원수元狩	4위. 원수 2년 7월 임오일, 정후定侯 혼야 원년.
원정元鼎	6위. 원정 원년, 위후魏侯 소蘇 원년.
원봉元封	5위. 원봉 5년, 위후 소가 서거했으나 후손이 없어 봉지가 폐지되다 [五. 五年, 魏侯蘇薨, 無後, 國除].
태초太初	

휘거후煇渠侯 편자扁訾

후공侯功	흉노의 추장으로 있다가 투항해 후가 되다[以匈奴王降侯].
원광元光	
원삭元朔	
원수元狩	4위. 원수 3년 7월 임오일, 도후悼侯 편자 원년.
원정元鼎	1위. 원정 2년, 후 편자가 죽다. 후손이 없어 봉지가 폐지되다[一. 二年, 侯扁訾死, 無後, 國除].
원봉元封	
태초太初	

하기후河綦侯 오리烏犁

후공侯功	흉노 우왕右王으로 있다가 혼야왕과 함께 투항해 후가 되다[以匈奴右王與渾邪降侯].
원광元光	
원삭元朔	
원수元狩	4위. 원수 3년 7월 임오일, 강후康侯 오리 원년.
원정元鼎	2위. 4위. 원정 3년, 여리제餘利鞮 원년.
원봉元封	
태초太初	

상락후常樂侯 조조稠雕

후공侯功	흉노의 대당호大當戶로 있다가 혼야왕과 함께 투항해 후가 되다[以匈奴大當戶與渾邪降侯].
원광元光	
원삭元朔	
원수元狩	4위. 원수 3년 7월 임오일, 비후肥侯 조조 원년.

원정元鼎	
원봉元封	
태초太初	2위. 태초 3년, 금후今侯 광한廣漢 원년.

부리후符離侯 노박덕路博德

후공侯功	우북평右北平 태수가 되어 표기장군을 좇아 종군하다. 4년 동안 흉노 우왕을 공격하며 다시 합세할 것을 기약하다. 수급을 포함해 2,700명을 노획한 공으로 후가 되다[以右北平太守從驃騎將軍四年擊右王, 將重會期, 首虜二千七百人功侯].
원광元光	
원삭元朔	
원수元狩	3위. 원수 4년 6월 정묘일, 후侯 노박덕 원년.
원정元鼎	
원봉元封	
태초太初	태초 원년, 후 노박덕이 죄를 지어 봉지가 폐지되다[太初元年, 侯路博德有罪, 國除].

장후壯侯 복륙지復陸支

후공侯功	흉노로서 흉노 인순왕因淳王 복륙지復陸支에게 귀의한 뒤 표기장군을 좇아 종군하다. 4년 동안 흉노 좌왕左王을 공격하다. 소수의 병사로 다수의 적을 깨뜨리다. 수급을 포함해 2,100명을 노획한 공을 세워 후가 되다[以匈奴歸義因淳王, 從驃騎將軍四年擊左王, 以少破多, 捕虜二千一百人功侯].
원광元光	
원삭元朔	
원수元狩	3위. 원수 4년 6월 정묘일, 후侯 복륙지 원년.
원정元鼎	2위.
	4위. 원정 3년, 금후今侯 언偃 원년.
원봉元封	
태초太初	

중리후衆利侯 이즉헌伊卽軒●

후공侯功	흉노로서 누전왕樓剸王 이즉헌에게 귀의한 뒤 표기장군을 쫓아 종군하다. 4년 동안 흉노 우왕을 공격하다. 직접 칼을 들고 싸운 공으로 후가 되다[以匈奴歸義樓剸王, 從驃騎將軍四年擊右王, 手自劍合功侯].
원광元光	
원삭元朔	
원수元狩	3위. 원수 4년 6월 정묘일, 질후質侯 이즉헌 원년.
원정元鼎	
원봉元封	5위.
	1위. 원봉 6년, 금후今侯 당시當時 원년.
태초太初	

상성후湘成侯 창도락敝屠洛

후공侯功	흉노 부리왕符離王으로 있다가 투항해 후가 되다[以匈奴符離王降侯].
원광元光	
원삭元朔	
원수元狩	3위. 원수 4년 6월 정묘일, 후侯 창도락 원년.
원정元鼎	4위. 원정 5년, 후 창도락이 주금 사건에 연좌되어 봉지가 폐지되다[四. 五年, 侯敝屠洛坐酎金, 國除].
원봉元封	
태초太初	

의양후義陽侯 위산衛山

후공侯功	북지도위가 되어 표기장군을 쫓아 종군하다. 4년 동안 흉노 좌왕을 공격해 왕을 포획하는 공을 세워 후가 되다[以北地都尉從驃騎將軍四年擊左王, 得王功侯].
원광元光	

●《한서》〈위청곽거병전衛靑霍去病傳〉에는 이즉간伊卽軒으로 나온다.

원삭元朔	
원수元狩	3위. 원수 4년 6월 정묘일, 후侯 위산 원년.
원정元鼎	
원봉元封	
태초太初	

산후散侯 동여오董荼吾[•]

후공侯功	흉노의 도위로 있다가 투항해 후가 되다[以匈奴都尉降侯].
원광元光	
원삭元朔	
원수元狩	3위. 원수 4년 6월 정묘일, 후侯 동여오 원년.
원정元鼎	
원봉元封	
태초太初	2위. 2위. 태초 3년, 금후今侯 안한安漢 원년.

장마후臧馬侯 연년延年

후공侯功	흉노의 추장으로 있다가 투항해 후가 되다[以匈奴王降侯].
원광元光	
원삭元朔	
원수元狩	1위. 원수 4년 6월 정묘일, 강후康侯 연년 원년. 원수 5년, 후 연년이 죽다. 후사를 두지 못해 봉지가 폐지되다[五年, 侯 延年死, 不得置後, 國除].
원정元鼎	
원봉元封	
태초太初	

[•] 《사기색은》에 따르면 여오荼吾는 흉노의 강 이름이다. 여기서 여荼는 '도'가 아닌 '여'로 읽는다.

주자남군후周子南君侯 희가姬嘉

후공侯功	주나라의 뒤를 계속 이어가기 위해 봉해지다[以周後紹封].
원광元光	
원삭元朔	
원수元狩	
원정元鼎	3위. 원정 4년 11월 정묘일, 후侯 희가 원년.
원봉元封	3위.
	3위. 원봉 4년, 희군매姬君買 원년.
태초太初	

악통후樂通侯 난대欒大

후공侯功	방술方術을 인정받아 후가 되다[以方術侯].
원광元光	
원삭元朔	
원수元狩	
원정元鼎	1위. 원정 4년 4월 을사일, 후侯 오리장군 난대 원년.
	원정 5년, 후 난대가 죄를 지어 참수되고, 봉지도 폐지되다[五年, 侯大有罪, 斬, 國除].
원봉元封	
태초太初	

요후瞭侯 차공次公

후공侯功	흉노 귀의왕歸義王으로 투항해 후가 되다[以匈奴歸義王降侯].
원광元光	
원삭元朔	
원수元狩	
원정元鼎	1위. 원정 4년 6월 병오일, 후侯 차공 원년.
	원정 5년, 후 차공이 주금 사건에 연좌되어 봉지가 폐지되다[五年, 侯次公坐酎金, 國除].

원봉元封	
태초太初	

술양후術陽侯 조건덕趙建德

후공侯功	남월왕南越王 조흥趙興의 형으로 남월의 고창후高昌侯다[以南越王兄越高昌侯].
원광元光	
원삭元朔	
원수元狩	
원정元鼎	1위. 원정 4년, 후侯 조건덕 원년. 원정 5년, 후 조건덕이 죄를 지어 봉지가 폐지되다[五年, 侯建德有罪, 國除].
원봉元封	
태초太初	

용항후龍亢侯 광덕廣德

후공侯功	교위 규악撥樂이 남월을 공격하다 죽자 그 아들이 후가 되다[以校尉撥樂擊南越, 死事, 子侯].
원광元光	
원삭元朔	
원수元狩	
원정元鼎	2위. 원정 5년 3월 임오일, 후侯 광덕 원년.
원봉元封	6위. 원봉 6년, 후 광덕이 죄를 지어 봉지가 폐지되다[六. 六年, 侯廣德有罪誅, 國除].
태초太初	

성안후成安侯 연년延年

후공侯功	교위 한천추韓千秋가 남월을 공격하다 죽자 그 아들이 후가 되다[以校尉韓千秋擊南越, 死事, 子侯].
원광元光	
원삭元朔	
원수元狩	
원정元鼎	2위. 원정 5년 3월 임자일, 후侯 연년 원년.
원봉元封	6위. 원정 6년, 후 연년이 죄를 지어 봉지가 폐지되다[六. 六年, 侯延年有罪, 國除].
태초太初	

곤후昆侯 거복루渠復累

후공侯功	속국의 대저거大且渠로 흉노를 공격한 공으로 후가 되다[以屬國大且渠擊匈奴功侯].
원광元光	
원삭元朔	
원수元狩	
원정元鼎	2위. 원정 5년 5월 무술일, 후侯 거복루 원년.
원봉元封	
태초太初	

기후騏侯 구기駒幾

후공侯功	속국의 기병으로 흉노를 공격하고, 선우의 형을 포획한 공으로 후가 되다[以屬國騎擊匈奴, 捕單于兄功侯].
원광元光	
원삭元朔	
원수元狩	
원정元鼎	2위. 원정 5년 6월 임자일, 후侯 구기 원년.
원봉元封	

태초太初	

양기후梁期侯 임파호任破胡

후공侯功	속국의 도위로 5년 동안 출격해 흉노를 공격하고, 복루치만復累絺緻 등을 포획한 공으로 후가 되다[以屬國都尉五年間出擊匈奴, 得復累絺緻等 功侯].
원광元光	
원삭元朔	
원수元狩	
원정元鼎	2위. 원정 5년 7월 신사일, 후侯 임파호 원년.
원봉元封	
태초太初	

목구후牧丘侯 석경石慶

후공侯功	승상이 되어 만석군萬石君의 군호君號를 받은 부친 석분石奮처럼 덕을 쌓고 신중히 행보한 덕분에 후가 되다[以丞相及先人萬石積德謹行侯].
원광元光	
원삭元朔	
원수元狩	
원정元鼎	2위. 원정 5년 9월 정축일, 각후恪侯 석경 원년.
원봉元封	
태초太初	2위.
	2위. 태초 3년, 후侯 석덕石德 원년.

요후瞭侯 필취畢取

후공侯功	남월의 장수로 투항해 후가 되다[以南越將降侯].
원광元光	
원삭元朔	

원수元狩	
원정元鼎	1위. 원정 6년 3월 을유일, 후侯 필취 원년.
원봉元封	
태초太初	

장량후將梁侯 양복楊僕

후공侯功	누선장군樓船將軍이 되어 남월을 공격하면서 철퇴와 검으로 적을 퇴각시켜 후가 되다[以樓船將軍擊南越, 椎鋒卻敵侯].
원광元光	
원삭元朔	
원수元狩	
원정元鼎	1위. 원정 6년 3월 을유일, 후侯 양복 원년.
원봉元封	3위. 원봉 4년, 후 양복이 죄를 지어 봉지가 폐지되다[三. 四年, 侯僕有罪, 國除].
태초太初	

안도후安道侯 정定

후공侯功	남월의 게양령揭陽令으로, 한나라 군사가 이르렀다는 소식을 듣고 스스로 투항을 결심해 후가 되다[以南越揭陽令聞漢兵至自定降侯].
원광元光	
원삭元朔	
원수元狩	
원정元鼎	1위. 원정 6년 3월 을유일, 후侯 게양령 정 원년.
원봉元封	
태초太初	

수도후隨桃侯 조광趙光

후공侯功	남월의 창오왕蒼梧王으로, 한나라 군사가 이르렀다는 소식을 듣고 투항해 후가 되다[以南越蒼梧王聞漢兵至降侯].
원광元光	
원삭元朔	
원수元狩	
원정元鼎	1위. 원정 6년 4월 계해일, 후侯 조광 원년.
원봉元封	
태초太初	

상성후湘成侯 거옹巨翁·

후공侯功	남월의 계림감桂林監으로 한나라 군사가 반우番禺를 격파했다는 소식을 듣고, 구락甌駱 부족의 병사 40여만 명을 설득해 투항한 공으로 후가 되다[以南越桂林監聞漢兵破番禺, 諭甌駱兵四十餘萬降侯].
원광元光	
원삭元朔	
원수元狩	
원정元鼎	1위. 원정 6년 5월 임신일, 후侯 감監 거옹 원년.
원봉元封	
태초太初	

해상후海常侯 소홍蘇弘

후공侯功	복파장군伏波將軍의 사마가 되어 남월왕 조건덕을 포획한 공으로 후가 되다[以伏波司馬捕得南越王建德功侯].
원광元光	
원삭元朔	
원수元狩	

• 《사기색은》에 따르면 감거옹監居翁의 감監은 직책, 거居는 성, 옹翁은 자를 뜻한다.

원정元鼎	1위. 원정 6년 7월 을유일, 장후莊侯 소홍 원년.
원봉元封	
태초太初	태초 원년, 후 소홍이 죽다. 후손이 없어 봉지가 폐지되다[太初元年, 侯 弘死, 無後, 國除].

북석후北石侯 오양吳陽

후공侯功	옛 동월의 연후衍侯로 요왕繇王을 도와 동월왕 여선餘善을 벤 공으로 후가 되다[以故東越衍侯佐繇王斬餘善功侯].
원광元光	
원삭元朔	
원수元狩	
원정元鼎	
원봉元封	6위. 원봉 원년 정월 임오일, 후侯 오양 원년.
태초太初	3위. 태초 4년, 금후今侯 오수吳首 원년.

하력후下酈侯 황동黃同

후공侯功	옛 구락 부족의 좌장左將으로 서우왕西于王을 벤 공으로 후가 되다[以故甌駱左將斬西于王功侯].
원광元光	
원삭元朔	
원수元狩	
원정元鼎	
원봉元封	6위. 원봉 원년 4월 정유일, 후侯 좌장 황동 원년.
태초太初	

요영후繚嫈侯 유복劉福

후공侯功	옛 교위로 횡해장군 한열을 쫓아 동월을 공격한 공으로 후가 되다[以 故校尉從橫海將軍說擊東越功侯].

원광元光	
원삭元朔	
원수元狩	
원정元鼎	
원봉元封	1위. 원봉 원년 5월 기묘일, 후侯 유복 원년.
	원봉 2년, 후 유복이 죄를 지어 봉지가 폐지되다[二年, 侯福有罪, 國除].
태초太初	

어예후葽兒侯 원종고轑終古

후공侯功	병졸로 동월의 순북장군徇北將軍을 벤 공으로 후가 되다[以軍卒斬東越徇北將軍功侯].
원광元光	
원삭元朔	
원수元狩	
원정元鼎	
원봉元封	6위. 원봉 원년 윤월 계묘일, 장후莊侯 원종고 원년.
태초太初	태초 원년, 원종고가 죽다. 후손이 없어 봉지가 폐지되다[太初元年, 轑古死, 無後, 國除].

개릉후開陵侯 건성建成

후공侯功	동월의 건성후로 요왕과 함께 동월왕 여선을 벤 공으로 후가 되다[以故東越建成侯與繇王共斬東越王餘善功侯].
원광元光	
원삭元朔	
원수元狩	
원정元鼎	
원봉元封	6위. 원봉 원년 윤월 계묘일, 후侯 건성 원년.
태초太初	

임채후臨蔡侯 손도孫都

후공侯功	옛 동월의 낭으로 한나라 군사가 반우에 이르렀다는 소식을 듣고, 복파장군을 위해 남월의 재상 여가呂嘉를 포획하는 공을 세워 후가 되다[以故南越郎聞漢兵破番禺, 爲伏波得南越相呂嘉功侯].
원광元光	
원삭元朔	
원수元狩	
원정元鼎	
원봉元封	6위. 원봉 원년 윤월 계묘일, 후侯 손도 원년.
태초太初	

동성후東成侯 거복居服

후공侯功	옛 동월의 요왕으로, 동월왕 여선을 벤 공으로 후가 되다. 식읍은 1만 호다[以故東越繇王斬東越王餘善功侯, 萬戶].
원광元光	
원삭元朔	
원수元狩	
원정元鼎	
원봉元封	6위. 원봉 원년 윤월 계묘일, 후侯 거복 원년.
태초太初	

무석후無錫侯 다군多軍

후공侯功	동월의 장군으로, 한나라 군사가 이르자 군대를 버리고 투항해 후가 되다[以東越將軍漢兵至棄軍降侯].
원광元光	
원삭元朔	
원수元狩	
원정元鼎	
원봉元封	6위. 원봉 원년, 후侯 다군 원년.

태초太初	

섭도후涉都侯 가嘉

후공侯功	남해 태수의 자리를 버리고 한나라 군사가 이르자 성읍을 들어 투항한 부친의 공으로 그 아들이 후가 되다[以父棄故南海守, 漢兵至以城邑降, 子侯].
원광元光	
원삭元朔	
원수元狩	
원정元鼎	
원봉元封	6위. 원봉 원년 중, 후侯 가 원년.
태초太初	2위. 태초 2년, 후 가가 서거했으나 후손이 없어 봉지가 폐지되다[二. 太初二年, 侯嘉薨, 無後, 國除].

평주후平州侯 협唊●

후공侯功	조선朝鮮의 장수로, 한나라 군사가 이르자 투항해 후가 되다[以朝鮮將漢兵至降侯].
원광元光	
원삭元朔	
원수元狩	
원정元鼎	
원봉元封	1위. 원봉 3년 3월 정묘일, 후侯 협 원년.
	원봉 4년, 후 협이 서거했으나 후손이 없어 봉지가 폐지되다[四年, 侯唊薨, 無後, 國除].
태초太初	

● 《사기집해》는 여순如淳의 말을 인용해 협唊의 음이 협頰과 같다고 했다.

적저후荻苴侯 한음韓陰

후공侯功	조선의 재상으로 한나라 군사가 이르러 성을 포위하자 투항해 후가 되다[以朝鮮相漢兵至圍之降侯].
원광元光	
원삭元朔	
원수元狩	
원정元鼎	
원봉元封	4위. 원봉 3년 4월, 후侯 조선상朝鮮相 한음 원년.
태초太初	

홰청후澅清侯 참參

후공侯功	조선 니계상尼谿相으로 사람을 시켜 조선왕 우거右渠를 죽인 뒤 투항해 후가 되다[以朝鮮尼谿相使人殺其王右渠來降侯].
원광元光	
원삭元朔	
원수元狩	
원정元鼎	
원봉元封	4위. 원봉 3년 6월 병진일, 후侯 조선 니계상尼谿相 참 원년.
태초太初	

제자후騠茲侯 계곡고稽谷姑

후공侯功	소월지小月氏의 약저왕若苴王으로 무리를 이끌고 투항해 후가 되다[以小月氏若苴王將衆降侯].
원광元光	
원삭元朔	
원수元狩	
원정元鼎	
원봉元封	3위. 원봉 4년 11월 정묘일, 후侯 계곡고 원년.

| 태초太初 | 태초 원년, 후 계곡고가 서거했으나 후손이 없어 봉지가 폐지되다[太初元年, 侯稽谷姑薨, 無後,國除]. |

호후浩侯 왕회王恢

후공侯功	옛 중랑장中郞將으로 병사를 이끌고 서역의 차사왕車師王을 포획한 공으로 후가 되다[以故中郞將將兵捕得車師王功侯].
원광元光	
원삭元朔	
원수元狩	
원정元鼎	
원봉元封	1위. 원봉 4년 정월 갑신일, 후侯 왕회王恢 원년.
	4년 4월, 후 왕회가 주천酒泉에게 조서를 수정하는 해를 끼치는 일에 연좌되다. 사형이 마땅한데 속죄해 봉지가 폐지되다. 봉후된 지 석 달 만이다[四年四月, 侯恢坐使酒泉矯制害, 當死, 贖, 國除. 封凡三月].
태초太初	

호접후狐讘侯* 우자扜者

후공侯功	소월지의 왕으로 1,000기騎를 이끌고 투항해 후가 되다[以小月氏王衆衆千騎降侯].
원광元光	
원삭元朔	
원수元狩	
원정元鼎	
원봉元封	2위. 원봉 4년 정월 을유일, 후侯 우자 원년.
	1위. 원봉 6년, 후侯 우승扜勝 원년.
태초太初	

● 《사기집해》는 서광의 말을 인용해 집섭狐讘의 발음을 '호접'이라고 했다.

기후幾侯 **장각**張咯

후공侯功	조선의 왕자로 한나라 군사가 조선의 왕성을 포위하자 투항해 후가 되다[以朝鮮王子漢兵圍朝鮮降侯].
원광元光	
원삭元朔	
원수元狩	
원정元鼎	
원봉元封	2위. 원봉 4년 3월 계미일, 후侯 장각 귀의歸義 원년. 원봉 6년, 후 장각이 조선의 백성을 부추겨 반란을 꾀하다 죽고, 봉지도 폐지되다[六年, 侯張咯使朝鮮, 謀反, 死, 國除].
태초太初	

열양후涅陽侯 **최**最

후공侯功	조선의 재상 노인路人으로 한나라 군사가 이르자 가장 먼저 투항했으나 도중에 죽다. 그의 아들이 후가 되다[以朝鮮相路人, 漢兵至, 首先降, 道死, 其子侯].
원광元光	
원삭元朔	
원수元狩	
원정元鼎	
원봉元封	3위. 원봉 4년 3월 임인일, 강후康侯 노인의 아들 최 원년.
태초太初	2위. 태초 2년, 후 최가 죽다. 후손이 없어 봉지가 폐지되다[二. 太初二年, 侯最死, 無後, 國除].

이상이 태사공이 저술한 《사기》의 원래 〈표〉에 나온 명단이다.

◉◉ 右太史公本表.

당도후當塗侯 위불해魏不害

위불해는 어현(圍縣) 태수로 회양에서 반란을 꾀한 공손용公孫勇 등을
포획한 공으로 후가 된 인물이다.

●● 魏不害, 以圍守尉捕淮陽反者公孫勇等侯.

포후蒲侯 소창蘇昌

소창은 어현의 위사尉史로 회양에서 반란을 꾀한 공손용 등을 포
획한 공으로 후가 된 인물이다.

●● 蘇昌, 以圍尉史捕淮陽反者公孫勇等侯.

요양후潦陽侯 강덕江德

강덕은 어현의 구색부廏嗇夫로, 위불해 등과 함께 회양에서 반란을
꾀한 공손용 등을 포획한 공으로 후가 된 인물이다.

●● 江德, 以圍廏嗇夫共捕淮陽反者公孫勇等侯.

부민후富民侯 전천추田千秋

전천추는 고조의 능묘인 장릉長陵 일대 출신이다. 전에 고조의 능
묘를 관리하는 고묘침랑高廟寢郎으로 있을 때 무제가 태자를 친 일과
관련해 상서해 간하기를, "자식이 부친의 군사를 농락한 죄는 겨우
태형笞刑에 지나지 않습니다. 부자 사이의 분노는 옛날부터 있었습
니다. 치우蚩尤가 부친을 거스르자 황제가 이를 다스리기 위해 황하
를 건넜습니다"라고 하다. 상서의 뜻이 지극해 대홍려大鴻臚에 제수

되다. 정화 4년, 승상이 되고, 3,000호에 봉해지다. 소제昭帝 때 전천추가 병사하자 아들 전순田順이 뒤를 잇다. 호아장군虎牙將軍이 되어 흉노를 치게 되었으나 약속한 시점에 해당 장소에 이르지 않아 주살되고, 봉지도 폐지되다.

●● 田千秋, 家在長陵. 以故高廟寢郎上書諫孝武, "子弄父兵, 罪當笞. 父子之怒, 自古有之. 蚩尤畔父, 黃帝涉江." 上書至意, 拜爲大鴻臚. 征和四年爲丞相, 封三千戶. 至昭帝時病死, 子順代立, 爲虎牙將軍, 擊匈奴, 不至質, 誅死, 國除.

이상은 무제 때 봉한 제후국 명칭이다.

●● 右孝武封國名.

후진後進이 되어 사적을 추적하기를 좋아하는 유자儒者 저선생이 말한다.

"태사공은 무제 때의 태초 연간까지만 기록하는 데 그쳤다. 내가 소제 이후의 공신과 제후 들의 사적을 기록해 뒷부분에 엮어 넣은 이유다. 사적을 추적하기를 좋아하는 자로 하여금 세상사의 성패와 장단을 비롯해 뛰어난 자가 쫓겨나게 된 배경 등을 관찰해 스스로 경계하기를 바란 것이다. 당대의 군자는 세 가지 정도政道를 행했다. 첫째, 권력을 행사하면서 임기응변하는 행권합변行權合變에 뛰어났다. 둘째, 형세를 헤아려 합당하게 처리하는 탁시시의度時施宜에 뛰어났다. 셋째, 시속을 살펴 백성이 바라는 사업을 추진하는 희세용사希世用事에 뛰어났다. 공을 세워 봉지와 봉작을 받고 당대에 이름을 떨쳤으니 이 어찌 영광스러운 일이 아니겠는가? 살펴보건대 그들 대부분은 빼어난 직위와 가문을 지키기 위해 겸손하지 않고, 교만한 자세로 권력을 다투었다. 또 명성을 높이는 데만 힘쓰고, 나아가는 것만 알 뿐 물러설 줄 몰랐다. 끝내 자신을 망치고 봉지를 잃은 이유다. 앞서 말한 세 가지 정도를 행해 공적을 이루었음에도 당대에 이를 잃고 후대에 전하지 못한 것은 이 때문이다. 은덕은 자손에게까지 이르게 해야 하는 것인데 이리되었으니 어찌 슬픈 일이 아니겠는가?

용락후龍雒侯 한증은 일찍이 전장군이 된 후 세상에 순응하고, 중후하며 근신하고, 정사에 간섭하지 않고, 겸양하며 다른 사람을 존중했다. 그의 선조는 진晉나라 육경을 지냈다. 봉지를 보유한 군주가 된 이래 왕후에 봉해졌고, 자손들 또한 대대로 끊이지 않고 이를 전했다. 여러 해를 거치고 대를 지나면서 지금에 이르기까지 대략 100여 년이 되었다. 이 어찌 공신이면서 당대에 모든 것을 잃어버린 자들과 같은 날에 거론할 수 있겠는가? 슬픈 일이다, 후대인은 이를 교훈으로 삼을 일이다!"

•• 後進好事儒者褚先生曰, "太史公記事盡於孝武之事, 故復修記孝昭以來功臣侯者, 編於左方, 令後好事者得覽觀成敗長短絶世之適, 得以自戒焉. 當世之君子, 行權合變, 度時施宜, 希用世事, 以建功有土封侯, 立名當世, 豈不盛哉! 觀其持滿守成之道, 皆不謙讓, 驕蹇爭權, 喜揚聲譽, 知進不知退, 終以殺身滅國. 以三得之, 及身失之, 不能傳功於後世, 令恩德流子孫, 豈不悲哉! 夫龍雒侯曾爲前將軍, 世俗順善, 厚重謹信, 不與政事, 退讓愛人. 其先起於晉六卿之世. 有土君國以來, 爲王侯, 子孫相承不絶, 歷年經世, 以至於今, 凡百餘歲, 豈可與功臣及身失之者同日而語之哉? 悲夫, 後世其誡之!"

박륙후博陸侯 곽광霍光

곽광은 집이 평양에 있다. 형 곽거병이 표기장군이었던 덕분에 귀하게 되다. 전에 무제를 섬겼는데 시중侍中으로 있으면서 반란을 꾀한 마하라馬何羅 등을 적발해 잡은 공으로 후가 되다. 식읍은 3,000호다. 중간에 어린 황제인 소제 유불릉劉弗陵을 보필하면서 대장군이 되다. 근신謹信하며 일처리가 뛰어나 대사마가 되다. 식읍 1만 호가 더해지다. 이후 선제宣帝 유순劉詢을 섬기다. 세 명의 황제를 섬기자 천하 사람들의 믿음이 그를 향하다. 식읍 2만 호가 더해지다. 사후에 아들 곽우霍禹가 뒤를 잇다. 도중에 모반을 꾀해 일족이 모두 주살되고, 봉지 또한 폐지되다.

●● 霍光, 家在平陽. 以兄驃騎將軍故貴. 前事武帝, 覺捕得侍中謀反者馬何羅等功侯, 三千戶. 中輔幼主昭帝, 爲大將軍. 謹信, 用事擅治, 尊爲大司馬, 益封邑萬戶. 後事宣帝. 歷事三主, 天下信鄕之, 益封二萬戶. 子禹代立, 謀反, 族滅, 國除.

투후秺侯 김일제金日磾

김옹숙金翁叔의 옹숙은 자字이고, 이름은 일제日磾다. 흉노 휴도왕休屠王의 태자로 혼야왕을 쫓아 5만 명의 부중을 이끌고 한나라에 투항해 귀의하다. 시중이 되어 무제를 섬기다. 시중으로 있으면서 반란을 꾀한 마하라 등을 적발해 잡은 공으로 후가 되다. 식읍은 3,000호다. 중간에 소제를 섬기며 근후謹厚한 모습을 보이다. 식읍 3,000호가 더해지다. 아들 김홍金弘이 뒤를 이어 봉거도위奉車都尉가 되어 선제를 섬기다.

●● 金翁叔名日磾, 以匈奴休屠王太子從渾邪王將衆五萬, 降漢歸義, 侍中, 事武帝, 覺捕侍中謀反者馬何羅等功侯, 三千戶. 中事昭帝, 謹厚, 益封三千戶. 子弘代立, 爲奉車都尉, 事宣帝.

안양후安陽侯 **상관걸**上官桀

상관걸은 농서 출신이다. 기사騎射에 능해 종군하다. 얼마 후 귀하게 되어 무제를 섬기고 좌장군左將軍이 된다. 시중으로 있으면서 반란을 꾀한 마하라의 동생 중합후重合侯 마통馬通을 발각해 잡은 공으로 후가 된다. 식읍은 3,000호다. 도중에 소제를 섬기며 대장군 곽광과 함께 권력을 다투다. 결국 반란을 꾀하다가 일족이 멸하고, 봉지도 폐지되다.

●● 上官桀, 家在隴西. 以善騎射從軍. 稍貴, 事武帝, 爲左將軍. 覺捕斬侍中謀反者馬何羅弟重合侯通功侯, 三千戶. 中事昭帝, 與大將軍霍光爭權, 因以謀反, 族滅, 國除.

상락후桑樂侯 **상관안**上官安

상관안은 부친 상관걸이 장군인 까닭에 귀하게 여겨지다. 시중이 되어 소제를 섬기다. 상관안의 딸이 소제의 부인夫人이 되었다가 황후로 옹립된 덕분에 후가 된다. 식읍은 3,000호다. 교만하고 방자한 모습을 보인 탓에 대장군 곽광과 권력을 다투다. 부친이 반란을 꾀한 까닭에 일족이 멸하고, 봉지도 폐지되다.

●● 上官安. 以父桀爲將軍故貴, 侍中, 事昭帝. 安女爲昭帝夫人, 立爲皇後故侯, 三千戶. 驕蹇, 與大將軍霍光爭權, 因以父子謀反, 族滅, 國除.

부평후富平侯 **장안세**張安世

장안세는 두릉杜陵 출신이다. 전에 어사대부로 있던 장탕의 아들이다. 무제 때 상서尚書의 일을 맡아 보다가 상서령尚書令이 되다. 소제를 섬기면서 근후하고 일에 열중한 덕분에 광록훈우장군光祿勳右將軍이 되다. 13년 동안 정사를 보필하면서 아무런 허물이 없어 후가 되다. 식읍은 3,000호다. 선제를 섬기면서 곽광을 대신해 대사마가 되고, 정무를 총괄하다. 봉지 1만 6,000호를 더하다. 아들 장연수張延壽가 작위를 이으면서 태복과 시중으로 일하다.

●● 張安世, 家在杜陵. 以故御史大夫張湯子武帝時給事尚書, 爲尚書令. 事昭帝, 謹厚習事, 爲光祿勳右將軍. 輔政十三年, 無適過, 侯, 三千戶. 及事宣帝, 代霍光爲大司馬, 用事, 益封萬六千戶. 子延壽代立, 爲太僕, 侍中.

의양후義陽侯 **부개자**傅介子

부개자는 북지 출신이다. 종군해 낭이 된 후 평낙平樂의 감監으로 일하다. 소제 때 누란의 왕을 암살하다. 천자가 조서를 내려 칭송하기를, "평낙 감 부개자는 외국에 사자로 가 누란의 왕을 죽여 곧바로 나라의 원한을 갚고, 군사 동원의 수고를 덜게 하는 공을 세웠다. 식읍 1,003호를 내리고 의양후에 봉한다"고 했다. 아들 부려傅廬가 작위를 이었으나 재물을 다투다가 서로 고발하는 과정에서 죄를 지어 봉지가 폐지되다.

●● 傅介子, 家在北地. 以從軍爲郎, 爲平樂監. 昭帝時, 刺殺外國王, 天子下詔書, "平樂監傅介子使外國, 殺樓蘭王, 以直報怨, 不煩師, 有功, 其以邑千三百戶封介子爲義陽侯." 子廬代立, 爭財相告, 有罪, 國除.

상리후商利侯 왕산王山

왕산은 제나라 출신이다. 전에 승상사丞相史로 있을 때 기장군 상관안이 반란을 꾀하는 것을 알고는 함께 승상부丞相府로 가자고 회유해 목을 베다. 군공을 세워 후가 되다. 식읍은 3,000호다. 상서로 지방 관장의 자리를 청해 대 땅의 태수가 되다. 다른 사람의 상서로 옥에 갇혀 죽게 되었으나, 사면을 받아 서인이 되고 봉지가 폐지되다.

●● 王山, 齊人也. 故爲丞相史, 會騎將軍上官安謀反, 山說安與俱入丞相, 斬安. 山以軍功爲侯, 三千戶. 上書願治民, 爲代太守. 爲人所上書言, 繫獄當死, 會赦, 出爲庶人, 國除.

건평후建平侯 두연년杜延年

두연년은 전에 어사대부로 있던 두주杜周의 아들이다. 대장군의 막부에서 일하면서 반란을 꾀한 기장군 상관안 등의 죄를 발각한 공으로 후에 봉해지다. 식읍은 2,700호다. 태복에 제수되다. 오봉 원년, 밖으로 나가 서하西河 태수가 되다. 오봉 3년, 조정으로 들어와 어사대부가 되다.

●● 杜延年. 以故御史大夫杜周子給事大將軍幕府, 發覺謀反者騎將軍上官安等罪, 封爲侯, 邑二千七百戶, 拜爲太僕. 元年, 出爲西河太守. 五鳳三年, 入爲御史大夫.

익양후弋陽侯 임궁任宮

임궁은 상림원을 관장하는 상림위上林尉로 있을 때 모반자인 좌장군 상관걸을 잡아 편문便門에서 죽인 공으로 후에 봉해지다. 식읍은 2,000호다. 후에 태상이 되어 위위의 일을 겸하다. 근검절약하고 근신한 까닭에 천수를 누리고 작위를 후대 자손에게 전하다.

●● 任宮. 以故上林尉捕格謀反者左將軍上官桀, 殺之便門, 封爲侯, 二千戶. 後爲太常, 及行衛尉事. 節儉謹信, 以壽終, 傳於子孫.

의성후宜城侯 연창燕倉

연창은 옛 대장군 막부의 군리로 모반자인 기장군 상관안의 죄를 발각한 공으로 후에 봉해지다. 식읍은 2,000호다. 여남 태수가 되어 유능하다는 명성을 얻다.

●● 燕倉. 以故大將軍幕府軍吏發謀反者騎將軍上官安罪有功, 封侯, 邑二千戶. 爲汝南太守, 有能名.

의춘후宜春侯 왕흔王欣

왕흔은 제나라 출신이다. 본래 말단인 좌사佐史로 있다가 장안 서쪽의 우부풍右扶風의 도위로 자리를 옮기다. 무제가 우부풍을 누차 행차할 때 왕흔도 함께 참여해 일을 잘 처리한 덕분에 우부풍이 되다. 소제 때 상홍양桑弘羊을 대신해 어사대부가 되다. 원봉 3년, 전천추를 대신해 승상이 되고 2,000호에 봉해지다. 2년 뒤 다른 사람의 상소에 폭언을 했으나 자진하는 바람에 주살되지 않다. 아들이 대신 작위를 이어받아 속국도위屬國都尉가 되다.

●● 王欣, 家在齊. 本小吏佐史, 稍遷至右輔都尉. 武帝數幸扶風郡, 欣共置辦, 拜爲右扶風. 至孝昭時, 代桑弘羊爲御史大夫. 元鳳三年, 代田千秋爲丞相, 封二千戶. 立二年, 爲人所上書言暴, 自殺, 不殊. 子代立, 爲屬國都尉.

안평후安平侯 양창楊敞

양창은 화음華陰 출신이다. 전에 대장군의 막부에서 일하다가 대사 농大司農으로 자리를 옮긴 뒤 어사대부가 되다. 원봉 6년, 왕흔을 대신 해 승상이 되다. 식읍은 2,000호다. 2년 뒤 병사하다. 아들 양분楊賁이 작위를 세습하다. 13년 뒤 왕분이 죽자 아들 양옹군楊翁君이 세습해 귀화한 자를 관할하는 전속국典屬國이 되다. 3년 뒤 계부季父 양운楊惲 이 고의로 악언惡言을 해 옥에 갇히다. 사형을 받을 때 면죄를 받기는 했으나 서인이 되고, 봉지도 폐지되다.

●● 楊敞, 家在華陰. 故給事大將軍幕府, 稍遷至大司農, 爲御史大夫. 元鳳六年, 代王欣爲丞相, 封二千戶. 立二年, 病死. 子賁代立, 十三年 病死. 子翁君代立, 爲典屬國. 三歲, 以季父惲故出惡言, 繫獄當死, 得 免, 爲庶人, 國除.

이상은 소제 때 봉한 제후국 명칭이다.

●● 右孝昭時所封國名.

선제 연간

양평후陽平侯 채의蔡義

채의는 온 땅 출신이다. 전에 《한시韓詩》를 배워 박사가 되고, 대장 군의 막부에서 일하다가 두 땅의 성문후城門候가 되다. 나이를 먹은 뒤 시중으로 들어와 소제에게 《한시》를 전수한 덕분에 어사대부가 되다. 이때 나이가 이미 여든 살이다. 노쇠한 까닭에 두 사람이 곁에서 부축해야 겨우 걷게 된다. 공경대신이 논의 끝에 위인이 군주의 스승인 주사主師가 될 만하니 재상으로 삼아야 한다고 하다. 원평 원년, 양창을 대신해 승상이 되다. 식읍은 2,000호다. 병사하자 후손이 끊어져 봉지도 폐지되다.

●● 蔡義, 家在溫. 故師受韓詩, 爲博士, 給事大將軍幕府, 爲杜城門候. 入侍中, 授昭帝韓詩, 爲御史大夫. 是時年八十, 衰老, 常兩人扶持乃能行. 然公卿大臣議, 以爲爲人主師, 當以爲相. 以元平元年. 代楊敞爲丞相, 封二千戶. 病死, 絕無後, 國除.

부양후扶陽侯 위현韋賢

위현은 노나라 출신이다. 《시》와 《예》 및 《상서》에 밝아 박사가 되다. 노나라의 대유大儒로부터 가르침을 받고 시중으로 들어와 소제의 스승이 되다. 비比 2,000석의 광록대부光祿大夫 작위를 받고, 대홍려 및 태후가 머무는 장신궁의 살림을 맡는 장신소부長信少府로 자리를 옮기다. 군주의 스승이 될 만하다는 평가에 따라 선제의 본시 3년에 승상이 되고, 부양후에 봉해지다. 식읍은 1,800호다. 승상을 하는 5년 동안 성은을 많이 입다. 관청의 일이 익숙지 않아 이내 자리를 내놓고 집으로 돌아간 뒤 병사하다. 아들 위현성韋玄成이 작위를 세습해 태상이 되다. 종묘에 말을 타고 다닌 일에 연좌되어 작위를 박탈당하고 관내후에 봉해지다.

●● 韋賢, 家在魯. 通詩·禮·尙書, 爲博士, 授魯大儒, 入侍中, 爲昭帝師, 遷爲光祿大夫, 大鴻臚, 長信少府. 以爲人主師, 本始三年代蔡義爲丞相, 封扶陽侯, 千八百戶. 爲丞相五歲, 多恩, 不習吏事, 免相就第, 病死. 子玄成代立, 爲太常. 坐祠廟騎, 奪爵, 爲關內侯.

평릉후平陵侯 **범명우**范明友

범명우는 농서 출신이다. 집안 대대로 외국의 일에 종사해 서강에 사자로 나가다. 소제 때 탁료장군度遼將軍에 제수되어 오환烏桓을 치는 공을 세워 후가 되다. 식읍은 2,000호다. 곽광의 딸을 부인으로 맞다. 지절 4년, 곽광의 아들 곽우 등과 모반한 혐의로 일족이 멸하고, 봉지도 폐지되다.

●● 范明友, 家在隴西. 以家世習外國事, 使護西羌. 事昭帝, 拜爲度遼將軍, 擊烏桓功侯, 二千戶. 取霍光女爲妻. 地節四年, 與諸霍子禹等謀反, 族滅, 國除.

영평후營平侯 **조충국**趙充國

조충국은 농서에서 기병으로 있다가 종군해 관직을 얻고, 시중이 되어 무제를 섬기다. 누차 병사를 이끌고 흉노를 공격한 공으로 호군도위가 되다. 시중으로 있으면서 소제를 섬기다. 소제가 붕어하자 선제를 옹립하는 문제를 논의하는 자리에서 결론을 도출해 사직을 안정시킨 공으로 후가 되다. 봉지는 2,500호다.

●● 趙充國. 以隴西騎士從軍得官, 侍中, 事武帝. 數將兵擊匈奴有功, 爲護軍都尉, 侍中, 事昭帝. 昭帝崩, 議立宣帝, 決疑定策, 以安宗廟功侯, 封二千五百戶.

양성후陽成侯 **전연년**田延年

전연년은 군리 출신으로 소제를 섬기다. 상관걸의 모반 행각을 찾아냈으나 고변을 지체했다는 이유로 봉지를 받지 못한 채 대사농이 되다. 창읍왕昌邑王 유하劉賀를 폐위하고 선제를 옹립하는 문제를 논의할 때 결론을 도출해 사직을 안정시킨 공으로 후가 되다. 식읍은 2,700호다. 소제의 묘역을 개수하면서 일이 급하다는 이유로 민간의 수레를 멋대로 징발하고 3,000만 전을 횡령한 사실이 발각되어, 이내 자진하고, 봉지도 폐지되다.

●● 田延年. 以軍吏事昭帝. 發覺上官桀謀反事, 後留遲不得封, 爲大司農. 本造廢昌邑王議立宣帝, 決疑定策, 以安宗廟功侯, 二千七百戶. 逢昭帝崩, 方上事並急, 因以盜都內錢三千萬. 發覺, 自殺, 國除.

평구후平丘侯 왕천王遷

왕천은 위衛나라 출신이다. 상서랑尙書郞이 되어 아전의 업무인 도필지문刀筆之文을 배우다. 시중이 되어 소제를 섬기다. 소제가 붕어하자 선제를 옹립하는 문제를 논의할 때 결론을 도출해 사직을 안정시킨 공으로 후가 되다. 식읍은 2,000호다. 광록대부 작위를 받아 녹봉이 중中 2,000석이 되다. 제후왕들로부터 금전과 재물을 받고, 궁중의 일을 누설한 사실에 연좌되어 주살되고, 봉지도 폐지되다.

●● 王遷, 家在衛. 爲尙書郞, 習刀筆之文. 侍中, 事昭帝. 帝崩, 立宣帝, 決疑定策, 以安宗廟功侯, 二千戶. 爲光祿大夫, 秩中二千石. 坐受諸侯王金錢財. 漏泄中事, 誅死, 國除.

악성후樂成侯 곽산霍山

곽산은 대장군 곽광 형의 아들이다. 곽광은 죽기 전에 상서해 말하기를, "신의 형 표기장군 곽거병은 종군해 공을 세워 병사 후 경환후 시호를 받았으나 후사가 끊어졌습니다. 신 곽광은 분봉받은 동무양東武陽의 봉지 3,500호를 곽산과 나누고자 합니다"라고 하다. 선제가 이를 허락해 곽산이 후가 되다. 이후 모반한 일에 연좌되어 일족이 멸하고, 봉지도 폐지되다.

●● 霍山. 山者, 大將軍光兄子也. 光未死時上書, "臣兄驃騎將軍去病從軍有功, 病死, 賜諡景桓侯, 絶無後, 臣光願以所封東武陽邑三千五百戶分與山." 天子許之, 拜山爲侯. 後坐謀反, 族滅, 國除.

관군후冠軍侯 곽운霍雲

곽운은 대장군 곽광 형인 표기장군 곽거병의 맏손자로, 후가 되다. 지절 3년, 선제가 조서를 내려 이르기를, "표기장군 곽거병은 흉노를 공격하는 공을 세워 관군후에 봉해졌다. 그가 죽은 뒤 곽자후霍子侯가 작위를 세습했다. 그가 병사한 뒤 후사가 끊어졌다. 《춘추》의 의리에 따르면 선행을 잘하면 그 덕이 후손에게 미친다고 했다. 이에 봉지 3,000호를 내리고 곽운을 관군후에 봉한다"고 했다. 이후 모반한 일에 연좌되어 일족이 멸하고, 봉지도 폐지되다.

●● 霍雲. 以大將軍兄驃騎將軍適孫爲侯. 地節三年, 天子下詔書曰, "驃騎將軍去病擊匈奴有功, 封爲冠軍侯. 薨卒, 子侯代立, 病死無後. 春秋之義, 善善及子孫, 其以邑三千戶封雲爲冠軍侯." 後坐謀反, 族滅, 國除.

평은후平恩侯 허광한許廣漢

허광한은 창읍 출신이다. 사건에 연좌되어 궁형을 당했을 때 딸 하나만 두었는데 그녀를 선제에게 보내다. 보위에 오르기 전에 선제가 평소 허광한과 가까이 왕래하다. 서로 통하는 바가 있다. 관상을 보는 자가 장차 크게 귀하게 될 것이라고 말하자 허광한이 매우 두

텁게 은혜를 베풀다. 지절 3년, 후에 봉해지다. 식읍은 3,000호다. 병사한 뒤 후손이 없어 봉지가 폐지되다.

●● 許廣漢, 家昌邑. 坐事下蠶室, 獨有一女, 嫁之. 宣帝未立時, 素與廣漢出入相通, 卜相者言當大貴, 以故廣漢施恩甚厚. 地節三年, 封爲侯, 邑三千戶. 病死無後, 國除.

창수후昌水侯 **전광명**田廣明

전광명은 전에 낭으로 있다가 사마가 되다. 이후 남군도위南郡都尉와 회양 태수, 홍려鴻臚, 좌풍익左馮翊 등으로 자리를 옮기다. 소제가 붕어한 뒤 창읍왕을 폐위하고 선제를 옹립하는 일을 논의할 때 결론을 도출해 사직을 안정시키다. 본시 3년, 후에 봉해지다. 식읍은 2,300호다. 어사대부가 된 뒤 기련장군祁連將軍이 되어 흉노를 공격하다. 군사가 정해진 시간에 약속 장소에 이르지 않다. 사형이 마땅한데 자진하고, 봉지도 폐지되다.

●● 田廣明. 故郎, 爲司馬, 稍遷至南郡都尉·淮陽太守·鴻臚·左馮翊. 昭帝崩, 議廢昌邑王, 立宣帝, 決疑定策, 以安宗廟. 本始三年, 封爲侯, 邑二千三百戶. 爲御史大夫. 後爲祁連將軍, 擊匈奴, 軍不至質, 當死, 自殺, 國除.

고평후高平侯 **위상**魏相

위상은 제음 출신이다. 어려서《역易》을 배워 제음부濟陰府의 졸사卒史로 일하다가 현량賢良으로 천거되어 무릉령茂陵令이 되다. 이후 하남 태수가 되었으나 무고하게 사람을 죽인 일에 연좌되어 감옥에 갇히다. 사형이 마땅한데 사면을 받고 서인이 되다. 조서를 통해 다시 무릉령을 거쳐 양주자사楊州刺史가 되다. 조정으로 들어와 간의대부諫議大夫를 거쳐 다시 하남 태수로 나갔다가 대사농과 어사대부를 지내다. 지절 3년, 위현을 헐뜯어 대신 승상이 되다. 식읍은 1,500호다. 병사하자 장남인 위빈魏賓이 작위를 세습하다. 이후 종묘 제사에 관한 일에 연좌되어 후의 작위를 잃다.

●● 魏相, 家在濟陰. 少學易, 爲府卒史, 以賢良擧爲茂陵令, 遷河南太守. 坐賊殺不辜, 繫獄, 當死, 會赦, 免爲庶人. 有詔守茂陵令, 爲楊州刺史, 入爲諫議大夫, 復爲河南太守, 遷爲大司農·御史大夫. 地節三年, 譖毁韋賢, 代爲丞相, 封千五百戶. 病死, 長子賓代立, 坐祠廟失侯.

박망후博望侯 허중옹許中翁

허중옹은 평은후 허광한의 동생으로, 후에 봉해지다. 식읍은 2,000호다. 허광한과 마찬가지로 전에 선제에게 사적인 은혜를 베푼 덕분에 장락궁 위위가 되다. 사후에 아들 허연년許延年이 작위를 세습하다.

●● 許中翁. 以平恩侯許廣漢弟封爲侯, 邑二千戶. 亦故有私恩, 爲長樂衛尉. 死, 子延年代立.

악평후樂平侯 허옹손許翁孫

허옹손은 평은후 허광한의 어린 동생으로, 후에 봉해지다. 식읍은 2,000호다. 강노장군强弩將軍이 되어 서강을 공격하다. 환군한 뒤 다시 대사마와 광록훈光祿勳에 제수되다. 그 역시 전에 선제에게 사적인 은혜를 베푼 덕분에 봉지를 얻다. 술과 여색을 밝힌 까닭에 일찍 병사하다. 아들 허탕許湯이 작위를 세습하다.

●● 許翁孫. 以平恩侯許廣漢少弟故爲侯, 封二千戶. 拜爲彊弩將軍, 擊破西羌, 還, 更拜爲大司馬·光祿勳. 亦故有私恩, 故得封. 嗜酒好色, 以早病死. 子湯代立.

장릉후將陵侯 사자회史子回

사자회는 선제 조모 집안 출신으로, 후에 봉해지다. 식읍은 2,600호다. 형제인 평대후平臺侯 사자숙史子叔과 함께 나아가다. 사자회의 처 의군宜君은 옛 성왕의 후손으로 질투가 심해 시비侍婢 40여 명을 목 졸라 죽이다. 부인이 갓 낳은 아이의 팔과 무릎을 잘라 저주를 행하자 어떤 사람이 이를 상서하다. 기시에 처해지고, 사자회는 황제의 외가인 까닭에 후의 작위를 잃지 않다.

●● 史子回. 以宣帝大母家封爲侯, 二千六百戶, 與平臺侯昆弟行也. 子回妻宜君, 故成王孫, 嫉妒, 絞殺侍婢四十餘人, 盜斷婦人初産子臂膝以爲媚道. 爲人所上書言, 論棄市. 子回以外家故, 不失侯.

평대후平臺侯 사자숙史子叔

사자숙은 선제 조모 집안 출신으로, 후에 봉해지다. 식읍은 2,500호다. 무제의 태자인 위태자衛太子 유거劉據가 태자로 있을 때 사씨史氏는 딸 하나를 태자에게 바치고, 또 다른 딸을 노왕에게 시집보내다. 지금 보면 노왕 역시 사씨의 외손에 해당한다. 선제의 가까운 외가에 속하는 까닭에 귀하게 되고 여러 번 상사賞賜를 받다.

●● 史子叔. 以宣帝大母家封爲侯, 二千五百戶. 衛太子時, 史氏內一女於太子, 嫁一女魯王, 今見魯王亦史氏外孫也. 外家有親, 以故貴, 數得賞賜.

악릉후樂陵侯 **사자장**史子長

사자장은 선제 조모의 집안으로 귀하게 되다. 시중으로 있을 때 중후하고 충성스럽고 신의로운 모습을 보이다. 곽씨霍氏 일족의 모반 행각을 찾아내 3,500호의 봉지를 받다.

●● 史子長. 以宣帝大母家貴, 侍中, 重厚忠信. 以發覺霍氏謀反事, 封三千五百戶.

박성후博成侯 **장장**張章

장장은 부친이 영천 출신으로 장안의 정장亭長이 되다. 자리를 잃자 북궐北闕로 상서하러 가는 길에 곽씨의 집에 기숙하며 마구간에서 잠을 자다가 말을 기르는 노비들이 하는 말을 듣게 되다. 곽씨의 여러 자손이 모반하는 것을 알고 이내 상서해 밀고한 공으로 후가 되다. 식읍은 3,000호다.

●● 張章, 父故穎川人, 爲長安亭長. 失官, 之北闕上書, 寄宿霍氏第舍, 臥馬櫪閒, 夜聞養馬奴相與語, 言諸霍氏子孫欲謀反狀, 因上書告反, 爲侯, 封三千戶.

도성후都成侯 **김안상**金安上

김안상은 앞서 흉노 출신으로 대장군 곽광의 아들 곽우 등이 모반한 일을 찾아낸 공으로 후가 되다. 식읍은 2,800호다. 김안상은 봉거도위로 있는 투후 김종군金從群의 아들이다. 행동이 신중하고 선량하며 사양하고 물러나 스스로 절제하니 이는 그 공덕을 자손에게 전하려는 것이다.

●● 金安上, 先故匈奴. 以發覺故大將軍霍光子禹等謀反事有功, 封侯, 二千八百戶. 安上者, 奉車都尉秺侯從群子. 行謹善, 退讓以自持, 欲傳功德於子孫.

평통후平通侯 양운楊惲

양운은 화음 출신이다. 전에 승상으로 있던 양창의 작은아들로 낭이 되다. 선비를 좋아하고, 사람을 아는 것을 기뻐하다. 무리 속에 있으면 늘 다른 사람과 함께하다. 전에 고창후 동충董忠이 그를 끌어당기며 은밀히 곽씨 일족의 모반을 귀띔하다. 이에 동충과 함께 곽씨 일족의 모반을 고변한 공으로 후가 되다. 식읍은 2,000호이고, 작위는 광록훈이 되다. 오봉 4년에 인심을 혼란시키는 요사스러운 말을 해 대역죄로 요참腰斬을 당하고 봉지가 폐지되다.

●● 楊惲, 家在華陰, 故丞相楊敞少子, 任爲郎. 好士, 自喜知人, 居衆人中常與人顏色, 以故高昌侯董忠引與屛語, 言霍氏謀反狀, 共發覺告反侯, 二千戶, 爲光祿勳. 到五鳳四年, 作爲妖言, 大逆罪腰斬, 國除.

고창후高昌侯 동충董忠

동충의 부친은 영천의 양적 출신이다. 글을 익힌 뒤 장안으로 가다. 동충은 재주와 힘이 뛰어나 기사는 물론 짧은 병기에도 능한 까닭에 황제를 시종하는 기문期門의 일을 맡게 되다. 장장과 서로 친하게 지내게 되자 장장이 동충에게 곽씨 일족의 모반 행각을 일러주다. 동충이 이를 상시기랑常侍騎郎 양운에게 귀띔하고 함께 이를 고변한 공으로 후가 되다. 식읍은 2,000호다. 지금 효기교위梟騎都尉 겸 시중으로 일하다. 종묘제사에서 작은 수레를 타고 다닌 일에 연좌되어 식읍 100호를 빼앗기다.

●● 董忠, 父故潁川陽翟人, 以習書詣長安. 忠有材力, 能騎射, 用短兵, 給事期門. 與張章相習知, 章告語忠霍禹謀反狀, 忠以語常侍騎郞楊惲, 共發覺告反, 侯, 二千戶. 今爲梟騎都尉, 侍中. 坐祠宗廟乘小車, 奪百戶.

원척후爰戚侯 조성趙成

조성은 초나라에서 모반하려는 일을 발각한 공으로 후가 되다. 식읍은 2,300호다. 지절 원년, 초왕과 광릉왕이 모반을 꾀할 때 조성이 이를 발각해 고변하다. 당시 선제는 은혜와 덕의를 넓히는 차원에서 조서를 내려 명하기를, "광릉왕을 치죄하지 마라"고 하다. 광릉왕이 뜻을 바꾸지 않고 다시 국가패망을 저주하는 일에 연좌되어, 자진하고 봉지가 폐지되다. 지금 황제가 그의 아들을 다시 광릉왕으로 세우다.

●● 趙成. 用發覺楚國事侯, 二千三百戶. 地節元年, 楚王與廣陵王謀反, 成發覺反狀, 天子推恩廣德義, 下詔書曰 "無治廣陵王", 廣陵不變更. 後復坐祝詛滅國, 自殺, 國除. 今帝復立子爲廣陵王.

찬후酇侯 소건세蕭建世

지절 3년, 선제가 조서를 내려 명하기를, "짐이 듣건대 한나라가 흥기할 때 상국 소하의 공이 으뜸이라고 했는데 지금 세습이 끊어졌다. 짐은 이를 심히 가련히 여겨 식읍 3,000호를 내리고, 소하의 현손 소건세를 찬후에 봉한다"고 하다.

●● 地節三年, 天子下詔書, "朕聞漢之興, 相國蕭何功第一, 今絶無後, 朕甚憐之, 其以邑三千戶封蕭何玄孫建世爲酇侯".

평창후平昌侯 **왕장군**王長君

왕장군은 조나라 사람으로, 상산 광망읍廣望邑 출신이다. 무제의 태자인 위태자가 살아 있을 때 태자가 사씨와의 사이에서 낳은 아들 사황손史皇孫 유진劉進을 여동생 왕옹수王翁須의 배필로 맞아 아들을 낳게 하다. 이때 아기가 우는 소리가 전혀 들리지 않게 조치하다. 40여 년이 지난 지금의 원강 원년 중에 선제가 조서를 내려 부른 뒤 후로 삼다. 식읍은 5,000호다. 선제의 외숙이다.

●● 王長君, 家在趙國, 常山廣望邑人也. 衛太子時, 嫁太子家, 爲太子男史皇孫爲配, 生子男, 絶不聞聲問, 行且四十餘歲, 至今元康元年中, 詔徵, 立以爲侯, 封五千戶. 宣帝舅父也.

악창후樂昌侯 **왕치군**王稚君●

왕치군은 조나라 사람으로, 상산 광망읍 출신이다. 선제의 외숙으로, 후에 봉해지다. 식읍은 5,000호다. 평창후 왕장군의 동생이다.

●● 王稚君, 家在趙國, 常山廣望邑人也. 以宣帝舅父外家封爲侯, 邑五千戶. 平昌侯王長君弟也.

공성후邛成侯 **왕봉광**王奉光

왕봉광은 방릉 출신이다. 딸이 선제의 황후가 된 덕분에 1,500호의 후에 봉해지다. 왕봉광이 태어날 때 한밤중인데 머리 위에 빛이 보였다고 한다. 전해 들은 자들은 장차 부귀하게 될 것으로 생각하다. 훗날 과연 딸 덕분에 후가 되다.

● 《사기집해》에 따르면 이름이 무武다.

●● 王奉光, 家在房陵. 以女立爲宣帝皇后, 故封千五百戶. 言奉光初生時, 夜見光其上, 傳聞者以爲當貴云. 後果以女故爲侯.

안원후安遠侯 정길鄭吉

정길은 회계 출신이다. 사병의 신분으로 종군해 낭이 되고, 장수를 보호하고, 형벌을 느슨하게 하고, 병사들로 하여금 거리渠梨에서 둔전하게 하다. 흉노 선우가 죽자 어지러워지면서 서로 공격하는 일이 빚어지다. 일축왕日逐王이 먼저 사자를 정길에게 보내 무리를 이끌고 한나라에 투항할 뜻을 밝히다. 정길이 이졸吏卒 수백 명을 이끌고 가 이들을 영접하다. 이때 돌아가고 싶어 하는 자들 가운데 우두머리를 베어 사태를 수습한 뒤 함께 한나라로 들어오다. 이런 군공으로 후가 되다. 식읍은 2,000호다.

●● 鄭吉, 家在會稽. 以卒伍起從軍爲郎, 使護將弛刑士田渠梨. 會匈奴單于死, 國亂, 相攻, 日逐王將衆來降漢, 先使語吉, 吉將吏卒數百人往迎之. 衆頗有欲還者, 斬殺其渠率, 遂與俱入漢. 以軍功侯, 二千戶.

박양후博陽侯 병길邴吉

병길은 노나라 출신이다. 본래 옥송을 다스리는 어사 밑에 있다가 대장군 막부로 들어가 일하다. 선제가 늘 은혜를 베푼 덕분에 어사대부로 자리를 옮기고 후가 되다. 식읍은 2,000호다. 신작 2년, 위상을 대신해 승상이 되다. 5년 뒤 병사하다. 아들 병옹맹邴翁孟이 작위를 세습해 장군과 시중이 되다. 감로 원년, 종묘제사 때 큰 수레를 타지 않고 종묘의 문 앞에서 말을 타고 간 것에 연좌되어 작위를 박탈당하고 관내후에 봉해지다.

●● 邴吉, 家在魯. 本以治獄爲御史屬, 給事大將軍幕府. 常施舊恩宣帝, 遷爲御史大夫, 封侯, 二千戶. 神爵二年, 代魏相爲丞相. 立五歲, 病死. 子翁孟代立, 爲將軍, 侍中. 甘露元年, 坐祠宗廟不乘大車而騎至廟門, 有罪, 奪爵, 爲關內侯.

건성후建成侯 **황패**黃霸

황패는 양하 출신이다. 노역에 종사하기 위해 운양雲陽으로 이사하다. 염리廉吏로 인정받아 하내 태수를 곁에서 돕는 군승郡丞이 되다. 정위감廷尉監으로 자리를 옮긴 뒤 승상부의 장사長史 역할을 하다. 장신소부 하후승夏侯勝이 무제의 사당을 호화롭게 지으라는 내용의 조서를 비난하는 불경죄를 알고도 이를 고지하지 않은 일에 연좌되어 3년 동안 감옥에 갇히다. 이후 황제가 하후승에게 《상서》를 배우는 것을 계기로 사면된 뒤 현량으로 천거되어 양주자사와 영천 태수를 지내다. 지방관장으로 있을 때 백성을 잘 교화해 남녀가 각자 다른 길을 가고, 농부들이 논밭의 경계선을 양보하는 등 잘 다스려지다. 황금 100근을 하사받고, 중中 2,000석의 녹봉을 받다. 영천에 거주하면서 태자부太子傅가 된 뒤 어사대부로 옮기다. 오봉 3년, 병길을 대신해 승상이 되다. 식읍은 1,800호다.

●● 黃霸, 家在陽夏, 以役使徒雲陽. 以廉吏爲河內守丞, 遷爲廷尉監, 行丞相長史事. 坐見知夏侯勝非詔書大不敬罪, 久繫獄三歲, 從勝學尚書. 會赦, 以賢良擧爲揚州刺史, 潁川太守. 善化, 男女異路, 耕者讓畔, 賜黃金百斤, 秩中二千石. 居潁川, 入爲太子傅, 遷御史大夫. 五鳳三年, 代邴吉爲丞相. 封千八百戶.

서평후西平侯 **우정국**于定國

우정국은 동해 출신이다. 본래 옥송을 다스리는 일을 하다가 정위사廷尉史가 된 후 어사중승御史中丞으로 자리를 옮기다. 창읍왕에게 상서해 간하고, 광록대부 작위를 받아 정위가 되다. 《춘추》를 배운 뒤 권도權道로 교화를 행하며 근후하고 백성을 사랑하는 모습을 보이다. 어사대부로 자리를 옮긴 뒤 황패를 대신해 승상이 되다.

●● 于定國, 家在東海. 本以治獄給事爲廷尉史, 稍遷御史中丞. 上書諫昌邑王, 遷爲光祿大夫, 爲廷尉. 乃師受春秋, 變道行化, 謹厚愛人. 遷爲御史大夫, 代黃霸爲丞相.

이상은 선제 때 봉한 제후국 명칭이다.

●● 右孝宣時所封.

양평후陽平侯 **왕치군**王稚君*

왕치군은 위군 출신으로 이전의 승상사다. 딸이 태자비가 된 후 태자가 원제元帝로 즉위한 후 황후가 되면서 후가 되다. 봉지는 1,200호다. 초원 이래 바야흐로 고귀해져 권력을 쥐자 경사京師에서 이리저리 오가며 벼슬을 구하는 자들이 대거 그의 지원을 얻고자 애쓰다. 그에게 지략이 있어 널리 선정을 베풀었다는 이야기는 듣지 못하다.

●● 王稚君, 家在魏郡. 故丞相史. 女爲太子妃. 太子立爲帝, 女爲皇后, 故侯, 千二百戶. 初元以來, 方盛貴用事, 遊宦求官於京師者多得其力, 未聞其有知略廣宣於國家也.

● 저선생이 보완한 것이다. 《사기집해》에는 이름이 걸傑로 나온다. 《사기색은》은 《한서》 〈연표〉를 인용해 그의 이름이 금禁이라 했다.

건원이래왕자후자연표

建元已來王子侯者年表

〈건원이래왕자후자연표〉는 《사기》 〈표〉 가운데 형태가 단순하다. 무제 때 분봉된 왕자와 제후에 봉해진 그 자식들의 사적을 요약한 것이다. 모두 예순세 명이다. 기간은 원광 5년(기원전 130)부터 원정 원년(기원전 116)까지다. 이 와중에 많은 사람이 새로이 분봉을 받거나 기존의 봉지를 잃었다. 주목할 것은 무제가 이 제후들을 분봉하면서 중앙집권 체제를 더욱 강화한 점이다. 그 역시 진시황과 마찬가지로 황제의 명으로 천하를 일사불란하게 다스리고자 했던 것이다. 진시황이 미완의 과업으로 남겨놓은 중앙집권체제가 무제 때 들어와 비로소 완성되었다는 평이 나오는 이유다.

황제가 어사에게 조서를 내려 이같이 밝혔다.

"제후왕이 혹여 자신의 식읍을 자제에게 나누어줄 생각으로 각자 조목을 밝혀 상주하면 짐이 봉호封號와 명칭을 짓도록 하겠다."

태사공은 평한다.

"성대하구나, 천자의 덕이여! 한 사람이 경사스러운 일을 만들면 천하가 그 이로움을 얻는구나!"

●● 制詔御史, "諸侯王或欲推私恩分子弟邑者, 令各條上, 朕且臨定其號名." 太史公曰, "盛哉, 天子之德! 一人有慶, 天下賴之!"

자후茲侯 유명劉明

왕자호王子號	하간헌왕의 아들이다[河間獻王子].
원광元光	2위. 원광 5년 정월 임자일, 후侯 유명 원년.
원삭元朔	2위. 원삭 3년, 후 유명이 반란을 꾀하고 사람을 죽인 일에 연좌되어 기시되고, 봉지도 폐지되다[二. 三年, 侯明坐謀反殺人, 棄市, 國除].
원수元狩	
원정元鼎	
원봉元鼎	
태초太初	

안성후安成侯 유창劉蒼

왕자호王子號	장사정왕의 아들이다[長沙定王子].
원광元光	1위. 원광 6년 7월 을사일, 사후思侯 유창 원년.
원삭元朔	
원수元狩	
원정元鼎	6위. 원정 원년, 금후今侯 유자당劉自當 원년.
원봉元鼎	
태초太初	

의춘후宜春侯 유성劉成

왕자호王子號	장사정왕의 아들이다.
원광元光	1위. 원광 6년 7월 을사일, 후侯 유성 원년.

원삭元朔	
원수元狩	
원정元鼎	4위. 원정 5년, 후 유성이 주금 사건에 연좌되어 봉지가 폐지되다[四. 五年, 侯成坐酎金, 國除].
원봉元封	
태초太初	

구용후句容侯 유당劉黨

왕자호王子號	장사정왕의 아들이다.
원광元光	1위. 원광 6년 7월 을사일, 애후哀侯 유당 원년.
원삭元朔	원삭 원년, 애후 유당이 서거했으나 후손이 없어 봉지가 폐지되다[元 年, 哀侯黨薨, 無後, 國除].
원수元狩	
원정元鼎	
원봉元封	
태초太初	

구릉후句陵侯 유복劉福

왕자호王子號	장사정왕의 아들이다.
원광元光	1위. 원광 6년 7월 을사일, 후侯 유복 원년.
원삭元朔	
원수元狩	
원정元鼎	4위. 후 유복이 주금 사건에 연좌되어 봉지가 폐지되다[四. 五年, 侯福 坐酎金, 國除].

원봉元鼎	
태초太初	

행산후杏山侯 유성劉成

왕자호王子號	초안왕의 아들이다[楚安王子].
원광元光	1위. 원광 6년 후後 9월 임술일, 후侯 유성 원년.
원삭元朔	
원수元狩	
원정元鼎	4위. 원정 5년, 후 유성이 주금 사건에 연좌되어 봉지가 폐지되다[四.五年, 侯成坐酎金, 國除].
원봉元鼎	
태초太初	

부구후浮丘侯 유불심劉不審

왕자호王子號	초안왕의 아들이다.
원광元光	1위. 원광 6년 후 9월 임술일, 후侯 유불심 원년.
원삭元朔	
원수元狩	4위.
	2위. 원수 5년, 후侯 유패劉霸 원년.
원정元鼎	4위. 원정 5년, 후 유패가 주금 사건에 연좌되어 봉지가 폐지되다[四.五年, 侯霸坐酎金, 國除].
원봉元鼎	
태초太初	

광척후廣戚侯 **유택**劉擇

왕자호王子號	노공왕의 아들이다[魯共王子].
원광元光	
원삭元朔	6위. 원삭 원년 10월 정유일, 절후節侯 유택 원년.
원수元狩	6위. 원수 원년, 후侯 유시劉始 원년.
원정元鼎	4위. 원정 5년, 후 유시가 주금 사건에 연좌되어 봉지가 폐지되다[四. 五年, 侯始坐酎金, 國除].
원봉元鼎	
태초太初	

단양후丹楊侯 **유감**劉敢

왕자호王子號	강도역왕의 아들이다[江都易王子].
원광元光	
원삭元朔	6위. 원삭 원년 12월 갑진일, 애후哀侯 유감 원년.
원수元狩	원수 원년, 후 유감이 서거했으나 후손이 없어 봉지가 폐지되다[元狩 元年, 侯敢薨, 無後, 國除].
원정元鼎	
원봉元鼎	
태초太初	

우태후盱台侯 **유상지**劉象之

왕자호王子號	강도역왕의 아들이다.
원광元光	

원삭元朔	6위. 원삭 원년 12월 갑진일, 후侯 유상지 원년.
원수元狩	
원정元鼎	4위. 원정 5년, 후 유상지가 주금 사건에 연좌되어 봉지가 폐지되다 [四. 五年, 侯象之坐酎金, 國除].
원봉元鼎	
태초太初	

호숙후湖孰侯 유서劉胥

왕자호王子號	강도왕의 아들이다.
원광元光	
원삭元朔	6위. 원삭 원년 정월 정묘일, 경후頃侯 유서 원년.
원수元狩	
원정元鼎	4위.
	2위. 원정 5년, 금후今侯 유성劉聖 원년.
원봉元鼎	
태초太初	

질양후秩陽侯 유련劉漣

왕자호王子號	강도왕의 아들이다.
원광元光	
원삭元朔	6위. 원삭 원년 정월 정묘일, 종후終侯 유련 원년.
원수元狩	
원정元鼎	3위. 원정 4년, 종후 유련이 서거했으나 후손이 없어 봉지가 폐지되다 [三. 四年, 終侯漣薨, 無後, 國除].

원봉元鼎	
태초太初	

수릉후 睢陵侯 유정국 劉定國

왕자호王子號	강도왕의 아들이다.
원광元光	
원삭元朔	6위. 원삭 원년 정월 정묘일, 후侯 유정국 원년.
원수元狩	
원정元鼎	4위. 원정 5년, 후 유정국이 주금 사건에 연좌되어 봉지가 폐지되다 [四. 五年, 侯定國坐酎金, 國除].
원봉元鼎	
태초太初	

용구후 龍丘侯 유대 劉代

왕자호王子號	강도역왕의 아들이다.
원광元光	
원삭元朔	5위. 원삭 2년 5월 을사일, 후侯 유대 원년.
원수元狩	
원정元鼎	4위. 원정 5년, 후 유대가 주금 사건에 연좌되어 봉지가 폐지되다[四. 五年, 侯代坐酎金, 國除].
원봉元鼎	
태초太初	

장량후張梁侯 유인劉仁

왕자호王子號	강도역왕의 아들이다.
원광元光	
원삭元朔	5위. 원삭 2년 5월 을사일, 애후哀侯 유인 원년.
원수元狩	
원정元鼎	2위.
	4위. 원정 3년, 금후今侯 유순劉順 원년.
원봉元鼎	
태초太初	

극후劇侯 유조劉錯

왕자호王子號	치천의왕의 아들이다[菑川懿王子].
원광元光	
원삭元朔	5위. 원삭 2년 5월 을사일, 원후 유조 원년.
원수元狩	
원정元鼎	1위.
	5위. 원정 2년, 효후孝侯 유광창劉廣昌 원년.
원봉元鼎	
태초太初	

양후壤侯 유고수劉高遂

왕자호王子號	치천의왕의 아들이다.

원광元光	
원삭元朔	5위. 원삭 2년 5월 을사일, 이후夷侯 유고수 원년.
원수元狩	
원정元鼎	6위. 원정 원년, 금후今侯 유연劉延 원년.
원봉元鼎	
태초太初	

왕자호王子號	치천의왕의 아들이다.
원광元光	
원삭元朔	5위. 원삭 2년 5월 을사일, 이후夷侯 유상 원년.
원수元狩	2위. 4위. 원수 3년, 금후 유초인劉楚人 원년.
원정元鼎	
원봉元鼎	
태초太初	

왕자호王子號	치천의왕의 아들이다.
원광元光	
원삭元朔	5위. 원삭 2년 9월 을사일, 경후敬侯 유시창 원년.
원수元狩	
원정元鼎	

원봉元鼎	
태초太初	

갈괴후葛魁侯 유관劉寬

왕자호王子號	치천의왕의 아들이다.
원광元光	
원삭元朔	5위. 원삭 2년 5월 을사일, 절후節侯 유관 원년.
원수元狩	3위.
	3위. 원수 4년, 후侯 유척劉戚 원년.
원정元鼎	2위. 원정 3년, 후 유척이 살인에 연좌되어 기시되고 봉지가 폐지되다 [二. 三年, 侯戚坐殺人, 棄市, 國除].
원봉元鼎	
태초太初	

익도후益都侯 유호劉胡

왕자호王子號	치천의왕의 아들이다.
원광元光	
원삭元朔	5위. 원삭 2년 5월 을사일, 후侯 유호 원년.
원수元狩	
원정元鼎	
원봉元鼎	
태초太初	

평작후平酌侯 유강劉彊

왕자호王子號	치천의왕의 아들이다.
원광元光	
원삭元朔	5위. 원삭 2년 5월 을사일, 대후戴侯 유강 원년.
원수元狩	
원정元鼎	6위. 원정 원년, 사후思侯 유중시劉中時 원년.
원봉元封	
태초太初	

극괴후劇魁侯 유묵劉墨

왕자호王子號	치천의왕의 아들이다.
원광元光	
원삭元朔	5위. 원삭 2년 5월 을사일, 이후夷侯 유묵 원년.
원수元狩	
원정元鼎	
원봉元封	3위. 원봉 원년, 후侯 유소劉昭 원년[三. 元年, 侯昭元年].
	3위. 원봉 4년, 후侯 유덕劉德 원년[三. 四年, 侯德元年].
태초太初	

수량후壽梁侯 유수劉守

왕자호王子號	치천의왕의 아들이다.
원광元光	

원삭元朔	5위. 원삭 2년 5월 을사일, 후侯 유수 원년.
원수元狩	
원정元鼎	4위. 원정 5년, 후 유수가 주금 사건에 연좌되어 봉지가 폐지되다[四. 五年, 侯守坐酎金, 國除].
원봉元封	
태초太初	

평도후平度侯 유연劉衍

왕자호王子號	치천의왕의 아들이다.
원광元光	
원삭元朔	5위. 원삭 2년 5월 을사일, 후侯 유연 원년.
원수元狩	
원정元鼎	
원봉元封	
태초太初	

의성후宜成侯 유언劉偃

왕자호王子號	치천의왕의 아들이다.
원광元光	
원삭元朔	5위. 원삭 2년 5월 을사일, 강후康侯 유언 원년.
원수元狩	
원정元鼎	6위. 원정 원년, 후侯 유복劉福 원년.
원봉元封	

태초太初	원년, 후 유복이 동생을 죽인 일에 연좌되어 기시되고, 봉지도 폐지되다[元年, 侯福坐殺弟, 棄市, 國除].

임구후臨朐侯 유노劉奴

왕자호王子號	치천의왕의 아들이다.
원광元光	
원삭元朔	5위. 원삭 2년 5월 을사일, 애후哀侯 유노 원년.
원수元狩	
원정元鼎	
원봉元鼎	
태초太初	

뇌후雷侯 유희劉稀

왕자호王子號	성양공왕의 아들이다[城陽共王子].
원광元光	
원삭元朔	5위. 원삭 2년 5월 갑술일, 후侯 유희 원년.
원수元狩	
원정元鼎	5위. 원정 5년, 후 유희가 주금 사건에 연좌되어 봉지가 폐지되다[五. 五年, 侯稀坐酎金, 國除].
원봉元鼎	
태초太初	

동완후東莞侯 유길劉吉

왕자호王子號	성양공왕의 아들이다.
원광元光	
원삭元朔	3위. 원삭 2년 5월 갑술일, 후侯 유길 원년.
원삭元朔	원삭 5년, 후 유길이 고질병을 핑계로 조현하지 않아 작위가 폐위되고, 봉지도 폐지되다[五年, 侯吉有痼疾, 不朝, 廢, 國除].
원수元狩	
원정元鼎	
원봉元鼎	
태초太初	

벽후辟侯 유장劉壯

왕자호王子號	성양공왕의 아들이다.
원광元光	
원삭元朔	3위. 원삭 2년 5월 갑술일, 절후節侯 유장 원년.
	2위. 원삭 5년, 후侯 유명劉明 원년.
원수元狩	
원정元鼎	4위. 원정 5년, 후 유명이 주금 사건에 연좌되어 봉지가 폐지되다[四. 五年, 侯朋坐酎金, 國除].
원봉元鼎	
태초太初	

울문후尉文侯 유병劉丙

왕자호王子號	조경숙왕의 아들이다[趙敬肅王子].
원광元光	
원삭元朔	5위. 원삭 2년 6월 갑오일, 절후節侯 유병 원년.
원수元狩	6위. 원수 원년, 후侯 유독劉犢 원년.
원정元鼎	4위. 원정 5년, 후 유독이 주금 사건에 연좌되어 봉지가 폐지되다[四. 五年, 侯犢坐酎金, 國除].
원봉元鼎	
태초太初	

봉사후封斯侯 유호양劉胡陽

왕자호王子號	조경숙왕의 아들이다.
원광元光	
원삭元朔	5위. 원삭 2년 6월 갑오일, 공후共侯 유호양 원년.
원수元狩	
원정元鼎	
원봉元鼎	
태초太初	2위. 2위. 태조 3년, 금후今侯 유여의劉如意 원년.

유구후榆丘侯 유수복劉壽福

왕자호王子號	조경숙왕의 아들이다.

원광元光	
원삭元朔	5위. 원삭 2년 6월 갑오일, 후侯 유수복 원년.
원수元狩	
원정元鼎	4위. 원정 5년, 후 유수복이 주금 사건에 연좌되어 봉지가 폐지되다 [四. 五年, 侯壽福坐酎金, 國除].
원봉元鼎	
태초太初	

양참후襄嚵侯 유건劉建

왕자호王子號	조경숙왕의 아들이다.
원광元光	
원삭元朔	5위. 원삭 2년 6월 갑오일, 후侯 유건 원년.
원수元狩	
원정元鼎	4위. 원정 5년, 후 유건이 주금 사건에 연좌되어 봉지가 폐지되다[四. 五年, 侯建坐酎金, 國除].
원봉元鼎	
태초太初	

한회후邯會侯 유인劉仁

왕자호王子號	조경숙왕의 아들이다.
원광元光	
원삭元朔	5위. 원삭 2년 6월 갑오일, 후侯 유인 원년.
원수元狩	
원정元鼎	

원봉元鳳	
태초太初	

조후朝侯 유의劉義

왕자호王子號	조경숙왕의 아들이다.
원광元光	
원삭元朔	5위. 원삭 2년 6월 갑오일, 후侯 유의 원년.
원수元狩	
원정元鼎	2위.
	4위. 원정 3년, 금후今侯 유록劉祿 원년.
원봉元鳳	
태초太初	

동성후東城侯 유유劉遺

왕자호王子號	조경숙왕의 아들이다.
원광元光	
원삭元朔	5위. 원삭 2년 6월 갑오일, 후侯 유유 원년.
원수元狩	
원정元鼎	원정 원년, 후 유유가 죄를 지어 봉지가 폐지되다[元年, 侯遺有罪, 國除].
원봉元鳳	
태초太初	

음성후陰城侯 유창劉蒼

왕자호王子號	조경숙왕의 아들이다.
원광元光	
원삭元朔	5위. 원삭 2년 6월 갑오일, 후侯 유창 원년.
원수元狩	
원정元鼎	
원봉元封	원봉 원년, 후 유창이 죄를 지어 봉지가 폐지되다[元年, 侯蒼有罪, 國除].
태초太初	

광망후廣望侯 유안중劉安中

왕자호王子號	중산정왕의 아들이다[中山靖王子].
원광元光	
원삭元朔	5위. 원삭 2년 6월 갑오일, 후侯 유안중 원년.
원수元狩	
원정元鼎	
원봉元鼎	
태초太初	

장량후將梁侯 유조평劉朝平

왕자호王子號	중산정왕의 아들이다.
원광元光	
원삭元朔	5위. 원삭 2년 6월 갑오일, 후侯 유조평 원년.

원수元狩	
원정元鼎	4위. 원정 5년, 후 유조평이 주금 사건에 연좌되어 봉지가 폐지되다 [四. 五年, 侯朝平坐酎金, 國除].
원봉元鼎	
태초太初	

신관후新館侯 유미앙劉未央

왕자호王子號	중산정왕의 아들이다.
원광元光	
원삭元朔	5위. 원삭 2년 월 갑오일, 후侯 유미앙 원년.
원수元狩	
원정元鼎	4위. 원정 5년, 후 유미앙이 주금 사건에 연좌되어 봉지가 폐지되다 [四. 五年, 侯未央坐酎金, 國除].
원봉元鼎	
태초太初	

신처후新處侯 유가劉嘉

왕자호王子號	중산정왕의 아들이다.
원광元光	
원삭元朔	5위. 원삭 2년 6월 갑오일, 후侯 유가 원년.
원수元狩	
원정元鼎	4위. 원정 5년, 후 유가가 주금 사건에 연좌되어 봉지가 폐지되다[四. 五年, 侯嘉坐酎金, 國除].
원봉元鼎	

태초太初	

형성후陘城侯 유정劉貞

왕자호王子號	중산정왕의 아들이다.
원광元光	
원삭元朔	5위. 원삭 2년 6월 갑오일, 후侯 유정 원년.
원수元狩	
원정元鼎	4위. 원정 5년, 후 유정이 주금 사건에 연좌되어 봉지가 폐지되다[四. 五年, 侯貞坐酎金, 國除].
원봉元鼎	
태초太初	

포령후蒲領侯 유가劉嘉

왕자호王子號	광천혜왕의 아들이다[廣川惠王子].
원광元光	
원삭元朔	4위. 원삭 3년 10월 계유일, 후侯 유가 원년.
원수元狩	
원정元鼎	
원봉元鼎	
태초太初	

서웅후西熊侯 유명劉明

왕자호王子號	광천혜왕의 아들이다.
원광元光	
원삭元朔	4위. 원삭 3년 10월 계유일, 후侯 유명 원년.
원수元狩	
원정元鼎	
원봉元鼎	
태초太初	

조강후棗彊侯 유안劉晏

왕자호王子號	광천혜왕의 아들이다.
원광元光	
원삭元朔	4위. 원삭 3년 10월 계유일, 후侯 유안 원년.
원수元狩	
원정元鼎	
원봉元鼎	
태초太初	

필량후畢梁侯 유영劉嬰

왕자호王子號	광천혜왕의 아들이다.
원광元光	
원삭元朔	4위. 원삭 3년 10월 계유일, 후侯 유영 원년.

원수元狩	
원정元鼎	
원봉元封	3위. 원봉 4년, 후 유영이 죄를 지어 봉지가 폐지되다[三. 四年, 侯嬰有罪, 國除].
태초太初	

방광후房光侯 유은劉殷

왕자호王子號	하간헌왕의 아들이다[河間獻王子].
원광元光	
원삭元朔	4위. 원삭 3년 10월 계유일, 후侯 유은 원년.
원수元狩	
원정元鼎	원정 원년, 후 유은이 죄를 지어 봉지가 폐지되다[元年, 侯殷有罪, 國除].
원봉元鼎	
태초太初	

거양후距陽侯 유개劉匄

왕자호王子號	하간헌왕의 아들이다.
원광元光	
원삭元朔	4위. 원삭 3년 10월 계유일, 후侯 유개 원년.
원수元狩	4위. 2위. 원수 5년, 후侯 유도劉渡 원년.
원정元鼎	4위. 원정 5년, 후 유도가 죄를 지어 봉지가 폐지되다[四. 五年, 侯渡有罪, 國除].
원봉元鼎	

태초太初	

누후萋侯 유막劉邈

왕자호王子號	하간헌왕의 아들이다.
원광元光	
원삭元朔	4위. 원삭 3년 10월 계유일, 후侯 유막 원년.
원수元狩	
원정元鼎	
원봉元封	6위. 원봉 원년, 금후今侯 유영劉嬰 원년.
태초太初	

아무후阿武侯 유예劉豫

왕자호王子號	하간헌왕의 아들이다.	
원광元光		
원삭元朔	4위. 원삭 3년 10월 계유일, 민후湣侯 유예 원년.	
원수元狩		
원정元鼎		
원봉元鼎		
태초太初	2위.	
	2위. 태초 3년, 금후今侯 유관劉寬 원년.	

왕자호王子號	하간헌왕의 아들이다.
원광元光	
원삭元朔	4위. 원삭 3년 10월 계유일, 후侯 유면 원년.
원수元狩	
원정元鼎	
원봉元鼎	
태초太初	

왕자호王子號	하간헌왕의 아들이다.
원광元光	
원삭元朔	4위. 원삭 3년 10월 계유일, 절후節侯 유금 원년.
원수元狩	
원정元鼎	
원봉元封	5위.
	1위. 원봉 6년, 금후今侯 유혜劉惠 원년.
태초太初	

왕자호王子號	하간헌왕의 아들이다.
원광元光	

원삭元朔	4위. 원삭 3년 10월 계유일, 후侯 유례 원년.
원수元狩	2위. 원수 3년, 후 유례가 죄를 지어 봉지가 폐지되다[二. 三年, 侯禮有罪, 國除].
원정元鼎	
원봉元鼎	
태초太初	

광후廣侯 유순劉順

왕자호王子號	하간헌왕의 아들이다.
원광元光	
원삭元朔	4위. 원삭 3년 10월 계유일, 후侯 유순 원년.
원수元狩	
원정元鼎	4위. 원정 5년, 후 유순이 주금 사건에 연좌되어 봉지가 폐지되다[四. 五年, 侯順坐酎金, 國除].
원봉元鼎	
태초太初	

갑서후蓋胥侯 유양劉讓

왕자호王子號	하간헌왕의 아들이다.
원광元光	
원삭元朔	4위. 원삭 3년 10월 계유일, 후侯 유양 원년.
원수元狩	
원정元鼎	4위. 원정 5년, 후 유양이 주금 사건에 연좌되어 봉지가 폐지되다[四. 五年, 侯讓坐酎金, 國除].

원봉元鼎	
태초太初	

배안후陪安侯 유불해劉不害

왕자호王子號	제북정왕의 아들이다[濟北貞王子].
원광元光	
원삭元朔	4위. 원삭 3년 10월 계유, 강후康侯 유불해 원년.
원수元狩	
원정元鼎	1위. 원정 2년, 애후哀侯 유진객劉秦客 원년.
	2위. 원정 3년, 후 유진객이 서거했으나 후손이 없어 봉지가 폐지되다[二. 三年, 侯秦客薨, 無後, 國除].
원봉元鼎	
태초太初	

영간후榮簡侯 유건劉騫

왕자호王子號	제북정왕의 아들이다.
원광元光	
원삭元朔	4위. 원삭 3년 10월 계유일, 후侯 유건 원년.
원수元狩	2위. 원수 3년, 후 유건이 죄를 지어 봉지가 폐지되다[二. 三年, 侯騫有罪, 國除].
원정元鼎	
원봉元鼎	
태초太初	

주견후周堅侯 유하劉何

왕자호王子號	제북정왕의 아들이다.
원광元光	
원삭元朔	4위. 원삭 3년 10월 계유일, 후侯 유하 원년.
원수元狩	4위.
	2위. 원수 5년, 후侯 유당시劉當時 원년.
원정元鼎	4위. 원정 5년, 후 유당시가 주금 사건에 연좌되어 봉지가 폐지되다 [四. 五年, 侯當時坐酎金, 國除].
원봉元封	
태초太初	

안양후安陽侯 유걸劉桀

왕자호王子號	제북정왕의 아들이다.
원광元光	
원삭元朔	4위. 원삭 3년 10월 계유일, 후侯 유걸 원년.
원수元狩	
원정元鼎	
원봉元封	
태초太初	

오거후五據侯 유확구劉臛丘

왕자호王子號	제북정왕의 아들이다.

원광元光	
원삭元朔	4위. 원삭 3년 10월 계유일, 후侯 유확구 원년.
원수元狩	
원정元鼎	4위. 원정 5년, 후 유확구가 주금 사건에 연좌되어 봉지가 폐지되다 [四. 五年, 侯賸丘坐酎金, 國除].
원봉元封	
태초太初	

부후富侯 유습劉襲

왕자호王子號	제북정왕의 아들이다.
원광元光	
원삭元朔	4위. 원삭 3년 10월 계유일, 후侯 유습 원년.
원수元狩	
원정元鼎	
원봉元封	
태초太初	

배후陪侯 유명劉明

왕자호王子號	제북정왕의 아들이다.
원광元光	
원삭元朔	4위. 원삭 3년 10월 계유일, 목후繆侯 유명 원년.
원수元狩	

원정元鼎	2위. 원정 3년, 후侯 유읍劉邑 원년.
	2위. 원정 5년, 후 유읍이 주금 사건에 연좌되어 봉지가 폐지되다[二. 五年, 侯邑坐酎金, 國除].
원봉元鼎	
태초太初	

왕자호王子號	제북정왕의 아들이다.
원광元光	
원삭元朔	4위. 원삭 3년 10월 계유일, 후侯 유신 원년.
원수元狩	
원정元鼎	4위. 원정 5년, 후 유신이 주금 사건에 연좌되어 봉지가 폐지되다[四. 五年, 侯信坐酎金, 國除].
원봉元鼎	
태초太初	

왕자호王子號	제북정왕의 아들이다.
원광元光	
원삭元朔	4위. 원삭 3년 10월 계유일, 후侯 유수 원년.
원수元狩	원수 원년, 후 유수가 죄를 지어 봉지가 폐지되다[元年, 侯邃有罪, 國除].
원정元鼎	
원봉元鼎	
태초太初	

우후羽侯 유성劉成

왕자호王子號	제북정왕의 아들이다.
원광元光	
원삭元朔	4위. 원삭 3년 10월 계유일, 후侯 유성 원년.
원수元狩	
원정元鼎	
원봉元鼎	
태초太初	

호모후胡母侯 유초劉楚

왕자호王子號	제북정왕의 아들이다.
원광元光	
원삭元朔	4위. 원삭 3년 10월 계유일, 후侯 유초 원년.
원수元狩	
원정元鼎	4위. 원정 5년, 후 유초가 주금 사건에 연좌되어 봉지가 폐지되다[四. 五年, 侯楚坐酎金, 國除].
원봉元鼎	
태초太初	

이석후離石侯 유관劉綰

왕자호王子號	대공왕의 아들이다[代共王子].
원광元光	

원삭元朔	4위. 원삭 3년 정월 임술일, 후侯 유관 원년.
원수元狩	
원정元鼎	
원봉元봉	
태초太初	

소후邵侯 유신劉愼

왕자호王子號	대공왕의 아들이다.
원광元光	
원삭元朔	4위. 원삭 3년 정월 임술일, 후侯 유신 원년.
원수元狩	
원정元鼎	
원봉元봉	
태초太初	

이창후利昌侯 유가劉嘉

왕자호王子號	대공왕의 아들이다.
원광元光	
원삭元朔	4위. 원삭 3년 정월 임술일, 후侯 유가 원년.
원수元狩	
원정元鼎	
원봉元봉	
태초太初	

인후蘭侯 유희劉憙

왕자호王子號	대공왕의 아들이다.
원광元光	
원삭元朔	원삭 3년 정월 임술일, 후侯 유희 원년.
원수元狩	
원정元鼎	
원봉元封	
태초太初	

임하후臨河侯 유현劉賢

왕자호王子號	대공왕의 아들이다.
원광元光	
원삭元朔	원삭 3년 정월 임술일, 후侯 유현 원년.
원수元狩	
원정元鼎	
원봉元封	
태초太初	

습성후隰成侯 유충劉忠

왕자호王子號	대공왕의 아들이다.
원광元光	
원삭元朔	원삭 3년 정월 임술일, 후侯 유충 원년.

원수元狩	
원정元鼎	
원봉元封	
태초太初	

토군후土軍侯 유영객劉郢客

왕자호王子號	대공왕의 아들이다.
원광元光	
원삭元朔	3년 정월 임술일, 후侯 유영객 원년.
원수元狩	
원정元鼎	후 유영객이 남의 처와 간통한 일에 연좌되어 기시되다[侯郢客坐與人妻姦, 棄市].
원봉元封	
태초太初	

고랑후皋狼侯 유천劉遷

왕자호王子號	대공왕의 아들이다.
원광元光	
원삭元朔	원삭 3년 정월 임술일, 후侯 유천 원년.
원수元狩	
원정元鼎	
원봉元封	
태초太初	

천장후千章侯 유우劉遇

왕자호王子號	대공왕의 아들이다.
원광元光	
원삭元朔	원삭 3년 정월 임술일, 후侯 유우 원년.
원수元狩	
원정元鼎	
원봉元鼎	
태초太初	

박양후博陽侯 유취劉就

왕자호王子號	제효왕의 아들이다.
원광元光	
원삭元朔	4위. 원삭 3년 3월 을묘일, 강후康侯 유취 원년.
원수元狩	
원정元鼎	2위. 원정 3년, 후侯 유종길劉終吉 원년. 2위. 원정 5년, 후 유종길이 주금 사건에 연좌되어 봉지가 폐지되다 [二. 五年, 侯終吉坐酎金, 國除].
원봉元鼎	
태초太初	

영양후寧陽侯 유회劉恢

왕자호王子號	노공왕의 아들이다[魯共王子].

원광元光	
원삭元朔	4위. 원삭 3년 3월 을묘일, 절후節侯 유회 원년.
원수元狩	
원정元鼎	
원봉元鳳	
태초太初	

하구후瑕丘侯 유정劉貞

왕자호王子號	노공왕의 아들이다.
원광元光	
원삭元朔	4위. 원삭 3년 3월 을묘일, 절후節侯 유정 원년.
원수元狩	
원정元鼎	
원봉元鳳	
태초太初	

공구후公丘侯 유순劉順

왕자호王子號	노공왕의 아들이다.
원광元光	
원삭元朔	4위. 원삭 3년 3월 을묘일, 이후夷侯 유순 원년.
원수元狩	
원정元鼎	
원봉元鳳	

태초太初	

욱랑후鬱狼侯 유기劉騎

왕자호王子號	노공왕의 아들이다.
원광元光	
원삭元朔	4위. 원삭 3년 3월 을묘일, 후侯 유기 원년.
원수元狩	
원정元鼎	4위. 원정 5년, 후 유기가 주금 사건에 연좌되어 봉지가 폐지되다[四. 五年, 侯騎坐酎金, 國除].
원봉元鼎	
태초太初	

서창후西昌侯 유경劉敬

왕자호王子號	노공왕의 아들이다.
원광元光	
원삭元朔	4위. 원삭 3년 3월 을묘일, 후侯 유경 원년.
원수元狩	
원정元鼎	4위. 원정 5년, 후 유경이 주금 사건에 연좌되어 봉지가 폐지되다[四. 五年, 侯敬坐酎金, 國除].
원봉元鼎	
태초太初	

왕자호王子號	중산정왕의 아들이다.
원광元光	
원삭元朔	4위. 원삭 3년 3월 계유일, 후侯 유의 원년.
원수元狩	
원정元鼎	4위. 원정 5년, 후 유의가 주금 사건에 연좌되어 봉지가 폐지되다[四. 五年, 侯義坐酎金, 國除].
원봉元鼎	
태초太初	

왕자호王子號	조경숙왕의 아들이다[趙敬肅王子].
원광元光	
원삭元朔	4위. 원삭 3년 4월 경진일, 후侯 유순 원년.
원수元狩	
원정元鼎	4위. 원정 5년, 후 유순이 주금 사건에 연좌되어 봉지가 폐지되다[四. 五年, 侯順坐金, 國除].
원봉元鼎	
태초太初	

왕자호王子號	조경숙왕의 아들이다.
원광元光	

원삭元朔	4위. 원삭 3년 4월 경진일, 후侯 유창 원년.
원수元狩	
원정元鼎	
원봉元鼎	
태초太初	

상씨후象氏侯 유하劉賀

왕자호王子號	조경숙왕의 아들이다.
원광元光	
원삭元朔	4위. 원삭 3년 4월 경진일, 절후節侯 유하 원년.
원수元狩	
원정元鼎	
원봉元封	2위. 4위. 원봉 3년, 사후思侯 유안덕劉安德 원년.
태초太初	

역후易侯 유평劉平

왕자호王子號	
원광元光	
원삭元朔	4위. 원삭 3년 4월 경진일, 안후安侯 유평 원년.
원수元狩	
원정元鼎	
원봉元封	4위. 2위. 원봉 5년, 금후今侯 유종劉種 원년.

태초太初	

낙릉후洛陵侯 유장劉章

왕자호王子號	장사정왕의 아들이다[長沙定王子].
원광元光	
원삭元朔	3위. 원삭 4년 3월 을축일, 후侯 유장 원년.
원수元狩	1위. 원수 2년, 후 유장이 죄를 지어 봉지가 폐지되다[一. 二年, 侯章有罪, 國除].
원정元鼎	
원봉元鳳	
태초太初	

유여후攸輿侯 유칙劉則

왕자호王子號	장사정왕의 아들이다.
원광元光	
원삭元朔	3위. 원삭 4년 3월 을축일, 후侯劉 유칙 원년.
원수元狩	
원정元鼎	
원봉元鳳	
태초太初	태초 원년, 후 유칙이 찬탈을 꾀한 사죄死罪로 기시되고, 봉지도 폐지되다[元年, 侯則簒死罪, 棄市, 國除].

도릉후茶陵侯 유흔劉欣

왕자호王子號	장사정왕의 아들이다.
원광元光	
원삭元朔	3위. 원삭 4년 3월 을축일, 후侯 유흔 원년.
원수元狩	
원정元鼎	1위.
	5위. 원정 2년, 애후哀侯 유양劉陽 원년.
원봉元鼎	
태초太初	태초 원년, 후 유양이 서거했으나 후손이 없어 봉지가 폐지되다[元年, 侯陽薨, 無後, 國除].

건성후建成侯 유습劉拾

왕자호王子號	장사정왕의 아들이다.
원광元光	
원삭元朔	3위. 원삭 4년 2월 을축일, 후侯 유습 원년.
원수元狩	5위. 원수 6년, 후 유습이 조현을 하지 않은 불경스러운 일에 연좌되어 봉지가 폐지되다[五. 六年, 侯拾坐不朝, 不敬, 國除].
원정元鼎	
원봉元鼎	
태초太初	

안중후安衆侯 유단劉丹

왕자호王子號	장사정왕의 아들이다.

원광元光	
원삭元朔	3위. 원삭 4년 3월 을축일, 강후康侯 유단 원년.
원수元狩	
원정元鼎	
원봉元封	5위.
	1위. 원봉 6년, 금후今侯 유산부劉山拊 원년.
태초太初	

섭후葉侯 유가劉嘉

왕자호王子號	장사정왕의 아들이다.
원광元光	
원삭元朔	3위. 원삭 4년 3월 을축일, 강후康侯 유가 원년.
원수元狩	
원정元鼎	4위. 원정 5년, 후 유가가 주금 사건에 연좌되어 봉지가 폐지되다[四. 五年, 侯嘉坐酎金, 國除].
원봉元鼎	
태초太初	

이향후利鄕侯 유영劉嬰

왕자호王子號	성양공왕의 아들이다[城陽共王子].
원광元光	
원삭元朔	3위. 원삭 4년 3월 을축일, 강후康侯 유영 원년.
원수元狩	2위. 원수 3년, 후 유영이 죄를 지어 봉지가 폐지되다[二. 三年, 侯嬰有罪, 國除].

원정元鼎	
원봉元封	
태초太初	

유리후有利侯 유정劉釘

왕자호王子號	성양공왕의 아들이다.
원광元光	
원삭元朔	3위. 원삭 4년 3월 을축일, 후侯 유정 원년.
원수元狩	원수 원년, 후 유정이 회남왕에게 칭신하는 내용의 서신을 보낸 일에 연좌되어 기시되고, 봉지도 폐지되다[元年, 侯釘坐遺淮南書稱臣, 棄市, 國除].
원정元鼎	
원봉元封	
태초太初	

동평후東平侯 유경劉慶

왕자호王子號	성양공왕의 아들이다.
원광元光	
원삭元朔	3위. 원삭 4년 3월 을축일, 후侯 유경 원년.
원수元狩	2위. 원수 3년, 후 유경이 자매와 간통한 일에 연좌되어 봉지가 폐지되다[二. 三年, 侯慶坐與姊妹姦, 有罪, 國除].
원정元鼎	
원봉元封	
태초太初	

운평후運平侯 유흔劉訢

왕자호王子號	성양공왕의 아들이다.
원광元光	
원삭元朔	3위. 원삭 4년 3월 을축일, 후侯 유흔 원년.
원수元狩	
원정元鼎	4위. 원정 5년, 후 유흔이 주금 사건에 연좌되어 봉지가 폐지되다[四. 五年, 侯欣坐酎金, 國除].
원봉元鼎	
태초太初	

산주후山州侯 유치劉齒

왕자호王子號	성양공왕의 아들이다.
원광元光	
원삭元朔	3위. 원삭 4년 3월 을축일, 후侯 유치 원년.
원수元狩	
원정元鼎	4위. 원정 5년, 후 유치가 주금 사건에 연좌되어 봉지가 폐지되다[四. 五年, 侯齒坐酎金, 國除].
원봉元鼎	
태초太初	

해상후海常侯 유복劉福

왕자호王子號	성양공왕의 아들이다.
원광元光	

원삭元朔	3위. 원삭 4년 3월 을축일, 후侯 유복 원년.
원수元狩	
원정元鼎	4위. 원정 5년, 후 유복이 주금 사건에 연좌되어 봉지가 폐지되다[四. 五年, 侯福坐酎金, 國除].
원봉元鼎	
태초太初	

균구후鈞丘侯 유헌劉憲

왕자호王子號	성양공왕의 아들이다.
원광元光	
원삭元朔	3위. 원삭 4년 3월 을축일, 후侯 유헌 원년.
원수元狩	3위. 3위. 원수 4년, 금후今侯 유집덕劉執德 원년.
원정元鼎	
원봉元鼎	
태초太初	

남성후南城侯 유정劉貞

왕자호王子號	성양공왕의 아들이다.
원광元光	
원삭元朔	3위. 원삭 4년 3월 을축일, 후侯 유정 원년.
원수元狩	
원정元鼎	
원봉元鼎	

태초太初	

광릉후廣陵侯 유표劉表

왕자호王子號	성양공왕의 아들이다.
원광元光	
원삭元朔	3위. 원삭 4년 3월 을축일, 상후常侯 유표 원년.
원수元狩	4위.
	2위. 원수 5년, 후侯 유성劉成 원년.
원정元鼎	4위. 원정 5년, 후 유성이 주금 사건에 연좌되어 봉지가 폐지되다[四, 五年, 侯成坐酎金, 國除].
원봉元鼎	
태초太初	

장원후莊原侯 유고劉皋

왕자호王子號	성양왕의 아들이다.
원광元光	
원삭元朔	3위. 원삭 4년 3월 을축일, 후侯 유고 원년.
원수元狩	
원정元鼎	4위. 원정 5년, 후 유고가 주금 사건에 연좌되어 봉지가 폐지되다[四, 五年, 侯皋坐酎金, 國除].
원봉元鼎	
태초太初	

임락후臨樂侯 유광劉光

왕자호王子號	중산정왕의 아들이다[中山靖王子].
원광元光	
원삭元朔	3위. 원삭 4년 4월 갑오일, 돈후敦侯 유광 원년.
원수元狩	
원정元鼎	
원봉元封	5위. 1위. 원봉 6년, 금후今侯 유건劉建 원년.
태초太初	

동야후東野侯 유장劉章

왕자호王子號	중산정왕의 아들이다.
원광元光	
원삭元朔	3위. 원삭 4년 4월 갑오일, 후侯 유장 원년.
원수元狩	
원정元鼎	
원봉元鼎	
태초太初	

고평후高平侯 유가劉嘉

왕자호王子號	중산정왕의 아들이다.
원광元光	

원삭元朔	3위. 원삭 4년 4월 갑오일, 후侯 유가 원년.
원수元狩	
원정元鼎	4위. 원정 5년, 후 유가가 주금 사건에 연좌되어 봉지가 폐지되다[四. 五年, 侯嘉坐酎金, 國除].
원봉元封	
태초太初	

광천후廣川侯 유파劉頗

왕자호王子號	중산정왕의 아들이다.
원광元光	
원삭元朔	3위. 원삭 4년 4월 갑오일, 후侯 유파 원년.
원수元狩	
원정元鼎	4위. 원정 5년, 후 유파가 주금 사건에 연좌되어 봉지가 폐지되다[四. 五年, 侯頗坐酎金, 國除].
원봉元封	
태초太初	

천종후千鍾侯 유요劉搖

왕자호王子號	하간헌왕의 아들이다[河間獻王子].
원광元光	
원삭元朔	3위. 원삭 4년 4월 갑오일, 후侯 유요 원년.
원수元狩	1위. 원수 2년, 후侯 유음劉陰•이 사람을 시켜 가을의 정례 조현을 청하지 않는 죄를 지어 봉지가 폐지되다[一. 二年, 侯陰不使人爲秋請, 有罪, 國除].••

원정元鼎	
원봉元鼎	
태초太初	

피양후披陽侯 유연劉燕

왕자호王子號	제효왕의 아들이다[齊孝王子].
원광元光	
원삭元朔	3위. 원삭 4년 4월 을묘일, 경후敬侯 유연 원년.
원수元狩	
원정元鼎	4위. 2위. 원정 5년, 금후今侯 유우劉隅 원년.
원봉元鼎	
태초太初	

정후定侯 유월劉越

왕자호王子號	제효왕의 아들이다.
원광元光	
원삭元朔	3위. 원삭 4년 4월 을묘일, 경후敬侯 유월 원년.
원수元狩	

● 《사기집해》에 따르면 유요와 유음은 동일 인물이다.
●● 추청秋請을 두고 《사기집해》는 《사기》〈오왕비열전吳王濞列傳〉을 주석하면서 맹강孟康의 말을 인용해, 봄날의 조현은 조朝, 가을날의 조현은 청請이라고 풀이했다.

원정元鼎	3위.
	3위. 원정 4년, 금후금侯 유덕劉德 원년.
원봉元鼎	
태초太初	

도후稻侯 유정劉定

왕자호王子號	제효왕의 아들이다.
원광元光	
원삭元朔	3위. 원삭 4년 4월 을묘일, 이후夷侯 유정 원년.
원수元狩	
원정元鼎	2위.
	4위. 원정 3년, 금후금侯 유도양劉都陽 원년.
원봉元鼎	
태초太初	

산후山侯 유국劉國

왕자호王子號	제효왕의 아들이다.
원광元光	
원삭元朔	3위. 원삭 4년 4월 을묘일, 후侯 유국 원년.
원수元狩	
원정元鼎	
원봉元鼎	
태초太初	

번안후繁安侯 유충劉忠

왕자호王子號	제효왕의 아들이다.
원광元光	
원삭元朔	3위. 원삭 4년 4월 을묘일, 후侯 유충 원년.
원수元狩	
원정元鼎	
원봉元封	
태초太初	3위.
	1위. 태초 4년, 금후今侯 유수劉壽 원년.

유후柳侯 유양劉陽

왕자호王子號	제효왕의 아들이다.
원광元光	
원삭元朔	3위. 원삭 4년 4월 을묘일, 강후康侯 유양 원년.
원수元狩	
원정元鼎	3위.
	3위. 원정 4년, 후侯 유파사劉罷師 원년.
원봉元封	4위.
	2위. 원봉 5년, 금후今侯 유자위劉自爲 원년.
태초太初	

운후雲侯 유신劉信

왕자호王子號	제효왕의 아들이다.
원광元光	
원삭元朔	3위. 원삭 4년 4월 을묘일, 이후夷侯 유신 원년.
원수元狩	
원정元鼎	5위.
	1위. 원정 6년, 금후今侯 유세발劉歲發 원년.
원봉元鼎	
태초太初	

모평후牟平侯 유설劉渫

왕자호王子號	제효왕의 아들이다.
원광元光	
원삭元朔	3위. 원삭 4년 4월 을묘일, 공후共侯 유설 원년.
원수元狩	2위.
	4위. 원수 3년, 금후今侯 유노劉奴 원년.
원정元鼎	
원봉元鼎	
태초太初	

시후柴侯 유대劉代

왕자호王子號	제효왕의 아들이다.

원광元光	
원삭元朔	3위. 원삭 4년 4월 을묘일, 원후原侯 유대 원년.
원수元狩	
원정元鼎	
원봉元鼎	
태초太初	

백양후柏陽侯 유종고劉終古

왕자호王子號	조경숙왕의 아들이다[趙敬肅王子].
원광元光	
원삭元朔	2위. 원삭 5년 11월 신유일, 후侯 유종고 원년.
원수元狩	
원정元鼎	
원봉元鼎	
태초太初	

호후鄗侯 유연년劉延年

왕자호王子號	조경숙왕의 아들이다.
원광元光	
원삭元朔	2위. 원삭 5년 11월 신유일, 후侯 유연년 원년.
원수元狩	
원정元鼎	4위. 원정 5년, 후 유연년이 주금 사건에 연좌되어 봉지가 폐지되다 [四. 五年, 侯延年坐酎金, 國除].

원봉元鼎	
태초太初	

상구후桑丘侯 유양劉洋

왕자호王子號	중산정왕의 아들이다[中山靖王子].
원광元光	
원삭元朔	2위. 원삭 5년 11월 신유일, 절후節侯 유양 원년.
원수元狩	
원정元鼎	3위.
	3위. 원정 4년, 금후今侯 유덕劉德 원년.
원봉元鼎	
태초太初	

고구후高丘侯 유파호劉破胡

왕자호王子號	중산정왕의 아들이다.
원광元光	
원삭元朔	2위. 원삭 5년 3월 계유일, 애후哀侯 유파호 원년.
원수元狩	
원정元鼎	원정 원년, 후 유파호가 서거했으나 후손이 없어 봉지가 폐지되다[元年, 侯破胡薨, 無後, 國除].
원봉元鼎	
태초太初	

유숙후柳宿侯 유개劉蓋

왕자호王子號	중산정왕의 아들이다.
원광元光	
원삭元朔	2위. 원삭 5년 3월 계유일, 이후夷侯 유개 원년.
원수元狩	2위.
	4위. 원수 3년, 후侯 유소劉蘇 원년.
원정元鼎	4위. 원정 5년, 후 유소가 주금 사건에 연좌되어 봉지가 폐지되다[四. 五年, 侯蘇坐酎金, 國除].
원봉元鼎	
태초太初	

융구후戎丘侯 유양劉讓

왕자호王子號	중산정왕의 아들이다.
원광元光	
원삭元朔	2위. 원삭 5년 3월 계유일, 후侯 유양 원년.
원수元狩	
원정元鼎	4위. 원정 5년, 후 유양이 주금 사건에 연좌되어 봉지가 폐지되다[四. 五年, 侯讓坐酎金, 國除].
원봉元鼎	
태초太初	

번여후樊輿侯 유조劉條

왕자호王子號	중산정왕의 아들이다.

원광元光	
원삭元朔	2위. 원삭 5년 3월 계유일, 절후節侯 유조 원년.
원수元狩	
원정元鼎	
원봉元鼎	
태초太初	

곡성후曲成侯 유만세劉萬歲

왕자호王子號	중산정왕의 아들이다.
원광元光	
원삭元朔	2위. 원삭 5년 2월 계유일, 후侯 유만세 원년.
원수元狩	
원정元鼎	4위. 원정 5년, 후 유만세가 주금 사건에 연좌되어 봉지가 폐지되다 [四. 五年, 侯萬歲坐酎金, 國除].
원봉元鼎	
태초太初	

안곽후安郭侯 유박劉博

왕자호王子號	중산정왕의 아들이다.
원광元光	
원삭元朔	2위. 원삭 5년, 3월 계유일, 후侯 유박 원년.
원수元狩	
원정元鼎	
원봉元鼎	

태초太初	

안험후 安險侯 유응 劉應

왕자호王子號	중산정왕의 아들이다
원광元光	
원삭元朔	2위. 원삭 5년 3월 계유일, 후侯 유응 원년.
원수元狩	
원정元鼎	4위. 원정 5년, 후 유응이 주금 사건에 연좌되어 봉지가 폐지되다[四. 五年, 侯應坐酎金, 國除].
원봉元鼎	
태초太初	

안요후 安遙侯 유회 劉恢

왕자호王子號	중산정왕의 아들이다.
원광元光	
원삭元朔	2위. 원삭 5년 3월 계유일, 후侯 유회 원년.
원수元狩	
원정元鼎	4위. 원정 5년, 후 유회가 주금 사건에 연좌되어 봉지가 폐지되다[四. 五年, 侯恢坐酎金, 國除].
원봉元鼎	
태초太初	

부이후夫夷侯 유의劉義

왕자호王子號	장사정왕의 아들이다[長沙定王子].
원광元光	
원삭元朔	2위. 원삭 5년 3월 계유일, 경후敬侯 유의 원년.
원수元狩	
원정元鼎	4위.
	6위. 원정 5년, 금후今侯 유우劉禹 원년.
원봉元鼎	
태초太初	

용릉후舂陵侯 유매劉買

왕자호王子號	장사정왕의 아들이다.
원광元光	
원삭元朔	2위. 원삭 5년 6월 임자일, 후侯 유매 원년.
원수元狩	
원정元鼎	
원봉元鼎	
태초太初	

도량후都梁侯 유수劉遂

왕자호王子號	장사정왕의 아들이다.
원광元光	

원삭元朔	2위. 원삭 5년 6월 임자일, 경후敬侯 유수 원년.
원수元狩	
원정元鼎	6위. 원정 원년, 금후今侯 유계劉係 원년.
원봉元朋	
태초太初	

도양후洮陽侯 유구체劉狗彘●

왕자호王子號	장사정왕의 아들이다.
원광元光	
원삭元朔	2위. 원삭 5년 6월 임자일, 정후靖侯 유구체 원년.
원수元狩	5위. 원수 6년, 후 유구체가 서거했으나 후손이 없어 봉지가 폐지되다 [五. 六年, 侯狗彘薨, 無後, 國除].
원정元鼎	
원봉元朋	
태초太初	

천릉후泉陵侯 유현劉賢

왕자호王子號	장사정왕의 아들이다.
원광元光	
원삭元朔	2위. 원삭 5년 6월 임자일, 절후節侯 유현 원년.
원수元狩	

● 구체狗彘는 개와 돼지를 뜻한다.《한서》〈연표〉에는 유구체의 이름이 유장연劉將燕으로 나온다. 당시 사람들이 유장연을 '개돼지'로 욕했을 가능성을 배제할 수 없다.

원정元鼎	
원봉元鼎	
태초太初	

종익후終弋侯 유광치劉廣置

왕자호王子號	형산왕 유사의 아들이다[衡山王賜子].
원광元光	
원삭元朔	1위. 원삭 6년 4월 정축일, 후侯 유광치 원년.
원수元狩	
원정元鼎	4위. 원정 5년, 후 유광치가 주금 사건에 연좌되어 봉지가 폐지되다[四. 五年, 侯廣置坐酎金, 國除].
원봉元鼎	
태초太初	

맥후麥侯 유창劉昌

왕자호王子號	성양경왕의 아들이다[城陽頃王子].
원광元光	
원삭元朔	
원수元狩	6위. 원수 원년 4월 무인일, 후侯 유창 원년.
원정元鼎	4위. 원정 5년, 후 유창이 주금 사건에 연좌되어 봉지가 폐지되다[四. 五年, 侯昌坐酎金, 國除].
원봉元鼎	
태초太初	

왕자호王子號	성양경왕의 아들이다.
원광元光	
원삭元朔	
원수元狩	6위. 원수 원년 4월 무인일, 후侯 유발 원년.
원정元鼎	4위. 원정 5년, 후 유발이 주금 사건에 연좌되어 봉지가 폐지되다[四. 五年, 侯發坐酎金, 國除].
원봉元鼎	
태초太初	

왕자호王子號	성양경왕의 아들이다.
원광元光	
원삭元朔	
원수元狩	6위. 원수 원년 4월 무인일, 후侯 유차 원년.
원정元鼎	4위. 원정 5년, 후 유차가 주금 사건에 연좌되어 봉지가 폐지되다[四. 五年, 侯差坐酎金, 國除].
원봉元鼎	
태초太初	

왕자호王子號	성양경왕의 아들이다.
원광元光	

원삭元朔	
원수元狩	6위. 원수 원년 4월 무인일, 후侯 유방 원년.
원정元鼎	4위. 원정 5년, 후 유방이 주금 사건에 연좌되어 봉지가 폐지되다[四. 五年, 侯方坐酎金, 國除].
원봉元鼎	
태초太初	

우은후雩殷侯 유택劉澤

왕자호王子號	성양경왕의 아들이다.
원광元光	
원삭元朔	
원수元狩	6위. 원수 6년 4월 무인일, 강후康侯 유택 원년.
원정元鼎	
원봉元鼎	
태초太初	

석락후石洛侯 유경劉敬

왕자호王子號	성양경왕의 아들이다.
원광元光	
원삭元朔	
원수元狩	6위. 원수 원년 4월 무인일, 후侯 유경 원년.

• 《사기색은》에 따르면 괴蒯의 발음은 비費와 같다.

원정元鼎	
원봉元鼎	
태초太初	

왕자호王子號	성양경왕의 아들이다.
원광元光	
원삭元朔	
원수元狩	6위. 원수 원년 4월 무인일, 후侯 유곤오 원년.
원정元鼎	
원봉元鼎	
태초太初	

왕자호王子號	성양경왕의 아들이다.
원광元光	
원삭元朔	
원수元狩	6위. 원수 원년 4월 무인일, 후侯 유패 원년.
원정元鼎	
원봉元鼎	
태초太初	

● 《한서》〈연표〉에는 부침扶滯이 협술挾術로 되어 있다.
●● 《사기색은》은 효후의 효挍는 그 음이 효效와 같다고 했다.

왕자호王子號	성양경왕의 아들이다.
원광元光	
원삭元朔	
원수元狩	6위. 원수 원년 4월 무인일, 후侯 유양 원년.
원정元鼎	
원봉元鼎	
태초太初	

부성후父城侯 유광劉光

왕자호王子號	성양경왕의 아들이다.
원광元光	
원삭元朔	
원수元狩	6위. 원수 원년 4월 무인일, 후侯 유광 원년.
원정元鼎	4위. 원정 5년, 후 유광이 주금 사건에 연좌되어 봉지가 폐지되다[四. 五年, 侯光坐酎金, 國除].
원봉元鼎	
태초太初	

용후庸侯 유담劉譚

왕자호王子號	성양경왕의 아들이다.

• 《사기색은》은 늑후의 늑杤은 그 음이 륵竻과 같다고 했다.

원광元光	
원삭元朔	
원수元狩	6위. 원수 원년 4월 무인일, 후侯 유담 원년.
원정元鼎	
원봉元鼎	
태초太初	

적후翟侯 유수劉壽

왕자호王子號	성양경왕의 아들이다.
원광元光	
원삭元朔	
원수元狩	6위. 원수 원년 4월 무인일, 후侯 유수 원년.
원정元鼎	4위. 원정 5년, 후 유수가 주금 사건에 연좌되어 봉지가 폐지되다[四. 五年, 侯壽坐酎金, 國除].
원봉元鼎	
태초太初	

전후鱣侯 유응劉應

왕자호王子號	성양경왕의 아들이다.
원광元光	
원삭元朔	
원수元狩	6위. 원수 원년 4월 무인일, 후侯 유응 원년.
원정元鼎	4위. 원정 5년, 후 유응이 주금 사건에 연좌되어 봉지가 폐지되다[四. 五年, 侯應坐酎金, 國除].

원봉元鳳	
태초太初	

팽후彭侯 유언劉偃

왕자호王子號	성양경왕의 아들이다.
원광元光	
원삭元朔	
원수元狩	6위. 원수 원년 4월 무인일, 후侯 유언 원년.
원정元鼎	4위. 원정 5년, 후 유언이 주금 사건에 연좌되어 봉지가 폐지되다[四. 五年, 侯偃坐酎金, 國除].
원봉元鳳	
태초太初	

집후觶侯 유식劉息

왕자호王子號	성양경왕의 아들이다.
원광元光	
원삭元朔	
원수元狩	6위. 원수 원년 4월 무인일, 후侯 유식 원년.
원정元鼎	
원봉元鳳	
태초太初	

허수후虛水侯 유우劉禹

왕자호王子號	성양경왕의 아들이다.
원광元光	
원삭元朔	
원수元狩	6위, 원수 원년 4월 무인일, 후侯 유우 원년.
원정元鼎	
원봉元鼎	
태초太初	

동회후東淮侯 유류劉類

왕자호王子號	성양경왕의 아들이다.
원광元光	
원삭元朔	
원수元狩	6위. 원수 원년 4월 무인일, 후侯 유류 원년.
원정元鼎	4위. 원정 5년, 후 유류가 주금 사건에 연좌되어 봉지가 폐지되다[四. 五年, 侯類坐酎金, 國除].
원봉元鼎	
태초太初	

순후枸侯 유매劉買

왕자호王子號	성양경왕의 아들이다.
원광元光	

원삭元朔	
원수元狩	6위. 원수 원년 4월 무인일, 후侯 유매 원년.
원정元鼎	4위. 원정 5년, 후 유매가 주금 사건에 연좌되어 봉지가 폐지되다[四. 五年, 侯買坐酎金, 國除].
원봉元封	
태초太初	

연후涓侯 유불의劉不疑

왕자호王子號	성양경왕의 아들이다.
원광元光	
원삭元	
원수元狩	6위. 원수 원년 4월 무인일, 후侯 유불의 원년.
원정元鼎	4위. 원정 5년, 후 유불의가 주금 사건에 연좌되어 봉지가 폐지되다 [四. 五年, 侯不疑坐酎金, 國除].
원봉元封	
태초太初	

육후陸侯 유하劉何

왕자호王子號	치천정왕의 아들이다[菑川靖王子].
원광元光	
원삭元朔	
원수元狩	6위. 원수 원년 4월 무인일, 후侯 유하 원년.
원정元鼎	
원봉元封	

태초太初	

광요후廣饒侯 유국劉國

왕자호王子號	치천정왕의 아들이다.
원광元光	
원삭元朔	
원수元狩	6위. 원수 원년 10월 신묘일, 강후康侯 유국 원년.
원정元鼎	
원봉元鼎	
태초太初	

병후缾侯 유성劉成

왕자호王子號	치천정왕의 아들이다.
원광元光	
원삭元朔	
원수元狩	6위. 원수 원년 10월 신묘일, 후侯 유성 원년.
원정元鼎	
원봉元鼎	
태초太初	

유려후俞閭侯 유불해劉不害

왕자호王子號	치천정왕의 아들이다.
원광元光	
원삭元朔	
원수元狩	6위. 원수 원년 10월 신묘일, 후侯 유불해 원년.
원정元鼎	
원봉元封	
태초太初	

감정후甘井侯 유원劉元

왕자호王子號	광천목왕의 아들이다[廣川穆王子].
원광元光	
원삭元朔	
원수元狩	6위. 원수 원년 10월 을유일, 후侯 유원 원년.
원정元鼎	
원봉元封	
태초太初	

양릉후襄陵侯 유성劉聖

왕자호王子號	광천목왕의 아들이다.
원광元光	
원삭元朔	

원수元狩	6위. 원수 원년 10월 을유일, 후侯 유성 원년.
원정元鼎	
원봉元鼎	
태초太初	

고우후皐虞侯 유건劉建

왕자호王子號	교동강왕의 아들이다[膠東康王子].
원광元光	
원삭元朔	
원수元狩	
원정元鼎	3위. 원정 원년 5월 병오일, 후侯 유건 원년.
	3위. 원정 4년, 금후 유처劉處 원년.
원봉元鼎	
태초太初	

위기후魏其侯 유창劉昌

왕자호王子號	교동강왕의 아들이다.
원광元光	
원삭元朔	
원수元狩	
원정元鼎	6위. 원정 원년 5월 병오일, 창후暢侯 유창 원년.
원봉元鼎	
태초太初	

축자후祝兹侯 유연劉延

왕자호王子號	교동강왕의 아들이다.
원광元光	
원삭元朔	
원수元狩	
원정元鼎	4위. 원정 원년 5월 병오일, 후侯 유연 원년. 원정 5년, 후 유연이 인수를 버린 채 봉지를 벗어난 일에 연좌되어 봉지가 폐지되다[五年, 延坐棄印綬出國, 不敬, 國除].
원봉元鼎	
태초太初	

한흥이래장상명신연표
漢興以來將相名臣年表

〈한흥이래장상명신연표〉는 다른 〈표〉와 달리 "태사공 왈"로 시작되는 서문 구절이 없다. 일각에서 후대인의 위작으로 의심하는 이유다. 이 〈표〉에는 무제 이후의 사적까지 기록되어 있어 의심을 더욱 부채질하고 있다.

그러나 무제 이후의 사적은 후대인이 보완하는 차원에서 덧붙인 것으로 보는 견해가 다수다. 이들은 "태사공 왈"이 없는 것 역시 무제를 노골적으로 비판할 수 없었던 당시의 시대적 한계에서 비롯된 것으로 본다. 실제로 사마천은 〈태사공자서〉에서 한나라가 들어선 이후의 재상과 장수 및 명신의 연료를 만들었다고 언명하고 있다. 사마천의 작품으로 보는 것이 합리적이다. 다만 양옥승梁玉繩이 《사기지의史記志疑》에서 지적한 것처럼 천한天漢 이전까지만 사마천이 직접 지은 것으로 보는 것이 타당하다.

〈한흥이래장상명신연표〉는 한나라가 들어선 이후 전한 말기까지 주목할 만한 인물들의 행적을 망라해놓은 것이 특징이다. 일종의 명신록名臣錄에 해당한다. 일각에서는 명신록 가운데 가장 유명한 《송명신언행록宋名臣言行錄》의 남상濫觴으로 보기도 한다. 기본 취지만큼은 서로 통한다고 볼 수 있다.

〈표〉의 분류 항목에서 대사기大事記는 제후의 봉건과 토벌, 흥薨, 반叛 등을 기록한 것이다. 상위相位는 상국과 승상 및 태위 등 삼공三公의 입각과 퇴출, 장위將位는 군사명령과 군사동원 여부, 어사대부위御史大夫位는 아상亞相으로 불리는 어사대부의 입각과 퇴출을 기록한 것이다. 본서는 〈한흥이래장상명신연표〉의 대사기를 사기事記, 어사대부위를 아위亞位로 약칭했다.

기원전 206년(고황제高皇帝 원년)

사기事記	봄, 패공이 한왕이 되어 남정으로 가다[春, 沛公爲漢王, 之南鄭].
	가을, 관중關中으로 돌아와 옹 땅을 평정하다[秋, 還定雍].
상위相位	1년. 승상 소하가 한중을 지키다[一. 丞相蕭何守漢中].
장위將位	
아위亞位	어사대부 주가가 형양을 지키다[御史大夫周苛守滎陽].

기원전 205년(고조 2년)

사기事記	봄, 새塞·적·위魏·하남·한韓·은국을 평정하다[春, 定塞·翟·魏·河南·韓·殷國].
	여름, 항우를 치고 팽성에 이르다. 태자를 세우다. 팽성에서 관중으로 돌아와 형양에 근거지를 두다[夏, 伐項籍, 至彭城. 立太子. 還據滎陽].
상위相位	2년. 승상이 관중을 지키다[二. 守關中].
장위將位	1년. 태위 장안후 노관[一. 太尉長安侯盧綰].
아위亞位	

기원전 204년(고조 3년)

사기事記	위표가 모반하다. 한신을 시켜 따로 위나라를 평정하고 조나라를 정벌하게 하다. 초나라가 한나라의 형양을 포위하다[魏豹反. 使韓信別定魏, 伐趙. 楚圍我滎陽].
상위相位	
장위將位	
아위亞位	

기원전 203년 (고조 4년)

사기事記	한신을 시켜 따로 제나라와 연나라를 평정하게 하다. 고조의 부친 태공이 초나라 진영에서 돌아오다. 초나라와 강화하고 홍거洪渠를 경계로 삼다[使韓信別定齊及燕, 太公自楚歸, 與楚界洪渠].
상위相位	
장위將位	3년. 어사대부 주가가 형양을 지키다가 죽다[三. 周苛守滎陽, 死].
아위亞位	어사대부 분음후 주창.

기원전 202년 (고조 5년)

사기事記	겨울, 초나라를 해하垓下에서 격파하고, 항우를 죽이다[冬, 破楚垓下, 殺項籍].
	봄, 한왕 유방이 정도에서 황제의 자리에 오르고, 관중關中으로 들어가 도읍을 정하다[春, 王踐皇帝位定陶. 入都關中].
상위相位	5년. 태위의 관직을 없애다[五. 罷太尉官].
장위將位	4년. 후後 9월, 노관이 연왕燕王이 되다[四. 後九月, 綰爲燕王].
아위亞位	

기원전 201년 (고조 6년)

사기事記	태공을 높여 상황上皇으로 삼다. 유방의 형 유중劉仲이 대왕이 되다. 오후에 열리는 커다란 시장인 대시大市를 세우다. 함양의 명칭을 장안長安으로 바꾸다[尊太公爲太上皇. 劉仲爲代王. 立大市. 更命咸陽曰長安].
상위相位	6년. 소하를 찬후에 봉하다. 장창을 승상부 소속의 재정 담당관인 계상으로 삼다[六. 封爲酇侯. 張蒼爲計相].
장위將位	

아위亞位	

기원전 200년(고조 7년)

사기事記	장락궁이 완성되자 임시 도성인 약양에서 장안으로 도읍을 옮기다. 흉노를 치다. 흉노가 오히려 평성에서 한나라 군사를 포위하다[長樂宮成, 自櫟陽徙長安. 伐匈奴, 匈奴圍我平城].
상위相位	7년.
장위將位	
아위亞位	

기원전 199년(고조 8년)

사기事記	한왕 한신이 흉노와 합세해 모반하자 잔당을 조나라의 동원東垣에서 치다. 관고가 난을 일으켰다가 이듬해에 발각되어 주살되다. 흉노가 대왕 유중을 공격하자 유중이 나라를 버리고 달아나다. 왕위를 폐하고 합양후로 삼다[擊韓信反虜於趙城. 貫高作亂, 明年覺, 誅之. 匈奴攻代王, 代王棄國亡, 廢爲合陽侯].
상위相位	8년.
장위將位	
아위亞位	

기원전 198년(고조 9년)

사기事記	미앙궁이 완성되자 주전전酒前殿을 두다. 태상황이 연輦 위에 앉자 황제가 옥으로 만든 잔인 옥치玉巵를 들어 축수祝壽하며 말하기를, "처음에는 늘 신의 능력이 유중만 못했으나, 지금 신의 공을 유중과 비교하면 누가 더 많습니까?"라고 하다. 태상황이 웃자 사람들이 만세를 부르다. 기존의 유력가문인 제나라의 전씨를 비롯해 초나라의 소씨昭氏와 굴씨屈氏 및 경씨를 관중으로 옮기다[未央宮成, 置酒前殿, 太上皇輦上坐, 帝奉玉巵上壽, "始常以臣不如仲力, 今臣功孰與仲多?" 太上皇笑, 殿上稱萬歲. 徙齊田, 楚昭·屈·景於關中].
상위相位	9년. 소하가 상국이 되다[九. 遷爲相國].
장위將位	
아위亞位	어사대부 주창이 승상이 되다[御史大夫昌爲趙丞相].

기원전 197년(고조 10년)

사기事記	태상황이 붕어하다. 진희가 대 땅에서 반기를 들다[太上皇崩. 陳豨反代地].
상위相位	10년.
장위將位	
아위亞位	어사대부 강읍후江邑侯 조요.

기원전 196년(고조 11년)

사기事記	회음후 한신과 양왕으로 있던 팽월을 주살하다. 회남왕 경포가 반기를 들다[誅淮陰·彭越. 黥布反].
상위相位	11년.

장위將位	주발이 태위가 되어 대 땅을 공격하다. 정벌이 끝난 후 다시 태위 자리를 없애다[周勃爲太尉. 攻代. 後官省].
아위亞位	

기원전 195년(고조 12년)

사기事記	겨울, 경포를 치다. 철군하는 길에 고향인 패현에 들르다[冬, 擊布. 還過沛].
	여름, 황상 유방이 죽다. 장릉에 안장하다[夏, 上崩, 葬長陵].
상위相位	12년.
장위將位	
아위亞位	

기원전 194년(효혜孝惠 원년)

사기事記	조은왕 유여의가 죽다. 장안성을 서북쪽에 짓기 시작하다. 제후국의 승상 자리를 없애고 상相으로 삼다[趙隱王如意死, 始作長安城西北方, 除諸侯丞相爲相].
상위相位	13년.
장위將位	
아위亞位	

사기事記	초원왕 유교와 제도혜왕 유비가 조현을 오다. 7월 신미일, 상국 소하가 서거하다[楚元王·齊悼惠王來朝. 七月辛未, 何薨].
상위相位	14년. 7월 계사일, 제나라 상相 평양후 조참이 상국이 되다[十四. 七月癸巳, 齊相平陽侯曹參爲相國].
장위將位	
아위亞位	

사기事記	다시 장안성을 짓기 시작하다. 촉 땅의 전저湔氐가 반기를 들어 이를 공격하다[初作長安城. 蜀湔氐反. 擊之].*
상위相位	2년.
장위將位	
아위亞位	

사기事記	3월 갑자일, 사면령을 내리다[三月甲子, 赦, 無所復作].
상위相位	3년.
장위將位	
아위亞位	

● 《사기지의》에 따르면 초작初作은 복작復作의 잘못이다.

사기事記	고조를 위해 패현에 사당을 세우고, 고조가 귀경길에 패현에 들렀을 때 노래를 가르친 아이 120명을 가아歌兒로 삼다. 8월 을축일, 상국 조참이 죽다[爲高祖立廟於沛城成, 置歌兒一百二十人. 八月乙醜, 參卒].•
상위相位	4년.
장위將位	
아위亞位	

사기事記	7월, 제도혜왕 유비가 서거하다. 곡물창고인 태창太倉과 서쪽의 큰 시장인 서시西市를 세우다[七月, 齊悼惠王薨. 立太倉·西市].
상위相位	1년. 10월 기사일, 안국후 왕릉이 우승상, 곡역후曲逆侯 진평이 좌승상이 되다[一. 十月己巳, 安國侯王陵爲右丞相. 曲逆侯陳平爲左丞相].
장위將位	어사대부 조요가 죄에 저촉되다[堯抵罪].
아위亞位	광아후廣阿侯 임오가 어사대부가 되다[廣阿侯任敖爲御史大夫].

사기事記	혜제가 붕어하다. 대신들이 여씨 일족을 장군 등에 봉해야 한다는 장량의 아들 장벽강張辟彊의 계책을 써 화를 면하다. 여후의 권력이 막중해져 오라비 여태를 여왕으로 삼다. 혜제의 아들을 소제로 세우다. 9월 신사일, 안릉安陵에 안장하다[上崩. 大臣用張辟彊計, 呂氏權重, 以呂台爲呂王, 立少帝. 九月辛巳, 葬安陵].

• 《사기지의》는 〈여태후본기呂太后本紀〉의 기록을 근거로 성성城成을 장안성의 수축修築으로 풀이하면서 혜제 5년의 기사가 패沛 자 밑에 잘못 삽입된 것으로 보았다.

상위相位	2년.
장위將位	
아위亞位	

기원전 187년(고후高后 원년)

사기事記	혜제의 여러 아들을 왕으로 삼다. 관원선발 방식으로 효제孝悌와 역전力田을 두다[王孝惠諸子. 置孝悌力田].
상위相位	3년. 11월 갑자일, 진평을 좌승상에서 우승상으로 옮기다. 벽양후 심이기가 좌승상이 되다[三. 十一月甲子, 徙平爲右丞相. 辟陽侯審食其爲左丞相].
장위將位	
아위亞位	

기원전 186년(여후 2년)

사기事記	12월, 여왕 여태가 서거하다. 아들 여가가 뒤를 이어 여왕이 되다. 팔수전八銖錢을 사용하다[十二月. 呂王台薨, 子嘉代立爲呂王. 行八銖錢].
상위相位	4년. 우승상 진평. 2년. 좌승상 심이기.
장위將位	
아위亞位	조참의 아들 평양후 조줄이 어사대부가 되다[平陽侯曹窋爲御史大夫].

기원전 185년(여후 3년)

사기事記	
상위相位	5년.
	3년.
장위將位	
아위亞位	

기원전 184년(여후 4년)

사기事記	소제를 폐하고, 다시 상산왕 유홍劉弘을 옹립하다[廢少帝, 更立常山王弘 爲帝].
상위相位	6년.
	4년. 태위의 관직을 다시 두다[四. 置太尉官].
장위將位	1년. 강후 주발이 태위가 되다[一. 絳侯周勃爲太尉].
아위亞位	

기원전 183년(여후 5년)

사기事記	8월, 회양왕 유강이 서거하다. 그의 동생 호관후 유무를 회양왕으로 삼다. 변방의 수자리를 서는 병사인 수졸에게 순번에 따라 새해마다 교대할 것을 명하다[八月, 淮陽王薨, 以其弟壺關侯武爲淮陽王. 令戌卒歲更].
상위相位	7년.
	5년.
장위將位	2년.
아위亞位	

기원전 182년(여후 6년)

사기事記	여태의 동생 여산을 여왕으로 삼다. 4월 정유일, 천하에 대사령을 내리다. 낮이 밤처럼 어둡다[以呂產爲呂王. 四月丁酉, 赦天下. 晝昏].
상위相位	8년.
	6년.
장위將位	3년.
아위亞位	

기원전 181년(여후 7년)

사기事記	왕후 여씨의 참소로 장안의 궁중에 유폐된 조왕 유우가 아사하자 여후의 오라비인 여석지의 아들 여록을 조왕으로 삼다. 여산의 딸을 왕후로 맞은 양왕 유회가 조나라로 달아난 뒤 자진하다[趙王幽死, 以呂祿爲趙王. 梁王徙趙, 自殺].
상위相位	9년.
	7년.
장위將位	4년.
아위亞位	

기원전 180년(여후 8년)

사기事記	7월, 고후가 붕어하다. 9월, 여씨 일족을 주살하다. 대왕 유항이 장안에서 황제의 자리에 오르다. 후 9월, 심이기가 좌승상에서 면직되다[七月, 高后崩. 九月, 誅諸呂. 後九月, 代王至, 踐皇帝位. 後九月, 食其免相].
상위相位	10년.
	8년. 7월 신사일, 좌승상 심이기가 황제의 태부가 되다. 9월 임술일, 다시 좌승상이 되다[十. 七月辛巳, 爲帝太傅. 九月壬戌, 復爲丞相].

장위將位	5년. 융려후 주조가 장군이 되어 남월을 공격하다[五. 隆慮侯竈爲將軍擊南越].
아위亞位	어사대부 장창.

기원전 179년(효문제孝文帝 원년)

사기事記	한 사람이 죄를 지으면 그 가족을 연좌시키는 수노율收孥律과 이웃 주민 5호戶를 연좌시키는 상좌율相坐律을 제거하다. 태자를 세우다. 황제가 일반 백성에게 작위를 내리다[除收孥相坐律. 立太子. 賜民爵].
상위相位	11년. 11월 신사일, 진평이 좌승상으로 자리를 옮기다. 태위 강후 주발이 우승상이 되다[十一. 十一月辛巳, 平徙爲左丞相. 太尉絳侯周勃爲右丞相].
장위將位	6년. 주발이 우승상이 되다. 영음후 관영이 태위가 되다[六. 勃爲相, 潁陰侯灌嬰爲太尉].
아위亞位	

기원전 178년(문제 전 2년)

사기事記	인심을 혼란시키는 요사스러운 말을 퍼뜨리거나 황실 등에 대한 저주를 처벌하는 비방율誹謗律을 제거하다. 문제의 아들인 황자皇子 유무가 대왕, 유참이 태원왕, 유읍이 양왕이 되다. 10월, 좌승상 진평이 서거하다[除誹謗律. 皇子武爲代王, 參爲太原王, 揖爲梁王. 十月, 丞相平薨].
상위相位	1년. 11월 을해일, 강후 주발이 다시 승상이 되다[一. 十一月乙亥, 絳侯勃復爲丞相].
장위將位	
아위亞位	

사기事記	대왕 유무를 회양왕으로 이봉하다. 황상이 태원으로 행차하다. 제북왕 유흥거가 모반하다. 흉노가 대거 상군으로 침입하다. 상군의 땅을 모두 태원에 붙이고, 태원의 명칭을 대代로 바꾸다. 11월 임자일, 주발이 승상에서 면직되어 봉지로 돌아가다[徙代王武爲淮陽王. 上幸太原. 濟北王反. 匈奴大入上郡. 以地盡與太原, 太原更號代. 十一月壬子, 勃免相, 之國].
상위相位	1년. 12월 을해일, 태위 영음후 관영이 승상이 되다. 태위의 관직을 없애다[一. 十二月乙亥, 太尉穎陰侯灌嬰爲丞相. 罷太尉官].
장위將位	2년. 극포후 진무가 대장군이 되어 제북을 공격하다. 창후 노경盧卿과 공후 노파사, 영후 속鯈, 심택후 장야將夜 모두 장군이 되어 무기후武祁侯 증하 휘하에 소속되다. 이들 모두 군사를 이끌고 형양에 주둔하다[二. 棘蒲侯陳武爲大將軍, 擊濟北. 昌侯盧卿·共侯盧罷師·甯侯鯈·深澤侯將夜皆爲將軍, 屬武祁侯賀, 將兵屯滎陽].
아위亞位	

사기事記	12월 기사일, 관영이 죽다[十二月己巳, 嬰卒].
상위相位	1년. 정월 갑오일, 어사대부 북평후 장창이 승상이 되다[一. 正月甲午, 御史大夫北平侯張蒼爲丞相].
장위將位	안구후 장열이 장군이 되어 흉노를 공격하고, 대代 땅으로 출격하다[安丘侯張說爲將軍, 擊胡, 出代].
아위亞位	관중후關中侯 신도가가 어사대부가 되다[關中侯申屠嘉爲御史大夫].

사기事記	주전鑄錢의 규율을 없애자 민간에서 주전케 되다[除錢律, 民得鑄錢].

상위相位	2년.
장위將位	
아위亞位	

기원전 174년(문제 전 6년)

사기事記	문제의 동생 회남왕 유장을 폐하다. 촉 땅의 엄도嚴道로 유배를 가는 도중에 옹 땅에서 죽다[廢淮南王, 遷嚴道, 道死雍].
상위相位	3년.
장위將位	
아위亞位	

기원전 173년(문제 전 7년)

사기事記	4월 병자일, 처음으로 남릉을 두다[四月丙子, 初置南陵].
상위相位	4년.
장위將位	
아위亞位	

기원전 172년(문제 전 8년)

사기事記	태복으로 있던 여음후 등공 하후영이 죽다[太僕汝陰侯滕公卒].
상위相位	5년.
장위將位	

아위亞位	

기원전 171년(문제 전 9년)

사기事記	미앙궁 북쪽에 있는 온실溫室의 종이 스스로 울다. 장안성 동북쪽의 지양향芷陽鄉을 문제의 침릉寢陵이 있는 파릉霸陵으로 삼다[溫室鍾自鳴. 以芷陽鄉爲霸陵].
상위相位	6년.
장위將位	
아위亞位	어사대부 풍경.

기원전 170년(문제 전 10년)

사기事記	제후와 왕이 모두 장안에 이르다[諸侯王皆至長安].
상위相位	7년.
장위將位	
아위亞位	

기원전 169년(문제 전 11년)

사기事記	황상이 대 땅으로 행차하다. 지진이 나다[上幸代. 地動].
상위相位	8년.
장위將位	
아위亞位	

사기事記	황하가 동군 금제金堤에서 터지다. 회양왕 유무가 양왕으로 이봉되다 [河決東郡金堤. 徙淮陽王爲梁王].
상위相位	9년.
장위將位	
아위亞位	

사기事記	육형肉刑과 전조세田租稅 및 수졸에 관한 법령을 없애다[除肉刑及田租稅律·戍卒令].
상위相位	10년
장위將位	
아위亞位	

사기事記	흉노가 소관蕭關을 통해 대거 쳐들어오다. 군사를 동원해 영격하고 장안 주변에 주둔시키다[匈奴大入蕭關, 發兵擊之, 及屯長安旁].
상위相位	11년.
장위將位	성후 동혁董赫, 내사 난포,• 창후 노경, 융려후 주조, 영후 속 모두 장군이 되다. 동양후 장상여가 대장군이 되어 이들 장군을 이끌고 가 흉노를 공격하다. 중위 주사周舍와 낭중령郎中令 장무張武가 모두 장군이 되어 장안 주변에 주둔하다[成侯董赤·內史欒布·昌侯盧卿·隆慮侯竈·甯侯遬皆爲將軍, 東陽侯張相如爲大將軍, 皆擊匈奴. 中尉周舍·郎中令張武皆爲將軍, 屯長安旁].••

아위亞位	

기원전 165년(문제 전 15년)

사기事記	황룡이 성기成紀에 나타나다. 황상이 처음으로 교외로 나가 옹 땅에서 오제에게 제사를 올리다[黃龍見成紀. 上始郊見雍五帝].
상위相位	12년.
장위將位	
아위亞位	

기원전 164년(문제 전 16년)

사기事記	황상이 처음으로 교외로 나가 위양渭陽에서 오제에게 제사를 올리다[上始郊見渭陽五帝].
상위相位	13년.
장위將位	
아위亞位	

기원전 163년(문제 後後 원년)

사기事記	조나라 출신 방사 신원평新垣平이 방술로 문제를 속이려다가 발각되어 주살되다[新垣平詐言方士, 覺, 誅之].

● 《사기지의》에 따르면 난포는 내사가 아닐 공산이 크다.
●● 《사기지의》에 따르면 동적董赤의 적赤은 혁赫의 잘못이다.

상위相位	14년.
장위將位	
아위亞位	

기원전 162년(문제 후 2년)

사기事記	흉노와 화친하다. 지진이 나다. 8월 무진일, 장창이 승상에서 면직되다[匈奴和親. 地動. 八月戊辰, 蒼免相].
상위相位	15년. 8월 경오일, 어사대부 신도가가 승상이 되어 고안후에 봉해지다[十五. 八月庚午, 御史大夫申屠嘉爲丞相, 封故安侯].
장위將位	
아위亞位	어사대부 도청.

기원전 161년(문제 후 3년)

사기事記	곡구읍穀口邑을 두다[置穀口邑].
상위相位	2년.
장위將位	
아위亞位	

기원전 160년(문제 후 4년)

사기事記	
상위相位	3년.

장위將位	
아위亞位	

기원전 159년(문제 후 5년)

사기事記	황상이 옹 땅으로 행차하다[上幸雍].
상위相位	4년.
장위將位	
아위亞位	

기원전 158년(문제 후 6년)

사기事記	흉노 3만 명이 상군, 2만 명이 운중으로 들어오다[匈奴三萬人入上郡, 二萬人入雲中].
상위相位	5년.
장위將位	중대부 영면令免을 거기장군으로 삼아 비호飛狐, 초나라 재상 소의蘇意를 장군으로 삼아 구주句注에 주둔시키다. 또 장군 장무를 북지에 주둔시키고, 하내 태수 주아부를 장군으로 삼아 세류細柳에 주둔시키다. 종정 유예는 파상, 축자후 서려*는 극문棘門에 주둔하다. 이로써 흉노의 침공에 대비하다. 몇 달 뒤 흉노가 물러나면서 이들 군사도 철수시키다[以中大夫令免爲車騎將軍, 軍飛狐, 故楚相蘇意爲將軍, 軍句注. 將軍張武屯北地. 河內守周亞夫爲將軍, 軍細柳. 宗正劉禮軍霸上. 祝茲侯徐厲軍棘門, 以備胡. 數月, 胡去, 亦罷].
아위亞位	

● 《사기지의》에 따르면 축자후는 송자후松茲侯, 서려는 서도徐悼의 잘못이다.

사기事記	6월 기해일, 문제가 붕어하다. 정미일, 태자가 등극하다. 백성은 사흘 동안만 국상을 치르게 하다. 파릉에 안장하다[六月己亥, 孝文皇帝崩. 丁未, 太子立. 民出臨三日, 葬霸陵].
상위相位	6년.
장위將位	중위 주아부가 거기장군, 낭중령 장무가 능묘의 수축을 담당한 복토장군復土將軍, 귀화한 사람을 관할하는 전속국 서려•가 장둔장군將屯將軍이 되다. 황후와 태자의 궁중사무를 관할하는 첨사詹事 융노戎奴가 거기장군이 되어 태후를 모시다[中尉亞夫爲車騎將軍, 郎中令張武爲復土將軍, 屬國捍爲將屯將軍. 詹事戎奴爲車騎將軍, 侍太后].
아위亞位	

사기事記	문제의 사당을 세우다. 군국郡國에서 문제를 태종太宗으로 높여 사당을 설치할 것을 건의하다[立孝文皇帝廟, 郡國爲太宗廟].
상위相位	7년. 사도의 관직을 두다[七. 置司徒官].
장위將位	
아위亞位	

• 《사기색은》은 서광의 말을 인용해 원문의 서한徐扞은 송자후 서려의 잘못이라 했다.

사기事記	황자 유덕을 하간왕, 유알*을 임강왕, 유여를 회양왕, 유비를 여남왕, 유팽조를 광천왕, 유발을 장사왕으로 삼다. 4월 중, 문제의 모친인 태후 박씨薄氏가 붕어하다. 승상 신도가가 죽다[立皇子德爲河閒王, 閼爲臨江王, 餘爲淮陽王, 非爲汝南王, 彭祖爲廣川王, 發爲長沙王. 四月中, 孝文太后崩. 嘉卒].
상위相位	8년. 개봉후 도청이 승상이 되다[八. 開封侯陶青爲丞相].
장위將位	
아위亞位	어사대부 조조.

사기事記	오초칠국이 반기를 들다. 군사를 동원해 모두 격파하다. 황자 유단이 교서왕, 유승이 중산왕이 되다[吳楚七國反, 發兵擊, 皆破之. 皇子端爲膠西王, 勝爲中山王].
상위相位	2년. 태위의 관직을 두다[二. 置太尉官].
장위將位	중위 조후條侯 주아부가 태위가 되어 오초를 공격하다. 곡주후曲周侯 역기가 장군이 되어 조나라를 공격하다. 두영이 대장군이 되어 형양에 주둔하고, 난포가 장군이 되어 제나라를 공격하다[中尉條侯周亞夫, 爲太尉, 擊吳楚. 曲周侯酈寄爲將軍, 擊趙. 竇嬰爲大將軍, 屯榮陽, 欒布爲將軍, 擊齊].
아위亞位	

사기事記	율희栗姬 소생의 황자 유영劉榮을 태자로 세우다[立太子].

● 임강왕 유알이 〈한흥이래제후왕연표〉에는 유알우로 나온다.

상위相位	3년.
장위將位	2년. 태위 주아부.
아위亞位	어사대부 전분.

기원전 152년(경제 전 5년)

사기事記	경제의 능침인 양릉읍陽陵邑을 두다. 승상 북평후 장창이 죽다[置陽陵邑. 丞相北平侯張蒼卒].
상위相位	4년.
장위將位	3년.
아위亞位	

기원전 151년(경제 전 6년)

사기事記	광천왕 유팽조를 조왕으로 이봉하다[徙廣川王彭祖爲趙王].
상위相位	5년.
장위將位	4년.
아위亞位	어사대부 양릉후 잠매岑邁.

기원전 150년(경제 전 7년)

사기事記	태자 유영을 폐해 임강왕으로 삼다. 4월 정사일, 교동왕 유철을 태자로 삼다. 도청이 승상 자리에서 물러나다[廢太子榮爲臨江王. 四月丁巳, 膠東王立爲太子. 靑罷相].

상위相位	6월 을사일, 태위 조후 주아부가 승상이 되다. 태위의 관직을 없애다[六月乙巳, 太尉條侯亞夫爲丞相. 罷太尉官].
장위將位	5년. 태위 주아부가 승상으로 자리를 옮기다[五. 遷爲丞相].
아위亞位	어사대부 유사.

기원전 149년(경제 중中 원년)

사기事記	
상위相位	2년.
장위將位	
아위亞位	

기원전 148년(경제 중 2년)

사기事記	황자 유월이 광천왕, 유기가 교동왕이 되다[皇子越爲廣川王, 寄爲膠東王].
상위相位	3년.
장위將位	
아위亞位	

기원전 147년(경제 중 3년)

사기事記	황자 유승이 청하왕이 되다. 주아부가 승상 자리에서 면직되다[皇子乘爲淸河王. 亞夫免相].
상위相位	4년. 어사대부 도후 유사가 승상이 되다[四. 御史大夫桃侯劉舍爲丞相].

장위將位	
아위亞位	어사대부 위관.

사기事記	임강왕 유영이 심문을 받다 자진하자 남전에 묻다. 제비 수만 마리가 흙을 물어와 무덤 위에 놓다[臨江王徵, 自殺, 葬藍田, 燕數萬爲衛土置冢上].
상위相位	2년.
장위將位	
아위亞位	

사기事記	황자 유순이 상산왕이 되다[皇子舜爲常山王].
상위相位	3년.
장위將位	
아위亞位	

사기事記	양왕 유무가 서거하다. 양나라를 다섯 개로 쪼갠 뒤 유무의 여러 아들을 왕으로 삼다. 유매가 양왕, 유명이 제천왕, 유팽리가 제동왕, 유정이 산양왕, 유불식이 제음왕이 되다[梁孝王武薨. 分梁爲五國, 王諸子, 子買爲梁王, 明爲濟川王, 彭離爲濟東王, 定爲山陽王, 不識爲濟陰王].

상위相位	4년.
장위將位	
아위亞位	

기원전 143년(경제 후後 원년)

사기事記	5월, 지진이 나다. 7월 을사일, 일식이 일어나다. 유사가 승상에서 면직되다[五月, 地動. 七月乙巳, 日蝕. 舍免相].
상위相位	5년. 8월 임진일, 어사대부 건릉후 위관이 승상이 되다[五. 八月壬辰, 御史大夫建陵侯衛綰爲丞相].
장위將位	
아위亞位	어사대부 직불의.

기원전 142년(경제 후 2년)

사기事記	
상위相位	2년.
장위將位	6월 정축일, 어사대부 잠매가 죽다[六月丁醜, 御史大夫岑邁卒].
아위亞位	

기원전 141년(경제 후 3년)

사기事記	정월 갑자일, 경제가 붕어하다. 2월 병자일 태자 유철이 등극하다[正月甲子, 孝景皇帝崩. 二月丙子, 太子立].

상위相位	3년.
장위將位	
아위亞位	

기원전 140년(효무제孝武帝 건원建元 원년)

사기事記	위관이 승상에서 면직되다[綰免相].
상위相位	4년. 위기후 두영이 승상이 되다. 태위의 관직을 두다[四. 魏其侯竇嬰爲丞相. 置太尉].
장위將位	무안후 전분이 태위가 되다[武安侯田蚡爲太尉].
아위亞位	어사대부 우저牛抵.

기원전 139년(무제 건원 2년)

사기事記	무릉茂陵을 두다. 두영을 승상에서 면직하다[置茂陵. 嬰免相].
상위相位	2월 을미일, 태상 백지후柏至侯 허창이 승상이 되다. 전분이 태위에서 면직되다. 태위의 관직을 없애다[二月乙未, 太常柏至侯許昌爲丞相. 蚡免太尉. 罷太尉官].
장위將位	
아위亞位	어사대부 조관趙綰.

기원전 138년(무제 건원 3년)

사기事記	동구왕東甌王 광무후廣武侯 망멸이 무리 4만여 명을 이끌고 투항하다. 여강군廬江郡에 살게 하다[東甌王廣武侯望率其衆四萬餘人來降, 處廬江郡].

상위相位	2년.
장위將位	
아위亞位	

기원전 137년(무제 건원 4년)

사기事記	
상위相位	3년.
장위將位	
아위亞位	어사대부 장청적莊青翟.

기원전 136년(무제 건원 5년)

사기事記	삼분전三分錢을 사용하다[行三分錢].*
상위相位	4년.
장위將位	
아위亞位	

기원전 135년(무제 건원 6년)

사기事記	정월, 민월왕閩越王이 반기를 들다. 경제의 모친인 태후 두씨竇氏가 붕어하다. 허창이 승상에서 면직되다[正月, 閩越王反. 孝景太后崩. 昌免相].

● 《사기지의》에 따르면 《한서》〈무제기〉에는 건원 5년에 삼수전三銖錢을 폐지하고 반량전半兩錢을 사용한 것으로 나온다.

상위相位	5년. 6월 계사일, 무안후 전분이 승상이 되다[五. 六月癸巳, 武安侯田蚡 爲丞相].
장위將位	어사대부 장청적이 태자태부太子太傅가 되다[靑翟爲太子太傅].
아위亞位	어사대부 한안국韓安國.

기원전 134년(무제 원광元光 원년)

사기事記	
상위相位	2년.
장위將位	
아위亞位	

기원전 133년(무제 원광 2년)

사기事記	황제가 처음으로 옹 땅으로 가 오치五畤에서 하늘에 제사를 올리다 [帝初之雍, 郊見五畤].
상위相位	3년.
장위將位	여름, 어사대부 한안국이 호군장군護軍將軍, 위위 이광李廣이 효기장 군驍騎將軍, 태복 공손하가 경거장군, 이전의 전객인 대행령大行令 왕 회가 장둔장군, 태중대부 이식李息이 재관장군材官將軍이 되어 선우 를 마음으로 유인해 섬멸하려 했으나 성공하지 못하다. 대행령 왕회 를 주살하다[夏, 御史大夫韓安國爲護軍將軍, 衛尉李廣爲驍騎將軍, 太僕公孫賀 爲輕車將軍, 大行王恢爲將屯將軍, 太中大夫李息爲材官將軍, 篡單于馬邑, 不合, 誅恢].
아위亞位	

기원전 132년(무제 원광 3년)

사기事記	5월 병자일, 황하가 복양 일대의 호자瓠子에서 범람하다[五月丙子, 河決於瓠子].
상위相位	4년.
장위將位	
아위亞位	

기원전 131년(무제 원광 4년)

사기事記	12월 정해일, 지진이 나다. 전분이 죽다[十二月丁亥, 地動. 蚡卒].
상위相位	5년. 평극후平棘侯 설택이 승상이 되다[五. 平棘侯薛澤爲丞相].
장위將位	
아위亞位	어사대부 장구張歐.

기원전 130년(무제 원광 5년)•

사기事記	10월, 관부 일족을 멸족하다. 위기후를 기시하다[十月, 族灌夫家, 棄魏其侯市].
상위相位	2년.
장위將位	
아위亞位	

• 《사기지의》에 따르면 관부와 위기후의 주살은 원광 5년이 아닌 원광 3년에 이루어졌다.

사기事記	남이南夷가 처음으로 역참驛站인 우정郵亭을 두다[南夷始置郵亭].
상위相位	3년.
장위將位	태중대부 위청이 거기장군이 되어 상곡에서, 위위 이광이 효기장군이 되어 안문에서, 태중대부 공손오가 기장군이 되어 대에서, 태복 공손하가 경거장군이 되어 운중에서 출정해 일거에 흉노를 공격하다[太中大夫衛靑爲車騎將軍, 出上穀. 衛尉李廣爲驍騎將軍, 出雁門. 大中大夫公孫敖爲騎將軍, 出代. 太僕公孫賀爲輕車將軍, 出雲中, 皆擊匈奴].
아위亞位	

사기事記	위부인衛夫人이 황후가 되다[衛夫人立爲皇后].
상위相位	4년.
장위將位	거기장군 위청이 안문에서 출정해 흉노를 공격하다. 위위 한안국이 장둔장군이 되어 대 땅에 주둔하고, 이듬해에 어양漁陽에서 주둔하다가 죽다[車騎將軍靑出雁門, 擊匈奴. 衛尉韓安國爲將屯將軍, 軍代, 明年, 屯漁陽卒]. *
아위亞位	

사기事記	
상위相位	5년.

● 《사기지의》에 따르면 《흉노전匈奴傳》과 《한기漢紀》 등에는 한안국이 어양에 주둔한 시점이 원광 6년이고, 한안국이 전물한 장소도 어양이 아닌 대 땅으로 나온다.

장위將位	봄, 거기장군 위청이 운중에서 출정해 고궐高闕에서 하남의 땅을 탈취하다[春, 車騎將軍衛靑出雲中, 至高闕, 取河南地].
아위亞位	

기원전 126년(무제 원삭 3년)

사기事記	흉노가 대 땅의 태수 공우共友를 죽이다[匈奴殺代太守友].
상위相位	6년.
장위將位	
아위亞位	어사대부 공손홍.

기원전 125년(무제 원삭 4년)

사기事記	흉노가 정양定襄과 대 땅 및 상군으로 침입하다[匈奴入定襄·代·上郡].
상위相位	7년.
장위將位	
아위亞位	

기원전 124년(무제 원삭 5년)

사기事記	흉노가 대 땅의 도위 주영朱英을 죽이다. 설택이 승상에서 면직되다[匈奴殺代都尉朱英 澤免相].
상위相位	8년. 11월 을축일, 어사대부 공손홍이 승상이 되어 평진후에 봉해지다[八. 十一月乙醜, 御史大夫公孫弘爲丞相, 封平津侯].

장위將位	봄, 장평후 위청이 대장군이 되어 흉노의 우현왕을 공격하다. 위위 소건이 유격장군이 되어 위청 휘하에 소속되다. 좌내사左內史 이저李沮가 강노장군, 태복 공손하가 거기장군, 대국의 승상 이채가 경거장군, 안두후 장차공이 장군, 대행大行 이식이 장군이 되어 모두 대장군 휘하에 소속된 뒤 흉노를 공격하다[春, 長平侯衛靑爲大將軍, 擊右賢. 衛尉蘇建爲遊擊將軍, 屬靑. 左內史李沮爲强弩將軍, 太僕賀爲車騎將軍, 代相李蔡爲輕車將軍, 岸頭侯張次公爲將軍, 大行息爲將軍, 皆屬大將軍, 擊匈奴].
아위亞位	

기원전 123년(무제 원삭 6년)

사기事記	
상위相位	2년.
장위將位	대장군 위청이 다시 정양에서 출병해 흉노를 공격하다. 합기후 공손오가 중장군中將軍, 낭중령 이광이 후장군後將軍, 흡후 조신이 전장군이 되어 흉노를 쳐 항복시키다. 위위 소건이 우장군이 되어 싸웠으나 패하고 간신히 몸만 빠져나오다. 좌내사 이저가 강노장군이 되어 모두 위청 휘하에 소속되다[大將軍靑再出定襄擊胡. 合騎侯公孫敖爲中將軍, 太僕賀爲左將軍, 郎中令李廣爲後將軍, 翕侯趙信爲前將軍, 敗降匈奴. 衛尉蘇建爲右將軍, 敗, 身脫. 左內史沮爲强弩將軍, 皆屬靑].
아위亞位	

기원전 122년(무제 원수元狩 원년)

사기事記	10월 중, 회남왕 유안과 형산왕 유사가 모반하다. 모두 자진해 봉국이 폐지되다[十月中, 淮南王安·衡山王賜謀反, 皆自殺, 國除].
상위相位	3년.
장위將位	
아위亞位	어사대부 이채.

기원전 121년(무제 원수 2년)

사기事記	흉노가 안문과 대군으로 침입하다. 교동왕의 아들 유경을 육안왕으로 삼다. 공손홍이 죽다[匈奴入雁門·代郡. 江都王建反. 膠東王子慶立爲六安王. 弘卒].
상위相位	4년. 어사대부 낙안후 이채가 승상이 되다[四. 御史大夫樂安侯李蔡爲丞相].
장위將位	관군후 곽거병이 표기장군이 되어 흉노를 공격해 기련산까지 이르다. 합기후 공손오가 장군이 되어 북지에서 출병하다. 박망후 장건과 낭중령 이광이 장군이 되어 우북평에서 출병하다[冠軍侯霍去病爲驃騎將軍, 擊胡, 至祁連. 合騎侯敖爲將軍, 出北地. 博望侯張騫·郎中令李廣爲將軍, 出右北平].
아위亞位	어사대부 장탕.

기원전 120년(무제 원수 3년)

사기事記	흉노가 우북평과 정양으로 침입하다[匈奴入右北平·定襄].
상위相位	2년.
장위將位	
아위亞位	

기원전 119년(무제 원수 4년)

사기事記	
상위相位	3년.

장위將位	대장군 취청이 정양에서 출정하다. 낭중령 이광이 전장군, 태복 공손하가 좌장군, 열후를 관리하는 주작중위主爵中尉 조이기趙食其가 우장군, 평양후 조양이 후장군이 되어 선우를 공격하다[大將軍青出定襄, 郎中令李廣爲前將軍, 太僕公孫賀爲左將軍, 主爵趙食其爲右將軍, 平陽侯曹襄爲後將軍, 擊單于].
아위亞位	

기원전 118년(무제 원수 5년)

사기事記	승상 이채가 황제의 능원을 침탈한 일에 연좌되어 자진하다[蔡坐侵園堧, 自殺].
상위相位	4년. 태자소부太子少傅 무강후武彊侯 장청적이 승상이 되다[四. 太子少傅武彊侯莊青翟爲丞相].
장위將位	
아위亞位	

기원전 117년(무제 원수 6년)

사기事記	4월 을사일, 황자 유굉이 제왕, 유단이 연왕, 유서가 광릉왕이 되다[四月乙巳, 皇子閎爲齊王, 旦爲燕王, 胥爲廣陵王].
상위相位	2년.
장위將位	
아위亞位	

기원전 116년(무제 원정元鼎 원년)

사기事記	
상위相位	3년.
장위將位	
아위亞位	

기원전 115년(무제 원정 2년)

사기事記	장청적이 죄를 지어 자진하다[青翟有罪, 自殺].
상위相位	4년. 태자태부 고릉후 조주가 승상이 되다[四. 太子太傅高陵侯趙周 爲丞相].
장위將位	어사대부 장탕이 죄를 지어 자진하다[湯有罪, 自殺].
아위亞位	어사대부 석경.

기원전 114년(무제 원정 3년)

사기事記	
상위相位	2년.
장위將位	
아위亞位	

사기事記	상산헌왕의 아들 유평을 진정왕, 유상을 사수왕으로 삼다. 6월 중, 하동의 분음에서 보정寶鼎을 얻다[立常山憲王子平爲真定王, 商爲泗水王. 六月中, 河東汾陰得寶鼎].
상위相位	3년.
장위將位	
아위亞位	

사기事記	3월 중, 남월의 재상 여가가 반기를 들고 그 왕과 한나라 사자를 죽이다. 8월, 승상 조주가 주금 사건에 연좌되어 자진하다[三月中, 南越相嘉反, 殺其王及漢使者. 八月, 周坐酎金, 自殺].
상위相位	4년. 9월 신사일, 어사대부 석경을 승상으로 삼고, 목구후에 봉하다[四. 九月辛巳, 御史大夫石慶爲丞相, 封牧丘侯].
장위將位	위위 노박덕이 복파장군이 되어 계양, 주작중위 양복이 누선장군이 되어 예장에서 출정해 일거에 남월을 치다[衛尉路博德爲伏波將軍, 出桂陽. 主爵楊僕爲樓船將軍, 出豫章, 皆破南越].
아위亞位	

사기事記	12월, 동월이 반기를 들다[十二月, 東越反].
상위相位	2년.

장위將位	이전의 용락후 한열이 횡해장군이 되어 회계에서 출병하고, 누선장군 양복이 예장에서 출병하고, 중위 왕온서王溫舒가 회계에서 출발해 모두 동월을 격파하다[故龍領侯韓說爲橫海將軍, 出會稽. 樓船將軍楊僕出豫章. 中尉王溫舒出會稽, 皆破東越].
아위亞位	어사대부 복식卜式.

기원전 110년(무제 원봉元封 원년)

사기事記	
상위相位	3년.
장위將位	
아위亞位	어사대부 아관兒寬.

기원전 109년(무제 원봉 2년)

사기事記	
상위相位	4년.
장위將位	가을, 누선장군 양복과 좌장군 순체荀彘가 요동으로 출병해 조선을 공격하다[秋, 樓船將軍楊僕·左將軍荀彘出遼東, 擊朝鮮].
아위亞位	

기원전 108년(무제 원봉 3년)

사기事記	
상위相位	5년.

장위將位	
아위亞位	

기원전 107년(무제 원봉 4년)

사기事記	
상위相位	6년.
장위將位	
아위亞位	

기원전 106년(무제 원봉 5년)

사기事記	
상위相位	7년.
장위將位	
아위亞位	

기원전 105년(무제 원봉 6년)

사기事記	
상위相位	8년.
장위將位	
아위亞位	

기원전 104년(무제 태초太初 원년)

사기事記	책력을 바꿔 정월을 세수歲首로 삼다[改曆, 以正月爲歲首].
상위相位	9년.
장위將位	
아위亞位	

기원전 103년(무제 태초 2년)

사기事記	정월 무인일, 승상 석경이 죽다[正月戊寅, 慶卒].
상위相位	10년. 3월 정묘일, 태복 공손하가 승상이 되어 갈역후에 봉해지다[十. 三月丁卯, 太僕公孫賀爲丞相, 封葛繹侯].
장위將位	
아위亞位	

기원전 102년(무제 태초 3년)

사기事記	
상위相位	2년.
장위將位	
아위亞位	어사대부 연광延廣.

기원전 101년(무제 태초 4년)

사기事記	
상위相位	3년.
장위將位	
아위亞位	

기원전 100년(무제 천한天漢 원년)

사기事記	
상위相位	4년.
장위將位	
아위亞位	어사대부 왕경.

기원전 99년(무제 천한 2년)

사기事記	
상위相位	5년.
장위將位	
아위亞位	

기원전 98년(무제 천한 3년)

사기事記	

상위相位	6년.
장위將位	
아위亞位	어사대부 두주.

기원전 97년(무제 천한 4년)

사기事記	
상위相位	7년.
장위將位	봄, 이사장군貳師將軍 이광리李廣利가 삭방에서 출병해 여오수余吾水가에 이르다. 유격장군 한열이 오원五原에서 출병하고, 인우장군因杅將軍 공손오가 안문에서 출병해 모두 흉노를 공격하다[春, 貳師將軍李廣利出朔方, 至余吾水上. 遊擊將軍韓說出五原. 因杅將軍公孫敖, 皆擊匈奴].
아위亞位	

기원전 96년(무제 태시太始 원년)•

사기事記	
상위相位	8년.
장위將位	
아위亞位	

• 《사기집해》는 반고의 말을 인용해 사마천이 직접 기록한 것은 천한까지이며 나머지는 후대인의 속보續補라고 했다. 《사기지의》는 《사기》의 대다수 〈표〉가 후대의 보완작업에 의한 것이라고 했다.

기원전 95년(무제 태시 2년)

사기事記	
상위相位	9년.
장위將位	
아위亞位	

기원전 94년(무제 태시 3년)

사기事記	
상위相位	10년.
장위將位	
아위亞位	어사대부 포승지暴勝之.

기원전 93년(무제 태시 4년)

사기事記	
상위相位	11년.
장위將位	
아위亞位	

사기事記	겨울, 승상 공손하가 태자를 저주한 무고巫蠱 사건으로 죽다[冬, 賀坐 爲蠱死].
상위相位	12년.
장위將位	
아위亞位	

사기事記	7월 임술일, 태자가 군사를 일으키다. 유격장군 한열과 수의사자繡 衣使者 강충江充을 죽이다[七月壬午, 太子發兵, 殺遊擊將軍說 · 使者江充].
상위相位	3월 정사일, 탁군涿郡 태수 유굴리劉屈氂가 승상이 되어 팽성후彭城侯 에 봉해지다[三月丁巳, 涿郡太守劉屈氂爲丞相, 封彭城侯].
장위將位	
아위亞位	어사대부 상구성商丘成.

사기事記	6월, 승상 유굴리가 무고 사건에 연좌되어 요참을 당하다[六月, 劉屈氂 因蠱斬].
상위相位	2년.
장위將位	봄, 이사장군 이광리가 삭방에서 출병해 싸웠으나 패해 흉노에 투항 하다. 중합후 망통莽通이 주천, 어사대부 상구성이 하서에서 출병해 흉노를 공격하다[春, 貳師將軍李廣利出朔方, 以兵降胡, 重合侯莽通出酒泉, 御史大夫商丘成出河西, 擊匈奴].
아위亞位	

기원전 89년(무제 정화 4년)

사기事記	
상위相位	6월 정사일, 대홍려 전천추가 승상이 되어 부민후에 봉해지다[六月丁巳, 大鴻臚田千秋爲丞相, 封富民侯].
장위將位	
아위亞位	

기원전 88년(무제 후원後元 원년)

사기事記	
상위相位	2년.
장위將位	
아위亞位	

기원전 87년(무제 후원 2년)

사기事記	
상위相位	3년.
장위將位	2월 기사일, 광록대부 곽광이 대장군이 되어 박륙후에 봉해지다. 도위 김일제가 거기장군이 되어 투후에 봉해지다. 태복 안양후 상관걸이 대장군이 되다[二月己巳, 光祿大夫霍光爲大將軍, 博陸侯. 都尉金日磾爲車騎將軍, 秺侯. 太僕安陽侯上官桀爲大將軍].
아위亞位	

기원전 86년(효소제孝昭帝 시원始元 원년)

사기事記	
상위相位	4년. 9월, 김일제가 죽다[四. 九月, 日磾卒].
장위將位	
아위亞位	

기원전 85년(소제 시원 2년)

사기事記	
상위相位	5년.
장위將位	
아위亞位	

기원전 84년(소제 시원 3년)

사기事記	
상위相位	6년.
장위將位	
아위亞位	

기원전 83년(소제 시원 4년)

사기事記	
상위相位	7년.
장위將位	3월 계유일, 위위 왕망王莽[•]이 좌장군, 기도위 상관안이 거기장군이 되다[三月癸酉, 衛尉王莽爲左將軍, 騎都尉上官安爲車騎將軍].
아위亞位	

기원전 82년(소제 시원 5년)

사기事記	
상위相位	8년.
장위將位	
아위亞位	

기원전 81년(소제 시원 6년)

사기事記	
상위相位	9년.
장위將位	
아위亞位	

● 전한 말기에 한나라를 찬탈한 왕망王莽과 동명이인이다. 좌장군이 《한서》〈백관공경표百官公卿表〉에는 우장군으로 나온다.

기원전 80년(소제 원봉元鳳 원년)

사기事記	
상위相位	10년.
장위將位	9월 경오일, 광록훈 장안세가 우장군이 되다[九月庚午, 光祿勳張安世爲 右將軍].
아위亞位	어사대부 왕흔.

기원전 79년(소제 원봉 2년)

사기事記	
상위相位	11년.
장위將位	
아위亞位	

기원전 78년(소제 원봉 3년)

사기事記	
상위相位	12년.
장위將位	12월 경인일, 중랑장 범명우范明友가 도료장군度遼將軍이 되어 오환을 공격하다[十二月庚寅, 中郎將范明友爲度遼將軍, 擊烏丸].
아위亞位	

기원전 77년(소제 원봉 4년)

사기事記	3월 갑술일, 승상 전천추가 죽다[三月甲戌, 千秋卒].
상위相位	3월 을축일, 어사대부 왕흔이 승상이 되어 부춘후富春侯에 봉해지다 [三月乙醜, 御史大夫王訢爲丞相, 封富春侯].
장위將位	
아위亞位	어사대부 양창.

기원전 76년(소제 원봉 5년)

사기事記	12월 경술일, 승상 왕흔이 죽다[十二月庚戌, 訢卒].
상위相位	2년.
장위將位	
아위亞位	

기원전 75년(소제 원봉 6년)

사기事記	
상위相位	11월 을축일, 어사대부 양창이 승상이 되어 안평후에 봉해지다[十一 月乙醜, 御史大夫楊敞爲丞相, 封安平侯].
장위將位	9월 경인일, 위위 평릉후 범명우가 도료장군이 되어 오환을 공격하다 [九月庚寅, 衛尉平陵侯范明友爲度遼將軍, 擊烏丸].
아위亞位	

기원전 74년(소제 원평元平 원년)

사기事記	승상 양창이 죽다[敞卒].
상위相位	9월 무술일, 어사대부 채의가 승상이 되어 양평후에 봉해지다[九月戊戌, 御史大夫蔡義爲丞相, 封陽平侯].
장위將位	4월 갑신일, 광록대부 용락후 한증이 전장군이 되다. 5월 정유일, 수형도위水衡都尉 조충국이 후장군, 우장군 장안세가 거기장군이 되다[四月甲申, 光祿大夫龍額侯韓曾爲前將軍. 五月丁酉, 水衡都尉趙充國爲後將軍, 右將軍張安世爲車騎將軍].
아위亞位	어사대부 창수후 전광명.

기원전 73년(효선孝宣 본시本始 원년)

사기事記	
상위相位	2년.
장위將位	
아위亞位	

기원전 72년(선제 본시 2년)

사기事記	
상위相位	3년.
장위將位	7월 경인일, 어사대부 전광명이 기련장군, 용락후 한증이 후장군, 영평후 조충국이 포류장군蒲類將軍, 도료장군 평릉후 범명우가 운중 태수, 부민후 전순이 호아장군이 되어 함께 흉노를 공격하다[七月庚寅, 御史大夫田廣明爲祁連將軍, 龍額侯韓曾爲後將軍, 營平侯趙充國爲蒲類將軍, 度遼將軍平陵侯范明友爲雲中太守, 富民侯田順爲虎牙將軍, 皆擊匈奴].

아위亞位	

기원전 71년(선제 본시 3년)

사기事記	3월 무자일, 황후 허씨許氏가 독살되어 붕어하다. 6월 을축일, 승상 채의가 서거하다[三月戊子, 皇後崩. 六月乙醜, 義薨].
상위相位	6월 갑진일, 장신궁 소부 위현이 승상이 되어 부양후에 봉해지다. 전광명과 전순이 흉노를 치고 돌아온 뒤 자진하다. 조충국이 장군의 인수를 박탈당하다[六月甲辰, 長信少府韋賢爲丞相. 封扶陽侯. 田廣明·田順擊胡還, 皆自殺. 充國奪將軍印].
장위將位	
아위亞位	어사대부 위상.

기원전 70년(선제 본시 4년)

사기事記	10월 을묘일, 곽광의 딸을 황후로 맞아들이다[十月乙卯, 立霍後].
상위相位	2년.
장위將位	
아위亞位	

기원전 69년(선제 지절地節 원년)

사기事記	
상위相位	3년.
장위將位	

아위亞位	

기원전 68년(선제 지절 2년)

사기事記	
상위相位	4년. 3월 경오일, 장군 곽광이 죽다[四. 三月庚午, 將軍光卒].
장위將位	2월 정묘일, 시중 겸 중랑장인 곽우가 우장군이 되다[二月丁卯, 侍中·中郎將霍禹爲右將軍].
아위亞位	

기원전 67년(선제 지절 3년)

사기事記	황자 유석劉奭을 태자로 세우다. 5월 갑신일, 승상 위현이 나이를 이유로 물러나 자금 100근을 하사하다[立太子. 五月甲申, 賢老, 賜金百斤].
상위相位	6월 임진일, 어사대부 위상이 승상이 되어 고평후에 봉해지다[六月壬辰, 御史大夫魏相爲丞相, 封高平侯].
장위將位	7월, 장안세가 대사마 겸 위장군이 되다. 곽우가 대사마가 되다[七月, 安世爲大司馬·衛將軍. 禹爲大司馬].
아위亞位	어사대부 병길[御史大夫邴吉].

기원전 66년(선제 지절 4년)

사기事記	
상위相位	2년. 7월 임인일, 곽우가 요참을 당하다[二. 七月壬寅, 禹腰斬].

장위將位	
아위亞位	

기원전 65년(선제 원강元康 원년)

사기事記	
상위相位	3년.
장위將位	
아위亞位	

기원전 64년(선제 원강 2년)

사기事記	
상위相位	4년.
장위將位	
아위亞位	

기원전 63년(선제 원강 3년)

사기事記	
상위相位	5년.
장위將位	
아위亞位	

기원전 62년(선제 원강 4년)

사기事記	
상위相位	6년. 8월 병인일, 대사마 겸 위장군 장안세가 죽다[六. 八月丙寅. 安世辛].
장위將位	
아위亞位	

기원전 61년(선제 신작神爵 원년)

사기事記	황상이 감천의 태치太畤와 분음의 후토后土로 나아가 천지에 제사를 올리는 교제郊祭를 지내다[上郊甘泉太畤·汾陰后土].
상위相位	7년.
장위將位	4월, 악성후 허연수許延壽가 강노장군이 되다. 후장군 조충국이 서강을 공격하다. 주천 태수 신무현辛武賢이 파강장군破羌將軍이 되다. 한증이 대사마 겸 거기장군이 되다[四月, 樂成侯許延壽爲強弩將軍. 後將軍充國擊羌. 酒泉太守辛武賢爲破羌將軍. 韓曾爲大司馬·車騎將軍].
아위亞位	

기원전 60년(선제 신작 2년)

사기事記	황상이 옹 땅의 오치에서 교제를 지내다. 대우殺羽에서 옥벽과 옥기玉器가 나오다[上郊雍五畤. 殺羽出寶璧玉器].
상위相位	8년.
장위將位	
아위亞位	

기원전 59년(선제 신작 3년)

사기事記	3월, 승상 위상이 죽다[三月, 相卒].
상위相位	4월 무술일, 어사대부 병길이 승상이 되어 박양후에 봉해지다[四月戊戌, 御史大夫邴吉爲丞相, 封博陽侯].
장위將位	
아위亞位	어사대부 소망지蕭望之.

기원전 58년(선제 신작 4년)

사기事記	
상위相位	2년.
장위將位	
아위亞位	

기원전 57년(선제 오봉五鳳 원년)

사기事記	
상위相位	3년.
장위將位	
아위亞位	

기원전 56년(선제 오봉 2년)

사기事記	
상위相位	4년. 5월 기축일, 대사마 겸 거기장군 한증이 죽다[四. 五月己醜, 曾卒].
장위將位	5월, 허연수가 대사마 겸 거기장군이 되다[五月, 延壽爲大司馬 · 車騎將軍].
아위亞位	어사대부 황패.

기원전 55년(선제 오봉 3년)

사기事記	정월, 승상 병길이 죽다[正月, 吉卒].
상위相位	3월 임신일, 어사대부 황패가 승상이 되어 건성후에 봉해지다[三月壬申, 御史大夫黃霸爲丞相, 封建成侯].
장위將位	
아위亞位	어사대부 두연년.

기원전 54년(선제 오봉 4년)

사기事記	
상위相位	2년.
장위將位	
아위亞位	

사기事記	
상위相位	3년. 3월 정미일, 대사마 겸 거기장군 허연수가 죽다[三. 三月丁未, 延壽卒].
장위將位	
아위亞位	

기원전 52년(선제 감로 2년)

사기事記	사죄死罪가 아닌 자를 사면하고, 나이가 많은 노인과 환과고독鰥寡孤獨에게 모두 비단을 하사하고, 홀아비와 자식이 없는 노인 등에게는 여인과 고기와 술을 내리다[赦殊死, 賜高年及鰥寡孤獨帛, 女子牛酒].
상위相位	4년.
장위將位	
아위亞位	어사대부 우정국.

기원전 51년(선제 감로 3년)

사기事記	3월 기축일, 승상 황패가 서거하다[三月己醜, 霸薨].
상위相位	7월 정사일, 어사대부 우정국이 승상이 되어 서평후에 봉해지다[七月丁巳, 御史大夫于定國爲丞相, 封西平侯].
장위將位	
아위亞位	태복 진만년陳萬年이 어사대부가 되다[太僕陳萬年爲御史大夫].

기원전 50년(선제 감로 4년)

사기事記	
상위相位	2년.
장위將位	
아위亞位	

기원전 49년(선제 황룡黃龍 원년)

사기事記	
상위相位	3년.
장위將位	낙릉후 사자장이 대사마 겸 거기장군이 되다. 태자태부 소망지가 전장군이 되다[樂陵侯史子長爲大司馬·車騎將軍, 太子太傅蕭望之爲前將軍].
아위亞位	

기원전 48년(효원제孝元帝 초원初元 원년)

사기事記	
상위相位	4년.
장위將位	
아위亞位	

기원전 47년(원제 초원 2년)

사기事記	
상위相位	5년.
장위將位	
아위亞位	

기원전 46년(원제 초원 3년)

사기事記	
상위相位	6년.
장위將位	12월, 집금오執金吾 풍봉세馮奉世가 우장군이 되다[十二月, 執金吾馮奉世 爲右將軍].
아위亞位	

기원전 45년(원제 초원 4년)

사기事記	
상위相位	7년.
장위將位	
아위亞位	

기원전 44년 (원제 초원 5년)

사기事記	
상위相位	8년.
장위將位	2월 정사일, 평은후 허가許嘉가 좌장군이 되다[二月丁巳, 平恩侯許嘉爲左將軍].
아위亞位	중소부中少府●의 공우貢禹가 어사대부가 되다. 12월 정미일, 장신소부 설광덕薛廣德이 어사대부가 되다[中少府貢禹爲御史大夫. 十二月丁未, 長信少府薛廣德爲御史大夫].

기원전 43년 (원제 영광永光 원년)

사기事記	10월 무인일, 승상 우정국이 면직되다[十月戊寅, 定國免].
상위相位	9년. 7월, 사자장이 면직되어 집으로 가다[九. 七月, 子長免, 就第].
장위將位	9월, 위위 평창후 왕접王接이 대사마 겸 거기장군이 되다. 이듬해 2월, 어사대부 설광덕이 면직되다[九月, 衛尉平昌侯王接爲大司馬·車騎將軍. 二月, 廣德免].
아위亞位	7월, 태자태부 위현성이 어사대부가 되다[七月, 太子太傅韋玄成爲御史大夫].

기원전 42년 (원제 영광 2년)

사기事記	3월 임술일 그믐, 일식이 일어나다[三月壬戌朔, 日蝕].

● 《한서》〈왕공양공포전王貢兩龔鮑傳〉에는 장신소부로 나온다. 중소부는 황후의 일을 전담한다. 황제의 모친은 장락소부長樂少府, 황제의 조모는 장신소부가 관장한다.

상위相位	2월 정유일, 어사대부 위현성이 승상이 되어 부양후에 봉해지다. 승상을 지낸 위현의 아들이다[二月丁酉, 御史大夫韋玄成爲丞相, 封扶陽侯. 丞相賢子].
장위將位	7월, 태상 임천추任千秋가 분무장군奮武將軍이 되어 서강을 공격하다. 운중 태수 한차군韓次君이 건위장군建威將軍이 되어 서강을 공격하다. 나중에 출병하지 않다[七月, 太常任千秋爲奮武將軍, 擊西羌. 雲中太守韓次君爲建威將軍, 擊羌. 後不行].
아위亞位	2월 정유일, 우부풍 정홍鄭弘이 어사대부가 되다[二月丁酉, 右扶風鄭弘爲御史大夫].

기원전 41년 (원제 영광 3년)

사기事記	
상위相位	2년.
장위將位	우장군 평은후 허가가 거기장군이 되다. 시중 겸 광록대부 낙창후樂昌侯 왕상王商이 우장군이 되다. 우장군 풍봉세가 좌장군이 되다[右將軍平恩侯許嘉爲車騎將軍, 侍中·光祿大夫樂昌侯王商爲右將軍, 右將軍馮奉世爲左將軍].
아위亞位	

기원전 40년 (원제 영광 4년)

사기事記	
상위相位	3년.
장위將位	
아위亞位	

기원전 39년(원제 영광 5년)

사기事記	
상위相位	4년.
장위將位	
아위亞位	

기원전 38년(원제 건소建昭 원년)

사기事記	
상위相位	5년.
장위將位	
아위亞位	

기원전 37년(원제 건소 2년)

사기事記	
상위相位	6년.
장위將位	어사대부 정홍이 면직되다[弘免].
아위亞位	광록훈 광형匡衡이 어사대부가 되다[光祿勳匡衡爲御史大夫].

기원전 36년(원제 건소 3년)

사기事記	6월 갑진일, 승상 위현성이 서거하다[六月甲辰, 玄成薨].

상위相位	7월 계해일, 어사대부 광형이 승상이 되어 낙안후에 봉해지다[七月癸亥, 御史大夫匡衡爲丞相, 封樂安侯].
장위將位	
아위亞位	위위 파연수繁延壽*가 어사대부가 되다[衞尉繁延壽爲御史大夫].

기원전 35년(원제 건소 4년)

사기事記	
상위相位	2년.
장위將位	
아위亞位	

기원전 34년(원제 건소 5년)

사기事記	
상위相位	3년.
장위將位	
아위亞位	

기원전 33년(원제 경녕竟寧 원년)

사기事記	

● 《한서》〈백관공경표百官公卿表〉는 이연수李延壽로 기록한 뒤 성씨가 파繁로 나오기도 한다고 했다. 번繁은 일반적으로 '번'으로 읽으나 성씨로 읽을 때는 '파'로 읽어야 한다.

상위相位	4년.
장위將位	6월 기미일, 위위 양평후 왕봉王鳳이 대사마 겸 대장군이 되다. 파연 수가 죽다[六月己未, 衛尉楊平侯王鳳爲大司馬·大將軍. 延壽卒].
아위亞位	3월 병인일, 태자소부 장담張譚이 어사대부가 되다[三月丙寅, 太子少傅 張譚爲御史大夫].

기원전 32년(성제孝成 건시建始 원년)

사기事記	
상위相位	5년.
장위將位	
아위亞位	

기원전 31년(성제 건시 2년)

사기事記	
상위相位	6년.
장위將位	
아위亞位	

기원전 30년(성제 건시 3년)

사기事記	12월 정축일, 승상 광형이 면직되다[十二月丁丑, 衡免].

상위相位	7년. 8월 계축일, 광록훈을 보내 거기장군 허가에게 조서를 내려 장군의 인수를 거두고, 금 200근을 하사하다[七. 八月癸丑, 遣光祿勳詔嘉上印綬免, 賜金二百斤].
장위將位	10월, 우장군 낙창후 왕상이 광록대부 겸 우장군이 되다. 집금오 익양후 임천추가 우장군이 되다. 어사대부 장담이 면직되다[十月, 右將軍樂昌侯王商爲光祿大夫·右將軍, 執金吾弋陽侯任千秋爲右將軍, 譚免].
아위亞位	정위 윤충尹忠이 어사대부가 되다[廷尉尹忠爲御史大夫].

기원전 29년(성제 건시 4년)

사기事記	
상위相位	3월 갑신일, 우장군 낙창후 왕상이 우승상이 되다[三月甲申, 右將軍樂昌侯王商爲右丞相].
장위將位	우장군 임천추가 좌장군이 되고, 장락궁 위위 사단史丹이 우장군이 되다. 10월 기해일, 어사대부 윤충이 자진하다[任千秋爲左將軍, 長樂衛尉史丹爲右將軍, 十月己亥, 尹忠自刺殺].
아위亞位	소부 장충張忠이 어사대부가 되다[少府張忠爲御史大夫].

기원전 28년(성제 하평河平 원년)

사기事記	
상위相位	2년.
장위將位	
아위亞位	

기원전 27년(성제 하평 2년)

사기事記	
상위相位	3년.
장위將位	
아위亞位	

기원전 26년(성제 하평 3년)

사기事記	
상위相位	4년.
장위將位	10월 신묘일, 우장군 사단이 좌장군이 되고, 태복 평안후平安侯 왕장王章이 우장군이 되다[十月辛卯, 史丹爲左將軍, 太僕平安侯王章爲右將軍].
아위亞位	

기원전 25년(성제 하평 4년)

사기事記	4월 임인일, 승상 왕상이 면직되다[四月壬寅, 丞相商免].
상위相位	6월 병오일, 제리산기諸吏散騎 광록대부 장우張禹가 승상이 되다[六月丙午, 諸吏散騎光祿大夫張禹爲丞相].
장위將位	
아위亞位	

기원전 24년(성제 양삭陽朔 원년)

사기事記	
상위相位	2년.
장위將位	
아위亞位	

기원전 23년(성제 양삭 2년)

사기事記	
상위相位	3년.
장위將位	어사대부 장충이 죽다[張忠卒].
아위亞位	6월. 태복 왕음王音이 어사대부가 되다[六月, 太僕王音爲御史大夫].

기원전 22년(성제 양삭 3년)

사기事記	
상위相位	
장위將位	9월 갑자일, 어사대부 왕음王音이 거기장군이 되다[九月甲子, 御史大夫王音爲車騎將軍].
아위亞位	10월 을묘일, 광록훈 우영于永이 어사대부가 되다[十月乙卯, 光祿勳于永爲御史大夫].

사기事記	
상위相位	7월 을축일, 우장군 광록훈 평안후 왕장이 죽다[七月乙丑, 右將軍光祿勳 平安侯王章卒].
장위將位	윤월 임술일, 어사대부 우영이 죽다[閏月壬戌, 永卒].
아위亞位	

사기事記	3월 승상 장우가 죽다[三月, 禹卒].
상위相位	4월 경진일, 어사대부 설선薛宣이 승상이 되다[四月庚辰, 薛宣爲丞相].
장위將位	
아위亞位	

부록

1. 하·은·주 세계표

2. 춘추전국 세계표

3. 전한제국 세계표

4. 사마천 연보

참고문헌

하·은·주 세계표

하

전욱顓頊 ── 곤鯀 ── 1 우禹 ── 2 계啓 ── 3 태강太康
　　　　　　　　　　　　　　　　4 중강仲康 ── 5 제상帝相 ──

6 소강少康 ── 7 제여帝予 ── 8 제귀帝槐 ── 9 제망帝芒 ── 10 제설帝泄 ──

11 불항不降 ── 14 공갑孔甲 ── 15 제고帝皋 ── 16 제발帝發 ── 17 걸桀 帝癸
12 제경帝扃 ── 13 제근帝廑

은

제곡帝嚳 ── 설契 ── 1 탕湯 천을天乙 ── 태정太丁 ── 4 태갑太甲 태종 ──
　　　　　　　　　　　　　　　　　　　2 외병外丙
　　　　　　　　　　　　　　　　　　　3 중임中壬

5 옥정沃丁
6 태강太康 ── 7 소갑小甲
　　　　　　　　8 옹기雍己

9 태무太戊 중종 ── 10 중정仲丁
　　　　　　　　 11 외임外壬
　　　　　　　　 12 하단갑河亶甲 ── 13 조을祖乙 ──

14 조신祖辛 ── 16 조정祖丁 ────── 18 양갑陽甲
15 옥갑沃甲 ── 17 남경南庚　　　　 19 반경盤庚
　　　　　　　　　　　　　　　　 20 소신小辛
　　　　　　　　　　　　　　　　 21 소을小乙 ── 22 무정武丁 고종 ──

23 조기祖己
24 조경祖庚
　　조갑祖甲 ── 25 늠신廩辛
　　　　　　　 26 경정庚丁 ── 27 무을武乙 ── 28 태정太丁 문무정文武丁 ──

29 제을帝乙 부을父乙 ── 미자微子 계啓
　　　　　　　　 30 주紂 제신帝辛 ── 무경武庚

주

서주西周(기원전 10~1)

후직后稷 ── 고공단보古公亶父 ── 계력季歷 왕계王季 ── 문왕文王 창昌 ──

1 무왕武王 발發 ── 2 성왕成王 송誦 ── 3 강왕康王 조釗 ──
　　1046-1043　　　　　1042-1021　　　　　1020-996
　　주공周公 단旦(魯)　　당숙唐叔 우虞(晉)
　　소공召公 석奭(燕)
　　조숙曹叔 진탁振鐸(曹)
　　강숙康叔 강康(衛)
　　관숙管叔 선鮮(管)
　　채숙蔡叔 탁度(蔡)

4 소왕昭王 하瑕 ── 5 목왕穆王 만滿 ── 6 공왕共王 예호繄扈 ──
　　995-977　　　　　976-923　　　　　922-900

8 효왕孝王 벽방辟方
891-886

7 의왕懿王 간眼 ── 9 이왕夷王 섭爕 ── 10 여왕厲王 호胡 ── 공화共和 ──
899-892   885-878   877-841   841-828

11 선왕宣王 정靜 ── 12 유왕幽王 궁열宮涅 ──
827-782   781-771

동주東周(기원전1~)

13 평왕平王 의구宜臼 ── 설부洩父 ── 14 환왕桓王 림林 ── 15 장왕莊王 타佗 ──
771-720   720-697   697-682

16 희왕釐王 호제胡齊 ── 17 혜왕惠王 랑閬 ── 18 양왕襄王 정鄭 ──
682-677   677-652   652-619

19 경왕頃王 임신壬臣 ── 20 광왕匡王 반班
619-613   613-607   \
                       21 정왕定王 유瑜 ── 22 간왕簡王 이夷 ──
                       607-586   586-572

23 영왕靈王 설심泄心 ── 24 경왕景王 귀貴 ── 25 도왕悼王 맹猛
572-545   545-520   520
                                              26 경왕敬王 개丐 ──
                                              520-477

27 원왕元王 인仁 ── 28 정정왕貞定王 개介 ── 29 애왕哀王 거질去疾
477-469   469-441   441
                                              30 사왕思王 숙叔
                                              441
                                              31 고왕考王 외鬼 ──
                                              441-426

32 위열왕威烈王 오午 ── 33 안왕安王 교驕 ── 34 열왕烈王 희喜
426-402   402-376   376-369
                                              35 현왕顯王 편扁 ──
                                              369-321

36 신정왕愼靚王 정定 ── 37 난왕赧王 연延
321-315   315-256

환공桓公 ·── 위공威公 ── 혜공惠公 ── 동주혜공東周惠公
256-249

● 동주 고왕 외의 동생으로, 고왕이 서주공으로 봉했다.

춘추전국 세계표

<table>
<tr><td colspan="3" align="center">노</td></tr>
</table>

1 주공周公 ── 2 백금伯禽 ── 3 고공考公
                          999-995
                          4 양공煬公 ── 5 유공幽公
                          995-989   989-975
                                 6 위공魏公 ── 7 여공厲公
                                 975-925   925-888
                                             8 헌공獻公 ──
                                             888-856

9 진공眞公
   856-826
10 무공武公 ── 괄括 ─────── 11 백어伯御
   826-817   808-797
                12 의공懿公
                817-808
                13 효공孝公 ── 14 혜공惠公 ── 15 은공隱公
                797-770   769-723   722-712
                                     16 환공桓公 ── 17 장공莊公 ──
                                   712-694   694-662

18 민공閔公
662-660
반班

19 희공釐公 ── 20 문공文公 ── 오惡
660-627   627-609   시視

                              21 선공宣公 ── 22 성공成公 ── 23 양공襄公 ──
                                 609-591   591-573   573-542

24 소공昭公
542-510

25 정공定公 ── 26 애공哀公 ── 27 도공悼公 ── 28 원공元公 ── 29 목공穆公 ──
510-495   495-468   468-431   431-410   410-377

30 공공共公 ── 31 강공康公 ── 32 경공景公 ── 33 평공平公 ──
377-355   355-346   346-317   317-295

34 문공文公 ── 35 경공頃公
295-272   272-249

제

강씨姜氏

태공망太公望 여상呂尙 ── 정공丁公 …… 6 애공哀公 부진不辰
                                 7 헌공獻公 산山 ── 8 무공武公 수壽 ──
                                 860-851   851-825

9 여공厲公 무기無忌 ── 10 문공文公 적赤 ── 11 성공成公 탈 ──
825-816   816-804   804-795

12 장공莊公 구購 ── 13 희공釐公 녹보祿甫 ──────── 14 양공襄公 제예諸兒
795-731   731-698   698-686

                        이중년夷仲年 ── 15 무지無知 16 환공桓公 소백小白 ──
                                686-685   685-643

17 무궤無詭
　　643
18 효공孝公 소昭
　　643-633
19 소공昭公 반潘 —— 20 사舍
　　633-613　　　　613
21 의공懿公 상인商人
　　613-609
22 혜공惠公 원元 —— 23 경공頃公 무야無野 —— 24 영공靈公 환環 ——
　　609-599　　　　　599-582　　　　　　582-554

25 장공莊公 광光
　　554-548
26 경공景公 저구杵臼 —— 28 도공悼公 양생陽生 —— 29 간공簡公 임壬
　　548-490　　　　　489-485　　　　　485-481
　　　　　　　27 안유자晏孺子 도茶　　평공平公 오鷔 —— 선공宣公 적積 ——
　　　　　　　490-489　　　　　481-456　　　　456-405

강공康公 대貸
405-379

전씨田氏

전경중완田敬仲完 …… 1 태공太公 화和 —— 2 후侯 섬剡 —— 3 환공桓公 오午 ——
　　　　　　　　　　386-385　　　　385-384　　　　384-379

4 위왕威王 인제因齊 —— 5 선왕宣王 벽강辟彊 —— 6 민왕湣王 지地 ——
　379-333　　　　　333-314　　　　　314-284

7 양왕襄王 법장法章 —— 8 건建
　284-264　　　　264-221

진晉

1 당숙唐叔 우虞 …… 6 정후靖侯 의구宜臼 ── 7 의후釐侯 사도司徒 ──
　　　　　　　　　　859-841　　　　　　　　841-823

8 헌후獻侯 적籍 ── 9 목후穆侯 비생費生 ── 11 문후文侯 구仇 ──
　823-812　　　　　　812-785　　　　　　　781-746
　　　　　　　　10 상숙殤叔
　　　　　　　　785-781

12 소후昭侯 백伯 ── 13 효후孝侯 평平 ── 14 악후鄂侯 극郤 ──
　746-739　　　　　　739-724　　　　　　　724-718

15 애후哀侯 광光 ── 16 소자후小子侯
　718-709　　　　　　709-706
17 진후晉侯 민緡
　706-679

곡옥曲沃 환숙桓叔 ── 장백莊伯 ── 18 무공武公 칭稱 ── 19 헌공獻公 궤제詭諸 ──
　　　　　　　　　　　　　　　679-677　　　　　　　677-651

20 해제奚齊
　651
21 탁자卓子
　651
21 혜공惠公 이오夷吾 ── 23 회공懷公 어圉 ── 24 문공文公 중이重耳 ──
　651-637　　　　　　　637　　　　　　　636-628

25 양공襄公 환歡 ── 26 영공靈公 이고夷皐
　628-621　　　　　　621-607
27 성공成公 흑둔黑臀 ── 28 경공景公 거據 ── 29 여공厲公 수만壽曼
　607-600　　　　　　600-581　　　　　　581-573

환숙 첩捷 ── 혜백 담談 ── 30 도공悼公 주周 ── 31 평공平公 표彪 ── 32 소공昭公 이夷 ──
　　　　　　　　　　　　573-558　　　　　　558-532　　　　　　532-526

33 경공頃公 기질棄疾 ── 34 정공定公 오午 ── 35 출공出公 착鑿
　526-512　　　　　　　512-475　　　　　　475-458

대자戴子 옹雍˙ ── 기忌 ── 36 애공哀公 교교驕 ──
458-440

37 유공幽公 겹郟 ── 38 열공烈公 지止 ── 효공孝公 기頎 ── 정공靜公 구주俱酒
440-422   422-395   395-378   378-376

삼진三晋

위魏

필만畢萬 …… 무자武子 …… 환자桓子 ……1 위문후魏文侯 ── 2 위무후魏武侯 ──
424-387   387-371

3 혜왕惠王 ── 4 양왕襄王 ── 5 애왕哀王 ── 6 소왕昭王 ──
371-335   335-319   319-296   296-277

7 안희왕安釐王 ── 8 경민왕景湣王 ── 가假
277-243   243-228   228-225

한韓

한궐韓厥 …… 강자韓康子 …… 1 경후景侯 ── 2 열후烈侯 ── 3 문후文侯 ──
408-400   400-387   387-376

4 애후哀侯 ── 5 의후懿侯 ── 6 소후昭侯 ── 7 선혜왕宣惠王 ── 8 양왕襄王 ──
376-371   371-359   359-333   333-312   312-296

9 희왕釐王 ── 10 환혜왕桓惠王 ── 안安
296-273   273-239   239-230

● 진소공의 작은 아들이다.

조趙

조숙趙夙 …… 성자成子 최衰 —— 선자宣子 돈盾 —— 장자莊子 삭朔 ——
문자文子 무武 —— 경숙景叔 —— 간자簡子 앙鞅 —— 양자襄子 무휼無恤
　　　　　　　　　　　　　　　　　　　　환자桓子 가嘉
　　　　　　　　　　　　　　　　　　　　백로伯魯 —— 대성군代成君 주周 ——

헌후獻侯 완浣 —— 1 열후烈侯 적籍 —— 3 경후敬侯 장章 —— 4 성후成侯 종種 ——
　　　　　　　408-400　　　　　　387-375　　　　　　375-350
　　　　　　　2 무공武公
　　　　　　　400-387

5 숙후肅侯 어語 —— 6 무령왕武靈王 옹雍 —— 7 혜문왕惠文王 하何 ——
350-326　　　　　　326-299　　　　　　299-266

8 효성왕孝成王 단丹 —— 9 도양왕悼襄王 언偃 —— 10 유목왕幽繆王 천遷
266-245　　　　　　245-236　　　　　　　236-228
　　　　　　　　　　　　　　　　　　대왕代王 가嘉
　　　　　　　　　　　　　　　　　　228-222

초

육웅鬻熊 …… 1 웅역熊繹 …… 9 웅용熊勇
　　　　　　848-838　　　828-822
　　　　　　　　　　　10 웅엄熊嚴 —— 11 웅상熊霜
　　　　　　　　　　　838-828　　　828-822
　　　　　　　　　　　　　　　　　12 웅순熊徇 —— 13 웅악熊咢 ——
　　　　　　　　　　　　　　　　　822-800　　　800-791

14 약오若敖 웅의熊儀 —— 15 소오霄敖 웅감熊坎 —— 16 분모蚡冒 웅순熊眴
791-764　　　　　　764-758　　　　　　758-690
　　　　　　　　　　　　　　　　　　17 무왕武王 통通 ——
　　　　　　　　　　　　　　　　　　690-677

18 문왕文王 자貲 —— 19 두오杜敖 웅간熊艱
690-677　　　　　　677-672

20 성왕成王 운惲 ── 21 목왕穆王 상신商臣 ──
672-626 626-614

22 장왕莊王 려侶 ── 23 공왕共王 심審 ── 24 강왕康王 초招 ── 25 겹오郟敖 원員
614-591 591-560 560-545 545-541
26 영왕靈王 어圍
541-529
27 평왕平王 거居(棄疾) ──
529-516

28 소왕昭王 진珍 ── 29 혜왕惠王 장章 ── 30 간왕簡王 중中 ── 31 성왕聲王 당當 ──
516-489 489-432 432-408 408-402
태자 건建 ── 백공白公 승勝

32 도왕悼王 의疑 ── 33 숙왕肅王 장臧
402-381 381-370
34 선왕宣王 양부良夫 ── 35 위왕威王 상商 ── 36 회왕懷王 괴槐 ──
370-340 340-329 329-299

37 경양왕頃襄王 횡橫 ── 38 고열왕考烈王 원元 ── 39 유왕幽王 한悍
299-263 263-238 238-228
40 애왕哀王 유猶
228
41 부추負芻
228-223

진秦

여수女脩 …… 진중秦仲 ── 장공莊公 ── 1 양공襄公 ── 2 문공文公 ── 태자 정공靜公 ──
778-766 766-716

3 영공寧公 ── 5 무공武公
716-704 698-678
4 출자出子
704-698

6 덕공德公 ── 7 선공宣公
678-676　　　676-664

8 성공成公
664-660

9 목공穆公 임호任好 ── 10 강공康公 앵罃 ── 11 공공共公 화和 ──
660-621　　　　　　　621-609　　　　　609-604

12 환공桓公 ── 13 경공景公 ── 14 애공哀公 ── 태자 이공夷公 ── 15 혜공惠公 ──
604-577　　　577-537　　　537-501　　　　　　　　　　501-491

16 도공悼公 ── 17 여공厲公 공公 ── 18 조공躁公
491-477　　　477-443　　　　443-429

19 회공懷公 ──
429-425

태자 소자昭子 ── 20 영공靈公 ── 24 헌공獻公 사습師隰 ── 25 효공孝公 거량渠梁 ──
425-415　　　385-362　　　　　　362-338

21 간공簡公 ── 22 혜공惠公 ── 23 출자出子
415-400　　　400-387　　　387-385

26 혜문왕惠文王 사駟 ── 27 무왕武王 탕蕩
338-311　　　311-307

28 소양왕昭襄王 칙則 ── 29 효문왕孝文王 주柱 ──
307-251　　　251-250

30 장양왕莊襄王(子楚) ── 31 진시황始皇帝 정政 ── 태자 부소扶蘇 ── 33 자영子嬰
250-247　　　247-210　　　　　　　　　　　207

32 호해胡亥
210-207

연

1 소공召公 석奭 ······ 9 혜후惠侯 ── 10 희후釐侯 ── 11 경후頃侯 ── 12 애후哀侯 ──
865-827　　　827-791　　　791-767　　　767-765

13 정후鄭侯 ─ 14 목후繆侯 ─ 15 선후宣侯 ─ 16 환후桓侯 ─ 17 장공莊公 ─
765-729　　　729-711　　　711-698　　　698-691　　　691-658

18 양공襄公 ─ 19 환공桓公 ─ 20 선공宣公 ─ 21 소공昭公 ─ 22 무공武公 ─
658-618　　　618-602　　　602-587　　　587-574　　　574-555

23 문공文公 ─ 24 의공懿公 ─ 25 혜공惠公 ─ 26 도공悼公 ─ 27 공공共公 ─
555-549　　　549-545　　　545-535　　　535-529　　　529-524

28 평공平公 ─ 29 간공簡公 ─ 30 헌공獻公 ─ 31 효공孝公 ─ 32 성공成公 ─
524-505　　　505-493　　　493-465　　　465-450　　　450-434

33 민공湣公 ─ 34 희공釐公 ─ 35 환공桓公 ─ 36 문공文公 ─ 37 역왕易王 ─
434-403　　　403-373　　　373-362　　　362-333　　　333-321

38 쾌噲 ─ 39 소왕昭王 ─ 40 혜왕惠王 ─ 41 무성왕武成王 ─ 42 효왕孝王 ─ 희喜
321-312　　　312-279　　　279-272　　　272-258　　　258-255　　255-222

오

태백太伯
중옹仲雍 …… 1 수몽壽夢 ─ 2 제번諸樊 ─ 6 합려闔廬(光) ─ 7 부차夫差
　　　　　　　586-561　　561-548　　515-496　　　　496-473
　　　　　　　　　　　　 3 여채餘祭
　　　　　　　　　　　　 548-531
　　　　　　　　　　　　 4 여말餘眛 ─ 5 료僚
　　　　　　　　　　　　 531-527　　527-515
　　　　　　　　　　　　 계찰季劄

월越

무여無餘 …… 1 윤상允常(元常) ─ 2 구천句踐 …… 무강無彊 …… 친親
　　　　　　　　　　　　　　　496-465

전한제국 세계표

고조高祖 방邦 ─── 혜제惠帝 영盈 ─── 소제少帝 공恭
206-195   195-188   188-184

소제少帝 홍弘
184-180

문제文帝 항恒 ─── 경제景帝 계啓 ─── 무제武帝 철徹 ───
180-157   157-141   141-87

장사왕長沙王 발發후한

─── 방태자房太子 ─── □ ─── 선제宣帝 순詢 ─── 원제元帝 석奭 ───
74-49   49-33

소제昭帝 불지弗之
87-74

□ ─── 폐제廢帝 현賢

─── 성제成帝 오驁
33-7

□ ─── 애제哀帝 흔欣
7-1

□ ─── 평제平帝 간衎
1-기원후 5

□ ─── □ ─── □ ─── 유자孺子 영嬰
기원후 6-8

사마천 연보

나이	연대(기원전)	사건
1세	경제 11년(145)	섬서성 한성시 남쪽인 하양현에서 태어남.
4세	14년(142)	부친을 따라 서원에서 글자를 배우기 시작함.
5세	15년(141)	한경제가 죽고 열여섯의 한무제가 즉위함.
7세	무제 건원 2년(139)	사마담이 태사승이 되어 무릉 축조에 참여함. 사마천이 고문을 배움.
8세	3년(138)	태사령이 된 사마담이 장안으로 이주해 천문과 역법을 주관함.
10세	5년(136)	사마천이 고향에서 농사를 짓고 목축을 함.
11세	6년(135)	황로를 숭상한 두태후가 사망하자 한무제가 유가정사를 펼침.
12세	원광 원년(134)	유가인 동중서와 공손홍이 발탁됨.
13세	2년(133)	사마담이 잠시 고향으로 와 사마천과 함께 각지를 다니며 자료를 수집함.
14세	3년(132)	한무제가 황하의 치수사업에 10만 명을 동원함.
17세	6년(129)	동중서 및 공안국 밑에서 《춘추공양전》과 《고문상서古文尙書》를 배움.
19세	원삭 2년(127)	호족과 부호가 무릉으로 이주함. 유협 곽해郭解가 훗날 〈유협열전〉의 주인공이 됨.
20세	3년(126)	학업을 일시 중단하고 부친의 권유로 천하를 답사함.

21세	4년(125)	흉노의 칩입으로 사마담이 한무제를 수행해 감천으로 감.
22세	5년(124)	사마천이 낭중이 되어 벼슬길에 나섬.
24세	원수 원년(122)	부친과 함께 한무제를 수행해 옹현으로 가 제사를 지냄.
33세	원정 4년(113)	한무제가 지방 순시에 나서자 부친과 함께 수행함.
35세	6년(111)	황명을 받아 서남 일대를 순시함. 〈화식열전〉 저술의 배경이 됨.
36세	원봉 원년(110)	한무제 봉선 가운데 부친이 위독하다는 전갈을 받고 낙양으로 와 유언을 들음.
37세	2년(109)	치수사업을 벌이자 역대 치수사업을 개괄한 〈하거서〉를 씀.
38세	3년(108)	태사령이 됨.
42세	태초 원년(104)	태초력 완성을 계기로 본격적으로 《사기》 저술에 들어감.
47세	천한 2년(99)	전투에서 패한 이릉을 보호하다 탄핵을 받음.
48세	3년(98)	태사령 직에서 파면되고 황제를 무고한 혐의로 사형이 확정됨.
49세	4년(97)	궁형을 자청해 죽음을 면함.
50세	태시 원년(96)	사면되어 중서령에 제수됨.《사기》 완성에 박차를 가함.
51세	2년(95)	황제를 수행해 4년 동안 천하 각지를 순시함.
55세	정화 2년(91)	친구 임안에게 〈보임안서〉를 보냄.
60세	시원 원년(86)	한소제 원년. 늦어도 이해 전에 사망한 것으로 추정됨.

| 참고문헌 |

기본서

《논어》,《맹자》,《관자》,《순자》,《한비자》,《도덕경》,《장자》,《묵자》,《상군서》,《안자춘추》,《춘추좌전》,《춘추공양전》,《춘추곡량전》,《여씨춘추》,《회남자》,《춘추번로》,《오월춘추》,《월절서》,《신어》,《세설신어》,《잠부론》,《염철론》,《국어》,《설원》,《전국책》,《논형》,《공자가어》,《정관정요》,《자치통감》,《독통감론》,《일지록》,《명이대방록》,《근사록》,《설문해자》,《사기》,《한서》,《후한서》,《삼국지》.

저서 및 논문

• 한국어판

가오 나오카, 오이환 옮김,《중국철학사》, 을유문화사, 1995.

가이쯔까 시게끼, 김석근 외 옮김,《제자백가》, 까치, 1989.

강상중,《오리엔탈리즘을 넘어서》, 이산, 1997.

곽말약, 조성을 옮김,《중국고대사상사》, 까치, 1991.

김승혜,《원시유교》, 민음사, 1990.

김엽, 〈전국·진한대의 지배계층〉,《동양사학연구》, 1989.

김용옥,《동양학 어떻게 할 것인가》, 민음사, 1985.

김충렬 외,《논쟁으로 보는 중국철학》, 예문서원, 1995.

김학주,《공자의 생애와 사상》, 태양문화사, 1978.

김형효,《맹자와 순자의 철학사상》, 삼지원, 1990.

니시지마 사다오, 최덕경 외 옮김,《중국의 역사: 진한사》, 혜안, 2004.

니콜로 마키아벨리, 강정인 옮김,《군주론》, 까치, 1997.

라이샤워 외, 고병익 외 옮김,《동양문화사》, 을유문화사, 1973.

마루야마 마사오, 김석근 옮김,《일본정사사상사연구》, 한국사상사연구
    소, 1995.

마쓰시마 다까히로 외, 조성을 옮김,《동아시아사상사》, 한울아카데미, 1991.

마준, 임홍빈 옮김,《손자병법강의》, 돌베개, 2010.

마오쩌둥, 이승연 옮김,《실천론·모순론》, 두레, 1989.

모리모토 준이치로, 김수길 옮김,《동양정사사상사 연구》, 동녘, 1985.

모리야 히로시, 이찬도 옮김,《중국고전의 사람학》, 을지서적, 1991.

박덕규 엮음,《중국역사이야기》, 일송북, 2006.

박한제,《중국역사기행》, 사계절, 2003.

벤자민 슈월츠, 나성 옮김,《중국고대사상의 세계》, 살림, 1996

북경대중국철학사연구실 엮음, 박원재 옮김,《중국철학사》, 자작아카데
    미, 1994.

사마광, 권중달 옮김,《자치통감》, 삼화, 2009.

서울대동양사학연구실 엮음,《강좌 중국사》, 지식산업사, 1989.

소공권, 최명 옮김,《중국정사사상사》, 서울대출판부, 2004.

송영배,《제자백가의 사상》, 현암사, 1994.

송인창,〈공자의 덕치사상〉,《현대사상연구 4》, 1987.

시오노 나나미, 김석희 옮김,《로마인이야기 1~6》, 한길사, 1998.

신동준,《인물로 읽는 중국근대사》, 에버리치홀딩스, 2010.

신동준,《조선국왕 대 중국황제》, 역사의아침, 2010.

양계초, 이민수 옮김,《중국문화사상사》, 정음사, 1980.

양지강, 고예지 옮김,《천추흥망》, 따뜻한손, 2009.

에드워드 맥널 번즈 외, 손세호 옮김,《서양문명의 역사》, 소나무, 1987.

에드워드 W. 사이드, 박홍규 옮김,《오리엔탈리즘》, 교보문고, 1997.

여동방, 문현선 옮김,《삼국지강의》, 돌베개, 2010.

오카다 히데히로, 이진복 옮김,《세계사의 탄생》, 황금가지, 2002.

윤내현,《상주사》, 민음사, 1988.

윤사순,《공자사상의 발견》, 민음사, 1992.

이강수,〈장자의 정사윤리사상〉,《정신문화연구》, 1986.

이성규,《동아사상의 왕권》, 한울아카데미, 1993.

이성규,《중국고대제국성립사 연구》, 일조각, 1984.

이재권,〈순자의 명학사상〉,《동서철학연구 8》, 1991.

이종오, 신동준 옮김,《후흑학》, 인간사랑, 2010.

이춘식,〈유가 정사사상의 이념적 제국주의〉,《인문논집 27》, 1982.

이탁오, 김혜경 옮김,《분서》, 한길사, 2004.

전락희,〈동양 정사사상의 윤리와 이상〉,《한국정사학회보 24》, 1990.

전목, 권중달 옮김,《중국사의 새로운 이해》, 집문당, 1990.

___, 신승하 옮김,《중국역대정사의 득실》, 박영사, 1975.

___, 추헌수 옮김,《중국역사정신》, 연세대출판부, 1977.

전세영,《공자의 정사사상》, 인간사랑, 1992.

전해종 외,《중국의 천하사상》, 민음사, 1988.

정영훈,〈선진 도가의 정사사상〉,《민주문화논총》, 1992.

조광수,〈노자 무위의 정사사상〉,《중국어문논집 4》, 1988.

차하순 엮음,《사관이란 무엇인가》, 청람, 1984.

최명,《삼국지 속의 삼국지》, 인간사랑, 2003.

___,《춘추전국의 정치사상》, 박영사, 2004.

최성철,〈선진유가의 정사사상 연구〉,《한국학논집 11》, 1987.

크레인 브린튼 외, 민석홍 외 옮김,《세계문화사》, 을유문화사, 1972.

퓌스델 드 쿨랑주, 김웅종 옮김,《고대도시》, 아카넷, 2000.

풍우란, 정인재 옮김,《중국철학사》, 형설출판사, 1995.

플라톤, 박종현 옮김,《나라·정체》, 서광사, 1997.

한국공자학회 엮음,《공자사상과 현대》, 사사연, 1986.

한조기, 이인호 옮김,《사기강의》, 돌베개, 2010.

헤로도토스, 박광순 옮김,《역사》, 범우사, 1995.

헤리슨 솔즈베리, 박월라 외 옮김,《새로운 황제들》, 다섯수레, 1993.

황원구,《중국사상의 원류》, 연세대출판부, 1988.

H. G 크릴, 이성규 옮김,《공자, 사람과 신화》, 지식산업사, 1989.

• 중국어판

郭志坤,《荀學論藁》, 三聯書店, 1991.

匡亞明,《孔子評傳》, 齊魯出版社, 1985.

喬木靑,〈荀況法後王考辨〉,《社會科學戰線 2》, 1978.

金德建,《先秦諸子雜考》, 中州書畫社, 1982.

勞思光,〈法家與秦之統一〉,《大學生活 153-155》, 1963.

童書業,《先秦七子思想硏究》, 齊魯書社, 1982.

鄧小平,《鄧小平文選》, 人民出版社, 1993.

毛澤東,〈新民主主義論〉,《毛澤東選集 2》, 人民出版社, 1991.

潘富恩·甌群,《中國古代兩種認識論的鬪爭》, 上海人民出版社, 1973.

方立天,《中國古代哲學問題發展史》, 中華書局, 1990.

傅樂成,〈漢法與漢儒〉,《食貨月刊 復刊 5-10》, 1976.

史尙輝,〈韓非: 戰國末期的反孔主將〉,《學習與批判 1974-9》, 1974.

徐復觀,《中國思想史論集》, 臺中印刷社, 1951.

聶文淵,〈孟子政治觀中的民本思想〉,《貴州社會科學 1993-1》, 1993.

蕭公權,《中國政治思想史》, 臺北聯經出版事業公司, 1980.

蘇誠鑑,〈漢武帝 獨尊儒術 考實〉,《中國哲學史硏究 1》, 1985.

蘇新鋈,〈孟子仁政首重經濟建設的意義〉,《中國哲學史硏究 1》, 1988.

蕭一山,《淸代通史》, 臺灣商務印書館, 1985.

孫 謙,〈儒法法理學異同論〉,《人文雜誌 6》, 1989.

孫家洲,〈先秦儒家與法家 忠孝 倫理思想述評〉,《貴州社會科學 4》, 1987.

孫開太,〈試論孟子的 仁政 學說〉,《思想戰線 1979-4》, 1979.

孫立平,〈集權·民主·政治現代化〉,《政治學硏究 5-15》, 1989.

梁啓超,《先秦政治思想史》, 商務印書館, 1926.

楊立著,〈對法家 法治主義 的再認識〉,《遼寧大學學報, 哲學社會科學 2》, 1989.

楊善群,〈論孟荀思想的階級屬性〉,《史林 1993-2》, 1993.

楊雅婷,〈荀子論道〉,《中國文學研究 2》, 1988.

楊幼炯,《中國政治思想史》, 商務印書館, 1937.

楊鴻烈,《中國法律思想史》, 商務印書館, 1937.

呂凱,〈韓非融儒道法三家成學考〉,《東方雜誌 23-3》, 1989.

呂思勉,《秦學術概論》, 中國大百科全書, 1985.

吳康,〈荀子論王霸〉,《孔孟學報 22》, 1973.

吳乃恭,《儒家思想研究》, 東北師範大學出版社, 1988.

吳辰佰,《皇權與紳權》, 儲安平, 1997.

王德敏,〈管子思想對老子道德論的影響〉,《中國社會科學 1991-2》, 1991.

王德昭,〈馬基雅弗裏與韓非思想的異同〉,《新亞書院學術年刊 9》, 1967.

王道淵,〈儒家的法治思想〉,《中華文史論叢 19》, 1989.

王文亮,《中國聖人論》, 中國社會科學院出版社, 1993.

王錫三,〈淺析韓非的極端專制獨裁論〉,《天津師大學報 1982-6》, 1982.

王亞南,《中國官僚政治研究》, 中國社會科學出版社, 1990.

王威宣,〈論荀子的法律思想〉,《山西大學學報, 哲學社會科學 2》, 1992.

王曉波,〈先秦法家之發展及韓非的政治哲學〉,《大陸雜誌 65-1》, 1982.

於孔寶,〈論孔子對管仲的評價〉,《社會科學輯刊 4》, 1990.

熊十力,《新唯識論 原儒》, 山東友誼書社, 1989.

劉奉光,〈孔孟政治思想比較〉,《南開學報, 哲學社會科學 6》, 1986.

劉如瑛,〈略論韓非的先王觀〉,《江淮論壇 1》, 1982.

劉澤華,《先秦政治思想史》, 南開大學出版社, 1984.

遊喚民,《先秦民本思想》, 湖南師範大學出版社, 1991.

李侃,〈中國近代儒法鬪爭駁議〉,《歷史研究 3》, 1977.

李德永,〈荀子的思想〉,《中國古代哲學論叢 1》, 1957.

李宗吾,《厚黑學》,求實出版社, 1990.

李澤厚,《中國古代思想史論》,人民出版社, 1985.

人民出版社編輯部 編,《論法家和儒法鬪爭》,人民出版社, 1974.

林聿時·關峰,《春秋哲學史論集》,人民出版社, 1963.

張豈之,《中國儒學思想史》,陝西人民出版社, 1990.

張國華,〈略論春秋戰國時期的法治與人治〉,《法學研究 2》, 1980.

張君勱,《中國專制君主政制之評議》,弘文館出版社, 1984.

張岱年,《中華的智慧: 中國古代哲學思想精髓》,上海人民出版社, 1989.

田久川,〈孔子的霸道觀〉,《遼寧師範大學學報, 社會科學 5》, 1987.

鄭良樹,《商鞅及其學派》,上海古籍出版社, 1989.

曹謙,《韓非法治論》,中華書局, 1948.

趙光賢,〈什麼是儒家? 什麼是法家?〉,《歷史教學 1》, 1980.

曹思峰,《儒法鬪爭史話》,上海人民出版社, 1975.

趙守正,《管子經濟思想研究》,上海古籍出版社, 1989.

趙如河,〈韓非不是性惡論者〉,《湖南師範大學社會科學學報 22-4》, 1993.

曹旭華,〈管子論富國與富民的關係〉,《學術月刊 6》, 1988.

趙忠文,〈論孟子仁政與孔子仁及德政說的關係〉,《中國哲學史研究 3》,
    1987.

鍾肇鵬,《孔子研究, 增訂版》,中國社會科學出版社, 1990.

周立升 編,《春秋哲學》,山東大學出版社, 1988.

周雙利,〈略論儒法在名實問題上的論爭〉,《考古 4》, 1974.

周燕謀 編,《治學通鑑》,臺北, 精益書局, 1976.

曾小華,《中國政治制度史論簡編》,中國廣播電視出版社, 1991.

陳大絡,〈儒家民主法治思想的闡述〉,《福建論壇, 文史哲 6》, 1989.

陳飛龍,《荀子禮學之研究》, 文史哲出版社, 1979.

陳進坤, 〈論儒家的人治與法家的法治〉,《廈門大學學報, 哲學社會科學 2》, 1980.

鄒華玉, 〈試論管子的富國安民之道〉,《北京師範學院學報, 社會科學 6》, 1992.

湯新, 〈法家對黃老之學的吸收和改造: 讀馬王堆帛書 經法 等篇〉,《文物 8》, 1975.

夏子賢, 〈儒法鬪爭的歷史眞相〉,《安徽師大學報, 哲學社會科學 3》, 1978.

郝鐵川, 〈韓非子論法與君權〉,《法學硏究 4》, 1987.

韓學宏, 〈荀子法後王思想研究〉,《中華學苑 40》, 1990.

向仍旦,《荀子通論》, 福建人民出版社, 1987.

黃公偉,《孔孟荀哲學證義》, 臺北, 幼獅文化事業公司, 1975.

黃偉合, 〈儒法墨三家義利觀的比較研究〉,《江淮論壇 6》, 1987.

黃俊傑, 〈孟子王霸三章集釋新詮〉,《文史哲學報 37》, 1989.

曉東, 〈政治學和政治體制改革〉,《瞭望 20-21》, 1988.

• 일본어판

加藤常賢,《中國古代倫理學の發達》, 二松學舍大學出版部, 1992.

角田幸吉, 〈儒家と法家〉,《東洋法學 12-1》, 1968.

岡田武彦,《中國思想における理想と現實》, 木耳社, 1983.

鎌田正,《左傳の成立と其の展開》, 大修館書店, 1972.

高文堂出版社 編,《中國思想史》, 高文堂出版社, 1986.

高山方尚, 〈商子·荀子·韓非子の國家: 回歸と適應〉,《中國古代史研究 4》, 1976.

高須芳次郎,《東洋思想十六講》, 東京, 新潮社, 1924.

高田眞治,〈孔子的管仲評: 華夷論の一端として〉,《東洋研究 6》, 1963.

顧頡剛 著 小倉芳彦 等 譯,《中國古代の學術と政治》, 大修館書店, 1978.

菅本大二,〈荀子の禮思想における法思想の影響について〉,《築波哲學 2》, 1990.

館野正美,《中國古代思想管見》, 汲古書院, 1993.

溝口雄三,《中國の公と私》, 研文出版, 1995.

宮崎市定,《アジア史研究, l-V》, 同朋社, 1984.

宮島博史 外,〈明淸と李朝の時代〉,《世界の 歷史》, 中央公論社, 1998.

金谷治,《管子の研究: 中國古代思想史の一面》, 岩波書店, 1987.

內山俊彦,《荀子: 古代思想家の肖像》, 東京, 評論社, 1976.

大久保隆郎也,《中國思想史, 上: 古代·中世》, 高文堂出版社, 1985.

大濱晧,《中國古代思想論》, 勁草書房, 1977.

大野實之助,〈禮と法〉,《東洋文化研究所創設三十周年紀念論集, 東洋文化と明日》, 1970.

渡邊信一郎,《中國古代國家の思想構造》, 校倉書房, 1994.

木村英一,《法家思想の探究》, 弘文堂, 1944.

____,《孔子と論語》, 創文社, 1984.

茂澤方尙,〈韓非子の聖人について〉,《駒澤史學 38》, 1988.

服部武,《論語の人間學》, 東京, 富山房, 1986.

福澤諭吉,《福澤諭吉選集》, 岩波書店, 1989.

山口義勇,《列子研究》, 風間書房, 1976.

森秀樹,〈韓非と荀況: 思想の繼蹤と繼絶〉,《關西大學文學論集 28-4》, 1979.

森熊男,〈孟子の王道論: 善政と善敎をめぐて〉,《硏究集錄, 岡山大學敎育學部 50-2》, 1979.

上野直明,《中國古代思想史論》, 成文堂, 1980.

相原俊二,〈孟子の五霸について〉,《池田末利博士古稀記念東洋學論集》, 1980.

上田榮吉郎,〈韓非の法治思想〉,《中國の文化と社會 13》, 1968.

小林多加士,〈法家の社會體系理論〉,《東洋學硏究 4》, 1970.

小野勝也,〈韓非.帝王思想の一側面〉,《東洋學學術硏究 10-4》, 1971.

小倉芳彦,《中國古代政治思想硏究》, 靑木書店, 1975.

松浦玲,〈王道論をめぐる日本と中國〉,《東洋學術硏究 16-6》, 1977.

守本順一郎,《東洋政治思想史硏究》, 未來社, 1967.

狩野直禎,《韓非子の知慧》, 講談社, 1987.

守屋洋,《韓非子の人間學: 吾が存に善なる恃まず》, プレジデント社, 1991.

信夫淳平,《荀子の新硏究》, 硏文社, 1959.

兒玉六郎,〈荀況の政治論〉,《新潟大學敎育學部紀要, 人文社會科學 31-1》, 1989.

安岡正篤,《東洋學發掘》, 明德出版社, 1986.

安居香山 編,《讖緯思想の綜合的硏究》, 國書刊行會, 1993.

栗田直躬,《中國古代思想の硏究》, 岩波書店, 1986.

伊藤道治,《中國古代王朝の形成》, 創文社, 1985.

日原利國,《中國思想史, 上·下》, ペリカン社, 1987.

____,〈王道から覇道への轉換〉,《中國哲學史の展望と模索》, 東京, 創文社, 1976.

張柳雲,〈韓非子の治道與治術〉,《中華文化復興月刊 3-8》, 1970.

町田三郎 外,《中國哲學史硏究論集》,葦書房, 1990.

佐川修,〈董仲舒の王道說: その陰陽說との關連について〉,《東北大學教養部紀要 19》, 1974.

中村哲,〈韓非子の專制君主論〉,《法學志林 74-4》, 1977.

中村俊也,〈孟荀二者の思想と公羊傳の思想〉,《國文學漢文學論叢 20》, 1975.

紙屋敦之,《大君外交と東アジア》,吉川弘文館, 1997.

陳柱著 中村俊也 譯,《公羊家哲學》,百帝社, 1987.

津田左右吉,《左傳の思想史的硏究》,東京,岩波書店, 1987.

淺間敏太,〈孟荀における孔子〉,《中國哲學 3》, 1965.

淺井茂紀他,《孟子の禮知と王道論》,高文堂出版社, 1982.

村瀬裕也,《荀子の世界》,日中出版社, 1986.

貝塚茂樹 編,《諸子百家》,築摩書房, 1982.

布施彌平治,〈申不害の政治說〉,《政經硏究 4-2》, 1967.

戶山芳郎,《古代中國の思想》,放送大敎育振興會, 1994.

丸山松幸,《異端と正統》,每日新聞社, 1975.

丸山眞男,《日本政治思想史硏究》,東京大出版會, 1993.

黃介騫,〈荀子の政治經濟思想〉,《經濟經營論叢 5-1》, 1970.

荒木見悟,《中國思想史の諸相》,中國書店, 1989.

• 서양어판

Ahern, E. M., *Chinese Ritual and Politics*, Cambridge Univ. Press, 1981.

Allinson, R., ed., *Understanding the Chinese Mind The Philosophical Roots*, Hong Kong: Oxford Univ. Press, 1989.

Ames, R. T., *The Art of Rulership: A Study in Ancient Chinese Political Thought*, Honolulu Univ. Press of Hawaii, 1983.

Aristotle, *The Politics*, London: Oxford Univ. Press, 1969.

Barker, E., *The Political Thought of Plato and Aristotle*, New York: Dover Publications, 1959.

Bell, D. A., "Democracy in Confucian Societies The Challenge of Justification" in Daniel Bell et. al., *Towards Illiberal Democracy in Pacific Asia*, Oxford: St. Martin's Press, 1995.

Carr, E. H., *What is History*, London: Macmillan Co., 1961.

____, *Nationalism and After*, London: Macmillan, 1945.

Cohen, P. A., *Between Tradition and Modernity Wang T'ao and Reform in Late Ch'ing China*, Cambridge Harvard Univ. Press, 1974.

Creel, H. G., *Shen Pu-hai. A Chinese Political Philosopher of The Fourth Century B.C.*, Chicago: Univ. of Chicago Press, 1975.

Cua, A. S., *Ethical Argumentation: A study in Hsün Tzu's Moral Epistemology*, Univ. Press of Hawaii, 1985.

De Bary, W. T., *The Trouble with Confucianism*, Cambridge, Mass.: Harvard Univ. Press, 1991.

Fingarette, H., *Confucius The Secular as Sacred*, New York: Harper and Row, 1972.

Fukuyama, F., *The End of History and the Last Man*, London: Hamish Hamilton, 1993.

Hegel, F., *Lectures on the Philosophy of World History*, Cambridge: Cambridge Univ. Press, 1975.

Held, D., *Models of Democracy*, Cambridge: Polity Press, 1987.

Hsü, L. S., *Political Philosophy of Confucianism*, London: George Routledge & Sons, 1932.

Huntington, S. P., "The Clash of civilization.", *Foreign Affairs* 7, no. 3, summer.

Johnson, C., *MITI and the Japanese Miracle*, Stanford: Stanford University Press, 1996.

Machiavelli, N., *The Prince*, Harmondsworth Penguin, 1975.

Macpherson, C. B., *The Life and Times of Liberal Democracy*, Oxford: Oxford Univ. Press, 1977.

Mannheim, K., *Ideology and Utopia*, London: Routledge, 1963.

Marx, K., *Oeuvres Philosophie et Économie 1−5*, Paris: Gallimard, 1982.

Mills, C. W., *The Power Elite*, New York: Oxford Univ. Press, 1956.

Moritz, R., *Die Philosophie im alten China*, Berlin: Deutscher Verl. der Wissenschaften, 1990.

Munro, D. J., *The Concept of Man in Early China*, Stanford: Stanford Univ. Press, 1969.

Peerenboom, R. P., *Law and Morality in Ancient China: The Silk Manuscripts of Huang−Lao*, Albany, New York: State Univ. of New York Press, 1993.

Plato, *The Republic*, Oxford Univ. Press, 1964. Pott, W. S., *A Chinese Political Philosophy*, Alfred. A. Knopf, 1925.

Rawls, J., *A Theory of Justice*, Cambridge: Harvard Univ. Press, 1971.

Rubin, V. A., *Individual and State in Ancient China: Essays on Four Chinese Philosophers*, Columbia Univ. Press, 1976.

Sabine, G., *A History of Political Theory*, Holt, Rinehart and Winston, 1961.

Sartori, G., *The Theory of Democracy Revisited*, Catham House Publisher, Inc., 1987.

Schumpeter, J. A., *Capitalism, Socialism and Democracy*, London: George Allen & Unwin, 1952.

Schwartz, B. I., *The World of Thought in Ancient China*, Cambridge: Harvard Univ. Press, 1985.

Strauss, L., *Natural Right and History*, Chicago: Univ. of Chicago Press, 1953.

Taylor, R. L., *The Religious Dimensions of Confucianism*, Albany, New York: State Univ. of New York Press, 1990.

Tocqueville, Alexis de, *Democracy in America*, Garden City, N.Y.: Anchor Books, 1969.

Tomas, E. D., *Chinese Political Thought*, New York: Prentice-Hall, 1927.

Tu, Wei-ming, *Way, Learning and Politics: Essays on the Confucian Intellectual*, Albany, State Univ. of New York Press, 1993.

Waley, A., *Three Ways of Thought in Ancient China*, doubleday & company, 1956.

Weber, M., *The Protestant Ethics and the Spirit of Capitalism*, London: Allen and Unwin, 1971.

Wu, Geng, *Die Staatslehre des Han Fei: Ein Beitrag zur chinesischen Idee der Staatsräson*, Wien & New York Springer-Verl., 1978.

Wu, Kang, *Trois Theories Politiques du Tch'ouen Ts'ieou*, Paris: Librairie Ernest Leroux, 1932.

Zenker, E. V., *Geschichte der Chinesischen Philosophie*, Reichenberg: Verlag Gebrüder Stiepel Ges. M. B. H., 1926.